青史文化

2013

江苏医院年鉴

THE ALMANAC OF JIANGSU HOSPITAL

主编　施正凯

《江苏医院年鉴》编辑部　编辑

中国文史出版社　出版

图书在版编目(CIP)数据

江苏医院年鉴.2013/施正凯主编.——北京:中国文史出版社,2013.3
ISBN 978-7-5034-3951-3

Ⅰ.①江… Ⅱ.①施… Ⅲ.①医院-江苏省-2013-年鉴 Ⅳ.①R199.2-54

中国版本图书馆 CIP 数据核字(2013)第 062918 号

书名:江苏医院年鉴

编纂:《江苏医院年鉴》编辑部
出版:中国文史出版社
发行:中国文史出版社　发行部
地址:北京市西城区太平桥大街 23 号(邮编:100811)
经销:全国新华书店
印刷:南京四彩印刷有限公司
开本:16　889×1194
印张:17　**字数:**764 千字
印数:0001-3600 册
版次:2013 年 12 月第 1 版第 1 次印刷
书号:ISBN 978-7-5034-3951-3
定价:300.00 元

2012 年 3 月 13 日下午，卫生部陈啸宏副部长率领卫生部卫生监督局、卫生部卫生监督中心、中国疾病预防控制中心、国家食品安全风险评估中心的有关领导和专家一行，前往省疾病预防控制中心、南京市江宁区卫生监督所视察调研食品安全与卫生监督工作。省政府朱步楼副秘书长、省卫生厅王咏红厅长、胡晓抒副厅长以及南京市、江宁区政府、卫生局和有关单位的领导陪同调研。

2012 年 4 月 19 日至 22 日，卫生部副部长、国家中医药管理局局长王国强率考察调研组对省中医药工作进行了考察调研。省政府副省长何权会见了王国强副部长一行，省政府副秘书长朱步楼、省卫生厅厅长王咏红、省卫生厅副厅长、中医药局局长陈亦江等陪同考察调研。

2012 年 5 月 26 日上午 9 时许，江苏省省委副书记、省长李学勇一行，来到南京市妇幼保健院视察。

2012 年 6 月 9 日上午，李学勇省长在省卫生厅厅长王咏红的陪同下，来到南京市鼓楼医院南扩工程工地视察，强调要高标准、高质量地抓好惠民工程建设，尽早造福于人民群众。

2012年6月12日，卫生部党组书记张茅一行来到南京市江宁区人民医院、南京同仁医院调研，听取了江苏医改情况汇报。省委常委、南京市委书记杨卫泽，副省长何权、省政府副秘书长朱步楼、省卫生厅厅长王咏红、副厅长陈亦江、副巡视员医政处处长李少冬等陪同视察。

2012年6月13日，国务院医改领导小组副组长、卫生部党组书记、副部长张茅在江苏省镇江市调研医改工作。省政府副省长何权、副秘书长朱步楼，省卫生厅厅长王咏红、副厅长黄祖瑚，镇江市代市长朱晓明、常务副市长秦景安、副市长王萍等陪同调研。

2012 年 6 月 14 日，国务院医改领导小组副组长、卫生部党组书记、副部长张茅在江苏省苏州市调研医改工作。省委常委、苏州市委书记蒋宏坤，省政府副省长何权，副秘书长朱步楼，省卫生厅厅长王咏红，副厅长陈亦江，苏州市代市长周乃翔、副市长王鸿声等陪同调研。

2012 年 7 月 25—27 日，省政协组织部分委员赴淮安市和扬州市，就加强基层卫生服务机构建设情况进行专题视察。省政协副主席周珉参加视察。

2012 年 9 月 25 日，省卫生厅厅长王咏红、省卫生厅副厅长、省食品药品监管局局长胡晓抒陪同卫生部副部长、国家食品药品监管局局长尹力调研江苏食品药品监管工作。

2012 年 10 月 21 日，卫生部陈竺部长视察了苏州卫生工作。省卫生厅王咏红厅长陪同视察。

2012 年 11 月 26 日，王咏红厅长陪同卫生部部长陈竺、副部长尹力一行视察中国药科大学。

2012 年 12 月 25 日，何权副省长、王咏红厅长等一行视察东南大学附属中大医院新病房大楼。

编 辑 说 明

一、《江苏医院年鉴》是一部综合性大型公报性资料年刊，逐年出版，国内外公开发行。其宗旨是全面、系统、翔实地载录江苏省各级、各类医院的基本面貌和发展情况，为社会各界和海外人士了解和研究江苏省各级、各类医院提供基本的信息资料。

二、《江苏医院年鉴》采用类目、栏目、条目 3 个结构层次。不同层次的标题，在字号、字体和版式设计上有明显标识。其中出现最多的条目，统一用黑体字表示；有些“条目”的内容较多，文内则用楷体字标出相应层次。

三、《江苏医院年鉴》2013 年刊主要载录 2012 年全省各级各类医院发展的基本资料，设有 2012 年大事记、法规与文件、全省三级医院选载、全省二级医院选载、领导讲话、年终总结、经验介绍、先进人物、论文、书法、摄影、文学艺术等栏目。对 2012 年以前的发展历史适当追溯。

四、本年鉴数据如有差异，均以江苏省卫生统计信息中心提供的数据为准。

五、本刊的编辑出版工作得到全省各级各类医院和各级卫生行政主管部门的大力支持和协助，在此谨表谢意。本刊在版式设计、编排等方面均有待进一步改进、提高；粗疏、错漏之处，敬请各界人士批评指正。

六、本刊编辑部设在南京市虎踞北路 10 号综合楼 5 楼，邮编：210013，办公室电话：025－86551220，手机：18061777663，QQ：100216829，邮箱：shi_xiangjia@ 163. com 欢迎来稿。

目　录

2012 年大事记

权威发布

全省三级医院选载

全省二级医院选载

2012 年大事记

一、大事记要

1 月

1 日　南京红十字惠民医院更名为瑞华慈善医院并挂牌，成为全省首家为低保群体提供免费基本医疗的公立医院。江苏瑞华投资控股集团出资 3000 万元设立慈善医疗基金，分 15 年每年向医院拨付 200 万元，善款全部用于全市低保人员的医疗求助，主要是对特困群体医疗费用减免后的自付部分进行托底。

▲　从今天起，泰州市基本实现医疗和生育保险市级统筹。参保人员可以在全市范围内任何一家定点医疗机构刷卡看病或买药，并享受同一医保报销标准。

▲　从今天起，常州正式实施普通门诊医保普惠制度，将门诊小病全部纳入医保补贴范围。

2 日　江苏省卫生厅正式发文，确定泰州市人民医院晋升为泰州地区唯一一所三级甲等综合医院。

9 日　“江苏省 2012 年度‘畅听行动’”贫困聋儿人工耳蜗植入救助启动仪式今天在南京鼓楼医院举行，40 名经过筛查的重度听障受助儿童住进医院，准备接受免费手术治疗。

10 日　“江苏省十佳健康卫士”评选结果公布，他们是：苏州大学附属儿童医院新生儿科住院医师丁欣，盐城市第一人民医院外科副主任、主任医师王四清，高邮市人民医院心血管内科护士长、副主任护师朱小翠，南京市鼓楼医院风湿免疫科主任、主任医师孙凌云，宿迁市疾病预防控制中心副主任、主任医师沈谨，南通市疾病控制中心副主任、主任医师陈大灵，泰州市人民医院护理部副主任、副主任护师李爱萍，沛县人民医院急救中心护士长、主管护师赵佳凤，常州市卫生监督所副所长、主任医师谈立峰，江苏省中西医结合医院大外科主任兼骨伤科主任、主任中医师谢林。

同时揭晓的还有“我最喜爱的健康卫士”医生、护士、公共卫生人员各 10 名。

12 日　2011 年 12 月“中国好人榜”、“江苏好人榜”评选揭晓，徐州市海慈糖尿病社区卫生服务站主任王韬荣登“中国好人榜”；南通如皋市常青镇草张庄村中医门诊部负责人张谷才、南京市建邺医院副主任中医师唐乌香荣登“江苏好人榜”。

▲　今天在南京召开的全省卫生工作会议公布了 2012 年江苏卫生十大便民惠民举措，紧扣医改“改革、公益、服务”主题。

13 日　国家卫生部发布《医疗机构从业人员违纪违规问题调查处理暂行办法》，对卫生行政部门和医疗机构调查处理医疗机构从业人员违纪违规问题的具体程序和办法作出规定。

16 日　2011 年度中华医学科技奖颁奖大会在北京举行，无锡市人民医院副院长陈静瑜领衔的“同种异体肺移植治疗终末期肺病的基础与临床系统研究”荣获二等奖。

30 日　国家卫生部专家接受《新华日报》记者专访，权威解读“禁止微博诊疗”，首次定位“传播知识不诊疗”。

▲　今天公布的《江苏省爱国卫生工作“十二五”规划》显示，到 2015 年全省医疗卫生单位 100% 建成无烟单位。

2 月

3 日　扬州市决定从今年一季度开始，对市直二级以上医疗机构建立医疗收费“巡查会诊”制度，每季度组织一次，每次选择一家医院作为巡查对象，采取自查汇报、走访巡查、抽查清单、集体会诊等形式，现场抽取收费样本进行核查、对比和评议，进一步规范医疗收费。

▲　南京鼓楼医院“心血管流行病学研究中心”今天下午举行揭牌仪式，该中心由英国帝国理工大学与南京鼓楼医院合建，将就专门课题进行合作研究。在英国排名前 5 位的英国帝国理工大学，在流行病学研究、预防与专业人员培训方面享有盛誉。

8 日　今天召开的南京市卫生工作会议上宣布：“十二五”期间，南京将在西、南、北、东各建一座大型医疗中心，把在主城区发展受限制的优质医疗资源，逐步释放到新城区。

12 日　南京 70 多万中小学生有了一家专门“问诊”学习能力的机构——南京市学习科学研究中心。该中心着力探索提升学习力的途径和方法，推广和普及脑科学知识在学生学习研究中的应用。

18 日　省卫生厅下发文件，提出今年 6 月前建立统一的全省集约式预约诊疗服务平台，年底前完成所有二级以上医疗机构上线，85% 专家号源、全部普遍门诊号源投放。

23 日　今天召开的省中医药工作会议传出消息：今年江苏省九成以上的乡镇卫生院和城市社区医院须设立中医科。

27日　首批12台“医达通”自助挂号缴费机今天出现在南通肿瘤医院,市民只需凭第二代身份证在“医达通”上扫描一下,20秒就能挂上号。此外,“医达通”还可为患者提供开卡、挂号、充值、缴费、检验报告打印等多项自助服务功能。

3月

1日　据南京市卫生信息中心介绍,今年内,南京市将在儿童医院、口腔医院等11家医院试用电子病历加密技术,所有电子病历修改和保存,都需得到许可并留下记录,今后,想擅自改动病历几乎不可能。

▲　从今天起,江苏省人民医院开放所有专家号与普通号预约号源,患者可以通过电话预约、短信预约、网上预约、现场预约以及门诊现场自助预约和诊间预约6种方式,进行预约挂号。预约时限为7天。

3日　南京市玄武区兰园社区卫生服务中心的家庭医生与社区部分居民签订“家庭医生服务协议”。南京首批家庭医生签约上岗。家庭医生将向签约居民提供免费用药指南、健康体检、预约上级医院专家号等12项服务。

▲　国家卫生部部长陈竺接受两会记者采访时公开表示:“公立医院改革,大家也知道卫生部门下了最大决心,但水还是蛮深的,再困难也要跨过去。”

6日　一例不开胸微创肺癌手术在南京胸科医院成功实施。这项高难度手术,目前在北京、上海两地也仅有几家大医院能够进行。

▲　首次举行的江苏省中医药十大新闻事件出炉,徐州市中医院推出的网络医院服务新模式入选,网络问诊方式正悄然改变传统就医模式。

9日　从今天起,苏州大学附属一院试点推出“床边结帐”,方便病人办理出院手续。院方表示,床边结帐还是窗口结帐,尊重患者选择。

上旬　江苏省人民医院为两名原发性高血压患者进行了微创手术治疗,患者血压明显降低,这一方法也可用于一般高血压患者。治疗高血压,长期、终身服药是人们的“共识”,这一共识有可能被颠覆。

12日　南通海门市皮防所医生李庙林,在麻风病人集中居住地工作四十多年,无怨无悔,像亲人一样关爱照顾病人,入选2012年2月份“江苏好人榜”。

▲　南京卫生信息中心与交通银行合作推出“银卫安康”网上预约挂号服务,银行用户通过该系统可向南京鼓楼医院等24家医院挂号预约。

13日　南京医师协会会长、鼓楼医院院长丁义涛在南京医师协会会议上提出医德建设新途径:“提升医师道德素质水平,形成医院人文关怀氛围”,以此来解决医患之间的矛盾,密切医生与患者之间的关系。

15日　无锡市人民医院正式启用“预存诊疗,一次付费”服务新流程,门诊病人排队次数从人均3.7次降至2次。就诊病人持无锡市市民卡(医保卡)在自助机上刷卡挂号,系统对病人诊疗所需费用暂时“冻结”,病人就诊后再去自助机上一次结清。非无锡医保病人,在医院大厅银行窗口办理专门银行卡后,亦可享受这一流程服务。

21日　南京市职业病防治院挂牌成立。今后该院将承担南京地区职工的职业病治疗、预防、体检及职业病防治研究工作。目前南京登记在册的新老职业病患者有6600多人。

▲　今天是“世界睡眠日”。今年的主题是“科学管理睡眠”。专家解读说,既要重视睡眠,又不能夸大失眠人群的数量和失眠的危害,多数失眠者根本不需要治疗就能自己康复。

24日　今天是“世界防治结核病日”,宣传的主题是:“你我共同参与,消除结核危害。”专家指出,江苏省结核病感染以青壮年人群为主,农民、进城务工人员和学生患病比例较高,与其心理压力和不良生活习惯有关。

▲　上午,在第十八届全国企业管理现代化创新成果会议上,南京鼓楼医院集团宿迁人民医院申报的《坚持公益、效率、效益相统一的公立医院股份制改造与管理》荣获一等奖,这是全国唯一一家获奖的医院。

27日　扬州个园社区82岁的宋芸,今天与东关街道社区卫生服务中心副主任医师朱维琳正式签定了《家庭健康医生服务合约》,从此,朱维琳成为宋芸的家庭医生。到2015年,扬州市将基本形成家庭医生与居民有比较稳定的签约服务关系,首诊在社区(卫生院)的家庭医生制度。

31日　苏州市区居民医疗保险申报工作结束,84598名居民参保,签约率100%。居民实时医疗救助申报也同时完成,11850名低保、低保边缘、特困职工、三无对象、五保户和重点优抚对象成为实时医疗救助对象,他们自4月份起,即可按门诊和住院医疗费用自负部分的85%,享受2012年度医疗救助,比上一年提高5个百分点。

4月

6日　江苏省启动“纪念爱国卫生运动60周年暨第24个爱国卫生月活动”。副省长、省爱国卫生运动委员会主任何权出席启动仪式并讲话。

8日　A型血只剩800毫升,B型血还剩100个单位——自3月底以来,淮安市血站亮起告急红灯,部分医院被迫推迟手术,淮安市各医院遭遇历史上前所未有的“血荒”。

10日　南京市商业保险与医疗机构信息合作平台第一批试点启动,平台投入使用后,普通市民在健康险理赔方面将更加方便快捷。目前,中国人保、中国人寿、平安人寿等16家保险公司参加首批试点。

11日　江苏省人社厅首次将全省12市的6452家定点医院全部上网公布。今后,全省3500多万医保人员看病前可先上网就近查找定点医院。

12日　泰州人民医院晋升为当地唯一一所三级甲等综合医院并举行揭牌仪式。该院2011年门诊病人108万人次,10年来引进高层次人才150名。医院开放床位扩展到2100多张,设有45个病区、肿瘤科、感染科、心内科、消化科,成为江苏省临床重点专科。

13日　在江苏省卫生厅召开的“国际护士节100周年”新闻发布会上,卫生厅副厅长陈亦江说,“护士护理费每床每天不足8元,护理费影响到行业发展和护理人员的积极性,应加快护理价格调整和改革,准确核准成本,构建科学合理的收费系统。”

17 日 南京市妇幼保健院、中大医院等 25 家医疗机构开通网上预约挂号银联在线支付功能。南京市预约挂号平台以往采用“先预约，后付费”的方法，由于不需预付费，爽约一直在 20% 左右，现在通过启动银联网上支付体系中的“认证支付”功能，推出预约挂号银联在线支付服务，注册用户无需预先开通网银，便可方便快捷完成预约挂号和在线支付。

18 日 经中国医学遗传国家重点实验室鉴定，南通大学附属医院新发现一例世界首报人类异常染色体核型。今天，该院收到由中国工程院院士夏家辉亲笔签名的鉴定书。该异常染色体核型病人是一名 27 岁女性，表现完全正常，其 2 号染色体倒位，生育正常概率仅为四分之一。这一发现，对于开展孕前检查及产前诊断、提高人口质量等遗传学方面的研究具有重要意义。

19 日 常州市中医院六病区护士长王晓莹，把科室当成家，把患者当亲人。十年如一日忘我工作，带领一群白衣天使守护产妇婴儿，用真心赢得了人们的信任和尊重，荣登 2012 年 3 月“中国好人榜”。

▲ 南京市玄武区疾病预防控制中心副主任医师唐弘，从事艾滋病防控工作六年来，手机 24 小时为求询者开着，给予他们亲人一般的温暖，用心、用情、用自己的专业技能帮助他们摆脱恐惧和痛苦，荣登 2012 年 3 月“江苏好人榜”。

24 日 只要将医保卡放在自助服务机感应区，电脑就立即跳出科室分布图、当天出诊的专家姓名及剩余号数；患者选中医师后，机器自动扣缴相应的挂号费，取单口吐出挂号单与付费凭证……一种新型“医院自助服务系统”今天在南京市妇幼保健院试用。该系统高度自动化，患者无需反复排队、等候，就可在自助服务机上进行就诊预约、挂号、充值、缴费、查询等操作，一分钟内就可轻松完成，大大节省了时间。

▲ “江苏十佳文明职工”评选揭晓，宿迁市人民医院普外科副主任医师管小青榜上有名。

28 日 江苏省深化医药卫生体制改革工作会议在南京召开。省长李学勇出席会议并讲话。李省长强调，要在巩固前三年改革成果基础上，科学把握“十二五”深化医改的阶段目标、改革重点和主要任务，抓住机遇、强力推进，转换机制，突破难点，全力打好深化医改攻坚战，真正让群众看得上病、看得起病、看得好病，更多地从深化医改中得益受惠。

▲ 南京市儿童医院向媒体通报，近日该院接收一位来自安徽的孕妇，怀着一对双胞胎，出生时两婴儿臂部以下部分“合二为一”，经该院外科专家精心手术，将两婴儿成功分离。

30 日 从今天起，江苏省在全省范围内集中开展免疫规划疫苗查漏补种月活动，优先对 5 周岁以下适龄儿童麻疹、脊髓灰质炎等免疫规划疫苗和强化免疫漏种儿童进行补种。

▲ 国家卫生部、公安部联合发出《关于维护医疗机构秩序的通告》，今后，医闹、号贩将受治安处罚甚至被追究刑事责任。

▲ 由美国维克森林大学再生医学研究所与南通大学神经再生重点实验室共同组建的中美再生与转化医学研究中心今天在南通揭牌。该中心将瞄准国内外器官损伤修复的前沿课题，围绕神经再生、肝脏和膀胱再生、皮肤再生以及生物材料、干细胞新技术应用等方面，开展具有国际先进水平的研究。

5 月

4 日 今日《新华日报》A8 版刊登《手足口病患儿近期猛增》，文章说，南京市儿童医院近期每天都要接诊手足口病患儿 100 人左右，而往年此时只有 20 - 30 例。据悉，近期全国手足口发病数、重症数和死亡数较去年同期上升明显，部分托幼机构和小学出现了聚集性疫情。为此，卫生部、教育部 4 月 28 日下发通知，要求各托幼机构和小学加强防控。

7 日 从 2004 年开始至今，江苏全省二级以上医院设立警务室 445 个、配备 493 名专兼职民警和相当数量的保安人员，医院警务室数量占全国的十分之一以上。医院警务室民警由当地公安机关负责选派，属当地公安派出所负责管理，接受公安机关内保部门业务指导。民警姓名、警号、照片、联系方式等，都在警务公示栏或以其他形式公开。

8 日 今年 5 月 12 日是第 100 个国际护士节，今天，江苏省“5 · 12”国际护士节 100 周年纪念大会在宁召开。据了解，全省注册护士达 17.18 万人，每千人口护士数达 2.2 人。

▲ 国家卫生部 8 日发布《抗菌药物临床应用管理办法》规定，自 8 月 1 日起，特殊使用及抗菌药物不得在门诊使用。这意味着一些价格昂贵的抗生素将不能列入门诊处方。

10 日 历时七年建设、精心打造的江苏省中医院南扩工程正式竣工投入使用。随着这个全国中医系统规模最大，充分体现人性化、现代化的新病房综合大楼的运行，江苏省中医院病床数增至 2500 张，病区达 56 个，同时新扩建的门诊楼 360 余间诊室每天可接纳 1500 余人次就诊。新建的南院与原址连成一片，相当于再建一个半省中医院。卫生部副部长、国家中医药管理局局长王国强，副省长何权，省政协副主席周珉，国家中医药管理局副局长吴刚出席了今天的竣工仪式。

11 日 南京大学医学院迎来 25 岁“生日”，来自南京各大医院的校友以义诊的形式庆祝母校生日。南京大学医学院前身为中央大学医学院，创建于 1935 年，1949 年改名为南京大学医学院，后又划归部队系统。1987 年经教育部批准重建，成为全国综合性大学内首家医学院。25 年来，医学院已培养 1000 多名高级医学人才，他们多在全省三甲医院内担当骨干力量。

12 日 省卫生厅在南京鼓楼广场举行“优质护理服务”宣传日活动。全省注册护士 17.18 万人，比“十五”期末增长 50%，全省二三级医院护士长将接受市级以上的系统管理培训。

13 日 卫生部 5 月 4 日紧急通知，要求各级卫生行政部门协调公安机关向二级以上医院重点医疗机构派驻警务室，共同加强医疗机构管理，保障医患双方合法权益和人身安全。江苏省从 2004 年开始在二级以上医院设立警务室，截止今日，全省已设立警务室 445 家。

14 日 在今天结束的第二届全国高等医学院校大学生临床技能竞赛总决赛上，南京医科大学代表队荣获第一名。

16 日 灌南县公安局对孙某等 3 名“医闹”人员作出行政拘留 10 日的处罚。据悉，这是卫生部、公安部联合发出《关于维护医疗机构秩序的通告》后，江苏省首次对“医闹”进行行政处罚。

26日 南京市分别授予美国奥卡拉心脏病研究所的迈克尔医生、麻醉专家保罗·罗伯特“南京卫生特别贡献奖”和“金陵友谊奖”。

▲ 江苏省人民医院、中国红十字医院联合举办“捐助矮小症患儿”公益活动，向来自镇江的一名12岁男孩捐赠三个月用药，价值1万元人民币。

27日 南通市纪委通报今年该市在医疗卫生系统查处的腐败案例，先后有5名现任或原任医院“一把所”院长、6名中层主管及工作人员受到查处。

28日 南京军区总医院19名医务人员紧张操作了5个多小时，为连云港患者王某成功切除了重达25公斤的巨大神经纤维瘤。如此巨大的的瘤子实属罕见，是胚胎组织发生障碍所致。

30日 江苏省妇幼保健院、江苏省人民医院妇幼分院把30名曾经在院接受过救治的早产宝宝接回来提前过“六一”，同时追踪宝宝生长发育状况。医生们为宝宝们举行了抓握摇铃、精细动作、无障碍爬行、障碍行走等趣味比赛。

6月

4日 从今日起，苏州市立医院母子医疗保健中心开始试行孕妇产科检查新流程。按照原来的产科检查流程，一位孕妇从怀孕3个月在医院建卡到怀孕40周分娩，一般要排队挂11次号，交20多次费。新流程，孕妇除第一次围产期产检建卡需要在窗口排队挂号外，其余产检只要凭身份证在自助挂号机上按键取号即可。

6日 模拟登陆火星500多天的王跃，今天回到母校——南京医科大学，欣然从校长陈琪手中接过“南京医科大学杰出校友”证书，并报告模拟登陆火星经历。

7日 江苏省人民医院急诊中心收治一名年轻女性患者，送诊时面色苍白、呼吸困难，经查诊断为“肺栓塞”。该患者平均每天打10多小时麻将，半年前开始发现胸闷气喘症状并逐渐加重。

8日 下午，在南京市第一医院心内科手术室内，一名心脏介入手术通过卫星转播到万里之外的意大利都灵市“第七届国际介入心脏病学论坛”现场，200多位顶尖专家观看中国医生的精湛操作。介入心脏病学论坛是全球最高级别的专家学术会议，南京第一医院心内科专家陈绍良是亚洲唯一受邀作现场介入手术演示的专家，手术全过程用英语向各国同行解说，受到国际同行好评。

12日 江苏省红十字会在宁接受南京神州英诺华医疗科技有限公司捐赠的价值人民币428.92万元的新型血小板分析仪和试剂耗材，这些物品已分别转赠省人民医院、省中医院、南医大附属第二人民医院、省肿瘤医院、南京市第一人民医院。

15日 苏州张家港市锦丰镇悦来社区医生朱秀珍，40多年来，每个休息日都背着药箱走村串户，为老人免费问诊，测量血压，帮常年卧榻的病人推拿按摩，传授医疗健康常识，受到村民的欢迎和称赞，荣登5月份“中国好人榜”。

18日 南京市人社局发布消息，自7月1日起，该市公共财政将提高对194万居民医保人员的参保补贴，每人每年从目前的200元提高到240元。补贴标准提高后，参保人员的报销待遇也随之提高，连续参保人员大病、医院费用最高可报销36万元。

20日 连云港市东方医院晋级国家三级乙等综合医院，这为港口地区近20万居民带来健康福音。

▲ 江南大学无锡医学院今天揭牌，结束了无锡本土没有医学院的历史。江南大学医学院由无锡市政府与江南大学合作共建，将按本科、硕士、博士三级教育层次，在校生1500人规模建设；先期启动了教学、实验、办公、动物饲养等设施建设，预计在2014年秋季开学前建成交付使用。

中旬 欧洲杯正酣，球迷看比赛熬夜、喝冰啤、吃宵夜，尽情欢乐，引发胃食管反流病。江苏省人民医院消化科门诊近期因为看球熬夜、饮食不当引起胃食管反流的中青年患者40余人前来就诊。

25日 江苏省医师协会在宁召开庆祝第二届医师节暨优秀基层医师表彰大会，副省长何权出席并讲话。何权说，我省广大医务工作者不辞辛劳、勤勉敬业、无私奉献、忘我工作，为保护和增进人民健康作出了贡献。会上，53位“优秀基层医师”受到表彰。

26日 今天举行的南京医药卫生体制改革会议上发布消息，南京今年要求职工医保、居民医保参保率稳定在95%以上，推动非公企业从业人员、灵活就业人员、农民工和领取失业金期间的失业人员参加居民医保，建立大学生参加居民医保长效机制，确保所有大学生参保。

7月

2日 省人社厅公布最新《江苏省医疗、工伤、生育保险基本用药目录》，新医保用药目录增加了488个品种。全省3169万医保人员今后使用这些新药也可刷卡报销。参保人员登陆省人力资源和社会保障网，即可知道所购药品是否医保用药。

▲ 医疗纠纷赔偿金额超过3万元的，医院和患方今后不能“私了”。今天公布的《苏州市医疗纠纷预防与处理办法〈修正草案〉》中新增加了这些内容。该规定明确，医疗纠纷发生后，医患双方协商解决，患方要求赔偿金额在3万元以上的，应向医疗机构所在地的调解委员会申请调解处理；患方要求赔偿金额在15万元以上的，应当先行进行医疗鉴定，明确责任。

3日 省政府召开电视电话会议，部署推进基层医疗卫生机构债务化解工作。副省长何权出席会议并讲话。何权说，各地各有关部门要自觉增强责任感、紧迫感，采取有效措施，继续加大力度、加快进度，把这项工作抓紧抓好、抓出成效。

▲ 吴江市决定对特殊病症的特定人员在享受医疗保险、社会医疗救助后，进行专项再救助。特殊病症包括：白血病、再生障碍性贫血、需透析的尿毒症等。

7日 “国家医师（口腔类）资格考试实践技能考试基地与教官培训基地”授牌仪式今天在省口腔医院举行，该院成为江苏省首家承担国家级实践技能考试与考官培训任务的医院。

9日 正在南京召开的“国际脑血管病高峰论坛”传出消

息:"南京市每 4 个过世的人中,就有 1 人死于脑血管病,去年南京共有 8232 人死于脑血管病,发病率远低于全国平均水平。"

11 日 扬州"暴走妈妈"颜彩霞在江苏省人民医院为儿子汤俊雨捐肾,手术顺利,移植肾脏已在汤俊雨体内开始工作,母子身体状况良好。颜彩霞为给儿子治病,风雨无阻,每天行走 10 公里,故被人们称作扬州"暴走妈妈"。

▲ 2012 助听器验配师(行业)技能大赛在南京开幕,这是国内首次举办该行业的技能大赛。目前全国听力残疾人口大约有 2780 万,南京约有 50 万老人、4000 新生儿需要助听器的帮助,验配师缺口较大。此次大赛吸引了全国 700 多人参赛,有 96 名优胜选手入围复赛及决赛。

17 日 徐州市贾汪区董庄医院外科主任王承志,积极参加无偿献血、热心公益事业,13 年来先后献血近 200 次,总量近 40000 毫升,带领志愿者们开展无偿献血宣传活动,荣获"国家无偿献血金奖"、"江苏省百名优秀志愿者"称号,荣登 2012 年 6 月"中国好人榜"。

▲ 南京医科大学传出消息:该校公共卫生学院院长、肿瘤中心主任沈洪兵教授及其团队,新发现 3 个与中国人群肺癌相关的易感位点,其中 2 个与吸烟量存在倍增性关系,相关论文 7 月 15 日发布在国际权威学术杂志《自然遗传》上。

18 日 江苏省肿瘤医院外科对一气管肿瘤患者成功实施全世界首例"全胸腔镜气管肿瘤切除重建"手术,标志着江苏省胸腔镜微创技术已经处于世界领先水平。

19 日 针对医疗单位存在的"大处方"、"滥检查"等侵害患者利益的问题,泰州市在全市医疗机构探索建设"医生用药情况电子监管平台",实现对医院用药总量、品名排序以及医生用药超常情况适时预警,及时纠错。

23 日 从江苏保监局传出消息,今年三季度末,全省公立医院将全部足额投保医疗责任保险,未参加的医疗机构实行"平安医院"考核一票否决。

24 日 首批来自西藏拉萨墨竹工卡县的 5 名"先心病"患儿乘火车到达南京,将在南京市儿童医院接受免费治疗。这些孩子们病情较重,医院将根据具体情况安排手术的时间和方案,还特别制定了符合他们口味的菜谱。

▲ 南京市妇保院产房内诞生一个 4.75 千克的胖小子,这是该院两天之内接生的第 10 个超重儿。今年 1－6 月,该院已接生 735 名超重宝宝,平均每天有 4 名。在医学上,正常胎儿体重应在 2.5－4 公斤之间,孕妇营养过剩、肥胖等会导致胎儿体重过大。

25 日 上午,江苏省人民医院正式宣布,江苏省首例单基因疾病 PGD 病例宣告成功,标志着该院临床生殖医学中心 PGD 技术处于国内领先水平。

30 日 卫生部副部长马晓伟说,我国公立医院改革将加快步伐,今年公立医院改革要拓展和深化,由"局部试点"转向"全面推开"。

8 月

2 日 母亲割肾救子手术成功,今天,扬州"暴走妈妈"颜彩霞之子汤俊雨顺利出院。省人民医院副院长、汤俊雨的主刀医生顾民告诉记者:"移植手术很成功,从检查指标来看,他的肾功能恢复正常,免疫机制的调节也达到了出院标准。"

3 日 担任院长 10 年,非法收受他人财物 54 万余元。今天,南通市第一人民医院副院长孙华受贿案在南通中级人民法院开庭审理。

7 日 神华集团通过神华公益基金会在全国范围内发起了"神华爱心行动",旨在帮助患者有白血病、先天性心脏病的贫困家庭的 0－14 周岁儿童完成医疗康复。今年 7 月,江苏省人民医院成为该公益项目合作医院,该项目今天在省人民医院正式启动并接受报名申请。

8 日 伊犁州友谊医院今天正式加入江苏省人民医院集团,将建立信息共享平台。两地医疗专家今后可对患者进行异地快速会诊;还可对危重病人实施 24 小时监控,并在第一时间进行配合治疗。

中旬 苏州吴江市中医院院长秦均天,1994 年退休后,在家里坐诊,义务为居民看病,从不收费,18 年来,为 5 万多人看病,荣登 7 月份"江苏好人榜"。

中旬 镇江市丹阳棉纺厂退休厂医陈弘毅,1928 年出生,耄耋之年仍每天背着药箱奔走于大街小巷,为老年病人免费把脉问诊,日均免费问诊 10 多名病人,当地人亲切地称他为社区"啄木鸟",荣登 7 月份"江苏好人榜"。

13 日 安徽患者王某今天在南京军区总医院接受机器人做心房修补手术,心脏不停,手术照做,获得成功。这是江苏省首例全由机器人完成的心房修补手术。

13 日 连云港市新浦区人民法院"医患纠纷巡回调解工作室"在该市第一人民医院挂牌。

15 日 由江苏大学附属医院组建的镇江市心血管病重点实验室暨江苏大学心血管病研究所今天正式揭牌。自此,镇江成为江苏省继南京之后第二个拥有心血管病重点实验室的城市。

16 日 首届江苏省"百名诚信之星"推选活动组委会,利用《新华日报》A6A7 两个专版,刊登首届江苏省"百名医德之星"公示和"十大医德标兵"候选人展示。

20 日 南京儿童医院的门急诊人数创入秋以来新高,今天门诊接诊超过 4700 人次。造成这一问题的原因是连日持续 34 度以上的高温,"秋老虎"发威,许多孩子身体无法承受冷热交替巨大变化,很容易出现发热、拉肚子等症状。

▲ 苏州大学附属儿童医院新生儿科医生丁欣在北京被授"全国医疗卫生系统创先争优活动先进个人"荣誉称号。2011 年 8 月 30 日,《新华日报》A7 版曾以《街头那一跪,感动姑苏满城人》为题,对丁欣的事迹进行过报道。

22 日 中华医学会第十七次全国眼科学术大会在南京开幕,副省长何权出席开幕式并致辞。

▲ 上午,泰州市中级人民法院法警徐俊在南京市鼓楼医院为北京一家医院的患者捐献造血干细胞。徐俊是江苏省法院系统捐献第一人,并成为中华骨髓库江苏分库第 266 例捐献者。

9 月

3 日 无锡市名医尤建良荣登 8 月份"中国好人榜"。

7日　省长李学勇主持召开政府常务会议,听取深化医药卫生体制改革工作情况汇报,就更大力度推进深化医改工作,增进群众健康福祉进行研究部署。

上旬　泰州市卫生医疗机构自今年5月开展"构建和谐医患关系"主题活动以来,已有2000多人次及20多个科室主动上交药品回扣等项600多万元,全市二级以上医疗机构医务人员2011年共拒收和上交"红包"2111人次,出院病人对诊疗收费的放心度比上年提高3%,对医疗服务满意度提高8%以上。

11日　江苏省人民医院住院医师高苏麟、江苏省人民医院心脏科主任医师陈红武入选8月份"江苏好人榜"。

▲　高淳县人民医院感染科护士丁海英,在南京市鼓楼医院成功进行了造血干细胞采集,这是高淳县首例捐献造血干细胞的爱心市民。据省红十字会介绍,丁海英是全省第268位捐献造血干细胞的爱心人士,在所有捐献者中,医护人员超过三分之一。

12日　9月1日开学至今,昆山卫生局已与34名考入南医大等医学院校的大学生签署定向资助培养协议,再加上省农村订单定向医学生,该市共签约资助208名全科医学生,政府共计投入940万元。

15日　中国江苏——美国得州生命医学高峰论坛暨第二届北美华人生命科学协会得州分会国际会议在南京开幕。副省长何权出席开幕式并致辞。

16日　将自身的血液抽出来经过严格的紫外线消毒后再输回体内,从而达到杀灭细菌的目的——"自血回输疗法"全国现场会,今天在南京红十字医院召开。

17日　全省县级公立医院综合改革试点工作会议今天在南京召开,副省长何权出席会议并讲话。

18日　德国北威州心脏和糖尿病中心与江阴模塑集团在南京签署协议,双方将出资6亿元,在无锡南长区建设一座三甲标准的心血管专科医院。据悉,这是江苏省第一家中德合资医院。

22日　仪征医院加盟南京鼓楼医院集团今日揭牌,开创了全省公立大医院与企业职工医院"牵手"同闯市场的先河。

23日　由江苏省社区卫生协会主办的省全科医生"三基"决赛在江苏建康职业学校举行,36位社区全科医生进入决赛。

25日　国内第二例、江苏省首例自体心脏移植术今天在南京鼓楼医院获得成功。患者是一位58岁的男性,术后患者康复情况良好。

27日　省苏北医院与美国贝勒集团签署合作协议,扬州市民未来将可享受境外就医。美国贝勒集团旗下有26家大型现代化综合医院与专科医院,双方还计划在扬州建设国际诊疗中心,开展远程会诊业务。

10月

3日　今天是国庆长假的第3天,南医大眼科医院、南京华美整形美容医院、省中医院整形美容科、南京鼓楼医院整形美容科门前,人们排起长队,利用长假做除皱、除眼袋、抽脂、隆胸、垫鼻子等整形美容,其中中老年人占了一半。

8日　国家发改委资助项目——省苏北人民医院儿童医学中心大楼在扬州奠基。该项目总建筑面积约3万平方米,内设儿童门急诊、儿内科、儿外科、新生儿科等,可为儿童提供保健、常规病诊疗、危重症救治、康复等医疗服务,是新一代智能化、人性化的儿童专科诊疗研究中心。

10日　全省卫生改革与发展专题研究班在南京举办,副省长何权出席开班仪式并讲话,卫生部副部长刘谦作首场辅导报告。

11日　南京河西地区综合性医院(河西儿童医院)设计方案开始批前公示,这是江苏省规模最大、设施最全、床位最多的儿童专业医院,建成后日均门诊量可达5000人次,将有效缓解儿童看病难。

15日　今天是"世界镇痛日"。专家指出,我国的慢性疼痛发病率为25-30%,疼痛本身也是一种病,需要及时诊疗。

19日　由南京中医药大学主办的2012南京·国际中医药论坛在宁开幕。副省长何权出席开幕式并致辞。

20日　第二届江苏省中医药文化科普宣传周活动在南京山西路广场启动。本届宣传周由省卫生厅、省中医药局主办,主题是"传承中医国粹,传播优秀文化,共享健康和谐。"国家中医药管理局副局长吴刚出席活动。

21日　由中华医学会精神病学分会、南京脑科医院等联合主办的全国精神医学学术会今天在南京召开,来自全国的2300多位精神病学专家参会。专家说,近20年来,我国抑郁症发病率上升8-10倍。

▲　今天,位于南京五台山永庆巷公交站旁的江苏省人民医院临床生殖中心新址开张。该中心设有男科,省人民医院精子库不久也将搬迁到这里,共同打造全省最大规模的现代化生殖医学中心。

▲　今天上午10点,南京市医疗系统"向人民汇报"述职评议媒体联动直播活动正在进行,南京市卫生局、鼓楼医院、儿童医院等负责人现场接受代表评议并回答网友提问。现场测评结合日常考核、医疗系统综合得分88.2分。

23日　江苏省省级机关医院在宁举行主题为"关注老年人健康"的体检活动,为鼓楼区75岁以上老年人提供免费体检。

30日　来自全国的30余位专家聚会南京,参加第十届中国介入放射学大会,专家们针对介入治疗中存在的乱象发表了自己的意见。介入治疗被称为"不用开刀的手术",是20世纪医学发展最重要的贡献之一。目前国内各地介入治疗水平参差不齐、临床治疗缺乏统一的标准和规范。

▲　截至今日,苏州所有区、县市的新农合参保人员全部转为居民医保,与城镇居民享受同等医保报销待遇。

11月

6日上午　江苏省人民医院与江苏仁医基金会向富平县人民医院捐赠价值10万元的远程会诊视频终端和数字心电图机医疗设备。这意味着,两院之间远程会诊平台正式开通,省人民医院专家今后可对富平县医院患者进行异地快速会诊,还可对危重病人实施24小时监控,第一时间进行配合治疗。

10日　由江苏省肿瘤医院主办的国际乳腺癌治疗高峰论坛今天在南京开幕,专家们呼吁,治疗乳癌不能一切了之。

12日下午 党的十八大新闻中心在梅地亚中心举行第四场记者招待会,大医院看病难、看病贵成为民生热点问题受到关注。

14日 今天是第6个"联合国糖尿病日",国际糖尿病联盟发起的"蓝光行动"今天来宁宣传糖尿病防治,并组织多家医院在南京鼓楼广场开展义诊活动。

▲ 扬州广陵区汶河街道社区卫生服务中心成为该市首个全科医生培训点。在推进家庭医生制度过程中,全科医生缺乏成为"瓶颈"。来自省苏北医院等医疗单位的医疗专家此次与广陵区首批36名家庭医生结对子,为他们提供长期全科医疗业务培训。

15日 省级机关公费定点医院新增2家:南京市江宁医院(二甲)、江苏省明康老年服务中心(社区),参保人员可根据需要自主选择。至此,省级公费医疗定点医院达到了78家。

▲ 苏北首个亲子鉴定项目落户连云港。承担该项目的连云港市第三人民医院司法鉴定所,筹资近400万元购置了目前全球最先进的基因分析仪等设备,3名鉴定人员中,有2人具有博士、硕士学位。

17日 南京医科大学附属第二医院运用"粪菌移植"技术,治愈一例克罗恩病患者,这是目前国内首例。克罗恩病是一种可控不可治愈的肠道疾病。

18日 一批非洲留学生来到扬州,参加模块化箱房医院的使用培训。该市制造的这一新产品将援助非洲40多个国家。模块化箱医院是扬州一企业与中科院合作的产学研成果,也是科技部牵头的援助非洲示范性工程之一。这种由集装箱组成的移动医院,具有组建方便、成本低、流动性好等特点,非常适合非洲不发达地区用作流动诊所。

20日 全省首个收治抑郁症患者的专科病房今天在南京脑科医院开诊。目前我国抑郁症的发病率约为2.5%,而10年前只有0.8%左右。据世界卫生组织统计,抑郁症已成为世界第四大疾病,预计到2020年可能成为仅次于冠心病的第二大疾病。

21日 先后38次收受贿赂总计达55万元,泄露医疗设备招标底价、恶意串标,南通妇幼保健院原院长黄宇春今日被南通市中级人民法院一审判处有期徒刑7年,并处没收财产18万元。

25日 复旦大学医院管理研究所今日公布《2011年度中国最佳医院排行榜》,江苏省有3家医院位列前50名:省人民医院、苏州大学附属第一医院、鼓楼医院分别排名第41、46、47位。

29日 江苏省召开防治艾滋病工作座谈会,副省长何权出席并讲话。

30日 中华医学会第十二次全国胸心血管外科学术大会在南京开幕。副省长何权出席开幕式并致辞。

下旬 省卫生厅直属事业单位面向社会公开招聘884名工作人员。据了解,本次招聘岗位分为两类,一类需要参加卫生厅统一组织的笔试,共557人;另一类岗位直接参加招聘单位的考试,共327人。本次招录统一报名时间为2012年11月28日至12月7日,卫生厅统一组织笔试时间为2013年1月5日。

招录单位	招录人数	招录单位	招录人数
江苏省人民医院	90	苏州大学附属儿童医院	30
江苏省中医院	55	南通大学附属医院	44
江苏省疾病预防控制中心	12	徐州医学院附属医院	144
江苏省省级机关医院	21	江苏省吸血虫病防治研究所	5
南京医科大学第二附属医院	55	江苏省原子医学研究所	19
江苏省第二中医院	136	苏州卫生职业技术学院	1
江苏省中医药研究院(江苏省中西医结合医院)	90	盐城卫生职业技术学院	27
江苏省血液中心	11	江苏省太湖干部疗养院	18
江苏健康职业学院	13	总计	884
苏州大学附属第一医院	113		

是月 沛县人民医院重症监护室医护集体,入选11月份"江苏好人榜"之后,又荣登11月份"中国好人榜"。三年来,沛县人民医院重症监护医务人员,全力救治并接力抚养脑瘫弃婴,如今孩子已经可以用简单的语言进行表达。他们的事迹感动了很多人,许多志愿者表示要将这份爱心传递下去。

是月 徐州市睢宁县姚集镇石碑村乡村医生纪凤银入选11月份"江苏好人榜"之后,又荣登11月份"中国好人榜"。纪凤银,1948年生,男性,上世纪60年代开始钻研医术,当起了"赤脚医生",每天辛勤奔波在乡间小路上为人们治病,不但挽救了无数的生命,而且为病人垫付医药费10多万元,荣获"全国优秀乡村医生"称号。

是月 苏州常熟市浒浦卫生院退休医生吴中粹,1929年生,男性,退休后,坚持24年为乡亲们慈善义诊,虽然年老体衰,但只要有患者上门求诊,他总是有求必应,累计诊治病人10万余人次,从不收受患者一分钱,诠释了"医者仁心"的崇高境界。

12月

2日 江苏省人大审议通过《江苏省残疾人保障条例》,该《条例》将于2013年3月1日起施行。这是献给12月3日第21个"国际残疾人日"的一份贺礼。该《条例》把残疾儿童免费康复范围从贫困家庭扩大到所有的残疾儿童,年龄也从6岁以下扩大到0-14岁。

5日 《新华日报》A3版刊登一幅漫画,标题是《病人千万,何可庆祝?》文字说明如下:近日,广东吴川市人民医院挂出一个"热烈祝贺我院2012年住院病人突破4万人次"的大条幅,在网友质疑下,横幅已被撤下。病人太多,是社会之痛。医院生病住院的人次越多,说明老百姓的健康保障水平越差,这哪里是该庆祝的事? 有关医院以悲为喜,把人家的坏事当成自己的好事,说明"救死扶伤"、"医者仁心"这样的立院之本,已经为"挣钱至上"、"生意第一"所替代,令人深思。

7日　江苏省政府与国家科技部、卫生部、食品药品监管局、中医药管理局共同推进泰州医药高新区建设联席会议在泰州举行,江苏省省长李学勇在会上发言,要求把泰州打造成医药产业高地、人才高地、创新高地。

8日　南京市召开新闻发布会,宣布从2013年1月起,南京市所有机关事业单位的工作人员及退休人员,全部参加职工医疗保险,全市机关事业人员取消公费医疗,20万公职人员全部转入职工医保,与企业职工统一参保缴费、统一缴费比例、统一待遇标准、统一经办流程、统一医疗服务。

上旬　收治抑郁症的专科病房在南京脑科医院启用。据世界卫生组织统计,抑郁症已成为世界第四大疾患,预计到2020年可能成为仅次于冠心病的第二大疾病。

上旬　连云港处罚127家医疗机构,这些医疗机构被处罚的原因是:公立医院违反规定,安排未取得医师资格的医学专业毕业生独立从事诊疗活动、使用卫技人员从事本专业以外的诊疗活动;民营医疗机构、门诊部和诊所使用未取得资格的人员从事诊疗活动、超范围经营及违法发布医疗广告等。

上旬　为及时掌握出院病人对健康的需求,连云港第二人民医院自今年6月至本月上旬,已对18682名出院患者进行了电话回访或入户家访,出院病人满意度达到96%以上。

上旬　淮安市异地就医平台正式开通运行,该市医保患者今后可在全省300多家异地定点医院就诊。同样,全省其他城市的市民也可以通过平台到包括第一人民医院、第二人民医院在内的淮安30家定点医院异地就诊。

12日　国家卫生部举行新闻发布会,相关负责人就网友担心胸透放射线致癌等问题回答了记者提问。卫生部食品安全与卫生监督局局长苏志说:卫生部对于医疗放射卫生防护治疗一直有具体的监督管理措施,目前正在制定相关方面的规定,也将于近期发布关于健康体检的应用放射检查技术的规定,规范健康体检以及放射技术的使用,包括现在网友关注的放射治疗方面的具体监督管理。

15日　南京鼓楼医院隆重庆祝建院120周年暨南扩工程新大楼启用。江苏省政协主席张连珍,江苏省委常委、南京市委书记杨卫泽,省政协副主席、南京市委副书记许仲梓,南京市市长季建业,老同志陈焕友,原卫生部副部长朱庆生,美国前总统卡特,南京大学党委书记洪银兴、校长陈骏,美国驻上海总领事,鼓楼医院创始人马林后裔及美国加拿大基督会代表等出席庆祝仪式。全国人大副委员长蒋树声为鼓楼医院题词。

18日　江苏省卫生监督协会在南京成立。据江苏省卫生厅厅长王咏红介绍,当前,食品安全和职业病危害等公共卫生问题仍较突出,卫生监督体系建设发展不平衡,省卫生监督协会集中我省卫生系统154个专家和管理人员为智库,将利用人才资源,加强对企业的服务。

中旬　泰州市政府印发进一步加强药品安全工作的意见,今后,将开展企业药品质量安全公开承诺,完善行业禁入和退出机制,并建立"黑名单"制,及时公布失信企业。发生严重药品安全事故以及屡次被评为低信用等级的企业,将被列为重点监管对象。

中旬　就"输液多血管会有玻璃碴"的问题,各方面专家均表示无须担心。江苏省中医院儿科袁兵主任医师说:经常输液,会对血管、皮肤造成水肿和淤血,还有许多药物如果直接进入血管,对血管刺激厉害,会让血管变硬,为高血压等患病埋下祸根,"如果经常输抗生素,则会使体内白细胞下降,导致免疫力下降。临床的用药原则,一般是先口服,其次是打针,实在不行再输液。"

22日　东南大学附属中大医院自2002年首创南京危重儿转运系统至今,十年转运危重儿8166例,遍及南京周边300公里以内60余家医院,患儿无一例在途中死亡,抢救成功率高达97.5%。

24日　来自苏沪的专家学者集聚启东,研讨"导医网络"成为"救命通道"问题。原供亲朋好友看病的私人关系网,后经注册、推广,发展壮大,如今成为有60万会员的"导医"网络——启东市长征康复慈善导医服务部。如今,该网络已扩展到海门、通州、如皋、如东等地,覆盖500多家单位、60万职工,浙江、安徽等地医院也纷纷加盟该导医网络,医院从长征医院扩容到上海中山、瑞金、华山等三甲医院。

31日　从有关方面获悉,自2013年1月1日起,镇江全市二级以上非营利性医疗机构将正式实施公立医院医药价格综合改革。按照"总量控制,结构调整"原则,改革主要内容包括取消药品加成、降低大型设备检查治疗价格、提高部分医疗服务价格以及试点开展按病种收费、9个病种试行"一口价"等。通过多部门政策联动,减轻老百姓医疗费用负担,体现医务人员技术劳务价值,促进医疗机构均衡发展。

二、大事详录

1、江苏 4 家医院进入综合实力百强

备受争议的 2011 年度中国医院排行榜,2012 年 11 月 25 日出炉

江苏 4 家医院进入综合实力百强

此消息由复旦大学医院管理研究所在《2011 年度中国最佳医院排行榜》中公布

榜单怎么评出来的

2000 余专家参评,参考"专科声誉得分"和"科研学术得分"

在《中国医院最佳专科声誉排行榜》和《中国最佳医院排行榜》上,各家三甲医院的得分由两部分构成。"专科声誉得分(声誉排名)"和"科研学术得分"相加的总分即为各家医院的最终排名得分。根据相关信息,给全国三甲医院打分的是由中华医学会 28 个专业委员会的全国委员和各省、直辖市、自治区医学会各专业委员会的主任委员组成的"评议专家库",专家数量达到了 2009 名。"医院专科声誉得分"是由专家综合考虑每家医院的学科建设、临床技术与医疗质量、科研水平等关键因素后,对相关专科前 10 名医院进行的提名和排序。《最佳医院排行榜》则是根据每家医院获得的各专科声誉排名,并结合该院的"医院科研学术得分",形成医院的总体得分,最后产生全国 100 家最佳医院。

打分方法值得商榷

榜单评估临床占 80%,科研仅占 20%,看重病人口碑

《中国医院最佳专科声誉排行榜》和《中国最佳医院排行榜》备受争议,也有网友质疑,在"最佳医院"的榜单上过多的考虑了科研水平,榜单似乎"不接地气","为什么不做一个挂号难排行榜那样更有价值。""在社会各界热议这份榜单的时候,江苏省卫生法学会副会长胡晓翔也对今年的"最佳医院"和"最佳专科"排行榜进行了关注。胡晓翔认为,榜单的打分方法"专科声誉得分(声誉排名)"和"科研学术得分"更多的还是从业内人士的角度进行的排名,"一个医院的综合实力不光看科研水平,还有医务工作者的业务水平、责任心等等。所以,榜单的打分方法值得商榷。"

但鼓楼医院骨科主任邱勇告诉记者,他作为一名受访者,他对这个榜单出炉的过程也有一定程度的了解。他说,榜单的评选并不是像一些网友所质疑的"不接地气",只邀请业内人士做评审。"没有指定的阶层",邱勇教授说,在受访的人群中,有病人的代表,有医院专家,也有卫生系统的行政人员等等,"虽然是一个小样本,但是个人认为具有代表性。"

邱勇教授说,他认为这张榜单评估的标准还有一个重要的特点,就是以临床为主,临床占 80%,科研仅占 20%。"有些科室没有入选或者排名较后,可能是因为他们重视科研,对病人的关注程度并不算是太高,病人的覆盖面也不是太广。"邱勇说,看重病人的口碑,也是这个榜单让他觉得比较科学的地方。

2011 年度中国最佳医院排行榜前 10 名

第 1 名	北京协和医院
第 2 名	四川大学华西医院
第 3 名	中国人民解放军总医院
第 4 名	上海交通大学医学院附属瑞金医院
第 5 名	第四军医大学西京医院
第 6 名	复旦大学附属中山医院
第 7 名	复旦大学附属华山医院
第 8 名	北京大学第一医院
第 9 名	北京大学人民医院
第 10 名	华中科技大学同济医学院附属同济医院

我省上榜医院

第 41 名	江苏省人民医院
第 46 名	苏州大学附属第一医院
第 47 名	南京大学医学院附属鼓楼医院
第 54 名	南京军区南京总医院

中国医院专科声誉排行榜我省进榜专科

南京军区南京总医院肾脏科	排名肾脏科全国第 2
南京军区南京总医院病理科	排名病理科全国第 8
南京大学医学院附属鼓楼医院风湿科	排名风湿科全国第 5
南京大学医学院附属鼓楼医院骨科	排名骨科全国第 9
南京医科大学附属脑科医院精神医学科	排名精神医学科全国第 6
南京市口腔医院口腔科	排名口腔科全国第 9
南京军区南京总医院普外科	排名普外科全国第 10
苏州大学附属第一医院血液科	排名血液科全国第 4
江苏省肿瘤医院肿瘤科	排名肿瘤科全国第 10

2010 年度医院排名情况

名次	医　　院	名次	医　　院
1	北京协和医院	6	第四军医大学西京医院
2	四川大学华西医院	7	北京大学第一医院
3	中国人民解放军总医院	8	复旦大学附属中山医院
4	上海交通大学医学院附属瑞金医院	9	中山大学附属第一医院
5	复旦大学附属华山医院	10	北京大学人民医院

我省上榜医院

名次	医　　院	名次	医　　院
33	南京军区南京总医院	42	江苏省人民医院
39	苏州大学附属第一医院	48	南京大学医学院附属鼓楼医院

2、江苏省公立医院药价改革在镇江启动

作为江苏公立医院医药价格综合改革试点城市,镇江医改的一举一动都具有“示范性”

药品零利润销售,提高医生诊疗费镇江公立医院明年元旦起实施医改

昨天,镇江就备受关注的公立医院医药价格综合改革举行新闻发布会。 万凌云摄

预计一年下来,老百姓总体医疗费支出可减负 4000 万元,但部分患者支出会增加

镇江市政府昨天举行公立医院医药价格综合改革新闻发布会。2013 年 1 月 1 日起,镇江全市二级以上非营利性医疗机构正式实施公立医院医药价格综合改革。取消药品加成、2000 元以上高值耗材零利润销售、降低大型设备检查治疗价格,镇江公立医院摆脱“以药养医”走出了扎实一步,也对“过度诊疗”、“过度开药”等扭曲医疗现状举起了“手术刀”。

“镇江是江苏公立医院医药价格综合改革试点城市”,镇江市卫生局副局长伏庆鸣告诉扬子晚报记者,实施的“新政”还需要摸索和完善,此后其他城市公立医院也将跟进,镇江的改革为此具有“示范性”。

通讯员　姚秀峰　　扬子晚报记者　万凌云

医改加减法

一、药品价格医疗机构减收约 1.84 亿元

4830 种药进来什么价就卖什么价

大型设备检查费、部分检验项目、高值耗材也跟着降了

镇江市物价局副局长田先华介绍,“新政”取消药品加成(中药饮片、制剂除外),实行零差价销售,共涉及 4830 个参保和非参保药品品种和规格。

CT、MRI 等大型设备检查治疗价格也将降低。二级医疗机构取消磁共振扫描(MRI)(编码 2102)和 X 线计算机体层(CT)扫描(编码 2103)指导价格上浮 15% 的规定。三级医疗机构 CT、MRI 上浮比例下降 5 个百分点,并在两年内取消上浮政策规定。

另外“肝功能检验组合”和“住院生化组合”检验价格也会下调。规范并确定“乙肝两对半定量检测”和“大生化组合”基础套餐的检验项目、检验方法、收费标准。实行同级医

疗机构检验结果互认机制和低等级医疗机构对高等级医疗机构检验结果认同机制，避免病人重复检查，降低病人医疗费用。降低高值耗材销售价格。对单独收费的高值耗材品种，建立目录管理制度。严格控制高值耗材的差率和差价，试行对单价2000元以上的单品种高值耗材实行零利润销售，直接让利于民。这一点在骨科及心脏病患者身上尤其得到充分体现。

"贵的耗材医院无利润，就能有效去除医院、医生多用高耗材的动力"，镇江市卫生局局长林枫在回答扬子晚报记者提问时如此表达。

诊疗收费医疗机构增收约1.43亿元

医护人员的诊疗服务价格将提高

门诊、急诊挂号费，病房降温取暖费反而取消了

据介绍，镇江现行的医疗服务价格标准为2005年批准实施，其间，虽增加调整了部分项目标准，但总体项目结构标准没有变，现行的医疗服务价格标准偏离医疗服务价值，医疗服务的知识价值、技术价值和风险成本未能得到体现。

林枫表示，此次改革不单纯是医药价格的改革，其实更是补偿机制的改革，要通过调整技术劳务较高的医疗服务价格，进一步理顺医疗服务价格体系，"体现技术劳务价值，调动广大医务人员的积极性，让医者能够认真为患者提供更好的服务，进而促进卫生事业的良性健康发展"。

在实施"四降"的基础上，"新政"将提高部分体现医务人员劳务价值、技术价值和风险价值的医疗服务项目收费标准。具体为：提高诊查费、护理费、临床诊疗及手术费、中医服务项目等收费价格，重新调整病房床位费的项目内涵和标准。本次价格改革统一取消1元的门诊挂号费、急诊挂号费、病房5—6元/天的降温取暖费。

改革突出了对传统医学发展的扶持和传承，试图探索符合体现中医特色的成本核算办法。改革目前以成本为基础的单一定价方式，使中医医疗服务项目价格充分体现医务人员劳务价值，体现传统医学的文化底蕴，提高中医诊疗项目收费标准。

医疗机构减收4000万元还有何亮点

剖宫产等9个病种"一口价"治疗

均为手术治疗病种，到哪家试点医院都是一个价

"同病不同价"的质疑声有望逐步消失。扬子晚报记者获悉，此次改革，镇江将选择部分临床路径明确、疗效可靠的病种试点开展按病种收费。在医患双方签订按病种收费协议后，剖宫产、腹腔镜下手术治疗胆石症等9个病种将按病种付费，通俗地讲就是"一口价"或"打包价"，让患者事先"心中有数"。

目前，镇江市民在看病时是按项目付费，比如抽血交一次费、透视交一次费、医生开药或挂水时的针头都要先交钱。试行的按病种付费的机制，将倒逼部分医生改变过去过度诊疗、过度开药的扭曲状态，向正常状况回归，切实减轻群众就医负担。

镇江先行执行按病种收费的病种包括：腹腔镜下手术治疗胆囊结石、常规手术治疗急性单纯性阑尾炎、经尿道膀胱镜前列腺切除术治疗前列腺增生症、腹腔镜手术下治疗子宫平滑肌瘤、腹腔镜手术下治疗子宫腺肌症、腹腔镜手术下治疗卵巢良性肿瘤、腹腔镜手术下治疗等。

对于此前南京推出的肺癌等治疗"一口价"项目，镇江医改新政会否涉及？伏庆鸣副局长就此告诉扬子晚报记者，可以视患者意愿，参照单病种项目"一口价"模式实施。

另外，此次调整的护理类、手术麻醉类项目价格为最高价格，不再执行江苏省物价局、江苏省卫生厅《关于印发〈江苏省医疗服务项目价格〉的通知》（苏价费〔2005〕213号）规定的15%上下浮动规定。

困难群体就医仍享受"五免五减半"

具体减免办法按照《镇江市社会医疗救助办法》执行

田先华副局长告诉记者，镇江实施医药价格综合改革后，将继续执行《镇江市社会医疗救助办法》文件规定，对社会医疗救助对象实施医疗费用减免政策。镇江市区（京口、润州、丹徒、新区）的城市低保人员、城市三无人员、特困职工、农村低保人员、农村五保户、在乡精简老职工、政府集中供养的孤残儿童等民政福利对象，在定点医院就诊时凭相关部门核发的证件，享受"五免五减半"优惠政策。"五免"即免收普通门诊挂号费、普通门诊诊疗费、门诊注射费、住院诊疗费和住院基本医疗护理费；"五减半"即减半收取治疗费、检查费、放射费、基本手术费和住院普通床位费。

实施按病种收费方式下，医疗救助对象的住院费用减免按照镇江市物价、卫生、人社、财政联合制定下发的《关于试点部分病种按病种收费的通知》规定执行。如救助对象采用经尿道膀胱镜前列腺切除术治疗前列腺增生症，选择按病种收费方式，在三级医院可直接减免自费医疗费用1000元，二级医院减免800元；采用腹腔镜手术方式治疗卵巢良性肿瘤或子宫平滑肌瘤，选择按病种收费方式，在三级医院可直接减免自费医疗费用700元，二级医院减免400元。

■一点提醒

执行新政后，部分患者费用会增加

需要指出的是，并不是说执行新政后，所有患者的医疗费用都降低。林枫表示，此次新政制定的原则是"坚持公益性，调动积极性；完善服务，转换机制；总量控制，结构调整；定期考核,动态调整”,由于病种不同,每个患者的具体体会可能会不一样:“新政”后,一些患者的费用可能降低了,一些患者的费用可能反而比原来还有所上涨。

林枫指出,总体上,百姓的就医负担是减轻了。而更为重要的是,改革通过消除“以药养医”,转换机制,切断医药之间的利益链,进一步体现医疗卫生事业的公益性,调动医务人员的积极性,进一步提升医疗服务水平,进而推动医疗卫生事业步入良性健康发展的轨道。

■新闻延伸

收入少了4000万医院怎么办?

要靠医院勒“裤腰带”财政松“钱袋子”来弥补

镇江市物价局副局长田先华透露,“新政”调整后,取消药品加成使医疗机构减收约1.84亿元,提高医疗服务价格医疗机构增收约1.43亿元,这样算下来,全市医疗系统每年将减少4000多万元的“利润”。医院和各有关部门将如何应对?

镇江市政府新闻发言人、副秘书长卜晓放表示,此次改革,镇江形成了物价、财政、人社、卫生等部门紧密配合,合力推进的良好局面。

物价:检查小组监督收费

镇江市物价部门将进一步采取多种手段,强化监督检查,提高监管效果。一是建立多部门联合检查小组,全程监督医院的收费行为,纠正并严格查处存在的各种违规收费行为;二是逐步建立医药价格动态调整机制。围绕控制医药总费用,提高医疗服务质量,建立新型的医疗服务定价机制和价格管理机制,促进医院改善服务水平质量。

财政:专项资金补偿“差额”

财政部门将进一步加大投入力度,落实医改责任。对于医疗机构减收的4000多万元缺口,除了医院通过加强管理自行消化一部分外,其余要由财政来补偿,各级财政部门增加卫生改革投入,建立专项资金对价格改革形成的差额予以适当补偿,进一步体现医疗卫生事业的公益性。

人社:医保全力配合

人社部门将制定医保配套政策和措施,保障医药价格综合改革顺利实施。对于价格改革中新增的医疗服务项目和病种要做好医保目录库的更新和维护,并制定医保支付比例和支付政策。对于涉及调整的医疗服务项目要进行医保支付政策的调整。

卫生:医院收费要零增长

卫生部门将严格加强控费管理。2013年镇江市二级以上公立医院平均门诊和住院收费水平保持零增长,并严格考核,对于各医院超出2012年均费水平的医疗费用全额上缴。

(原载《扬子晚报》2012年12月30日A3版)

权威发布

中国的医疗卫生事业

中华人民共和国国务院新闻办公室
（2012年12月）

□2012年人均期望寿命达74.8岁，中国居民的健康水平已处于发展中国家前列

□截至2011年，职工医保、居民医保、新农合参保人数超过13亿，覆盖面积95%以上，构建起世界上规模最大的基本医疗保障网

□目前多数疫苗可预防传染病的发病已降至历史最低水平

□建立妇幼卫生年报系统和世界上规模最大的妇幼卫生监测网络

□目前已与70多个国家签订含中医药内容的政府协议或专门中医药合作协议，中医药已传播到160多个国家和地区

□积极参与全球卫生事务，截至2011年共帮助52个国家建成100所医院和医疗中心

目　　录

前　　言

健康是促进人的全面发展的必然要求。提高人民健康水平，实现病有所医的理想，是人类社会的共同追求。在中国这个有着13亿多人口的发展中大国，医疗卫生关系亿万人民健康，是一个重大民生问题。

中国高度重视保护和增进人民健康。宪法规定，国家发展医疗卫生事业，发展现代医药和传统医药，保护人民健康。围绕宪法，中国逐步形成了相对完善的卫生法律法规体系。

多年来，中国坚持"以农村为重点，预防为主，中西医并重，依靠科技与教育，动员全社会参与，为人民健康服务，为社会主义现代化建设服务"的卫生工作方针，努力发展具有中国特色的医疗卫生事业。经过不懈努力，覆盖城乡的医疗卫生服务体系基本形成，疾病防治能力不断增强，医疗保障覆盖人口逐步扩大，卫生科技水平日益提高，居民健康水平明显改善。

为建立起覆盖城乡居民的基本医疗卫生制度，保障每个居民都能享有安全、有效、方便、价廉的基本医疗卫生服务，中国深入推进医药卫生体制改革，取得了重要阶段性成效。

一、卫生基本状况

居民健康状况不断改善。从反映国民健康状况的重要指标看，中国居民的健康水平已处于发展中国家前列。2010年人均期望寿命达到74.8岁，其中男性72.4岁，女性77.4岁（见图1）。孕产妇死亡率从2002年的51.3/10万下降到2011年的26.1/10万（见图2）。婴儿死亡率及5岁以下儿童死亡率持续下降，婴儿死亡率从2002年的29.2‰下降到2011年的12.1‰（见图3），5岁以下儿童死亡率从2002年的34.9‰下降到2011年的15.6‰（见图4），提前实现联合国千年发展目标。

建立起覆盖城乡的医疗卫生体系。一是公共卫生服务体系。包括疾病预防控制、健康教育、妇幼保健、精神卫生、卫生应急、采供血、卫生监督和计划生育等专业公共卫生服务网络，以及以基层医疗卫生服务网络为基础、承担公共卫生服务功能的医疗卫生服务体系。二是医疗服务体系。在农村建立起

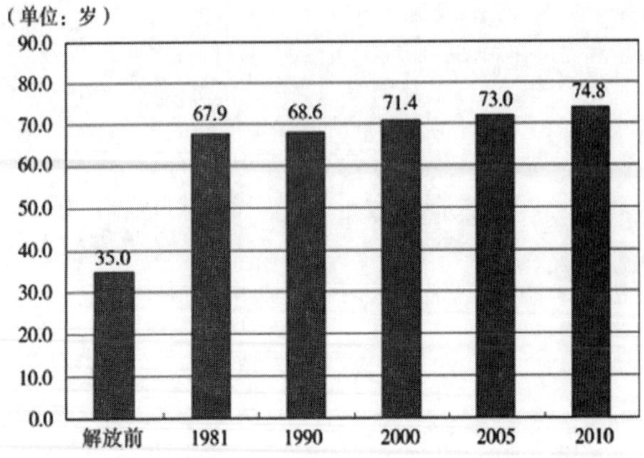

图 1　中国人均期望寿命

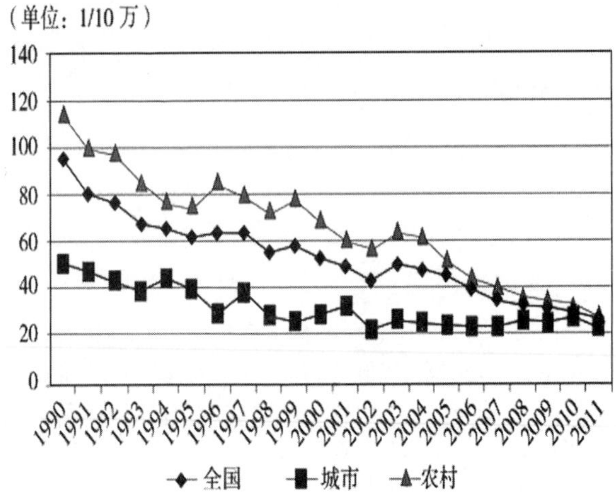

图 2　中国孕产妇死亡率

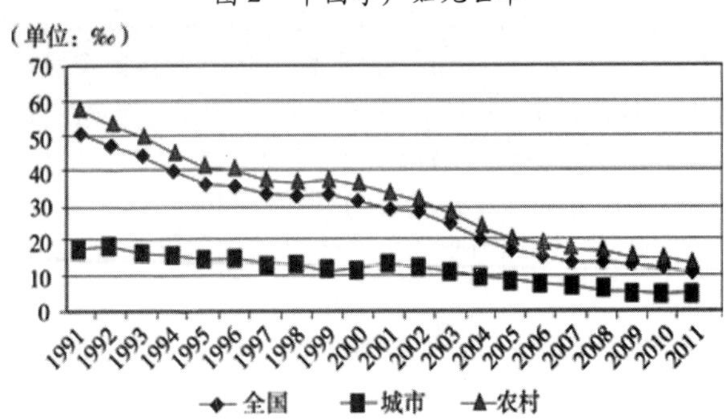

图 3　中国婴儿死亡率

以县级医院为龙头、乡镇卫生院和村卫生室为基础的农村三级医疗卫生服务网络，在城市建立起各级各类医院与社区卫生服务机构分工协作的新型城市医疗卫生服务体系。三是医疗保障体系。这个体系以基本医疗保障为主体、其他多种形式补充医疗保险和商业健康保险为补充。基本医疗保障体系包括城镇职工基本医疗保险、城镇居民基本医疗保险、新型农村合作医疗和城乡医疗救助，分别覆盖城镇就业人口、城镇非就业人口、农村人口和城乡困难人群。四是药品供应保障体系。包括药品的生产、流通、价格管理、采购、配送、使用。近期重点是建立国家基本药物制度。

卫生筹资结构不断优化。卫生筹资来源包括政府一般税

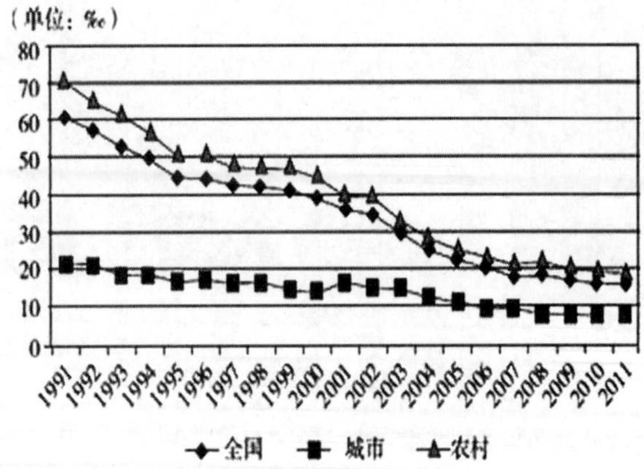

图 4

收、社会医疗保险、商业健康保险和居民自费等多种渠道。2011 年，中国卫生总费用达 24345.91 亿元人民币，同期人均卫生总费用为 1806.95 元人民币，卫生总费用占国内生产总值的比重为 5.1%（见图 5）。按可比价格计算，1978—2011 年，中国卫生总费用年平均增长速度为 11.32%。个人现金卫生支出由 2002 年的 57.7% 下降到 2011 年的 34.8%（见图 6），卫生筹资系统的风险保护水平和再分配作用不断提高。2011 年，医院、门诊机构费用为 18089.4 亿元人民币，公共卫生机构费用为 2040.67 亿元人民币，分别占卫生总费用的 71.74% 和 8.09%。医院费用中，城市医院、县医院、社区卫生服务中心、乡镇卫生院费用分别占 64.13%、21.28%、5.17%、9.3%。

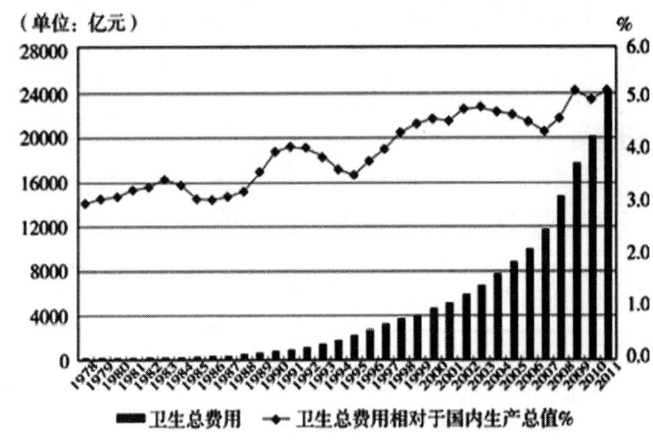

图 5　中国卫生总费用和卫生总费用占国内生产总值比重

卫生资源持续发展。截至 2011 年底，全国医疗卫生机构达 95.4 万个（所），与 2003 年比较，医疗卫生机构增加 14.8 万个（所）。执业（助理）医师 246.6 万人，每千人口执业（助理）医师数由 2002 年的 1.5 人增加到 1.8 人。注册护士 224.4 万人，每千人口注册护士数由 2002 年的 1 人增加到 1.7 人。医疗卫生机构床位数 516 万张，每千人口医疗卫生机构床位数由 2002 年的 2.5 张提高到 3.8 张。

医疗卫生服务利用状况显著改善。2011 年，全国医疗机构诊疗人次由 2002 年的 21.5 亿人次增加到 62.7 亿人次，住院人数由 2002 年的 5991 万人增加到 1.5 亿人。中国居民到医疗卫生机构年均就诊 4.6 次，每百居民住院 11.3 人，医院病床使用率为 88.5%，医院出院者平均住院日为 10.3 天。居民

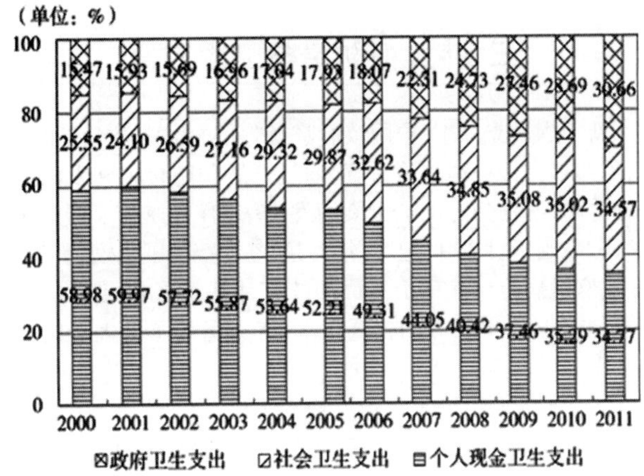

图6 卫生总费用筹资构成

看病就医更加方便，可及性显著提高。15 分钟内可到达医疗机构住户比例，由 2003 年的 80.7% 提高到 2011 年的 83.3%，其中农村地区为 80.8%。医疗质量管理和控制体系不断完善。建立无偿献血制度，血液安全得到保障。

二、医药卫生体制改革

经过多年努力，中国卫生事业取得显著发展成就，但与公众健康需求和经济社会协调发展不适应的矛盾还比较突出。特别是随着中国从计划经济体制向市场经济体制的转型，原有医疗保障体系发生很大变化，如何使广大公众享有更好、更健全的医疗卫生服务，成为中国政府面临的一个重大问题。从 20 世纪 80 年代开始，中国启动医药卫生体制改革，并在 2003 年抗击传染性非典型肺炎取得重大胜利后加快推进。2009 年 3 月，中国公布《关于深化医药卫生体制改革的意见》，全面启动新一轮医改。改革的基本理念，是把基本医疗卫生制度作为公共产品向全民提供，实现人人享有基本医疗卫生服务，从制度上保证每个居民不分地域、民族、年龄、性别、职业、收入水平，都能公平获得基本医疗卫生服务。改革的基本原则是保基本、强基层、建机制。

医改是一项涉及面广、难度大的社会系统工程，在中国这样一个人口多、人均收入水平低、城乡区域差距大的发展中国家，深化医改是一项十分艰巨复杂的任务。三年多来，中国政府大力推进医药卫生服务与经济社会协调发展，积极破解医改这一世界性难题。通过艰苦努力，中国的新一轮医改取得积极进展。

——基本医疗保障制度覆盖城乡居民。截至 2011 年，城镇职工基本医疗保险、城镇居民基本医疗保险、新型农村合作医疗参保人数超过 13 亿，覆盖面从 2008 年的 87% 提高到 2011 年的 95% 以上，中国已构建起世界上规模最大的基本医疗保障网。筹资水平和报销比例不断提高，新型农村合作医疗政府补助标准从最初的人均 20 元人民币，提高到 2011 年的 200 元人民币，受益人次数从 2008 年的 5.85 亿人次提高到 2011 年的 13.15 亿人次，政策范围内住院费用报销比例提高到 70% 左右，保障范围由住院延伸到门诊。推行医药费用即时结算报销，居民就医结算更为便捷。开展按人头付费、按病种付费和总额预付等支付方式改革，医保对医疗机构的约束、控费和促进作用逐步显现。实行新型农村合作医疗大病保障，截至 2011 年，23 万患有先天性心脏病、终末期肾病、乳腺癌、宫颈癌、耐多药肺结核、儿童白血病等疾病的患者享受到重大疾病补偿，实际补偿水平约 65%。2012 年，肺癌、食道癌、胃癌等 12 种大病也被纳入农村重大疾病保障试点范围，费用报销比例最高可达 90%。实施城乡居民大病保险，从城镇居民医保基金、新型农村合作医疗基金中划出大病保险资金，采取向商业保险机构购买大病保险的方式，以力争避免城乡居民发生家庭灾难性医疗支出为目标，实施大病保险补偿政策，对基本医疗保障补偿后需个人负担的合规医疗费用给予保障，实际支付比例不低于 50%，有效减轻个人医疗费用负担。建立健全城乡医疗救助制度，救助对象覆盖城乡低保对象、五保对象，并逐步扩大到低收入重病患者、重度残疾人、低收入家庭老年人等特殊困难群体，2011 年全国城乡医疗救助 8090 万人次。

——基本药物制度从无到有。初步形成了基本药物遴选、生产供应、使用和医疗保险报销的体系。2011 年，基本药物制度实现基层全覆盖，所有政府办基层医疗卫生机构全部配备使用基本药物，并实行零差率销售，取消了以药补医机制。制定国家基本药物临床应用指南和处方集，规范基层用药行为，促进合理用药。建立基本药物采购新机制，基本药物实行以省为单位集中采购，基层医疗卫生机构基本药物销售价格比改革前平均下降了 30%。基本药物全部纳入基本医疗保障药品报销目录。有序推进基本药物制度向村卫生室和非政府办基层医疗卫生机构延伸。药品生产流通领域改革步伐加快，药品供应保障水平进一步提高。

——城乡基层医疗卫生服务体系进一步健全。加大政府投入，完善基层医疗卫生机构经费保障机制，2009—2011 年，中央财政投资 471.5 亿元人民币支持基层医疗机构建设发展。采取多种形式加强基层卫生人才队伍建设，制定优惠政策，为农村和社区培养、培训、引进卫生人才。建立全科医生制度，开展全科医生规范化培养，安排基层医疗卫生机构人员参加全科医生转岗培训，组织实施中西部地区农村订单定向医学生免费培养等。实施万名医师支援农村卫生工程，2009—2011 年，1100 余家城市三级医院支援了 955 个县级医院，中西部地区城市二级以上医疗卫生机构每年支援 3600 多所乡镇卫生院，提高了县级医院和乡镇卫生院医疗技术水平和管理能力。转变基层医疗服务模式，在乡镇卫生院开展巡回医疗服务，在市辖区推行社区全科医生团队、家庭签约医生制度，实行防治结合，保障居民看病就医的基本需求，使常见病、多发病等绝大多数疾病的诊疗在基层可以得到解决。经过努力，基层医疗卫生服务体系不断强化，农村和偏远地区医疗服务设施落后、服务能力薄弱的状况明显改变，基层卫生人才队伍的数量、学历、知识结构出现向好趋势。2011 年，全国基层医疗卫生机构达到 91.8 万个，包括社区卫生服务机构 2.6 万个、乡镇卫生院 3.8 万所、村卫生室 66.3 万个，床位 123.4 万张。

——基本公共卫生服务均等化水平明显提高。国家免费向全体居民提供国家基本公共卫生服务包，包括建立居民健康档案、健康教育、预防接种、0—6 岁儿童健康管理、孕产妇健康管理、老年人健康管理、高血压和 II 型糖尿病患者健康管理、重性精神疾病患者管理、传染病及突发公共卫生事件报告和处理、卫生监督协管等10类41项服务。针对特殊疾病、重点人群和特殊地区，国家实施重大公共卫生服务项目，对农村孕产妇住院分娩补助、15岁以下人群补种乙肝疫苗、消除燃煤型氟中毒危害、农村妇女孕前和孕早期补服叶酸、无害化卫生厕所建设、贫困白内障患者复明、农村适龄妇女宫颈癌和乳腺癌检查、预防艾滋病母婴传播等，由政府组织进行直接干预。2011年，国家免疫规划疫苗接种率总体达到90%以上，全国住院分娩率达到98.7%，其中农村住院分娩率达到98.1%，农村孕产妇死亡率呈逐步下降趋势(见图7)。农村自来水普及率和卫生厕所普及率分别达到72.1%和69.2%。2009年启动“百万贫困白内障患者复明工程”，截至2011年，由政府提供补助为109万多名贫困白内障患者实施了复明手术。

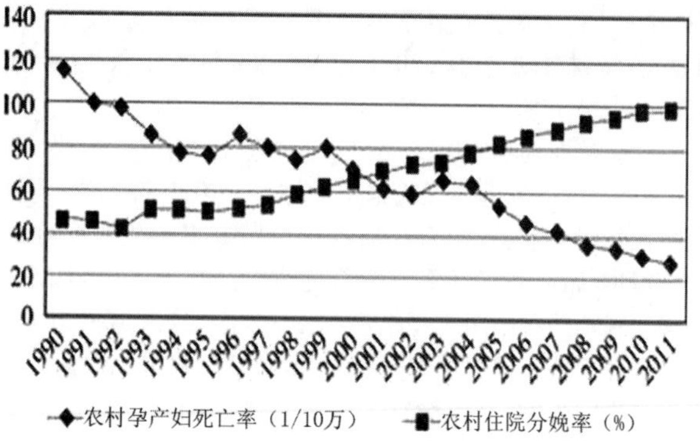

图7 1990-2011年全国农村住院分娩率(%)与孕产妇死亡率(1/10万)变化趋势

——公立医院改革有序推进。从2010年起，在17个国家联系试点城市和37个省级试点地区开展公立医院改革试点，在完善服务体系、创新体制机制、加强内部管理、加快形成多元化办医格局等方面取得积极进展。2012年，全面启动县级公立医院综合改革试点工作，以县级医院为龙头，带动农村医疗卫生服务体系能力提升，力争使县域内就诊率提高到90%左右，目前已有18个省(自治区、直辖市)的600多个县参与试点。完善医疗服务体系，优化资源配置，加强薄弱区域和薄弱领域能力建设。区域医学中心临床重点专科和县级医院服务能力提升，公立医院与基层医疗卫生机构之间的分工协作机制正在探索形成。多元化办医格局加快推进，鼓励和引导社会资本举办营利性和非营利医疗机构。截至2011年，全国社会资本共举办医疗机构16.5万个，其中民营医院8437个，占全国医院总数的38%。在全国普遍推行预约诊疗、分时段就诊、优质护理等便民惠民措施。医药费用过快上涨的势头得到控制，按可比价格计算，在过去三年间，公立医院门诊次均医药费用和住院人均医药费用增长率逐年下降，2011年比2009年均下降了8个百分点，公立医院费用控制初见成效。

新一轮医改给中国城乡居民带来了很大实惠。基本公共卫生服务的公平性显著提高，城乡和地区间卫生发展差距逐步缩小，农村和偏远地区医疗服务设施落后、服务能力薄弱的状况明显改善，公众反映较为强烈的“看病难”、“看病贵”的问题得到缓解，“因病致贫”、“因病返贫”的现象逐步减少。

三、传染病防治与卫生应急

新中国成立以来，中国政府坚持“预防为主，防治结合”方针，不断加大传染病防治力度，通过开展预防接种和爱国卫生运动等防控措施，降低了传染病发病率，有效控制了传染病的流行和蔓延。自20世纪50年代起，基本控制了鼠疫、霍乱、黑热病、麻风病等疾病的流行。2011年甲类和乙类传染病发病率控制在241.4/10万的较低水平，有力保障了广大居民的身体健康和生命安全。

实施国家免疫规划。免疫规划工作是中国卫生事业成效最为显著、影响最为广泛的工作之一。20世纪60年代初，中国通过接种牛痘消灭了天花，较世界卫生组织1980年宣布全球根除天花早了十几年。2000年，中国实现了无脊髓灰质炎目标。2002年，中国决定将新生儿乙肝疫苗纳入国家免疫规划，国家免疫规划由接种4种疫苗预防6种传染病，扩大到接种5种疫苗预防7种传染病。2007年，国家决定实施扩大国家免疫规划，国家免疫规划疫苗增加到14种，预防15种传染病，免疫规划人群也从儿童扩展到成人。新一轮医改启动以来，国家免疫规划内容不断扩大，对于减少传染病发生、保护公众身体健康起到了积极作用，目前多数疫苗可预防传染病的发病已降至历史最低水平。

重点传染病地方病得到有效控制。艾滋病、结核病、血吸虫病、包虫病、麻风病、疟疾等重大及重点传染病患者获得免费药物治疗。截至2011年，中国存活艾滋病病毒感染者和病人约为78万人，远低于将艾滋病病毒感染人数控制在150万以内的目标。传染性肺结核患病率降至66/10万，提前实现了联合国千年发展目标确定的结核病控制指标。所有血吸虫病流行县实现疫情控制目标，血吸虫病病人控制在32.6万。率先在全球83个丝虫病流行国家和地区中消除了丝虫病。提升以监测为核心的流感防控能力，2010年，中国疾病预防控制中心国家流感中心被正式命名为全球第五个流感参比和研究中心。稳步推进地方病防治工作，在国家层面实现消除碘缺乏病目标，大骨节病、克山病和氟中毒等病情得到有效控制，发病患者显著减少。

爱国卫生运动卓有成效。爱国卫生运动是中国公众广泛参与、与公众健康密切相关的社会公益事业，迄今已开展60年。爱国卫生运动坚持预防为主的方针，通过开展除害灭病、健康教育和健康促进、农村改水改厕、国家卫生城镇创建、城乡环境卫生整治等，降低了传染病危害，提高了居民健康水平，形成了爱国卫生人人参与、健康生活人人共享的良好局面。截至目前，中国累计命名153个国家卫生城市、32个国家卫生区和456个国家卫生镇(县城)，并在此基础上探索国家健康城市(镇)创建工作。

卫生应急水平全面提高。颁布突发事件应对法、突发公共卫生事件应急条例等法律法规，修订传染病防治法，推动卫生应急工作走上法制化和规范化轨道。以疾病预防控制体系、卫生监督体系和医疗体系为基础，初步建成统一指挥、布局合理、反应灵敏、运转高效、保障有力的突发公共事件卫生应急体系。建立完善卫生应急预案体系，覆盖突发急性传染病、不明原因疾病、中毒事件等突发公共卫生事件防控以及自然灾害、事故灾难、恐怖事件的医疗卫生救援和重大活动医疗卫生保障。建立国家、省(自治区、直辖市)、地(市)、县四级应急管理体制。建立卫生应急能力评估指标体系。国家组建了传染病控制、医疗救援、中毒处置、核和放射处置等4类27支国家级卫生应急队伍,地方也组建了各级突发公共事件卫生应急专业队伍。国家医药储备制度日趋完善,保障了应对突发公共卫生事件所需的医药产品。近年来,中国有效处置了传染性非典型肺炎、甲型H1N1流感、鼠疫、人禽流感等突发公共卫生事件,及时开展四川汶川特大地震、青海玉树地震、甘肃舟曲特大山洪泥石流灾害的紧急医学救援,顺利完成北京奥运会、上海世博会等大型活动的医疗卫生保障任务。

法定传染病和突发公共卫生事件实现网络直报。2004年,中国启用传染病和突发公共卫生事件网络直报系统,实现对39种法定传染病病例个案信息和突发公共卫生事件的实时、在线监测。截至2011年,全国100%的疾病预防控制机构、98%的县级及以上医疗机构和94%的乡镇卫生院实现了法定传染病网络直报。

四、慢性非传染性疾病防治

伴随中国工业化、城镇化、老龄化进程的加快,居民慢性病患病、死亡呈现持续快速增长趋势。中国现有确诊慢性病患者2.6亿人,慢性病导致的死亡占中国总死亡的85%,导致的疾病负担占总疾病负担的70%。

中国政府把防治慢性病作为增进公众健康、改善民生的重要任务,逐步建立起覆盖全国的慢性病防治服务体系,对主要慢性病进行分级管理,实施综合防控策略,全面提高慢性病综合防治能力,努力降低人群慢性病危险因素水平,减少慢性病发病率、致残率和死亡率。

促进慢性病防治结合。2002年以来,慢性病防控策略逐步实现由重治疗向防治结合方向的转变。国家级层面形成了以中国疾控中心、国家癌症中心和国家心血管病中心为主要技术支撑的慢性病防控格局。各地逐步形成了由疾控机构、基层医疗卫生机构、医院和专业防治机构共同构筑的慢性病防控工作网络。提出早诊断、早治疗,降低发病率、病死率和病残率的慢性病防治目标,面向一般人群、高危人群和患病人群,对心脑血管病、恶性肿瘤、糖尿病和慢性阻塞性肺病等主要慢性病,血压升高、血糖升高、胆固醇升高和超重/肥胖等主要生物危险因素,以及烟草使用、不健康饮食、缺少体力活动和过量饮酒等主要行为危险因素,实施有效干预。

制定慢性病防控措施。出台《中国慢性病防治工作规划(2012—2015年)》等一系列慢性病防控政策性文件和慢性病防治指南。从2005年开始,实施癌症早诊早治等慢性病防治重大专项。2007年,在全国启动全民健康生活方式行动,多途径、多形式、多角度推动健康生活方式行为养成。2009年,将高血压、糖尿病、老年人健康管理纳入医改基本公共卫生服务项目内容。2010年启动国家级慢性病综合防控示范区建设工作,提高慢性病综合防控能力。大力开展儿童口腔疾病综合干预,预防儿童龋齿。

建立慢性病信息管理系统。实施慢性病综合监测,开展慢性病危险因素监测、慢性病患病监测、死因监测、营养健康状态监测、恶性肿瘤随访登记,建立和逐步完善覆盖全生命周期的围绕慢性病及其危险因素流行情况的慢性病信息系统,为国家开展慢性病防控工作提供科学的基础数据。

开展健康教育和健康促进活动。持续开展“全国亿万农民健康促进行动”、“相约健康社区行”、“健康素养促进行动”等。逐步建立健康教育体系,初步形成多部门合作、全社会参与的健康教育格局。居民健康素养基本知识和技能日益普及,自我保健意识和能力不断提高。加大控烟宣传力度,提高公众对烟草危害的认识,逐步形成全社会支持控烟的氛围。世界卫生组织《烟草控制框架公约》2006年1月在中国生效以来,各地积极推动公共场所控烟立法,建设无烟环境。

重视维护公众的精神健康。颁布精神卫生法,通过立法规范精神卫生服务,保护精神障碍患者的权益。完善重性精神疾病防治网络,加强精神卫生医疗机构救治急重性精神疾病能力建设,建立医院与社区相互支持和配合的重性精神疾病防治工作机制。把精神卫生专业人员列入“十二五”时期急需紧缺的人才类别,加强人才培养工作。规范患者服务管理,启用国家重性精神疾病基本数据收集分析系统,实现病人信息电子化管理。目前,在城市社区和农村居家接受规范管理的重性精神疾病患者有302.6万人。

五、妇女儿童健康权益保护

中国现有8.6亿妇女儿童,约占总人口的三分之二。中国政府将男女平等作为一项基本国策,一贯高度重视妇女儿童的生存和健康状况,完善妇幼卫生法制与政策,签署多项保护妇女儿童的国际公约,健全妇幼卫生服务体系,实施妇幼公共卫生服务项目,着力提高妇幼卫生服务的公平性和可及性,促使广大妇女儿童健康权益得到有效保护。

完善妇幼卫生法制和政策。1994年10月全国人大常委会审议通过母婴保健法,标志着妇幼卫生工作进入法制化管理阶段。20世纪90年代以来,中国政府制定实施《中国妇女发展纲要(1995—2000年)》、《中国妇女发展纲要(2001—2010年)》、《中国妇女发展纲要(2011—2020年)》和《九十年代中国儿童发展规划纲要》、《中国儿童发展纲要(2001—2010年)》、《中国儿童发展纲要(2011—2020年)》,把妇女儿童健康纳入国民经济和社会发展规划,作为优先发展的领域之一。

健全妇幼卫生服务体系。中国妇幼卫生体系以妇幼保健专业机构为核心,以城乡基层医疗卫生机构为基础,以大中型综合医疗机构和相关科研教学机构为技术支持,为妇女儿童提供全方位的医疗保健服务。建立妇幼卫生年报系统和世界上规模最大的妇幼卫生监测网络,实施出生缺陷监测、孕产妇死亡监测、5岁以下儿童死亡监测、危重孕产妇监测和儿童营养健康监测。妇幼卫生信息为各级政府制定卫生政策特别是妇幼卫生政策提供了科学依据。

开展妇女生殖保健服务。积极推广婚前和孕前保健,普及优生优育、生殖健康科学知识,深入开展孕产期保健,形成包括产前检查、产前筛查与诊断、高危孕产妇筛查与管理、住院分娩、新生儿保健和产后访视在内的一整套孕产期保健服务。2011年全国孕产妇产前检查率、产后访视率和系统管理率分别为93.7%、91.0%和85.2%,比2000年分别提高4.81%、

5. 57% 和 10. 36%，高危孕产妇管理率达到了 99. 6%。开展“降低孕产妇死亡率、消除新生儿破伤风”项目，消除了孕产妇及新生儿破伤风。2011 年，全国孕产妇死亡率为 26. 1/10 万，比 1990 年和 2000 年下降了 72. 4% 和 50. 8%。开展妇女病普查普治、青春期保健和更老年期保健等，为广大妇女提供全生命周期服务。

开展儿童保健服务。加强新生儿保健，规范新生儿访视服务。开展婴幼儿及学龄前儿童保健，实施 7 岁以下儿童保健管理和 3 岁以下儿童系统管理。2011 年全国 3 岁以下儿童系统管理率和 7 岁以下儿童保健管理率分别达到 84. 6% 和 85. 8%。儿童生长发育水平不断提高，儿童营养不良状况持续减少。努力控制出生缺陷，提高出生人口素质，开展新生儿疾病筛查、0—3 岁儿童早期综合发展、发育偏离儿童的康复训练、高危儿早期干预、食物过敏的早期干预、睡眠问题干预、环境污染对儿童健康损害的早期干预以及青春期保健等。关注和重视留守儿童、流动儿童、伤残儿童等特殊儿童群体的身心健康。

六、中医药发展

中医药在中国有着悠久的历史，是中华民族在生产生活实践以及治疗疾病过程中形成和发展的医学科学，是中华民族智慧的结晶，为中华民族繁衍昌盛作出了重要贡献。中医药在治疗常见病、多发病和疑难病等方面独具特色和优势，在治疗传染性疾病方面也有良好效果，并以其费用低、疗效好、副作用小等特点，深受中国公众喜爱，在医疗卫生保健中发挥着不可替代的重要作用。中国政府一贯积极扶持和促进中医药事业的发展。

建立覆盖城乡的中医医疗服务体系。在城市，形成了以中医医院、民族医医院、中西医结合医院、中医专科医院、综合医院中医科、社区卫生服务机构及中医门诊部和中医诊所为主的城市中医药服务网络。在农村，形成了由县级中医医院、乡镇卫生院中医科和村卫生室为主的农村中医药服务网络。目前，75. 6% 的社区卫生服务中心、51. 6% 的社区卫生服务站、66. 5% 的乡镇卫生院、57. 5% 的村卫生室能够提供中医药服务。

形成独具特色的中医药人才培养体系。国家把人才培养作为中医药事业发展的根本，加强名老中医药专家学术思想和经验继承工作以及优秀中医临床人才培养，加强社区、农村基层中医药人才的培养，基本形成了院校教育、师承教育、继续教育多形式、多层次、多途径的中医药教育体系，初步建立起社区、农村基层中医药人才培养机制。截至 2011 年，全国共有高等中医药、民族医药院校 46 所，高等教育中医药类在校生人数 55. 3 万人，卫生机构中医类别执业(助理)医师 29. 4 万人，中药师(士)9. 7 万人。

推进中医药现代化。积极利用现代科学技术，推进中医药的理论和技术创新，在中医基础理论、临床诊疗、中药技术等领域取得重要成果。推进中药产业化和现代化，中药产业规模、技术水平大幅提高。目前，全国中药生产企业近 1500 家。中药产品种类、数量、生产工艺水平有了很大提高。重视和保护中医药的文化价值，41 项中医药项目列入国家非物质文化遗产名录。

积极开展国际交流合作。目前，已有 70 多个国家与中国签订了包含中医药内容的政府协议或专门的中医药合作协议，中医药对外医疗、教育、科技合作不断扩大，已传播到世界上 160 多个国家和地区。“中医针灸”列入人类非物质文化遗产代表作名录，《黄帝内经》、《本草纲目》等中医药典籍列入《世界记忆遗产名录》。国际标准化组织(ISO)成立了中医药技术委员会，并将这一委员会的秘书处设在中国。

七、卫生国际合作

长期以来，中国积极参与全球卫生事务，广泛开展卫生领域的政府间和民间的多边、双边合作交流，积极参加国际社会、国际组织倡导的重大卫生行动。高度重视卫生国际援助，先后为许多发展中国家援建医院、培训卫生人才、开展疾病防控等工作，为受援国医疗卫生事业发展发挥了巨大作用。

支持世界卫生组织等国际组织工作。积极参与全球卫生议题讨论，分享经验。20 世纪 70 年代，中国总结和贡献卫生实践经验，为推动 1978 年《阿拉木图宣言》实施初级卫生保健发挥了重要作用。近年来，在《国际卫生条例(2005)》框架下，与世界卫生组织及各国保持及时、密切、畅通联系，为全球疾病防控作出贡献。中国政府每年向世界卫生组织、联合国艾滋病规划署以及全球抗击艾滋病、结核病和疟疾基金等国际组织提供捐款。大力支持国际社会在慢性病、人禽流感、控烟、应急等技术领域的工作。

加强区域卫生合作。2003 年以来，以中国—东盟传染病防控领域的合作为开端，加快推进区域卫生合作进程。目前，中国已在大湄公河次区域、中亚区域经济合作、中国—东盟、东盟与中日韩、中日韩、亚太经济合作组织和上海合作组织等 7 个区域性合作机制下，开展与周边国家和本区域的卫生合作和国际援助。从 2005 年起，中国与缅甸、越南、老挝合作，在边境地区开展疟疾、艾滋病联防联控项目，还开展了结核病、登革热防治等跨境合作项目。

派遣援外医疗队。援外医疗队是中国履行国际义务，按政府双边协议向受援国派遣医务人员团队，在发展中国家开展医疗卫生服务的无偿援助项目。1963 年，中国政府向阿尔及利亚派出第一支援外医疗队。截至 2011 年，中国政府已先后向 73 个国家派遣了医疗队。目前，有 56 支医疗队分布在阿尔及利亚、坦桑尼亚、摩洛哥、津巴布韦等 53 个国家，为当地特别是贫困地区人民提供免费医疗服务，并为受援国引入大批先进医疗技术。50 年来，中国援外医疗队共诊疗患者约 2. 6 亿人次。医疗队的工作获得当地民众的高度赞扬，受到受援国政府的充分肯定，迄今约有 900 名中国医疗队员获得受援国颁发的勋章等各种荣誉。在此期间，有 50 名中国援外医疗队员牺牲在异国他乡。

援建医疗机构。从 1970 年开始，中国支援非洲等地区的发展中国家建设医疗机构，致力于改善受援国医疗设施条件。截至 2011 年底，中国共帮助 52 个国家建成 100 所医院和医疗中心，为解决当地民众看病就医困难作出了积极贡献。中国为援建医院提供大量成套医疗设备和药品，仅 2011 年中国就提供了 34 批医疗设备和药品。截至 2011 年 11 月，还有 28 个国家的31个援建项目在建。

培训卫生人力资源。中国援外医疗队通过带教、讲座、培训等方式,将医疗技术传授给当地医护人员,提高受援国卫生技术水平。中国政府支持卫生技术机构在华为发展中国家举办卫生技术研修和培训,截至2011年,共举办培训班400多期,培训15000余人,涉及卫生管理、紧急救援管理、食品卫生、传统医药、传染病防控、实验室检测、卫生检疫和护理技术等。为帮助发展中国家培养高层次医学卫生人才,中国政府还向在华学习医学和中医药学的发展中国家学生提供政府奖学金。

开展国际紧急救援。2004年,印度洋地震和海啸在东南亚和南亚地区造成重大人员伤亡,中国及时派出卫生救援队赴泰国、斯里兰卡、印度尼西亚开展救援,并通过世界卫生组织向受灾国家捐助医疗仪器设备和美元现汇。近五年来,中国政府累计开展卫生紧急救援近200次,包括向发生疫情、自然灾害的几内亚比绍、马达加斯加、巴基斯坦、印度尼西亚、海地等国家派遣卫生救援队、提供物资或现汇紧急援助等。中国还派出救援队赴黎巴嫩、刚果(金)等国际维和任务区实施人道主义医学援助,派遣"和平方舟号"医院船赴亚非五国、拉美四国开展巡回医疗服务。

结束语

随着中国工业化、城市化进程和人口老龄化趋势的加快,居民健康面临着传染病和慢性病的双重威胁,公众对医疗卫生服务的需求日益提高。与此同时,中国卫生资源特别是优质资源短缺、分布不均衡的矛盾依然存在,医疗卫生事业改革与发展的任务十分艰巨。

中国政府提出,到2020年建立健全覆盖城乡居民的基本医疗卫生制度,实现人人享有基本医疗卫生服务。为此,中国将继续深入推进改革,全面发展医疗卫生事业,更好地维护、保障和增进全体居民的健康。中国也将继续积极参与全球卫生事务,与各方共同携手,为改善全球健康作出更大努力。

(新华社北京12月26日电)

2012年江苏省卫生事业发展统计简报

江苏省卫生统计信息中心

(2013年4月)

2012年是全面推进"十二五"医改工作的关键之年。省委、省政府高度重视卫生工作,将"完善基本医疗卫生体系"作为"民生幸福工程"六大体系之一,加大投入、加强建设。全省卫生系统大力弘扬"三创三先"精神,开拓进取,砥砺奋进,卫生事业快速发展。现将全省卫生事业发展情况简报如下:

一、卫生资源

1、医疗卫生机构数

2012年末,全省医疗卫生机构总数31054个(含诊所、医务室、卫生所、社区卫生服务站、村卫生室),比上年减少626个。机构减少主要是由于宿迁市全面推行乡村一体化管理,原来每个自然村设一个村卫生室调整为每个行政村设一个村卫生室。

其中,医疗机构30543个(包括医院,疗养院,社区卫生服务中心、站,卫生院,门诊部,诊所、卫生所、医务室,村卫生室,急救中心、站,妇幼保健院、所、站,专科疾病防治院、所、站,临床检验中心、所、站)。

医疗机构中,非营利性医疗机构25079个,占医疗机构总数的82.11%;营利性医疗机构5464个,占医疗机构总数的17.89%。医疗机构按经济类型分,国有3546个,占11.61%;集体17806个,占58.30%;联营952个,占3.12%;私营医疗机构6337个,占20.75%;其他机构1902个,占6.23%。医疗机构中,公立医疗机构21352个,占69.91%;民营医疗机构9191个,占30.09%。

医疗机构中,医院1426个(内:公立医院525个,民营医院901个),比上年增加143个;卫生院1117个,比上年减少106个(部分转制为民营医院);门诊部813个,比上年增加105个;专科疾病防治院(所、站)48个,比上年减少5个;妇幼保健院(所、站)110个,比上年增加4个;社区卫生服务中心(站)2613个,比上年增加62个;诊所、卫生所、医务室、护理站8508个,比上年增加25个。

医院按床位数分:100张床位以下医院935个,100－199张的医院171个,200－499张的医院167个,500－799张的医院61个,800张及以上的医院92个。800张床位及以上医院较上年增加17个。

表1 卫生机构及床位数

	机构数(个)		床位数(张)	
	2012年	2011年	2012年	2011年
总计	31054	31680	333135	296390
医院	1426	1283	255888	221674
#综合医院	964	849	171030	149049
中医医院	89	86	31864	27187
专科医院	321	308	43809	38967

续表

	机构数(个)		床位数(张)	
	2012 年	2011 年	2012 年	2011 年
基层医疗卫生机构	28886	29659	69513	68097
社区卫生服务中心(站)	2613	2551	17371	16431
卫生院	1117	1223	51795	51332
#乡镇卫生院	1115	1220	51760	51247
门诊部	813	708	241	228
诊所(卫生所、医务室、护理站)	8508	8483	106	106
村卫生室	15835	16694	0	-
采供血机构	30	30	0	-
妇幼保健院(所、站)	110	106	3636	2956
卫生监督所(中心)	120	111	0	-
疾病预防控制中心	128	129	0	-
专科疾病防治院(所、站)	48	53	1303	1067
其他卫生机构	306	309	2795	2596

2012 年末,全省疾病预防控制中心(预防保健中心、防疫站)128 个,其中:省属 1 个、省辖市属 13 个、县级市(区)属 81 个、县属 24 个。

截止 2012 年底,全省已组建 120 个卫生监督所(中心),其中:省属 1 个、省辖市属 13 个、县级市(区)属 82 个、县属 24 个。

2、医疗机构床位数

2012 年末,全省医疗机构床位 333135 张,其中:医院床位 255888 张(内:公立医院 195819 张,民营医院床位数 60069 张),卫生院床位 51795 张,社区卫生服务中心床位 16739 张。与上年比较,医疗机构床位增加 36745 张,增长 12.40%,其中:医院床位增加 34214 张,卫生院床位增加 463 张,社区卫生服务中心床位增加 1036 张。全省每千人口医疗卫生机构床位数由 2011 年的 3.75 张提高到 2012 年的 4.21 张。

3、卫生人力总量

2012 年末,全省卫生人员总数 520234 人(包括村卫生室,下同),与上年比较,增加 38416 人(增长 7.97%),其中乡村医生和卫生员数 45255 人,与上年比较,减少 9744 人(减少 17.73%)。

卫生人员中:卫生技术人员 396071 人,其他技术人员 16621 人,管理人员 21275 人,工勤技能人员 41012 人。与上年比较,卫生技术人员增加 45527 人(增长 12.99%),其他技术人员增加 374 人,管理人员减少 1693 人,工勤技能人员增加 3952 人。

卫生技术人员中:在岗执业(助理)医师 157960 人(其中执业医师 134799 人),较上年增加 23277 人(增长 17.28%,增长较多主要是由于在岗乡村医生通过中专学历补偿教育,参加国家乡镇执业助理医师资格考试并取得乡镇执业助理医师资格),在岗注册护士 155267 人,较上年增加 19665 人(增长 14.50%),全省每千人口执业(助理)医师数由 2011 年 1.71 人增加到 2012 年 1.99 人,每千人口注册护士数由 1.72 人增加到 1.96 人。

2012 年末,医疗机构卫生人员 501804 人,其中卫生技术人员 382779 人,内:执业(助理)医师 153340 人、注册护士 153962 人。疾病预防控制中心卫生人员 8117 人,其中卫生技术人员 6208 人。

表 2　卫生人员总数(万人)

	2012 年	2011 年
总计	52.02	48.18
卫生技术人员	39.61	35.05
#执业(助理)医师	15.80	13.47
内:执业医师	13.48	12.04
注册护士	15.53	13.56
药师(士)	2.33	2.21
技师(士)	2.09	2.00
其他技术人员	1.66	1.62
管理人员	2.13	2.30
工勤技能人员	4.10	3.71
乡村医生和卫生员	4.53	5.50

二、医疗服务

1、医疗机构门诊服务量继续增加。2012 年,全省医疗机构(包括诊所、卫生所、医务室和村卫生室,下同)诊疗人次数为 45288.91 万次,其中:医院 19370.37 万次,占 42.77%;卫生院 7384.93 万次,占 16.31%;社区卫生服务中心(站)6194.74 万次,占 13.68%;其他医疗机构 12338.87 万次,占 27.24%。与上年比较,医疗机构诊疗人次数增加 4595.41 万次,增长 11.38%,其中,医院增加 2668.05 万次,卫生院增加 355.99 万次,社区卫生服务中心(站)增加 743.28 万次(见表 3)。

表 3　2012 年医疗机构工作量及入院情况

	诊疗人次数(万次)		入院人数(万人)	
	2012 年	2011 年	2012 年	2011 年
总计	45288.91	40693.5	952.52	830.39
#医院	19370.37	16702.32	759.92	643.38
内:综合医院	13518.92	11536.08	559.37	474.82
中医医院	3243.54	2899.07	101.53	85.2
专科医院	2300.33	2015.02	88.37	75.21
社区卫生服务中心(站)	6194.74	5451.46	27.96	27.04

续表

	诊疗人次数(万次)		入院人数(万人)	
	2012年	2011年	2012年	2011年
卫生院	7384.93	7028.94	139.48	141.14
妇幼保健院(所、站)	846.09	722.89	17.21	13.25
专科疾病防治院(所、站)	132.08	130.45	0.81	0.73
其他医疗机构	11360.69	10657.44	7.13	4.85

2、医疗机构住院服务快速增长。2012年,全省医疗卫生机构入院人数952.52万人,其中:医院759.92万人,占79.78%;卫生院139.48万人,占14.64%;社区卫生服务中心(站)27.96万人,占2.94%;其他机构25.14万人,占2.64%。与上年比较,医疗机构入院人数增加122.13万人,增长14.71%,其中,医院增加116.54万人,卫生院减少1.66万人,社区卫生服务中心(站)增加0.92万人(见表3)。

3、医生工作负荷略加大。据卫生部门综合医院统计,2012年平均每个医生每天担负诊疗9.6人次,比上年增加0.10人次;平均每个医生每天担负住院2.9床日,比上年相同。不同级别医院医生工作负荷有所不同(见表4)。

表4　卫生部门四级综合医院医生人均每天担负工作量

	医生人均每天担负诊疗人次		医生人均每天担负住院床日	
	2012年	2011年	2012年	2011年
合　计	9.6	9.5	2.9	2.9
省　属	13.3	12.3	3.2	3.1
地级市属	9.6	9.4	2.8	2.8
县级市属	9.3	9.2	2.7	2.8
县　属	8.2	8.4	3.4	3.4

4、医疗机构病床使用率略有下降。2012年,全省医疗机构病床使用率为84.08%,其中:医院91.88%,卫生院58.09%,社区卫生服务中心48.91%。与上年比较,医疗机构病床使用率降低0.08个百分点,医院降低1.04个百分点,卫生院降低0.65个百分点,社区卫生服务中心降低0.98个百分点。

2012年,医疗机构出院者平均住院日为9.9日,其中:医院10.5日,卫生院6.9日,社区卫生服务中心9.5日。与上年比较,医疗机构出院者平均住院日比去年少0.2日,医院比去年少0.3日,卫生院比去年少0.2日,社区卫生服务中心多0.1日(见表5)。

表5　2012年医疗机构病床使用率及出院者平均住院日

	病床使用率(%)		出院者平均住院日	
	2012年	2011年	2012年	2011年
总计	84.08	84.16	9.9	10.1
医院	91.88	92.92	10.5	10.8
#综合医院	92.65	93.18	9.8	10.1
中医医院	93.41	96.72	10.2	10.4
专科医院	90.68	91.06	14.7	15.3
社区卫生服务中心	48.91	49.89	9.5	9.4
卫生院	58.09	58.74	6.9	7.1
妇幼保健院(所、站)	97.34	92.29	7.3	7.3
专科疾病防治院(所、站)	58.61	62.94	24	24.4

三、农村卫生服务

1、新型农村合作医疗。全省参合人口4254万人,平均筹资326元,其中政府补助标准人均不低于240元,新农合政策范围内报销比例达到75.31%。将容易导致农民群众“因病致贫、因病返贫”的20种疾病纳入重大疾病保障范围,实际报销比例提高到70%,全年累计补偿4.68万人次。全面推进新农合异地就医联网即时结报工作。大力开展混合支付方式改革试点,已覆盖到56个统筹地区。

2、农村三级卫生服务网。2012年底,全省24个县(不含县级市)共设有县级妇幼保健机构24所、县级疾病预防控制中心24所、县级卫生监督所24所。

2012年底,全省共设乡镇卫生院1115个,床位51760张,卫生人员69509人(其中卫生技术人员57122人)。与上年比较,乡镇卫生院减少105个,床位增加513张,卫生人员减少1133人(见表6)。

表6　农村乡镇卫生院及医疗服务情况

	2012年	2011年
乡镇卫生院数(个)	1115	1220
床位数(张)	51760	51247
卫生人员数(人)	69509	70642
#卫生技术人员	57122	57080
内:执业(助理)医师	25395	24112
诊疗人次(万人次)	7383.00	7025.88
入院人数(万人)	139.44	141.03
医师每日担负诊疗人次(人次)	11.6	11.61
医师每日担负住院床日(日)	1.1	1.19
病床使用率(%)	58.09	58.75
出院者平均住院日(日)	6.9	7.1

2012年底,全省共设15835个村卫生室。村卫生室中,执业(助理)医师9040人,乡村医生和卫生员45248人,其中乡村医生43292人。与上年比较,村卫生室、乡村医生和卫生员数量都有所减少(村卫生室合并、乡村医生考取执业助理医师)(见表7)。

表7 村卫生室及人员数

	2012年	2011年
村卫生室数(个)	15835	16694
乡村医生和卫生员数(人)	45248	54999

3、农村医疗服务。乡镇卫生院诊疗人次有所增加,住院人数有所减少。诊疗人次由2011年的7025.88万人次增加到2012年的7383万人次,住院人数2011年为141.03万人,2012年为139.44万人

;平均每个医师每天担负11.5的诊疗人次,每天担负1.1个住院床日;病床使用率58.09%,出院者平均住院日6.9天。

四、社区卫生服务

1、社区卫生服务体系建设。2012年底,全省已设立社区卫生服务中心(站)2613个,其中:社区卫生服务中心497,社区卫生服务站2116个。与上年相比,社区卫生服务中心增加13个,社区卫生服务站增加49个。社区卫生服务中心卫生人员31750人,平均每个中心63.88人;社区卫生服务站卫生人员7229人,平均每站3.42人。

2、社区医疗服务。2012年,全省社区卫生服务中心提供诊疗4906.31万人次,住院27.94万人;平均每个中心诊疗9.87万人次,住院562.17人;平均每个医师每天担负17.4诊疗人次,每天担负0.70住院床日。社区卫生服务站2012年提供诊疗1288.43万人次,平均每站诊疗6088.99人次,平均每个医师每天担负26.6诊疗人次(见表8)。

表8 社区卫生服务情况

	2012年	2011年
社区卫生服务中心(个)	497	484
床位数(张)	16739	15703
卫生人员数(人)	31750	30635
其中:卫生技术人员	26542	25386
内:执业(助理)医师	11459	10586
诊疗人次(万人次)	4906.31	4261.91
入院人数(万人)	27.94	26.84
医师每日担负诊疗人次(人次)	17.4	16.1
医师每日担负住院床日(日)	0.7	0.7
病床使用率(%)	48.91	49.89
出院者平均住院日(日)	9.5	9.4
社区卫生服务站(个)	2116	2067
卫生人员(人)	7229	6761
其中:执业(助理)医师	2431	2082
诊疗人次(万人次)	1288.43	1189.55

五、门诊和住院病人医疗费用

1、门诊和住院病人人均医疗费用。据卫生部门综合医院统计,2012年门诊病人人均医疗费用207.1元,比上年增加11.04元,增长5.63%;住院病人人均医疗费用10124.1元,比上年增加476.9元,增长4.94%(见表9)。

表9 卫生部门综合医院门诊和住院病人人均医疗费用及涨幅

	2012年			2011年		
	费用(元)	较上年增长(%)		费用(元)	较上年增长(%)	
		当年价格	可比价格		当年价格	可比价格
门诊病人人均医疗费用	207.1	5.63	2.95	196.06	7.95	2.52
其中:药费	103.1	5.37	2.70	97.85	6.92	1.54
住院病人人均医疗费用	10124.1	4.94	2.28	9647.2	7.35	1.95
其中:药费	4577.3	3.34	0.72	4429.35	6.69	1.32

注:2012年物价指数102.6%,2011年物价指数105.3%

2012年,卫生部门所属四级(省、市、县级市(区)、县)综合医院门诊和住院病人人均医疗费用上涨幅度有所不同。门诊人均医疗费用县属医院上涨10.5%,上涨最高,省辖市属医院上涨次之6.6%,省属医院上涨为5.1%,县级市(区)属医院上涨4.9%,(见表10)。

表10 2012年卫生部门县及以上四级综合医院门诊和出院病人人均医疗费用

	门诊病人次均医疗费用			住院病人人均医疗费用		
	2012年（元）	2011年（元）	12年比11年上涨%	2012年（元）	2011年（元）	12年比11年上涨%
合计	210.2	198.2	6.0	10343.6	9836.0	5.2
省属	251.6	239.4	5.1	17534.4	16550.0	5.9
省辖市属	218.5	205.0	6.6	12869.6	12158.3	5.9
县级市、区属	196.3	187.2	4.9	8487.9	8152.1	4.1
县属	192.5	174.3	10.5	6581.7	6210.8	6.0

2、*药费占医疗费用比重*。据卫生部门综合医院统计，2012年，门诊病人人均医疗费中，药费为103.1元，占49.78%；与上年相比，药费增加5.25元。住院病人人均医疗费中，药费为4577.3元，占45.21%；与上年相比，药费增加147.95元（见表9）。

六、居民病伤死亡原因

2012年，居民病伤死亡原因统计年报资料范围为3个省辖市（城市）和6个县级市（区）（农村）共9个调查填报单位。

1、*居民病伤死亡率*

据9个调查单位死因统计，2012年，居民病伤死亡率为678.65/10万，其中男性为756.13/10万，女性为600.97/10万。

2、*死因顺位*

2012年，全省居民前十位死因依次为：恶性肿瘤、脑血管病、心脏病、呼吸系统疾病、损伤与中毒、内分泌营养和代谢疾病、消化系统疾病、神经系统疾病、泌尿生殖系统疾病、传染病和寄生虫病。前十位死因合计占总死亡的95.54%（见表11）。

男性居民前十位死因依次为：恶性肿瘤、脑血管病、心脏病、呼吸系统疾病、损伤与中毒、消化系统疾病、内分泌营养和代谢疾病、神经系统疾病、泌尿生殖系统疾病、传染病和寄生虫病。前十位死因合计占总死亡的96.37%（见表12）。

女性居民前十位死因依次为：脑血管病、恶性肿瘤、心脏病、呼吸系统疾病、损伤与中毒、内分泌营养和代谢疾病、消化系统疾病、神经系统疾病、泌尿生殖系统疾病、精神障碍。前十位死因合计占总死亡的94.73%（见表13）。

表11 2012年江苏省部分地区居民前十位死亡原因顺位（合计）

死因分类	死亡率（1/10万）	构成比（%）	排位
恶性肿瘤	197.10	29.04	1
脑血管病	157.91	23.27	2
心脏病	115.31	16.99	3
呼吸系统疾病	84.22	12.41	4
损伤和中毒	39.15	5.77	5
内分泌，营养和代谢疾病	16.99	2.50	6
消化系统疾病	15.22	2.24	7
神经系统疾病	9.99	1.47	8
泌尿生殖系统疾病	7.85	1.16	9
传染病和寄生虫病	4.65	0.69	10
合计		95.54	

表12 2012年江苏省部分地区居民前十位死亡原因顺位（男）

死因分类	死亡率（1/10万）	构成比（%）	排位
恶性肿瘤	251.13	33.21	1
脑血管病	158.83	21.01	2
心脏病	119.21	15.77	3
呼吸系统疾病	92.05	12.17	4
损伤和中毒	49.78	6.58	5
消化系统疾病	17.69	2.34	6
内分泌，营养和代谢疾病	14.81	1.96	7
神经系统疾病	9.81	1.30	8
泌尿生殖系统疾病	8.89	1.18	9
传染病和寄生虫病	6.49	0.86	10
合计		96.37	

表13 2012年江苏省部分地区居民前十位死亡原因顺位（女）

死因分类	死亡率（1/10万）	构成比（%）	排位
脑血管病	156.99	26.12	1
恶性肿瘤	142.91	23.78	2
心脏病	111.40	18.54	3
呼吸系统疾病	76.36	12.71	4
损伤和中毒	28.49	4.74	5
内分泌，营养和代谢疾病	19.18	3.19	6
消化系统疾病	12.74	2.12	7
神经系统疾病	10.17	1.69	8
泌尿生殖系统疾病	6.81	1.13	9
精神障碍	4.22	0.70	10
合计		94.73	

注：报告中的千人口指标均按省统计局公布的常住人口数计算。

江苏省住院病历质量评定标准(2013 版)

科室：　　患者姓名：　　病案号(住院号)：　　经治医生：

项目		缺 陷 内 容	扣分标准	扣分	扣分理由
基本规则		(1)字迹潦草难以辨认、不能通读；有两处以上重要内容明显涂改；代替或模仿他人签名	重度缺陷		
		(2)病历记录系拷贝行为导致的原则性错误	重度缺陷		
		(3)病历内容(含眉栏)记录有缺项，填写不完整；描述不规范、不正确	1/项		
		(4)使用无电子签名的计算机 Word 文档打印病历	重度缺陷		
		(5)各项记录未按规定时限完成	2/项		
		(6)缺检验、检查报告单	2/项		
		(7)缺对诊断治疗有重要价值的检验、检查报告单	10/项		
		(8)上级医师审签病历不及时或漏签名	2/次		
病案首页		(9)首页填写缺项、填写不规范或填写错误	1/项		
		(10)手术操作名称不规范	5		
		(11)出院主要诊断选择错误	5		
		(12)药物过敏栏空白或填写错误	2		
住院病历	病史	(13)主诉不简明扼要、不完整、不能导致第一诊断	5		
		(14)主诉与现病史不相关、不相符	5		
		(15)现病史中发病情况、主要症状特点及其发展变化、伴随状况、诊治经过及结果等描述不清	2/项		
		(16)缺与鉴别诊断有关的阳性或阴性资料	2		
		(17)既往史遗漏与现病史有关的重要脏器疾病史、缺传染病史、手术外伤史、输血史、药物过敏史等	1/项		
	体格检查	(18)个人史、婚育史、月经史、家族史缺项；或遗漏与诊治“四史”相关的内容，记录不规范	1/项		
		(19)遗漏主要阳性体征	5		
		(20)阳性体征描述不规范或缺有鉴别诊断意义的阴性体征	3		
		(21)缺专科情况、专科检查不全面，应有的鉴别诊断体征未记录或记录有缺陷(限需写专科情况的病历)	2		
	诊断	(22)诊断不确切，依据不充分	重度缺陷		
		(23)主次排列颠倒、缺初步诊断或修正诊断	2/项		
		(24)其它主要疾病误诊、漏诊	5		
		(25)缺入院记录，或非执业医师书写入院记录	重度缺陷		

续表

项目	缺 陷 内 容	扣分标准	扣分	扣分理由
病程记录与护理记录	(26)首次病程记录未在患者入院后8小时内完成,无病例特点、拟诊讨论(诊断依据及鉴别诊断)、诊疗计划等	10		
	(27)主治医师或上级医师首次查房记录未在48小时内完成。无对新入、重危、诊断未明、疗效不好病人进行重点检查、分析讨论及审签	重度缺陷		
	(28)科主任或副主任医师以上人员查房记录无对危重、疑难病人进行的病史补充、查体新发现、病情分析、进一步诊疗意见及审签	重度缺陷		
	(29)医学院校附属医院无教学查房记录(可另页)	2		
	(30)病情变化时无分析、判断、处理及结果的记录	2/次		
	(31)缺重要检查结果异常的分析及相应处理意见的记录	5		
	(32)缺反映特殊检查(治疗)情况的记录	2		
	(33)缺会诊记录单或会诊单记录不规范	2		
	(34)缺反映会诊意见执行情况的记录	2		
	(35)缺更改重要医嘱理由的记录	3		
	(36)缺重要治疗措施的记录	3		
	(37)缺抢救病人的抢救记录(患者放弃抢救除外)	5		
	(38)缺交(接)班记录、转科记录、阶段小结等;或相关记录不完整	3/项		
	(39)确诊困难或疗效不确切的病例无以科室为单位的疑难病例讨论记录;记录无明确的进一步诊疗意见,仅有床位医师和主持者发言记录	重度缺陷		
	(40)病情较重或手术难度较大的病例无以科室为单位的术前讨论记录;记录无手术方案、术中注意事项、手术可能出现的意外及防范措施、术后观察事项及护理要求,仅有床位医师和主持者发言记录	重度缺陷		
	(41)死亡病例无以科室为单位的死亡讨论记录;无死因分析和诊疗过程中的经验教训记录,仅有床位医师和主持者发言记录	重度缺陷		
	(42)缺术前小结或手术者术前查看患者的相关记录;或缺上级医师同意患者出院的记录	2/项		
	(43)缺手术病人的手术记录或麻醉记录	重度缺陷		
	(44)手术、麻醉、有创诊疗操作(胸穿、腰穿、骨穿等)记录不完整、不规范;或缺其他有创记录	5/项		
	(45)缺手术安全核查记录	重度缺陷		
	(46)缺麻醉术前(术后)访视记录或记录不完整	2		
	(47)植入体内的人工材料的条形码未粘贴在病历中	重度缺陷		
	(48)缺术后连续三天病程记录或术后3天内无上级医师查房记录	2		
	(49)治疗措施不正确或不及时而贻误抢救与治疗	重度缺陷		
	(50)缺慢性消耗性疾病患者临终前的救护记录	5		
	(51)缺传染病疫情报告记录	2		
	(52)病程记录与护理记录不一致;与医嘱或报告单不一致	2/项		
	(53)医嘱开立和停止时间不明确、内容不规范、缺医师签名	2/项		
	(54)其它病历书写缺陷(如页面不整洁、破损;排序有误、报告单张贴错误、缺页等)	2		

续表

项目	缺 陷 内 容	扣分标准	扣分	扣分理由
知情同意书	(55)缺特殊检查(治疗)同意书或缺患者(近亲属)签名	重度缺陷		
	(56)缺手术(含扩大手术范围)同意书或缺患者(近亲属)签名	重度缺陷		
	(57)特殊检查(治疗)、手术同意书等缺谈话医师签名	5		
	(58)非患者本人签字的同意书,缺患者本人授权委托书及被委托人的有效身份证明复印件	重度缺陷		
	(59)将特殊检查(治疗)、手术同意书,擅自更改为“志愿书”“协议书”等不规范格式;缺医患沟通记录或记录简单、不规范	2/项		
	(60)病危(重)患者无书面病危(重)通知书	5		
出院(死亡)记录	(61)缺出院(死亡)记录	重度缺陷		
	(62)死亡原因和死亡诊断混淆;出院(死亡)记录不完整、不规范	5		

说明:1、每份病历扣分≤15 分为轻度缺陷或无缺陷,等同甲级病历;扣分 16~30 分为中度缺陷,等同乙级病历;扣分≥31 分为不合格病历,等同丙级病历。

2、每份病历发生任何一项重度缺陷即为不合格病历(即等同丙级病历)。

3、病历中出现该标准中未能涉及的严重不符合规范者,可说明理由直接酌情扣 1~5 分。

全省三级医院选载

南 京 市

江苏省人民医院

基本情况

江苏省人民医院，亦名南京医科大学第一附属医院、江苏省红十字医院。其前身是1936年成立的江苏省立医政学院附设诊疗所，至今已有70多年的历史。医院目前是江苏省规模最大的三级甲等综合性医院，担负着医疗、教学和科研三项中心任务。

现有规模

医院占地面积160亩，现有建筑面积18.5万平方米；固定资产总额14.31亿元，其中房屋建筑7.72亿元、医疗设备6.59亿元；目前实际开放床位2200张，职工3000余人。年门急诊量217万人次，年住院人次4.2万人次，年手术2.5万台次。

科室设置医院临床医技科室设置齐全，重点科室技术特色显著。有3个省级重点学科，分别是内科、普外科、皮肤性病科；省级“135”重点学科15个，分别是心血管内科、内分泌科、呼吸内科、消化内科、肾脏内科、老年医学科、普外科、肝脏外科、泌尿外科、皮肤与性病学科、感染病科、耳科学与听力学科、临床生殖医学、麻醉科、临床生物学诊断与治疗实验室；省级重点临床专科24个。省级医疗诊治中心4个，分别是江苏省心脏介入中心、江苏省肝脏移植中心、江苏省急诊医学中心、江苏省耳科疾病与听力障碍诊治中心。

医院是一级学科临床医学博士点，是临床医学博士后科研流动站，临床医学博士、硕士学位授予点。南京医科大学第一临床医学院就设在医院内，共有5个学系，45个教研室，担负着南京医科大学的临床教学和实习任务。

江苏省人民医院整形烧伤科是集临床医疗、教学和科研为一体的专业科室，，拥有本科学位以上医师14名。其中，主任医师2名，副主任医师6名，博士学位4名，硕士学位2名。科室成员分别担任中华医学会医学美学与美容学分会中青年委员，中国中西医结合分会烧伤分会委员，中华医学会创伤分会多发伤与复合伤急救与治疗学组委员，江苏省整形烧伤学分会副主任委员、委员，江苏省康复医学会理事、修复与重建学分会秘书、常委，南京医学会医学美容专科分会副主任委员，江苏省医学会医学美学与美容分会副主任委员、委员，华东六省一市烧伤学会委员，江苏省生物医学工程学会医学组织工程与移植专业委员会副主任委员、委员等学术职务。

江苏省人民医院整形烧伤科拥有先进的烧伤治疗悬浮床，Zimmer电动取皮机，烧伤专用浸泡设备，烧伤专用电子体重磅，皮瓣多普勒血流测定仪，皮肤磨削仪，红光治疗仪和电动负压抽脂机等医疗器械。拥有专业的摄像室和独立的门诊美容手术室及手术设计软件系统。

主要科室

感染病科

江苏省人民医院暨南京医科大学第一附属医院感染病科(原传染病科)创建于1954年。在著名热带病学家许本谦教授和陈钟英、贾辅忠、王明秀、唐保元、黄祖瑚、李军等历届科主任的带领下，经过数十年的艰苦努力，在常见重大传染性疾病的诊断治疗、临床教学、科研工作、人才培养和学科建设等方面取得了显著成绩，于2001年被评为江苏省临床医学重点学科，是目前省内唯一的内科学传染病专业博士学位授予点。

目前感染病科门诊分设发热门诊、肝炎门诊、肠道门诊，年门诊量近4万人次，常年有专家坐诊。病房设有两个病区，共50余张床位，年出院病人超过1200人次。住院病人中近一半是来自外地，包括外省、市的基层医院的疑难、危重患者，充分体现了科室医疗水平和整体实力被同行认可度和信赖程度的提高。除对病毒性肝炎的诊疗有丰富的经验及较高的水平外，近几年对发热待查、重症感染、各类肝病及多脏器功能衰竭的诊疗亦有长足进步，并取得一定突破，已成功救治多名复杂感染及重症肝病病人，如成功抢救重症结核性脑膜脑炎合并Ⅱ型呼吸衰竭患者、亚急性肝衰竭合并脑脓肿、肺部感染患者、重症CMV病、病毒感染伴多器官功能障碍综合征以及甲亢合并重症肝炎患者等等。对这些疾病的成功救治，不仅挽救了病人的生命，同时也提高了全科的诊疗水平，提升了科室的学术地位。

今天的感染病科设施优良，宽敞明亮的门诊大厅、宁静温馨的病房、设备先进的重症监护室、功能齐全的人工肝支持系统、按GLP标准建成的细胞治疗室、现代化的教学设施以及布局合理、装备一新的感染与免疫研究室为感染病科的全面发展提供了良好的条件。科室现有病床50余张,近3年门诊量近4万人次,年住院病人1000人次。学科有多位省内乃至全国著名的感染病学专家,现有博士生导师2名,硕士生导师7名。专业人员队伍中有教授2人,副教授5人,省"333工程"培养对象1名,江苏省"兴卫工程"重点人才1名,13人具有博士或硕士学位,其中8名曾在美国、澳大利亚、日本和德国进修学习。

感染病科

感染病科是我国高校首批硕士学位授予点,我省最早的内科学传染病专业博士学位授予点和SFDA批准的药物临床试验机构抗感染专业,也是传染病专科医师进修基地,并承担以本科生和研究生教学为主的多层次高等医学教学任务。学科于1997年被批准为江苏省临床重点专科,2001年被评为江苏省临床医学重点学科,2007年被评为江苏省"兴卫工程"的感染病学重点学科。

学科以各类肝病和感染性疾病的诊治为其特色,并选择病毒性肝炎的治疗作为主要发展方向,围绕慢性病毒性肝炎的特异性细胞生物治疗、建立重型肝炎的新型综合疗法和研究开发慢性乙型肝炎的治疗性核酸疫苗为主攻目标。与美国麻省大学医学院基因疫苗研究室共同组建了"中美疫苗研究中心"。今天的感染病科设施优良,宽敞明亮的门诊大厅、宁静温馨的病房、设备先进的重症监护室、功能齐全的人工肝支持系统、按GLP标准建成的细胞治疗室、现代化的教学设施以及布局合理、装备一新的感染与免疫研究室为感染病科的全面发展提供了良好的条件。

药剂科

江苏省人民医院(南京医科大学第一附属医院)药剂科现有工作人员100余人,其中高级职称15人,中级职50人。年调配门、急诊处方166万张,完成了5168份TDM监测,上报ADR946份。

该学科率先在全省开展治疗药物监测工作,成立了江苏省第一家药物静脉配置中心。并先后建立了药品不良反应监测办公室,抗菌药物合理应用办公室,门诊药物咨询台,开展了临床药师工作,为患者提供合适的治疗药物和最佳的给药方案,承担新药Ⅰ期临床药代动力学工作,协助临床开展治疗药物监测、临床用药品评价、新药试用和疗效评价工作。该学科获得卫生部科技基金2项,江苏省科技基金项目2项,省中医药管理局项目1项,江苏省卫生厅基金9项,南医大基金4项。

医学检验科

江苏省人民医院(南京医科大学第一附属医院)医学检验科是江苏省重点临床专科,博士点、硕士点。现有工作人员71余人,其中高级职称15人,中级职称33人。现有实验用房的总面积为2500m^2。

该科是江苏省政府重点支持的"江苏省医学诊断中心"的重要组成部分。下设临床血液学、临床生物化学、临床免疫学、临床微生物学、临床分子生物学诊断实验室,开展各种常规及特殊的临床检验诊断项目近八百项。于2002年被确认为江苏省当时唯一的省级临床重点专科(医学检验科)。近年来,获得各种研究课题共6项,申报国家技术发明专利两项,独立或参与获得省级以上成果奖2项,主编各种论著十部。每年发表学术论文达30篇。

病理科

南京医科大学第一附属医院病理科建于1962年,由南京医学院病理解剖教研组高达教授兼主任,顾元方任副主任,附属医院许勤安任第二副主任。建科初由医学院病理解剖教研组派医技人员轮流来科进行日常病理工作。1965年增加技术人员2人,1972年增加住院医师1人。1977年许勤安任科主任,工作人员继续增加,1984年夏开屏任副主任,1988年后范钦和历任副主任。

病理科为南京医科大学临床病理硕士、博士学位授权点。现在编人数为26人,其中高级职称6人,中级职称12人,初级职称8人。近几年来,每年完成外科病理检验4万余例,细胞学检查1万余例,TCT1万5千余例,免疫组化2千余例,快速冰冻诊断2千余次,全国各地病理会诊5千余例,尸体解剖20余例。承担省部级以上课题5项,发表论文60余篇,出版专著2部,获得省部级以上奖励2项。近几年来,病理科培养博士、硕士生10余人,培养省内外进修医师100余人。自2007年以来,已接收实习医生及技术员10余人。

皮肤科

南京医科大学第一临床医学院皮肤科与性病学为江苏省重点学科,是硕士、博士授予点,博士后流动站。是国家卫生部皮肤性病学科药理基地、卫生部指定化妆品皮肤病诊断机构,是国家CDC性病监控哨点站之一,是江苏省大型综合医院首家性病诊疗中心。是全国同行杂志发行量之首的《临床皮肤科杂志》主办及承办单位。1993年已经成为江苏省高校重点学科和国务院批准的博士点培养单位,是江苏省卫生厅临床重点专科和省卫生厅135重点学科,是江苏省内综合医院中规模最大的专业机构,承担南京医科大学及其10余家附属及教学医院的教学任务,科研及临床专业技术水平位居同专业江苏省的最高水平及国内一流水平,承担本专业江苏省南京市的疑难病例诊治和技术咨询,及江苏省内外的会诊及接转诊工作。承担本专业的临床教学及各级进修医师的培训任务。有博导4人,硕导5人,享受国家政府特殊津贴3人。

营养科

营养科属于医院医技科室,是南京医科大学第一临床医学院临床营养教研室,有从事临床营养工作多年的主任营养医生、副主任营养医生、营养医生、营养师及营养护士10名。承担着医院营养治疗、门诊会诊、教学科研等工作。

多年来,营养科在加强科室基本建设和基础管理的同时,不断进取、不断创新,承担着糖尿病、高血压、高血脂、肥胖、肾脏疾病、肝胆胰疾病、外科术前术后等各类病人的营养会诊工作,根据病情提出营养治疗的方案,并进行营养教育,对疾病的治疗、康复起到重要的促进作用。积极配合临床各科室开展对重症、疑难及脏器移植等病人的营养支持;在健康意识日益强化的当今社会,利用科室优势和专业特长,开展营养与慢病的干预研究。开设营养门诊、专家门诊,对各类有营养需求的人提供营养咨询和营养干预,确实起到防病治病、增进健康的作用。

输血科

输血科成立于2003年,由原先功能单一的血库转变为目前涉及多学科、多技术的综合科室,其主要职能是负责临床用血的技术实施和技术指导,确保供血、储血、配血和科学合理用血措施的执行;监测和预防输血传播疾病;负责全院临床用血会诊;进行造血干细胞单采,血浆置换等治疗性输血以及造血干细胞研究。

目前,输血科科室使用面积200平方米,设有储血室、血型室、配血室、治疗室、发血室、资料室等功能间。现有工作人员12人,均是经过输血专业理论和实验技术培训合格的具有专业技术职称的医疗、检验专业毕业的人员。其中硕士2人,本科7人,高级职称2人,中级职称5人,初级职称5人。近年来更新输血理念,大力推广成分输血,成分输血比例达90%以上,远超过卫生部卫生厅的三级甲等医院的要求(成分血比例70%)。医院全年用血量达1800万毫升以上,位居全省之首,为临床所提供的血液成分品种有红细胞悬液、少白细胞红细胞悬液、洗涤红细胞、辐照红细胞、单采血小板、冷沉淀、新鲜冰冻血浆、普通冰冻血浆等。输血科包括广州路本部、江东北路河西分部,均向临床提供24小时服务。

目前开展的服务项目ABO血型及Rh血型检测、不规则抗体筛选和效价测定、交叉配血等输血前常规检查,疑难血型的鉴定,疑难配血,新生儿溶血产前实验室诊断等,自身输血,外周血干细胞采集。在江苏省内率先引入进口抗人球微柱凝胶技术交叉配血、自动血型加样系统并建立了全方位的输血信息化管理系统,输血信息化技术和水平在省内及华东地区均处于先进水平,不仅保证常规用血安全及稀有血型和疑难病例的安全输血,同时作为中华骨髓库江苏省分库外周血造血干细胞定点采集单位之一,每年完成数十例志愿者的捐献前动员和采集工作。

输血科现为江苏省临床输血委员会主任委员单位。2001年以来先后承担省部级课题4项,参编学术专2部,发表核心期刊论文40余篇,其中SCI收录7篇。正在开展与德国Ulm大学的血型专家Fleg. WA“关于Rh(D)阴性的基因分型和遗传学分布”研究课题的国际合作。承担了南京医科大学医学检验系临床输血专业的理论教学以及其他医学院校的实习带教任务。

输血科牢固树立“质量就是生命”的意识,健全科室质量管理工作制度,全方位加强质量和学科建设。为临床提供安全、及时、有效的服务。

核医学科

江苏省人民医院核医学科是江苏省内临床核医学的主要医疗、教学、科研中心之一。科室技术力量雄厚,人员队伍为省内第一、国内领先,现有医师11名,护士6名,技术员13人,其中高级职称4名,中级职称15人,有博士、硕士学位者8名。科室拥有国内一流的仪器设备,包括双探头带符合线路的SPECT、国内首台心脏专用SPECT、DEXA骨密度检测仪及多台全自动化学发光检测分析仪等。拥有独具特色的甲状腺疾病核素治疗病房,病床数10张。科室常规开展各种核医学影像检查、多种标记免疫检测项目以及多种疾病的核素治疗。2007年科室的核医学影像检查约1万例次,标记免疫检测约50万项,门诊量约6000人次,甲状腺癌住院病人约200人次。上述诊疗人次数在省内均遥遥领先,在国内也位于前列。科室还承担南京医科大学各专业所有的《核医学》教学任务,承担南京医科大学研究生的培养任务,承担南京医科大学及苏州大学医学院等院校的实习工作,承担专科医师培训工作,承担省内及国内多家医院的进修生培训任务。近年来,科室申请并完成了多项科学研究课题,获得多项科研奖励,其中有些项目与国外知名科研院所合作,进一步提高了研究水平并扩大了影响。

超声诊断科

超声诊断科成立于1982年1月,2001年更名为超声医学科。科室目前拥有主任医师3名,副主任医师3名,主治医师4名;副教授3名,讲师3名,硕导3名。共有超声临床医师15人,其中硕士研究生5人,在读硕士4名。预约登记2人,其中一人为主管护师兼介入治疗护理工作。现任科主任胡建群教授,是南京医科大学影像医学系硕士生导师,中国超声医学工程学会理事,中国超声医学工程学会浅表小器官和外周血管超声专业委员会全国常委,眼专业委员会委员,江苏省超声医学工程学会副会长、江苏省声学会理事,腹部超声专业组副组长;汪惠宁副教授为南京市医学会超声医学分会副主任委员;叶新华副主任,是南京医科大学七年制硕士生导师,中国超声医学工程学会永久会员,中国超声医学工程学会肌肉骨骼超声专业委员会委员和中国医学影像技术研究会介入性超声专业委员会委员。

南京医科大学影像系超声诊断教研室,同时也是省超声医师进修基地,每年完成影像本科、专科、进修医师教学320学时。承担省级课题4项,主编或参编超声有关专著十五部,在省级以上杂志发表论文数十篇,“十五”期间获中华医学科技奖二等奖一项,获省科技进步一等奖,省卫生厅新技术引进二等奖三项,院诊疗新技术一等奖、二等奖、鼓励奖各一项。独立获江苏省自然科学基金、南京医科大学创新基金各一项,院内创新基金三项,参与多项。每年除完成一万人次以上腹部,浅表小器官,外周血管等常规彩超检诊任务,还开展了各种囊肿的穿刺引流减压硬化治疗;甲状腺腺瘤,亚甲炎的超声引导穿刺药物治疗;肝癌的无水酒精治疗,配合微波、射频超声引导治疗肝肿瘤以及各种肿瘤超声引导下的组织穿刺活检和肝移植的术中、术后形态、供血的观察等新技术、新项目。腹部及小器官超声担负了全省的会诊任务。超声医学科的学术水平始终处于省内领先,国内先进。

心血管科

1、心脏电生理技术

室性心律失常的发病机制及介入诊治研究:成功建立缺血性心脏病致室性心律失常的动物模型,并进行了干细胞移植的干预研究;室性心动过速的射频消融及恶性室性心律失常的心内转复除颤器治疗例数及在该领域的学术地位居全国前两名。三维标测系统的临床应用:应用三维标测(EnSite3000/Navx)系统研究心律失常的病理基质和电生理学机制。根据动态基质标测原理自行设计了在窦性心律下线性消融的新策略,显著提高了难治性室性心动过速的成功率。心脏离子通道疾病的临床诊断:研究并建立了诊断隐匿性Brugada综合征及先天性QT间期延长综合征的新方法。

2、缺血性心脏病、先天性心脏病及瓣膜病的诊治技术

缺血性心脏病生物学治疗和介入治疗:在国内较早开展了腺病毒介导的VEGF165、Angiopoietin-1生物学治疗和干细胞移植治疗缺血性心脏病的研究;制备并获得抗心肌肌钙蛋白I单克隆抗体,获国家专利2项及II类新药证书1项。先天

性心脏病及瓣膜病介入治疗:在国内较早开展了室间隔缺损的介入治疗;自主设计并完成了导管微创自膨三叶式主动脉生物瓣膜装置的制备,设计并完成了能在左心耳自动定位的封堵器,获国家专利2项。

3、心血管疾病分子细胞机制研究

心肌炎、心肌病病因及发病机制研究:1986年成立江苏省心肌病研究基地,现已建立了全国心肌病研究协作组。血管内皮、平滑肌功能研究:证明了内皮源性收缩因子是可扩散、可传递的物质,其作用靶点之一为血管平滑肌;发现白藜三醇能有效抑制血管平滑肌细胞的增殖和血管内皮损伤后的内膜增生。

4、心血管病相关危险因素的流行病学

在人群水平研究心血管疾病相关危险因素的流行病学特征及多因素综合干预的防治效果;多次组织和参加了国家和省级心血管流行病学研究,参加了多项国际多中心临床试验,积累了丰富的流行病学研究经验。

普外科

结合学科基础和临床需求,普外科在器官移植、微创外科、胰腺外科、乳腺外科等的基础与临床研究等方面取得了突出成绩,并形成了自己的特色,在国内和国际上具有一定的影响,某些方面已达到国际领先水平。

1、肝脏移植技术

江苏省肝病外科中心2005年成立卫生部挂牌的中国活体肝移植研究所,含2个病区、100张床位、1个实验中心,对临床和科研工作形成强有力的支撑。已成为中国能独立开展活体肝移植,并形成一定规模的单位之一。已完成活体肝移植79例,为目前国内完成病例数最多的单位之一。目前已完成亲体肝移植治疗Wilson病40例,是目前全球研究最为系统、深入的最大一组单中心病例报告。至今共施行肝癌肝切除术4500余例,1、3、5年生存率分别为89.2%、50.4%和33.3%,有60余例存活10年以上。

2、腹腔镜技术

成立了中华医学会首批认证的腔镜外科技术培训基地。相继开展了腹腔镜胆总管切开取石、脾切除、胃肠肿瘤根治、甲状腺切除、甲状旁腺全切、胰十二指肠切除、胰岛素瘤摘除以及胃底折叠、胆肠Roux－en－Y吻合、门奇断流术等多项手术。成功开展ERCP、EST累计4000余例,在微创手术的复杂性、多样性、手术质量和数量、手术成功率等方面均居国内前列。

3、肿瘤射频治疗技术

围绕RFA领域进行了系统深入研究。在电极优化,影像组织对应和实验方法学方面取得了出色的成绩。与企业合作已开发出拥有我国自主知识产权和技术专利的射频肿瘤治疗仪,2005年获得国家批准进行批量生产并应用临床;临床应用方面,是国内最早少数几家将该技术应用于肝癌、肺癌、肾癌和颅内肿瘤治疗的单位之一。协助神经外科在国际上首次应用RFA技术切除了常规手术无法切除的颅内巨大血管瘤。"实体肿瘤射频灭活的实验和临床研究"获得2006年江苏省政府科技进步一等奖。

4、胰腺疾病诊治技术

"胰腺疾病诊疗中心"为全国五大胰腺外科中心之一。在重症急性胰腺炎和胰腺癌诊治方面国内领先;省内率先开展腹腔镜胰十二指肠切除、胰岛素瘤摘除、胰腺假性囊肿内引流和胰体尾切除,均国内先进。手术数量质量跨入国内先进行列。省内首先开展胰肾联合移植,国内先进。作为主要协作单位参与"十一五"国家科技部重大科技支撑项目"胰腺癌综合治疗技术体系研究"子项目。

5、乳腺疾病诊治技术

乳腺癌前哨淋巴结活检、微小转移等研究位居国内同行前列,开展"乳腺癌干细胞"及"新型胞苷脱氨酶hDCA基因在乳腺癌中功能"等方面的研究。申请"乳腺癌干细胞新的分离方法"和"骨转移动物模型"国家发明专利2项,首创微波固化治疗乳腺肿瘤的新技术。已完成国家"十五"攻关项目"早期乳腺癌规范化保乳综合治疗的前瞻性多中心研究"。

呼吸内科

1. 支气管哮喘基础与临床研究

数十年来该科一直以支气管哮喘作为主攻方向,作了大量的基础与临床研究,形成了自己的诊治特色,达到国内领先水平。近年来深入研究了哮喘时气道炎症的发生机制及其无创性诊断、临床干预的新方法,成绩显著:"支气管哮喘患者β2受体异常及其临床意义"获得省科技进步二等奖;"支气管哮喘诊治的实验研究"获省科技进步三等奖;"支气管哮喘气道炎症的实验和临床研究"同时获中华医学科技三等奖和南京市科学技术进步二等奖。主持国家自然科学基金3项,承担部省级课题十余项,发表相关论文200余篇(其中SCI收录14篇),参加国际研讨会交流10余人次。近8年来牵头组织"南京地区哮喘之家"活动,对哮喘进行群防群治,取得了良好的效果。不少来自外省的难治性哮喘患者慕名来我科门诊或住院诊治。

2. 睡眠呼吸障碍疾病的发病机理及诊治

2001年建立的睡眠呼吸障碍疾病诊治中心,购置了国际先进的多导睡眠监测仪、PTT睡眠呼吸监测仪、等离子低温射频消融仪和匹配伺服全自动气道正压呼吸机等先进设备。每年成功诊治睡眠障碍疾病患者千余名,在国内外杂志发表论文50余篇(其中SCI论文8篇),在国内外获奖10项,受到国内外同行们的高度关注和好评。承担省级国际合作课题一项,主持和参加国家自然科学基金课题各一项,主办国际睡眠呼吸障碍研讨会2次。该科在该领域的技术特色为对睡眠呼吸暂停综合征与心血管疾病的相关性及干预治疗的系列研究。该领域医疗和科研工作已达到国内先进水平。

3. 呼吸道感染性疾病的诊治与研究

该科对呼吸道感染性疾病积累了丰富的经验,临床诊断率和治愈率高。殷凯生教授是全国抗感染学组成员、华东区肺部感染协作组副主任委员。2003年"非典"流行期间,殷凯生教授担任江苏省防治"非典"专家组组长,黄茂教授担任江苏省支援内蒙防治"非典"专家组组长,成绩突出,均获得国家和省政府的表彰。该科主编的《非典型肺炎的防治》获"国家图书奖"、《实用抗感染药物手册》(人卫出版社)受到广泛好评。主持了42种抗感染新药的临床研究,均顺利获得证书。近年来开展了呼吸道合胞病毒的实验研究。

4. 肺动脉高压的发病机理研究和治疗

肺动脉高压作为COPD发展至肺心病的关键病理生理环节,是影响COPD预后的重要因素。主持参加过国家"1035"子课题及江苏省科学技术厅课题"ATP敏感性钾通道开放剂对肺动脉高压的发生、发展的影响及治疗学研究”(2000051)等课题计6项。共发表论文40余篇。2007年获得中华医学科技三等奖,曾获全国中青年优秀论文一等奖、中国赛克勒医师年度奖、国家科技进步三等奖、国家医药管理局科技进步二等奖、江苏省科学进步二等奖等奖项。

5. 呼吸内镜的诊断和治疗

该科在省内较早开展了经支气管镜肺活检术、支气管肺泡灌洗术、纤支镜代胸腔镜诊治术、支气管镜下支架植入术、经支气管镜针吸活检术、胸腔镜检查诊治术、纤支镜下高频电刀术等。2007年获江苏省卫生厅课题“经纤支镜支架介入肺减容术治疗肺气肿模型的应用研究”。呼吸内镜中心于2007年被卫生部评为全国内镜诊疗技术培训基地。

神经内科

南京医科大学附属第一医院神经内科现由二个病区(70张床)、门诊、急诊、神经电生理实验室和临床神经病学研究室(脑脊液细胞研究室)所构成。每年收容各类神经系统疑难危重病人1000人次,门诊诊治7万多人次,急诊抢救近1万人次。本学科在神经系统各类疾病的诊治方面有着丰富的临床经验,尤其是在卒中病人的急诊救治有着许多显著地特色。曾在江苏省重大招标项目《脑卒中急救关键技术的应用示范研究》(BS2006007)负责卒中急救绿色通道流程、卒中急救规范以及卒中急救关键技术方案的制定和实施。大量的疑难杂症疾病得到成功的诊断和救治。目前该学科可以开展常规脑电图、动态脑电图、脑血流超声检测、肌电图(包括单纤维肌电图)、诱发电位、经颅磁刺激诊断和治疗等技术。除此之外,还开展颅高压实时检测、小脑顶核刺激等新技术。部分技术具有国内先进水平。各项设备仪器总值400多万元,有效的满足了临床医疗的需要,保证了高质量的专科医疗护理水平。

该学科目前具有优秀的学术梯队和稳定的研究方向,先后承担并参与国家、省部级各项科研项目二十余项,每年年均在国内外发表论文30余篇,先后获得国家、省部级校级奖励殊荣20余项。主要研究方向包括:缺血性脑血管病发病机制与救治、中枢神经系统感染的病因诊断与技术研究、头痛的规范化诊断和治疗、中枢神经系统损伤与修复的方法与技术研究、老年性痴呆临床特点与医护方法技术的应用等,已培养博士、硕士五十余人,是重要的江苏省高级专业人才培训基地。

科　研

医院现有3个研究所,19个研究室。是国家药品临床研究基地,省心肌病定向科研基地,全国首批获准开展辅助生殖技术和人类精子库的单位。

江苏省人民医院全年新获各类科研项目217项,其中国家自然科学基金11项;新获各类科研项目经费1324万元;新获省“135”学科与人才建设经费1564万元;新获各类成果奖44项;发表学术论文825篇,其中SCI收录74篇。

规　模

医院现有职工2635人,其中医技人员2003人,现有博士生导师47人,硕士生导师144人。

医院对外交流活跃,与美国、日本、加拿大、澳大利亚及意大利等国的医院、学科和实验室建立了友好合作关系。

先　进

医院注重精神文明建设,先后多次被评为卫生部卫生先进集体,连续多年被评为江苏省省级文明单位、江苏省和南京市“十佳”医院。

历史沿革

[1936年02月]江苏省立医政学院在镇江建立附设诊疗所。

[1938年08月]诊疗所随医政学院迁至湖南沅陵,改名为国立江苏医学院附设诊疗所。

[1938年11月]附设诊疗所更名为国立江苏医学院附属医院。

[1939年04月]附属医院随医学院迁至四川省重庆市北碚,设病床40张;1943年床位增至100余张。

[1946年10月]附院随江苏医学院迁回镇江原址,设床位60张;1950年床位增至150张。

[1956年08月]附院迁宁,与南京市工人医院合并;同年11月,更名为江苏省工人医院,同时也是江苏医学院附属医院,病床增为382张;1957年12月病床增至460张。

[1958年01月]附院随江苏医学院更名为南京医学院附属医院。

[1958年09月]附院随医学院更名为南京第一医学院附属医院,床位增至502张。

[1961年10月]附院随医学院复名为南京医学院附属医院。

[1970年05月]附院随医学院合并更名为江苏新医学院第二附属医院,床位逐步减少至400张。

[1978年05月]附院随医学院复名为南京医学院附属医院。

[1981年11月]附院更名为南京医学院第一附属医院,1984年底床位增至680张。

[1985年07月]江苏省工人医院名称更名为江苏省人民医院,亦名南京医学院第一附属医院,年底床位增至723张;1986年床位增至804张。1987年2月,医院被命名为江苏省红十字医院;床位886张,1988年增至909张,1990年增至924张。1993年12月,附院随医学院更名为南京医科大学第一附属医院。江苏省人民医院

[1994年09月]南京医科大学第一临床医学院成立并设在医院,2000年1月病床数增至1000张。现有床位1400张,职工1968人,其中卫生技术人员数1319人。

[2003年08月]经江苏省卫生厅批准,江苏省妇幼卫生保健中心并入江苏省人民医院,增挂“江苏省人民医院河西分院”牌,设床位210张。至此,江苏省人民医院床位数增至1650张。

[2004年10月]经江苏省人民政府批准,江苏省人民医院集团正式成立。集团包括江苏省人民医院、江苏省妇幼卫生保健中心以及江苏省省级机关医院三家单位。

[2005年06月]江苏省人民医院“西扩东延”扩建方案获江苏省人民政府批准,医院扩建新增土地83亩,工程正式启动

[2005年07月]江苏省人民医院集团新增两家单位,分别

是江苏省太湖干部疗养院和江苏省原子医学研究所。至此,江苏省人民医院集团成员增至5家。

[2006年02月]医院床位数增至1815张。

医院集团

江苏省人民政府批准,2004年10月28日,由江苏省人民医院、江苏省妇幼卫生保健中心和江苏省省级机关医院共同组建的江苏省人民医院集团正式挂牌成立。这是全省深化卫生体制改革,实施医疗资源优化重组的一项重大举措。2005年7月,遵照省卫生厅"做强做优,优化配置现有卫生资源"的原则,组建江苏省人民医院。之后,医院集团再次强劲"扩容",位于太湖之滨的江苏省核医学研究所、江苏省太湖干部疗养院双双加盟该集团,开展以技术为纽带的合作,实现优势互补,多方"共赢"。如今,该集团已成为国内最具实力的医疗集团之一,正在向全国一流医疗集团迈进。

集团成员:

江苏省人民医院

江苏省妇幼卫生保健中心

江苏省省级机关医院

江苏省太湖干部疗养院

江苏省核医学研究所

所在地址

南京市广州路300号。

江苏省中医院
(南京中医药大学附属医院)

江苏省中医院(南京中医药大学附属医院)创建于1954年10月,创建初即荟萃江苏一代名医,铸成渊源浓厚之学术根基。历经半个多世纪几代人的艰苦创业,医院规模与声誉日益扩大。现已成为一所集医疗、教学、科研、预防保健、急救等于一体的现代化综合性三级甲等中医医院,先后被确定为国际针灸培训中心、世界卫生组织传统医学合作中心临床基地、全国中医药进修教育基地和国家药品临床研究基地(中药)中心(GCP)、国家中医临床研究基地(脾胃病)。

医院规模

历经几代人辛勤创业,医院的规模与声誉日益扩大,医院现开放床位1200张,设有35个临床科室和5个医技科室开设182个中医特色明显的专科专病门诊,日均门诊量9000人次左右,2009年门急诊诊疗人次达270万,出院病人数超过3万,床位使用率超过100%。

获得荣誉

江苏省中医院先后被定为国际针灸培训中心、世界卫生组织传统医学合作中心临床基地、全国中医临床进修基地和国家药品临床研究基地。1993年被国家卫生部评定为三级甲等中医院,1994年被评为全国省级示范中医院和全国卫生系统先进集体,1995年被评为"省卫生行风先进集体",1997年获江苏省、南京市"十佳医院"、"江苏省文明单位"等光荣称号,1999年被评为全国"百佳医院",2000年蝉联第二届江苏省"十佳医院",2003年被评为省、市"非典型肺炎防治工作先进集体",2004年再次被评为"全国卫生系统先进集体"。

师资力量

医院现有职工1400名(含合同制人员),其中医技人员占77%,主任医师、教授60名(包括退而未休仍在临床一线奋斗的专家中有省名中医、名中西医结合专家60名,博士生导师17名,硕士生导师72名,享受政府特殊津贴专家27名),副主任医师、副教授190名,中级职称人员305名,护理人员350名,设内科、外科、急诊科、妇科等32个临床业务科室,并配备设备先进、功能全面、适应临床医疗、教学、科研需要的医技功能检查科室。医院制剂部常年制备或配制20余种剂型200多个品种有中药特色的制剂,其中许多品种源于医院名医验方,特色明显、疗效显著,深受广大病员欢迎。拥有国家级重点学科4个(这在全国中医系统中也是最多的),省级重点专科11个。医院对重点专科无论在人力、物力、设备等方面均给予重点支持和帮助,以重点专科建设为龙头,促进了全院临床各学科整体水平的共同提高和协调发展。

发展情况

回顾建院50年历程,医院在全省及全国享有较高声誉的知名专家层出不穷,如首任院长、中科院学部委叶橘泉教授,著名肾病学家、中央保健局特聘专家邹云翔教授,著名消化科专家张泽生教授,针灸科专家邱茂良教授,儿科专家江育仁教授等;目前仍坚持在临床一线的如耳鼻咽喉科专家干祖望教授、消化科专家徐景藩教授(全国卫生界最高奖"白求恩奖章"获得者)、妇科专家夏桂成教授、以及中青年专家邹燕勤教授、唐蜀华教授、曹世宏教授、单兆伟教授、徐福松教授、刘沈林教授等。大批中医和中西医结合中青年专家已成为所在专业的学科带头人和技术骨干,近十年来又先后引进硕士生、博士生、博士后出站人员80余名,其中不少人曾在国外研修或受到培训。技术力量雄厚、梯队结构基本合理的人才队伍为医院的发展和声誉日益提供了坚实的基础。

50年来,医院坚持中医医院办院方向,坚持以病人为中心,以提高医疗质量、服务水平为重点,继承发挥中医药特色和优势,充分发挥专家和重点学科的学术影响和示范带头作用。注重中医专科专病门诊的优势效应,常年开放专科、专家门诊78个(在全国中医系统中开设专家门诊最多)。坚持"科教兴院"战略,作为南京中医药大学附属医院,医院承担着大量的全方位教学任务,每年完成多层次(包括专科、本科、研究生、留学生等)课堂教学4000多学时,接受大量的临床实习、国内外医师进修培训任务,多年来业已培养出数以百计的硕士、博士研究生,为中医药事业培养了大批高层次的跨世纪人才。重视中医科研工作,致力于中医药的现代化研究。1997年以来获各级科研课题成果奖46项,目前在研课题156项,其中国家级课题7项。

近几年来,医院进一步加强了中医学术对外交流工作,举办外国医生临床中医学习班,每年接受大批南京中医药大学国外留学生和港澳台地区学生来院进修学习。每年接待近40批30余个国家和地区的友好人士来院参观访问,扩大了中医药和该院在海内外的影响。

乘车路线

行车路线(外地患者):火车站路线乘坐公交13路在莫愁路下车;行车路线(本地患者):乘车公交3路、4路、5路、9路、18路、29路、43路、48路、83路到莫愁路站下。

人员结构

至2006年6月,全院共有职工1561人,其中卫生专业技术人员1269人,其他专业人员115人。在卫生专业技术人员中,医生462人,影像医技人员66人,药技人员134人,检验人员51人,病理人员11人,护理人员545人。

现有省政府命名的名中医、名中西医结合专家57名。

至2005年底,共有南京中医药大学教授25名,副教授48名,博士研究生导师14名,硕士研究生导师58名。设有中医内科学、中西医结合、中医儿科学、中医妇科学、中医伤科学、中医外科学、中医五官科、针灸推拿学、病理学、中药学等10个博士、硕士研究生专业学科。

领导班子

院长:刘沈林、党委书记:马明深、副院长:虞玉津、李七一、章亚成、党委副书记:薛明新

科室介绍

肾内科简介

江苏省中医院肾内科创建于1954年,是全国成立最早的中医肾病医疗小组,时由著名中医肾病专家邹云翔教授任学科带头人。1955年起学科开始培养中医内科专业学生,1979年获硕士学位授予权,1984年获博士学位授予权,是全国首批确定的中医硕士点和博士点,1995获权建立博士后流动站。2001年初被批准为国家中医药管理局重点学科建设单位,同时,该科还是国家中医药管理局"十一五"重点专科强化建设单位、全国中医肾病医疗中心、国家中医药管理局三级实验室、江苏省"135工程"医学重点学科、国家临床药理基地肾病学科点、世界中医药学会联合会肾病专业委员会副主任委员单位、中华中医药学会肾病专业委员会副主任委员单位、中国中西医结合学会肾病专业委员会常委单位。

目前门诊设立了腹膜透析、慢性肾炎、尿路感染、慢性肾衰等专病门诊,病区设立床位86张,病房内设有腹透治疗室、高位灌肠治疗室、药浴治疗室及危重症抢救室,拥有全自动腹膜透析机1台、高位结肠灌注机1台、蒸汽汽疗机1台、激光离子导入治疗仪1台;拥有血液透析机30台,CRRT机1台;拥有独立的对外开放型国家三级分子生物学实验室,占地$100m^2$,配备大型精密仪器10余台,增强了学科科研力量和临床工作的服务能力。

肿瘤内科简介

江苏省中医院肿瘤科创建于1974年,1985年开设肿瘤科病房,2001年设立肿瘤联合会诊中心。科室全体人员团结协作、开拓进取,医疗、教育、科研力量不断增强,在全省中医、中西医结合肿瘤界处于领先地位。现有医护人员47人,医生23人,其中医生高级职称12人,中级职称6人,博导3人,硕导4人。病床76张,全年门诊量5万人次,全年收治病人约1530人次。江苏省中医院肿瘤科是江苏省"十一五"中医重点临床专科建设单位,SFDA国家药物临床试验机构专业科室,南京中医药大学中医内科专业的硕士点和博士点,江苏省中医药协会肿瘤专业委员会主任委员单位。在敬业爱岗,乐于奉献,勇于创新的老、中、青三代医师共同努力下,科室全体人员团结协作、开拓进取,医疗、教育、科研力量不断增强,逐步发展成为一个拥有门诊、病区、超声刀室和肿瘤实验室,在全国中医、中西医结合肿瘤界处于先进地位的专科。

该中心在临床工作中,发扬中医特色,坚持中西医结合的综合治疗原则,注重整体与局部相结合,兼顾了宿主与肿瘤的关系,使诊断更加完善和客观,治疗方案更加全面和合理。加强院内外相关学科协作,建立多学科联合门诊、病房联合会诊制度,形成团队规模,提高诊治水平。科室成立了消化道肿瘤诊疗组(以食管癌、胃癌、肠癌、肝癌为主)、呼吸道肿瘤诊疗组(肺癌为主)、介入治疗组(肝癌、胰腺癌的介入治疗,恶性肿瘤梗阻性黄疸的PTCD治疗及"双径路"介入治疗等)。选择发病率高、综合治疗效果好的胃癌、肺癌作为科室重点研究病种,进一步优化单病种诊疗方案、将祛瘀解毒、消痰软坚、补精益气等中药与手术、放疗、化疗、介入治疗、热疗等方法有机结合,在增强临床疗效,减轻放化疗毒副反应,改善生活质量,延长生存期等方面取得显著疗效。瞄准国内外本专业的研究方向,鲐合临床实际,积极开展剂研工作,以科研为临床服务,临床促进科研发展为宗旨,经过10多年的努力,创研出消瘤丸、克瘤丸、脑瘤平、龙芝藻等特色中药制剂,对肺癌、胃癌、肠癌、脑部肿瘤等疾病具有良好效果。先后承担了省级课题6项。与南京中医药大学联合承担了多项国家级、省级课题,成为省内较有影响的中医、中西医肿瘤临床科研基地。

老年科简介

江苏省中医院中医老年科是该院较早开展的专科并形成省内优势。老年科的医师们发挥自己的专业特点,综合分析每个老年病人的个人疾病特点,对病人施以中西医结合的治疗,多能收到满意的效果。

中医药治疗特色:中药对老年心脑血管病变的干预;中医药对老年代谢综合征胰岛素抵抗及高凝状态的干预;中药珍枣胶囊对老年阴虚火旺失眠证的治疗;中药泄浊通瘀剂对老年痛风及肾功能不全的治疗;中药清化痰瘀剂对冠心病动脉斑块稳定及消除作用;大蒜素雾化吸入治疗老年肺部真菌感染;中药对老年痴呆的干预作用;中风后遗症的康复治疗、中医药、针灸、耳穴疗法、食疗、健康教育等,防治老年病,调整亚健康状态。

科室特色:

(1)专科病区:老年科共有医师19人,每个病区都有高级职称医师主持工作,救治的工作有心脑血管病、内分泌疾病、呼吸系统、消化系统等疾病以及痴呆、失眠、汗证、便秘等。本着发扬中医药的优势,重视吸取现代医学精华,走中西医结合的道路。

(2)专科门诊:本科除设有专科门诊及特约门诊外,并设有"三高"专病门诊,即高血压、高血脂、高血糖,及相随而来的高粘滞血症、高尿酸血症。这些疾病可单独存在,但大多互见,相互影响,是造成心脑血管如心梗、中风等严重事件的危险因素,西医虽有针对性药物,但老年病往往多病兼杂、病势缠绵,脏器减退,同时长期服用数种药物,会带来肝肾功能损害等多

种毒副作用,中医整体调理,辩证施治,有良好的临床疗效。

(3)学术梯队:老年医学科聚集了一批年富力强的技术骨干,医师均为硕士、博士,并有省名中医胡铁城主任医师,国家中医优秀人才、国家中医师承等人员。

(4)科研工作与其他成就:老年科于1995年至今已承担痛风合剂的研究、老年腔隙性脑梗死、痴呆、失眠、呼吸道霉菌感染、冠心病及代谢综合征的中医药治疗研究等课题。承担省市老干部医疗保健任务。

(5)教学工作:本科是南京中医药大学教学、实习基地,现有副教授3名,硕士生导师2名,每年带教研究生、本科生实习数十名。定期举办业务讲座,选送合适人员外出进修,提高水平。

(6)技术装备:本科目前配置的医疗设备有心电图机、心电监护仪、呼吸机、心脑血管治疗仪、微波治疗仪等。

(7)国际学术交流与出国研修:从1992年至今,本科胡铁城、郭宏敏、董新民等医师多次赴日本、香港等地研修进行学术交流。

风湿病科简介

江苏省中医院风湿病科开始创建于1990年,是省内建科最早的医院之一。经过近20年几代人的努力,目前核定床位19张,平均实际开放床位24张,年出院病人近400人次,年门诊约3万人次,年业务收入近1千万元。共有门诊诊室3间,主要治疗类风湿关节炎、系统性红斑狼疮、干燥综合征、强直性脊柱炎、痛风性关节炎、骨关节炎、多发性肌炎、血管炎等风湿免疫病。

人员结构比较合理,共有在编医师8人,其中主任中医师2人,中西医主任医师1人,副主任医师2人,主治医师2人,住院医师1人。学历构成:博士3人,硕士3人,本科2人。共有南京中医药大学教授1名,副教授1名,硕士研究生导师2名。

强调临床疗效的同时,重视临床的科研教学工作,目前有国家级在研课题1项,已经完成及在研省级以上课题10项左右。有些成果已应用于临床,制成了热痹消颗粒、津血源颗粒、狼疮净颗粒等多个院内制剂。每年完成中医药大学临床实习带教本科和硕博研究生。

该科还率先在省内开展了双重血浆置换术、免疫吸附术治疗急、重症免疫性疾病,取得较好疗效。为突出中医治疗特色,还开展了中药熏蒸和微波治疗骨与关节病变,收到病人受的欢迎。

内分泌科简介

江苏省中医院内分泌科是国家级重点学科、国家中医药管理局重点学科建设单位、国家药品监督管理局中药GCP临床试验机构。运用中医及中西医结合治疗内分泌疾病疗效显著。如糖尿病及其并发症(糖尿病足、视网膜病变、肾病、神经病变等),甲状腺疾病(甲亢、甲减、甲状腺结节肿瘤等)、痛风、骨质疏松症以及其它代谢性疾病。尤其在糖尿病肾病、桥本氏甲状腺炎的中药干预、甲状腺结节中药介入注射方面,中医、中西医结合疗效达到了省内、国内领先水平。科内配备小型仪器多台(如血糖仪、血酮仪、心电图机、心电监护仪等);中型仪器十余台(包括胰岛素泵、动态血糖监测仪、糖化血红蛋白仪、血管神经病变治疗仪、糖尿病治疗仪、ES－1000SPM多普勒血流探测仪、Bio－Thesiometer感觉定量检查仪等),保证危重病人的及时诊治。

该科目前承担国家级课题3项,省部级课题8项,内容涉及糖尿病、糖尿病肾病、糖尿病神经病变、甲状腺疾病、骨质疏松症等疾病,以及中医、中西医结合的临床和基础研究。内分泌科宗旨:坚持临床为中心,医教研有机结合,不断进取,加速发展我院中医、中西医结合内分泌事业,努力将我科建成有专科特色、技术先进、服务一流的省级重点学科。

科室特色制剂:

健骨丸:防治骨质疏松症。

银甲丹:治疗甲状腺结节、腺瘤,甲状腺功能亢进。

克糖灵:治疗糖耐量低减,2型糖尿病。

痛风康合剂:防治痛风性关节炎急性发作。

运用中医及中西医结合治疗内分泌疾病疗效显著。如糖尿病及其并发症(糖尿病足、视网膜病变、肾病、神经病变等),甲状腺疾病(甲亢甲减甲状腺结节囊肿肿瘤等)以及其它代谢性疾病。尤其在糖尿病肾病、桥本氏甲状腺炎的中药干预、甲状腺结节中药介入注射方面,中医、中西医结合疗效达到省内、国内领先水平。科内配备小型仪器3台(血糖仪、血酮仪、心电图机);中型仪器3台(胰岛素泵、心电监护机、糖化血红蛋白仪),保证危重病人的及时诊治。

神经内科简介

江苏省中医院神经内科现为江苏省中管局重点学科建设单位,国家药物临床研究基地神经科专业科室,南京中医药大学神经病学硕士研究生培养点。脑功能检查室、神经病学研究室、高压氧治疗中心等辅助科室。中心以脑血管病(脑梗死,脑出血,脑动脉硬化等),神经变性病(痴呆,震颤麻痹,运动神经元病等)和失眠为主攻方向,病种涵盖所有神经系统疾病和神经心理疾病。此外,本中心承担了"国家自然科学基金","863","115"及省中管局,省社科委课题多项,获市以上科技奖二项。研发新药二个。发表学术文章百余篇,编写专著和教材10余部,培养南京中医药大学专科硕士研究生十余名。近几年来,随着神经内科专业人才的不断引进和神经内科诊疗新技术(尤其是急性脑梗死超早期动脉溶栓术,颅内血管狭窄支夹植入和成型术等)全面开展,专业技术水平得到进一步的提高。

目前,中心已经在中风的急救,中的结合治疗和康复等方面取得了可喜的成果。

1、中风急救的治疗院前院内急救治疗一体化,保证了脑血管病的急救的畅通,减少了中间环节,最大限度地赢得救治时间。同时,设立了专门的脑中风监扩病房和中风治疗小组,开展了脑梗死的超早期溶栓,脑出血微创治疗等技术,大大地提高了中风救治的成功率。

2、中风康复采取祖国传统医药和现代医学结合的方法,对脑血管病患者进行系统规范的康复治疗和指导,有效地减少了中风后遗症,改善了患者的生活质量。

3、预防中风复发采用活血化瘀中药预防中风,不仅疗效确切,而且无明显的毒副作用。

4、中医中药治疗失眠,动脉硬化症,脑供血不足,癫痫,痴呆,多发性硬化和有着丰富的经验。"通脑灵"等已经通过专家肌肉萎缩等神经系统疾病的诊断治疗方面也独树一帜。

5、中心研制的治疗脑出血药物新药一"脑血通"的鉴定,不久将造福广大的脑中风患者。

“一流的技术,一流的医疗质量,一流的环境,一流的服务”是该中心的广大医护人员的宗旨。脑病中心将永远是广大脑病患者理想的治疗和康复基地。

整形外科

江苏省中医院整形外科医学美容科是以专业的医疗美容、激光光子美容、皮肤诊断治疗与美容、手足创伤为一体的专业科室。由资深整形外科专家及相关的口腔科、皮肤科专家所组建,均具有美容整形外科主诊医师资格,可以开展各种整形美容手术、激光光子美容及口腔治疗项目。

整形科的各位专家在常规的整形手术项目上都具有十余年上万例的经验,同时与美国 Yale、德国 YACHEN 等大学医学中心整复外科建立了学术交流关系,使科室的学术水平与手术技艺与世界先进水平同步。

整形外科同时还拥有江苏省三甲医院中最先进医疗手术及美容设备,如美国史赛克颅颌面微动力系统手术设备、德国 MEDICON 颌面外科手术器械及内窥镜、日本产超声多普勒血流探测仪、菲利浦电监护仪、以色列进口水氧仪器、最先进的美国进口光子嫩肤仪、瑞士共振抽脂机、日本产口腔电脑影像综合治疗系统、美国最新射频除皱仪等。一流的环境、一流的技术、一流的服务,和先进的医疗设备为各种整形美容治疗、修复手术的成功开展提供了有力保障。

普外科简介

江苏省中医院普外科经过五十余年发展,在全科几代医务人员的不懈努力下,目前已形成了一个专业梯队合理、诊疗规范、技术精湛、医德高尚,既有中医特色,又能适应现代化医院发展要求进行各种普外科常规及复杂手术的专科。

普外科现有主任医师(教授)8 名、副主任医师(副教授)8 名、主治医师(讲师)2 名、住院医师 8 名,其中博士生导师 2 名、硕士研究生导师 3 名,具有博士学位者 5 名,硕士学位 7 名,在读博士 2 名。

脑外科简介

江苏省中医院脑外科是一个年轻、充满活力的科室,起步比较晚,但起点比较高,成立于 2001 年。在学科带头人高觉民主任的带领下,系统开展神经外科临床,科研和教学工作,填补了三级甲等综合性中医院专科建设的空白。科室综合实力不断壮大,在中医系统建立了中西医结合神经外科这一新的学科,中西并重,使得科室在神经外科领域中对常见病多发病的诊断、治疗、科研、教学等方面均有一定建树,是江苏省中西结合神经外科方面的领头羊。

近年来,在发展祖国医学特色的基础上,积极开展显微手术、神经内窥镜手术,推进中医现代化。拥有蔡司手术显微镜、rudolf 神经内窥镜手术系统、电动颅钻、铣刀、不粘双极电凝镊、专用手术床及头架、诱发电位等术中监测设备,及专科 ICU 等设备。目前常规开展各种显微神经外科手术(如显微镜下颅内动脉瘤夹闭术、颅内动静脉畸形切除术、听神经瘤切除术、经鼻蝶垂体瘤切除术、颅底肿瘤切除手术等)。在江苏省内较早开展内镜下第三脑室底造瘘术治疗脑积水等微创技术,并进行了垂体瘤、听神经瘤、蛛网膜囊肿的神经内镜辅助下的手术治疗。积极开展脑血管病的神经介入治疗。

省内首家引进 StellateHarmonie 长程视频脑电图(128 导 VEEG)和定位系统,使用德国 BESA5.1 及 BrainVoyagerQX 软件进行偶极子分析定位(DLM),开展癫痫病的诊断和治疗工作,已常规进行各种显微癫痫外科手术,疗效良好。2006 年成立的神经电生理功能检查室常规开展视频脑电图监测、体感诱发电位监测、脑干诱发电位监测、睡眠监测等项目。

中医治疗神经科疾病是该科特色之一,辩证施治,中西医结合治疗脑血管病、脑瘤、癫痫、脑积水、脑外伤等神经外科常见疾病,积累了丰富的经验,形成一套行之有效的中医治疗体系,提高了外科治疗的疗效。

科室目前共有工作人员 8 人,其中主任医师 1 名、副主任医师 2 名、主治医师 1 名、住院医师 3 名,神经电生理技师 1 名。科室主持及参与的国家级、省部级、厅局级各级课题共 5 项,“偶极子定位在癫痫诊疗中的应用”获江苏省卫生厅引进新技术奖”,发表相关专业论文数十篇。

血管外科简介

江苏省中医院血管外科的前身脉管病组创立于 1956 年。现病房核定床位 24 张,有医师 8 人,其中高级职称 4 人,博士 1 人,既有中医的高级专家,又有西医方面的人才。经过几代人的努力,紧跟现代医学发展的步伐,积极发展血管疾病的手术治疗、腔内治疗、自体骨髓干细胞移植治疗等,并进行基因治疗的研究。同时继承发展中医药在血管疾病治疗中的作用,发明了脉络宁针、通塞脉片等治疗血管病的良药。临床中将中西医治疗结合起来,外科手术结合中药口服外用在血管外科疾病治疗中取得了较单纯手术治疗更好的疗效。中药煎剂口服结合中药创面外敷在下肢溃疡的治疗中有显著的疗效。

肾外科简介

江苏省中医院肾外科创建于 1985 年,是医院较早成立的临床特色诊疗专科之一,进入 20 世纪 90 年代,随着医院规模的不断扩大和泌尿外科诊疗技术的飞速发展,江苏省中医院泌尿外科有了长足的进步。科室始终以中西医结合方法治疗泌尿系疾病为特色,注重中西医并举,在挖掘和发扬传统中医药的基础上,不断引进现代最新泌尿外科诊疗设备和高级医疗人才,现已发展成为拥有标准化病床 39 张,日门诊量 100 余人,年各类手术量 1000 余例,技术力量较为雄厚的临床特色专科,为江苏省中医院临床重点发展科室。

科室擅长中西医结合诊治前列腺疾病、泌尿系结石、泌尿系肿瘤、慢性肾功能不全等泌尿系统疾病。并以中西医结合肾移植、微创手术治疗泌尿系疾病为诊疗特色,微创腔镜泌尿外科技术发展迅速,近年逐步形成微创泌尿外科品牌,开展了一系列微创泌尿外科手术,处于国内领先水平。科室目前常规开展的微创手术包括前列腺等离子切除术、前列腺钬激光剜除术、经皮肾镜、输尿管软、硬镜技术治疗泌尿系结石、腹腔镜下肾囊肿去顶减压、肾盂输尿管成形术、肾上腺切除、精索静脉曲张高位结扎、肾切除、肾癌根治、前列腺癌根治术、根治性膀胱切除等手术。体外冲击波碎石治疗上尿路结石成功率达到 95% 以上。

科室常规开展肾脏移植工作,并坚持走中西医结合道路,在肾移植工作中创新性地开展了中医中药的临床研究,在离体肾的保存、移植肾功能延迟恢复、慢性排斥、免疫水平的双向调节、中药对环孢素浓度的影响、诱导免疫耐受等多方面进行了尝试性研究,在全国中医系统进行了开创性工作并积累了丰富临床经验。

2000年以来,承担并完成厅、局级课题4项,在研厅、局级课题两项。发表论文62篇,出版医学著作10部,其中主编2部,副主编3部。

心胸外科简介

江苏省中医院心胸外科是省内拥有一流的医疗技术、最先进医疗装备的现代化科室。人才结构合理,是一支年轻的、极富有生命力的、拥有省内一流的医疗、科研、教学团队。

科室的医疗设备按当今世界最先进标准配备,拥有全套进口世界名牌手术器械、监护、检查、急救设备,能满足各类大型手术、抢救需要,为手术成功和安全性提供了最强有力的保证。病房设床位36张,重症监护病床4张。设备包括:Jostra体外循环机、西门子Servoi呼吸机、Philips心电监护系统、GE-Vivid3心脏彩超、MedtronicACT监测仪、Datascope球囊反搏、Edwards连续心排监测仪、Bayer348多功能血气分析、Medtronic起博、除颤仪、SiemensX光摄片机等。

全科医护人员在科主任、学科带头人陈振强教授的带领下,坚持一切以病人为中心,发自内心的关心爱护病人,为人民的健康努力工作。常规开展各种心胸外科手术,包括:冠状动脉搭桥术、常规和微创心脏瓣膜成形术和替换术、射频治疗房颤、微创房缺封堵术、各种复杂重症先天性心脏病、血管瘤手术以及食管、肺、纵膈疾病的手术治疗、微创电视胸腔镜手术、心脏移植术等。各种手术的技术水平为省内先进,部分技术如微创瓣膜手术、射频治疗房颤及微创房缺封堵术等达到国内领先水平。

妇科简介

江苏省中医院妇科创建于1954年,经过五十多年的不懈努力,在医疗、教学、科研等方面得到了蓬勃的发展。2000年被江苏省巾帼建功领导小组誉为"江苏省巾帼示范岗",2001年被江苏省中医药管理局确定为"江苏省中医重点临床专科"。

科内汇集省中医妇科名老中医、中西医结合专家以及一支活跃的老中青相结合的医疗队伍。同时配备妇科检查室、妇科计划生育手术室、B超室、阴道镜检查室等;病区设床位四十张、同时配备妇科手术室、妇科腔镜室、妇科实验室等;集中了妇科腹腔镜、宫腔镜(双极气化电切镜)、阴道镜、激光治疗仪、经腹及阴道B超等先进的医疗设备。运用中医、中西医结合的方法,以"心－肾－子宫轴"、"补肾调周"的理论体系,诊治妇科常见病、多发病及疑难疾病。在不孕不育症、月经病、围绝经期综合征、子宫内膜异位症、流产类疾患以及生殖系统炎症等疾病的治疗方面,有独特的诊治经验,疗效卓著,已成为最具特色的专科之一。病区床位周转快,住院天数短,并开展妇科各类手术,包括腔镜手术系列,阴式非脱垂子宫切除术,妇科恶性肿瘤手术等。在全省范围内形成专业人才梯队、设备、技术领先的态势。

积极开展科学研究工作,采用国内国际先进技术,创造有本科特色的研究方法,处于国内领先水平。近年中标国家自然科学基金,省科委及省中医管理局科研课题近10项,其中2项分别获省科学技术进步二等奖、省中医管理局中医药科技进步一等奖。开发了一批科研制剂,形成了专病专药的特色。

儿科简介

江苏省中医院儿科是全国中医儿科界唯一的国家级重点学科、国家中医药管理局重点学科、江苏省卫生厅"135"工程重点学科建设单位、中医儿科界唯一的二级学科博士点、中华中医药学会儿科分会的会长单位。

该科设门诊、急诊,24小时接待患儿就诊。开设反复呼吸道感染、哮喘、气管炎、厌食、腹泻、肾病、癫痫、多动症、抽动症、弱智、脑瘫、性早熟、小儿妇科、儿童保健、小儿推拿针灸、外治敷贴等专科门诊。运用微生物学、免疫学、分子生物学、神经电生理学等技术方法,对肺系、脾系、心系、肾系、肝系疾病进行系统研究,研制了系列中成药制剂,在国内中医儿科领域处于领先地位。该科已开展肾活检工作,在小儿肾系疾病研究方面,达到国内同类研究的领先水平。近10多年来,承担完成了国家级、部省级、厅局级科研课题27项,国家新药临床研究21项,获得各级科研奖励15项。

肛肠科简介

江苏省中医院肛肠科创建于1955年。有纤维肠镜、多功能肛肠测压仪、肛肠微波治疗仪等多种专科器械。是专科设备齐全,技术水平先进的中医特色专科。

运用中医和中西医结合手段泊疗痔、瘘、裂、肛周脓肿、顽固性便秘、炎症性肠病、肛门大肠肿瘤等肛肠疾病独具特色。其中"消痔注射"疗法为国内首创;"切开挂线对u引流怯"治疗复杂性肛瘘和肛周脓肿,一次治愈串高,处于国内领先水平,对肛门大肠肿瘤的治疗除手术、化疗、放疗外,还充分发挥丁中医药优势,临床疗效显著。

针灸康复科简介

江苏省中医院针灸科创建于1954年,在著名针灸家承淡安、邱茂良教授的带领下,在临床医疗、科学研究、教材建设、师资培养、文献整理、外事教学等方面取得了较好的成绩,在全国处于领先地位。在学科带头人博士生导师吴旭教授的领导下,人材梯队已经形成,拥有一批全国乃至世界著名的老专家。目前全科设门诊、病区、专病研究室。

该科对脑血管病(脑梗塞、脑出血、椎基地动脉供血不足等)的治疗已积累40余年1万多例临床资料,经验丰富,自成体系,技术先进,疗效确切。门诊设有脑血管病专病门诊,每天由主治以上医师主诊,年轻一代的各级医师均经神经内科、现代神经康复医学的系统进修培训学习,具备较强的临床处理能力,从中风的急诊处理、针灸、康复体疗、到家庭病房均有强大的技术和人员保障,为充分发挥我科在中风治疗方面的独特优势,我们建立了脑血管病医学康复体疗中心,由专业人员指导制定实施康复计划,配合使用先进的康复治疗仪(四肢循环仪、微激光血管内照射等),大大提高了疗效。形成脑血管病门诊、住院治疗及康复体疗、社区服务等一整套服务。

除了脑血管病专科门诊外,门诊有帕金森氏病、老年性痴呆、头痛、眩晕、颈椎病、胆石症、病毒性肝炎、药物穴位注射治疗慢性浅表性萎缩性胃炎、椎间盘突出、坐骨神经痛、减肥、美容、皮肤病、男科疾病、妇科疾病、甲亢性突眼症、视网膜色素变性、小儿脑瘫、小针刀、小儿多动症、耳鸣耳聋等专科专病门诊。

推拿科简介

江苏省中医院推拿科于1959年3月由全国著名骨伤推拿专家施和生创立,在江苏名中医邵铭熙的带领下,1991年开设专科病区,1999年被省中医管理局评为省中医重点临床专科,

2003 年评为省级机关青年文明号。现有医生 16 人，护士 8 人，全国推拿专业委员会顾问 1 人、副主任委员 1 人、委员 1 人，全国小儿推拿专业委员会主任委员 1 人、委员 1 人、江苏省推拿专业委员会副主任委员 1 人、秘书长 1 人。其中主任医师(教授)1 人，副主任医师 4 人，主治医师 8 人，博士 3 人，硕士 3 人。50 年来，经过几代人的共同努力，在诊疗骨伤、小儿、内、妇、五官等科病症方面积累了丰富经验。门诊设立了颈肩痛、腰腿痛、小儿腹泻等专病门诊，病区床位 20 张，病区对腰椎间盘突出症、颈椎病等患者采用推拿为主，配合针灸、牵引、微波治疗以及中药汽疗等综合保守疗法，取得了显著疗效，治愈患者 3 千余例。近年来，科室编著《实用推拿学》、《实用推拿手册》、《按摩基础理论》、《针灸、推拿科学》、《家庭推拿按摩丛书》，完成科研课题有省中管局“四指推法镇痛的临床研究及实验同步观察”、省科技厅“古今推拿理论和临床资料搜集整理及编著《实用推拿学》”、省科技厅的“膏摩治疗软组织损伤临床与实验研究”、省中管局的“灵仙通络丸治疗腰椎间盘突出症的药物与临床研究”。2008 年完成门诊量 8 万余人次，出院病人 400 余人次。该科将以病人为中心，发扬中医推拿优势，加强专科专病建设，更好地为患者服务，力争建设成为省内一流、国内领先的推拿专科。

文化医院宗旨

中医为本　福泽民生

办院方针

依法治院　科技先导　人才为本　文化熏陶

医院日标

努力建设国内领先的临床研究型现代化中医院

医院精神

仁爱　诚信　传承　创新

核心价值观

精于医术　重于诚信　贵于和谐

服务理念

病人第一　服务第一　质量第一

管理理念

能力决定岗位　贡献决定待遇
品牌决定地位　管理决定效益

院　训

医乃大道　救死扶伤　献身杏林　祛病除苦
一视同仁　尽心尽德　临证施治　理法方药
博览群籍　古今贯通　求实谨严　同心同德
性命攸关　责重如山　永葆爱心　敬若至亲
不为利迁　伦理可鉴　审慎为先　勤思精研
广采众长　中西汇参　文明风范　院兴业灿

院　徽

整体图案以银杏叶为元素，是一个斜向上方变形的阴阳图，又似两颗心紧紧相连。构图的两片银杏叶体现医院中医药特色，中间的形状为英文字母“S”，代表了“苏”(江苏的简称)。院徽色彩是象征生命、希望的绿色和体现智慧、温馨的橙色。院徽传递福泽民生的中医院特质，表达和谐、仁爱、向上的中医院文化内涵。

大医精诚碑铭

医乃仁术　大慈恻隐　救死扶伤　普济含灵
省病诊疾　至意深心　详察形候　纤毫分明
博极医源　刻求古训　广纳众长　不倦精勤
救苦之心　至诚至信　杏林春暖　德术双馨

南京军区总医院

该院是一所医教研协调发展的大型综合性医院。简称“(南京)军区总院”。1994 年首批被评为“三级甲等医院”，1999 年获得“全国百佳医院”称号，2000 年经人事部批准，在全国医院系统首家设立博士后科研工作站，2002 年被批准独立招收博士后。2003 年 7 月，医院内科学、外科学被国务院学位委员会、教育部批准为博士学位授予权学科。同年医院荣获“全国拥政爱民模范单位”称号。2004 年成为军队博士后管理信息中心。

历史沿革

中国人民解放军南京军区南京总医院，简称南总医院(或简称南京总医院、军区总院、军总医院)，又或称金陵医院(南京大学医学院金陵医院)，原为中央医院，位于江苏省南京市中山东路 305 号，是医教研结合的大型综合医院。

南总医院前身系中央医院。中央医院可追溯到 1929 年筹建的中央模范军医院。1930 年 1 月，国民政府行政院将其改建为国立中央医院，由南洋华商胡文虎捐资建造，是中国自建的第一所现代国立医院、国内首家由中国人自己创建的国立西医院。曾任国民政府卫生部部长的刘瑞恒担任首任院长。抗战时期，中央医院先后辗转长沙、贵阳，1941 年迁至重庆。抗战胜利后，国立中央医院部分迁回南京，部分留在重庆，部分迁移至广州。南京中央医院于 1950 年改为华东军区医院；1955 年，改名为南京军区总医院；1986 年，更名为南京军区南京总医院。

南京军区南京总医院是全国首批“三级甲等医院”，全国医院系统首家设立博士后科研工作站的医院。医院内科学、外科学为具有博士学位授予权学科。南总医院是南京大学医学院临床学院。南总医院也是第二军医大学等校的教学医院；医学专修科承担全军和南京军区部分卫生专业的人才培训任务。

文物保护

中央医院旧址是南京市重点保护民国建筑，位于南京市中山东路 305 号南总医院内。中央医院由中央大学(1949 年更名为南京大学)建筑系教授杨廷宝设计，卫生工程学家杨铭鼎监造。

发展目标

南总医院以“建设国内一流、军内领先、与国际接轨的现代化医院”为总目标,以“全面建设,重点突破,提高层次,扩大影响,真情回报部队和社会”为发展思路。坚持以人为本的管理理念,坚持科技兴院、人才强院的发展战略。积极推进医院后勤保障社会化,积极运用现代科技管理手段,大力推进医院信息化建设,建有400多个终端的计算机局域网;自主开发了“南京总医院网”、“南京总医院博士后科研工作站网”等四个网站。

医院规模

南总医院现展开床位1600张。设有51个科室,其中临床科室27个,医技科室24个。建有国家重点学科1个,国家(全军)临床药理基地1个;全军医学研究所3个:全军普通外科研究所,全军肾脏科研究所,全军检验医学研究所,全军“十五”重中之重学科2个,全军器官移植及肾脏病重点实验室2个,,全军优生优育指导中心1个;军区级医学研究所2个,军区级医学专科中心10个;江苏省医学重点实验室2个,江苏省重点学科3个,江苏省实验动物清洁级(大小鼠)基地1个;设有临床科实验室18个,ICU、CCU病房8个。拥有黎介寿、刘志红2名中国工程院院士,2人荣获“何梁何利”基金奖,1人荣获中国工程院“光华青年奖”,1人荣获“保罗·杨森吴阶平医学研究奖”,2人获得“中国科协求是奖”,2名中青年专家入选国家“百千万人才工程”第一、二层次,3人被评为“全国百名医药卫生科技之星”,3名“全军模范护士”,4人获得“国家有突出贡献的中青年专家”称号,44人享受政府特殊津贴,军区科技英才、优秀中青年科技人才55名。现有高级医学专家280多名,硕士以上学历250名,现任科室领导中,中青年专家比例已达到68%。

医疗设备

南总医院拥有先进的现代化医疗设备,现有万元以上医疗设备1440多台,总价值3.8亿多元,设备总体水平与医院功能相适应。主要设备有PET/CT、电子束CT、磁共振成像仪、螺旋CT、X线刀、ECT、1250MA大型X光系列、超高速CT、流式细胞仪、共聚焦显微镜、热疗机、100万倍电子显微镜、彩色超声诊断仪、大型自动生化分析仪、直线电子加速器、气液色谱仪、红外、紫外分析仪及80多台进口血透机等。

南总医院整体医疗技术水平较高,尤其是心肺脑复苏,肾小球疾病的诊断和治疗,慢性肾衰的中西医结合治疗,小肠移植、肠外瘘的治疗,全肠外营养的研究和应用,脑垂体移植、心脏移植、复杂心脏病的手术治疗等,

临床药效学、药动学的研究及应用,自体干细胞骨髓移植,应用全血脂吸附方法进行血脂净化,子宫内膜异位症的研究和男性不育症的中西医结合治疗,肝炎病理和心脏病理的研究、临床免疫的研究和男性病实验室诊断等都取得了显著成效,2003年医院成功实施亚洲首例肝脏小肠联合移植、国际首例头皮及耳廓联合移植手术。

所授荣誉

南京军区南京总医院是一所医教研协调发展的大型综合性医院。1994年首批被评为“三级甲等医院”,1999年获得“全国百佳医院”称号,

2000年经人事部批准,在全国医院系统首家设立博士后科研工作站,2002年被批准独立招收博士后。2003年7月,医院内科学、外科学被国务院学位委员会、教育部批准为博士学位授予权学科。同年医院荣获“全国拥政爱民模范单位”称号。2004年成为军队博士后管理信息中心。

南总医院以“建设国内一流、军内领先、与国际接轨的现代化医院”为总目标,以“全面建设,重点突破,提高层次,扩大影响,真情回报部队和社会”为发展思路。坚持以人为本的管理理念,坚持科技兴院、人才强院的发展战略。积极推进医院后勤保障社会化,积极运用现代科技管理手段,大力推进医院信息化建设,建有400多个终端的计算机局域网;自主开发了“南京总医院网”、“南京总医院博士后科研工作站网”等四个网站。

教育科研

医院承担大专生、本科生、硕士生、博士生和博士后全系列教学、临床带教和人才培养任务,是十多所高等医学院校的教学医院,在全国医院系统首家设立“博士后科研工作站”,拥有博士生导师23名、硕士生导师114名、博在士后联系导师25名,医院内科学、外科学2个二级学科均成为博士学位授予权学科,这在全军同类医院中是唯一的。在“院有重点、科有特色、人有专长”的思想指导下,医院鼓励科技干部结合临床大力开展科学研究。“九五”期间,承担国家自然科学基金课题13项,国家科技部“十五”重大科技课题1项,国家新药研究基金课题1项,国家人事部课题7项,国家教育部课题7项;全军“八五”和“九五”及“十五”课题49项;省级课题45项。“九五”期间,获得各类科技进步奖288项,其中国家科技进步二、三等奖,军队、省科技进步(医疗成果)一、二等奖等重大奖项53项。2010年中国工程院院士、南京军区南京总医院黎介寿院士科研团队的创新性研究成果——《肠功能障碍的治疗》,获得国家科学技术进步一等奖,这也是2010年我国医疗界唯一的一项国家科技进步一等奖。2011年全军肾脏病研究所刘志红院士作为首席科学家,医院作为第一承担单位的973计划项目“常见肾小球疾病发病机制及其早期诊断”。这是自“973计划”立项以来中国肾脏病领域第一个项目,也是江苏省和南京军区卫生医疗机构作为项目第一承担单位的首个“973计划”项目。近年主编出版专著100多部,主办4种学术期刊,均为国家科技部统计源期刊。据国家科技部中国科技信息研究所统计,年发表论文800余篇。2003年度SCI论文排名由14位跃居第9位,继续保持全国领先行列。在全军第八届医学科学技术委员会改选中,医院4人当选为委员,3位院士当选为常务委员。

肾病研究所

南京军区南京总医院肾脏病学科成立于1978年,在全国起步较早,是创建中华肾脏病学会的发起单位之一。1986年成为全军第一个肾脏病医学专科中心,发起组建了解放军肾

脏病专业委员会并担任组长单位。1993年被批准为首个全军肾脏病研究所,1997年被确认为全军肾脏病重点实验室,并与美国JohnsHopkins大学医学院和Brown大学医学院建立姊妹单位。2000年被列为全军"重中之重"学科,2001年被确立为江苏省医学重点学科和重点实验室。在学科带头人黎磊石院士的领导下,以开拓创新,锐意进取的精神,努力培养专业队伍,积极开展新技术、新疗法的研究,形成了临床紧密结合基础、医教研全面发展,具有广泛国际间合作和全方位系统治疗肾脏病的优势和特色。它将肾脏病临床、专病门诊、血液净化、肾移植和实验研究有机地整合为一体,无论是其规模、设备装置、综合实力、人才梯队,还是国际影响都是全国本专业最具有特色的肾脏病临床治疗和研究中心之一。在2008年全国"患者心目中最值得信赖的肾内科"网上投票活动中,南京解放军肾脏病研究所位居榜首。

皮肤科

南京军区总医院皮肤性病科创建于1933年。在我国较早独立设科。在阎林肯,孙继中,许寿松,倪容之,王克淦等老专家学者共同努力下,经过70多年的发展,南京总医院皮肤性病科已经成为集医疗,教学,科研为一体,综合性的皮肤性病与皮肤美容科室。目前拥有正副主任医师6人,主治医师2人,皮肤病治疗技师和护士4人,硕士3人,在读博士2人。多年研发具有独特的技术优势自配药物达30种,对痤疮,银屑病,白癜风,脱发,性病,结缔组织病,变态反应性皮肤病,扁平疣等开展中西医结合治疗,疗法独特,疗效显著。现开展冷冻,激光,微波,光动力等治疗,痤疮,疤痕综合性治疗,病毒疣埋植及多种皮肤美容手术。设有普通门诊,专家门诊,专病门诊及著名专家特需门诊。年门诊量6万人次,日均300人次左右。设有皮肤病专科病房,年收容达200人次。具备抢救各种皮肤科危重急症能力,成功率高。

夏正坤　主任医师

夏正坤,南京军区南京总医院儿科主任,主任医师、教授、博士研究生导师、博士后指导老师,负责国内儿童难治性肾病诊疗方案的制定。长期从事儿童肾脏疾病等临床医疗工作,特别在儿童难治性肾脏疾病、儿童血尿的诊疗与血液净化等方面有独到的见解。现兼任中华医学会儿童肾脏病学组委员、全军儿科专业委员会常委、全军儿科肾脏学组负责人,江苏省医院协会儿童医院分会常委、江苏省医学会儿科学会委员、江苏医学会儿童肾脏病学组副组长、江苏医学会儿童保健委员、南京军区儿科学术委员会委员等;中华儿科杂志编委、中华现代儿科学杂志编委、中华临床医师杂志编委、医学研究生学报编委、临床儿科杂志编委、国际儿科学杂志编委、现代医学编委。负责国家自然基金课题2项、国家科技部"十五"攻关课题1项、全军重点基金课题2项、江苏省重点医学人才基金课题1项、南京军区"十五"、"十一五"、"十二五"规划课题各1项、军区卫生系列"122"学科带头人课题1项。

高洪志　主任医师

高洪志,主任医师,毕业于天津医科大学临床医疗专业、师从我国着名内镜外科专家鲁焕章教授。曾任河北医科大学内镜诊疗中心主任兼河北医科大学第一附属医院消化内镜诊疗中心主任,兼任国内多家医院内镜专业技术顾问。从事肛肠科教学、科研、临床工作三十余年,精于诊治肛肠科多种疾病及疑难杂症,曾无数次参加并指导对急、重、疑难病例的成功抢救,完成无数例复杂的高难度肠镜手术,积累了丰富的经验,结合国内外在该领域最前沿的先进技术和方法,独创出一套科学有效的诊疗方法,极大地提高了确诊率和治愈率,在业界享有盛誉。

魏丽珠　主任医师

儿科主任医师、教授

现任:南京市计划生育二胎审批专家组组长

曾任:江苏省遗传学会副理事长等六个学会的常务理事、理事等职。

从医52年,有较丰富的临床经验,撰写论文40余篇,获军队科技进步奖二、三、四等共6项。

专业特长:1、儿内科疾病2、遗传代谢病:如染色体病、单基因、多即应遗传病、矮身材、智力低下等。3、优生优育、儿童营养、生长发育保健指导。

精神与科研

"严谨务实,永不自满,团结奋进,永不言败。开拓创新,永攀高峰"是研究所人的精神,正是这种信念使他们创造了一个又一个辉煌:拥有工程院院士2人,享有国务院政府津贴6人,高级职称22人,博士生导师6人,荣获集体一等功1次,个人一等功2次,个人二等功7次。"不崇洋不唯书只求实"独特严谨的治学思想使他们硕果累累。近年来承担的重大科研项目有:国家"863"重大专项,国家自然科学基金项目,军队"十五"指令性课题,军队"十五"重点课题,江苏省自然科学基金项目。每年一届的肾小球疾病国际论坛,连续性血液净化国际论坛已成为研究所学术水平和对外交流的象征。《肾脏病与透析肾移植杂志》的学术影响正在日益扩大。

研究所配置

血液净化中心

解放军肾脏病研究所血液净化中心迄今已有25年历史,已治疗患者5000余例,拥有国际先进的现代化血液净化设备100多台,年透析50000人次,是亚太地区规模大、透析质量好的中心之一。已形成以常规透析为基础,各种最新血液净化技术快速发展的格局。

器官移植中心

解放军肾脏病研究所肾移植中心成立于1994年,在黎磊石院士的领导下,发扬艰苦创业、努力拼搏的精神,经过十余年的发展,已经开展肾移植手术1400余次,目前基本床位34张,最大展开床位44张,并逐步形成了自己的特色。

腹膜透析中心

解放军肾脏研究所是国内最早从事腹膜透析的单位之一,在国际血液净化治疗领域享有重要地位。在国际上首先开展氨基酸营养性腹膜透析、设计出中国人标准化腹膜透析剂量模型以及保护残余肾功能方案。现腹透中心拥有多名专职医师和护士24小时在线服务,随时为腹透病人提供健康咨询和帮助。并设立有腹膜专家专病门诊,在特定的时间内专门为腹透患者会诊,为每一例患者测定腹膜转运功能、透析充分性及营养状态,并依此制定适合每位患者的个体透析及治疗方案。

肾活检诊断中心

解放军肾脏病研究所自1979年开展经皮肾活检以来,已累计超过3万余例次。近30年来,在黎磊石院士的指导下,研究所人大胆探索、不断创新,创造性地应用"1秒钟快速负压吸引肾活检"和B超引导下"斜角进针负压吸引法",使肾活检的成功率达到99.3%,并发症进一步减少,达到国际先进水平。

肾脏病重症监护病房

重症监护病房(ICU):解放军肾脏病研究所拥有全国首家肾脏病专科重症监护病房(ICU),配备国际上最先进的体重床、MaquetSweco－1呼吸机、连续性血液净化设备、Radiometer-CopenhagenABL－800血气分析仪、philip中央监护系统、空气层流净化系统、智能化电视探视系统,可满足各种类型危重症患者救治的需要。收治的病种涵盖重症急性肾功能衰竭、重症肺部感染、急性呼吸窘迫综合征、脓毒症、中毒、多脏器功能障碍综合症、严重水电解质紊乱等多种疾病,治疗方案规范,危重病人的救治水平高。

干细胞移植病房

干细胞移植病房:根据患者治疗的迫切需要,研究所建造了全国首家肾脏病专科的干细胞移植病房,开创了干细胞移植治疗相关肾脏疾病的新局面。目前干细胞移植病房有最高级别的净化病房6间,每年可实施各类干细胞移植近70例。病房设施完善,配备最先进的中央监护系统、视频探视系统、集成控制系统等,可严密监测患者病情变化。另有高速上网、背景音乐、数字电视等设施,为患者提供更人性化的服务。病房由刘志红院士的直接管理,并配有技术力量强大的医护队伍。目前收治的病种主要为多发性骨髓瘤、淀粉样变性、轻链沉积病、重链沉积病等患者。此外,对于狼疮性肾炎、糖尿病肾病及其他肾脏疾病的干细胞疗法也在筹备之中。

历年重要获奖项目国家级科学技术进步二等奖五项

肾小球疾病免疫病理的研究与临床应用1988年

狼疮性肾炎治疗的研究1991年

我国IgA肾病免疫发病机理与诊断及治疗的研究1992年

大黄延缓慢性肾功能衰竭的机理及疗效1993年

基因多态性与我国肾脏疾病临床表型及预后的研究1999年

国家级科学技术进步三等奖二项

肾小球肾炎诊断与治疗的研究1985年

血液净化技术在急慢性肾衰中的临床应用与研究1996年

国家教育部自然科学一等奖

糖尿病肾病分子病因及其防治的研究2001年

国家教育部科技进步二等奖

新月体肾炎的基础和临床研究2004年

新月体肾炎的诊断与治疗2006年

国家教育部科技进步一等奖

连续性血液净化的临床应用及其基础研究2007年

狼疮性肾炎治疗的研究和创新2009年

军队医疗成果一等奖

体外循环干预性治疗技术的临床及基础研究2009年

研究所专家

南京军区总医院普通外科研究所——黎介寿院士

黎介寿院士,男,汉族,著名普通外科专家,中国工程院院士。1924年10月生,中国湖南省浏阳人。1949年毕业于前国立中正医学院,获学士学位。现任南京军区南京总医院、南京大学医学院临床学院、第二军医大学临床学院副院长与科学委员会主任,解放军普通外科研究所所长,解放军专科重点实验室主任,山东医科大学、华西医科大学、浙江大学医学院、青岛大学医学院、南京大学医学院、解放军第二、第三军医大学教授、名誉教授或兼职教授,硕士、博士研究生导师,博士后流动站联系导师。是国际外科学会国家级会员,欧洲肠外与肠内营养学会会员,欧洲消化道外科学会会员,解放军医学科学委员会副主任委员,中华创伤学会常务理事。

南京军区总医院肾病研究所——黎磊石院士

黎磊石院士,国际著名肾脏病专家。湖南长沙人。1926年10月26日出生。1948年毕业于国立中正医学院。解放军肾脏病研究所所长,南京大学医学院临床学院副院长、教授。1990～1997年任国际肾脏病学会理事,是中华肾脏病学会及亚太地区肾脏病学会创始人之一。他首创IgA肾病分型治疗,革新肾活检免疫病理技术,创造了斜角进针法,成功率达99.7%;他发明了雷公藤治疗肾炎,大黄素治疗尿毒症,在肾脏病领域所进行的传统医学现代化工作在国际上享有盛誉;在国际上首创霉酚酸酯及普乐可复治疗狼疮性肾炎;倡导持续性血液净化技术救治危重病例,成功地创造了免疫吸附疗法治疗脂蛋白肾病。先后获国家科技进步二等奖五项,均为第一作者,军队科技进步一等奖三项和二等奖九项,发表论文700多篇,主编专著12部。2003年被授予国际肾脏病学会终身荣誉会员的称号。1994年首批当选为中国工程院院士,任医药卫生部常委,并于1998年入选为中国工程院主席团成员。

南京军区总医院肾病研究所——刘志红,主任医师教授、博士生导师

刘志红院士,肾脏病内科学专家。1958年12月26日出生。1989年毕业于第二军医大学研究生院。1993－1996年美国国立卫生研究院学习。现任南京军区总医院肾脏病研究所主任医师,教授。南京大学医学院临床学院教授、博士生导师、博士后联系导师。第二军医大学、第四军医大学客座教授。中南大学湘雅医院首席科学家,南京中医学大学名誉教授。她在医疗和科研中贡献突出,发表论著250篇,SCI收录80篇。获国家科技进步二等奖三项,教育部自然科学一等奖一项,军队科技进步一等奖二项、二等奖四项。在糖尿病肾病发病机制的研究中成绩突出。发现大黄酸是一种独特的治疗糖尿病肾病的良药。获中国及美国专利,立项为863国家重大科技专项开发。研究了多种肾脏病的相关基因多态性及功能变化与临床表型,预后的关联以及肾脏病患者肾小球基因表达谱的变化规律。在IgA肾病的研究中发现肠粘膜免疫异常在其发病中的作用,提出临床分型治疗,显著提高了疗效。对免疫抑制剂的临床应用有独特的研究,经验在国际上推广。获中国青年科技奖,求是杰出青年工程奖,全国优秀科技工作者,工程院光华工程科技青年奖,中国人民解放军专业技术重大贡献奖,中央军委记一等功。中国共产党第十六次代表大会代表。第十届全国政协委员。2003年当选为中国工程院院士。

索晓萍,副主任医师,苏州同济不孕不育医院不孕不育科主任,特聘专家。她毕业于华西医科大学,从事妇产科临床工作20余年,多次受邀参加全国生殖医学学术研讨会,在不孕领域积累了丰富的临床经验。擅长习惯性流产、不孕不育、月经失调(多囊卵巢综合征、闭经、功能失调性子宫出血、高泌乳素血症、排卵功能障碍等)等生殖内分泌和生殖免疫疾病。对诱发排卵,调节内分泌功能治疗不孕症和药物治疗子宫内膜异位症有独到的经验。

医院地址

江苏南京市中山东路305号。

南京市鼓楼医院

又名南京大学医学院附属鼓楼医院、南京市红十字中心医院。创建于1892年,是一所集医疗、教学、科研为一体的综合性三级甲等医院。鼓楼医院历经清朝、民国,由当时50张病床,百余名员工,发展到现在已有编制床位1460张,2600余名职工,集医疗、教学、科研为一体的综合性三级甲等医院。2007年门急诊病人172万余人次,出院病人4.5万余人次。

医院现有床位1400余张,职工2000余人,其中卫技人员1670余人,正副主任医师223名,兼职正副教授130余名、中级职称505名,有33名专家享受政府津贴。医院年门急诊病人突破百万人次,住院病人2.2万人次。

医院科室设置较齐全。有临床科室32个,医技科室32个,各类研究所、实验室21个。泌尿外科、肝胆外科、脊柱外科、呼吸内科、麻醉科是江苏省"135工程"医学重点学科。泌尿外科、骨科、肝胆外科、血管外科、妇产科、呼吸内科、消化科、免疫科、急诊医学科、麻醉科等10个科室为江苏省重点专科。肝胆外科、血管外科、泌尿外科、脊柱外科为博士生培养点。全院硕士点17个。

医院医疗设备先进。总值达1.64亿元。拥有国际先进的核磁共振、螺施CT、DSA、体外震波碎石机、电子内窥镜系统、重症监护系统、符合国际标准并装备一流的净化手术室和全自动拍片机、生化分析仪等先进设备,为优质服务提供了硬件保证。

医院坚持科技兴院,不断开展新技术、新疗法。近几年来,获市以上科技进步奖87项,丁义涛教授主持的《人工肝支持系统及肝移植治疗肝功能衰竭的实验及临床研究》获江苏省临床医学第一个科技进步一等奖。医院注重人才队伍建设,机关职能处室、专科主任、护士长全部实行竞聘上岗,为优秀人才脱颖而出提供了良好机会。医院不断扩大对外交流,先后与日本、美国、澳大利亚、德国、法国等十几个国家的著名医院建立了友好关系。

医院坚持内抓质量,外树形象,依法治院,科学管理。连续10年被江苏省、南京市评为"文明单位"、江苏省"卫生行风先进集体",医院党委连续3次被南京市委表彰为"先进基层党组织"等称号。

一个多世纪以来,一代代鼓医人栉风沐雨,辛勤耕耘,为医院的创建、发展、强盛作出了令人瞩目的成就,鼓医人将牢记江泽民总书记为鼓楼医院题书的"树高尚医德,攀技术高峰"的医院精神,以人为本,善待好每一位病人,为争创基本现代化医院而奋斗。

技术设施

鼓楼医院科室设置齐全,技术力量雄厚。现有临床科室32个,医技科室、研究所、实验室32个。普外科是中国重点学科共建单位,肝胆外科、骨科是江苏省临床医学中心。脊柱畸形矫治、肝移植、生殖医学等技术处于中国领先水平。肝胆外科、骨科、血管外科、妇产科、泌尿外科、呼吸科、消化科、免疫科、内分泌科、心脏科、血液科、心胸外科、急诊医学科、麻醉科、肿瘤科、中医科、骨关节病科、神经内科、肾内科、老年医学科、耳鼻咽喉科、神经外科、烧伤整形科、检验科、放射科、药剂科、病理科等为省市医学重点专科。医院2006年被国家人事部批准设立"博士后科研流动工作站",目前有博士培养点17个、硕士培养点27个。医院被卫生部批准为专科医师、临床药师培训基地,江苏省首家外科基本技能培训基地。

鼓楼医院诊疗设备先进。拥有PT-CT、ECT、16排CT、DSA、超声内镜系统、重症监护系统、PACS影像存储系统和符合国际标准的百级净化手术室等一大批国际先进设备,为临床及时诊断、疾病治疗提供了硬件保证。

历史沿革

历经三个世纪的风雨,迎着崭新时代的曙光,鼓楼医院,一个蜚声海内外的多学科、现代化、具有国际水准的综合医疗、科研、教学机构,向世人展示着高超的医术和高尚的医德。

从1892年医院诞生的第一天起,鼓楼医院就以中华民族的博大胸怀,引入了先进的西方医学,来自加拿大、受美国基督会资助的传教士马林博士在这块荒芜的土地上,建立了金陵第一所西医院。百年的历史在这里淬砺出东西方医学技艺交相辉映的璀璨诗篇。

南京市鼓楼医院世间百年,漫漫历程,沧海桑田,斗转星移。

如今,鼓楼医院的条件和规模早已今非昔比。拥有1400余张病床,年门急诊量170余万人次,收治住院病人数4.5万人次,几十个临床科室和医技科室中,有一大批省、市重点科室,还有积聚着各个国家著名专家的十几个专业研究所和治疗中心……

"问渠哪得清如许,为有源头活水来"。鼓楼医院每年都派出一批批医疗技术人员到发达国家进修、培训、学术交流,同样也接纳一批批世界顶尖的国外医学专家来医院讲学、指导。切磋医技。鼓楼医院分别与日本、美国、澳大利亚、德国等十几个国家的著名医院建立了友好关系。

一个多世纪的临床教学经验,不仅使鼓楼医院积淀了丰硕的成果,也形成了老、中、青三代专家的高效组合,构筑了多种相关专业、边缘学科人才的合理配置。辛勤耕耘的博士生导师、硕士生导师们,担负着为南京大学、南京医科大学、南京中医药大学、东南大学等高等院校培养医学精英的重任,向各个国家输送了一批又一批专业技术人才。

"秉承救死扶伤精神,全方位服务病人"是鼓楼医院发展的宗旨;"专心、专注、专一"是鼓医人永远的承诺;创建中国一流医院是鼓医人正在实现的目标;跻身世界一流医院是鼓医人不懈的追求;而病人的康复和微笑,则是获得的最丰厚的回报。

鼓楼医院全体员工牢记江泽民同志1993年为鼓楼医院题书的“树高尚医德，攀技术高峰”的医院精神，正以满腔的热情、聪明的才智和继往开来的执着，不断缔造着一个又一个辉煌！

悠久的历史，积淀着深厚的文化底蕴。鼓医人以求索、创新为基调、以优质服务为音符、以病人满意为主旋律，不断创造中国医学史上一个个第一，谱写着一曲曲现代医学神奇乐章！医院先后被中央文明委、江苏省及南京市表彰为“全国创建文明行业工作先进集体”、“文明单位”；被国家卫生部授予“全国卫生系统先进单位”、“全国医院文化工作先进单位”等称号。

院长、党委书记丁义涛：

中国医院硕士学位，曾深造于解放军肝胆外科研究所及澳大利亚国家肝脏移植中心，现任南京大学医学院附属鼓楼医院、南京鼓楼医院院长兼党委书记、外科学教授、博士生导师，普外科、肝胆外科主任、主任医师，国际肝胆胰协会会员，中华器官移植学会常务委员，江苏省医学会常务理事、副会长，江苏省器官移植学会主任委员，江苏省外科学会副主任委员，南京大学肝胆研究所所长、江苏省医院协会副会长及中华器官移植杂志等20余种专业杂志编委。

丁义涛同志于八十年代中期，在中国最早提倡和运用了改良式无血切肝术。九十年代初期又在国内外首创了半离体切肝技术，突破了肝脏手术禁区。1996年在华东地区率先成功完成了具有国际先进水平的“背驮式”肝脏原位移植。1998年完成的“人工肝支持系统联合肝脏移植治疗急性肝功能衰竭”课题，为国际前沿，填补了国内空白，达到国际先进水平。2001年完成的生物人工肝的构造及临床应用研究达到国际领先水平。先后获得国家863及自然基金等重大项目6项，先后发表论文、著作100余篇(部)，并获得部、省级科技进步一等奖等8项(第一作者)。他率领的肝胆外科团队成为国家级重点学科、江苏省临床医学中心、省市医学重点专科。

丁义涛同志作为鼓楼医院这所具有百年历史的品牌医院院长，始终坚持全心全意为病人服务的宗旨，不断提升医疗技术和服务水平，不仅在百姓中广为称颂，也受到国内外同行的认可和赞誉。医院连续10年被评为省、市文明单位、十佳医院、全国创建文明行业工作先进单位、全国卫生系统先进单位和全国医院文化工作先进单位等称号。他个人先后被评为江苏省十佳白衣战士、南京科技功臣、南京十大科技之星、全国百佳医务工作者、国家有突出贡献专家、全国卫生系统先进工作者。1993年获国家院特殊津贴。2004年获首届中国医师奖。2006年获全国优秀院长称号。并光荣地当选为中共第十五大、第十六大、第十七大代表。

医院专家介绍

杨建华

主任医师，中国生殖医学实验室开创者，浙江不孕不育博士园专家，杭州广仁医院不孕不育中心首席专家。曾任法国Pellegrin医院、巴黎Bicetre医院生殖医学中心的客座教授，上海市卫生局跨世纪学科带头人，上海第二医科大学生殖医学专业博士。现任同济大学生殖医学研究所客座教授，上海市计划生育研究所特聘专家，《中国男科学》杂志主任编委等职。主编有《实用男性不育诊疗学》、《男性不育实验技术》等专著。在男女不孕不育症的诊疗方面取得的成就获得了国内外生殖医学专家的一致好评。

科室介绍

普通外科创建于1954年，是中国重点学科共建单位、江苏省临床重点专科和南京市医学重点专科。为南京大学、南京医科大学博士、硕士学位授予单位。设有肝胆外科、内分泌外科、胃肠外科、器官移植中心、微创外科五个病区及介入治疗中心，编制床位164张，现有医护人员76人，其中主任医师6人，副主任医师15人，主治医师10人。

呼吸内科创建于1954年，1994年成立了“南京呼吸病研究所”，是江苏省临床重点专科、南京市医学重点专科、

中国医院江苏省“135工程”医学重点学科合作单位、卫生部呼吸内科专科医师规范化培训基地、国家药物临床试验机构、江苏省呼吸内科进修基地。

床位47张，现有医护人员31人，其中主任医师3人，副主任医师3人，主治医师4人，博士2人，硕士10人。专科内设肺功能室、支气管镜室、多导睡眠图室、呼吸重症监护室(RCU)、呼吸病实验室。拥有电子支气管镜、电子胸腔镜、肺功能仪、多导睡眠监测系统、呼吸机等先进医疗设备。

为南京大学医学院硕士生学位授予点，多次组织举办国家级继续医学教育“弥漫性间质性肺病诊治进展”学习班，获国家自然资金项目2项，省市科技成果奖8项。尤其是在肺间质疾病的基础和临床研究方面，处于中国领先地位。

妇产科创建于1925年，是江苏省临床重点专科、南京市医学重点专科。编制床位125张，医护人员142人，其中高级职称17人，硕士生、博士生导师9人。内设妇科、产科、计划生育科，和生殖医学中心、产前诊断中心、宫颈疾病诊治中心、妇科内窥镜中心、专科B超室及特婴室等。

2001年以来，该科获得部、省、市级医学科技进步奖、新技术引进奖11项。获部、省、市、局资助的课题29项，在中国统计源期刊发表论文170余篇，被SCI收录9篇。是南京大学医学院妇产科硕士点、江苏省妇产科疾病质量控制中心联系单位。

南京市第一医院

暨南京医科大学附属南京第一医院，是一所市属三级甲等综合性医院。南京市临床检验中心、防盲中心、放射免疫检测中心均设在本院。94年10月，该院与美国奥卡拉心脏研究所联合在本院成立心血管病研究所。

医院介绍

南京市第一医院，又名南京医科大学附属南京第一医院、南京医科大学第三临床医学院、南京市心血管病医院，是一所三级甲等综合性医院，内设南京市糖尿病防治中心、南京市工伤康复中心、南京市核医学中心、南京市检验质控中心、南京红十字眼库及国家药品临床研究机构等。

医院创建于1936年2月，现有占地面积58608平方米，建筑面积74823平方米，开放床位1170张。在册职工1748人，其中卫技人员1435名，包括教授、副教授在内的高级卫技人员271人。医院科室设置完善，有省“135工程”医学重点学科、

省重点学科建设单位各1个,南京医科大学重点学科2个,省、市临床重点专科13个;博士、硕士点19个,教研室13个,研究室3个。

该院科研技术迅速发展,其肝胆疾病系列诊疗技术、冠心病与心肌梗塞溶栓治疗等老年性心血管病系列诊疗技术、冠状动脉搭桥手术和PTCA、各脏器的恶性肿瘤介入放射治疗与激光诊疗技术、影像诊断及放免检测等诊断技术等已形成一定优势与特色,处于省市先进水平。普外科、心内科、放射免疫检测中心、麻醉科等是市重点专科。我院正在建设的学科群有:以心血管病研究所为龙头,胸外、心内、麻醉、ICU、DSA等科室协作,初步形成心血管疾病诊疗学科群体雏形;放射影像科与心内、心外、神经内外科、普外科等多个学科的合作群体。

科室设置

心胸外科

南京市第一医院心胸外科是江苏省医学重点学科、江苏省临床重点专科、南京市医学重点专科、南京医科大学外科学(胸心外)博士培养点;是卫生部批准的首批心脏移植中心和胸腔镜培训基地。现有高级专业技术职称人员13名,硕、博士24名,床位72张。80年代开展体外循环心脏直视手术,90年代以来与美国奥卡拉心脏研究所和克里夫兰心脏中心建立了长期广泛的技术交流与合作。

目前常规开展各种先天性心脏病的矫治手术、各种心脏瓣膜置换和成型手术;在微创心脏搭桥、心脏移植、主动脉瘤和主动脉夹层的急症手术(全弓置换+支架象鼻)、重症心脏多瓣膜手术、梗阻性肥厚性心肌病手术、迷宫手术治疗房颤、ECMO心肺支持等方面更具专科特色,自2007以来每年心血管手术量已超过1000例;完成18例心脏移植手术,首例心脏移植病人已正常存活9年。完成各类心脏搭桥3000余例,成功率达98%以上,能完成卫生部所规定的三甲医院所要求的所有甲、乙类手术。

心内科

南京市第一医院心血管内科为国家级重点学科、江苏省医学重点学科、南京医科大学重点学科、南京市临床重点专科、首批卫生部冠心病介入诊疗培训基地、国家级药物临床试验基地、江苏省心血管药物临床试验服务中心,硕博士培养点。科室现有高级专业技术职称人员15名,硕、博士生导师9名,硕、博士32名,床位162张。

该科设有三个心血管介入病区:一个CCU、一个心脏分子生物学研究室、一个冠状动脉影像研究室及三个国际先进的心脏导管中心。有齐全的心血管无创伤性检查室(包括心电图,动态心电图,动态血压,负荷心电图研究室)。导管室包含冠状动脉内超声,心脏电机械标测导航系统,冠状动脉内压力导丝检测系统等。在多个省市建立28个冠脉介入诊疗分中心。门诊实行专科化管理,有中高级职称医师坐诊,能完成卫生部所规定的三甲医院所要求的所有甲、乙类手术。

护理工作

泌尿外科

南京市第一医院泌尿外科是南京市临床重点专科,国家级药物临床试验基地,南京医科大学、东南大学医学院硕士培养点,现有高级专业技术职称人员7名,教授、副教授5名,硕士生导师4名,硕、博士8名,床位65张。该科的专科特色有:1、泌尿系统肿瘤的特色治疗;2、微创泌尿外科:此项目是南京市及省内率先开展的泌尿外科微创手术。3、尿流动力学检查;4、泌尿系结石的诊治;5、男科学。该科设备齐全,有钬激光治疗设备;气压弹道碎石设备;膀胱镜;电切镜;尿道冷刀;经皮肾镜;输尿管镜(软镜、硬镜);电视腹腔镜;体外冲击波碎石机;尿流动力学检测仪等。

皮肤科

南京市第一医院皮肤性病科[3]成立于1953年,是南京医科大学附属南京第一医院成立较早的科室之一,属二级临床学科,目前仅开设门诊(本部、南院及鑫园),具备较强的专科特色。

1、目前开设的诊室有:专家门诊、普通门诊(3个)、性病专科门诊、美容门诊、南院门诊、鑫园门诊;

2、治疗室有:性病治疗室;一般治疗室:本部、南院、鑫园)均有,主要治疗项目有:冷冻、微波、频谱、冷喷等;临床实验室(真菌等)。

3、人员结构:有医护人员8人,其中主任医师1人,副主任医师2人,主治医师1人,住院医师3人,主管护师1人。拥有博士1人,硕士1人。

4、门诊工作量及病人来源:科室每年门诊量约为5.6万人次。每年以8%左右的速度递增。主要收治城南地区、部分郊县及邻近省市的大量皮肤病、性病患者。

5、承担南医大及省职医大的理论教学,承担各医学院校的实习带教及进修生的带教。

内分泌科

南京市第一医院内分泌科是江苏省临床重点专科,国家级药物临床试验基地,南京医科大学硕士培养点。2005年由江苏省卫生厅批准成立"南京市糖尿病防治中心"。现有高级专业技术职称人员5名,硕士生导师3名,硕、博士19名,床位120张。该科长期致力于糖尿病强化治疗,强化治疗人数已超过6000人次,胰岛素泵临床应用处于全国先进行列,应用新技术动态血糖监测仪(CGMS)开展"2型糖尿病优化胰岛素强化治疗"200多例,目前已建立糖尿病下肢缺血性病变的专科门诊,应用干细胞移植技术进行糖尿病足的治疗,进行干细胞移植的基础与临床工作,近年引进的经皮氧分压、外周血管多普勒等对糖尿病下肢血管病变进行评价,已开展病例数3000余例,处于江苏省领先水平。主要设备有:胰岛素泵、外周血管多普勒踝肱比下肢浅感觉测定仪、连续血糖监测仪(CGMS)、安诺治疗仪、经皮监测系统。

呼吸内科

南京市第一医院呼吸内科是南京市临床重点专科,国家级药物临床试验基地,现有高级专业技术职称人员8名,教授、副教授4名,硕士生导师4名,硕、博士10名,床位80张。该科对慢性阻塞性肺病伴呼吸肌疲劳、呼吸衰竭、支气管哮喘、肺癌、大咯血、胸腔积液、肺栓塞、各种肺部感染性疾病及肺间质性疾病具有丰富的诊治经验。该科拥有多台进口有创、无创呼吸机,电子、纤维支气管镜系统,VRIxp肺部呼吸成像诊断系统,多导睡眠生理监测仪(PSG),冷冻、微波治疗仪,排痰仪,肺功能仪及其它先进大型医学仪器。近年来,该科在医教研方面取得了优异的成绩,曾获得多项省、市医学科技术进步奖、新技术引进奖、江苏省高等教育科研成果奖和南医大优秀教学成果一等奖等。承担省、市级科研项目多项,在核心期刊发表论文200余篇。

神经内科

南京医科大学附属南京第一医院神经内科为硕士学位授予点。南京市第一医院神经内科是省内脑血管疾病的治疗方面具有特色的科室。神经内科现有临床医生21人,其中主任和副主任医师10人,硕博士研究生17人,人才梯队配备合理。护士32人,护理队伍整齐。设有二个病房,固定病床数92张。拥有卒中单元、癫痫中心、神经康复室、脑电室、肌电诱发电位室、多普勒血流超声室、脑血管造影(DSA)室。实行病房与门诊一体化管理,门诊量每月2600-2800人次,床位使用率达100%。病种多样,包括脑血管疾病、脊髓疾病、癫痫、肌肉疾病、神经变性疾病等。病区应用循证医学和临床路径方法进行单病种管理。脑血管疾病的救治是神经科的强项,也是专科的主要研究方向。科研方面,先后承担和完成了多项省市级课题,先后获得市科技进步奖一等奖1项,二等奖3项、三等奖3项,年发表省级以上论文10余篇。作为南京医科大学第三临床医学院神经内科教研室承担着南京医科大学、东南大学医学院硕士生、留学生、本科生等多层次的临床教学任务,并荣获南京医科大学优秀教学奖一等奖,已培养出大量优秀的中、高级专业技术人员。

消化内科

南京市第一医院消化内科是南京市临床重点专科,国家级药物临床试验基地,南京医科大学硕士培养点。现有高级专业技术职称人员10名,硕、博士10名,床位62张。内镜下治疗是该科的一大特色,治疗技术开展:1、内镜下诊断技术,内镜染色联合放大内镜诊断消化道早期肿瘤及光动力治疗等;2、内镜下治疗技术,急诊内镜下钛夹、内镜下热探头、氩离子血浆凝固术(APC)、光动力、注射治疗消化道出血:①消化道出血治疗,食管静脉曲张内镜下硬化和套扎治疗;②消化道早期肿瘤治疗,内镜下黏膜切除术(EMR)及内镜下黏膜剥离术(ESD)治疗消化道早期肿瘤;③消化道中晚期肿瘤治疗,扩张、记忆合金支架置入治疗晚期食管贲门癌;十二指肠支架治疗胃窦癌导致的幽门梗阻;④胆胰疾病的治疗,主要是ERCP治疗。3、消化道动力诊治技术:开展了胃肠起搏、食管测压、24小时食管pH监测。4、血管介入治疗:DSA下经皮胃冠状静脉栓塞治疗食管静脉曲张,部分脾动脉栓塞术治疗肝硬化脾功能亢进,经肝动脉栓塞化疗原发性肝癌,经肝动脉门静脉双介入化疗。该科目前拥有电子胃镜、肠镜、超细胃镜、放大肠镜及超声胃镜等。

肿瘤内科

肿瘤内科现有主任医师(教授)4人、副主任医师(副教授)6人、博士10人、在读博士2人、硕士1、在读硕士1人、硕士研究生导师6人、留学归国人员7人。为南京市较早成立的肿瘤化学药物治疗专科,江苏省医学重点临床专科,南京医科大学和东南大学肿瘤学硕士学位授予点,承担南京医科大学本科、七年制和硕士研究生以及东南大学硕士和博士研究生的肿瘤学教学任务,为全国肿瘤药物临床试验机构。学科带头人为陈锦飞主任医师,留学德国,博士。

血液内科

南京市第一医院是南京医科大学附属临床教学医院,南京市第一医院血液科成立于1978年,经过30多年的发展,目前拥有专科医师8人,护理人员14人,其中主任医师2人,副主任医师1人,主治医师2人,住院医师3人,主管技师1人(具有博士研究生学历1人,硕士研究生学历4人,本科学历3人)。现有普通床位43张,现代化的骨髓移植层流病房3间,每年承担1000余名患者住院,15000人次门诊。

职能构成

院办

院长办公室是在院长、书记及院领导的领导下,配合完成各项工作,准确、及时地贯彻执行院长的指示精神与工作意图;负责草拟医院的工作计划、总结及有关文件;草拟和审核医院公文并与上级机关联系,及时征询批复意见;负责行政文件的收发登记、传递、传阅、立卷归档、保管、领导工作利用等管理工作;负责医院印鉴、信函的使用与管理工作、人民群众来信来访处理,参观及外事活动等工作;协调职能科室工作,安排好节假日值班、院总值班、院查房等事务工作,并督促执行及时掌握全院信息,为领导决策提供参考资料;安排院级行政会议督促做好会议记录及其它有关事宜;积极参与院内改革活动,认真做好规定范围内的目标考核及经费分配工作。完成领导临时交办在其他工作。

科教处

科教处是医院在分管院长领导下,具体组织实施全院的科研、教学、继续教育、规范化培训、药物(器械)临床试验、重点学科、电教摄影、动物实验等工作的一个职能部门,经过近几年的努力,无论在教学、科研及临床药物试验方面均取得了长足的进步。

审计处

审计处成立于1993年,现有工作人员两名,处长1名,科员1人。审计处在院长和上级主管部门的领导、指导下,按照《中华人民共和国审计法》负责医院的审计工作。认真贯彻"全面审计、突出重点、抓住典型、跟踪审计"的精神,组织、实施和参与本单位财务收支、经济活动及其经济效益的审计;独立行使内部审计职权,接受上级审计部门的业务指导和监督;编制内部审计年度工作计划、总结,定期上报内部审计报表,并及时向院长汇报工作,为领导当好参谋。加强对本单位所属职能部门负责人和任期经济责任审计工作;全程参与各类设备、物资的采购谈判和招投标活动;内部管理的薄弱环节,及时采取防范措施,有计划地开展内控制度评审;配合、协助审计机关对本单位的有关专项审计,完成审计机关交办的调查或审计任务;进一步改进审计技术和方法,提高审计工作效率和质量,从规范审计程序做起,严格按章办事,对内部审计项目的各个环节严格把关;管理好审计档案。1996年被评为南京市内审工作先进集体,1997年、1998年、2008年分别被评为南京市卫生系统内审先进集体。

人事处

人事处是综合管理全院人事工作的职能部门。其职责是:按照上级有关政策、法规、工作精神。研究制定本院人事工作的政策规定和实施方案;负责编制管理,实施年度考核工作的组织。规范事业单位聘用合同制工作;负责人事争议的调解工作;引进人才,为人员流动和安置搞好服务;负责医务人员职称改革的实施;负责奖惩、工资、福利、社会保险的管理,完成上级交办的其他工作。

社会服务部

社会服务部是面向各级医疗机构,面向有医疗需求的机关单位、群众团体,利用医院优质的医疗资源,宣传推广医院的特色医疗技术,和各级医疗机构开展技术合作,组织义诊、健康讲座,联系体检,为转诊病人提供便捷的就诊服务。负责出院病人回访,征询病人建议,促进服务质量的改进和提高。接听导医咨询热线,满足大众的保健需求。

保卫处

保卫处在是医院的职能部门,负责医院的安全保卫工作,在院党委、院长领导下,依据国家法律法规和医院规章制度,维护医院政治稳定,确保医院正常的医疗、教学、科研、工作、生活秩序和人员、财产的安全。保卫处现设综合治理办公室、防火办公室。是医院管理、安全防范、群防群治、法纪安全教育、维护医院稳定的重要力量。

计算机中心

计算机中心是隶属于第一医院的技术支持部门,为临床一线,医院管理和财务分析提供计算机网络、硬件、医疗程序的技术支持。现拥有 HIS——医疗信息系统;LIS——医院检验科实验室信息管理系统;PACS——影像归档和通信系统;合理用药系统;排队叫号系统;电子病历系统;OA 办公自动化系统;病案统计管理系统;电子图书馆系统;用友财务管理系统;成本核算系统;完成了与省市医保,江宁医保,浦口新农合医保,干部保健,省市公费医疗的联网结算工作。为全院各科设备的网络环境提供内网千兆带宽的网络数据交换。

质管办

医院自 2002 年通过英国 BSI 公司 ISO9001:2000 版质量管理体系认证,持续有效运行,并于近期成功升级 ISO9001:2008 版。质管办在管理者代表领导下,负责医院质量管理体系运行、改进工作。具体负责医院 ISO9001 质量管理体系三级文件的修改、发放、管理和保存;对全院内审员的组织、管理、培训、沟通和联络工作;医院质量管理体系文件的精神和各项制度在医院内部的宣传、培训、指导、咨询、实施和持续改进;向各职能部门和相关科室收集有关医院质量管理方面的动态信息、数据资料和各种院内、外信息资料;组织质量管理体系内部审核;督促各职能科室对所辖部门的质量检查和改进工作;配合医院最高管理者做好管理评审工作;定期对收集的信息资料进行综合分析,对医院质量管理体系的运行情况进行评估。

学科建设

伴随着我国改革开放的步伐,社会经济的迅速发展,人们生活水平的不断提高,为医疗事业的发展带来了新的机遇和挑战。为满足患者需求,医院病床床位从恢复建院时的 24 张增加到了 328 张,年收治来自国内外的整形美容患者 5 万余人次,实施各种整形美容手术 2 万余例。

为便于规范化、科学化管理,根据患者的不同需求和疾病种类,设立了不同的医疗特色中心,其中包括唇腭裂治疗中心、尿道下裂整形治疗中心、妇科整形中心、面颈部整形美容中心、四肢整形再造中心、颅颌面外科中心、体形雕塑吸脂中心、外耳整形再造中心、烧伤瘢痕综合治疗中心、乳房整形美容中心、创伤修复美容中心、鼻整形再造中心,毛发移植中心、激光美容中心和口腔医学美容中心。

对 2002 年建立的医院 HIS 系统进行了更新,建立启用了 lIS 系统、PACS 系统及医生工作站,医技科室的设备也做了更新,提高了辅助诊断的水平。

专家团队

马建华,男,主任医师,内分泌科主任,中国中西医结合学会江苏省内分泌分会副主任委员,中华医学会江苏省内分泌分会委员,中华医学会南京市内分泌分会委员,南京市 213 人才工程培养对象。擅长糖尿病等各类内分泌疾病的诊治。曾获南京市卫生局科技进步奖两次,其承担的“胰岛素泵强化治疗”项目获江苏省新技术引进一等奖。糖尿病及其并发症的治疗及甲亢的治疗,多次参加 ADA(美国糖尿病协会)及 EASD(欧洲糖尿病协会)年会。曾负责科研项目近十项,获卫生局科技进步二等奖二次,院四新成果奖四次,发表论著十余篇。

陈绍良,男,主任医师,教授,硕士生导师,1998 年调入南京市第一医院心内科工作至今,全心全意服务于患者,努力引进、应用、研究新技术。1998 年在江苏省及国内率先开展急性心肌梗塞的急诊介入治疗,组建了国内多中心,成果获江苏省科技进步二等奖。同年积极引进二项冠心病介入治疗的新技术——经皮切割球囊成形术与冠状动脉内超声,其研究成果分别获江苏省科技进步三等奖及省卫生厅新技术引进二等奖。1999 年开展了静脉包被支架的实验及临床研究,论文发表在中国循环杂志(2000 年 9 月)。并陆续在国内和省内开展了如下几项最新介入治疗技术:先心病介入治疗,肥厚性心肌病化学消蚀术,急性夹层动脉瘤及胸腹主动脉病的介入治疗。

发　展

该院坚持走科教兴院之路,突破常规发展模式,坚持前瞻式、跨越式和可持续发展战略,坚持高起点、高效率,发展高科技,努力创品牌、抓特色、树优势。以人才队伍建设为本,以对外学术交流为契机,促进了该院以心血管病研究所为代表的多个学科医疗高新技术快速、持续发展。在短短几年时间内,其冠心病冠状动脉搭桥手术和系列介入治疗技术跃居全省领先、全国先进水平。1999 年元月,全国首例冠状动脉球囊扩张成形(PTCA)并植入支架术和冠脉搭桥手术电视现场直播在该院顺利完成,引起国内同行的关注。近几年,该院累计完成各类冠状动脉搭桥手术 380 多例,成功率 99.7%。近两年完成 PTCA800 多例,冠脉内植入支架 950 多根,其中急性心梗急诊 PTCA 和支架植入 220 多例;常规开展主动脉内球囊反搏治疗心源性休克、切割球囊 PTCA 等。而且,该院紧紧跟踪技术前沿,每年都有多项技术创新,不断扩大战果:心胸外科先后新开展微创非体外循环心脏不停跳冠脉搭桥、激光心肌再血管化联合冠脉搭桥、同期冠脉搭桥 + 换瓣 + 室壁瘤切除联合手术、微创内镜辅助大隐静脉制备在冠脉搭桥中的应用、心脏新型生物瓣置换、微创非体外循环心脏不停跳房缺封堵术等,已经成功完成动物心脏移植手术。心内科新开展经皮激光心肌成形术、冠脉内旋磨术、冠脉内超声引导下切割球囊治疗支架内再狭窄、血管内放射治疗支架内再狭窄、经导管先心房间隔缺损封堵术、经皮冠脉化学消融术治疗肥厚性心肌病等。麻醉科研究血液麻醉和综合性血液保护,35%的心脏搭桥手术病人完全不输血。ICU 创导"快通道"监护技术,挽救了许多重危病人的生命。目前,他们正在探索生物工程技术、基因技术在冠心病诊治中的应用研究。辛勤耕耘取得丰硕成果,该院"急诊冠状动脉内支架术——围术期死亡和近期预后的研究"、"冠状动脉旁路移植术临床研究",分别获得江苏省政府科技进步二、三等奖。2000 年 9 月南京市政府和南京市卫生局对该院冠脉搭桥项目和冠脉系列介入治疗技术给予了隆重表彰。心胸外科主任医师陈鑫荣获南京市科技功臣。在"心研所"的带动下,其他专科技术同步发展;骨科开展双膝关节、髋关节置换;普外科在省内率先形成了完整的胆道疾病治疗体系,对中晚期肝癌、胰腺癌、重症胰腺炎的研究均取得新成果;成功开展同种异体人体肝移植手术;脑外科常规开展颅内深部肿瘤切除和颅内动脉瘤夹闭等多项新技术;该院常规开展胸腺移植、肾移植、角膜移植、面神经移植、断肢再植、腔内激光治疗晚期消化道肿瘤等,均取得良好效果;放射影像科开展下腔静脉过滤器植入血管内接触性溶栓术、经导管栓塞治疗脏器大出血和晚期肿瘤;放免中心及中心实验室开展超微量免疫分析、肿瘤标志物检测、基因分析、流式细胞术等 200 多项省、市领先的检测技术。

社会荣誉

1992 年以来,医院共获各级科研成果奖 50 项,其中:国家中医药管理局 1 项,省级 3 项,省厅级 7 项,市级 20 项,市局级 19 项;96 年争取到国家"九五"医学攻关课题 3 项,国家自然科学基金课题 1 项。医院自 84 年以来连续分别被市政府、省卫生厅和市卫生局授予"文明单位"、"文明医院"称号。

先进设备

医疗设备先进,拥有万元以上设备 1036 台,包括全数字平板式心血管造影机(DSA)、多层面螺旋 CT、1.5T 磁共振断层扫描仪、同位素单光子发射计算机断层扫描仪(ECT)、数字化 X 线成像系统(DR)、高能超声聚焦治疗机、震波碎石机、彩色多普勒超声诊断仪、电子胃镜和介入放射造影仪(DCI)、重症监护系统等。2006 年门急诊量 122.95 万余人次,收治病人 3.14 万余人次。烧伤整形科有专科医师 7 名(含硕士研究生 3 名),其中主任医师 1 名,副主任医师 1 名,主治医师 3 名,住院医师 2 名,有专科护理人员 13 人。该科对 80% 以上的特大面积烧伤的治疗有丰富的临床经验,对深度烧伤、重要部位的烧伤特重患者救治取得新进展。

主要设备有 DSA、全身 CT、MRI、彩色 B 超、超声心动图、胃肠 X 光机、多功能拍片机、中心心电监护仪、多功能心功能仪、全自动生化分析仪、g 免疫计数器、电视腹腔镜胆囊手术器械、血液净化装置和全院 ICU、急诊 ICU 及心内科 CCU 监护设备等。

医院地址:南京市长乐路 68 号

东南大学附属中大医院

东南大学附属中大医院(简称中大医院)坐落于江苏省省会—南京市中心,与风景秀丽的玄武湖和全国闻名的商业文明示范街湖南路相邻,是一所具有 80 年办院、办学历史的综合性三级甲等医院,也是江苏省及全国铁路系统著名的医疗、教学和科研中心。各种体表肿瘤及肿瘤切除后的修复、乳房再造;美容整形外科:腹部、臀部、下肢等全身各部位脂肪抽吸体型雕塑;小乳症 - 隆乳术、巨乳症——乳房缩小整形;面部除皱;下颌角肥大整形;颧骨降低等面部改形术;重睑(切开法、埋线法);眼袋修整;眉上提;隆鼻;隆颏;厚唇修整等;皮肤科:光子嫩肤、光子脱毛、点阵激光等;手外科:断指(肢)再植、拇指再造及各种复杂手外伤的处理。先天性手畸形如并指、多指(趾)等畸形的修复。

技术力量

医院占地面积 2.28 万平方米,现有病床 1000 余张。年门诊量 50 多万人次,住院病人 1.5 万人次。在职职工 1150 人,其中正、副教授(主任医师)140 余人,获得博士、硕士学位者 140 余人,留学归国人员 30 人。全院有享受政府特殊津贴 29 人,国务院突出贡献中青年专家 4 人,博士生导师 11 人,有 30 多人次分别进入省部级重点人才培养计划,有 40 人分别担任全国及省、部级医学杂志主、副主编、编委等职务,102 人担任各级医学学会主委、副主委、委员职务。

医院发展

近三年来,中大医院培养本科生临床实习 360 人,研究生临床实践 450 人,进修医技人员 600 人,海外学生临床培训 100 人;先后承担了国家"973"、"863"研究项目、国家杰出青年基金和国家自然科学基金近 50 项,累计获得各级课题 300 余项,总经费 4000 万元;先后获得国家科技进步二等奖、中华医学科技二等奖、教育部科技成果奖等国家和省部级奖励 100 余项;发表核心期刊论文 1500 余篇,SCI 收录论文近 200 篇。

中大医院在医学影像诊断、多器官功能衰竭诊治、介入治疗、血液净化、脊柱病变微创治疗、造血干细胞移植、小耳畸形再造、、中风治疗、新生儿重症抢救、糖尿病足诊治、活体肾移植等方面居国内先进水平,部分技术达到了国际先进水平。同时在分子影像、卒中后忧郁、器官纤维化、急性肺损伤等基础研究方面在国内外有较大影响。

中大医院设备先进,现有万元以上医疗设备千余台,拥有 64 层 CT、3.0T 磁共振、7.0T 微型磁共振、平板 DSA、直线加速器、数字化乳腺机以及 54 台血液净化装置等高精尖设备。

中大医院不断拓宽国际合作与交流领域,先后与美、德、英、日、法、比利时、新加坡等医院及医学院建立友好合作关系;每年参加国际学术会议或出国访问进修达 100 余人次。近年来,先后获得卫生部数字化医院试点示范单位、卫生部电子病历指定试点医院、全国首批"百姓放心示范医院"、江苏省"文明医院"、南京市"文明单位"等荣誉称号。

东南大学附属中大医院将进一步深化"人才兴院、科技强院"发展战略,促进医疗服务、人才培养、科学研究全面协调可持续发展,为实现到 2015 年把医院建设成为省内一流、全国有影响的高水平大学附属医院的奋斗目标,继往开来,奋勇拼搏,扬帆远航!

机构设置

医院设有临床科室32个,医技科室20个。拥有部级心血管疾病防治技术中心、中华医学会实用介入技术推广培训中心和现代临床实验中心。东南大学介入放射学研究所、急诊与危重病医学研究所、心血管病研究所、做创外科研究所、功能神经外科研究所、修复重建外科研究所、肾脏病研究所、耳聋康复研究所、骨髓增生异常综合征研究所均设在医院。医学影像与介入放射科和整形修复科是江苏省“135”工程一医学重点学科,急诊医学科是省重点学科建设单位,医院还有11个省部级重点临床专科。

与医院一体化运作的临床医学院是东南大学最大的院系,培养各类临床医学专业人才。1978年开始招收首批硕士研究生。现有硕士学位授予点23个,博士学位授予点2个,硕士生导师60余名,覆盖了大多数临床医学专业,每年招收硕士生100多名。2001年起招收临床医学硕士专业学位(技能型)研究生,2002年起招收七年制本硕连读研究生。

发展前景

近年来,医院坚持科教兴院的办院方针,全力推进技术创新,一大批国内外先进的新技术、新疗法应用于临床,科研成果层出不穷,获各级科技进步奖70余项,每年在核心期刊发表论文近200篇,其中SCI收录论文8-10篇,主持包括国家自然基金在内的各级课题40余项,主编、参编专著教材数十部,举办国家及省级继续教育学习班15次以上。

面对21世纪知识经济时代的挑战,中大医院十分注重中青年人才的培养和引进,一大批国内外学有所成的年轻学者扎根医院。医院先后与美、德、英、口、俄等国医院建立友好合作关系,为人才培养提供基地。目前,中大医院正在具有百年历史的东南大学高水平学科平台上集成创新,遵循“止于至善”的校训和“团结、仁爱、优质、创新”的办院理念,为建设国内高水平的现代化医疗、教学和科研中心而努力奋斗。

所获荣誉

近年来,医院先后荣获部“十佳医院”、全国首批“百姓放心示范医院”、江苏省“文明医院”以及江苏省和南京市“文明单位”等荣誉称号。

先进设备

医院设备先进,有万元以上设备350多台,总价值逾亿元,其中包括国际先进的核磁共振、螺旋CT、ECT、直线加速器、大型血管造影机、30台新型血液透析机、大型水处理机、ICU和CCU监护系统、脑细胞微电极定位系统及癫痫病监测治疗数字化网络系统、眼科激光治疗仪、“氩氦刀”等大批先进的医疗设备。

整形项目

南京东南大学附属中大整形值得信赖的十大领先技术:

1、外耳再造

中大医院整形外科的医生们对外耳再造技术进行来长达20余年的临床研究,针对全耳廓的再造最早开展了“二次法”全耳廓再造的创新性术式。尤其是近年来将先进的皮肤预扩张技术以及高难度的耳廓软骨支架雕刻技术应用于外耳的再造,并对600余例外耳进行了再造。外耳再造最早的手术年龄是6周岁,且再造耳可继续生长。

2、面部老化的整形

中大医院整形美容外科迄今已成功开展包括上眼睑老化整形、下眼袋切除及颜面部除皱手术1万余例,并从传统的面部年轻化手术技术发展到应用先进的内窥镜、小切口以及内固定除皱技术,这些先进的外科技术不仅效果好,而且创伤小、手术瘢痕小、不减少头发的数量。与此同时,提出了面部老化整形的序列年轻化手术方案以及个性化实施,显著提高了手术效果。

3、面部改形

尤其是女性,方形脸或者国字脸往往显得过于阳刚,缺少女性的柔性美,但在过去“变脸”也只是停留在幻想小说中。随着现代美容整形外科技术的发展,“改头换脸”已从幻想变成了现实,通过抽去面颊部多余的脂肪,截除下颌过宽的骨头,能让过于生硬的方形脸变成轮廓柔和的“瓜子脸”,这项高技术吸引着愈来愈多要求“变脸”的求美者。面部抽脂由于针孔小而隐蔽,已完美地解决了瘢痕的问题。而传统的口外技术切除下颌角和颧突由于面部留有明显的瘢痕已难以被求美者接受,中大医院整形外科近年来引进美国和瑞士先进的微动力系统采用口内技术截骨改变面形,解决了面部瘢痕的缺陷,并采用下颌角大弧线一次截骨技术和颧骨截骨后坚固内固定技术,使面部改形达到更加理想的效果。

4、乳房整形及再造

中大医院整形外科在省内最早采用胸大肌后硅凝胶乳房假体置入的隆乳手术完美解决了女性乳房平小问题,并通过数千例的手术,积累了丰富的经验,尤其重视假体的个性化选择以及最佳的手术切口位置,使隆起的乳房外形坚挺、手感柔软、瘢痕隐蔽。

巨乳症不仅破坏女性的形体美,而更为重要的是给患者肌体带来痛苦,中大医院整形外科在国内最早提出确定国人女性乳头位置的数学公式,并用于巨大乳房缩小术,并对不同程度的巨乳最优化选择不同的缩小手术的方法,使巨乳缩小手术的瘢痕降低到最小。

5、脂肪抽吸体形重塑

脂肪抽吸术已有30多年的历史,在这期间经过多次的技术革新,目前已成为成熟技术。近年来,在西方国家脂肪抽吸术是在所有美容外科手术里做得最多的一种。脂肪抽吸术是通过微小、隐蔽的皮肤切口(2-5毫米),利用负压吸引等手段将人体多余的皮下脂肪祛除,以达到雕塑和美化体形的目的。中大医院整形外科在省内最早引进了该项技术,而且随着将浅层脂肪抽吸、自体脂肪颗粒注射移植等技术的应用,已完全超出单纯地祛除脂肪组织,而是对人体进行细微的雕塑。这种技术最适合于局部脂肪堆积而造成的形体缺憾如面颈部、腹部、腰部、臀部等;对改善因脂肪丰厚而形成的肢体臃肿也有显著效果如臂部、大小腿部。手术后即使体重增加也不会再出现局部突出而影响体表轮廓。

6、唇腭裂修复

唇腭裂是一种常见的颌面部先天性畸形,患有这类先天畸形的病人不仅面部外形受到破坏,还可影响正常的发音,因此唇腭裂修复的意义不只是外观的美化,更为重要的是改善病人的语音功能。中大医院整形外科早在上个世纪50年代末就成功开展此类手术,近年来在该院的唇腭裂患儿分别得到中华慈善总会、国际"微笑列车"组织以及韩国LG公司的支持,迄今已有100多例儿童得到免费手术的资助。

7、皮肤、肌肉和骨缺损的显微外科修复

外伤、肿瘤以及先天畸形等可导致面部、颈部及四肢皮肤、肌肉和骨的缺损。这些缺损通常是采用自身其他部位的皮肤、肌肉或骨的移植来修复,显微外科技术的应用使得传统技术难以修复的各种复杂、难治的缺损得到成功的修复,使患者从新得到功能的重建和外形的改善。20多年来,中大医院整形外科修复各种复杂的组织缺损数百例,成功率达到100%。

8、瘢痕的修复整形

治疗瘢痕是整形外科医生每天都面临的工作。中大医院整形外科已采用各种手段成功治疗数以万计的瘢痕畸形患者,尤其是对严重瘢痕畸形应用皮瓣移植及皮肤软组织扩张技术有丰富的经验,获得了很高的修复效果及质量。尤其是将一些非主干血管轴行皮瓣及超薄皮瓣在瘢痕修复中的应用,显著提高了瘢痕修复的效果,减轻了对供区的损伤。与此同时,对于各种瘢痕采用综合治疗的手段取得了更为完善的效果。

9、外生殖器再造

先天及外伤等导致的阴道、阴茎的缺损并不少见,且对于异性病的变性手术最关键的技术是阴道的再造或阴茎的再造。中大医院整形外科已成功再造阴道和阴茎20余例,曾成功给两性畸形患者实施了阴道及阴茎再造手术,一些患者手术后建立了美满的小家庭,并生儿育女。

10、手功能的重建

中大医院整形外科是江苏省最早开展手外伤修复、断指再植、手指再造的科室之一。几十年来已成功收治上万例手外伤病人,尤其是对复杂手外伤后组织缺损的显微外科修复具有丰富的经验。成功开展了第二足趾游离移植再造拇指、急诊第二足趾游离移植再造拇指等手术、多手指缺损再造,成功率为100%。

南京市儿童医院

亦名南京医科大学附属南京儿童医院、江苏省红十字儿童医院,是一所集医疗、科研、教学、康复、保健为一体的三级甲等儿童医院。编制床位1000张,年门诊量160多万人次,年收治住院病人4万余人次,年手术量1.4万余人次。现有职工1345人,其中高级专家170余人,5人享受国务院特殊津贴,担任教学任务的博士生导师5人、硕士生导师25人、教授6人、副教授21人,全院有博士36人、硕士131人,40余人在国家级及省市级学术机构中担任学术职务。

医院专科齐全,涵盖儿童医疗各个领域。技术力量雄厚,已开展许多世界前沿的先进诊断、治疗技术和高难度手术,专科特色突出。小儿心胸外科为江苏省"科教兴卫工程"医学重点学科,同时小儿心胸外科、新生儿医疗中心、小儿呼吸内科、小儿肾病科、小儿外科(含普外科、骨科、神经外科、新生儿外科、泌尿外科、烧伤科、整形科)为省级临床重点专科,小儿心血管内科、急诊医学科为市级医学重点专科。

医院设有江苏省新生儿急救中心与江苏省低出生体重儿干预中心、南京中美儿童先心病研究中心、南京市脑瘫儿童康复技术指导中心、南京市儿科医学研究所、江苏省博士后科研工作站、南京医科大学硕士研究生、儿科学博士研究生培养基地及南京大学儿科医学硕士点、省儿科医师进修基地。

掌握技术

医院技术全面,已开展许多世界前沿的先进诊断、诊疗技术和高难度手术,专科特色、专科优势已经形成。心胸外科每年儿童先心病手术800余例,成功率98%以上,手术最小年龄为出生后17小时。新生儿医疗中心每年收治危重新生儿4900余例,成功抢救孕25周、体重700g患儿,抢救成功率及新生儿缺血缺氧性脑病的治疗处于全国先进水平。各临床专科技术全面发展,例如:脑外科儿童颅脑肿瘤手术及头颅畸形手术;骨科儿童髋关节病诊治及介入治疗股骨头无菌性坏死;泌尿外科儿童尿道下裂及肾移植手术;普外科儿童腹腔镜手术;新生儿外科微创手术及联体儿分离手术;整形外科新生儿出生后即时唇腭裂修复手术;呼吸科婴幼儿电子纤支镜诊疗及哮喘防治;肾科血液透析滤过及血浆置换技术;心内科儿童先心病介入治疗;消化科儿童电子纤维胃镜及胃肠起博治疗;神经内科儿童癫痫的诊断治疗;血液科儿童白血病的治疗,风湿免疫科儿童类风湿性关节炎的早期诊断、早期治疗、发热待查的确诊率、川崎病的早期诊断、早期治疗;康复儿保科脑瘫儿童的早期诊断、早期治疗;急诊科危重病儿的抢救及院前急救技术;麻醉科低龄婴幼儿麻醉技术;药剂科小儿自制药品等已形成独具特色的品牌优势。耳鼻咽喉科气管异物取出12000余例术中无意外;小儿眼科、小儿口腔科、小儿中医科独具匠心。

办院方针

医院坚持"科技兴院"的办院方针,每年均有多项课题获省、市科技进步奖,年发表论文240余篇,现有40余项国家、省、市级立项科研课题。医院长期与美国、加拿大、澳大利亚等国的同行签订友好交流协议书,定期进行学术交流与合作,不断提高学术、诊疗水平。

先进设备

医院拥有合适儿童的高档16排螺旋CT、MRI、DSA、数字化胸片机、彩色三维B超声诊断仪、人工心肺机,全自动生化分析仪、全自动血球计数仪、微量元素检测仪,多种电子内窥镜等大型设备,为临床诊断和治疗提供了重要保证。现代化住院部大楼为就医者提供了舒适的住院环境。

所获荣誉

医院坚持以病人为中心,始终将医疗质量放在第一位,不断改进服务,多次获得南京市"十佳医院"、"南京市文明单位"、"江苏省文明单位"等荣誉称号。

发展战略

为进一步加快发展,攀登儿科医学领域的新高峰,为广大患病儿童提供更好的诊疗服务,全院职工努力拼搏,正向具有

“一流技术服务、一流设施、一流科研、一流人才”的现代化儿童医院奋进。

医院规模

医院现有床位420张，临床医技科室35个，专业设置齐全，主要有儿内科（新生儿、呼吸、心内、肾脏、消化、内分泌科、神经内科、血液、中西医结合），儿外科（胸心外科、骨科、普外、脑外、烧伤整形、泌尿外科、新生儿外科），急诊科，门诊部（内、外科门诊，耳鼻咽喉科、眼科、口腔科、皮肤科、中医科、理疗科），儿保康复科，特需医疗服务部，麻醉手术科，药剂科，检验科，放射科，功能检查科，病理科等科室，并设有儿科研究所及呼吸、心血管、新生儿、临床药理研究室，其中省属重点学科4个，市属重点学科2个。2004年门急诊人次95.2万人次，收治住院病儿18834人次。

主要科室

心胸外科
新生儿医学中心
呼吸科
心内科
肾脏科
骨科
新生儿外科
烧伤整形外科
内分泌科
消化科
神经内科
风湿免疫科
血液科
感染疾病科
中西医结合科
急诊科
脑外科
普外科
泌尿外科
耳鼻咽喉科
眼科
麻醉科
皮肤科
口腔科
中医科
理疗科
针灸科
儿童保健科
康复科
特需医疗服务中心
儿科研究所

特色科室

检验科

拥有世界一流的检验设备，开展多项常规检测，包括血液、尿液、体液等各种不同类型的检测，各种生化项目的检测，微量元素分析，各种免疫学检测和激素、蛋白、抗体检测，开展多种类型微生物病原学检测及鉴定，为临床诊疗提供参考。

技术力量：检验科职工50人，副主任技师2人，主管技师18人，其中硕士6人，本科18人。下属13个实验室：门诊化验室，急诊化验室，病房化验室，生化室，免疫室，艾滋病初筛实验室，微量元素室，微生物室，放射免疫实验室，血液室，特需门诊化验室，腹泻病门诊化验室，血库及门诊抽血处。

专科特色：在全国医院中率先采用光谱仪进行微量元素检测，引进法国JY公司ULTIMA－2000型ICP－AES光谱仪，采用电感耦合等离子体原子发射光谱准确检测儿童血液中钙、镁、锌、铜、铁、铅等微量元素，稳定性好、分辨率高，为临床诊断提供科学依据。采用尿半乳糖检测技术，用于辅助诊断乳糖吸收不良以及乳糖不耐受症，为许多不明原因腹泻的患儿找到了病因。快速、准确、无创检测轮状病毒抗原，为儿童腹泻诊疗提供依据。血库用血型配血微量定型系统进行卡式配血，可检出不完全抗体，避免了ABO以外血型抗体引起的输血反应，提高了血型鉴定的准确度，同时对稀有血型的鉴定，更是为临床备血、输血提供了可靠依据。门诊用尿沉渣分析仪及特定蛋白仪，对尿液有形成分及微量蛋白进行分析，快速、准确、重复性好，已成为肾脏病人的常规实验。采用全球领先的欧蒙抗核抗体（ANA）检测技术开展间接免疫荧光法检测抗核抗体，对自身免疫疾病进行诊断。乳胶凝集法检测肺炎支原体，同时测定血清中的IgG、IgM和IgA，大大减少非特异反应，提高了试验的敏感性，对临床用药及疗效观察有很好的指导作用。检测幽门螺杆菌抗体现症感染，方法简单、快速、灵敏度高（95.7%）、特异性强（92.4%），其现症感染条带可以对病情明确诊断，用药更准确。德国敏筛定量过敏原检测系统，检测14种常见过敏原（含食物组和吸入组）及总IgE，帮助临床对过敏性疾病进行诊治。

主要医疗设备：生化分析主要仪器设备有日立7600全自动生化分析仪（两台），京都干式生化分析仪（两台），西比亚全自动电泳分析仪，电解质仪，JY光谱仪等，开展各种生化项目的检测和微量元素（钙、镁、铁、铅、锌等）的分析。免疫分析主要仪器设备有德灵BN－P特定蛋白仪，贝克曼库尔特化学发光仪，伯乐全自动酶免仪，蔡氏荧光显微镜，罗氏Elecsys－1010，罗氏Elecsys－2010电发光分析仪等仪器设备，开展各种不同类型的免疫学检测和激素、蛋白、抗体、病原检测。临床检验仪器设备有SysmexXE－2100（三台），SysmexXE－2100D，SysmexXT－1800i，Sysmex800i（两台），Backman5－diff（两台），共9台五分类全自动血球分析仪，贝克曼Advance，Sysmex-CA1500，SysmexCA530全自动凝血仪，SysmexUF－100全自动尿沉渣分析仪，贝克曼库尔特特定蛋白（尿液）分析仪，CRP分析仪，尿液分析仪，血沉仪等，开展血液、尿液、体液等各种不同类型的常规检测项目。微生物检验仪器设备有BD9120型血培养仪，梅里埃ALERT240血培养仪，梅里埃Vitek32微生物鉴定仪等，可开展多种类型微生物病原学检测及鉴定。

科研教学：每年发表论文十余篇，每年安排工作人员外出进修学习。科室业务骨干积极参加院外各项业务活动及交流，积极学习掌握检验的前沿知识和技术。科内定期组织业务学习，每季度出一期检验通讯，所有实验室都参加卫生部室间质评,成绩优秀。

功能检查科

功能检查科为临床辅助科室,承担全医院50余种物理诊断检查项目,下设B超室(含心脏B超室和腹部B超室);心功能室(含心电图室);脑电图室;肌电、诱发电位室。配有国际、国内先进的医疗设备,总价值1200万元。其中B超室1050万元。共有专业技术人员17人,其中副主任医师3人,主治医师、主管技师、主管护师共5人,医师、技师、护师共7人,见习医师2人,07年诊察病人7.7万人次。近年来随着先进仪器设备的增加和先进技术的开展,诊断符合率不断提高,产生良好的社会效益和经济效益,为临床提供了可靠的诊断依据。

B超室:配有超高档心脏彩超仪1台,高档心脏彩超仪2台,高档腹部彩超仪3台。可进行小儿心脏、腹部、头颅、小脏器及其它(眼、甲状腺、髋关节)等方面的超声诊断。诊断符合率心脏100%,腹部及小脏器99.9%(均为2007年资料)。擅长小儿先天性心脏病的诊断,对于复杂先天性心脏病有较高的诊断符合率。近年来与心内科、心胸外科合作开展先天性心脏病的介入疗法,为许多患儿成功地进行了经胸微创和心导管介入治疗,在保证疗效的同时大大减少了手术的风险和患儿的痛苦。还与肾内科消化科合作进行B超引导下的经皮肾脏肝脏活检,为不少患儿明确了诊断。

脑电图室:配有常规脑电图、脑电地形图、动态脑电图、视频监测脑电图、动态睡眠脑电图等设备。鉴于小儿脑电图描记方法、阅读、和判定的特殊性,拥有经验丰富的专业从事儿童脑电图检查的医务人员。常规脑电图、脑电地形图:通过对脑细胞活动的放大和记录,监测脑细胞的功能状态,适用于癫痫、头痛、头晕、高热惊厥、意识障碍、脑外伤等神经系统疾病的常规检查。

视频监测脑电图:可以根据临床需要进行短程、长程监护,运用高清晰数码摄像技术与高频信号采集技术相结合,同步显示被监测者行动与不同导联脑电波形,适用于发作性疾病、颅脑外伤、晕厥、高热惊厥、抽搐、意识障碍、黑朦、自主神经性发作等。

动态睡眠脑电图:在脑电图记录同时可进行心电、眼动、肌电、呼吸、血氧的监护,准确检测受检者的睡眠结构及睡眠中癫痫发作情况,结合睡眠剥夺试验,使儿童癫痫检出阳性率大大提高,适用于小儿脑器质性损伤、发作性疾病、发作性睡病、睡眠呼吸暂停、睡眠障碍,常规脑电图阴性的惊厥病人。

动态脑电图:将检查仪器随身携带,延长描记时间,可以非常明显提高癫痫诊断的阳性率,便于癫痫类型辨别、病灶定位、观测发作时电位频率特征和病灶波及范围,适用于癫痫发作与非癫痫发作的鉴别、睡眠障碍等神经系统疾病。

心功能室(含心电图室):配有12导同步心电图分析仪,24小时动态心电图(Hoter)。可进行常规、急诊、床边、监护等心电图检查。凡因各种原因引起的心肌炎,心肌病,心肌缺血、损伤、坏死,先天性心脏病,各种心律失常,心脏手术前后对照,药物疗效前后比较,药物中毒及电解质紊乱等均可进行12导同步心电图分析仪检查。24小时动态心电图(Hoter)能够连续纪录患儿在不同时间,各种活动情况下的心律和心率及心肌供血情况。因此在分析心肌缺血、损伤和某些心律失常方面与12导同步心电图分析仪相比动态心电图具有明显的优越性。

肌电、诱发电位室:该室引进美国维迪电子有限公司丹迪高Keypoint - Workstation型肌电诱发电位仪。开展常规肌电图、周围神经传导功能检测、脑干听觉诱发电位、脑干听觉诱发电位听力筛查、视觉诱发电位(儿童)、躯体感觉诱发电位等检查项目。肌电图、周围神经传导功能检测临床主要用于鉴别、诊断神经源或肌源性损害;脑干听觉诱发电位及听力筛查可客观反映婴幼儿的中高频听力情况及脑干相关结构的功能状况;视觉诱发电位主要应用于评价视觉传导经路的功能状态,可发现亚临床病灶;通过测试体感诱发电位可反映脊髓后索传导束的功能完整性,无创、客观。肌电—诱发电位检测是临床神经电生理的重要组成部分,已在临床得到较为广泛的应用。近期将开展婴幼儿视觉诱发电位检查,拟进一步开展儿童各类有关神经反射及大脑认知事件相关电位测定及开展大型手术术中、术后的监护工作。

药剂科

药剂科成立于建院之初,是院级重点科室。科室下设5个业务部门:门诊药房、住院药房、药检室、临床药学研究室、药库,是集药品供应、调剂、检验、临床药学于一体的综合性科室。药剂科技术力量雄厚,现有有职工50人,主任药师1名,副主任药师2名,主管药师18名。硕士研究生3名,具备一批专业素质高、业务能力强的药师队伍。

1、门诊(中、西)药房设有9个发药窗口,包括1个中药窗口,1个用药咨询窗口,5个西药窗口,1个急诊和本院职工取药窗口,4~11月开设肠道门诊发药窗口。窗口采用大窗口(前后台)调剂模式,实行双人发药核对制度。

2、住院药房全部实行住院部电脑网络化管理,承担特需病房、ICU、观察室及15个病区住院病人的药品发放。

3、临床药学研究室开展临床治疗药物的血药浓度监测,目前常规开展项目有:丙戊酸、卡马西平、万古霉素、甲氨喋呤、苯巴比妥、茶碱等,2006年完成1383例血药浓度监测。药师每周三次以上参加医生查房,进行药学监护,提供临床药学服务,建立药历。完成《宁儿药讯》季刊的编辑发行,全年按期出版4期。并进行药学情报资料的收集整理工作,不定期向临床提供最新药物信息。同时是医院药品不良反应(ADR)监测报告中心,负责收集、整理临床ADR,按规定向上级主管部门上报。

4、药检室分设化检室、普通仪器室、精密仪器室、卫生学检查室、留样室、办公室等。严格按照《中国药典》、《中国医院制剂规范》和内控标准对自制制剂进行中间品、成品及微生物检验,2006年全年共全检药品846批次,卫生学检验813批次。制剂送检率和合格率均为100%。

5、药库对所购入药品实行数量、金额及进、出库全过程的电脑网络化管理,每季度盘点一次,所有药品账物相符。药库重点加强对采购药品的后续管理,实行网上采购,2006年全年外购药品金额为1.02亿元,与上年相比增加3.4%。全年网上采购金额占总量93%。同时在门诊大厅和住院药房醒目位置进行规范化价格公示,坚决抵制药品营销过程中的不良行为。

病理科

病理科创建于1961年6月。建科时有职工2人,现有职工5人(其中主任医师1人,副主任医师1人,主管技师1人,住院医师1人,技士1人),其中硕士学历1人,本科学历2人。四十多年来,经过几代人的努力,病理科已形成自己的特色和优势。特别是改革开放以后,大力培训技术骨干,引进新技术、新设备,工作量大幅度上升,科室工作取得很大进展。病理科现有中华医学会病理分会儿科病理学组委员1人,南京市医学会病理专科分会委员1人,南京市病理质量控制管理委员会委员1人;南京市中青年行业技术学科带头人1人,南京市卫生局"213"人才工程第二层次培养对象1人。

病理科现有医疗仪器设备20台(架),价值50万元人民币。二十世纪八十年代起,活检工作量大幅度上升。现有30000多例活体组织病理检查资料及2000多例尸体解剖检查资料。病理科目前开展的工作:尸体解剖检查、活体组织病理检查、细胞病理学检查、手术中快速病理检查、特殊染色、免疫组织化学染色、病理图像分析等检查。病理科在正式刊物上发表论文七十篇。参加编著的专业书籍两本。病理科主持完成市级科研课题一项,与外院或本院其它科室协作完成科研课题十几项。获得部、省、市、局级科技成果奖十项。特别是二十世纪九十年代后,在先天性心脏病病理及儿童肿瘤病理方面取得了较大的成绩。

医院专家

夏建海,主任医师,中华生物医学工程学会体外循环协会委员。从事小儿外科及心胸外科工作30余年,有丰富的临床经验,特别擅长小儿体外循环及普胸专业,能独立解决复杂疑难危重病人的诊治问题。发表学术论文10余篇,获得江苏省、南京市多项科技进步奖。

莫绪明,教授,主任医师,医学博士,博士生导师,享受国务院特殊津贴。中华医学会小儿外科学会常委、中华小儿外科学会心胸外科学组副组长、江苏省心胸血管外科学会委员、南京市胸心血管外科学会副主任委员、《江苏医药》《南京医科大学学报》编委,江苏省333领军人才,江苏省135工程医学重点人才。从事小儿心胸外科工作20余年,有较丰富的临床经验,擅长儿童各种普胸及先天性心脏病的外科治疗,能独立解决复杂疑难危重病人的诊治问题,完成较复杂的先心病的外科手术,在婴幼儿新生儿复杂危重先心病的外科治疗及小儿心胸外科重症监护方面有较高的造诣。发表学术论文40余篇,获江苏省科技进步二等奖等多个奖项。

钱龙宝,硕士生导师,主任医师,《临床小儿外科杂志》编委。曾任中华医学会小儿外科学会委员、江苏省小儿外科学会委员、《中华小儿外科杂志》编委。从事小儿外科及心胸外科工作30余年,有丰富的临床经验,特别擅长小儿心胸专业,能独立解决复杂疑难危重病人的诊治问题,完成较复杂的先心病的外科治疗。在国内外发表学术论文10余篇,获多项江苏省、南京市科技进步奖。

孙剑,副主任医师医学硕士从事小儿外科及小儿心胸外科工作10余年,有较丰富的临床经验,擅长儿童各种普胸及先天性心脏病的外科治疗,有较丰富的围手术期处理经验,在全国核心学术期刊上发表论文数篇。

周晓玉,主任医师,硕士生导师,中华医学会江苏省、南京市围产专科学会委员、秘书中国实用儿科杂志编委小儿急救医学杂志编委从事小儿临床工作二十余年,熟练掌握儿科常见病、多发病的诊治,擅长新生儿疾病的诊治。在国家级、省级刊物上发表论文十数篇,获得卫生部、省、市科技进步奖数项。

平鹦,主任医师,副教授从事小儿内科临床工作二十余年,擅长小儿内科常见病、多发病及部分疑难病症的诊治,尤其对新生儿营养、重症监护具有较为丰富的临床经验。

贲晓明,医学博士,硕士生导师,博士生指导小组成员,江苏省"333"工程学科带头人,南京市中青年行业技术学科带头人,《新生儿营养学》主编,《新生儿科杂志》编委,《中国当代儿科杂志》编委,《临床儿科杂志》编委;国家自然科学基金、江苏省医药卫生重大项目负责人。从事儿科临床16年,在国际、国内学术期刊发表论文52篇,获省、市科技进步奖4项、获国家发明专利2项。擅长小儿内科常见病、多发病及部分疑难病症的诊治,擅长新生儿疾病的临床诊治。

医疗条件

医院拥有一批实力较强的师资队伍,设小儿内科、小儿外科、小儿传染3个教研室,承担南京医科大学、南京大学医学院等院校儿科理论教学任务。每年接受实习、进修生200余人次,为社会培养了大量的儿科人才。

医院还非常注重与世界各国的友好往来,先后与来自美国、加拿大、日本、德国、澳大利亚、斯洛伐克的同行进行学术交流与合作。与加拿大西安大略省儿童医院结为姐妹医院,与美国国际儿童心脏病基金会联合成立了"南京中美儿童心脏病研究中心"。与澳大利亚皇家墨尔本儿童医院、美国霍普儿童医院签订协议书,定期交流合作,不断提高医院的学术诊疗水平。

医院拥有高档16排螺旋CT、DSA、数字化胸片机、彩色多普勒超声诊断仪、人工心肺机,全自动生化分析仪、全自动血球计数仪等万元以上设备1000余台,为临床诊断和治疗提供了重要保证。现代化门诊楼及急诊输液中心为就医者提供了舒适的诊疗环境。

医院为进一步加快发展,攀登儿科医学领域的新高峰,更好地为广大患病儿童服务,正向上一流服务、一流技术、一流质量、一流设备的现代化儿童医院迈进。

医院环境

改善医疗环境,使广大患儿在更加优美、舒适的环境中接受治疗,为患病儿童提供更好地服务,始终摆在医院重要的议事日程上。在各级领导的关心支持下,大力开展基本建设,2002年,17000平方米现代化门诊楼投入使用,宽敞的大厅、明亮的诊室、温馨的色彩、充满童趣的卡通贴画、自动扶梯、大屏幕分诊系统、电子触摸屏等设施充分体现了人文关怀的出发点;装修一新的急诊、输液中心,较好地改善了患儿的输液环境;高级专家会诊中心及特需病房的开设满足了不同层次患儿家长的需求,受到了社会各界人士的广泛好评。

南京医科大学第二附属医院

南京医科大学第二附属医院(又名南京医科大学第二临床医学院,江苏省第二红十字医院,南京医科大学附属儿童医院)是江苏省卫生厅直属三级甲等综合性医院和南京医科大学临床教学基地;是卫生部消化内镜诊疗培训基地和卫生部全科医师培训基地。

作为南京城北地区唯一一家省属三级甲等综合性大医院,医院坚持规范服务、优质服务、合理服务的管理理念;坚持人才技术兴院战略、坚持特色专科发展战略,着力对内提高素质、对外树立形象;坚持"弘扬白求恩精神",竭诚为广大人民群众健康提供优质服务,医院的医疗质量和服务水平都上了一个很大的台阶,南医大二附院的社会美誉度日渐提高。

另外南京医科大学第二附属医院东院经江苏省卫生厅、南京医科大学的批准,开设了中医专家门诊(针刀科),由中华医药科学院、南京新中医学研究院院长王自平教授担任针刀科主任,领衔该院中医高级专家组针对腰椎间盘突出、颈肩腰腿痛、颈椎病、腰椎间盘突出、坐骨神经痛、股骨头坏死、强直性脊柱炎、急慢性软组织损伤疾病、脊柱相关内科病,经过几十年的临床科研攻关与实践总结,筛选组合国家十多项专利技术,独创"Z-D纳米点介术"有着传统疗法无法比拟的疗效,一般一次治疗当场见效,三次即能康复,有的病症一次治疗即可以治愈,深受医疗界与患者的一致赞誉与认可。

"Z-D纳米点介术疗法"运用中医经络、穴位、筋膜等理论,并融入西方手术解剖医学为一体,点创介入直达病灶部位进行系统化治疗,一般一次治疗即可获得满意疗效,疼痛、麻木等临床症立刻缓解减轻,让患者立刻感觉到明确疗效。绿色、快速、创新、标本兼治不全麻,不开刀,不出血,方便快捷的进行系统化治疗,患者无痛苦。治疗效果远远高出传统的药物疗法和手术,且毫无风险和副作用。

随着社会的进步人们对于美丽越来越多的要求,整形美容行业发展的如火如荼,在省卫生厅市政府相关领导的关心下,在医院领导的重视下,南医大二附院整形科室正式建立。作为华东地区整形行业领导机构,中国十大影响力整形机构,中国医师协会整形与美容分会会员单位,中国大型整形美容网站"南京整形美容网"运营机构,南医大二附院整形中心始终秉承"为要求最高的顾客服务"的宗旨,以人性化服务的理念为政、商、教、影视界众多社会名流施行了整形美容手术,是华东地区最知名的整形美容机构之一。

中医疼痛科介绍

南京医科大学第二附属医院东院经江苏省卫生厅、南京医科大学的批准,开设了中医专家门诊(针刀科),由中华医药科学院、南京新中医学研究院院长王自平教授担任针刀科主任,领衔该院中医高级专家组针对腰椎间盘突出、颈肩腰腿痛、颈椎病、腰椎间盘突出、坐骨神经痛、股骨头坏死、强直性脊柱炎、急慢性软组织损伤疾病、脊柱相关内科病,经过几十年的临床科研攻关与实践总结,筛选组合国家十多项专利技术,独创"Z-D纳米点介术"有着传统疗法无法比拟的疗效,一般一次治疗当场见效,三次即能康复,有的病症一次治疗即可以治愈,深受医疗界与患者的一致赞誉与认可。

"Z-D纳米点介术疗法"运用中医经络、穴位、筋膜等理论,并融入西方手术解剖医学为一体,点创介入直达病灶部位进行系统化治疗,一般一次治疗即可获得满意疗效,疼痛、麻木等临床症立刻缓解减轻,让患者立刻感觉到明确疗效。绿色、快速、创新、标本兼治不全麻,不开刀,不出血,方便快捷的进行系统化治疗,患者无痛苦。治疗效果远远高出传统的药物疗法和手术,且毫无风险和副作用。

中医疼痛科:Z-D纳米点介术[2]"Z-D纳米点介术疗法"运用中医经络、穴位、筋膜等理论,并融入西方手术解剖医学为一体,点创介入直达病灶部位进行系统化治疗,一般一次治疗即可获得满意疗效,疼痛、麻木等临床症立刻缓解减轻,让患者立刻感觉到明确疗效。绿色、快速、创新、标本兼治不全麻,不开刀,不出血,方便快捷的进行系统化治疗,患者无痛苦。治疗效果远远高出传统的药物疗法和手术,且毫无风险和副作用。

Z-D纳米点介术四大优势

1、最人性,不开刀　本疗法采用世界上最人性的局部点介方式为患者治疗。不全麻,几乎不出血。整个治疗过程就像被蚊子叮了一下,快速,无痛。大部分疾病治疗全过程只需要半小时左右,治疗之后休息片刻即可活动,不影响正常生活与工作。受到国家主席胡锦涛,原卫生部长张文康、陈敏章,著名骨伤科专家尚天裕教授以及著名医学家唐由之教授等众多医学专家的高度赞扬和肯定。

2、有专利,疗效高　采用中医经络、穴位、筋膜等原理治疗顽症,百分之九十五以上达到标本兼治的效果。治疗效果远远高出传统的药物疗法和西医手术。中国科学院调查资料显示,治愈率是外科手术的1.26倍,是药物和其他疗法的4.15倍。本疗法拥有10多项国家级专利,曾获"第37届国际尤里卡世界发明博览会金奖"和国内医学最高奖项"华佗金像奖"。

3、纯绿色、零伤害　本疗法运用点介治疗,代表着一种人性化的医学,一种自然的和谐的医学体系,不用配合任何激素类药物,避免了药物所带来的各类副反应。比传统药物治疗和西医手术更安全,无伤口,无任何副作用。

4、疗程短,费用省　治疗过程在半个小时之内,随治随走,对生活工作不造成任何影响。视患者具体病情而定,一般2个疗程即可有效根治,彻底康复。治疗费用与手术治疗,药物治疗的费用对比,一般只占三分之一左右,大大降低了高额的医疗费用,为解决老百姓看病难、看病贵发挥不可替代的作用。

整形美容中心理念

南京医科大学第二附属医院整形美容中心秉承专于整形、精于细节的医学美容理念,运用无创专于整形、倡导高标准的人性化服务,致力于艺术与医学的完美结合,以一流的环境,一流的设备,一流的技术,一流的服务,成为国内整形美容行业的典范。国际化的管理理念、先进的微创技术、高品质的医疗服务,成就了中心的服务精髓。当您踏入该院,会始终提供着阳光般温馨、超值的美丽服务,让您在这里感觉到舒心、安心、贴心。

不孕不育专家杨建华,主任医师,中国生殖医学实验室开创者,浙江不孕不育博士园专家,杭州广仁医院不孕不育中心首席专家。曾任法国 Pellegrin 医院、巴黎 Bicetre 医院生殖医学中心的客座教授,上海市卫生局跨世纪学科带头人,上海第二医科大学生殖医学专业博士。现任同济大学生殖医学研究所客座教授,上海市计划生育研究所特聘专家,《中国男科学》杂志主任编委等职。主编有《实用男性不育诊疗学》、《男性不育实验技术》等专著。在男女不孕不育症的诊疗方面取得的成就获得了国内外生殖医学专家的一致好评。

整形美容中心简介

南京医科大学第二附属医院整形科注重与国际接轨,在中心主任沈干博士的主持下,召集了全球顶级整形专家齐聚中心,于2009.11.15－2009.11.18成功举办了全国整形美容业最具影响力的"2009中国·南京第二届整形美容精英高峰论坛"。为整形美容行业所有精英提供一个相互交流、相互切磋、开拓视野、广交朋友的平台,加强国内外行业之间的互相联系和沟通,交流和分享整形美容方面的最先进的整形专利技术,为推动中国整形美容事业领先世界作出应有的贡献。

整形科项目分类整形美容

精致脸形雕塑数字化隐性丰胸　PRP除皱　360°水动力吸脂　鼻部整体雕塑

皮肤美容

黑脸娃娃　美国Slimager射频　飞顿像素激光　飞顿SHR冰点激光脱毛

美国科医人复合彩光嫩肤　Q开光激光祛黄褐斑

微创美容

肉毒杆菌　爱贝芙　双美胶原蛋白　瑞蓝玻尿酸　prp自体细胞注射除皱

编辑本段整形美容中心先进设备皮肤美容仪器

黑脸娃娃　冰点脱毛　深蓝Accentpro热塑射频　以色列顶级美容设备飞顿2号　Q开光激光

整形外科仪器

美国ellman高频射频电波刀微动力系统TCM3000瑞士共振吸脂器德国麦蒂Ⅱ型麻醉机

疤痕修复仪器

像素激光治疗仪Ellman射频疤痕软化仪疤痕修复治疗仪基因转色仪强脉冲光子瘢痕治疗仪妊娠纹修复仪

整形美容中心特色项目动态弹力美学安全隆胸

动态弹力美学安全隆胸技术创新性的将动态弹力美学技术运用到了隆胸手术中,术前会结合精密测量仪完美设计乳房的大小、乳沟的深浅、乳峰之间的距离等;在植入体选择上也非常讲究,其采用的植入体均为美国曼托等具备高弹力的国际顶级品牌。

在此基础上隆出来的胸部,不仅丰满浑圆、自然翘挺,同时还能保持乳房自然柔软性,不会过于僵硬。平躺时,会跟着舒展开来;站立时,会呈现自然的水滴形态;走动时,会随着人体步态和动作节律轻微的自然颤动,性感娇媚间流露女人万千风情。

值得一提的是,为避免传统隆胸术因盲视操作带来的手术风险,动态弹力美学安全隆胸技术在术中突破性地从美国引入了国际先进的"内镜"技术作引导。手术时,医生可在直视状态下进行操作,避免了对神经、血管及乳腺组织的损伤,不影响生育哺乳,且切口微小隐蔽,术后几乎让最亲密的人看不出手术痕迹,恢复时间也大大缩短,术后3天后即可恢复日常活动。

下颌角整形

1、下颌角整形经口腔内入路,术后不留任何体表瘢痕。

2、下颌角整形手术例数多,经验多。

3、下颌角整形时间短,一般从开始到完成仅用几十分钟左右,术后水肿轻,恢复快。

4、下颌角整形对不同脸型和下颌角类型采取不同的截骨手术方法。

5、下颌角整形截骨准确,保证改善脸型明显。

下颌角整形特点

1、可进行下颌角、下颌缘联合截骨,对由于下颌骨过大造成的大脸型,长脸型,大四方脸等有特殊改善效果,使脸型变小,变得更秀气。

2、口内截骨可同时结合肥大的咬肌去除、颊脂肪去除,使缩小脸型效果更明显。

中医疼痛科专家王自平,毕业于北京中医药大学,主任中医师,硕士生导师,中华中医药学会针刀医学分会副主任委员、中华功勋针刀医学专家、台湾中医医学会名誉理事长,中华医学科学院院长、南京新中医学研究院院长、南京医科大学第二附属医院中医针刀病区主任。历任中国中医研究院(现为中国中医科学院)长城医院对外办公室主任,中国中医研究院针刀医学培训学校临床教学部主任,中华中医药学会针刀医学分会常务副秘书长兼办公室主任。

经历:从上个世纪90年代初一直从事针刀的临床、教学、科研工作,主要参与中国中医研究院长城医院针刀收费标准的审批,成为我国第一个由国家正式审批标准的针刀收费标准,同时也成为各省市针刀收费审批的主要参考。在担任中华中医药学会针刀分会常务副秘书长期间,成功主持了1999年首届国际针刀医学学术交流大会并编写论文集,并成功扶持了多家2甲、3甲医院的针刀专科的发展,带教了一大批针刀医务工作者及外籍留学生。

著有《走出颈腰椎病针刀诊疗误区》、主编《针刀治疗腰椎病》、《针刀治疗类风湿关节炎与强直性脊柱炎临床新进展》(人民卫生出版社),参与编写《脊柱麻醉疼痛治疗学》,指导编写《针刀治疗肥胖症》一书,主持编写北京中医药大学基础医学院针刀培训教材6本,发表论文20多篇。特长:颈椎病,腰椎间盘突出,骨性关节炎,类风湿性关节炎,强直性脊柱炎,网球肘,骨质增生,股骨头坏死,耳鸣,顽固性头痛,椎管狭窄,肌筋膜病和脊柱相关疾病等。医学贡献:发明、改进和设计了医用术后贴、拨针刀、钩针刀、T型骨减压针、椎间盘针等多种医疗器械,大大提高了软组织损伤性疾病及脊柱疾病的临床疗效。

赵向超

硕士研究生,曾在中国人民解放军海军总医院工作在中国人民解放军海军总医院跟随导师乔晋琳教授进行临床学习,在临床实践方面,师从王燮荣教授(世界中医药学会联合会针刀专业委员会会长,中华脊柱医学论坛主席)两年余,系统的学习和熟练掌握了"王氏针刀－整脊－药物三联疗法"治疗技术。随庞继光教授学习针刀微创治疗技术八月有余。系统学习了美式脊椎矫正技术。熟练掌握了常见病、多发病的飞针速刺无痛技术的针灸治疗及埋线、火针等特种针法治疗。后跟随中国针刀师的培训者,针刀传人王自平教授。深得王教授的赏识和真传。

在人民解放军海军总院期间参与了著名的"973"课题针

刀原理的研究以及“针刀可视化”的研究工作。多次参加脊柱、创伤、椎间盘镜及关节镜的骨科手术。经常参加北京疼痛论坛,观摩学习射频消融 + 臭氧技术治疗颈椎、腰椎间盘微创技术。多次参加脊柱、创伤、及关节镜的骨科手术。系统的学习和熟练掌握了“王氏针刀 - 整脊 - 药物三联疗法”治疗技术。熟练掌握了常见病、多发病的飞针速刺无痛技术的针灸治疗及埋线、火针等特种针法治疗。赵向超医师的医术和态度不仅被乔晋琳、王燮荣、庞继光、王自平等知名教授所称赞,更是在患者中拥有广泛的口碑和美誉。

整形美容中心专家介绍

沈干,上海第二医科大学第九人民医院整形外科博士学位,美国哈佛大学医学博士后,南医大研究生导师,中华医协会会员,中国医师协会美容与整形医师协会会员,中国整复外科协会会员,韩国翰林医科大学特聘教授,韩国整形外科院医协会正会员。韩式微创整形技术创始人之一,乳房整形修复缔造者,曾为中、日、韩、及美国好莱坞多位影视巨星,贵族名媛、商贾政要做过整形美容外科手术。从事整形外科 20 余年,4 万余例整形外科手术临床经验,获国家级、省级以上医学贡献奖 10 余项,在各种权威杂志发表优秀论文 180 余篇。2005 年 10 月应邀赴韩国翰林大学讲学,结识韩国整形泰斗、亚洲鼻整形巨匠郑东学博士,与其一起研究并推广韩式微整形技术。次年与郑东学博士一起着手编写整形专著《21 世纪韩式微整形技术发展方向》,并活跃于英、美、德、日、中、韩、墨西哥等国之间,为韩式微整形技术的国际化推广工作进行讲学与手术演示。

擅长:乳房整形、吸脂塑身、鼻部整形、外耳再造、唇裂修复、眼部整形、韩式改脸形、疤痕修复、变性手术等项目,尤为在疑难修复手术及高难度手术有较深造诣。

李昌,整形副主任医师,中国医师协会美容与整形分会会员,韩国整形美容协会名誉委员,英国皇家美容学会会员,中华医学会整形外科分会委员,韩国高丽大学客座教授,英国娜高假体中国培训导师

从事整形美容专业近 20 年,成功实施整形美容手术两万余例。中华医学会美学与美容分会会员,中国医师协会美容与整形医师分会会员;我国医学整形美容知名专家,以其技术精湛、细腻著称,多次受邀在英、法、韩、日及台湾进行整形美容手术交流会议,并在《中华医学美容》等多家权威整形学术专刊上发表文章。近年来多次为大陆及台湾演员进行整形手术,其手术独具个性化、创伤小、外观美、恢复快等特点,以其在医学美容领域的精湛技艺和高尚医德,成为诸多明星最推崇的医学美容专家。

擅长项目:隆鼻、微创双眼皮、微整形注射、无痕祛眼袋、抗衰老、隆胸、吸脂减肥等。能将时尚美容与形象设计相融合,具极佳的艺术鉴赏力。

蒋　艺

皮肤激光中心主任、主任医师

中华医学会江苏省分会皮肤病学专业委员

江苏省中西医结合皮肤病学专业委员　暨色素病学组副组长

南京医学会医疗美容专业委员　南京医学会皮肤病学专业委员

曾获中华科技奖二等奖江苏省科学技术进步奖三等奖

从事皮肤病学教学、科研、临床工作二十余年,擅长皮肤色素病变,如太田痣、伊藤痣、老年斑、黄褐斑、雀斑、咖啡斑、嫩肤美白及纹绣等;血管病变,如痤疮、面部毛细血管扩张、皮肤皱纹、紧肤去皱治疗、痤疮瘢痕以及各种皮肤小肿物(<3mm 的色素痣,扁平疣,黑子,汗管瘤)的激光医疗美容术;同时在化学剥脱治疗、皮肤病诊治等方面均有所造诣。

中医疼痛科地址地址:南京市中山北路 262 号南医大第二附属医院东院中医科专家门诊(门诊 4 楼)

整形美容中心地址地址:南京市中山北路 262 号南医大第二附属医院东院整形美容中心(门诊 4 楼)

南京市脑科医院

又名南京医科大学附属脑科医院,始建于 1947 年,是我国第一所国立神经精神病专科医院,被誉为“中国神经精神科医师的摇篮”。医院历经 60 几个春秋,由建院初期的 60 张床位,近百名员工,逐步发展到现在拥有近千张床位,千余名员工,云集一大批全国及省内知名专家,集神经、精神疾病医疗、康复、预防、教学和科研为一体的三级甲等专科医院。现为江苏省精神卫生指导中心,是江苏省唯一一所三级甲等神经精神病专科医院。拥有全国唯一一台最新型超高场 3.0T 磁共振机、CTF - 275 信道脑磁图、伽玛刀、数字减影血管照影(DSA)、计算机导航系统、重症监护系统、CT、高压氧舱等一大批先进设备,为临床及时诊断、疾病治疗提供了硬件保证。

成果及荣誉

医院设有设有神经内科、神经外科、精神科、儿童精神科、老年精神科、医学心理科、康复科等 10 个临床科室和 8 个医技科室。医院为南京医科大学第四临床医学院二部,设有神经病学、精神病学、医学心理学 3 个教研室和 6 个研究机构,主要承担 3 所高等医学院校和 1 所卫校的神经病学、精神病学、医学心理南京脑科医院

学和护理学等专业课程的教学和临床实习带教任务。有《临床神经病学杂志》、《临床精神医学杂志》、《临床神经外科杂志》3 种学术期刊,全国发行,杂志出版量居全省各级医院之首,在神经病学、神经外科学及精神病学领域占有重要的学术地位。

半个多世纪以来,医院历经岁月的洗礼,沐浴着新世纪的春风,焕发出勃勃的生机,一路走来,一步一个脚印,闪烁出一个又一个光彩,脑科医院人正在不断谱写“再创辉煌”的新篇章。医院先后被卫生部、江苏省及南京市等授予全国“百佳医院”、“全国卫生系统先进集体”、全国“巾帼文明示范岗”、“江苏省十佳医院”、“文明单位”等称号。

规　模

南京脑科医院,占地 6.6 万平方米,建筑面积 5.97 万平方米,现有床位 686 张,全院固定资产 6878 万元,医院设备总值 2115 万元,万元以上设备 82 台,高精尖设备有 CT、MR 等。全院职工总数 882 人。其中医生 241 人,包括正、副主任医师 61

人，护理人员282人，医技人员135人。年门诊病人数13万人次以上，收住院病人数近3千人次。

该院前身为卫生部南京精神病防治院，是全国第一所国立神经精神病专科医院。解放后更名为华东精神病防治院和南京神经精神病防治院。现名为南京脑科医院，南京医科大学附属脑科医院，隶属于南京市卫生局领导。

发展战略

医院坚持以“科教兴院”作为医院发展的主体战略，承担了许多教学和科研任务。南京医科大学精神病学、神经病学、医学心理学三个教研室设在该院。该院承担南京地区三所高等医学院校和一所护校的教学和临床实习任务。该院还是卫生部精神医学、儿童精神医学培训基地，是省卫生厅神经内科、脑电图、脑立体定向与功能神经外科教学基地，多年来、为全国各地培养专业技术人员2000余名。1991年和1993年国家教委先后确定该院为神经病学和精神卫生学硕士研究生学位点。

医院有各级护理人员280人，具有丰富的专科护理技术和完整的工作体系、制订有严格的规章制度，重视护理人员的素质培养，强化心理及责任护理工作。

医院还编辑出版了《临床神经病学杂志》、《临床精神医学杂志》两种学术期刊。

交流合作

近十年来，接待来自WHO、澳大利亚、英国、马来西亚、日本、美国等国外宾500人次，并先后派出70余名技术业务骨干到园外交流、留学和培训。尤其是与澳大利亚墨尔本澳斯汀医院的交流，加深了了解，增进了友谊，双方都表示进行交流与合作的良好愿望，并且初步拟定了与澳斯汀医院在精神科、神经内科、神经外科和神经病理科四个方面19个合作与交流项目。

医院对精神文明和社会公益性事业也很重视。精神病社区防治工作是一项量大面广的社会公益性事业。五十年代初，即开展了精神病社区防治工作。1958年全国精神病防治工作会议向全国推广该院精神病社区防治工作经验。到目前为止，南京市的街道和厂矿企业已建立了初具规模的社区防治网络。同时，医院还无偿支持指导南京地区农村精神卫生事业的发展。著名精神病学家翟书涛教授，创建全国第一所专业性预防自杀机构——南京心理危机干预中心，该中心五年来救助了许多心理状态濒临崩溃的求助者，通过电话、书信无偿为他们提供帮助和指导。

历史沿革

1936年，现代神经精神病学奠基人程玉麟在当时中央大学开设精神病学课程。1937年抗日战争爆发，南京沦陷，程玉麟转至成都华西协和大学任教，同时在四圣祠成立“儿童指导中心”，约来汤铭新、林志玉共同工作。1945年，伍正谊、陈学诗、唐培根、洪士元等人先后来到，即设立精神病学教研室，并在简陋房舍中收治精神病人，作为学生实习基地。斯时同人血气方刚，雄心勃勃，心想献身精神医学事业，酝酿希冀于抗战胜利后建立全国第一家公立精神病院。

抗战胜利后，院校纷纷返迁。程玉麟医师转到岭南大学。1946年他向国民政府卫生署长朱长庚建议在南京建立一所公立精神病院，当时处于抗战之后，百废待兴，南京畿辅之地确有此需，故被获准。是年冬，邀请在上海国防医学院任职之伍正谊来南京共同筹办建院事宜。暂先借用中央医院14病区开设精神病床50张，并在中央医院大门增挂“卫生部南京精神病防治院”院牌。程玉麟任首任院长，1947年又聘来原在华西协和大学任教的陶国泰、陈学诗、唐培根、洪士元等人共同工作。同时又请来谭诚、项伟、张贤亮诸神经科医师，开设神经科床位10张。当时尚有心理学家丁赞、许淑莲，社会学家汤铭新、郑咏梅等共同工作。此即为我国第一家公立神经精神专科医院。

此期医院选定广州路随家仓为院址，国民政府卫生署拨款法币3亿元，着手于院房建设，按120张床位设计。伍正谊主任又联系“联合国救济总署(UNRA)”，拨给200张病床及成套物资。但因解放前通货膨胀、物价飞涨，加以吏治腐败、贪污中饱，故至1949年1月，实际仅建成砖木混合结构二层楼二幢，铝皮拱顶楼4幢及少数平房，总面积3181m^2。当时医院大门在随家仓小道(及清凉古道)。因害怕院房被国民党军占住，故即于1月仓促迁入新址，当时实设床位仍为50张。有职工75人，其中卫技人员35人。

1947年9月建院初期，此举受到世界卫生组织重视，派来了当时美国精神病学会主席Karl. Bowman教授和护理专家J. Picherella前来指导工作。同时带来电休克机一台和4导联脑电图机一台，这在当时是我国最先进的首用专科医疗设备。尚带来图书资料135册，为医院成立专业图书馆奠定基础。1948年尚资助从上海来院之王慰曾以及伍正谊、陶国泰三人去美国加州大学进修有关专业，他们回国后都成为新中国第一代知名专家，为国家专业事业发展，作出了卓越贡献。

当时医院开展胰岛素休克及电休克治疗、心理治疗、社会治疗、作业娱乐治疗等，代表着国家水平。

解放后医院先属华东军政委员会卫生部领导，1951年9月改属南京特别市卫生局领导。医院仍属南京市，当时院名为“南京精神病防治院”。1957年院长王慰曾根据医院服务对象的扩大及业务技术水平的变化，游说省市有关领导，于是年11月取得同意更改院名为“南京神经精神病防治院”。

医院第一次大发展在国家第一个五年计划期间。先期于1952年扩大院地至100亩(66000m^2)由老院址向北、东、南发展，切断并包容了随家仓路段，重点向东发展使医院大门设在广州路上，成为现在模式。而后是新建门诊办公、男、女精神科楼共5512m^2。医院床位增至350张，职工352人。1956年，医院在国内首开儿童精神病房床位10张。1958年新建儿童病房落成，床位增至24张。

医院第二次大发展在1979年十一届三中全会之后，随着改革开放的深入，医院无论房舍建设、业务建设均取得了很大的成绩。1983年，新建三层3521m^{2}病房楼落成，使床位增至501张，1984年，新建4层2540m^{2}儿童心理卫生研究中心楼落成，为国内第一所儿童精神问题科研和临床医疗机构。以后于90年代，又对供应室、营养科、职工食堂、康复科、医学心理科、办公用房等进行改建或新建，共5152m^2、使其符合实际要求。1994年又开工建设中心空调、中心供氧、中心负压完全现代化的12层脑血管病防治中心楼，建筑面积14200m^2，使医院面貌大为改观。楼内可设床位300余张，并有完全手术室4间，为医院业务全面发展创造了较好的物质条件。南京脑科医院

1980年以来,陆续恢复了部级精神科进修班、儿童精神科进修班。1983年,江苏省卫生厅又委托该院开办神经科进修班及脑电图进修班。其他零散临床进修则终年不断。

1989年,医院恢复为南京医学院、南京大学医学院、南京铁道医学院之教学医院。1992年3月,成为南京医学院附属医院,同年9月获准改名为"南京脑科医院"并成立精神病学、医学心理学、神经病学三教研组。1993年12月随医学院改名为医科大学,医院亦增名为"南京医科大学脑科医院"。1993年被国家教委授予全国精神科硕士生点。

医院于1984年6月成立"南京儿童心理卫生研究中心",1984年9月成立"南京神经精神病研究所",下设神经病理、神经生化、医学心理、司法精神、遗传、流行病学、神经生理诸研究室。九十年代以来,又增加了免疫学、神经精神药理学、神经放射、妇女精神卫生、老年精神卫生、护理等研究室。1987年成立"江苏省计划生育心理卫生研究中心",1990年5月成立"南京立体定向与功能神经外科治疗研究中心",1988年成立"南京脑血管病防治中心",1992年8月改为"南京脑血管病研究中心"。各研究机构内人员设备齐全,研究成果迭出,为发展专业学术水平作出了贡献。

江苏省妇幼保健院

江苏省妇幼保健院(江苏省妇幼卫生保健中心、江苏省人民医院河西分院)坐落在南京市区西部的河西地区。江苏省妇幼卫生保健中心是中日两国政府合作项目,由日本国政府无偿援助江苏省妇幼保健服务体系基本设备,江苏省政府配套土建等,于1998年建成试运行,现由江苏省人民医院实行一体化管理,2010年增挂江苏省妇幼保健院。

医院占地面积2.7万m^2(40亩),现有建筑面积2.9万m^2,固定资产1.54亿元。有临床、保健、医技科室36个,病床419张。医院以临床与保健相结合,妇、产、儿、生殖医学、乳腺、妇女保健和儿童保健为特色,辅以内、外等综合学科,开展医疗、保健、教学和科研,负责全省妇幼卫生信息管理,承担全省妇幼保健业务指导。

科室介绍

临床科室

生殖中心　产科

妇科　儿科

乳腺外科　综合内科(心血管)

儿童保健科　妇女保健科

眼科　小儿胸心外科

口腔科　普外科

针灸科　普通内科

理疗科　神经内科

心血管内科　内分泌科

皮肤科　康复科

耳鼻喉科

医技科室

检验科　药剂科

放射科　麻醉科

专家介绍

王艳华,北京第一医科院特聘研究员,浙江不孕不育博士园专家,浙江广仁不孕不育研究所研究员,擅长运用中西医结合疗法,专业治疗由输卵管堵塞、多囊卵巢综合症、子宫内膜异位症、排卵功能障碍、免疫性不孕等病因引起的不孕不育,多次参加国际、国内生殖及腔镜微创学术会议,在专业医学杂志上发表关于不孕不育论文20余篇,获各级奖项10余项。

丁丽娟,职称:主治医师、女性不孕症顶级权威专家

擅长疾病:擅长由内分泌失调所致的各种月经病、自然流产、不孕症、子宫内膜异位症、子宫肌瘤、生殖道炎症等诊治,尤其擅长内分泌、免疫等因素导致的习惯性流产、不孕不育的诊治

荣誉成就:从事不孕不育科临床工作近20年,擅长由内分泌失调所致的各种月经病、自然流产、不孕症、子宫内膜异位症、子宫肌瘤、生殖道炎症等诊治。尤其擅长内分泌、免疫等因素导致的习惯性流产、不孕不育的诊治。

南京市口腔医院

暨南京大学医学院附属口腔医院,是我国历史最悠久的五大口腔专科医院之一。创建于1947年,其前身为中央卫生实验院牙症防治所。

经过六十多年的发展,特别是改革开放以来的发展更为迅速。现已成为集医疗、教学、科研、预防为一体、以临床医疗为特色的大型三级甲等口腔专科医院。1995年成为南京大学医学院附属口腔医院,被授予口腔临床医学硕士点,承担口腔医学七年制的教学和硕士研究生的培养工作。医院是省、市基本医疗定点单位,也是南京地区的涉外医院,担负着外国人员、港澳台胞、外国侨胞及高级干部的口腔医疗任务。关注口腔健康,追求完美是我们服务的一贯目标。

医院位于南京市中心——鼓楼广场旁,总建筑面积25000平方米,医院拥有一栋装备现代化设施的17层口腔医疗大楼。设病床100余张,口腔综合治疗台200张,年门诊量45万余人次。年住院人数1600余人次。医院在职职工470人,其中高级技术职称60余人,有12名专家分别担全国中华口腔医学会各专业委员会委员;2位专家是江苏省135重点人才;6位专家是"江苏省333重点人才培养工程"对象;14位专家是南京市213重点人才培养对象;4位专家是南京市中青年行业技术学科带头人。医院科室齐全,设有口腔内科、口腔颌面外科、口腔修复科、口腔正畸科、口腔预防科、整形美容科等临床科室13个、医技科室7个、临床教研室4个和中心实验室2个,其中口腔颌面外科是江苏省135重点学科建设单位、江苏省临床重点专科,口腔修复科、口腔内科则为南京市重点专科。

特色门诊

医院以保存牙齿(牙体牙髓病、牙周病的诊治和种植牙),恢复功能和美观(全瓷牙、烤瓷牙、瓷贴面、贵金属牙套、纯钛铸造义齿、磁性义齿和隐形义齿),矫治儿童和成人牙列不齐(正畸治疗),口腔颌面部创伤、肿瘤、先天性或后天性(获得性)畸形的手术治疗为主干业务,开设了一系列专科,如三叉

神经痛、颞下颌关节病、心电监护拔牙、口腔粘膜病、儿童齿科、洁牙、耳鼻喉科、睡眠呼吸疾病的诊断和治疗、齿科美容及医学(激光)整形美容等特色门诊。

医院实力

医院技术力量雄厚,拥有西门子公司的螺旋CT、各种手术显微镜、激光点焊机、贵金属铸造机、钛铸造机、全套进口烤瓷和全瓷机、数字化全景曲面体层X光机、KAVO、SIRONA牙科综合治疗台等先进医疗设备,许多医疗技术项目处于省内、国内乃至国际先进水平。医院本着对人民健康负责,在国内率先进行牙钻机头集中消毒,做到一人一用,防止发生交叉感染。医院承担国家、省、市下达的科研任务,口腔医学中心实验室已开展细胞和分子生物学等方面的研究。近3年获国家、省、市科技进步奖10余项,年发表论文80余篇。

学术交流

医院注重开展学术交流,积极引进新知识、新技术、新设备和优秀专业技术人才。先后与美国、日本、澳大利亚、德国、英国、韩国等国家及香港、台湾地区口腔医学界开展学术交流并建立了友好合作关系。

医院服务⊙细节让诊疗更完美

A、无痛麻醉:引进国际流行的无痛治疗,让您轻松无痛麻醉下接受治疗。

B、绿色通道:一对一服务,提供最便利的口腔诊疗服务。

C、口腔保健:检查、洁牙、口腔护理全部按照标准流程进行。

D、医患沟通:尊重、理解的互动交流方式,尊重您的口腔治疗方案选择权。

⊙尊贵会员制管理优先就诊、指定医生、跟踪回访、会员活动、诊疗优惠……一系列尊贵感受,贴心周到。

⊙卫生消毒国际标准整套诊疗器械按照严格国际标准执行高温高压消毒,严格控制诊所内部感染,防止患者之间的交叉传染。

全国三甲医院最高标准的服务规范

预约制:完善的预约制度是提高效率、节省时间的关键,我们最大限度保障患者不浪费等候时间,为患者治疗达到最佳效果。

特色接诊:从登记到治疗、到取药,医护人员专业指导,随时得到帮助,展现一种全新的服务风格。

四手操作:每一位光临口腔诊疗中心的患者均可享受四手操作服务,它可以提高医生的工作效率,缩短患者就诊时间,提高患者的舒适度,减轻患者的疲劳感。

保障隐私权:A、每位患者均有属于自己的档案,患者的所有个人资料会安全保存,不会外泄。B、患者均可独享单间诊室,既保证消毒安全,又可使自己的治疗过程不致外泄。

保障知情权:在这里的患者可以享受到最透明的治疗过程:A、治疗前,提供患者多种治疗方案选择,包括方案所选用材料、过程及预后情况。B、治疗中,温和沟通,让患者清晰了解治疗进程。C、治疗后,复诊、跟踪服务,让患者消除后顾之忧。

提醒服务:A、在患者预约时间前一天,均可收到提醒和确认电话或者短信;B、每三个月_半年,患者均会收到专业口腔保健资讯,指导您进行科学的口腔护理。

历史沿革

1947.3.1 成立中央卫生实验院牙病防治所,隶属于国民政府中央卫生实验院

1949.3.16 中央卫生实验院牙病防治所划入南京市立医院,为该院牙科

1952.12.1 南京市立牙症防治所

1958.5.1 更名为南京市口腔病防治院

1984.7.21 更名为南京市口腔病医院

1986.11.19 更名为南京市口腔医院。隶属于南京市卫生局,系全民所有制事业单位。

专家介绍

胡勤刚

社会兼职:南京市政协副主席、中华口腔医学会常务理事、中华口腔医学会口腔颌面外科专业委员会常委、中国抗癌协会头颈肿瘤外科专业委员会委员、江苏省医学会常务理事、江苏省口腔医学会会长、江苏省抗癌协会头颈肿瘤外科专业委员会主任委员、南京市医学会口腔专业委员会主任委员、南京医师协会副会长、南京市医学会医学美容专业委员会副主任委员、江苏省口腔科质量控制中心主任委员、南京市口腔专业质量控制委员会主任委员;《口腔医学研究》副主编;《中国口腔颌面外科杂志》编委;《口腔颌面外科杂志》编委;《中国口腔医学年鉴》编委《基层口腔医学》副主编;《上海口腔医学》特邀编委;《口腔医学》特邀编委;《实用口腔医学杂志》编委《中华口腔医学研究杂志》编委江苏省有突出贡献中青年专家,南京市第三、四、五批中青年拔尖人才。

业务专长:口腔颌面部肿瘤、口腔颌面部创伤、口腔颌面部缺损畸形的整复、颌骨发育不足畸形的整复、颞下颌关节病。

诊治范围:口腔颌面部及头颈部肿瘤、外伤、感染及畸形,另外还有该区的发育性疾病。

王文梅

社会兼职:国际牙医师学院院士;中华口腔医学口腔中西医结合病专业委员会副主任委员;江苏省口腔医学会副会长;江苏省中西医结合学会口腔疾病专业委员会主任委员;南京医学会皮肤病专业委员会委员;《中华口腔医学》特邀编审;《口腔医学研究》编委;《临床口腔医学杂志》编委;《江苏医药》编委;江苏省口腔科医疗质量控制中心委员;江苏省暨南京市医疗事故鉴定委员会委员;南京医学会科研管理专科分会第三届委员会委员。

业务专长:擅长口腔黏膜疑难病、复杂病的诊治,具有较高的水平;牙体牙髓病的诊治。

诊治范围:口腔黏膜疑难病、复杂病的诊治;牙体牙髓病的诊治。

骆小平

社会兼职:中华口腔医学杂志编委、口腔医学研究杂志编委、南京市口腔医学会委员、江苏省口腔医学会理事口腔颌面修复学杂志编委、中华口腔修复专业委员会委员、江苏省有突出中青年专家、南京市中青年行业技术学科带头人、省"135"

重点医学人才及省“333”培养对象、江苏省“六大高峰”优秀人才。

业务专长:前牙的美学修复和咬合重建。

诊治范围:口腔活动义齿、固定义齿修复,铸钛修复义齿及前牙全瓷冠美容修复。对口腔修复材料学、口腔生物力学方面的研究造诣较深。

王文梅

跨本学科国内外最新发展动态,积极探索口腔黏膜疑难疾病治疗的新方法,对口腔黏膜疑难病、复杂病的诊治具有较高的水平。结合临床开展科研工作,先后主持完成了市科委、卫生局及自选课题六项,编撰著作3本,在国家、省级杂志上发表了30余篇论文,获得南京市科技进步奖、江苏省卫生厅医学新技术引进奖及市卫生局科技成果奖7项。主要成果包括口腔癌前病变癌变监测的研究、口腔黏膜病的发病机理与防治研究及全身疾病口腔表征的研究等。

刘　杰

副主任医师,专业特长:牙槽外科唇腭裂治疗神经疾病从事口腔外科工作16年,发表专业论文10余篇,承担及参与省级课题5项。对于唇腭裂的治疗,复杂牙的拔除有较深入地研究。常规开展的手术有:上下阻生第三磨牙拔除术,牙外伤再植术,口腔颌面软组织损伤清创缝合术等。

医院地址

南京市玄武区中央路30号。

南京市第二医院

又名东南大学附属第二医院,由宋美龄基金会创建于1933年,有77年历史。南京市肿瘤医院、南京市老年病医院与该院合署,南京市肿瘤防治办公室也设在该院。医院专业设施完善,技术力量雄厚,医疗设备先进,是集医疗、教学、科研为一体的江苏省三级甲等医院。

南京市第二医院于1996年6月由原南京市钟阜医院与南京市传染病医院合并组成。现为江苏省唯一的三级甲等传染病医院,同时是东南大学医学院附属医院,南京大学医学院、南京医科大学教学医院,江苏大学医学院检验系教学基地,徐州医学院硕士生培养点,与北京466医院等形成了紧密的学术联合体,时常进行深层次的对话和交流。医院分设钟阜部(院机关所在地)和紫竹林部。占地共8万平方米,建筑面积5万多平方米,院内树木葱茏,百花争艳,环境优美,是一座典型的花园式医院。

现任院长赵伟博士是江苏省医学领军人才,江苏省传染病学科带头人,卫生部表彰的全国卫生系统先进个人,享受国务院政府特殊津贴。

医院现有职工746人,卫技人员占75%,中级人员179人,高级专家兼职教授共63人。核定600张床位,分设16个病区。其中钟阜部10个病区380张床位,主要收治各种法定传染病和感染性疾病。设立肝病内科、外科、妇产科、儿科、传染杂病科、中西结合科、麻醉科等临床科室。门诊部设有相应的专科及专家特色门诊。紫竹林部设6个病区220张床位,主要收治肿瘤内科、外科、老年病科以及社会区服务部。其门诊部除设有相应的专科外,还设有动、宠物咬伤防疫门诊,性病门诊等。(现阶段还保留传染病应急门诊)

医院设备

医院拥有多种先进的医疗设备,主要有CX—5大型全自动生化分析仪、特定蛋白分析仪、血气分析仪、奥林巴斯胃镜、西门子全身CT、带电视系统的德国产800mAX光机、美国产惠普彩超、钴60治疗机、X线模拟定位仪、腔内后装治疗机、美国雅培肝炎诊断试剂及与此配套的自动化酶标仪等,可对各种疾病进行准确的检测和诊断。

专家简介

傅建华,苏州同济不孕不育医院主治医师,特聘专家。

傅建华专家是苏州同济不孕不育医院主治医师,不孕不育专家。长期从事妇科不孕症临床工作20余年,具有渊博的理论基础和丰富的临床经验。擅长应用宫、腹腔镜、输卵管镜等现代微创设备诊治各种原因(包括子宫、输卵管、卵巢等的病变)引起的女性不孕症,对于输卵管显微吻合术等其它微创手术有较深的造诣。曾在多家名院进修,多次参加全国性学术交流会议。

诊疗范围

内分泌失调导致的月经失调、闭经、不孕症、子宫内膜异位症、痛经、妇科炎症、流产、子宫肌瘤以及围绝经期综合症、经前综合症等疾病的治疗,尤其擅长不孕症诊治、优生优育计划生育指导、生殖遗传咨询等。

医院荣誉

医院十分重视医德医风建设,多次荣获:全国卫生系统先进集体、江苏省文明单位、南京市文明单位、省行风先进单位。且连续夺得市十届白求恩杯竞赛综合大奖第一名。

南京市中医院

建于1956年,是南京市唯一的一所市级综合性中医医院,1995年被评为三级甲等中医医院,1996年成为南京中医药大学第三附属医院,承担着南京地区中医医疗、教学、科研任务。全院占地面积20752平方米,建筑面积26047平方米,固定资产2155万元,医疗设备1020万元,万元以上设备110台件,设病床400张,年门诊量40多万人次,年收治住院病人4000余人次。

技术力量

医院技术力量雄厚,科室设置安全。全院753名职工中,卫生技术人员557名,高级职称71名,中级职称167名,初级职称319名,全国首批确定的500位名老中医药专家2名,省级名中医7名,省名中西医结合专家4名,市名中医7名。全院有68位专业人员被南京中医药大学兼聘教学职务,教授19名副教授16名,讲师43名,设临床一级科室19个,医技科室5个,其他业务科室12外。

专科建设

医院一贯坚持正确的办院方向，注重开展专科专病建设，医疗特色显著。全院开设专病门诊37个，在肛肠疾病、中风、肝炎、盆腔炎、带状疱疹、小儿咳喘、干燥综合症、神经性偏头痛、中心视网膜等疾病治疗方面有独到之处。肛肠科1994年6月通过国家中医药管理局评审验收，成为全国首家中医专科医疗中心。该中心设有3个病区，120张床位，拥有专科手术室及教学科研部，年门珍量近2万人次，年收治病人1600人次，收治专科病种60余种，其技术水平、硬件设备居国内领先地位，在运用中医及中西结合手段对高位复杂性肛、环状混合等及出口梗阻性便秘等病种的治疗方面达到一流水平。骨伤科在疑难杂症的治疗方面取得了不少经验，对老年性骨折的治疗摸索出一整套治疗程序，其独特的专科制剂深受患者欢迎。医院积极推行"科教兴院"的战略方针。

肛肠科介绍

南京市中医院肛肠科，1956年由我国著名中医肛肠病专家"丁氏痔科"第八代传人丁泽民教授创建。1994年被国家中医药管理局评定为"全国中医肛肠专科医疗中心"；为"国家中医药管理局重点学科"、"'十五'国家中医药管理局中医重点专科"，江苏省"135"重点学科。现专科开放床位150张，三个病区，专科医师25名，年收治患者2500余人次；作为国家中医药管理局专科培训基地，每年举办国家级继续教育学习班一期，临床进修班2期。专科收治病种迄今已达49类67种。开展了环状混合痔分段齿形结扎疗法、高位复杂性肛瘘的综合疗法、便秘中西医结合治疗、溃疡性结肠炎的综合诊治、肛周脓肿的一次手术治疗等。

肛肠科专家介绍

王业皇，男，江苏省名中医，南京市中医院肛肠科主任中医师，教授，硕士生导师。现任中华中医药学会肛肠分会副主任委员、世界中医药学会联合会肛肠专业委员会副会长、全国肛肠学术带头人，国家135医学重点学科带头人。曾被国家劳动人事部、总政治部授予"有突出贡献的中青年专家"称号，享受国务院政府特殊津贴。

曾师从丁泽民先生、并曾赴日本帝京大学研修，擅长运用中医及中西医结合的方法诊治肛肠科常见病及疑难病，特别是对环状痔、高位复杂性肛瘘、顽固性便秘、直肠脱垂、炎性肠病、肛门功能障碍性疾病、肛门大肠肿瘤等的诊治有较丰富和独特的经验。创立了中西结合痔病微创治疗诊治路径，后路IVS吊带加桥式修补治疗盆底功能障碍性疾病所致的便秘的新方法。撰写了《肛肠科疾病中医治疗全书》、《丁泽民老中医学术思想与证经验研究》等专著。

吴金萍，女，南京市中医院副主任中医师，现任南京中医大学副教授、39肛肠网首席顾问专家。从事肛肠专业近20年，擅长治疗高位复杂性肛瘘，在大肠炎性疾病及便秘的中西医结合诊疗上经验丰富。

对肛肠疑难性疾病如环状混合痔、高位复杂性肛瘘、肛裂、直肠脱垂、大肠炎性疾病、便秘、大肠肿瘤、骶尾部囊肿、畸胎瘤、藏毛窦等疾病有较深的研究及治疗，同时运用中医中药对大肠炎症性疾病、便秘、肠功能失调有较好的疗效。

多次参加全国肛肠学术会议交流，在国内医疗专业期刊及一类核心期刊上发表论文十余篇，并参与编纂了《痔疮的无创疗法》、《肛肠病治疗与研究》等多部专著。擅长运用传统中医方法和现代西医方法诊治混合痔、肛周脓肿、肛周湿疹、肛乳头瘤、肛窦炎、脱肛、直肠前突、盆底肌痉挛综合症、肛门狭窄等常见病及疑难杂症。

科研成果

据不完全统计，自1987年以来，医院获市局级以上中标课题33项，获市级以上科研成果16项，部级奖2项，省厅级奖5项，市级奖9项。其中"肛肠科信息资料计算机检索系统"获联合国技术信息促进系统中国分部颁发的"一九九四年联合国发明创新科技之星奖"，"DA－1型X射线骨矿密度分析系统"获国家中医药管理局科技进步二等奖。医院作为附属医院及国际针灸培训中心的教学实习基地，每年接收实习、进修人员110余人。十年来，同时为三十二个国家和地区培养外国学员230余人。为进一步加速医院发展，医院制定了"九五"发展计划，其奋斗目标概括为"346666工程"。即在卫生改革方面加强三方面工作；进一步深化三项制度改革；研究和转变为医模式；加速发展卫生产业。

硬件建设

在硬件投入方面完成四件大事：一是建造科研教学楼，门诊楼及医鼓楼等三幢大楼，力争五年内新增医疗用房15000平方米，其中门诊楼：是江苏省中医机构"九五"建设的标志性工程；二是添置更新全身CT、X光机、血透仪等大型设备，力争使设备总值翻番；三是建立微中心、实行医疗、财务、药剂、人事、设备、科研等管理微机化；四是改变院容院貌。在人才培养方面，重点培养预备名中医队伍、年轻名中医队伍、中西结合名医预备队伍、年轻学科带头人队伍、专科专病人才队伍以及科学研究人才队伍等六支人才队伍。在专科专病建设方面，要提高和建成肛肠科、骨伤科、眼科、针灸科、心脑科、呼吸科等六个重点专科，发展和新发展62个专病。在科研工作方面，要实施62项科研课题。

全院上下决心通过五年的奋斗，使医院在全省中医系统中名列前茅，并为下一世纪成为全国一流中医打好基础。南京市中医院位于风景秀丽的秦淮河畔，毗邻热闹繁华的夫子庙风景区，院内古朴典雅的楼群建筑，与秦淮风光带的明清风貌浑然一体，景色怡人，交通便利。全院职工将以饱满的热情、精湛的技术、周到的服务竭诚地为海内外患者服务。

特色专科

南京市中医院的特色专科、特色技术迅猛发展，不断创新。

肛肠科是全国中医肛肠专科医疗中心、国家级重点学科、"十一五"重点专科、江苏省"135"中医重点学科、"江苏省示范中医重点专科"、南京市重点专科。在全国中医肛肠学会名誉会长、博士生导师丁义江教授的带领下，取得了令人瞩目的成果。中心下设医疗部、科研部及教学部，共有146张床位，诊治病种包括痔、肛瘘、便秘、大肠炎性疾病、大肠肿瘤、先天性肛肠疾病等60余种，一些疾病的诊治、科研水平全国领先，并试刊了《中西医结合结直肠病学》杂志。

脑血管病科成为国家"十一五"重点专科,同时还被江苏省评为"江苏省示范中医重点专科","多发性脑梗死"被列为"十一五"重点专病强化建设项目。该科采用国内、外先进技术诊治脑血管病,在华东地区首家实施卒中单元,并形成独具特色的突出中医、中西医结合、针药并用、急救与康复的治疗体系。

骨伤科是省、市级中医重点专科。该科采用传统手法、中药内服外敷、介入、手术等手段治疗各类骨折、脊柱相关疾病、腰椎间盘突出症、颈肩腰痛等骨伤疾病有独特疗效,显现出了中医、中西医结合的治疗优势,其中激光介入治疗颈、腰椎间盘突出症居省内领先。

肿瘤科是江苏省中医临床重点专科建设单位,南京市中西医结合疼痛治疗中心,在南京市较早成立内生场热疗中心。利用中医药治疗,热疗,腹腔灌注化疗,术前和术后辅助化疗,生物免疫治疗等综合治疗方法,微泵24小时持续滴注化疗,疗效明显,在肠癌的诊治上处于领先水平。

针灸科是省级中医重点专科、世界卫生组织国际针灸培训中心临床基地。该科运用中医瑰宝——针灸开展了普通针灸、水针、腹针、浮针、头针、灸疗、经络整脊等疗法,治疗眩晕、肩周炎、头痛、中风、面瘫、颈椎病、腰突症、肥胖病、高脂血症、尿路感染及结石、哮喘、及神经系统、消化系统等各类疾病,诊治效果显著。

老年科是南京市中医临床重点专科建设单位,该科对骨质疏松症、高尿酸血症、老年性痴呆及亚健康状态、中医养生、康复等为重点的专病研究已具一定成效。特色制剂:六味骨仙饮、丹橘胶囊等。

消化科是南京市中医临床重点专科建设单位,以传统中医中药和现代医疗技术相结合治疗消化系统多发病、常见病,对各种疑难病如溃疡性结肠炎、反溃性食道炎等疗效独特,多次获市科技进步奖。

急诊科是南京市中医临床重点专科建设单位,集120急救、急诊、抢救、ICU留观病房为一体,设有内、外、妇、儿、骨伤、五官、口腔、眼科诊室,运用中西医结合综合手段及现代化的医疗设备救治各类危急重症患者。

养生康复中心以突出传统医疗优势,针对亚健康人群和特需医疗市场的需要,利用中医中药的独特优势,构建了高层次的诊疗服务平台,强调未病先治的观点和个性化服务理念为服务对象设计了独特有效的保健和治疗方案。开展药茶、药浴、按摩、推拿、理疗、药膳、名专家方剂及膏滋等康复医疗。

医疗技术的全面发展,带来了科研、教学上双丰收。近五年,医院获市以上科技进步奖20多项,科研工作还实现了数项"零的突破":首次承担国家级十五攻关项目并与2007年通过验收;首次获国家自然科学基金资助和江苏省自然科学基金资助;首次获教育部博士点基金项目资助。教学队伍不断壮大,教学水平明显提高,1998年医院为江苏省医药院校附属教学医院首批达标单位,人才培养初见成效,一批中青年学科带头人及其后备人员脱颖而出,深受群众欢迎的名中医数量不断增加。多年来一直承担南京中医药大学理论教学,近五年带教实习毕业生4000多人次,先后多次被江苏省中医药管理局、南京中医药大学评为教学管理先进单位。针灸科还是南京中医药大学国际教育学院针灸教育培训基地,已为30多个国家和地区培训针灸医师千余人。

医院现为中国中医药学会肛肠分会、江苏省中医脑病专业委员会、江苏省中医儿科专业委员会、南京市中医药学会及南京针灸学会的挂靠单位。医院广泛开展国际学术交流,先后有30多位专家赴日本、美国等20个国家和地区讲学、访问;日本、奥地利等十多个国家医学专家来院访问与学术交流。

开放进取的南京中医药大学第三附属医院(南京市中医院)将继续发扬"敬业、仁爱、求实、创新"的医院精神,坚持中西医结合,坚持继承与创新,坚持以病人为中心,坚持诚信为本,一个基本现代化的南京市中医院将成为祖国医学园地上一支更加艳丽的奇葩!

新中医院建设南京市政府2012年10月11日公布投资15亿元建设、硬件设施全国一流的新中医院蓝图,坐落在夫子庙地区的南京市中医院则将搬迁。

南京市中医院建于1956年。随着中医事业的发展,这所医院目前已没有再改造的空间。南京市领导多方听取群众和专家意见,决定在新开发的南部新城建设一所全新的南京市中医院,15亿元投资全部从政府财政拿,不要卫生系统出一分钱。南京市主管卫生的副市长许仲梓说:"新城区呀,这一次我跟胡局长高兴得咪咪笑在什么地方呢,全是交钥匙工程,反正我们一分钱不掏,什么也不烦,但是下面就怎么管好它,做好它,要综合考虑城区的面积、人口、交通等等因素,把这件事办好,一定要加大力度把名院、名科、名医工程一定要做到好,做到位。"

新中医院面积22万平方米,设有临床一级科室、医技科室和业务科室36个,有中风、肝炎、盆腔炎、带状疱疹、小儿咳喘、干燥综合症等专科病门诊37个,而全国出名的肛肠科仍是新中医院的品牌专科。配备了全国一流的硬件设施,医疗服务等软件如何也贴近群众?南京市卫生局局长胡万进提出了明确要求:"我们的房子年年建,设备更新的速度也很快,但为什么老百姓还不满意?其中很大一个部分,就是我们的服务没有跟上,医疗技术水平上去了,我们专家的水平也上去了,但是从服务的理念到我们整个服务的流程的设计,还有一些服务设施的改善,这个是我们南京医疗卫生服务需要加强的地方。"

南京市中医院院长陈延年表示,新中医院建成后他们将为市民提供同样一流的服务,让国内外患者到南京中医求诊问药不再难。

南京市妇幼保健院

南京市妇幼保健院(南京医科大学附属南京妇幼保健院、国家级爱婴医院、江苏省首家三级甲等妇幼保健院)创建于1936年,前身为国立中央高级助产职业学校附属产院。历经71年风雨,在几代人的奋发努力下,该院规模不断扩大,业务迅速发展,已成为集妇女儿童保健、医疗、教学、科研为一体的、在社会上享有盛誉的市级妇幼保健院。

医资力量

医院开放床位380张。职工806人,其中卫生技术人员616人,高级职称85人。设有12个一级科室,44个二级科室,

11个医技科室及其业务科室，其中产前诊断研究室、产科为省级重点专科，妇科、儿童保健科为市级重点专科，中医科为南京市中医重点建设单位。市妇女保健所、儿童保健所、新生儿疾病筛查中心均设于院内。2004年还分别建成江苏省优生学质控中心、江苏省产前诊断超声影像中心、南京市新生儿室息复苏培训中心、中澳生殖研究中心、加中儿童健康基金会－南京妇幼(婴幼儿)口腔保健诊治中心、首都医科大学附属北京复兴医院国际宫腔镜培训中心华东分中心。医院拥有实时三维彩超、放射影像成像系统、全自动生化仪、电视腹腔镜、时间荧光免疫检测设备、生殖助孕显微操作系统等万元以上医疗仪器设备374台,2006年门急诊623980人次,收治病人13244人次,分娩7652个新生命。

医院特色

医院管理理念创新,技术力量雄厚,专科特色明显,结构功能齐全,服务质量上乘,综合实力居国内、省内同行业领先水平,尤其在妊娠分娩、胎儿医学、早产儿救治、产前诊断、生殖南京市妇幼保健院

不孕、妇科肿瘤、宫颈疾病诊疗、乳腺病诊治、腔镜技术、妇儿保健、新生儿疾病筛查、中医妇产科、超声影像等方面更具特色。该院坚持保健与临床相结合,不断拓宽保健服务领域,重点发展围产期保健、孕期咨询、妇儿心理保健、妇女营养咨询指导、妇女病普查普治及流向转归跟踪管理、儿童健康保健、儿童早期发展、高危儿干预(康复),服务涵盖妇幼保健18个专业,开设系列保健专科特色门诊,建立妇幼各期保健综合服务体系,形成保健内涵特色。作为全市妇幼保健网顶单位,还承担全市十一区二县妇幼保健机构的业务指导、管理、监督和妇幼保健人员的业务培训工作以及各项妇幼保健生命指标、健康指标、质量指标任务的实施。

服务理念

医院倡导以人为本的服务理念,细微之处体现人文关怀。开展热心、耐心、关心、细心、爱心和优质服务、微笑服务、亲情服务、感动服务、陪同服务的“五心”、“五服务”活动;建立好妈妈俱乐部、产时保健服务新模式、分娩镇痛、LDR分娩新模式、水中分娩、胎儿写真集、迎接新生命录象、为新生命剪彩、产后康复、新生儿泳疗、鸟巢式护理、乳腺癌术后操、音乐疗法、一站式服务,门诊流程优化,好宝宝俱乐部、整体护理、星级服务等人性化服务体系。

医院精神

秉承“厚德、爱生、精进、释悦”的医院精神,实施“四名”战略,以保健为主导,以医疗为支撑,以管理为保证,以服务为特色,以文化为引导,推进管理创新,强化专科建设,促进重点发展,坚持科技兴院,提高核心技术,开发人才资源,打造妇幼品牌,树名医、创名科、建名院。目前该院人才济济名医荟萃,科研项目硕果累累,行业优势逐步形成,综合实力全面提升。

医院荣誉

秉承“厚德、爱生、精进、释悦”的医院精神,近年来医院全面实施战略管理,坚持以保健为主导,以医疗为支撑,以服务为特色,以文化为引导,积极推进管理创新,强化专科建设,促进重点发展,提高核心技术,开发人才资源,打造妇幼品牌,树名医、创名科、建名院,实现了从规模效益、学科进步、学术提升、人才优化、管理创新到服务人文等各方面的高速发展。目前该院人才济济名医荟萃,科研项目硕果累累,行业优势不断巩固,综合实力全面提升。医院先后获得“全国医院文化建设先进单位”、“中国优生优育协会先进集体贡献奖”、“院(所)长、主任负责制考核先进单位”、省、市“医院管理年活动先进单位”、“江苏省卫生系统先进集体”、“巾帼建功先进集体”、“妇幼卫生工作先进集体”等荣誉称号。

特色专科

盆底重建科

近年来,盆底障碍给女性患者带来无尽的痛苦与烦恼,阴道松弛,子宫脱垂,膀胱或直肠膨出,很多女性在咳嗽,打喷嚏,大笑或用力的时候出现漏尿,要带上尿垫才敢出门,有的因为尿湿裤子而频繁上厕所,有的人天天清洗湿裤子,有的人夜间尿多影响睡眠质量,还有的人担心身上难闻的气味,而不敢与亲友进行正常的社交活动。盆底重建科

盆底重建科本着优秀的专家团队,专业的医疗服务,先进的仪器设备,温馨的住院氛围,为广大妇女朋友解决了难言之隐。

医疗美容科

南京市妇幼保健院新大楼将于2010年上半年投入使用,建筑面积达7万平方米。新大楼一楼西侧将成为未来的医疗美容科门诊所在地,科室门诊面积约450平方米,分为诊疗区、办公区及手术区,并同时在新大楼内设置整形外科病区。2009年12月1日,南京市妇幼保健医院引进李俊主任、杨涛副主任医师、杨定文主任医师等业内顶尖专家组成的医疗美容科正式开始运行,临时办公室设置于妇儿保健楼一楼。

科室目前主要开展项目:重睑术,上睑松弛、眼袋整形,祛鱼尾纹,上睑下垂及眉整形;隆鼻、鼻尖鼻翼综合整形,唇裂腭裂及唇裂二期,招风耳整形;隆颏,隆颞,祛颊脂垫,咬肌缩小,下颌角截骨术,修改脸形;隆乳术,乳头乳晕整形,乳房悬吊,巨乳缩小术及乳房再造术;除皱术,吸脂、腹壁整形,生殖器整形及其他各种整形美容手术。优秀的专家团队、专业的医疗服务、先进的仪器设备、温馨的就诊氛围,南京市妇幼保健医院医疗美容科,必将成为省城公立医院整形美容行业里,一道最亮丽的风景线。

妇儿诊疗保健中心

科室特色:妇科内分泌疾病是妇科第二大发病率的疾病。诊治工作是妇科疾病治疗中的重要内容,多年来本院内分泌疾病患者长期分散于普通妇科中就诊,造成患者就诊困难,复诊及随诊不理想。为方便患者就诊,该院从2008年1月开始设立妇科内分泌诊疗中心,由内分泌专家门诊、专科门诊及妇科内分泌病区组成。主要治疗:多囊卵巢综合征,功能失调性子宫出血,卵巢功能衰退及其相关疾病(围绝经期综合征——更年期综合征,卵巢早衰,生殖泌尿道萎缩性疾病,绝经后骨质疏松症等),闭经,高雄激素血征,高泌乳素血征(垂体微腺瘤),性发育异常,反复自然流产,子宫内膜异位症,不孕症综

合治疗及促排卵并发症的防治;普通妇科疾病;宫、腹腔镜手术,开腹手术。

科室设置

产后康复中心

南京市妇幼保健院产后康复中心成立于2004年10月,是江苏省内首家针对产妇产后所面临一系列问题而开展全面的产后保健服务的医疗保健机构,中心现有副主任医师1名,主管护师1名,护士15名,在两年多的时间内,已为4万余名产妇进行了单项治疗,700余名产妇进行了全套治疗,取得了良好的社会效益和经济效益。

产后康复中心的全体工作人员以细致、温馨的人性化服务而深得产妇的好评,以舒适、优质的服务质量使产后恢复治疗受到越来越多的产妇们的青睐,以严格的管理和考核使本科室得到可持续的发展,并于2005年获医院"四新成果奖",获2006年度南京市妇幼保健院管理创新奖,2007年度南京市卫生局新技术引进二等奖,并于2008年被南京市妇女联合会、南京市城镇妇女"巾帼建功"活动小组授予南京市巾帼文明岗铜牌。近年来,先后取得南京市妇幼保健院"共产党员示范岗"、南京市"工人先锋号"、江苏省"工人先锋号"、南京市卫生系统"共产党员示范岗"等称号。

专家介绍

杨建华,主任医师,中国生殖医学实验室开创者,浙江不孕不育博士园专家。曾任法国 Pellegrin 医院、巴黎 Bicetre 医院生殖医学中心的客座教授,上海市卫生局跨世纪学科带头人,上海第二医科大学生殖医学专业博士。现任同济大学生殖医学研究所客座教授,上海市计划生育研究所特聘专家,《中国男科学》杂志主任编委等职。主编有《实用男性不育诊疗学》、《男性不育实验技术》等专著。在男女不孕不育症的诊疗方面取得的成就获得了国内外生殖医学专家的一致好评。

媒体报道

2011年1月,在北京举行的《2011全国甲级公立医院品牌影响力》评选中,南京414医院、南京妇幼保健院凭借长期以来对江苏地区妇科、产科的杰出贡献,分别获得江苏地区妇科一等奖、产科一等奖的荣誉,这意味着南京军区机关医院的妇科品牌特色及南京妇幼保健院的产科优势在江苏省分别占据一席之地。

多年来,南京地区就流传着这样一句话:"南京看产科首选妇幼保健院,看妇科南京军区机关医院最专业"。南京军区机关医院、南京妇幼保健院在南京市民中有着举重轻重的地位。

南京市妇幼保健院,为市级公立医院,在几代人的奋发努力下,该院规模不断扩大,业务迅速发展,已成为集妇女儿童保健、医疗、教学、科研为一体的、在社会上享有盛誉的市级妇幼保健院。医院管理理念创新,技术力量雄厚,专科特色明显,结构功能齐全,服务质量上乘,综合实力居国内、省内同行业领先水平,尤其在妊娠分娩、胎儿医学、早产儿救治、产前诊断、儿童保健、新生儿疾病筛查、超声影像等方面更具特色。

南京妇幼保健院在尤其在妊娠分娩、胎儿医学、早产儿救治、产前诊断、妇儿保健、新生儿疾病筛查、中医妇产科、超声影像等方面更具特色。医院坚持保健与临床相结合,不断拓宽保健服务领域,重点发展围产期保健、孕期咨询、妇儿心理保健、妇女营养咨询指导及流向转归跟踪管理、儿童健康保健、儿童早期发展、高危儿干预(康复),服务涵盖妇幼保健18个专业,开设系列保健专科特色门诊,建立妇幼各期保健综合服务体系,形成保健内涵特色。南京妇幼保健院的三个重点科室:产科、儿科、妇女儿童保健所。

产科特色:胎儿医学、分娩镇痛、LDR分娩新模式、水中分娩、音乐疗法、产时保健服务新模式。

儿科特色:早产儿救治、产前诊断、新生儿疾病筛查、超声影像高危儿干预(康复)。

妇儿保健:围产期保健、孕期咨询、妇儿心理保健、妇女营养咨询指导、儿童健康保健、儿童早期发展、好妈妈俱乐部、好宝宝俱乐部。

科研水平

医院坚持科技兴院,重视科研发展。"十一五"期间医院开展各种新技术新疗法共计154项,获得国家自然科学基金课题9项、部级课题2项、江苏省自然科学基金课题9项、厅级课题10项、市课题10项、局级课题55项,发表SCI、核心期刊、统计源期刊论文分别有43、394、279篇,并获宋庆龄儿科医学奖1项,教育部自然科学二等奖1项,省科技进步二等奖4项、市科技进步二、三等奖分别有3、4项,省新技术引进一等奖1项、二等奖8项、局新技术引进一等奖1项、二等奖9项,并获专利7项。

江苏省肿瘤医院

江苏省肿瘤医院(南京医科大学附属肿瘤医院)是省内惟一的省属肿瘤专科三级甲等医院,是全省恶性肿瘤防、治、研、教技术指导中心,担负着本省7000万人民和邻近省部分肿瘤病人的预防、诊治任务。江苏省肿瘤防治办公室、江苏省临床检验中心挂靠在医院。

医院地理位置得天独厚,毗邻玄武湖、明城墙风光带,依山傍水,占地面积3.2万平方米。核准病床1100张,设31个病区,其中有4个特需病区。近年来每年门诊量约13万人次,年收住院近8000人次。

医院拥有固定资产1.4亿元。根据省级肿瘤专科医院特点,先后引进用于临床诊断、治疗的全身多排螺旋CT、E-CT、MRI、DSA、CR医学影像诊断系统、医用高能电子直线加速器、后装治疗机、钴治疗机、多叶光栏(MLC)、三维TPS、高能超声聚焦刀、冷冻治疗系统和热疗系统等;用于基础实验研究的流式细胞仪、变性高效液相色谱仪、多规格基因扩增仪包括适时定量扩增仪、大型液氮罐沉水系统等国内外先进的大型仪器设备。这些设备的应用大大提高了恶性肿瘤的诊断、治疗和科研水平。

医疗队伍

该院是国内最早建院的省级肿瘤专科医院,拥有本省专职从事恶性肿瘤临床医学、基础医学研究的最大专家群体。在职职工892人,专业技术人员约773人,其中高职称123人,中级职称250人。享受政府特殊津贴专家17名,“333”人才4名,“135”工程重点人才1名。

重点科室肿瘤内科

采用化疗、内分泌治疗、分子靶向治疗及免疫调节等多种方法治疗肿瘤,在国内率先开展了10余项新疗法、新技术,如恶性淋巴瘤、小细胞肺癌骨髓细胞DNA含量测定和临床预后的研究。多通道电脑程序泵对肿瘤实施时辰治疗是其特色治疗手段之一,该方法提高了个体化治疗水平。在省内率先开展了自体骨髓和外周血干细胞移植支持下大剂量化疗治疗实体瘤工作。科室开展了基因研究、化疗药效学和药物动力学研究等,在国内率先开展了恶性淋巴瘤、小细胞肺癌骨髓细胞DNA含量测定和临床预后的研究。

肿瘤胸科(胸外科)

在国内较早开展隆突、气管成形、部分左心房切除、无血肺切除技术、肺动脉圆锥—基底干肺动脉吻合上腔静脉置换、肺上沟瘤切除、人工胸骨置换等高难度、高风险的手术。近年来还开展了电视胸腔镜肺切除、纵隔肿瘤切除等手术。在国内率先开展了非开胸食管拔脱术治疗早期食管贲门癌和贲门癌术前持续动脉内化疗。在省内率先运用食管带膜支架治疗晚期食管贲门癌、食管气管瘘和食管腔内超声诊断早期食管癌。肺自体移植、肺同种异体移植均获成功。在省内率先应用食管带膜支架治疗晚期食管贲门癌、食管气管瘘和食管腔内超声诊断早期食管癌等。结肠代食管术省内领先。

普瘤外科(普外科)

该科对普通肿瘤“专病专治”已实施20多年,是全省肿瘤规范化治疗的教研中心。直肠癌的治疗已同世界接轨,在国内率先开展早、中期低位直肠癌术前大剂量放疗,再行保肛的“三明治”治疗。乳房肿瘤开展了与国际水平同步的综合治疗与腋窝前哨淋巴结活检术乳腺癌保乳治疗,乳腺癌改良根治术I期自体组织乳房再造术。在省内率先开展规范性胃癌根治术。在肝脏肿瘤治疗方面成功实施肝移植手术数例,在省内首次开展了在常温下改良无血肝脏切除术。

放射治疗科(放疗科)

年收治新病人3000余人,其中,鼻咽癌、食管癌、肺癌的放疗效果均处于国内领先地位。作为江苏省肿瘤放疗中心,在三维调强治疗鼻咽癌、食管癌方面有明显优势;三维适形放疗同期化疗治疗晚期非小细胞肺癌、局部晚期食管癌诱导化疗后放化疗与后程加速器分割放疗的临床应用,提高了肿瘤病人的近、远期疗效。三维适形调强放疗结合CT导向微创手术治疗脑胶质瘤为治疗肿瘤提供了新的手段。

科研科(研究部)

江苏省肿瘤防治研基地,设有5个基础医学研究室。肿瘤流行病室开展了肿瘤分子流行病、基因多肽与放化疗敏感性及预后等研究;药物研究室重点进行临床前药理研究(动物移植肿瘤抑瘤试验等)和临床药理研究;技术开发室开展了NDV修饰自体肿瘤细胞主动特异性免疫治疗等研究。肿瘤遗传与分子生物学中心实验室现阶段研究项目主要针对肿瘤病人抑癌基因的突变及遗传易感性分析,研究基因包括MLH1、MSH2、APC、MYH、BRCA1、BRCA2及MTHFR等。拥用省内最大的肿瘤标本库。配有流式细胞器、DNA序列分析仪、变性高效液相色谱仪、凝胶成像系统等仪器设备。

其他专业学科

该院妇瘤外科是中华妇科肿瘤学会华东学术培训中心(江苏),在妇科恶性肿瘤的早期诊断和治疗方面已达国际先进水平。卵巢癌肿瘤标记物的联合检测、肿瘤细胞减灭术的实施、肿瘤细胞药物敏感性的测定和化疗方案的联合应用为其特色。头颈肿瘤外科近年来开展的涉颅底手术、鼻咽癌放疗失败的手术挽救、游离空肠吻合修复下咽及食道上段术后缺损、游离皮瓣舌再造、保留发音功能的部分喉切除术和侵犯气管食管的晚期甲状腺癌根治等手术均居国内和省内领先。中西医结合科以中西医结合综合治疗肿瘤见长,开展了升白冲剂治疗放化疗后白细胞减少症的临床研究、食道合剂治疗中晚期消化道肿瘤的临床研究等。介入放射科自行配制的“中西药化疗栓塞乳剂”治疗10000多例中晚期肝癌为国内首创,率先在国内开展经动脉药盒输注健泽治疗晚期胰腺癌,在国内首先开展了经动脉输注P53基因治疗晚期肿瘤的临床研究。

医学技术

医院肿瘤诊治学科齐全,设临床医学、诊断医学科室18个,基础医学研究室5个。放射治疗科,肿瘤内科,胸外科,结肠、直肠外科是省级临床重点专科,其中放射治疗科是省“135工程”重点学科。在临床治疗方面,医院不断尝试、探索、创新恶性肿瘤的综合治疗方法,治疗后平均5年生存率居国内领先水平。鼻咽癌、结肠直肠癌、恶性淋巴瘤、食管癌、乳腺癌、宫颈癌治疗后平均5年生存率接近或达到国际先进水平。医院高度重视科技兴院。近年来,开展国内、省内领先的“食管癌、鼻咽癌、宫颈癌三维适形和三维调强放射治疗”、“中晚期食管癌置国产CZES型被膜食管支架放射治疗”、“同种异体肺移植动物实验”、“肺动脉圆锥-肺动脉基底干吻合术”、“晚期低位直肠癌新术式”、“全直肠部分乙状结肠切除、乙状结肠造瘘术”、“肝脏移植手术和自体肺移植手术”、“持续微量注射化疗”、“自体骨髓及外周血造血干细胞移植支持下的实体瘤大剂量化疗技术”、“卵巢癌腹主动脉旁淋巴结清扫术”、“前颅底肿瘤的颅颌面联合根治术”、“经动脉药盒输注健择治疗晚期胰腺癌”、“胆道内支架成型术加动脉化疗灌注术双介入治疗恶性阻塞性黄疸”、“中西医结合治疗老年性中晚期恶性肿瘤”、“高能超声聚焦刀的临床应用”、“恶性肿瘤冷冻治疗技术”、“中心静脉导管在大量胸腔积液治疗中的应用”等新技术、新项目,改善了病人的生活质量,提高了病人的生存率。基础研究向高层次拓展,开展了具有高科技水平的肿瘤分子生物学和癌基因研究。《基因芯片的开发和应用研究》参与国家863攻关项目。《江苏省消化道肿瘤的病因学研究》获日本文部省项目资助,《遗传性大肠癌的分子生物学研究》获国家留学基金管理委员会和德国学术交流中心资助。开展的肿瘤遗传性突变、体细胞突变的分析和基因诊断在全国同类研究中处于前列。分子生物学研究室拥有国内最大的肿瘤标本库、DNA库和血清库。

人性化服务

针对肿瘤专科医院的特点,开展个性化的人性化服务。肿瘤病人无论在心理上和对治疗的渴望上都以一般病人不同，这种心理在病人家属身上也同样体现，病人常常处于情绪低落而又易激动状态。因此，医院把内心的微笑、亲切的态度、仔细的关怀、深情的问候、畅通的沟通、随时的导医、快捷的诊疗、严格的问责、透明的价格、合理的收费、及时的心理疏导等带给每一位病人，让病人有家的感觉，有亲人般的牵挂。

个性化的人性服务作为医院的管理特色在医院的各项工作中都有体现。如医院的一站式服务、巡回导医、缩短各项诊疗时间、价格公示、收费清单制、方便门诊、沟通制度等，甚至一些细小的如化疗病人会脱发，化疗前就告知病人准备好假发，让病人在治疗过程中不发生心理障碍，影响正常生活等等，这类例子很多。另一方面针对肿瘤病人治疗结束后，仍面临着复发、转移的可能，医院开展了延伸服务，对主要恶性肿瘤全部设计了专门了解肿瘤预后的信件，定期发往病人或家属手中，了解病人治疗后病情发展过程，并给予必要的帮助，如告知需要做什么检查、需要来江苏省肿瘤医院复诊、帮助病人会诊等，这项工作已坚持了30多年。

管理转型机制

在现有管理体制下建立医院管理转型机制。医院究竟选择在市场经济下运行，还是体现公益性质的平价医院，这个问题一直困扰着卫生界。通过集体调研，多方求证，结合江苏省肿瘤医院在全省肿瘤预防、医疗、科研、教学的指导地位，医院选择了在内部管理上采用市场经济运行模式，也就是企业化的管理；在医疗服务质量上体现医院的公益性。如人才竞争机制与培养机制、分配制度改革、后勤保障供给、工作效率考评、对病人的人性化服务等采用市场经济方式管理。对病人的看病难、看病贵的问题上则更多地体现便民、惠民、安民。两者的管理分离将会向解决患者的看病难、看病贵方向迈进，同时也保证了医院进入健康、良性的发展轨道，当然这个过程中政府加大投入是必不可少的。

减轻患者负担

强化基础管理的同时，着力解决目前社会反响比较大的看病难、看病贵的问题。"三程序"、"五核心制度"等医疗质量管理制度的建立和改进保证了医院工作的正常、有序、高效、优质的进行，对医院的基础管理起着至关重要的作用。在解决看病难、看病贵的问题上，医院采取了许多措施，尤其是加大合理检查、合理用药、合理治疗工作的落实(简称三合理)，主要措施有(1)进一步规范医疗行为，减轻患者经济负担。编写了单病种肿瘤诊疗常规，从而规范医疗服务行为，确保不该用的药不用，不该检查的检查不查。在病案质量抽查时，对照肿瘤诊疗常规检查诊疗是否符合"三合理"要求，逐项核实、逐项检查，并把"三合理"检查列为病案质量检查的重要内容。(2)加强与病人(或家属)沟通，满足不同层次病人的医疗需求。在诊疗过程中尽可能提供多种诊疗方案，各种方案向病人(家属)交待清楚，医务人员尽可能不带有倾向性，这样患者有更多的选择性，对贵重或进口药品、大型检查建立病人(家属)签字制度。通过沟通保证了"三合理"制度的落实的同时，又保证了不同层次病人的医疗需求。(3). 检查治疗透明化。通过透明让病人消费明明白白，让病人参与监督"三合理"落实情况。

药品价格公示

江苏省肿瘤医院门诊对各种检查与药品价格进行了公示，这样病人对检查、药物的价格清清楚楚。向住院病人定期提供每日或每周诊疗明细清单，并备有费用明细查询服务。医教、护理、财务、信息部门等部门还定期对是否存在收错费、收重费、不合理收费进行检查。在医疗服务价格上严格执行物价政策，保证各项收费的合理、准确性。(4)进行医疗处方等医疗文件的检查，合理控制药占比。大处方、大剂量、抗菌素的合理应用、贵重(进品)药物、大型检查是历次检查"三合理"落实情况的监控重点，并建立了相应的管理措施。如限定单张处方费用额，根据不同病情限定带药数量。在防大处方的同时，江苏省肿瘤医院对部分特殊病人(长期用药)实行人性化处理，来减少病人往返医院的次数和病人就诊挂号的费用。(5)在保证医疗质量和医疗安全的前提下实行院外医学检查结果互认制度，避免重复检查，减轻病人负担。在南京市尚未开展检查结果互认之前，一直通过建立会诊制度对其他医院的主要检查实行互认制度，这种会诊由相关专业科室完成，经治医院须尊重会诊意见。仅对一些影像胶片不清或对病情有怀疑的进行复查，这样既防止了可能可现的误诊、漏诊，又保证了病人的正常诊疗，同时又减轻了病人的负担。(6)通过缩短病人住院天数来达到减少病人医疗费用的目的，平均病人住院天数减少了2.8天。(7)对医疗服务流程进行改造，减少病人就诊时间。(8)开设门诊化疗中心，使部分经济有困难的患者不住院也能得到治疗。(9)结合行风建设，抓大处方、滥用药、红包、回扣。

探索长效管理机制

加强行风建设，探索长效管理机制。医院除了加强教育、强化监督、实施院科两级责任制外，在管理措施上更加易于操作，如在红包治理上，采取有力的阻、堵、疏措施，阻：通过入院通知书告知病人医疗行为规范及投诉电话，防病人家属主动送"红包"，堵：对医务人员的行为进行规范，发现收红包者(事实清楚)一律按规定进行处理，同时与晋升职称和奖金挂钩。疏：对一些病人不送心理关难过的病人，拒绝不成者，医院把"红包"经纪检监察部门核实后，打入病人治疗预付款中，出院结帐时一并结清。针对"药品"回扣现象，严格执行国家有关药品集中采购规定，认真做好药品招标工作，同时制止医药代表进行医疗区。目前医院临床用药近800个品种，除麻醉品，一类精神药品，大输液及用量较小的非医保范围的抗肿瘤药品外，全部实行招标。医院还专门组织了药品经销单位人员会议，要求他们不得在医院内搞任何不规范行的促销活动，并签订《江苏省肿瘤医院药品规范使用协议书》。凡不签订协议的药品不得进医院，违反协议者取消或限制该药品进入江苏省肿瘤医院。

获得荣誉

医院坚持科教兴院，近五年在省级以上刊物上发表论文千余篇。

2008年申报国家自然基金2项；承担省部级(含厅级)科

研项目8项;获省部级及以上科技成果奖2项;获省卫生厅医学新技术引进奖6项;SCI收录文章6篇。

解放军81医院

于1947年组建,南京八一医院是一所集医疗、保健、预防、科研、教学为一体的三级甲等综合性医院。

医院发展史

1947年1月,医院组建,命名为华东野战军卫生部直属医院。

1949年3月,医院更名为华东军区第三野战军后勤部卫生部直属医院。

1950年4月,医院迁入现址,改名为华东军区后勤部卫生部直属医院。

1954年3月,医院正式命名为中国人民解放军第八一医院。

2011年,医院已经走过64个春秋,与共和国共成长。

肿瘤放射治疗中心

解放军八一医院肿瘤放射治疗中心简介[1](TOMO-Center)——TOMO精确放疗中心:

解放军第八一医院全军肿瘤中心是经总后卫生部核准的国内唯一的全军肿瘤中心,是一个集医教研于一体,治疗方式齐全的综合性临床肿瘤研究基地。肿瘤放射治疗中心成立于1982年,是全军肿瘤中心的重要科室之一。

为让肿瘤患者得到国际领先水准的治疗,根据肿瘤学科发展和区域资源规划,经总后卫生部批准,总投资1.2亿元,引进了当前国际最先进、配置最高档的TOMO放射治疗系统,成立了TOMO精确放疗中心。TOMO放射治疗系统采用360度全方位的螺旋断层照射方式,集IMRT(调强适形放疗)、IGRT(影像引导调强适形放疗)、DGRT(剂量引导调强适形放疗)于一体,并创新地实现了肿瘤的自适应放疗。该系统可以应用于全身各种肿瘤,特别是对多发病灶和紧邻重要脏器或组织肿瘤的治疗更突显出其独特优势。TOMO放射治疗系统在充分保护正常器官的前提下,提高靶区照射剂量,从而能够提高各种肿瘤病人的治愈率。

中心技术力量雄厚,拥有长期从事恶性肿瘤诊治和研究工作的教授、主任医师和博士多名,科室注重规范化诊疗,强调个性化处理,实现了肿瘤的确诊分期、靶区勾画、治疗计划和放射治疗一体化。中心以"我的爱心,你的信心"为宗旨服务广大患者,力求为患者提供当今最先进的放射治疗服务,通过高效、精确和安全的治疗方式,以一流的技术、一流的设备和个性化的服务为肿瘤患者解除病痛、带来福音,为挽救生命做出积极贡献

医院特色

近年来,在社会各界的关怀下,八一医院妇科的建设发展又有了新的突破,医院多次被评为全军和军区先进医院,荣立集体三等功。多次获得国家、军队和省、市的行业表彰,获得江苏省和南京市医保AAA级诚信医院称号

特色突出,长足发展

现代化的设备、高素质的人才队伍为医院的发展奠定了良好的基础,与之相伴而来的是医疗技术的长足发展和进步。先后开展了冠状动脉造影、心脏血管支架术、脑血管疾病造影、融栓、支架介入治疗技术、体内伽玛刀治疗肿瘤技术、腹腔镜诊疗技术、鼻内窥镜治疗技术、颅脑肿瘤外科技术、内窥镜下消化系统疾病诊疗技术、骨性畸形矫治术等多项高新技术,都达到国内领先水平。医院神经内科、神经外科、心内科、消化内科、骨科、泌尿外科、肝胆外科、耳鼻喉头颈外科、眼科、妇产科、肿瘤科是重点科室,在行业内及人民群众中享有良好的声誉。

与时俱进,开拓创新

自建院以来,始终坚持全心全意为人民服务的宗旨,坚定地走科技兴院、质量建院的道路,全面建设不断迈上新的台阶。医院党委"一班人"坚持以"三个代表"重要思想为指导,坚持与时俱进、开拓创新,积极把握时代的脉搏,适应医疗市场的新、新需求,狠抓以深化改革、质量建院、科技兴院、更新观念为主要内容的四项工程建设,不断创新管理机制和服务理念,大兴名医、名科、名院战略,形成了院有重点、科有特色、人有专长的良好格局。

人性关怀,全程服务

南京解放军81骨科医院权威骨病治疗中心始终坚持以病人为中心,充分尊重病人的人格尊严和就医权利,满足患者的心理需求,让来院的患者随时、随处感受到人性化服务带来的方便。门诊各楼层都设有导诊员,医疗服务中心的工作人员对住院患者实行全程优质服务。特别是急救中心24小时向群众提供免费接诊服务,受到群众的欢迎。

医院全体医护人员以"以人为本、诚信服务、官兵信赖、百姓放心"为办院理念:

以一流的技术、一流的服务、一流的信誉赢得了广大官兵和人民群众的广泛赞誉。医院先后被世界卫生组织、联合国儿童基金会授予"爱婴医院"称号。

被国家民委评为"民族团结进步先进集体",解放军医院总部评为"科技进步先进单位",被江苏省政府评为"驻军爱民医院"和"双拥共建先进单位"。

连续五年被解放军医院总部、卫生部评为"发表医学论文先进单位",被南京市政府评为"双拥共建模范三连冠先进单位"。

人才队伍

现有工作人员60多人,特约顾问专家4人,科室医师18人,护理人员32人,医技人员10人。

张茂红,女,烧伤与肿瘤整形外科主任医师。从医近四十年,具有扎实的综合性外科功底及丰富的烧伤、整形、医学美容外科与肿瘤整形外科的临床工作经验,擅长实施双眼皮、去眼袋、隆鼻、除皱、隆乳、巨乳缩小等各种医学美容外科手术、体表疤痕及皮肤组织缺损的修复重建手术治疗、各类烧(烫)伤的综合性治疗等;以女医生特有的细心与亲合力,尤其精通应用肿瘤整形外科技术治疗包括乳房肿瘤在内的体表皮肤与软组织肿瘤的病人,将手术切除肿瘤、残缺创面完美的整形修复与重建、保持形态与功能完美性于一体化的手段,对这一类的肿瘤病人进行全方位、人性化、个性化综合性的肿瘤整形外科治

疗,并对因注射隆乳等乳房美容、整形美容术后并发症的处置方面具有独到经验,受到尤其是女性患者的广泛认可与好评,力争使病人"活的健康;活的漂亮"。曾荣获军队科技进步三等奖四项;军队科技进步四等奖一项。

学术职务:中国医师协会美容与整形医师分会乳房亚专业委员会委员;南京军区烧伤整形外科专业委员会副主任委员;江苏省整形烧伤专业分会委员;江苏省医学会医学美学与美容专业分会常务委员;江苏省中西医结合学会烧伤整形与美容分会委员;南京市整形烧伤外科专业委员会委员;南京中西医结合学会医学美容专业委员会委员;《东南国防医药》特邀审稿专家。

章冠东,男,主任医师,烧伤整形外科,毕业于与第四军医大学,从事普通外科、烧伤整形外科和泌尿外科临床和研究工作50年,在小儿烧伤的防治与泌尿系统的肿瘤的防治方面,造诣颇深,先后在国内外医学杂志发表论文40余篇,多次参加国际、全国和全军学术会议交流,曾获军队科技进步三等奖5项、军队科技进步四等奖3项,荣立三等功3次。

曾任:中国微生物学会核酸组委员;全军烧伤整形外科学术委员会委员;南京军区医学科学委员会委员;南京军区烧伤整形外科专业组组长;江苏省医学会烧伤整形外科分会副主任委员;江苏省中西医结合学会泌尿科专家委员会副主任委员;南京市医学会泌尿外科分会委员;盐城市医学会泌尿外科专家委员会委员。

江苏省中西医结合医院

位于南京市东北隅,占地76亩,医院核定床位数500张。医院共有22个临床学科,其中心血管科、妇产科为省级临床重点专科,骨科、肿瘤科、消化科为省级临床重点建设学科,并设有一所中西医结合临床医学研究所、一所中药研究所和一所SPF级实验动物中心。

医院现有职工629人,正、副教授、主任医师、研究员121余名,其中省名中医、省名中西医结合专家28名,博士、硕士导师12名,11位专家享受国务院及省政府特殊津贴,一批中青年专家作为省"333工程"第二、三层次及省"135工程"重点人才和学科带头人。医院承担着南京中医药大学、南京医科大学、江苏大学、中国药科大学等院校的中西医结合临床医学、中医学、药学、医务管理等专业的研究生教学和来自欧美等国家和地区的留学生、本科实习生带教工作,接受来自江苏及全国地区的中西医结合临床进修生的培养和继续教育工作。

医疗设备

医院拥有先进的进口医疗设备,如DSA、螺旋CT、DR、全身彩超、电子胃肠镜、电子气管镜、双能X线骨密度仪、骨关节镜、腹腔镜、膀胱镜、阴道镜、前列腺汽化仪、液质联用仪、高效液相色谱仪(制备型和分析型)、气相色谱仪、时间分辨仪、药理分析系统、全自动生化分析仪等。可开展各种断层摄片与造影、生化、细菌、艾滋病初筛、免疫组化、基因扩增、血液流变、血气分析、肺功能检测、24小时动态心电图与动态血压、经颅多普勒、无痛胃镜等检查项目,以及介入治疗、内窥镜、无痛导乐分娩等各种诊疗术。

中医药科研

研究院本着以中医药科研为主体,以中西医结合临床与医药产业为两翼协同发展的战略格局和建设思想,在科研、临床、教学、产业等方面呈迅猛发展势头。院内中医分子生物学实验室、消化病研究室、中医药抗动脉粥样硬化实验室、中医药辅助生殖实验室、骨组织计量实验室、肺动力实验室、肿瘤免疫药理实验室等为承担和完成各级临床科研课题,提供了良好的环境和条件。此外,依托该院建设的江苏省现代中药制剂工程技术研究中心,投资3000万元,按照GMP标准建设,建筑面积达5732m^2 Ⅱ期工程——中试放大平台年内竣工;中药资源、中药化学、中药制剂、中药分析、中药药理毒理、药物代谢与临床药学等研究室共同协作,先后研制出具有自主知识产权的中药新药近30个,完成企事业单位委托新药开发项目20余项,科技成果转化7项,获成果转让费1440万元;申请发明专利15项,获发明专利8项,所从事的中药各级课题的研究已居于国内先进水平。研究院近三年来完成成果鉴定30余项,获部省部级、厅局级科技进步奖15项,取得了良好的经济效益和社会效益。

发展现状

研究院以"中西医结合、医药教研相融"为办院方针,博采中、西医学体系之长,目前已形成了中西医结合、特色突出、医药相长、优势显著,专科专病专药集成、医、药、教、研为一体的大型医疗、研究、教学机构。

医院专家

王业皇,男,院内职务:江苏省中西医结合医院肛肠科首席专家,主任医师,现任中华中医药学会肛肠分会副主委、世界中医药学会联合会肛肠专业委员会副会长、全国肛肠学术带头人,国家135医学重点学科带头人。曾被国家劳动人事部、总政治部授予"有突出贡献的中青年专家"称号,享受国务院政府特殊津贴。

王佩娟,学习经历:1974.9－1979.7　南京二中学生;1979.9－1984.7　南京医科大学学生(医疗系)获学士学位;1993.9－1995.7　上海中医药大学西学中研究生班,获双学位;

工作经历:1984.7－1990.3　南京市妇幼保健院　住院医师;1990.3－2005.7　江苏省中西医结合医院,住院医师,主治医师,副主任医师,妇产科主任,医教处主任;2005.7－　江苏省中医药研究院副院长省中西医结合学会妇产科专业委员会秘书长。

杨桂云,1964.9－1970.7　就读于南京中医学院医疗系本科;1970.7－1980.8　在金湖县黎城医院任中医师;1980.9－1983.9　上海中医药大学妇科专业硕士研究生;1983.10－江苏省中医药研究院,江苏省中西医结合医院妇科医师;1985.10－1986.10　在南京市第一人民医院妇产科进修一年;1991.7－1992.7　公派至日本国熊本大学医学院妇产科进修一年。

王艳华,北京第一医科院特聘研究员,浙江不孕不育博士园专家,浙江广仁不孕不育研究所研究员,擅长运用中西医结合疗法，专业治疗由输卵管堵塞、多囊卵巢综合症、子宫内膜异位症、排卵功能障碍、免疫性不孕等病因引起的不孕不育，多次参加国际、国内生殖及腔镜微创学术会议，在专业医学杂志上发表关于不孕不育论文20余篇，获各级奖项10余项。

谭中青，主任医师，毕业于吉林白求恩医科大学，主任医师，江苏省中西医学肛肠分会委员，曾在多次到北京广安门医院肛肠科进行学术交流，在国内重要学术刊物上发表论文共20余篇，荣获省级四项科研成果奖，临床经验丰富。着重研究和治疗各类肛肠科疑难杂症，对各类肛周肠道疑难杂症疾病的治疗和康复具有丰富的经验，临床治愈肛肠疾病患者高达万例，擅长应用PPH、HCPT、安氏疗法等前沿技术治疗各种复杂痔疮、直肠脱垂等肛肠疾病，在治疗肛肠疑难疾病如复杂性肛瘘，环状混合痔，慢性输型和出口梗阻型便秘有很深的造诣，深受各地患者好评。

南京市胸科医院

建于1950年，是江苏省规模最大的胸部专科医院，承担着省、市胸部疾病的医疗、教学、科研任务。是“东南大学医学院教学医院”、“南京肺灌洗中心”、“南京市结核病研究所”。2003年与澳大利亚阿尔弗雷德医院建立友好医院及科研技术合作伙伴关系，2004年成功地为两例终末期慢性阻塞性肺病患者实施了单肺移植、对侧肺减容术，填补了南京地区人体肺移植技术的空白。

概　况

医院拥有编制床位500张，设有胸外科、呼吸内科、结核病科、心血管内科、心脏外科、麻醉科、放疗科、中西医结合科、急救中心等11个临床科室，其中胸外科为南京市重点专科；设有医学影像科、检验科、病理科、心导管室、气管镜室等10个医技科室；另有中心实验室、胸心外科研究室、胸部肿瘤研究室、肺结核病研究室等。随着医院新病房大楼的建成和使用，业务和床位将会进一步得到拓展。

医疗水平

医院现有医疗设备1030台(件)，总价值4500多万元。主要医疗设备有：钴-60治疗机、模拟定位机、螺旋CT机、胸腔镜、纵隔镜、DSA、主动脉内球囊反博泵、数字化胸片机、结核杆菌快速培养仪、动态心电图、麻醉机、呼吸机、肺功能机、彩色多普勒诊断仪、全自动系列生化分析仪、血气分析仪、移动式X线机和ICU中央监护设备等。医院科研工作生机勃勃，成绩斐然。共获国家、省、市、局科研成果奖近60项。在市级以上杂志发表学术论文600多篇，参加国际性学术会议10多次。

医院是南京市“花园式单位”和“花园式医院”，医院多次被南京市政府、江苏省卫生厅、南京市卫生局授予“文明单位”、“文明医院”、“先进基层党组织”等光荣称号。

科室概述

胸外科南京市医学重点专科。现有高级职称4人，硕士生导师3人，90%医师拥有硕士学位。编制床位60张。1996年开展的电视胸腔镜手术，在华东地区一直处于领先水平；2004年成功地为两例终末期慢性阻塞性肺病患者实施了单肺移植、对侧肺减容术，填补了南京地区人体肺移植技术的空白；2004年成功开展了省内首例电视纵隔镜手术。在气管、支气管及肺外科领域其技术水平与国际接轨。

心脏外科

医疗特色：1、可以完成包括非体外循环、心脏不停跳冠脉搭桥术在内的各种冠心病手术，费用多在3.5-4.5万元。

2、微创手术色我科的另一个特色，范围扩展到包括体外循环下先心病的纠治、瓣膜置换、导管结扎、肺疾患、胸外伤等手术中。

3、先天性心脏病合并重度肺动脉高压是国际上公认的手术禁忌症，该院成功地挽救了半数以上被外院认为无法治疗的病人。

4、瓣膜成形术达到国内领先。包括对主动脉瓣、二尖瓣、三尖瓣肺动脉瓣，甚至因细菌性心内膜炎使瓣膜损伤非常严重的情况下的瓣膜修复。对巨大心脏心功能Ⅳ级病人的多瓣膜置换。

5、对常见的先天性心脏病如房间隔缺损、室间隔缺损、动脉导管未闭、肺动脉狭窄等，我们的手术成功率达到99.5%以上。

6、对复杂先天性心脏病，如法乐氏四联症、心内膜垫缺损、肺静脉畸形引流等的治疗水平已达到国内先进。

7、熟练的完成对大血管的疾病如主动脉缩窄、动脉瘤和心脏粘液瘤等的手术治疗。

8、对漏斗胸、鸡胸等胸廓畸形，有独特的手术治疗方法。

2005年，南京胸科医院正式加入南京鼓楼医院集团。2006年初，南京鼓楼医院心胸外科、南京胸科医院心脏外科和心脏内科共同成立南京鼓楼医院集团心血管病中心。该中心将设在胸科医院新病房大楼，每年完成体外循环心脏手术700例左右，手术成功率98%以上，无论手术数量、质量均居于江苏省前列。

南京鼓楼医院集团心血管病中心致力于医疗理念的创新，改变以往心脏内外科“各自为战”的局面，在华东地区率先建立心血管内外科一体化的医疗模式，充分发挥鼓楼医院和胸科医院的人才群体效应和团队优势，病人从挂号开始，便能享受心脏内外科专家提供的一站式服务，通过内外科一起研讨，为病人确定个体化的优选治疗方案，提供优化的服务，实现内外科的充分联合。

心血管内科心内科在治疗顽固性心力衰竭、严重心律失常，在以冠脉介入为主的心脏介入新技术等方面逐步形成了自己较强的专科特色和优势。

1、在市内率先开展、也是目前唯一常规进行经皮穿刺二尖瓣球囊成形术，处于国内领先水平。

2、冠脉造影、冠脉介入(PTCA、冠脉内支架)，急性心肌梗死直接PTCA术等均达到国内先进水平，且以成功率高、并发症少而著名。

3、是省内较早开展射频消融术和埋置永久心脏起搏器术治疗心律失常的医院之一。

4、是开展先天性心脏病、大血管病介入治疗为数不多的医院之一。

领导班子

陈宇宁,1963年8月生,江苏省张家港市人,1985年毕业于新疆石河子医学院,1998年任副主任医师,2004年任主任医师,2000年3月任南京市胸科医院医务处副主任,2002年2月任医务处主任,2003年3月任南京市胸科医院院长助理。2004年8月10日任南京市胸科医院副院长。2008年1月任南京市胸科医院院长。

陈延年,1961年2月生,陕西省商县人,1983年青海医学院医疗系毕业,1997年任副主任医师。1999年8月任南京市胸科医院院长助理兼院办公室主任,2000年11月任副院长。

唐进,1955年3月生,安徽省来安县人,1982年毕业于山西医学院医疗系,1985年为山西医学院硕士研究生,1993年任山西医科大学第二附属医院心胸外科副教授、副主任、副主任医师,1999年任心胸外科教授、副主任、主任医师,2002年1月任山西医科大学第二附属医院心胸外科教授、科主任、主任医师,2002年9月任南京市胸科医院心外科主任,2003年3月任南京市胸科医院副院长。

王东进,于2001年10月由中国医学科学院阜外心血管病医院应聘到南京市鼓楼医院胸心外科任科主任。在心血管外科专业的理论与实践方面都具备了极高的水平。已参加心血管手术近4000余例,亲任手术者2000余例,以及在美国、欧洲等发达国家接受系统培训与学术交流。驾轻就熟于心血管外科所包涵的先心病、瓣膜病、冠心病和大血管病这四大类心脏病中的最高难度部分,如完全性大动脉转位的大动脉调转术、换双瓣同时搭五支桥加室壁瘤折叠加左房血栓清除术、主动脉瓣加升主动脉置换加冠状动脉原位移植加冠脉搭桥术、升主动脉及主动脉弓或降主动脉夹层动脉瘤的人工血管置换等等,而其包括这些复杂心脏病手术的总手术死亡率<0.3%。尤其是于1997年首创的经右腋下小切口经肋间行心脏双瓣膜替换术——这一世界范围内领先的微创心脏手术技术。

中国医学科学院皮肤病研究所

于1954年在北京成立,原称中央皮肤性病研究所,直属中央卫生部领导。是国内成立最早,集医疗、科研、教学、防治为一体的国家级皮肤病医疗、科研机构。1958年归属中国医学科学院领导。1970年从北京迁至江苏泰州市。1984年迁南京现址,并成立皮肤病医院,1986年成立全国性病防治研究中心(1994年改称全国性病麻风病控制中心)与之合署办公。

该研究所占地面积36271平方米,建筑面积30611平方米,主要建筑有科研楼、门诊楼、住院楼和制剂楼等。两个病区编制床位100张,门诊设计1000人次/日,设有24个临床、科研科室、两个重点学科、现场防治研究基地,中国协和医科大学博士生临床教学基地、中国医学真菌菌种保藏中心,卫生部皮肤病药物临床药理基地之一,同时是全国性病麻风病控制中心。并承担《中华皮肤科杂志》、《国外医学皮肤性病学分册》等国家级杂志编辑任务。现有固定资产3000多万元,万元以上医疗科研设备近200余件。

图书馆藏书3余万册,外文专业期刊120多种,中文专业期刊190种,是国内皮肤病学科专业藏书较全的书库之一。现有职工350余名,正副研究员(正副主任医师)50多名,其中博士研究生导师10名、硕士研究生导师17名、专业技术人员占职工总数的70%以上,在担任科研工作的同时还承担着所在社区及至全国范围内的皮肤病、性病(尤其为各种疑难重症皮肤病、性病)的医疗、防治和教学任务,为全国积极防治性病、基本消灭头癣和麻风病作出了重要贡献。

成　果

1978年以来,获国家级、部省级等科研成果90多项。1986年以来,开展科研项目200余项,其中国家级15项、部省级40项、国际合作10项。1986－1999年,发表论文1400余篇,其中国际刊物近80篇,国内刊物1000余篇。自身免疫性大疱性皮肤病等疾病的诊断和治疗具国内领先水平,获中国医学科学院医疗成就奖5项。至1999年底,已与美、日、英、比、德等30余个国家和地区建立了技术协作和交流关系,主持研制的淋球菌培养基、支原体诊断试剂通过鉴定和试用、转让生产,供应全国。自行研制的皮肤病外用制剂百余种供门诊使用,最新引进的美国科以人大型美肤激光治疗仪用于治疗各种色素性及血管性皮肤病,除皱、去毛等疗效显著,引进意大利电子吸脂机去除皮下多余脂肪,减肥立竿见影,深受国内外患者的欢迎。

40多年来,该所全体医务工作者奉行严谨、博精、创新、奉献的"协和精神",形成了具有高度责任心、一丝不苟诊疗、耐心细致护理的优良传统,享誉国内外。

江苏省口腔医院

是华东地区首家数字化齿科医院。该院与德国、美国、法国、日本、瑞士、香港、台湾等国家和地区的口腔医疗单位建立了良好的学术交流与技术合作关系。医院拥有技术超群的口腔专家诊疗团队,主诊医生均有10－30年临床经验,他们专注于口腔事业,立足于口腔技术前沿。江苏省口腔医院以生态医疗为动力、数字齿科为支撑。设有六大中心:牙齿美容中心、种植牙科中心、牙齿美白中心、牙齿正畸中心、牙齿护理中心、牙齿治疗中心,以高标准、高品质的专业医疗服务,全力打造江苏省口腔医学领域的第一品牌。

江苏省口腔医院－康贝佳口腔巨资引进德国西诺德CAD/CAM3D齿雕美牙系统、瑞士三代铸瓷美牙系统、美国3M透明陶瓷正畸系统、美国Bicon安全舒适种植系统、瑞士ITI种植系统、美国360°彩光美白仪、法国赛特力巡航洁牙机、德国卡瓦喷砂洁牙机、韩国数字化全景机、法国DHT无痛麻醉系统、德国Laser激光治疗仪、日本森田数字根管测量仪、Sony数字化内窥镜、LED光固化机等数十套世界先进的诊疗设备,让广大顾客不出国门就能享有全球顶级的口腔医疗服务。

江苏省口腔医院,医院总建筑面积近19000平方米,诊疗大楼主体15层,现有工作人员400余人,其中高级职称者70余人,汇集了省内70%的口腔医学博士,有博士生导师3人,硕士生导师30余人。20余名专家兼任中华医学会等学会和协会常务理事、副主委、常委等职务。享受国务院政府特殊津贴1人,江苏省"有突出贡献的中青年专家"1人,省委"333工程"培养人才6人,卫生厅"135"医学重点人才4人,江苏省优秀医学重点人才1人,江苏省医学领军人才1人,江苏省六大高峰人才3人。

作为江苏省唯一的口腔医学类"十一五"重点学科,拥有口腔医学博士后科研流动站、口腔医学一级学科博士学位和口腔医学一级学科硕士学位授予权,是省内唯一能够培养口腔医学博士的基地,培养了江苏省80%的具有本科学历以上的口腔医师、口腔医疗机构的院长、主任和学科带头人。医院建有国内领先的KAVO仿真头模实验室和江苏省首家口腔医学研究所,具有大量先进仪器,能开展高水平科学研究,承担10余项国家自然科学基金项目。获省内口腔医学类各级科技成果奖等级最高、数量最多,口腔专业医学新技术引进奖数量最多,所获省科技进步二等奖和国家教育部科技进步二等奖是省口腔医学界取得的最高奖项。主办杂志有中国科技核心期刊——《口腔医学》、《中国医学文摘一口腔医学》。

医院设有11个一级临床科室、3个二级临床科室和5个辅助科室,有4个院外门诊部和1个义齿研发制作中心,5个院外分院及合作中心。设病床88张,口腔综合治疗台200张,年门诊量40余万人次。口腔内科、口腔修复科、口腔正畸科、口腔颌面外科为江苏省临床重点专科,是省内拥有省级临床重点专科最多的口腔医疗单位,在省内首批实行口腔手机"一人一用一灭菌"的规范消毒,率先在全国提出了"诊前3分钟"医疗服务理念并受到卫生部肯定。

医院重视发展国际间的交流与合作,举办了多次国际口腔医学学术会议,签订多项国际合作项目。先后与欧美多个国家和地区建立了学术交流关系并派出访问学者和研修人员,同时接受东南亚、台湾等地学生来院学习。

医院坚持科技兴院、富民强院、发展内涵、整体跃升的可持续发展战略,坚持以服务病人为中心,以科学管理为保障,以一流人才为动力,恪守"敬人敬业、至精至诚"的医院院训,努力建设成为国际知名、国内一流的现代化口腔医院。

医生团队

有20余名专家兼任着中华医学会、中华口腔医学会、中华口腔医学会各专业委员会、中华医师协会和中国医院协会常务理事、委员,1人享受国务院政府特殊津贴,博士生导师2人,硕士生导师26人,江苏省"有突出贡献的中青年专家"1人,省委"333工程"培养人才6名,卫生厅"135"医学重点人才4名,江苏省优秀医学重点人才1名,江苏省医学领军人才1名,江苏省六大高峰人才1名。

成就荣誉

作为江苏省唯一的口腔医学类"十一五"重点学科,拥有口腔临床医学博士和口腔医学一级学科硕士学位授予权(涵盖口腔临床医学和口腔基础医学),是省内唯一能够培养口腔医学博士的基地,培养了江苏省80%的具有本科学历以上的口腔医师、口腔医疗机构的院长、主任和学科带头人。建有我省首家具有大量先进仪器,并能开展高水平科学研究的口腔医学研究所,承担多项国家自然科学基金口腔医学项目,获省内口腔医学类各级科技成果奖等级最高、数量最多,口腔专业医学新技术引进奖数量最多。在"十五"期间,医院共获得江苏省卫生厅医疗新技术引进一、二等奖22项,占全省口腔专业类获奖总数的54%,获省科技进步奖4项,占全省口腔医学类总数80%,获得的省科技进步二等奖和国家教育部科技进步二等奖是我省口腔医学界取得的最高奖项。主办杂志有中国科技核心期刊——《口腔医学》、《中国医学文摘一口腔医学》。

医院科室齐全,设施先进,技术力量雄厚。有牙体牙髓黏膜科、牙周科、口腔颌面外科、口腔修复科、口腔正畸科、儿童牙病科、口腔种植修复科等11个一级临床科室、3个二级临床科室和5个辅助科室,有三个院外门诊部和一个义齿研发制作中心,4个院外分院及合作中心。其中,口腔内科、口腔修复科、口腔正畸科、口腔颌面外科为江苏省临床重点专科,是省内拥有省级临床重点专科最多的口腔医疗单位,正畸科为江苏省"科教兴卫工程"重点学科,修复科为重点建设学科。设病床88张,口腔综合治疗台200张,年门诊量30万余人次。省内首批实行口腔手机"一人一用一灭菌"的规范消毒,率先在全国提出了"诊前3分钟"医疗服务理念并受到卫生部肯定。

国际合作

医院重视发展国际间的交流与合作,先后与美国、德国、荷兰、俄罗斯、加拿大、韩国等国家和地区建立了学术交流关系,向德、美、香港等国家和地区派出访问学者和研修人员,同时接受东南亚和台湾等地研究生、留学生、进修生来院进修学习。举办国际口腔医学学术会议,签订多项国际合作项目。

医院坚持科技兴院、富民强院、发展内涵、整体跃升的可持续发展战略,坚持以服务病人为中心,以科学管理为保障,以一流人才为动力,恪守"敬人敬业、至精至诚"的医院院训,努力建设成为国际知名、国内一流的现代化口腔医院。

设备优势

口腔医院是一所装备先进,设施精良的现代化口腔专科医院,作为江苏省口腔临床医学的示范基地、口腔医学人才的培育基地和口腔疾病诊疗新技术的孵化基地,全院拥有美、德、意等国的口腔综合治疗椅200多张,病床88张。设有牙体牙髓病科、牙周病科、口腔粘膜科、儿童牙病科、预防科、口腔颌面外科、医学美容整形中心、唇腭裂中心、麻醉科、口腔修复科、种植修复科、正畸科、特诊科、急诊科等14个临床科室,口腔病理科等5个辅助科室和11个行政职能科室。另在院外设有第一、二门诊部和义齿研发制作中心。年门诊量达20余万余人次。同时,作为江苏省牙病防治指导组组长单位,该院承担着指导全省医疗机构开展牙病防治任务。

专家介绍

刘卫红

科室:牙体牙髓病科

职称:牙体牙髓病科　主任医师　硕导

职务:牙体牙髓黏膜病科主任　口腔内科学教研室主任

专家简介:

担任《口腔医学》杂志编委。从事牙体牙髓病学专业27年,擅长牙体牙髓病的诊治,对根尖周炎、根管治疗有较深入的研究。参编专著3部,发表论文20余篇。

吴友农

职称:牙体牙髓科　主任医师　教授　硕士生导师

职务:口腔医学研究所常务副所长

专家简介:

中华口腔医学会牙体牙髓病学专业委员会委员、南京医学会口腔医学专科分会副主任委员、《牙体牙髓牙周病学杂志》、《中国医学文摘 - 口腔医学》、《口腔医学》编委、《中华口腔医学杂志》编辑委员会特邀审稿专家。从事牙体牙髓病学专业24年,对于复杂根管、超声和显微根管技术以及牙科畏惧症等有较深入的研究。先后主持或参加过国际临床流行病学工作网、军队和江苏省级课题多项,获军队科技进步奖和江苏省医学新技术引进奖各3项。主编、副主编和参编专著20部。发表文章100余篇。

张光东

科室:牙体牙髓病科

职称:副主任医师　副教授　硕导

专家简介:

从事牙体牙髓疾病专业10余年,擅长疑难牙体牙髓病症的诊断和治疗,对根管治疗术、牙体大面积修复术等有较丰富的临床经验。参编专著2部,获南京市科技进步奖2项,现已发表论文20余篇。

于金华

科室:牙体牙髓病科

职称:博士副教授、副主任医师

专家简介:

从事牙体牙髓病临床、教学和科研工作十五年,对大面积牙体缺损、牙齿美容、复杂根管治疗、微创牙体手术等方面有较深入的研究。近年来,主编科普著作1部,参编专著部,发表专业学术论文30余篇,其中SCI论文6篇,兼任多个国际著名专业期刊的审稿专家。主持或作为主要承担人参加国家自然科学基金1项,省校级以上科研课题3项,获南京市科技进步奖2次,并荣获“江苏省高校社会实践优秀指导教师”称号。

魏　昕

科室:牙体牙髓病科

职称:副主任医师　副教授　硕导

专家简介:

从事牙体牙髓疾病专业17余年,擅长疑难牙体牙髓病症的诊断和治疗,对根管治疗术、牙体大面积修复术等有较丰富的临床经验。主持国家自然科学基金、江苏省自然科学基金和江苏省高校自然科学基金各1项。参编专著1部,现已发表论文20余篇。

南京454医院

坐落在六朝古都南京市,该院为综合性三级甲等医院,位于南京市白下区白下路马路街,地处市中心繁华地段,临近新街口和夫子庙,是南京454医院率先导入国际先进的质量管理体系并通过ISO9001 - 2000国际认。

医院发展以建立精品医院、实行精致服务、进行精细管理为目标,奉行“以病人为中心,以质量为原则,以满意为标准”的质量方针,致力于为军队和地方伤病患者提供精致的服务。医院现有高级技术职务73名,博士后2名,博士10名,硕士48名,有3名技术干部享受国家政府特殊津贴。医院设有临床、医疗专业科室38个,病区12个,临床实验室6个,并设有重点甲状腺专科、重症监护、血液透析、生物细胞肝病治疗中心、肿瘤无创治疗、体外碎石、创伤急救、航空医学6个临床医疗中心,是南京军区药剂中心、临床航空医学中心、精神病立体定向治疗中心。现有1.5T核磁共振、全身螺旋CT、西门子S - 2000最先进彩超、C型臂X线数字减影机、数字胃肠、DR、CR、体外碎石机、腔内钬激光碎石机、关节镜治疗系统、臭氧治疗机、电子腹腔镜、电子超细胃镜、肠镜、电子十二指肠镜、经颅多谱勒仪及脑干诱发电位仪等大型精密设备。

甲状腺专科是南京454医院的重点科室之一,治疗甲亢、甲减、甲状腺结节、甲状腺炎、甲状腺瘤、甲状腺肿大、桥本氏病、亚甲炎等甲状腺病。现如今已成长成为华中地区历史悠久、专业化程度高、医疗设备先进的甲状腺疾病治疗医院。合理的收费、最佳的治疗效果,口碑相传,深得患者信赖。

甲状腺治疗中心南京454医院成立于1951年。是一所集预防、保健、医疗、科研、教学为一体的非营利性中医院,也是我国华中地区甲状腺疾病研究基地,国家医保定点单位。医院位于南京市白下区马路街一号市党校旁,环境优雅、整洁、舒适,是南京地区治疗甲状腺疾病最权威的医院。

甲状腺专家范慧敏,现任南京454医院甲状腺主任医师,毕业于上海中医药大学,擅长应用中西医结合诊治疑难甲状腺疾病。荣获《全国知名中医药人员荣誉证书》,撰写医学论文30余篇。曾先后参与或主持完成“继发性甲低筛查”、“淋巴免疫功能研究”、“甲状腺机能亢进症患者血清游离氨基酸谱研究”等多项卫生部级、省厅级课题。从事甲状腺类疾病科研及临床40余年,发表专业学术论文40余篇。她参与研发并推广“AMI腺体免疫再建疗法”成功摈弃了其他疗法的治疗弊端,对甲状腺顽疾的治疗实现了标本兼治。

范慧敏教授从事甲亢疾病诊疗已近四十年,参加过国家工程院士组织的中国创普甲亢健康工程学习,具有扎实的理论基础和丰富的临床经验,临床上擅长于治疗甲亢、甲状腺结节、甲状腺肿大、甲减、甲状腺囊肿、甲状腺炎等甲状腺疾病。多次在中华医学会组织的全国性学术会议上发表论文,曾得到日本内分泌学会邀请出席在东京举行的国际内分泌学术会议。历年来在美国医学期刊中华医学会系列杂志以及其它国内外专业期刊发表中、英文论文多篇。从医多年,医学素养良好,医德广受患者好评,治愈的患者遍布大江南北,成为国家甲状腺疾病治疗的翘楚。

专长:

1. 先天性心脏病、瓣膜性心脏病、冠心病、大血管疾病的外科治疗;

2. 扩张型心肌病、心力衰竭外科治疗(扩张型心肌病,心房纤颤,心肺移植,人工心脏等)以及肺部疾病(肺癌等)外科治疗。

甲状腺科是该院的重点科室,与该城市甲状腺治疗中心一套人马、两块牌子,科室摈弃了甲状腺疾传统疗法的诸多弊端,引进了中西医结合疗法与中医技术治疗甲状腺疾病,取得了良好的临床效果。据了解,本科主治以乏力、情绪激动、心慌、多汗、消瘦、便次增多、体重下降、脖粗、眼突等为主要症状。

南京解放军454医院肿瘤生物诊疗中心作为解放军454医院的战略发展项目,致力于把细胞治疗基础研究获得的知识、成果快速转化为临床上的治疗新方法，从而治疗疾病，促进人类健康。也是江苏省首家开展生物诊疗技术的医院。医院中心引进国际领先的“DC + CIK 肿瘤生物治疗”技术，并投入了巨资购进了大批先进的实验设备，成立了生物诊疗中心。建立了国际领先的整体万级、局部百级，符合国家 GMP 标准的洁净体外细胞培养实验室，在国内同类实验室中处于领先地位。实验室拥有先进的实验设备，包括高速细胞分离机、数码倒置显微镜、高级流式细胞仪、高速冷冻离心机、生物安全柜等先进实验设备。

生物诊疗被誉为肿瘤治疗继手术、放疗、化疗之后第四大治疗方式，也是肿瘤最新治疗方法，开展的生物治疗科技术现已广泛应用于多种实体肿瘤的治疗，如黑色色瘤、肾癌、肺癌、胰腺癌、食道癌、结直肠癌、前列腺癌、膀胱癌、乳腺癌、卵巢癌、宫颈癌、鼻咽癌等，以及多发生性骨髓瘤、淋巴瘤和白血病等血液系统恶性肿瘤，手术后防止复发和巩固治疗；控制肿瘤进一步恶化，实现了延长患者生存期、提高患者生活质量的多重目标。此外，中心还将在干细胞治疗股骨头坏死、糖尿病、老年痴呆、帕金森氏综合症、脑出血后遗症、心肌梗塞、肿瘤手术放化疗支持治疗、脑卒中（脑出血、脑栓塞）等方面进行系统的科研与临床应用研究。

中心拥有专职医护人员 10 余名，包括主任医师 2 名，副主任医师 3 名，细胞培养技术人员 7 名，其中博士 1 名、硕士 6 名；此外，医院特聘了一批国内外一流的肿瘤学、免疫学、生物技术等领域的学术权威和医疗专家，为生物治疗提供了强有力的技术保障。生物诊疗中心医护人员秉承“以人为本、追求卓越”的精神，以生物技术为主导、心理干预治疗为辅助，全力为广大肿瘤患者的生命健康保驾护航！肿瘤生物治疗中心在肿瘤细胞治疗领域不断的研究探索。经过努力”中心”肿瘤细胞治疗技术国内领先，并得到了国外医学界的普遍赞誉。

解放军南京第 454 医院生物诊疗中心 2010 年成立以来，率先在省内开展 CLS 生物细胞免疫治疗技术，以 DC 细胞为寻找肿瘤细胞的雷达，CIK 细胞为杀伤肿瘤细胞的导弹，为广大患者带来了新的绿色疗法。是为晚期肿瘤患者和无法采取手术治疗的患者最佳的治疗方法。DC - CIK 细胞免疫治疗技术不但能降低放疗的毒副作用，控制术后的转移复发，还能增强患者的机体免疫力，从而提高生活质量，延长生存期。

454 医院生物诊疗中心将推出除 DC、CIK 以外的，NK、CD3AK、γδT 三种免疫细胞的多细胞治疗模式。这项技术是解放军南京第 454 医院生物诊疗中心在 CLS 生物技术上的巨大突破，其在杀伤肿瘤的细胞活性更大、靶向性更强。在原先 DC - CIK 细胞免疫治疗的基础上，并用 NK、CD3AK、γδT 等多种细胞，针对不同患者、不同阶段，有选择性地运用具有特异性的靶向免疫细胞杀死肿瘤细胞并抑制肿瘤的生长、转移、复发的治疗技术。多细胞治疗是 454 医院生物诊疗中心在 CLS 生物细胞免疫治疗上的革命，它相当于“灵巧炸弹”，对特定的癌症患者，采用量身定做的细胞免疫治疗方案。

DC 细胞寻找肿瘤细胞的“雷达”，即树突状细胞，（拉尔夫·斯坦曼因发现 DC 细胞而获得 2011 年度的诺贝尔医学奖）它是目前所知人体内功能最强的抗原提呈细胞，因其成熟的时候，伸出许多树突或伪足样突起而得名。当人体免疫力下降，不能有效识别肿瘤细胞，便任其滋生，最终形成肿瘤。DC 细胞能参与肿瘤抗原的识别、加工处理与提呈，刺激初始型 T 细胞增殖活化，识别和杀伤肿瘤细胞，并能抑制肿瘤血管生成，同时激发免疫记忆保护。当负载有肿瘤抗原信息的 DC 细胞输入人体后，将肿瘤信息传递给抗肿瘤细胞，使其具有识别能力，充分调动，有效杀灭肿瘤细胞。

CIK 细胞杀伤肿瘤细胞的“导弹”，即细胞因子诱导的杀伤细胞，是一种新型的免疫活性细胞，在体外经多种细胞因子共同诱导、培养而成的一类拥有高细胞毒性的细胞。它由美国斯坦福（Stanford）大学研制，具有 T 淋巴细胞强大的抗瘤活性和非 MHC 限制性杀瘤特点，精确杀伤肿瘤细胞，杀伤活性可达 84.7%，同时有效抑制肿瘤生长，不损伤任何正常组织细胞，其效应细胞增殖能力强，毒副作用小。CIK 细胞的抗肿瘤价值主要在于杀瘤活性强、广谱杀瘤。常用于治疗各种肿瘤，对低表达 MHC - I、II 类分子的肿瘤效果更好；

NK 细胞即自然杀伤细胞，广泛存在于血液中，是人体先天免疫的核心组成部分，是肿瘤细胞免疫的基础，约占血液中所有免疫细胞的 15%。NK 细胞是人体内抗癌活性最强的细胞，可直接杀死癌细胞，抑制肿瘤的生长及扩散；循环的 NK 细胞一旦激活，它们会渗透到大多数组织中攻击肿瘤细胞它是人体免疫系统的第一道防线，与机体的抗肿瘤和免疫调节功能密切相关。NK 细胞可用于治疗各种肿瘤，广泛识别肿瘤细胞，分泌穿孔素及肿瘤坏死因子，迅速溶解、杀伤、摧毁肿瘤细胞，其自然杀伤活性无 MHC 限制（无免疫应答、移植排斥限制），起效快、杀伤能力强，对于引起肿瘤复发、转移的肿瘤干细胞（突变肿瘤细胞）拥有专一性的细胞毒杀作用，同时在机体免疫监视机制中起到比单一 T 细胞更重要的作用，在低表达 MHC - Ⅰ、Ⅱ类分子的肿瘤和恶性血液疾病治疗方面效果更好，其最显著的抗肿瘤价值在于 NK 细胞可以杀伤肿瘤干细胞，而肿瘤干细胞是造成肿瘤转移和复发的元凶。

γδT 细胞是介于特异性免疫与非特异性免疫之间的一种特殊类型的免疫细胞，其主要分布于皮肤和黏膜组织，在肿瘤免疫治疗中起着非常重要的作用。γδT 细胞在抗肿瘤免疫早期，即可提供 IFN - γ 因子抑制肿瘤生长，发挥专职性抗原递呈细胞的作用，同时兼具有 DC 疫苗及 NK 等细胞的功能特点，有较强的特异性（DC 疫苗补充）和非特异性肿瘤杀伤能力（识别、杀伤肿瘤干细胞，靶向性强），尤其对于粘膜相关性肿瘤（如消化系统、呼吸系统、生殖系统等肿瘤）和恶性血液疾病（如多发性骨髓瘤、粒细胞性白血病、淋巴细胞型白血病等）效果更好。γδT 细胞在人体内含量不超过 T 细胞总数的 5%，虽然功能强大，但由于含量低，发挥作用就非常有限，多细胞生物治疗技术能够在 GMP 实验室内应用国际领先细胞培养技术操作，对 γδT 细胞进行体外高效扩增，从而达到有效的细胞量回输人体，集中杀伤、歼灭肿瘤细胞，抑制肿瘤的复发和转移。γδT 细胞的抗肿瘤价值在于它的肿瘤干细胞杀伤能力和辅助 DC 疫苗肿瘤识别能力。

CD3AK 细胞是由抗 CD3 单克隆抗体和 IL - 2 共同激活诱导的肿瘤杀伤细胞，是一种新型的抗肿瘤免疫活性细胞，通过分泌可溶性细胞因子参与对肿瘤直接或间接的杀伤，具有强体外增殖能力、高效细胞毒活性，显著杀伤肿瘤细胞，并在广谱杀瘤的基础上，有效抑制肿瘤生长，达到抑制肿瘤转移的作用。CD3AK 细胞用于治疗各种肿瘤，尤其对于病毒相关性肿瘤（如宫颈癌、肝癌、鼻咽癌、B细胞淋巴瘤等)效果更好。

解放军454医院泌尿外科(男科)作为国家首批三级甲等医院重点科室、国家级泌尿外科典范、百姓值得信赖的部队医院,拥有一支临床经验丰富、理论造诣深厚的专家团队,科室现共有各类专业技术人员52名(高级职称12名,中级职称24名,初级职称16名),其中博士2名,硕士6名,在读硕、博士研究生11名。

资质荣誉

科室引进100余套国内外领先尖端设备,包括前列腺设备,性功能障碍设备,性病检测治疗设备、性病治疗设备等,科室还引进200余项特色诊疗技术,先后引进包皮微雕整形术完美治疗包皮包茎,PNI阻断术-让早泄男找回自信,六位一体疗法让阳痿男"挺"起来,阿尔法分型疗法对症治源抗复发,钬激光碎石-泌尿结石"终结者",CRS超导系统快速治疗生殖感染,科室的专业技术水平、学科地位在江苏省内和军内享有较高声誉,为官兵、百姓健康做好保障工作,通过不断优化就医流程、提升服务水准,致力于男性泌尿生殖系统的医学研究与临床治疗

2011年泌尿外科治愈患者16425例,2012年月收治量突破1500人,患者寄来感谢信1021封,送来锦旗298面,在医院的综合绩效考评中名列前茅,并连续几年被评为患者最受欢迎科室。

结石科是南京454医院重点科室,是南京市最早开展体外碎石的医院,医院成立了南京碎石中心,是医院重点建设临床诊疗科室,并先后成立了江苏肾结石病防治中心、江苏泌尿结石微创诊疗中心。

科室在江苏省内率先引进国际最先进的钬激光碎石系统,拥有当前国内领先的大型电磁波源体外碎石系统,采用高清晰度X光和B超双定位系统,二者互为弥补,具有创伤小、费用低、治疗效果好等优点,治愈率98%以上。中心还配备有进口经皮肾镜、输尿管镜、膀胱碎石镜、尿道内切开镜等先进设备,为手术的成功提供了安全保障。该科室由权威专家余清平主任坐诊,采用德国经皮肾镜下钬激光碎石以及多维定位体外冲击波碎石术,获得了超过30000例临床手术验证,并全部成功。

权威甲状腺专科,中医专家诊疗中心于1987年成立,现有李海清、张元平、张丽玲等多名主任医师和副主任医师。获军队科技进步二等奖1项,军队医疗成果二等奖1项,中华中医药学会科技二等奖1项,获军队科技进步四等奖10项,获国家专利4项,发表国际杂志4篇,国家级杂志100余篇,开展新业务、新技术30余项。"中西医结合治疗"的模式就独树一帜,经过几代人的努力,现已响誉省内外。

中医专家诊疗中心采用纯中医理念,拥有中药熏蒸、小针刀微创等先进的治疗设备与技术。在皮肤病、骨科疼痛病、失眠亚健康等疾病的治疗上拥有独特的疗效,获得业内的推崇及患者的一致好评。

南京454医院中医专家诊疗中心的专家们从事中医临床工作数十年,具有扎实的专业理论基础和丰富的医学临床经验,在继承传统中医药辩证理论的基础上,以独特的方法结合目前疑难杂症的抗耐药性、易复发性等特点辨证论治,疗效显著。且中药治疗无毒副作用,通过调整阴阳,增强体质,标本兼治,减少复发。

哮喘支气管炎科

哮喘科自成立以来,始终是医院的招牌科室,取得了社会和患者的高度认可。科室专业技术力量雄厚,临床经验丰富,治疗特色突出,医院可开展的诊疗项目有:慢性阻塞性疾病(慢性支气管炎、肺气肿),呼吸衰竭、各种类型哮喘病等,特别是对哮喘、支气管炎、肺气肿、肺心病、慢阻肺等疾病具有丰富的临床诊断和治疗经验。哮喘科日门诊量均达900余人次,近三年来,收治支气管炎、哮喘病人共计60000余人次,收治重症近9000人次。常年担负大量的南京市哮喘科疾病的诊治工作及全国范围内哮喘科疑难重症的会诊及诊治任务。

随着科室不断完善和发展,现拥有主任医师2名,副主任医师5名,博士1名,在读博士2名。科室是全国哮喘优质科室示范试点科室之一。本科室主要负责哮喘、支气管炎、肺气肿、肺心病、慢阻肺、呼吸衰竭、慢性阻塞性肺病等疾病的诊断和治疗。科室技术力量雄厚,对支气管炎、哮喘等肺部常见病,疑难病及危重病的诊治已达到国内领先水平,是中华慈善总会多吉美援助项目哮喘、支气管炎定点科室;拥有进口三维激光脉冲导融仪2台,呼吸机(德国Drager)2台,无创呼吸机(美国伟康)2台,电子纤维支气管镜(日本Olympus)1台,肺功能仪(日本Chest)1台,能开展气管炎、哮喘、肺气肿和肺心病等肺部疾病的个体化临床治疗。

科室所开展的"生物基因三联疗法"始终保持国内领先水平,经过近两年的临床验证、上万康复患者的共同见证、三次权威专家论证会的论证,权威部门的认证,已成功治愈患气管炎、哮喘、肺气肿和肺心病等肺部疾病患者共计59104例,高达98.69%的临床治愈率被国内外38家权威医疗机构应用于临床治疗,被国家提议将"生物基因三联疗法"确定为现代哮喘的治疗模式并推广至全国三甲医院气管炎、哮喘、肺气肿和肺心病等肺部疾病的临床治疗。医院哮喘科是南京军区老干部哮喘疑难重症研究与防治中心,南京市"三信三优"单位。2009年,科室荣获全国卫生系统"医德医风示范科室"和"诚信科室"称号。

骨科(454疼痛科)

南京454医院骨科是在中医专家诊疗中心的基础上建立的,又名南京454医院疼痛科。解放军南京454医院疼痛科与多名国内权威骨科、疼痛专家建立了长期技术合作关系,在国家级刊物上发表论文上百篇,引进了国际一流的大型诊疗设备,真正形成了以疗效为根本、科研为先导、人才为优势、临床为基础的高科技诊疗模式。

疼痛科采用小针刀、激光针刀等微创疗法治疗骨科、疼痛疾病。

小针刀疗法是根据生物力学理论,集中医针刺疗法和西医手术疗法的优点,利用小针刀兼有针灸针及手术刀作用的独特的综合作用,既加强了针灸针的针刺感应效果,又避免了手术刀较大的创伤性,对于颈椎病、腰椎盘突出症、腰肌劳损等一类慢性损伤性疼痛疾病,尤其是软组织粘连、瘢痕引起的疼痛性病症的治疗有着独到之处。

激光针刀是结合中医的针、西医的刀以及现代激光,以应用针刀疗法和激光效应的为基础,实施激光、针灸、闭合性手术为一体的综合性疗法。激光对人体发出的红外偏振光可达5-7厘米的有效深度,通过辐射神经节、神经丛、神经干、病变痛点及穴位,利用光作用作用于人体,从而产生光电、光化学、光磁及光酶等作用,可最大程度抑制神经兴奋,使血管扩张,肌肉松弛,血流量增加,加快疼痛物质的代谢,改善植物神经系统功能,促进血循环以阻断疼痛的恶性循环,对人体内炎症性、神经性及创伤性疼痛有显著疗效。

口腔科

口腔科是一个综合性科室。设有合页面外科、口腔内科、口腔修复科、口腔正畸科、先后成立了义齿制作中心、成人牙列不齐快速矫正中心、出国人员口腔保健中心、残根残冠及松动牙保留治疗中心。现有治疗椅位16张(包括体检中心),全景X线光机及数码牙片机各一台。

数字化口腔诊疗中心是按数字化、标准化、国际化、人性化规范建设的多功能现代综合口腔专业机构,拥有一支由国内、军内权威专家、教授、博士、硕士组成的强大专家团队,邀请国际知名教授、学科带头人客座临诊,部队知名口腔专家傅进友教授享有国际级别的技术地位、多项职称,韩国种植系统首席专家全鋭植鼎力加盟。中心是全军口腔医学专业委员会委员单位,南京军区口腔专业委员会副主委单位,江苏省医院管理协会口腔分会副主委单位,中华医学会南京口腔分会委员单位。南京454医院口腔中心具有雄厚的科研实力与一批特色医疗项目,中心通过科研技术交流及数十年的临床积累,所研制的便携式口腔光导多功能治疗机获国家发明专利一项、实用专利三项,1998年获香港世界华人发明博览会银奖,2002年获日内瓦世界发明博览会金奖,2006年获军队医疗成果二等奖,2008年被中国口腔医学博物馆收藏,开展的保留真皮下血管网皮片修复颌面部缺损,院内权威口腔专家傅进友独创了3D美容冠7天快速修复技术,只需1个小时就能拥有一口亮白牙齿,是7天快速修复的创始人。

普外科

医院普外科技术力量雄厚,医生梯次合理,拥有床位60张,是一个以肝胆普外科手术

疾病及胃肠道肿瘤为特色的专科。在南京地区率先开展腹腔镜胆囊切除术,至今已万余例,成功率达99.9%。擅长电子胆道镜下复杂肝内外胆管结石根治性治疗;肝、胆、肠疾病,重症胰腺炎的微创治疗;肝脏各部位肿瘤、胃癌、大肠癌及乳腺癌、甲状腺肿瘤、烧伤整形等综合性治疗。

心血管内科

该科医疗设备先进、技术力量雄厚、诊疗管理规范。常规开展心脏导管检查、人工心脏起搏器安装、冠状动脉腔内成形术及冠脉内支架植入术,在冠心病心肌梗死、顽固性高血压、重症心肌炎、心力衰竭等方面具有较高的抢救成功率及临床治愈率。

内分泌科

拥有多名经验丰富的高年资高学历医师,对内分泌科疑难、危重病人的抢救和治疗有独到的手段,尤其是糖尿病足病的诊治,在江苏地区率先开展了人工"蛆虫疗法"、生物蛆虫清创法内分泌科开展糖尿病足手术等技术,糖尿病足病截肢率控制在6-8%,远低于14%的平均水平。

肿瘤血液科

长期从事各类肿瘤及血液病的综合治疗研究。开展了激光光动力治疗、高能聚焦超声治疗、大容量灌注热胸腹腔化疗、巨大肿瘤介入治疗、肝内无水酒精注射治疗、微波治疗、造血干细胞移植治疗各类化疗敏感肿瘤、脐血输注治疗重型再生障碍性贫血、白血病患者经系统规范的治疗及干细胞支持的大剂量化疗,疗效显著。

体检中心

医院健康体检中心设于独立楼宇,拥有一批招收飞行员体检及飞行人员健康鉴定实践经验的专家。中心拥有X中国女航天员选拔揭秘线计算机成像系统,进口彩色多普勒血流超声仪(心脏、腹部、小器官全身机)、乳腺红外仪、阴道镜、心电图仪、眼底照相仪、四肢动脉硬化检测仪、健康监测仪、骨密度仪、心理检测仪等先进大型医疗设备。体检中心项目齐全,环境优美,布局合理,流程便捷。

泌尿科

泌尿科在设计上严格参照国际标准进行,处处体现"以人为本",医院门诊、诊室流程布局合理、环境优雅,病房宽敞、明亮、舒适,并装备有中心吸引、中心供氧、中央空调、中心呼叫等系统。医院建立了一套与国际水平接轨的现代化医疗服务模式,实行电子显示屏、电子触摸屏、导医服务员、导医指示标志四种导医服务方式,极大地方便患者就诊。

积极探索适应现代医学发展的新的医疗服务模式,实行无假日门诊制和首诊负责制,及时为患者就诊提供方便;为方便患者简化了服务流程,实行全程导医服务,缩短了病人的侯诊时间;医院建立健全制约与监督机制,做到合理检查、合理用药、合理收费、合理住院,切实维护患者的合法权益,让患者明明白白看病,真正让患者得到实惠。

骨科(微波治疗中心)

骨肿瘤相对于其他肿瘤,恶性程度较高,发病年龄较轻,伤残及致死率较大。骨肿瘤的治疗是手术为核心,辅以化学药物、放射、生物学治疗的全面综合性治疗,以期达到全身控制,临床治愈的目的。国外对骨肿瘤患者的处理现已发展为集中专科化的模式,设立专科医疗单位进行诊治并随访,避免了盲目诊治,很大程度上提高了临床疗效。

骨肿瘤微波治疗中心和全军骨肿瘤研究所合作,聘请全军骨肿瘤研究所所长、第四军医大学著名专家、博士生导师范清宇教授为中心顾问,面向华东及中南地区的患者,全面指导有关工作的开展及实施,以提高骨肿瘤诊疗研究的水平,造福于病人。

骨肿瘤微波治疗中心引进价值约400万的微波治疗设备一套,对骨肿瘤的病人开展以手术为中心的综合治疗,并对治疗进行全程跟踪服务,提高疾病的临床疗效,提高患者的生存

质量。该技术在国内骨肿瘤治疗方面处于领先地位。该中心愿用最先进的医疗技术和医疗服务为您服务。

2011年6月,南京454医院最新节能环保病房空勤大楼已经投入使用,大楼突出低碳、节能、绿色、环保的建设理念,利用地源热泵原理,拥有先进的太阳能节能中央空调系统,全天候保持舒适的恒温恒湿状态,给您舒适的病房环境。并采用双层幕墙设计,形成良好的通风,提高隔音能力,让您晚间睡得安静,睡的香。所有病房的热水器均为太阳能,光照全部使用LED节能灯并采用光导照明系统和智能控制系统的光导技术,在白天将自然光线引入室内遮阳体系,可将照度自动调整到工作最合适的水平。营区道路照明采用太阳能路灯的太阳能中央空调技术,以太阳光为能源,安全节能无污染,节省电费。采用屋顶绿化技术,提高建筑的节能效果,改善建筑景观。另外,大楼还设有“雨水收集”系统,收集雨水,用来冲厕所和浇灌花园等,可节能40%。新华网、中国军网、南京新闻、江苏卫视多家电台媒体采访。

南京454空勤病房大楼的投入使用将改善就诊住院环境,缓解病床紧张的问题。同时能节能40%的新型节能低碳的建筑理念,完全契合了当今社会的节能减排发展主流。

空勤病房楼,建筑面积11000平方米,设计床位300余张,内设有标准病房120余间,豪华套房10余间。此病房楼采用了地源热泵中央空调系统、智能化楼宇控制系统等多种节能环保的设计,是南京军区医院病房项目中首个综合应用多种节能设计的的建筑。为您营造出舒适、安心、轻松的治疗环境。

医院妇产科是省重点科室之一,拥有一支临床经验丰富、理论造诣深厚的妇产科专家队伍,妇科微创七大王牌技术是江苏妇产科首家微创治疗服务中心,南京女性健康体检,特色微创服务,近年来在妇科肿瘤及宫外孕等妇科疑难杂症方面开展了DSA和超声介入治疗,取得了很好的临床疗效并于1995年被国家卫生部评为“爱婴医院”。

优势服务

医院为部队医院面向社会,优先为兵服务,在满足部队官兵就诊的同时,为国内、外的百姓大众提供专业、规范、优质、安全、温馨的口腔全科防病、治病服务。该中心接诊过的外宾遍布美国、英国、法国、加拿大、澳大利亚、新西兰、俄罗斯等世界各地。

专家介绍

姬雪梅,副主任医师,浙江不孕不育博士园专家,浙江广仁不孕不育研究所主任研究员,杭州广仁医院不孕不育中心主任,中华医学会妇产科分会会员,在女性不孕不育领域有很深造诣。对女性输卵管堵塞、多囊卵巢综合症、卵巢囊肿、内分泌失调、习惯性流产等各类不孕症的治疗有独特的方法。尤其擅长运用微创技术治疗,患者痛苦小、受孕率高。多次在国内各类不孕症最新技术高峰论坛作专题主讲,以良好的医德医风和高超的医技深受患者好评,被患者亲切的誉为“送子观音”。

陈艳冰,主治医师,北京第一医科院特聘研究员,浙江不孕不育博士园专家,浙江广仁不孕不育研究所主任研究员,杭州广仁医院不孕不育中心主任,中华医学会妇产科分会会员,从事妇产科临床工作近三十年。擅长治疗阴道炎、宫颈炎、盆腔炎等引起的输卵管堵塞、功能性子宫出血、多囊卵巢综合症等不孕症,尤其擅长治疗输卵管性不孕、子宫性不孕、免疫性不孕,采用中西医结合的方法治疗月经不调、排卵障碍性不孕及内分泌失调、高泌乳素血症性不孕、免疫性不孕等。在各级医学刊物上发表多篇学术论文。

雷鸣——不孕不育科主治医师

从事泌尿男科临床研究、诊疗工作十余年,有较系统的基础理论知识、专业防治知识,对治疗急慢性前列腺炎、男性不育症、男性性功能障碍、男性生殖系统有着丰富的临床经验,尤其擅长采用尖端科技结合物理疗法、药物疗法等手段对前列腺疾病、男性功能障碍进行科学规范治疗、个性化治疗,疗效显著,治愈率高。

南京市江北人民医院

始建于1934年,是一所集医疗、教学、科研、保健、康复和急救为一体的综合性医疗机构。是南京江北地区规模大、技术力量强、功能齐全的一所综合性医院。2011年4月被江苏省卫生厅确认为三级医院。是东南大学医学院和南通大学的附属医院;是省化工职业病防治所;江苏省石化系统急性中毒抢救中心;东南大学(江北)新生儿疾病研究所;南京市首批26家“药品价格信得过单位”之一;省市医保的AAA级诚信单位;南京市第一个取得省卫生厅颁发的职业性健康体检批准书的综合性医院;南京医保、工伤保险指定的职业健康体检医院;市卫生局指定的定点诊治结核病的医院之一;六合区新农合定点医院。拥有南京市第一个临床应用型肿瘤生物治疗实验室。该院康复科是江苏省目前规模最大、设施最先进的康复医学学科之一。

医院规模

医院现占地面积6.2万平方米,建筑面积5.2万平方米。医院现有床位数575余张,高级职称卫生技术人员78人;中级职称卫生技术人员314人;初级职称卫生技术人员319人;市级以上学会(协会)委员35人;省级学会委员6人;国家级学会及其专科分会委员4人。

医院拥有18个病区、34个临床和医技科室。神经内科、消化内科、新生儿科、康复医学科、感染性疾病科、影像科、检验科、妇产科、神经外科、耳鼻咽喉科10个专科是南京市重点专科。普外科腹腔镜手术、子宫动脉栓塞介入手术、妇科腹腔镜手术、逆行胰胆管照影术、十二指肠乳头切开取石术、胆管内支架置入术、内镜下粘膜切除术、微创椎体后凸成形术、全膝全髋关节置换、脑前交通动脉瘤夹闭术、电子喉镜、恶性肿瘤规范化治疗体系、多普勒成像用于冠心病诊断、单采淋巴细胞活化进行肿瘤免疫治疗等填补了江北地区医疗技术领域的空白;重症胰腺炎并发ARDS的救治成功率达到了省内先进水平;突发化学中毒急救、职业病防治、工伤和重大交通事故的应急救援是医院的一大特色和优势。

医疗设备

医院现有万元以上医疗设备200余台,计有磁共振成像仪(MRI)、计算机数字减影血管造影系统(DSA)、全身螺旋CT、

SCT－4500TE全身扫描机、钴60放射治疗机、GY－26A中型医用高压氧舱、大型微波治疗机、乳腺钼靶诊断机、EX－11型遥控透视X线机、泌尿系统电切汽化器械、各类电子内窥镜、纤维内窥镜、美国STORZ超声乳化仪、德国产胸（腹）镜手术系统、进口多功能麻醉机、RA－100全自动生化分析仪、多普勒彩超、ICU监护系统、PACS系统、干式生化分析仪、全自动生化分析仪、电子胃肠镜、腹腔镜、宫腔镜等先进医疗设备。

1997年医院在成为南京医科大学的教学医院之后，又相继成为南通大学医学院的教学医院和东南大学医学院附属医院。1999年医院被南京市卫生局评为“白求恩杯”竞赛先进单位；2000年7月获南京市物价局、卫生局、医药管理局“药品价格信得过单位”。

医院资质是省化工职业病防治所

江苏省石化系统急性中毒抢救中心

东南大学（江北）新生儿疾病研究所

南京市首批26家“药品价格信得过单位”之一

省市医保的AAA级诚信单位

南京市第一个取得省卫生厅颁发的职业性健康体检批准书的综合性医院

南京医保、工伤保险指定的职业健康体检医院

南京市首批挂牌的急救中心

市卫生局指定的定点诊治结核病的医院之一

专家介绍

杨建华，主任医师，中国生殖医学实验室开创者，浙江不孕不育博士园专家，杭州广仁医院不孕不育中心首席专家。曾任法国Pellegrin医院、巴黎Bicetre医院生殖医学中心的客座教授，上海市卫生局跨世纪学科带头人，上海第二医科大学生殖医学专业博士。现任同济大学生殖医学研究所客座教授，上海市计划生育研究所特聘专家，《中国男科学》杂志主任编委等职。主编有《实用男性不育诊疗学》、《男性不育实验技术》等专著。在男女不孕不育症的诊疗方面取得的成就获得了国内外生殖医学专家的一致好评。

向强，中华医学会会员，同济医科大学硕士研究生，上海不孕不育研究所专家，浙江广仁不孕不育研究所特聘研究员，从事男性不育工作二十余年，发表专业性学术论文10余篇。对男性不育的诊断、检查、治疗及优生优育有较丰富的临床经验。曾参与北京、上海等地区三甲医院不孕不育专家开展的学术交流和研讨。擅长治疗男性弱精、少精、血精、死精、无精症、精液不液化、逆行射精、排精障碍等男性不育症。

谭中青，主任医师，毕业于吉林白求恩医科大学，主任医师，江苏省中西医学肛肠分会委员，曾在多次到北京广安门医院肛肠科进行学术交流，在国内重要学术刊物上发表论文共20余篇，荣获省级四项科研成果奖，临床经验丰富。着重研究和治疗各类肛肠科疑难杂症，对各类肛周肠道疑难杂症疾病的治疗和康复具有丰富的经验，临床治愈肛肠疾病患者高达万例，擅长应用PPH、HCPT、安氏疗法等前沿技术治疗各种复杂痔疮、直肠脱垂等肛肠疾病，在治疗肛肠疑难疾病如复杂性肛瘘，环状混合痔，慢性输型和出口梗阻型便秘有很深的造诣，深受各地患者好评。

许斌，苏州同济医院不孕症主治医师，中华医学会会员。从事临床工作10年，对男性泌尿、生殖、性功能及前列腺的诊断及治疗有较为丰富的临床经验。在诊治男性不育症方面有独到的见解。多次参加学术交流会，并发表相关论文多篇。

历史沿革

医院创建于1934年，民族资本家范旭东在南京创建东亚第一大厂的同时建立了一所医院，聘请协和医院李淑任院长。

1935年挂牌“永利铔厂卫生院，设有门诊、内外科、手术室。有医生、护士、助产士共19人。

1937年11月日寇占领南京，医院西迁入川

1939年5月改名为：永礼化学工业株式会社浦口工业所医院。木腾正德（日）任院长

1946年2月入川人员返宁，重新接收医院。

1949年4月，江北解放，医院被接管

1950年，聘请鼓楼医院顾季芬医师来院主持业务工作。相继成立了妇产科、儿科、眼科、中医科、耳鼻咽喉科，并建立化验室，由德国医学博士许重五主持工作。

1952年7月，改名为：公私合营永利宁厂卫生院。

1959年4月更名为：南京化学工业公司医院（南化医院）。

1960年，与南京市鼓楼医院签订“医疗技术协议合同”，进行医疗技术合作。

1962年8月，医院迁入新址，开放床位300张，下辖两个门诊部。职工432人。

文革中，医院的规模、业务工作一度受到影响

1980年，医院床位恢复300张，实行全面对外开放，辐射范围包括原六合县、江浦县、浦口、安徽的来安、天长、和县。

1994年，医院通过首批国家“二甲”医院评审。

1997年，经省市政府部门批准，增挂“南京江北人民医院”院牌。

2001年8月，随着新住院大楼的启用，按二级学科划分病区临床科室全部专科化。核定床位506张。

2004年，因国家政策，中国石化所有医院全部改制分流。江北人民医院是当时中石化效益最好的医院，因此成为中石化的首家改制试点单位，于2004年7月改制，注册为非盈利性民营医院。

2007年6月，南京市卫生局正式发文，拟将我院提档升级为南京跨江发展规划建设的“三级医院”。

2010年11月江苏省卫生厅发文，确定全省增设13家三级综合性医院，南京江北人民医院位列其中

2011年3月，医院通过江苏省卫生厅三级医院资质效验。

2011年4月22日，省卫生厅〔2011〕32号文确认为三级医院。

江苏省第二中医院

是1988年12月经江苏省人民政府批准成立的，现位于南京市河西地区中部，是河西地区从秦淮河向西，草场门以南，到奥体中心这一区域内唯一一所三级公立医疗机构。经过近二十年的建设和发展，目前已成为一所融医疗、教学、科研为一体的省级综合性三级医院，是江苏省涉外教学医院，同时也是江苏省、南京市确定的医保定点医院。

江苏省第二中医院简介

该院的急诊中心目前是河西新城区最大的急诊中心,每天24小时接待病人。医院门诊部实行无双休日、无午休和无黄金周工作制度。医院开设的临床科室有:内科、外科、骨伤科、妇科、儿科、针灸科、推拿科、口腔科、眼科、耳鼻咽喉科、皮肤科等,其中针灸科已经批准为省级重点临床科室建设单位。拥有进口多排CT、目前最先进的进口彩超、进口DR机、数字化胃肠机、心电综合分析系统、电子胃、肠镜、腹腔镜、宫腔镜、进口碎石机等高新诊疗仪器设备。

随着南京河西新城区建设速度的加快,实际居住人口的剧增,医院门、急诊量呈逐年大幅增加的趋势,利用现有条件开设的过渡病床的使用率达到了140%。医院在内科、外科、骨伤科、妇科、儿科、针灸、推拿、中医康复、五官科、口腔科等科室方面,已形成了别具特色的治疗优势;在胸外科的肺癌根治、食管癌根治、普外科的肝、胆、胃肠手术、腹腔镜手术、骨伤科的脊柱手术和关节置换、妇科的子宫切除、宫颈癌根治手术、肿瘤介入治疗、急诊抢救、心脑血管疾病及呼吸、消化、内分泌专科等都有一定优势。

医疗环境

江苏省第二中医院地处南京市河西地区中部,交通便利,闹中取静。医院占地面积70亩,院内绿化覆盖率达45%,院内四季常青,鸟语花香,风光绮丽,环境宜人。医院曾被评为省级"园林式单位",是大都市中难得一觅的医疗康复佳所。

医院荣誉

江苏省第二中医院的医疗质量、服务态度得到了广大病员的高度评价,病员满意度已连续几年在全省名列前茅,2007年,在卫生厅组织的全省60家三级医院出院病人的问卷函调中,病员对该院综合满意度评价位列全省第6,其中,在参与函调的在宁14家省、市医院中名列第一!

江苏省第二中医院科室介绍

内科
心脑血管病专科
肛肠专科
神经内科
儿童哮喘内病外治
红斑狼疮专科
风湿病专科
外科
骨伤科
关节病专科
肝胆专科
慢性骨髓炎专科
股骨头无菌坏死
颈椎病推拿专科
儿科
中风后遗症康复
急诊科
妇科
皮肤疣痣专科
男性病专科
小儿推拿专科
专家介绍
王立辉

专家特长

擅长对妇科炎症、子宫肌瘤、子宫内膜异位症、不孕症、输卵管堵塞、青春期功血、多囊卵巢综合症、子宫出血、反复自然流产、子宫纵隔、宫腔粘连等疾病的诊治。

诊疗范围

妇科炎症、子宫肌瘤、子宫内膜异位症、不孕症、输卵管堵塞、青春期功血、多囊卵巢综合症、子宫出血、反复自然流产、子宫纵隔、宫腔粘连。

专家简介

王立辉,主治医师,从事妇产科临床已经有20余年了。在优生优育、生殖遗传咨询等方面有丰富的经验。

长征医院南京分院

设有临床科室25个,医技科室15个,开展41个专业,14个实验室,8个诊疗中心:创伤急救中心、脑复苏中心、血液净化中心、听力康复和眩晕治疗中心、肝病中心、整形美容中心、口腔中心、体检中心。

医院设备

医院拥有多排螺旋CT、4800TFCT、数字胃肠机及1000MA大型X光机、血管造影机、C臂机、IDC、CR和DR系统,多台彩色多普勒超声检查仪、30台血透仪、全自动呼吸机、高压氧舱等大型医疗设备。以及经颅多普勒超声诊断仪、脑干诱发电位、各种内窥镜、24小时动态心电、动态血压检测仪、活动平板、多导生理记录仪、各种激光治疗仪、微波治疗仪、血液光量子治疗仪、呼吸睡眠监测系统、骨髓细胞分析系统、前庭功能检查系统、并新增了全自动生化仪、全自动血细胞分析仪、HT荧光酶标仪、微生物鉴定及药敏分析系统、心电监护仪、全自动非接触眼压仪等先进诊疗仪器。

医院规模

2006年医院重点加强围绕中心建设和发展特色专业开展工作、树立品牌。创伤急救中心建立以急诊科、脑外、骨科、普外科、心内科等为主导的多学科协同救治体系,建立了严格的组织机构并制定了重大伤病和公共卫生突发事件医疗救护快速应急预案,能及时展开大规模伤病员救治工作。尤其是"绿色通道"建立后,更为重危急救工作的顺利开展提供了有力的保障。在"5.6"和"5.8"重大车祸救治以及"6.3"大批食物中毒救治工作中表现突出,受到省、市领导的表扬。脑复苏中心是重点学科之一,根据自身特点并从实际工作出发,组建了内、外科相结合的综合神经科。神经外科颅脑外伤救治率达到国内先进水平,神经内科对诊治急、慢性脑血管病变以及癫痫等各种神经系统疾病有丰富的临床经验;血液净化中心开展急、慢性肾功能衰竭(尿毒症)、高脂血症、药物及食物中毒、慢性充血性心衰终末期等多种治疗项目,尤其是动静脉瘘置管、复杂瘘重建修补术、长期双腔管置放术、腕管松解术、人造血管置入术等技术水平在省、市同行业中名列前茅;骨科在上海长征医院骨科专家的帮带下正逐步形成以脊柱外科、关节外科为主的特色发展学科;耳鼻咽喉及听力、眩晕中心,是原军医学院的重点学科,所属听力中心在听力检测、分析和康复治疗(包括聋哑儿听力康复训练)、助听器选配等方面处于国内先进水平,在晕动病研究方面有很深的造诣;肝病中心拥有国际先进的"人工肝"设备和微波刀治疗系统,在重型肝炎的抢救和难治性肝炎治疗以及肝癌的综合治疗方面达到国内先进水平;口腔中心拥有多名来自第四军医大学的口腔专家,在口内、口外、矫形、颌面外科等各种常见病和疑难杂症诊治方面具有很高的水平;手外科在各种断肢、断指(趾)再植、再造和复杂显微外科矫形等高难度手术方面处于南京市领先水平;整形美容中心由第二军医大学长征医院整形美容中心主任、著名整形专家江华教授亲自指导并选派优秀医生长期参加诊疗工作,开诊仅半年已顺利开展整形手术近万例;体检中心是面向社会大众服务的专业体检机构,实行规范化管理,已成为上海铁路局等诸多大型企业的定点体检单位,年完成体检任务在两万人次以上。

泌尿外科

第二军医大学长征医院即上海长征医院南京分院(原南京四一四医院),是综合性三级甲等医院。泌尿外科诊疗中心是上海长征医院南京分院的重点建设学科,拥有多名高级职称的专业人才和多台当今最先进的泌尿外科诊疗设备,医院拥有德国膀胱镜、尿道镜、尿道冷刀、输尿管镜、输尿管软镜、经皮肾镜、前列腺汽化电切镜、美国绿激光前列腺选择性光汽化治疗系统(简称绿激光PVP)、瑞士EMS碎石清石系统、医用钬激光碎石系统、内生场治疗系统、微波治疗仪、射频消融治疗仪、尿流动力学检测仪、多排螺旋CT、4800TFCT、数字胃肠机及1000MA大型X光机、血管造影机、C臂机、IDC、CR和DR系统,多台彩色多普勒超声检查仪、30台血透仪、全自动呼吸机、高压氧舱等大型医疗设备。以及经颅多普勒超声诊断仪、脑干诱发电位、各种内窥镜、24小时动态心电、动态血压检测仪、活动平板、多导生理记录仪、各种激光治疗仪、微波治疗仪、血液光量子治疗仪、呼吸睡眠监测系统、骨髓细胞分析系统、前庭功能检查系统、并新增了全自动生化仪、全自动血细胞分析仪、HT荧光酶标仪、微生物鉴定及药敏分析系统、心电监护仪、全自动非接触眼压仪等先进诊疗仪器。

医院专家

丁丽娟,苏州同济医院不孕不育症主治医师,毕业于长春医科大学,20多年临床工作,对各类不孕不育疾病治疗积累了丰富经验。已成功治愈不孕不育患者数千余例。擅长诊治因输卵管不通、子宫腺肌症、多囊卵巢综合症、子宫内膜异位症等引起的女性不孕,同时对治疗卵巢早衰、闭经、月经不调、附件炎也有丰富经验。

医院地址

第二军医大学长征医院南京分院医院地址:南京市下关区建宁路200号(阅江楼风景区旁)第二军医大学长征医院南京分院

南京市江宁医院

创建于1935年,建院78年来,经过几代江宁医院人的不懈努力,现已发展成为集医疗、教学、科研、预防、保健、康复为一体的三级综合医院,成为南京医科大学附属医院,医院内设有南京市急救中心江宁分站、江宁区肿瘤治疗中心。

医院始终牢记公立医院的社会责任,秉承"仁爱、诚信、精湛、卓越"的院训,坚持"人才科技兴院、质量服务立院、改革创新强院"的办院方针,不断加强医院内涵建设,医疗水平日益提高,学科建设逐步完备,科研教学工作业绩喜人,已呈现出较强的区域优势。

医院规模不断扩大,现医疗区占地面积112亩,建筑面积73411平方米,拥有2个分院和2个门诊部。现拥有核定床位800张,设标准病区23个。医院年门急诊工作量近100万人次以上,年收治住院病人3万人次以上。

医院大力加强人才队伍建设,现拥有在职职工1314名,其中在编职工1025名,卫技人员1118名,博士研究生13名,硕士研究生110余名;高级职称135名,中级职称350余名;江苏省"333工程"培养对象1人,南京市中青年行业学科带头人3人,南京市卫生青年人才3人,4人被聘为南医大副教授。

医院不断引进先进医疗设备满足临床需要,拥有直线加速器、高场1.5T核磁共振、16排螺旋CT、8排螺旋CT、大型C—臂机、大型全自动生化仪、电化学发光免疫分析仪、多功能彩超、电子胃镜、肠镜、十二指肠镜、钬激光碎石机、手术显微镜等先进医疗设备,医疗设备总价值近2亿元。

医院高度重视业务技术建设和专科建设,现拥有32个临床专业,38个临床科室,5个医技专业,15个医技科室。心内科被评为南京医科大学重点学科,神经内科、呼吸科、肿瘤科、消化科、普外科、泌尿外科、骨科、胸外科被评为南京市重点专科,神经内科、呼吸内科申报创建省级重点专科。2002年成为卫生部推广项目"颅内血肿微创清除技术协作医院"。每年均有科研项目获得省、市、区科技成果奖。

徐　州　市

徐州市医学院附属医院

创建于1897年,是一所已有108年历史的省属综合性医院,是苏北地区部颁三级甲等医院之一,也是国内首批卫生部国际紧急救援中心网络医院、国家级爱婴医院、全国首批"百姓放心示范医院"、江苏省骨髓移植定点医院。医院服务辐射苏、鲁、豫、皖四省接壤地区近20个地市、110个县1亿多人口,是江苏省和徐州市医疗工作的对外"窗口",在《江苏省卫生事业第十个五年计划》中被确定为江苏省苏北地区医疗技术指导和服务中心。

医院目前占地面积63080 ㎡,建筑面积96982.67 ㎡,医院总资产13.6亿元,实际开放床位数2400张,是江苏省卫生事业发展"十一五"、"十二五"规划确定的苏北地区医疗技术指导和服务中心。医院现有职工2156人,其中卫生技术人员1638人,临床医师538人,护理人员752人,高级职称356人,硕士学位362人,博士学位68人;享受政府特殊津贴专家18人,国家和省级有突出贡献中青年专家10人,省"科教兴卫工程"医学领军人才2人,省"科教兴卫工程"医学重点人才5人,省"333工程"培养对象17人;医院拥有博士学位建设培养点3个,所有临床医学学科均取得硕士学位授予权,是省卫生厅临床医师进修培训基地。

医院设有一级临床科室20个,二级临床科室34个,一级医技科室8个,二级医技科室20个,病区39个;拥有双源CT、16排螺旋CT、3.0T核磁共振、瓦里安23EX直线加速器、复合线路SPECT-ECT、INNOVA4100大型数字化平板X光机等万元以上医疗仪器设备390台(件);设有骨髓移植中心、血液净化中心、肿瘤中心、急救中心、泌尿碎石中心、整形激光美容和近视治疗中心、放射治疗中心、γ-刀治疗中心、保健体检中心等9个中心;设有江苏省麻醉研究所、心血管病研究所、神经疾病研究所等3个研究所;拥有国家级重点学科培育建设点1个(麻醉学),省医学重点学科4个(麻醉学、内科学、外科学、儿科学),省"科教兴卫工程"医学重点学科2个(麻醉学、血液病学),省政府重点实验室1个,省级临床重点专科13个(麻醉科、血液科、心内科、介入放射科、神经外科、泌尿外科、皮肤性病科、神经内科、医学影像科、胸心外科、肿瘤中心、急救中心、感染性疾病科),市级临床重点专科17个(麻醉科、血液科、心内科、介入放射科、神经外科、泌尿外科、皮肤性病科、神经内科、医学影像科、普外科、心胸外科、儿科、内分泌科、耳鼻喉科、超声医学专业、CT、MR专业、产前诊断专业)。

简　史

徐州医学院附属医院前身是徐州市第二人民医院,1959年成为南京医学院徐州分院的附属医院。1960年改名为"徐州医学院附属医院",开始临床教学工作。徐州医学院临床学院成立于2003年3月,其前身是徐州医学院附属医院临床医学系教学办公室。临床学院与徐医附院在体制上是一个统一的整体,徐医附院党委石信峰书记任临床学院党委书记,刘彦群院长任临床学院院长,尹忠诚副院长任临床学院副院长。

教学科研

临床学院共有13个教研室和2个设备齐全的教学实验中心,包括外科学与外总、内科学与诊断学、妇产科学、儿科学、神经精神病学、传染病学、眼科学、耳鼻咽喉科学、口腔科学、皮肤性病学、中医学、老年医学、康复医学教研室,和诊断学、基本外科教学实验中心。

近3年来,获得省部级科研成果8项,市厅级成果27项。厅级新技术引进奖22项,市级新技术引进奖31项。国家级课题6项,省部级课题12项,市厅级课题46项。获省级教学成果奖2项,获国家级优秀教材奖1项,制作完成并由人民卫生出版出版发行多媒体视听教材2部,获全国高校多媒体课件比赛优秀奖1项,省级优秀课程群1个(医学影像学课程群),诊断学教学实验中心2005年批准成为"江苏省高校基础课实验教学示范中心建设点"。在省级以上刊物发表的论文总数746篇。

专家介绍

杜玉杰,中华医学会会员,浙江不孕不育博士园专家,浙江广仁不孕不育研究所研究员,从事妇科及不孕症临床、教学、科研工作二十多年,对妇科炎症、月经不调、子宫内膜异位症、子宫肌瘤等各种妇科疑难杂症的诊治经验丰富。对因输卵管堵塞、多囊卵巢综合征、内分泌失调等引起的不孕不育有独特疗法。尤其擅长生育障碍、排卵障碍、输卵管疾病等。在国家级、省部级医学刊物上发表妇科及不孕不育学术论文等多篇。

徐州市中心医院

暨徐州市第四人民医院,是目前淮海经济区规模较大、设备齐全、技术力量雄厚的三级甲等医院。先后荣获全国卫生文化建设先进单位、全国卫生系统先进集体、江苏省十佳医院、江苏省基本现代化医院等荣誉称号。

医院现拥有固定资产4.4亿元,核编床位1200张,占地面积80亩,建筑面积9万多平方米。现代化门急诊外科大楼19层,建筑面积5万平方米。医院现有职工1300多人,其中高级职称210多人,中级职称440多人,博士、硕士研究生80多人。现设有26个病区,31个临床科室,15个医技科室,2个研究所,3个硕士生培养点。医院还设有:徐州市医疗急救中心、徐州市交通事故急救中心、徐州市肿瘤诊疗中心、康复理疗中心、眼科中心、健康体检中心、PET-CT诊断中心。拥有荷兰菲利普PET-CT、瑞典医科达直线加速器、荷兰菲利普1.5T磁共振、美国PK螺旋CT、荷兰菲利普心血管数字造影机等万元以上医疗设备620多台件。拥有一流的病房设施和按国家级标准装备ICU、CCU、NICU病房,具有较强的院内、院前综合急救能力。ICU、普外科、泌尿外科、妇产科、神经外科、康复科、口腔科被确定为徐州市临床重点专科,心血管内科、核医学科、骨科、影像科、肿瘤专业被确定为徐州市重点学科,其中心血管内科、核医学科被确定为江苏省临床重点专科。

医院地址:徐州市解放南路199号

医院专家

姬雪梅,副主任医师,浙江不孕不育博士园专家,浙江广仁不孕不育研究所主任研究员,杭州广仁医院不孕不育中心主任,中华医学会妇产科分会会员,在女性不孕不育领域有很深造诣。对女性输卵管堵塞、多囊卵巢综合症、卵巢囊肿、内分泌失调、习惯性流产等各类不孕症的治疗有独特的方法。尤其擅长运用微创技术治疗,患者痛苦小、受孕率高。多次在国内各类不孕症最新技术高峰论坛作专题主讲。

王丽美,肛肠科主任,女性肛肠主任从事肛肠外科临床工作20余年,多次到北京大学附属医院、上海九院学术交流,长期专注于肛肠疾病诊疗领域,曾多次应邀参加国内外权威肛肠专家学术交流会,擅长治疗内痔、外痔、混合痔、肛裂、肛瘘、直肠脱垂、大肠恶变等肛肠疾病。从事肛肠外科临床工作20余年,多次到北京大学附属医院、上海九院学术交流,长期专注于肛肠疾病诊疗领域,曾多次应邀参加国内外权威肛肠专家学术交流会,擅长治疗内痔、外痔、混合痔、肛裂、肛瘘、直肠脱垂、大肠恶变等肛肠疾病,在运用PPH吻合术、HCPT、COOK痔疮枪等国际诊疗先进技术治疗肛肠疾病有很深的造诣,安全开展肛肠病手术8000余例,在国家级肛肠刊杂志上多次发表作品,在业内享有很高的声誉。

陈艳冰,主治医师,北京第一医科院特聘研究员,浙江不孕不育博士园专家,浙江广仁不孕不育研究所主任研究员,杭州广仁医院不孕不育中心主任,中华医学会妇产科分会会员,从事妇产科临床工作近三十年。擅长治疗阴道炎、宫颈炎、盆腔炎等引起的输卵管堵塞、功能性子宫出血、多囊卵巢综合症等不孕症,尤其擅长治疗输卵管性不孕、子宫性不孕、免疫性不孕,采用中西医结合的方法治疗月经不调、排卵障碍性不孕及内分泌失调、高泌乳素血症性不孕、免疫性不孕等。在各级医学刊物上发表多篇学术论文。

徐州市中医院

坐落于古彭云龙山北麓,始建于1956年,是国家三级甲等中医院、南京中医药大学附属医院、江苏省高校实习基地。历经几代人近半个世纪的努力,该院已发展建设成为特色突出、专科齐全、设备先进、环境优美的人性化医疗单位。

公司名称:徐州市中医院

总部地点:徐州市

成立时间:1956年

经营范围:医疗机构

公司性质:公立医院

员工数:432人

医院等级:三级甲等

医院类型:综合医院

医院简介

医院占地面积36亩,建筑面积近4万平方米,12000平方米的智能化、人性化综合病房大楼一期已投入使用。全院现有职工432人,卫技人员387人,其中高级专业技术人员近百人(包括国家、省、市级名医11人),医学博士、硕士研究生近20人。医院门诊设26个临床科室、10个医技科室、40余个专科、专病门诊。另外为了方便市区患者就诊,医院在天桥东设立第二门诊部(徐州市中医社区服务示范点),在王陵路设立普济药店,在建国西路设立了普惠大药房,目前医院年门诊量逾30万人次,住院部设10个社区,400张病床,年收治住院病人近万人次。

医院特色

临床设有26个科室,脑病(针灸)中心、肛肠科省中医重点专科。心血管内科、消化内科、肾病内分泌科为市中医临床重点专科。其他科室如:肝胆内科、呼吸内科、肿瘤内科、普外科、脑外科、心胸外科、泌尿外科、肿瘤外科、微创外科、烧伤整形科、整形美容科、骨伤科、妇科、儿科、眼科、耳鼻喉科、男性科、女不孕男不育科、口腔科、推拿科、急诊科、药氧科等都各具特色与优势。

近几年来,该院注重人才培养与设备投入,尤其在心脑血管病、交通事故的抢救暨急诊医疗方面达到市领先水平,受到社会各界赞扬。心胸外科开展的心脏不停跳全动脉冠状动脉搭桥等手术、骨伤科开展的小儿脑瘫暨高选择性脊神经跟后跟切断术(SPR),胸椎骨巨细胞+人工追体置换术、上颈段脊髓肿瘤摘除术、全髋关节置换、股骨头置换、脊髓损伤等手术;肛肠科开展的重度直肠脱垂、复杂性肛瘘、内外混合痔等手术;肿瘤外科开展的胃肠、乳腺、甲状腺等脏器癌症的根治性手术均达到国内领先水平。该院介入中心运用DSA大型C型臂广泛开展各种介入治疗,其中心血管内科开展的冠状动脉内支架置入术、脑病(针灸)中心开展的脑血管狭窄介入治疗及脑梗塞急性期的介入溶栓治疗、妇科开展的介入输卵管再通术以及恶性肿瘤等治疗达到省内领先水平。该院腹腔镜、宫腔镜微创外科技术在淮海经济区属领先水平。

医院设备

医院主要大型诊疗设备有:日立AIRISⅡ磁共振、菲利浦全身CT、体外循环机、DSA(C型臂)、美国阿可松彩超、日本岛津数字X光机、艾克松电子胃肠镜、腹腔镜、美国超声刀等设备总值达4000万元。

该院注重发挥中医传统优势,近年来承担省市科研课题30余项。同时医院还承担南京中医药大学临床医疗系本科班30余名本科生的教学、带教与实习工作。

医院专家

王如侠　江苏省名中医　主任中医师　教授

原徐州市中医院院长。省中医学会理事、省内科学会心血管学组副理事长、市中医学会理事长。1999年4月,享受国务院特殊津贴,2002年11月,被确定为第三批全国老中医药专家学术经验继承指导老师。擅长中医心血管系统疾病防治工作,对高血压、冠心病、心绞痛、心律失常、风湿性心脏病及各种原因引起的慢性充血性心力衰竭治疗有着丰富的临床经验。对内分泌失调而引起的各种临床表观,如眩晕、头痛、失眠、不明原因水肿等,有较突出的治疗经验。从事中医临床四十多年来,在多类学术杂志、专业会议上发表论文或专著数十篇,在省内外有较高知名度和影响。

赵德光　江苏省名中医　主任中医师　教授

曾任市中医院内科主任、业务副院长、省中西医结合学会泌尿专业委员会副主任委员、市中医学会副理事长、秘书长等职。传统中医知识深厚,兼通西医,治学主张融会中、西医学术,兼取各科、众家之长,力求最优方法用于临床,服务病人,医风仁朴,实事求是。从医临床、教学40余年,经验水平不断丰富提高。30余年以来专攻泌尿、风湿、内分泌科,尤对各种原、继发肾小球疾病、肾功能不全、泌尿系感染、尿路结石、风湿病、糖尿病及甲状腺疾病等积有丰富经验,见解独到,疗效突出。

杨建华　主任医师　中国生殖医学实验室开创者

浙江不孕不育博士园专家,杭州广仁医院不孕不育中心首席专家。曾任法国Pellegrin医院、巴黎Bicetre医院生殖医学中心的客座教授,上海市卫生局跨世纪学科带头人,上海第二医科大学生殖医学专业博士。现任同济大学生殖医学研究所客座教授,上海市计划生育研究所特聘专家,《中国男科学》杂志主任编委等职。主编有《实用男性不育诊疗学》、《男性不育实验技术》等专著。在男女不孕不育症的诊疗方面取得的成就获得了国内外生殖医学专家的一致好评。

奋斗目标

医院连年被评为省、市"文明单位"、"文明医院"以及"先进集体"。目前徐州市中医院已提出了五年内实现基本现代化的奋斗目标,五年内使医院床位总数达到600张。医院将继续引进一批高精尖医疗设备用于临床及科研,届时将为周边地区的广大患者提供更为优质的医疗服务。

徐州市矿务集团总医院

是一所集医疗、教学、科研及预防为一体的综合性三级医院,1991年经省教委及卫生厅批准,成为徐州医学院第二附属医院。医院于2004年增设了徐州淮海肿瘤医院及国家矿山医疗救护徐州分中心。院内还设有徐州医学院肿瘤防治研究所、江苏省煤矿创伤急救研究所、徐州市糖尿病防治研究所等医疗科研机构。

医院在九里区设有庞庄分院。医院本部现开放病床1002张,分院床位200张。本部在岗职工1078人,其中主任医师、副主任医师、教授、副教授136人,中级医务人员242人;已取得博士学位2人,在读博士7人;已获医学硕士学位(医师)59人,在读硕士70人;7人被徐州医学院聘为硕士研究生导师。

现　况

近年来医院精心发展各临床学科,在拥有34个临床专业科室、12个医技专业科室的基础上,先后组建了心脏中心、介入诊疗中心、眼科中心、功能神经外科中心、肿瘤放疗中心、伽玛刀中心、超声聚焦刀中心、肿瘤全身热疗中心、整形美容中心、血液透析中心、体检中心等特色医疗中心,为医院的快速发展起到了积极的推动作用。医院率先成为县医保、农保定点市级医院,对住院农保病人出院结算时实行直接报销。医院在强化服务的同时,把工作重心放在技术提高、设备升级上,近几年购进更新了CT直线加速器、核磁共振、螺旋CT、ECT、C臂血管造影机、伽玛刀、超声聚焦刀、热疗机、钼靶机、鹰视准分子激光系统、白内障超声乳化仪等设备,医院拥有万元以上医疗设备316台(件),美国福特原装救护车1辆、国产救护车4辆,12米长的厦门金龙大型体检车1辆;手术室、ICU、CCU室设备精良;建筑面积3.3万平方米的智能化、现代化的17层综合病房楼已投入使用,整座大楼的设计充分体现了人性化的理念;在努力提高医疗技术水平的同时,尽力改善就医环境,为医务人员提供了现代化的医疗服务装备,为患者提供了星级宾馆式的住院医疗环境,使医护工作安心、病人医疗放心、住院生活舒心、驱除病魔开心。

医院以肿瘤、心脑血管疾病、创伤急救及糖尿病防治、职业病防治等为主要特色。其中肿瘤学科、心血管内科、内分泌学科为徐州市重点学科,骨科、消化内科、神经内科、尘肺科为徐州市重点专科。科研工作上,先后获得省、部级科研成果奖、新技术引进奖12项,市级科研成果奖22项,省级科研课题6项,每年在省级以上专业期刊发表论文130余篇。我院技术力量雄厚、人才梯队合理、管理手段科学,工作流程规范严谨。是徐淮地区广大群众信得过的医院。

医院科室

徐州矿务集团总医院消化科始建于1981年,1990年评定为院重点科室。现有主任医师1人、副主任医师4人、主治医师3人、硕士研究生1人。近年来,该科室坚持以质量为中心,以发展学科为根本,不断加大对学科建设的力度,在医疗、科研、教学等方面取得了较明显的成绩,有较好的医疗、科研、教学工作基础,有稳定的学科发展方向和良好的学术氛围。多次被为先进科室和优秀带教集体。

长期以来,该科室在诊断和治疗消化道出血、肝硬化及其并发症(如肝昏迷)、胃炎、食管炎、消化性溃疡、胰腺炎、胆囊炎、胆结石、消化系统肿瘤等病症积累了丰富的经验,取得了良好治疗效果,受到病人的好评。

近几年来,消化科紧跟医学发展趋势开展了一系列微创治疗,使许多以前只能靠外科手术治疗的病症(如胃肠息肉、胆管结石、消化道良性和恶性狭窄等),不用开刀凭借内镜及其配件就可以完成治疗,如:食管静脉曲张硬化治疗术、贲门失驰缓症气囊扩张治疗术、食管静脉曲张连续套扎治疗术、内镜下用微波及沙氏扩张探条治疗食管——胃吻合口狭窄、内镜下局部化疗治疗胃癌、内镜下电凝电切治疗消化道息肉、内镜下十二指肠乳头切开胆道取石术,具有痛苦小,费用低,康复快之优点。尤其是内镜下胆道取石为我市独家开展,已达我市先进水平,并形成内镜治疗特色。

徐州市第一人民医院

徐州市第一人民医院(徐州医学院附属徐州市立医院、徐州市红十字医院、徐州市眼科医院、徐州医学院眼科教学医院),坐落在古城徐州的市中心。医院作为本市历史最悠久的公立医疗机构创建于1935年6月20日,1965年2月正式更名为徐州市第一人民医院;在70年的发展历程中,创造了徐州卫生史上许多个第一。

公司名称:徐州市第一人民医院
总部地点:徐州市
成立时间:1935年6月20日
经营范围:医疗机构
公司性质:公立医院
员工数:1400人
医院等级:三级甲等
医院类型:综合医院

医院介绍

全院设有32个病区,28个临床科室,8个医技科室,4个研究所,10个教研室。拥有大型检查设备300余台代表当今先进水平的医疗设备,承担着徐州市及苏、鲁、豫、皖四省接壤地区的重要医疗抢救任务。医院每年开展几十项新业务,有的达到国家和省级水平,较多项目在徐州处于领先地位,先后选派医护人员到美国、日本、德国、法国、瑞典、澳大利亚、泰国、桑给巴尔等国家考察、进修、帮助工作。近年来,医院加强重点专科建设,医院眼科是江苏省重点专科,眼科、神经内科、口腔科、骨科是市重点学科,神经外科、妇产科、心胸外科、耳鼻喉科、消化科、血液科、儿科、医学整形美容科是市重点专科,诊疗技术在徐淮地区形成明显优势,开展的神经系统遗传病MACHDO—JOSEPH氏病的临床病理电生理及基因学研究、同种异体原位心脏移植、肺移植、肾脏移植、同种异体肾移植、双侧全膝关节置换术、自体干细胞移植治疗终末期心脏病、胸主动脉瘤腔内隔绝术、复杂性玻璃体视网膜手术、角膜移植、低龄幼儿自身外周造血干细胞移植、先天性无耳或小耳畸形再造术、双腕断肢再植、血液净化、LASIK手术等诊疗手段已跨入国内或省内尖端医疗领域。近年来医院共荣获国家科技进步二等奖1项,卫生部科技进步一等奖2项,江苏省卫生厅科技进步奖和医学新技术引进奖30项,徐州市科技进步奖64项,获准国家自然基金资助项目和省自然科学基金项目3项,被SCI收录论文1篇,在国家级刊物上发表论文365篇,省级刊物上发表论文1460篇。

医院规模

目前,医院占地面积3.3万平方米,建筑面积7.2万平方米,实际开放床位1200余张,拥有1个省级重点专科(另有3个省级重点专科在申报中),4个市级重点学科和8个市级重点专科;在职职工1400人,其中高级技术职务242名,享有国家政府津贴的专家3名。博士、研究生131名,江苏省“333”工程培养对象9名、徐州市优秀专家12名、徐州市拔尖人才18名;医院先后被命名为国家级爱婴医院、江苏省医师进修基地、国际白内障复明基地、国际“微笑列车”唇腭裂手术定点医院、民政部、卫生部“明天计划”手术定点医院。徐州市眼病防治研究所、徐州市脑血管病研究所和徐州市不孕症研究所皆设于该院。

医院科室

徐州市第一人民医院眼科暨徐州市眼病防治研究所,是江苏省临床重点专科、徐州市医学重点学科,是江苏省白内障复明手术培训基地,2003年底成立徐州市眼科医院、徐州市医学院眼科教学医院,是一所集临床、科研、教学、防盲治盲为一体的眼科专业结构。2007年成立徐州医学院眼视光专业,独立承担徐州医学院的眼视光专业的教学工作。长期开展防盲治盲工作,使8000多名患者重见光明。

眼科医院副院长、角膜病专家崔建萍主任医师是徐州市医学会眼科分会主任委员,获全国先进工作者、“五一”劳动奖章等称号;眼科医院副院长、眼视光专家王丹梅主任医师是江苏省“333工程”第三层次培养对象,在全省率先开展的准分子激光治疗近视手术获江苏省新技术引进一等奖;徐州市眼病防治研究所所长、玻璃体视网膜疾病专家李甦雁主任医师获第五届中国医师奖提名奖、江苏省优秀女医生、徐州市健康卫士楷模、徐州市白求恩式医务工作者等称号。

医院负责人

院长、党委副书记:张长玲

党委书记、副院长:杜钟祥

党委副书记:马乃营

副院长:鄂云翔、甄宗礼、赵亮

纪委书记:毕荣

医院地址

地址:徐州市中山北路19号

邮编:221002

江苏省医学重点专科、徐州市医学重点学科——眼科

徐州市第一人民医院眼科暨徐州市眼病防治研究所,是江苏省临床重点专科、徐州市医学重点学科,是江苏省白内障复明手术培训基地,2003年底成立徐州市眼科医院、徐州市医学院眼科教学医院,是一所集临床、科研、教学、防盲治盲为一体的眼科专业结构。2007年成立徐州医学院眼视光专业,独立承担徐州医学院的眼视光专业的教学工作。长期开展防盲治盲工作,使8000多名患者重见光明。

上世纪50年代,李子良等一批老专家创建了眼科,进入90年代,眼科加快了纵深发展的步伐,目前设有100张病床,拥有8个专科(眼视光、白内障、青光眼、角膜病、玻璃体视网膜疾病、小儿斜视弱视、眼眶病、眼科功能检查等),拥有验光配镜中心,具有专业的眼镜加工车间。常规开展超声乳化治疗白内障、准分子激光治疗屈光不正、难治性青光眼的治疗、小儿斜视矫正、弱视训练,角膜全、板层移植、羊膜移植、眼眶肿瘤摘除、爆裂性眶骨骨折修复、眼底荧光血管造影、脉络膜血管造影、多波长眼底激光、青光眼和白内障的YAG激光、泪道激光联合硅胶管植入、多功能验光、光动力疗法治疗脉络膜新生血管、眼前、后段图像处理、全自动视野检查、OCT检查、UBM检查、角膜内皮镜检查、共焦角膜显微镜检查、眼B超、眼前后段玻璃体手术、黄斑部手术、复杂视网膜脱离手术、眼前后段联合手术等。率先在江苏省开展准分子激光治疗近视手术,曾获江苏省新技术引进一等奖。开展的超声乳化及小切口治疗白内障,难治性青光眼的系列研究,角膜移植和羊膜移植治疗眼表疾病,小儿眼科及斜弱视治疗,玻璃体视网膜手术,眼眶病的诊断治疗,激光治疗眼底病、泪道阻塞、后发障等处于省内领先水平。率先在徐州市成立眼底病专科全面开展眼底内外科的治疗,其中光动力联合药物治疗老年性黄斑变性、免导光双手操作玻璃体视网膜手术以及FFA在玻璃体视网膜手术中应用、微创玻璃体手术联合吊顶灯的临床应用在江苏省内领先,微创玻璃体手术联合吊顶灯的临床应用获2008年度江苏省卫生厅新技术引进奖二等奖。获国家、省、市科技成果奖22项,在国内外眼科核心期刊上发表论文100余篇。

由于开展的项目齐全、技术过硬,吸引了大量的周边地区的患者前来就诊。近三年来,出院病人7000余人次、手术13000余例。近年来徐州市眼病防治研究所成功主办了“江苏省眼底病新进展学习班”、“眼底病新进展论坛”、“全国眼表疾病巡回演讲”等数项省级、国家级继续教育项目,邀请国内外著名专家前来讲学,加强了对外交流,同时培养了本地乃至周边省市的眼科医务工作者。

眼科医院副院长、角膜病专家崔建萍主任医师是徐州市医学会眼科分会主任委员,获全国先进工作者、“五一”劳动奖

章等称号;眼科医院副院长、眼视光专家王丹梅主任医师是江苏省“333 工程”第三层次培养对象,在全省率先开展的准分子激光治疗近视手术获江苏省新技术引进一等奖;徐州市眼病防治研究所所长、玻璃体视网膜疾病专家李甦雁主任医师获第五届中国医师奖提名奖、江苏省优秀女医生、徐州市健康卫士楷模、徐州市白求恩式医务工作者等称号。

曾经被“新华日报”誉为“一方净土”的眼病防治研究所的全体职工将继承老一辈的光荣传统,奋发向上,将光明洒在徐州的大地上,做光明使者。

医院专家

曹洪扬,徐州市第一人民医院整形美容科专家,整形美容科主任,主任医师;徐州市医学会医学专业美容委员会主任委员。从医 30 余年,整形外科专业,擅长头、面、五官、乳房、四肢等部位的先天畸形和后天求美整形手术。致力于面部改形,如下颌角肥大切除术、面部凹陷充填术、无损伤面部除皱、各类失败整容手术的修复等。近年来发表国家、省级杂志论文近 10 篇,获省厅科技成果二等奖、市科技成果三等奖、徐州市优秀专家称号等。

贾良春,整形外科教授,主任医师,中国医师协会美容整形分会会员,全国名医理事会理事,国内首位获得整形美容医师资格认证的国际整形美容专家,从事整形外科临床工作 30 多年,先后进修于上海瑞金医院烧伤整形科、上海市第九人民医院,川北医学院骨科、麻醉科,积累大量丰富成功经验,并以其精湛的技术、高尚的医德,赢得广大求美者的好评。贾良春教授多次参加国际国内的学术会议,与国内外专家学者有广泛的接触和交流。贾良春教授是“四川、浙江、云南第一人造美女”主刀医师。擅长个性化整形设计、全面部除皱、Gore 至 tex 韩式仿真隆鼻,丰胸及颜面五官整形术等。

杨建华,主任医师,中国生殖医学实验室开创者,浙江不孕不育博士园专家,杭州广仁医院不孕不育中心首席专家。曾任法国 Pellegrin 医院、巴黎 Bicetre 医院生殖医学中心的客座教授,上海市卫生局跨世纪学科带头人,上海第二医科大学生殖医学专业博士。现任同济大学生殖医学研究所客座教授,上海市计划生育研究所特聘专家,《中国男科学》杂志主任编委等职。主编有《实用男性不育诊疗学》、《男性不育实验技术》等专著。在男女不孕不育症的诊疗方面取得的成就获得了国内外生殖医学专家的一致好评。

徐州市第三人民医院

暨肿瘤医院始建于 1964 年,坐落在古老的故黄河畔,地出徐州市环城路北段主干道南侧,东西分别与徐州火车东站、西站相邻,是徐州地区集医疗、教学、科研防保、急救、康复为一体的市级大型综合性医院之一,也是徐州市乃至苏北地区唯一的大型肿瘤医院,并兼称徐州市职业病防治医院、中国预防医学科学院中毒控制中心徐州医院。1994 年获世界卫生组织、联合国儿童基金会、卫生部联合授予的“爱婴医院”称号。

公司名称:徐州市第三人民医院
总部地点:徐州市
成立时间:1964 年
经营范围:医疗机构
公司性质:公立医院
医院等级:三级甲等
医院类型:肿瘤医院

医院占地 1.7 万平方米,建筑面积 4.37 万平方米,设有病床 605 张。建院以来,随着我市城乡人民健康事业的发展,依靠政府和社会各界的支持以及医院几代人的不懈努力,如今,徐州市三院无论是整体规模、基本设施、医疗设备、技术水平,还是科学管理、服务质量、整体素质等都有了长足的发展和提高,固定资产已达 1.6 亿元。22 层的现代化病房大楼达到目前国内先进的医用建筑标准,使医院的基础设施、硬件建设跨入市内同行先进行列,为病人的诊疗康复提供了舒适、方便、温馨、优雅的环境,成为徐州市北区一道亮丽的风景医院现有职工千余人,其中卫技人员达 800 人,高级技术职称近百人,中级技术职称 300 余人。

主要科室

全院设有普外、脑外、胸外、骨科、泌尿外科(男科,结石,泌尿系肿瘤)、妇科、产科、儿科、心血管、神经内、肾内、消化、呼吸、血液、内分泌、老年病、放疗、化疗、中毒、尘肺、烧伤、眼科、耳鼻喉、医学整形美容、口腔、皮肤、中医、急诊、麻醉、中心手术室等临床科室 30 余个,部分临床科室还设有肿瘤专业组,如:头颈肿瘤、胸部肿瘤、腹部肿瘤、妇科肿瘤、乳腺肿瘤、颌面肿瘤骨瘤等。医院设置了高级病房、标准病房、普通病房,以满足不同层次的需求。医技科室有检验科、药剂科、医学影象科、功能检查科、病理科等 12 个,共 40 余个专业。医院还设有中毒控制、泌尿外科、肿瘤防治等三个研究所和江苏省中西医结合血液净化肾移植研究中心、职业病诊断中心、肿瘤会诊中心等三个中心。

设备设施

医院拥有 10 万元以上先进的诊疗设备 220 余台(件),总价值 5000 万元。大型设备有荷兰菲利浦 SL－18 型医用直线加速器、头体X刀、适型放疗、钴 60 治疗机、后装治疗机、模拟定位机、多弹头巨能刀肝癌治疗仪、三维计划定位系统、射频微波治疗仪、CT 机、螺旋 CT 机、大型多功能数字减影 X 光机、C 型臂 X 光机、惠普多探头彩超、德国多尼尔外震波碎石机、气压弹道碎石机、德国 Wolf 内腔镜系列设备、美国太空心电监护系统、日本高清晰度电子胃镜、德国费森尤斯人工肾机、颈颅彩色多普勒、德尔格麻醉机、美国纽帮呼吸机、意大利全自动血液生化分析仪,美国科以人医学激光美容整形仪、法国巴黎之春祛皱除疤整型机、意大利脱毛机等。

医疗水平

医院注重新业务新技术的开发应用和重点专科建设。肿瘤防治、中毒控制、显微外科、腹腔镜技术、泌尿外科、心脏外科等已形成专科特色,在徐州地区有明显优势。已开展的睾丸、肾等器官移植、小儿体外震波碎石术、全鼻、全耳再造、拇指再造,各种游离皮瓣移植、带血管骨髓移植、断肢(指)再植、复杂性先天性心脏病手术、烧伤微粒植皮术、毒鼠强中毒的综合治疗、各种腔内外科手术、各种肿瘤的根治新术式、腹腔镜技术的广泛应用等多次填补省、市空白，有的达到国内先进水平。

重点科室

泌尿外科中心（男科）：

徐州市第三人民医院泌尿男科中心

徐州市第三人民医院（肿瘤医院）泌尿外科成立于1979年，1999年以市三院泌尿外科为基础，成立了徐州市泌尿外科研究所。自成立以来，先后开展了肾原位低温冷灌肾切开取石、嗜铬细胞瘤、原发性醛固酮增多症、肾癌根治及膀胱癌全膀胱切除后的多种肠管替代手术（如：bricker，indiana术式）、经会阴前列腺切除、经背输尿管切开取石等治疗方法。1985年5月成功地进行了三例狗肾移植实验。1988年在本市率先引进了体外震波碎石机治疗泌尿结石，先后经历了三代碎石机（国产和进口），至今已治疗泌尿系统结石一万四千余例，产生了较大的社会效益和经济效益。并为周边省市级多所医院培训了专业技术人员。1989年又引进德国wolf系列腔镜，在本市率先开展了经尿道微波照射、经尿道前列腺切除术、经尿道膀胱肿瘤切除及尿道狭窄切除术等腔内手术，至今已开展4000余例。近几年，又开展了以输尿管镜和经皮肾镜技术为基础的气压弹道碎石和激光碎石等腔内技术，补充和完善了体外震波碎石的不足，扩大了泌尿系结石的微创治疗方法。1993年开始，相继在本市率先成功开展了腹腔镜精索静脉曲张高位结扎术，腹腔镜肾囊肿、肾上腺肿瘤、隐睾切除等手术。近几年又成功的开展了腹腔镜下肾癌、膀胱癌根治切除等手术。2009年又率先引进了最先进的瑞士第四代EMS超声碎石和弹道碎石清石系统以及美国科医人钬激光腔内碎石机，使得我院在泌尿系结石的微创治疗上了一个新的台阶。目前已形成腔内和腹腔镜技术治疗的微创泌尿外科的特色专科。

目前该科已发展成为一支拥有一批人才层次合理、设备先进、具有较强临床和科研能力的现代化专业队伍。全科现有主任医师3名，副主任医师3名，博士1名，硕士研究生3名，2006年开始为江苏大学培养硕士研究生。近十年来，发表国家级论文22篇，省级论文40余篇，完成临床科研课题7项，获市级科技进步奖4项，市科技进步鼓励奖1项，省科技新技术引进奖1项。

医院荣誉

医院坚持人才为本、科技兴院的方针，采取积极措施，加快人才培养和科学建设。目前已有省“135”工程培养对象1人，博士4人，硕士15人。近年来开发新技术、新业务356项，获省、市科技进步奖、新技术引进奖等38项。在国家、省级刊物上发表学术论文774篇，国际、国内省级以上各类学术会议采用论文1324余篇，出版专著5部，并出色地完成了徐州医学院、徐州卫校、江苏省职工医科大等院校的临床教学和实习任务，2000年被评为优秀教学医院。

徐州97医院

97医院暨徐州医学院附属淮海医院，是一所综合性的“三级甲等医院”，是医保、农村合作医疗、城镇居民医保、离退休医保定点医疗单位，徐州市120急救分站。

基本情况

医院拥有高级技术职务100余人，博士生、硕士生80多名。科室设备齐全，有30多个学科，其中烧伤整形科、麻醉科、骨科、消化肿瘤科系南京军区医学专科中心，泌尿外科、神经外科、普通外科、心血管科、肾脏内科、影像科等重点科室技术力量雄厚。细胞生物疗法具世界先进水平，为肿瘤和一些疑难病人的治疗提供新的途径。信息科可通过卫星邀请到全国近2000名医学专家零距离接触。现拥有江苏省首台德国2微米激光手术系统、首台双源CT、1.5T核磁共振、螺旋CT、PHILIPS大型心血管造影机、直线加速器、DR、数字减影胃肠机、大型X光机、彩色多普勒、全自动生化分析仪、流式细胞仪、血透机、腹腔镜、关节镜、椎间盘镜和其他高精仪器等1亿多元的先进设备。

医院现有3个硕士研究生带教点，即肿瘤、麻醉和普通外科。在本地区有优势的学科技术：重度烧伤救治、肿瘤综合治疗、断指（肢）再植、心血管病介入治疗技术、心脏手术、肾活检、连续性血液净化、重型脑外伤救治、腹腔镜手术、高压氧疗等。

疼痛康复科介绍

作为徐州97医院重点科室——疼痛康复科，多年来秉承“为民除痛”“军地两用”的办院方针，以国际领先的微创技术为突破口，率先将国际医疗最新成果——微创技术引入科室，以“创伤小、疼痛轻、恢复快、无并发症”为治疗目标，在军内一流专家及国内骨病专家的共同努力下，发挥医院多学科专家组合作攻关的团队优势，奠定了97医院疼痛康复科在淮海地区的领先地位。

徐州97医院疼痛康复科学科带头人，均为博士生导师、教授，主任医师以上职称，从事疼痛治疗经验都在20年以上。治疗上主要采用国际最先进的四维靶点热凝疗法、超微创氧化叠加疗法、超导加射频技术、经皮立体定向射频等十多项疼痛科顶尖微创技术，并配备瑞典射频疼痛治疗仪，德国臭氧治疗仪、日本超激光疼痛治疗仪及经皮神经电刺激仪等先进的疼痛治疗设备。诊疗范围涵盖了头、颈、肩、胸、背、腰、上肢、下肢、软组织、血管、慢性关节等部位。

先进设备

德国西门子C型臂X光机

【产品用途】

1、骨科：整骨、复位、打钉。

2、外科：取体内异物、心导管、植入起搏器、部分介入治疗、部分造影术及局部摄影等工作。

3、其他：配合臭氧机治疗疼痛，小针刀治疗等。德国西门子C型臂X光机

【技术指标】

摄影最大额定容量：5.0KW

透视最大额定容量：管电流：4mA 管电压120kV

【产品特点】

1、国内领先水平的可达25帧/秒真正连续脉冲透视移动手术X射线机，可方便连接数字减影系统；

2、采用100万像素CCD摄像机,图像更清晰;

3、国际一流的图像软件处理技术,使图像更加清晰,方便医生手术和诊断,标准DICOM接口,便于与医院信息系统链接;

4、脉冲透视使用时射线剂量小,而图像更清晰,能满足高精度、高难度的微创手术需要;

5、使用时辐射剂量低,可有效保护医护人员和患者的安全;

6、独有双脚闸控制器设计,可以在手术室内、外分别对仪器进行控制,方便医护人员,同时减少医护人员与射线接触机会,对医护人员更安全;

7、独有手术室内、外双监视器设计,方便手术医生在手术室内、外自由察看,同时方便室外现场教学及实时射频治疗系统

观摩手术过程;

8、独有底座电动辅助支撑臂设计,使用更安全;

9、独有手持控制器设计,仪器操作更方便;

10、新型机架设计,外形小巧美观;

11、高品质组合式高频高压X射线发生器,大大减少X射线照射量;

12、具有透视KV、MA自动跟踪功能,使图像亮度、清晰度自动处于最佳状态;

13、采用东芝影像增强器,质量稳定可靠,图像清晰度好;

14、加装密纹滤线栅,图像清晰度进一步提高。

射频治疗系统

射频仪工作原理,神经射频仪持续发出高频率的射电电流,射频电流在中性电极和工作电极之间产生一个高频率交替变化的电场,由于电极工作端电力线高度集中、密度大,交替变化的电场使水分随之产生高频振荡而摩擦生热,从而使该部分组织温度升高;让细胞在不同的温度值产生热凝调。

核磁共振仪　核磁共振

人体内含有非常丰富的水,不同的组织,水的含量也各不相同。核磁共振成像技术就是通过识别水分子中氢原子信号的分布来推测水分子在人体内的分布,进而探测人体内部结构的技术。位于人体不同部位的氢原子就会对不同的射频场信号产生反应,通过记录这一反应,并加以计算处理,可以获得水分子在空间中分布的信息,从而获得人体内部结构的图像。

医院不断加大医疗设施和设备建设,现拥有1.5T核磁共振、螺旋CT、大型X光机、超9型彩色多普勒、体外循环机、血透机、腹腔镜、关节镜、椎间盘镜和光敏治疗仪等6000多万元的先进设备,拥有现代化的病房大楼、门诊医技楼等配备精良的医疗设施。

科室特色

作为该院特色科室——耳鼻咽喉头颈外科,现拥有结构合理的医疗及学术梯队,具有良好的门诊就诊环境和现代化专科病房,目前展开床位30余张。其便捷的就医流程、专业的咨询服务、完善的回访制度、舒适的就诊环境带给每一位患者宾至如归的就诊体验。

设备齐全科室配备有国际先进的STORZ鼻内镜系统、OLYMPUS电子纤维鼻咽喉镜、耳鼻咽喉科综合动力系统、多导睡眠监护仪、Madsen纯音电测听仪、全功能中耳分析仪、听觉脑干诱发电位系统、耳声发射仪、耳聋耳鸣治疗仪、低温等离子治疗仪、低频半导体激光治疗仪、微波多功能治疗仪、综合治疗台等先进设备,在硬件上确保治疗的效果。

技术领先科室除开展全喉切除、喉部分切除、鼻侧切开、上颌骨(次)全切除术、腭咽成形术、乳突根治术、功能性鼻内窥镜手术等常规手术外,近年来还先后开展了纤维电子鼻咽喉镜下鼻咽喉疾病诊疗、鼻内镜下窦蝶窦病变切除、低温等离子射频治疗、头颈部肿瘤综合疗法等新技术新项目,进一步满足广大病患的多样化医疗需求。

徐州97医院泌尿外科是徐州97医院的重点建设专科,汇集了一批知识渊博、造诣颇深并从事多年泌尿外科临床工作的专家学者,先后发表了医学论文60余篇,获得了两项科技进步三等奖和两次四等奖,同时这些专家也承担着临床教学、科研等专业任务。

设备技术

徐州97医院泌尿外科中心在设备方面是比较先进的,先后引进了江苏省首台德国RevoLix2微米激光手术系统,德国进口气化电切镜,膀胱镜系列腔镜,体外振波碎石机,前列腺治疗仪,智源肽前列腺治疗系统等先进设备。

徐州97医院泌尿外科中心在技术方面更是不遗余力,大力发展先进技术,开展了肾上腺外科,肾癌根治,全膀胱切除肠代膀胱术,外伤性后尿道狭窄成形术,前列腺摘除术、复杂性尿瘘修补术、显微外科吻合术、腔道外科手术等先进技术。还在淮海地区率先引进了肾脏移植(同种异体供肾,亲属活体供肾),建立了取肾、移植手术、术后监测、抗排异、并发症处理等程序管理模式;建立了区域性的肾友联络网,而手术的成功率也达到了90%之高。

目前,徐州97医院泌尿外科中心在专业治疗肾上腺疾病、泌尿系肿瘤(肾癌、膀胱癌、前列腺癌、前列腺癌、阴茎癌、睾丸肿瘤)、泌尿结石、前列腺疾病、泌尿系生殖感染以及男科疾病等方面已形成了一定的优势。而类似腔内技术和腹腔镜技术等先进技术在我中心也有了广泛的应用,并因其效果相比传统技术有了明显的改善,所以受到了广大患者的支持和和好评。

学术交流

徐州97医院泌尿外科不但注重自身医疗技术水平的提高,也注重与国内外医疗行业同仁的交流与学习。2008年,中国微创泌尿外科高峰论坛在徐州97医院泌尿外科举办,本次峰会邀请到国内多位著名泌尿外科专家,如李炎唐教授、曾祥福教授等。

与此同时,97医院泌尿外科也与兄弟医院进行交流学习,长期互派专家进行交流合作。如不定期邀请中国武警总院曾祥福教授来徐开展会诊等。

妇产科是该院的重要科室之一。2008年经医院重新规划改造后,现有7个诊室、4个检查室、1个宣教室、1个学习室、50余张床位,新设了待产室、隔离产房、婴儿游泳室,新生儿筛查室等特色服务,是集诊室、手术室、病房为一体的综合性诊疗中心。

理 念

医院从尊重女性身心需求出发，专心致力于各种妇科疾病的治疗与科研，引进一批高精尖设备，为全市女性健康奠定了强大的科技基础，如四维彩超系统、智能消融刀系统、导航微电极系统、高能聚焦超声治疗系统、多功能微波治疗系统、盆腔炎治疗系统、数码电子阴道镜、微米光治疗系统、体外短波等大批诊疗设备。同时，妇产科不断开展同全国众多知名医学院校、医疗机构的合作，与上海、北京、天津、重庆等地医院互派专家进行学术交流和探讨，从而确保医疗技术上的精益求精。为方便患者就诊，妇产中心实行24小时应诊，周六、周日正常坐诊，营造人性化、个性化服务环境。妇产科全体医护人员将始终秉守"关爱女性呵护健康"的服务理念，坚持部队医院的优良传统，恪守医德，追求技术和服务的创新，竭诚为广大女性朋友缔造完美、幸福生活！

合 作

徐州97医院妇产科不断开展同全国众多知名医学院校、医疗机构的合作，与上海、北京、天津、重庆等地医院互派专家进行学术交流和探讨，从而确保医疗技术上的精益求精。妇产科全体医护人员将始终秉守"关爱女性呵护健康"的服务理念，坚持部队医院的优良传统，恪守医德，追求技术和服务的创新，竭诚为广大女性朋友缔造完美、幸福生活！

专 家

王立辉 专家简介

主治医师，从事妇产科临床已经有20余年了。在优生优育、生殖遗传咨询等方面有丰富的经验。

诊疗范围

不孕症、子宫肌瘤、子宫内膜异位症、输卵管堵塞、青春期功血、多囊卵巢综合症、子宫出血、反复自然流产、子宫纵隔、宫腔粘连。

专家特长

擅长对不孕症、子宫肌瘤、妇科炎症、子宫内膜异位症、输卵管堵塞、青春期功血、多囊卵巢综合症、子宫出血、反复自然流产、子宫纵隔、宫腔粘连等疾病的诊治。

肝病

科徐州97医院经过半个多世纪的发展，形成了一批特色专业优势科室，肝病科是我院的重要科室之一。作为江苏肝病临床教学基地，医院同白求恩医科大学等国内权威名院肝病专家建立了长期技术合作关系；并定期选派本院专家赴北京、上海、广州等地参加学术交流活动，医院现有立项课题15项，在国家级刊物上发表论文近百篇；引进国际一流的大型诊疗设备四十余台，真正形成了以疗效为根本、科研为先导、人才为优势、临床为基础的高科技诊疗模式。其中，运用HBV－dna检测系统和PCR荧光屏定量检测系统等先进的肝病诊疗技术，不仅填补了我省肝病诊断领域的空白，同时也在医学界引起极大轰动。特别是最新引进的肝细胞透析疗法，治疗肝病效果显著。

作为省卫生厅直管单位，医院得到了国家、省、市各级领导视察、指导，被指定为三级甲等医院、市医保定点单位，并先后被授予价格计量信得过单位和基层先进党组织、青年文明号等荣誉称号。我们始终坚持"名医荟萃、技术超群、设备一流、星级服务"发展理念、坚持"以病人为中心"的办院方针和"质量建院、人才立院、服务展院、科教兴院"的办院宗旨，以温馨、专业的星级服务，满足广大肝病患者日益增长的身心健康与唯美需求，争做江苏省"绿色医疗、人文医院"之标杆。

徐州医学院附属第三医院

徐州医学院附属第三医院（简称徐医附三院）成立于2005年12月28日。其前身为徐州铁路医院，已具有90余年历史。根据"十一五"规划，徐医附三院将建成一所具有2000张床位规模、全新的、现代化的、集医疗教学与科研为一体的三级综合性医院。

徐医附三院是徐州市城镇职工基本医疗保险、新型农村合作医疗、市直和铁路离休干部医疗保险、铁路职工家属医疗保险、市人寿保险、市区职工工伤保险、市职工生育保险的定点医疗机构，竭诚为徐州市及淮海经济区广大城乡居民服务。

技术力量

徐医附三院技术力量雄厚，现有医学博士、硕士16位，教授、副教授24位，正、副主任医师80余位，享受国务院政府特殊津贴专家3位，江苏省突出贡献的中青年专家、省333工程培养对象、省临床重点专科学科带头人1位。

医疗设备

近期投资3000余万元购置16排螺旋CT、1.5T核磁共振、DSA、美国科医人60W钬激光治疗仪、瑞士EMS三代超声气压弹道碎石机、美国强生数码超声刀、美国电化学免疫发光仪等一大批国际一流的医疗设备。新建成的徐州市首家现代化内镜中心独家引进胶囊内镜检查系统、电子超细胃镜、电子放大肠镜、治疗型电子十二指肠镜、电子高清晰胃镜和新电子高清晰支气管镜、德国ERBE氩等离子凝固术治疗仪、迈尔集成清洗消毒设备等。新组建的脑血管病诊疗中心、泌尿疾病诊疗中心、消化疾病诊疗中心、皮肤性病诊疗中心、内镜中心和健康体检中心，聚集了一批具有教授职称、博士学位、丰富临床经验的专家，形成了专科优势和特色。

徐州市妇幼保健院

始建于1957年，是一所集预防、保健、医疗、教研为一体的三级甲等妇幼保健院，徐州医学院附属妇幼保健院，全国首批爱婴医院，苏北唯一省级妇科内镜诊疗技术培训基地。同时还是江苏省苏北片遗传医学诊断中心、江苏省新生儿疾病筛查中心徐州分中心、徐州市妇幼保健中心。

职 责

医院承担着徐州市及周边地区的妇女儿童医疗、保健等任务。主要开展孕产妇检查、治疗、分娩，妇科疾病诊治，新生儿、儿童疾病诊治，不孕不育症的人工授精、配子移植、试管婴儿，妇女儿童的保健等业务。

所获荣誉

医院曾获全国卫生系统先进单位、江苏省文化建设先进单位、徐州市文明单位、江苏省企业资信AAA级单位、徐州市医院质量(管理)年先进单位、徐州市行风建设先进单位、消费者无投诉单位,爱婴医院,江苏省苏北片遗传医学诊断中心、江苏省新生儿疾病筛查中心徐州分中心、徐州市妇女儿童保健中心、徐州医学院教学医院等多项荣誉称号。

医院专家

陈艳冰,主治医师,北京第一医科院特聘研究员,浙江不孕不育博士园专家,浙江广仁不孕不育研究所主任研究员,杭州广仁医院不孕不育中心主任,中华医学会妇产科分会会员,从事妇产科临床工作近三十年。擅长治疗阴道炎、宫颈炎、盆腔炎等引起的输卵管堵塞、功能性子宫出血、多囊卵巢综合症等不孕症,尤其擅长治疗输卵管性不孕、子宫性不孕、免疫性不孕,采用中西医结合的方法治疗月经不调、排卵障碍性不孕及内分泌失调、高泌乳素血症性不孕、免疫性不孕等。在各级医学刊物上发表多篇学术论文。

概　况

医院占地面积16368平方米,建筑面积44800平方米,总资产2.2亿。在职职工672人,其中卫技人员538人,高级职称90人,中级职称212人。徐州医学院兼职副教授12人,兼职讲师13人。设有临床、保健、医技科室61个,其中一级科室19个,二级科室27个。病理产科、产前诊断中心、生殖技术科为市级重点专科。

编制床位500张,开放床位546张。拥有四维彩超、全自动生化分析仪、全自动电化学发光仪、钼靶X光机、50KWX光机、宫腔镜、腹腔镜、阴道镜、电子显微镜等先进的诊疗设备。2009年门诊量49万人次,收治1.8万人次。

地址:徐州市和平路46号　邮编:221009

先进设备

彩超、腹腔镜、血球计数仪、乳腺诊断仪、麻醉机、尿液分析仪、分娩监护仪、胎儿监护仪、500mAX光机、微波治疗仪等。

徐州市儿童医院

医院简介

医院徐州市新型农村合作医疗和徐州市城镇医保定点医院,同时是鲁、豫、皖接壤县市新农合及城镇医保定点医院,是中华医学会儿科医院管理学的成员单位。2011年与上海鸿慈儿童医院全面合作后,在抽动症、自闭症、脑发育不良、性早熟、矮小症等儿童疑难杂症领域有了新的进展。

医院技术精、服务优、设施好、价格廉,深受患儿家长的好评,在社会上享有较高的声誉。近年来,多次荣获局先进基层党组织、调频十佳医院、市文明单位、市先进集体等荣誉称号。徐州市苏堤北路18号

医院规模

医院现有职工800余人,高级专业技术职称人员近百余人,20余人分别担任省、市医学会专业委员会主委,副主委及委员。受聘于各医学院校的正、副教授22人,讲师40余人。

医院开放床位750张,专业设置齐全,设有13个临床医疗科室,8个医技科室和2个专业技术中心。医院年门诊50万人次,年出院病人2.5万余人次。

近5年来先后获得省、市科技进步和新技术引进奖及科研立项40余项,在国内外及省级专业医学杂志发表论文300余篇。

医院注重人才培养和交流。先后培养博士生5名,硕士生20名。曾多次与法、美、加等国及香港开展学术交流。医院承担着徐州医学院的教学工作,培养了大批医学生。

徐州市儿童医院成立于1980年,是徐州医学院教学医院,是苏北地区唯一的、淮海经济区规模最大、技术力量最强,集医、教、研、防为一体的综合性儿童专科医院。是徐州市新型农村合作医疗和徐州市城镇医保定点医院,同时是鲁、豫、皖接壤县市新农合及城镇医保定点医院。是中华医学会儿科医院管理学的成员单位。多次荣获市、局先进集体、市十佳医院、市级文明单位。医院职工800余人,高级专业技术职称人员近百余人,20余人分别担任省、市医学会专业委员会主委,副主委及委员。受聘于各医学院校的正、副教授22人,讲师40余人。

医院开放床位520张,专业设置齐全,设有13个临床医疗科室,8个医技科室和2个专业技术中心。医院年门诊40多万次,年出院病人2万人次。

发展前景

近5年来先后获得省、市科技进步和新技术引进奖及科研立项40余项,在国内外及省级专业医学杂志发表论文300余篇。

医院注重人才培养和交流。先后培养博士生5名,硕士生20名。曾多次与法、美、加等国及香港开展学术交流。

徐州市东方人民医院

徐州市东方人民医院(市精神病防治院)始建于1973年,为市卫生局所属的精神疾病专科医院,是徐州市医保、农保、工伤保险定点机构,市智力、精神残疾评定仲裁定点单位,为徐州医学院教学医院,淮海经济区精神疾病理事单位,承担着徐州市及周边地区精神疾病的医、教、研、防工作。

2010年3月,医院顺利通过了省卫生厅组织的三级精神病医院验收评审,被省卫生厅确认为三级精神病专科医院,纳入三级医院管理。

医院占地面积39.6亩(26385 ㎡),建筑面积为18215 ㎡;编制床位500张,开放床位448张,全院职工总数300余人,总资产7554万元。

医院下设心理卫生研究所、司法鉴定所、心理健康体检中心、睡眠障碍治疗中心、老年痴呆治疗中心;市重点学科——精神科设普通精神科、老年精神科6个病区,广泛开展了各种原因所致的重症精神病的收治工作,在淮海经济区同级别专科医院

中处于领先位置，优势明显；医学心理科设3个病区，主要收治神经症、失眠症、癔症、心身疾病，开展了催眠治疗、认知治疗、行为疗法，近年来陆续开展了集体心理治疗、个体心理治疗、音乐治疗、生物反馈治疗、脑反射治疗、工娱疗法等；内科设1个病区，主要收治神经内科、普通内科、癫痫、药物依赖、药物中毒的急诊急救以及高血压、冠心病等躯体疾病伴发的精神障碍，并开设了精神科、心理科、戒酒、失眠、儿童青少年心理门诊、心理咨询门诊等各类特色门诊，年门诊量6万人次，年收治住院患者近5000人次，年受理精神疾病司法鉴定近400例，业务覆盖全市6县5区及淮海经济区山东微山、安徽萧县、河南永城等地。

医院专科设备齐全：现有彩超、无抽搐电休克治疗仪，高压电位治疗仪、睡眠治疗仪、多导睡眠检测仪、大脑生物反馈治疗仪、经颅多普勒、多参数心电监护仪、脑诱发电位仪、眼动检测仪、海斯曼心理CT2000D、脑波治疗仪、日立－7080型全自动生化分析仪、光电免疫发光仪、全自动血流变仪、呼吸机等。

医院具有中高级专家100余人，在精神科、心理科和神经科的临床医疗、科学研究等方面取得了显著成绩，能对各种原因所致的重性精神病、心理疾病、心身疾病、失眠、老年痴呆、神经康复、普通内科疾病进行有效治疗，在淮海经济区处于领先地位。

为给病人提供舒适、便捷的诊疗环境，医院结合徐州市卫生区域规划及时调整功能定位，按照完整性、科学性、合理性的原则，对医院基础设施实行分区分期改造。一期病房楼被列为徐州市“为民办实事工程”，2010年3月投入使用，病房楼按照三级甲等医院标准建造，分为6个病区，设有精神科、心理科、老年痴呆治疗中心、睡眠障碍治疗中心，功能完备、设施一流，标识统一、极大改善了患者的住院条件。二期门急诊病房楼14层，建筑面积约22000平方米，目前已完成规划设计及其他前期手续工作，2011年开始建设。同时医院建成一个苏州园林风格的内享庭院，栽种了香樟、女贞、银杏、桂花等树木，使得林荫茂密、空气清新、四季有绿，并通过设置假山、青竹、连廊、亭榭等景观，形成迂回转折、步移景异的园林特色，营造宁静宜人的景观氛围。园林里配备了健身器材和体育设施，病人可以进行蓝球、羽毛球、乒乓球、跳绳、健身等，给病人带来轻松的心情，减少心理负担，促进了早日康复。

医院通过开展“优质护理服务示范工程”活动，积极倡导为病人办实事，努力提供人性化服务：医护人员态度热情、和蔼，尊重病人人格，在生活上体贴入微、悉心照料，为病人集体过生日、捐衣捐书、代买生活用品；同时开展病员联欢会、运动会，通过手工制作、健脑操和手指操等社会功能训练，提高了患者动手动脑能力并促进了疾病的康复；宽敞明亮的病区活动大厅设置了液晶电视、柜式空调，摆设报刊杂志、棋牌书画满足患者的生活康复需求；体现了医院人性化的服务理念，受到患者及家属的好评。

苏　州　市

苏州大学附属第一医院

始创于1883年（清光绪九年），时称“苏州博习医院”，1954年10月易名为苏州市第一人民医院，1957年成为苏州医学院附属医院，2000年苏州医学院并入苏州大学，医院更名为苏州大学附属第一医院。1994年医院通过江苏省首批卫生部三级甲等医院评审，为江苏省卫生厅直属的省级重点医院，并成为苏南地区医疗指导中心。经过125年的建设和发展，现已成为一所学科设置齐全、技术力量雄厚、仪器设备先进、诊疗条件优良、学术水平较高、医德医风良好的集医疗、教学、科研、预防、保健于一体的综合性医院。

学校规模

医院座落在“小桥、流水”的古城区内，环境优雅，占地面积15.8万平方米，建筑面积19.5万平方米。在职职工（含合同制）2112人，实际开放床位1464张。现门急诊量近130余万人次，出院4.36万人次，年择期手术1.77万例。

学科建设

医院现有国家重点学科2个（内科血液病学、骨外科学），血栓与止血实验室成为卫生部重点实验室，中国造血干细胞捐献者资料库江苏省分库HLA配型实验室（全国仅2家）落户在医院；拥有省“科教兴卫工程”临床医学中心2个（血液科、骨外科），省“科教兴卫工程”重点学科2个（神经外科学、心血管病学），省“科教兴卫工程”重点实验室1个（临床免疫高技术平台培育点），省“科教兴卫工程”重点学科培育点1个（泌尿外科学），省级重点专科15个（血液科、骨科、神经外科、心血管内科、普外科、泌尿外科、妇产科、心胸外科、心血管外科、麻醉手术科、呼吸科、感染病科、放射科、介入科、核医学科）；移植免疫技术重点实验室为苏州市重点实验室；有校级重点学科2个（妇产科学、核医学）；国家药物临床试验资格专业17个。

科室简介

苏州大学第一附属医院皮肤科始建于1957年，专业医务人员20余人，其中高级职称者9人，研究生以上学历者6人，医技力量雄厚，设备先进，以诊断正确、用药合理、疗效显著、诊治手段齐全。依功能分为门诊、病房、实验室和皮肤激光美容中心四大部类。科室不仅临床工作广受好评，科研项目亦是硕果累累，多次获得省市级科研成果奖，参与编写《临床皮肤病学》、《性病防治》等多部专著。目前承担多项科研课题（含一项部级课题）。我科广泛开展科研技术交流，不仅与国内各大皮肤性病专科机构联系紧密，更是长年与法国欧莱雅、皮尔法伯等知名企业深入开展各项技术合作项目。同时承担了苏州大学医学院、成人自考等皮肤性病学教学任务。

研究成果

近年来，医院在异体骨髓移植和干细胞移植及非亲缘异基因骨髓移植治疗白血病、自身骨髓移植治疗白血病、冠状动脉造影、冠脉内支架植入术、心律失常的诊断治疗、颅内肿瘤CT立体定向内放疗、脑血管动脉瘤夹闭术、脑胶质瘤和垂体瘤临床治疗、异体肾移植、亲体肾移植、冠状动脉搭桥术、经椎弓根短节段脊柱内固定、椎体后凸成形术、靶血管栓塞后手术治疗骶骨肿瘤、人造小血管的研制和临床应用、人工肝支持治疗系统、辐照猪皮治疗烧伤、腹腔镜手术等项目分别达到省内、国内或国际先进水平。

医院总资产11.47亿元,固定资产9.05亿元,其中百万元以上设备57台。拥有PET-CT、平板式全数字化心血管造影仪、全数字化医用直线加速器、数字化X线诊断系统(DSA)、多导电生理实验室系统、放射治疗计划系统、准分子激光系统、光子嫩肤仪、麻醉工作站、核磁共振成像仪(MRI)、体外循环机、血液透析机、全自动基因分析仪、高能聚焦超声肿瘤治疗仪、多层螺旋CT机、乳腺X线机、数字减影血管造影X线机、冷循环肿瘤治疗系统、X线模拟定位机等。

医院设有临床科室34个,医技科室6个,临床医学教研室23个,中心实验室、骨科、脑神经、心血管疾病等实验室15个。设有中国造血干细胞捐献者资料库江苏省分库HLA配型实验室(全国仅2家)、器官移植中心、肿瘤治疗中心、血液透析中心、肝病防治中心、介入治疗中心、心理卫生中心、生殖医学中心、临床药物检测中心、创伤急救中心、高级专家会诊中心、著名专家特诊、外宾门诊等。

医院为苏州大学附属教学医院,承担着苏州大学医学部第一临床医学院(含临床医学一系、医学影像学系和口腔医学专业)、护理学院的博士、硕士研究生和本科生、留学生以及夜大成人教育的教学任务。医院现有临床医学博士后科研流动站1个,博士点16个,硕士点33个,其中临床医学为一级学科硕士点。博士生导师33人,硕士生导师131人;中国工程院院士1人,中华医学会血液专业主任委员1人,中华医学会骨科学分会专家会员1人(目前全国共8人),江苏省医学杰出贡献奖1人,江苏省创业创新人才奖1人,江苏省优秀医学重点学科带头人1人,江苏省“兴卫工程”医学领军人才3人,江苏省优秀医学重点人才4人,江苏省“兴卫工程”重点人才12人,江苏省中青年首席科学家1人,江苏省中青年科技领军人才1人,江苏省中青年科学技术带头人14人,中华医师奖1人,享受政府特殊津贴专家39人。

医院于1999年实现计算机网络化管理,目前已建成了以千兆光纤为主干,百兆到桌面的医院信息系统(HIS)网络,实现了院内局域网与苏大校园网及因特网互连。医生工作站、护士工作站、OA、LIS、RIS/PACS级医保系统等全面投入使用。图书馆藏书5万余册,中外文期刊600余种,连接到苏大校园网,可供查询中文数据库39个、外文数据库46个。病案统计室储存病案30余万份。

医院历来重视科学研究,2003~2007年,获科研成果奖144项次,省部级以上科技进步奖24项,其中外科学教研室杨惠林教授和唐天驷教授等完成的课题《脊柱后路经椎弓根内固定的基础和临床研究》获得了2004年度国家科技进步二等奖、江苏省人民政府科技进步一等奖。阮长耿院士所带博士生获得全国百名优秀博士论文奖,实现了苏州大学零的突破;血研所成功培育出世界罕有白血病细胞系株,为世界白血病研究做出重大贡献。2007年现承担各级科研项目44项,其中国家级科研项目5项,省部级科研项目15项,厅市级24项。

医院与世界各国的学术交流频繁,多渠道,多领域开展友好往来,引进新知识、新技术、新设备和技术人才,促进了医院现代化建设和发展。1978年以来,医院先后与美国、法国、日本、加拿大、德国、韩国、澳大利亚、瑞士、印度、巴基斯坦、荷兰等国家以及香港、台湾、澳门等地区的20多所大学和医院建立了良好的院际合作关系。医院先后聘请了80多名外籍专家来院知道讲学,聘任20多名海外著名学者和校友为兼职教授或客座教授,医院先后派出多批业务骨干赴这些国家和地区进修、考察、访问和学术交流,医院国际知名度不断提高。

医院文化

医院坚持“特色兴院、科技兴院”的发展战略,坚持“质量建院、从严治院、勤俭办院”的指导思想。近年来,医院加大了对医院环境和软硬件设施的规划与建设,通过科学的论证与考察建设,医院的面貌正在发生着深刻的变化。

面对新世纪千帆竞发,百舸争流之势,百年老院正以前所未有的气魄和胆识,以“博习创新,厚德厚生”的院训为出发点,焕发着新的活力与光彩,朝着创建“国内外知名、省内一流的高水平综合性医院”的目标奋勇前进。

苏州大学附属第二医院

又名核工业总医院,从一开始便以使命感和责任感,注定了一路的与众不同。为承担国家核能事业重任提供医疗保障,为苏州市民提供优质高效的医疗服务,为扩大临床教学规模促进教育事业,苏州大学附属第二医院以时代之遇,于1988年应运而生。由于同法国多所大学和医疗中心保持着良好的合作与交流,1992年,医院挂牌为“中法友好医院”。2002年,医院被正式批准为国家核事故应急后援组织之一,成为国家级应急单位。院内设有中国核工业辐射损伤医学应急中心、秦山核电核事故应急医疗中心、

医院简介

苏州大学附属第二医院又名核工业总医院,院内设有中国核工业辐射损伤医学应急中心、秦山核电核事故应急医疗中心、苏州市创伤抢救中心、苏州大学神经科学研究所三大中心,一个研究所。

在全院从业人员的辛勤努力下,医院医疗、教学、科研、核应急、预防等工作有了跨越式腾飞和发展。新技术新项目成果斐然;培养和锻炼了一大批优秀的专业人才,形成了本科、硕士和博士的中高级人才团队。医院现在已经发展成为规模宏大、技术力量雄厚、诊疗设施齐全、服务质量上乘的大型现代化综合医院。

硬件设施

医院本部坐落于苏州市三香路1055号,占地面积7万平方米,现建筑面积14万余平方米。住院床位1289张,至2008年医院硬件环境将得到整体改善;3500台(套)现代化医疗设备,25台百万元以上设备。2009年度门急诊数超过100万人次。医院并以专业化、科技化、国际化,彰显整体医疗实力,走在苏州医疗服务业的前列。

总建筑面积12余万平方米的新门急诊大楼、新病房大楼于2009年投入使用,全面改善了患者的就医环境。医院拥有螺旋CT、DSA大型血管造影机、核磁共振检查仪、ECT检查仪、医用直线加速器、彩色B超心超多普勒仪脑电图、大型全自动

分析仪、乳腺机、钼靶 X 光机、皮肤激光治疗仪、电子胃肠镜、腹腔镜、骨密度仪、模拟定位机等先进设备。

该院在脑胶质瘤导向诊断和治疗、脊柱及肢体血管、脑血管病等的基础和临床研究成果已进入国际、国内、省内领先或先进行列。

科室设置

医院具有 30 个二、三级学科临床科室,22 个医技辅助科室,14 个教研室及 9 个研究室,医院科室设置齐全,重点科室特色纷呈。其中神经外科、神经内科、骨科、核医学科 4 个学科荣获省部级重点学科,普外科、泌尿外科、心血管科、放射治疗科、急诊医学科、影像诊断科 6 个学科为市级重点专科。神经外科的微创锁眼技术、核辐射损伤防护、血管外科、手足外科、脊椎外科、整形美容外科等专业,这些学科在其他医院没有,个别学科在全国乃至亚洲都是首屈一指。此外,呼吸科、内分泌科、肾内科、消化科、胸心外科、妇产科、口腔科、耳鼻喉科、眼科、理疗科、感染性疾病科、家庭病床科、血液科、肿瘤科、介入科、小儿科、皮肤科、中医科等科室也逐渐成熟完善,成为苏州地区百姓信赖的诊疗专科。

其中,苏州大学附属第二医院皮肤性病科[1]有 6 名工作人员,其中正高(硕导)1 名、副高 2 名(1 名为在读硕士)、初级 2 名(硕士 1 名、中西医结合医师 1 名),年门诊量 4 万人次。

科室特色:

一、开设夜间照顾门诊(周一至周六 17:00 ~ 20:00,周六、周日及其他节假日 7:45 ~ 11:30,13:30 ~ 17:00)。

二、开展过敏原(变应原)检测,包括接触性、食入性和吸入性三大组,检测例数为苏锡常地区之冠,检测质量较高。

三、各种病原检测手段齐全,如真菌、细菌、支原体、衣原体、淋球菌、疱疹病毒、梅毒螺旋体等。其中有关梅毒螺旋体的检测方法有 6 种,为江苏省之冠。

四、开展神经梅毒、妊娠梅毒及胎传梅毒的诊断和治疗工作。

五、中西医结合治疗皮肤病,特别是中药熏洗疗法。

“以海纳百川的胸怀引进人才、靠技高一筹的方法培养人才、用知人善任的手段用好人才、凭因势利导的手段激励人才”,这是医院始终坚持的人才理念。良好的人才环境不仅吸引了来自于国内多所著名医学院校的毕业生,更引来国内医学界一批知名的专家教授,开创了医院学科发展的崭新空间。目前,医院先后有近百人获得省级、部级、国家级多项荣誉称号。医院以专业实力,赢得百姓信赖;以服务品质,赢得口碑相传。许多患者甚至千里迢迢,慕名而来,2006 年医院门急诊数达到近 70 万人次,手术 11387 人次。

医院推行科教兴院战略,建院至今,获得 219 项科技进步奖;承担 375 项各级科研项目;发表 3000 余篇论文;主编、参编 40 余部专著。其中脑胶质瘤导向诊断和治疗、脊柱及肢体血管、脑血管疾病的基础和临床研究成果已进入国际、国内领先水平。医院在大力提倡临床医学科研的同时,教学工作也获得喜人的成绩。医院设有博士后流动站,目前已有一人出站、一人进站工作学习。在培养一大批优秀的硕士、博士研究生的同时,还承担了苏州大学本科、核医学科的临床教学工作,以及省内外大中专院校、医疗机构进修生、核工业系统培训和国家级、省级继续教育等培训任务,是国家培养高中级卫技人才的重要教学基地。在国家教委组织的教学基地评审中,医院成绩名列苏南片 8 所附属医院总分第一。医院还多次举办中华医学会等大型全国性、地区性学术会议。

教学与科研

医院作为附属医院,设有苏州大学医学部第二临床医学院,并挂牌为苏州大学医学部神经科学研究所。医院建有:

· 临床教研室:15 个
· 护理考研室:1 个
· 博士后流动站:1 个
· 二级学科博士学位点:2 个
· 一级学科硕士学位点:2 个
· 二级学科硕士学位点:11 个

承担研究生、本科生、省内外大中专院校和医疗单位的实习与进修、国家级与省级医学继续教育等教学任务,成为国家培养高级医学人才的重要教育基地。

对外交流

医院还积极参与国际间的交流与合作。先后同法、日、美等十多个国家和地区建立了业务和科研方面的交流。作为中法友好医院,与法国巴黎、蒙贝利埃等大学有着密切的科技文化合作与交流。医院公派前往法国、日本、美国学习深造者已有 200 余人次,共接待法国专家来访 240 人次。

近年来,医院集思广益,开拓创新,取得了累累硕果。力推微创技术,形成总体特色;在加强现有学科的基础上,创特色补空白。创建血管外科、整形美容外科,填补苏州地区空白;建立手足外科,改写苏州大型综合医院没有手足外科的历史;职业病诊断是江苏省唯一有资质的三级综合性医院;核医学科临床基因扩增实验室是苏州市首家具有合格证书的 PCR 实验室。

应时代之需,依人才优势,医院还形成了社区卫生服务体系,得到了地方政府的高度评价与肯定;2005 年对苏州市第七人民医院和相城区东桥医院进行资产兼并重组,实现医疗技术和设备资源共享,保障了当地人民的健康,降低了医院的发展成本,实现了社会和经济效益的双赢。

所授荣誉

医院在中国核工业集团公司党组和苏州大学党委的领导下,以“保持共产党员先进性长效机制”和“治理医药购销领域商业贿赂”活动为契机,强调以人为本、清廉从政、廉洁行医;坚持院务公开,保障职工权益。全院形成了一个团结、健康、和谐的工作环境。医院先后荣获中核集团“四好”领导班子,江苏省“文明单位”、江苏省“院务公开先进班子”、苏州市“文明单位”,多次被评为卫生系统“白求恩杯”竞赛先进单位等称号。同时,医院先后涌现出全国劳动模范兰青,中央企业劳动模范姜忠,苏州市劳动模范徐又佳、单玉喜、董启榕等一批先进人物。

发展前景

院长姜忠与全院从业人员以“整体改善,全面进步,面向未来,快速提升”为方针,凭着先进的医疗技术,专业的学科特色,高素质的人才队伍以及优质的医疗服务,力争至2020年,使医院建成专业学科齐全、技术力量雄厚、医疗设备先进、服务质量优良、就医环境舒适、国内一流、具有一定国际知名度的现代化综合性教学医院。

苏州市市立医院

是由三所历史悠久、服务优良、技术精湛的市级综合医院组建而成,集医疗、教学、科研、保健于一体,是苏州市最大的公立医院,苏南地区规模最大的综合性三级医院。同时是苏州市红十字医院、南京医科大学附属苏州医院。

市立医院本部前身是苏州市第二人民医院,始建于1952年,经过半个世纪的发展,医院已建设成为一所技术雄厚、设施先进、优势明显的三级综合医院,2002年,市妇幼保健院并入医院,建立了苏州市母子医疗保健中心,市妇保所、市计划生育指导中心也并入医院,承担全市的妇幼保健、计划生育指导等服务。

医院位于该市古城区中心,交通便捷,环境温馨,编制床位860张。母子医疗保健、心脏中心、生殖与遗传中心、骨科、麻醉科、急救中心等为特色优势专科。

母子医疗保健中心

主要为孕产妇、新生儿、儿童和妇女提供各类医疗保健服务,年出生婴儿达8200多例。环境优美温馨,拥有全国规模最大的家庭化产房区,集产妇待产、分娩、恢复于一体,并建立了功能齐全、设施先进的新生儿监护病房和以儿童功能发展、训练为主的儿童发展部,充满了现代化和人性化的气息。今年新增了婚检中心和新生儿听力筛查中心,更好地保障了市民的健康。

心脏中心:

拥有一支技术精湛的专业技术人才队伍。开展各类高难度的心脏手术,主要包括复杂先天性心脏病矫治术、瓣膜置换手术、冠状动脉架桥手术、升主动脉瘤人造血管置换手术、心房恶性肿瘤切除手术、急性心脏破裂修补手术等。多项手术和技术在国内处于先进水平,并填补了苏州市胸心外科的空白。

生殖与遗传中心:

以遗传性疾病诊断、辅助生殖、优生优育、不孕不育症治疗为主。中心配有一流的超净化胚胎实验室、遗传诊断实验室和IVF工作站,医务人员不但有丰富的临床经验,而且在国外进修先进的辅助生殖和遗传病诊断技术,聘请了外籍专家作为中心的医学顾问,已开展了血友病、肌营养不良、耳聋、先天性甲状腺功能低下和智力低下等遗传疾病的检测,以及一系列的辅助生殖技术。将为广大孕妇生一个健康可爱的小宝宝“保驾护航”,帮助渴望作父母的夫妇圆生育之梦。

骨科:

是苏州市临床医学重点专科,在苏州市率先开展了人工股骨头、全髋关节、膝关节和半骨盆置换手术,开展国内首例颈椎椎弓根内固定手术。在关节置换、颈腰椎疾病、创伤性骨折处理等方面有较大的优势。

麻醉科:

是苏州市临床医学重点专科,开展手术麻醉、重症监护和疼痛治疗的各项工作,每年治疗呼吸窘迫综合症、心功能衰竭、骨折后脂肪栓塞、重症休克和心肺脑复苏等重症病人1000多名。

医院由本部(原市二院)、北区(原市三院)、东区(原市四院)三个综合性院区及多个社区卫生服务机构组成。编制床位1860张,高级职称医师370多名,正、副教授70余名,博士、硕士90名。年门、急诊总量230万人次,住院病人6.3万人次。拥有美国瓦里安双光子高能直线加速器、ECT、西门子1.5T核磁共振、飞利浦多排螺旋CT、数字减影(DSA)、三维彩超、电子超声胃肠镜、数字化乳腺钼靶仪、日立全自动生化仪等大批先进医疗设备,是美国屹龙公司家庭化产房和德国西门子公司医学影像系统的示范医院,以及美国贝克曼公司的示范实验室。

科　室

医院汇集了三所市级综合医院的优势医疗资源,学科设置齐全、专科优势明显、诊疗技术先进、诊疗条件优良、学术水平较高。超声科、妇产科、生殖与遗传中心、骨科、消化科、肿瘤科等为省、市级临床医学重点专科,并设有苏州市超声、临检、消化和护理四个质量控制中心。心血管内科、心脏中心、新生儿科、烧伤专科、肾脏内科、老年病科和妇女儿童保健等也形成了专科特色和优势。医院拥有完备的院前急救体系,建立了ICU、CCU、NICU等重症监护室,救治了大量重危病人。

服务理念

为追求卓越的服务质量和效率,医院不断完善现代化管理体系和人性化服务流程。医院信息管理系统、医学影像系统和物流传输系统已覆盖全院,门诊建立了医生工作站,实现了电脑分诊排序、影像传输。建立了一站式门诊服务中心、后勤服务中心和出院服务中心,实行一医一患的私密性诊疗,开展了家庭化产科、出院护送、全程陪同等服务,并为外籍和高端人士专设特诊医疗和体检,满足了社会各层次的医疗服务需求。

作为政府举办的公立医院,市立医院将切实承担起保障基本医疗、服务社会公益的职责,努力把医院建成一所管理高效、技术领先、服务优良的现代化医院,为苏州市民提供“优质、高效、安全、合理、便捷”的医疗服务。

医院本部简介

市立医院本部前身是苏州市第二人民医院,始建于1952年,经过半个世纪的发展,医院已建设成为一所技术雄厚、设施先进、优势明显的三级综合医院,2002年,市妇幼保健院并入医院,建立了苏州市母子医疗保健中心,市妇保所、市计划生育指导中心也并入医院,承担全市的妇幼保健、计划生育指导等服务。

医院位于市古城区中心,交通便捷,环境温馨,编制床位860张。母子医疗保健、心脏中心、生殖与遗传中心、骨科、麻醉科、急救中心等为特色优势专科。

母子医疗保健中心

主要为孕产妇、新生儿、儿童和妇女提供各类医疗保健服务,年出生婴儿达8200多例。环境优美温馨,拥有全国规模最大的家庭化产房区,集产妇待产、分娩、恢复于一体,并建立了功能齐全、设施先进的新生儿监护病房和以儿童功能发展、训练为主的儿童发展部,充满了现代化和人性化的气息。今年新增了婚检中心和新生儿听力筛查中心,更好地保障了市民的健康。

心脏中心

拥有一支技术精湛的专业技术人才队伍。开展各类高难度的心脏手术,主要包括复杂先天性心脏病矫治术、瓣膜置换手术、冠状动脉架桥手术、升主动脉瘤人造血管置换手术、心房恶性肿瘤切除手术、急性心脏破裂修补手术等。多项手术和技术在国内处于先进水平,并填补了苏州市胸心外科的空白。

生殖与遗传中心

以遗传性疾病诊断、辅助生殖、优生优育、不孕不育症治疗为主。中心配有一流的超净化胚胎实验室、遗传诊断实验室和IVF工作站,医务人员不但有丰富的临床经验,而且在国外进修先进的辅助生殖和遗传病诊断技术,聘请了外籍专家作为中心的医学顾问,已开展了血友病、肌营养不良、耳聋、先天性甲状腺功能低下和智力低下等遗传疾病的检测,以及一系列的辅助生殖技术。将为广大孕妇生一个健康可爱的小宝宝"保驾护航",帮助渴望作父母的夫妇圆生育之梦。

骨科

是苏州市临床医学重点专科,在苏州市率先开展了人工股骨头、全髋关节、膝关节和半骨盆置换手术,开展国内首例颈椎椎弓根内固定手术。在关节置换、颈腰椎疾病、创伤性骨折处理等方面有较大的优势。

麻醉科

是苏州市临床医学重点专科,开展手术麻醉、重症监护和疼痛治疗的各项工作,每年治疗呼吸窘迫综合症、心功能衰竭、骨折后脂肪栓塞、重症休克和心肺脑复苏等重症病人1000多名。

超声研究室

是苏州地区最早开展超声诊断的科室,江苏省重点专科,获部、省、市各类科技进步奖10多项,在苏州市和省内确立了优势地位。除开展全身各部位、各脏器的超声影像检查外,还开展具有国际先进水平的三维超声成像、超声血管造影,以及超声引导下各种穿刺活检诊断、穿刺治疗和微波凝固治疗肝癌等项目,组织疑难杂症和复杂病例的会诊。

肿瘤科

由肿瘤内、外科、放疗科、血液肿瘤科和介入治疗专业组等组成,配备了双光子高能医用直线加速器、三维适形调强放疗系统、数字式乳腺钼钯仪、微波治疗仪、淋巴细胞活检仪等大批先进的专用肿瘤诊疗设备。开展了肿瘤综合治疗,采用手术、放疗、化疗、介入、中医、生物治疗、心理治疗和造血干细胞移植等方法,对肿瘤实行全方位治疗,乳腺癌、胃癌、直肠癌、食道癌、宫颈癌、卵巢癌、鼻咽癌等肿瘤的五年生存期已达国内先进水平,恶性淋巴瘤和多发性骨髓瘤的五年生存率达到70%以上。呼吸内科:经过多年的发展,对肺癌诊断与治疗、纤维支气管镜运用、抢救各种急慢性呼吸衰竭、支气管哮喘治疗等方面有丰富的经验,先后开展了支气管镜下活检、细胞学刷检、肺泡灌洗、支气管支架植入、支气管动脉化疗和栓塞等先进技术,在机械通气和危重型支气管哮喘救治等方面处于苏州市先进水平。

泌尿外科

在泌尿系统疑难疾病和肿瘤诊治方面积累了丰富的经验。率先开展了膀胱灌注治疗、动脉化疗栓塞等方法治疗膀胱癌、肾癌等,开展了肾上腺嗜铬细胞瘤、回肠代输尿管及输尿管旁路等复杂手术。近期又引进了等离子前列腺电切术,取得了满意的疗效。

苏州市第四人民医院

苏州市第四人民医院(南京医科大学附属苏州医院)是一所综合性国家三级医院,编制床位600张,年门急诊总量40万人次,出院病人12000人次,手术5000人次。

医院前身为苏州市第一工人医院,创建1951年。1974年重建为苏州地区人民医院,成为苏州地区的医疗中心;1983年地市合并,命名为苏州市第四人民医院;1984年又被称为苏州市红十字医院;1994年成为江苏省首批国家三级医院;2000年又成为南京医科大学附属苏州医院。

在苏州市各家医院中,医院以管理科学、服务优良、综合诊疗水平高而著称。医院现有职工864人,正副主任医师90名。医疗设备先进,拥有核磁共振、螺旋CT、三维彩超、数字式乳腺仪、电子胃肠镜、DSA、大型数字X光机、流式细胞仪、全自动生化仪等大型医疗设备多台。科室设置齐全,有临床专科28个,医技科室16个,以及ICU、CCU、NICU等监护病房。

医院技术发展较快,超声科为省重点临床专科,肿瘤专科的乳腺癌、肠癌、胃癌、甲状腺癌的生存率已达国内先进水平,神经内科、呼吸内科、消化内科、肝胆外科、胰腺专科。在市内有较大知名度、确立了区域优势。在介入治疗,消化道内窥镜应用与ERCP(逆行胰胆管造影)等方面亦居于苏州市前列。

合　作

医院作为南京医科大学附属医院和江苏省教学基础,每年承担南京医科大学、苏州大学等200多名学生的带教任务,每年承担4~5项省、市级科研课题,已有多项获江苏省卫生厅和苏州市政府的科技进步奖,与澳大利亚、美国、加拿大、日本、瑞士等国的医疗机构和医院建立了友好合作关系。

苏州市第四人民医院医院历史苏州市第四人民医院创建于1951年。

1974年重建为苏州地区人民医院,成为苏州地区的医疗中心;

1983年地市合并,命名为苏州市第四人民医院;

1984年又被称为苏州市红十字医院;

1994年成为江苏省首批国家三级医院;

2000年又成为南京医科大学附属苏州医院。

科室及设备

苏州市第四人民医院,医院以管理科学、服务优良、综合诊疗水平高而著称。医院现有职工864人,正副主任医师90名。医疗设备先进,拥有核磁共振、螺旋CT、三维彩超、数字式乳腺仪、电子胃肠镜、DSA、大型数字X光机、流式细胞仪、全自动生化仪等大型医疗设备多台。科室设置齐全,有临床专科28个,医技科室16个,以及ICU、CCU、NICU等监护病房。

专家介绍

向强，中华医学会会员，同济医科大学硕士研究生，上海不孕不育研究所专家，浙江广仁不孕不育研究所特聘研究员，从事男性不育工作二十余年，发表专业性学术论文10余篇。对男性不育的诊断、检查、治疗及优生优育有较丰富的临床经验。曾参与北京、上海等地区三甲医院不孕不育专家开展的学术交流和研讨。擅长治疗男性弱精、少精、血精、死精、无精症、精液不液化、逆行射精、排精障碍等男性不育症。

刘靖，浙江不孕不育博士园专家，浙江不孕不育研究所研究员，中华医学会妇产科分会会员。从事不孕不育临床、教学、科研工作二十余年。擅长运用中西医结合疗法，专业治疗由输卵管堵塞、多囊卵巢综合症、子宫内膜异位症、排卵功能障碍、盆腔炎及免疫性不孕等病因引起的不孕不育，多次参加国际、国内生殖及腔镜微创学术会议，在专业医学杂志上发表关于不孕不育论文20余篇，获各级奖项10余项。

苏州市中医院

创建于1956年，是全国示范中医医院和三级甲等中医医院、南京中医药大学苏州附属医院、上海中医药大学联合培养研究生基地、国家药品临床研究基地单位。苏州市中医药研究所、苏州市中医学会、苏州中医药博物馆等设于院内。

机构简介

苏州是吴门医派的发祥地，肩负着传承和发扬吴门医派历史重任的苏州市中医医院创建于1956年。经过五十多年的发展，现已成为一所医疗、教学、科研相结合的综合性中医医院。目前是全国示范中医医院和三级甲等中医院、南京中医药大学苏州附属医院、上海中医药大学联合培养研究生基地、国家药品临床研究基地单位。2010年底中医医院整体搬迁至沧浪新城。总投资为5.16亿元，占地面积60多亩，总建筑面积89000平方米，开放床位780张，年门急诊量可达80万人次以上。医院现有职工1000多名，拥有享受国务院特殊津贴专家、“全国老中医药专家学术经验继承工作”指导老师和“全国优秀中医临床人才研修项目”培养对象等。医院科室齐全，其中骨伤科是国家中医重点临床专科，消化科是江苏省中医重点临床专科，生殖医学科不孕症专病被列为国家中医重点临床专科（专病）协作组单位，呼吸科被列为“十一五”江苏省中医重点临床专科建设单位，中医药研究所已建立国家中医药科研二级实验室。

医院规模

经过五十多年发展，汇集了一大批吴中名医。现已成为一所享誉海内外的、集医疗、教学、科研为一体的综合性中医医院。苏州是吴门医派的发源地，建院后，汇集了黄一峰、陈明善、奚凤霖、金绍文、尤怀玉、丁怀仁等名老中医，奠定了苏州市中医医院的业务和学术基础。在继承和发扬吴门医派传统特色的基础上，医院拥有任光荣、龚正丰、何焕荣、蔡景高、陈益群、顾大钧、费国瑾等国家、省、市名中医和名中西医结合专家。

医院有主任医（药）师28名，副主任医（药）师83名，主治医（药）师223名，兼职博士生导师2名，兼职教授、副教授72名（其中教授22名、副教授50名），讲师19名，具有本、专科毕业学历的医师225名（其中本科142名、专科83名），占医师总数的的95%以上。医院有博士7名，硕士47名。

现有床位350张，分设10个病区。设有内、外、骨伤、肛肠、妇儿、针灸、推拿、气功、皮肤、五官、眼口腔、急诊等科。并开设30个专病专科。

苏州为吴门医派发源地，建院后汇集了黄一峰、陈明善、奚凤霖、金绍文、尤怀玉、丁怀仁等名老中医，奠定了中医业务和学术基础。新一代中青年中医药骨干已经形成，并在继承老一辈医学专家经验的基础上有所创新、有所发展。医院已拥有省级名中医，省级名中西医结合专家，省级中青年突出贡献专家及享受国务院批准的特殊津贴专家。

内设科室临床一级科室设有内科、外科、肛肠科、急诊科、骨伤科、针灸科、妇科、儿科、推拿科、皮肤科、耳鼻喉科、眼科、口腔科、调养服务中心共十四个。临床二级科室设有消化内科、肾内科、肿瘤科、心血管内科、内分泌科、呼吸科、风湿科、血液内科、神经内科、中医整骨、创伤、脊柱、关节病、关节镜、泌尿科、男性科、脑外科、疮疡科、乳房病、麻醉科。门诊开设具有中医特色的专病专科30个。其它业务科室有：放射科（含CT室）、检验科、病理科、功能检、查科（超声波、内窥镜、心电图、24小时动态心电图）、药剂科、消毒供应室、手术室、麻醉科、营养室、图书馆、病案统计室、信息科、中医药研究所等。

目前，医院骨伤科为国家中医重点临床专科；中医妇科不孕症专病被国家中医药管理局批准为国家中医重点临床专科（专病）协作组单位；消化科被列为国家中医重点临床专科建设单位；呼吸内科被列为省中医重点临床专科建设单位；肛肠科、针灸科是市中医重点临床专科。

医院先后与美国、日本、新加坡、加拿大、澳大利亚、德国等进行了交流与合作，并与日本前田中国医学研究院形成了长期交流关系。在新加坡开设了合作诊所。苏州中医药事业越来越成为苏州对外交流的桥梁和纽带。

医院科室血液内科

血液专科是江苏省内中医院中为数不多的血液专科之一，在发挥中医药治疗血液病的同时，结合现代医学诊断治疗血液病的特长，充分利用现代诊断技术和设备，采用骨穿、骨髓活检、染色体检查、免疫表型、溶血全套、PNH检测确诊疾病；急重病时采用抗感染、化疗以及输血支持等疗法，力争尽快控制疾病，重在挽救患者生命，在疾病得到缓解以及慢性期时，配合中医药内服、外洗等疗法，补肾益气养血培补正气以御邪，以毒攻毒之法以攻邪，取得了较好的疗效。

该专科将传统的中医八纲辨证、脏腑辩证、气血辨证、卫气营血辨证与现代（西医）疾病诊治相结合，形成了一套成熟的辨证与辨病相结合的血液病诊治理论体系，将血液系统疑难病作为研究对象，以再生障碍性贫血、各种白血病、原发性血小板减少性紫癜、淋巴瘤、多发性骨髓瘤、阵发性睡眠性血红蛋白尿、骨髓增生异常综合征、过敏性紫癜、骨髓纤维化等为主导病种，突出中医中药特色，以创立新理论、创制新疗法为目标。

血液病房从事各种血液病的诊断和治疗，其中包括各种急性白血病、慢性白血病、多发性骨髓瘤、骨髓增生异常综合症、淋巴瘤等恶性血液肿瘤;各种贫血性疾病:再生障碍性贫血、溶血性贫血、营养性贫血等。各种出血性疾病:原发性血小板减少性紫癜、血友病等凝血因子缺乏性疾病。各种骨髓增殖性疾病:真性红细胞增多症、原发性血小板增多症等。

多年医疗实践证明,中药配合西医药治疗各种血液病,可以帮助骨髓造血功能恢复,提高患者的抗病能力,减轻临床症状,延长缓解期,减少复发率,取得了比较满意的效果。显著提高了血液病治愈率,使越来越多的血液病患者从这里走向康复。

神经内科

国家卫生部疾病监测资料显示,中风的死亡率已经跃居我国死亡原因之首,成为我国城市居民的第一杀手。2001 年我国的人群监测资料显示,中风占全部死亡原因的 20%,即每死亡 5 人中,有 1 人死于中风。据世界卫生组织预测,随着人口老龄化和人口平均寿命延长,我国的中风发病率将继续上升。中风发病前往往缺乏明显的临床症状,一旦发病,重者偏瘫或死亡,幸存者约 75% 遗留不同程度的残疾,而且有 1/4 的中风病人在 1~5 年内会再次发生中风,这样会给社会和家庭带来沉重的经济负担和精神负担。

苏州市中医院神经内科病区,经过中医院几代人对中医内科不断研究和临床实践的基础上,积极开展中西医结合治疗中风病的研究,形成自己独特和有效的整体中西医治疗方法,在常规治疗的同时,结合中医辨证论治,充分发挥本院中医渊源特色,分期给予中药清肝熄风开窍汤,滋阴潜阳通络汤,意气活血化痰汤(昏迷病人予鼻饲),并结合针灸、推拿、理疗等方法,大大提高了抢救和治疗中风病人的成功率,减轻了后遗症,深得广大患者的信赖;同时由于中风病的再次发病率很高,通过本院中医的整体阴阳平衡辨证方案治疗,随时掌握和采取标本缓急和扶正祛邪治疗原则,再创祛风养血、滋阴柔肝、豁痰通窍等方法,巩固疗效,预防复发,取得了良好的效果。

近几年来,本院神经内科还开展了中药治疗偏头痛、椎基底动脉供血不足。

呼吸专科

苏州市中医医院呼吸科具有较为深厚的吴中医学基础和传统特色,建科以来在省名中医奚凤霖、何焕荣的率领下,积极开展中医中药治疗急、慢性支气管炎、慢性阻塞性肺病、慢性肺心病、呼吸衰竭等疾病的临床研究,积累了丰富的临床经验。该科是江苏省中医重点临床专科建设单位,近年来,呼吸内科引进了进口支气管镜、肺功能测定仪、呼吸机、无创呼吸机等现代设备,对呼吸病的中医与中西医结合临床医疗及科研形成一定的规模和特色,拥有羌菊感冒冲剂、抗病毒颗粒、止嗽合剂、氯棕合剂等十余种专科中医特色制剂,在本地区有一定的影响,该科的“香菊感冒冲剂的临床和实验研究”获得了省、市科技进步奖,并推向市场,受到了病人的欢迎。

心血管专科

苏州市中医院心血管科始建于 1959 年,现有心内科病区、心血管监护病房、心血管专科门诊、心电图室、心超室、食道电生理室组成。病区有普通床位 30 张,CCU 床位 4 张,开设冠心病、高血压病、调脂、心力衰竭专病门诊,每年收治病人 500 多人,年门诊量达 1.2 万人次。

60 年代,在已故名老中医奚凤霖主任的带领下,开创了中医、中西医结合治疗心血管病的先河。在中医治疗冠心病、肺心病、高脂血症方面取得了显著的成绩,多项成果获得了省市科技进步奖。80 年代以后,科室成为国家中医管理局胸痹心痛协作组组长单位,为“心痛气雾剂”、“心痛口服液”、“补心气、滋心阴口服液”的研制成功作出了贡献。近年来,科室的规模、医疗设施、科研技术有了进一步的发展,更为重要的是,在老专家的培养下,中青年技术骨干已成长起来,并形成了人才结构合理的学术梯队。

随着社会的发展及人们生活水平的提高,高血压病、高脂血症、冠心病等心血管疾病已成为新世纪人类健康的主要杀手。广大医务工作者正积极探索防治心血管病的方法,而历史悠久的中医药学,以其独特的理论体系、辨证论治方法和纯天然的植物药,必将发挥重要的作用。近几年,心血管科以中为主,衷中参西,积极开展中医、中西医结合方法治疗高血压病、高脂血症、冠心病、心功能不全的研究,自行研制了调脂颗粒、强心益气颗粒,收到了较好的疗效,提高了抢救心衰的成功率,以中药治疗高血压、高脂血症、冠心病、心绞痛、心率失常具有疗效好,副作用少,虽起效稍慢,但作用持续时间长等优点。并能从根本上调节人体阴阳、气血之平衡,起到治病求本的作用,深受广大市民的欢迎。

肾病内科

苏州中医院肾内科由已故著名中医学家奚凤霖老先生始创,经过几代人的努力,目前已初具规模,集临床、教学、科研于一体。目前有床位 16 只,初、中、高级肾科专科医师 4 名,均分别在上海华山医院、中山医院、仁济医院、龙华医院及江苏省中医院、日本群马大学医学院等著名医院肾科进修学习一年以上,具备完整的中、西医肾病专业知识和技能,学科负责人金伟民副主任医师师从著名肾病学家陈以平教授,目前任全国中医肾病专业委员会委员、苏州市中医肾病专业委员会副主任委员,目前该科运用中医及中西医结合的治疗方法,对各类原发性及继发性肾脏病的治疗,均取得了较先进的疗效。近年来在各级报刊发表论文 10 多篇。自创的肾炎 I 号、肾炎 II 号及肾炎 III 号口服液均受到患者的好评,B 超下肾囊肿穿刺术,血液透析等治疗手段使传统中医肾病治疗增添了新的内涵。

肿瘤专科

以中医扶正培本为主,治疗肺和消化道恶性肿瘤,并形成了中医中药为主结合介入治疗、微波治疗和生物化疗等多种手段相结合的治疗特色。

医院专家

徐　钰

副主任中医师

专业特长:擅长中西医结合治疗糖尿病及其并发症,更年期综合症,骨质疏松症,甲状腺疾病,痛风等内分泌疾病。

专家门诊时间:星期一、星期二上午

华　军

副主任中医师

专业特长:运用中西医结合方法治疗胃肠、肝胆、胰腺等消化系统疾病。

专家门诊时间:星期五全天

刘秋红

副主任中医师,长期从事风湿免疫内科工作。

专业特长:擅长中西医结合治疗类风湿性关节炎、强直性脊柱炎、痛风性关节炎、骨关节炎等各种关节炎、干燥综合综、系统性红斑狼疮、皮肌炎、硬皮病等结缔组织病。

专家门诊时间:星期四全天

张　玲

副主任中医师

专业特长:擅长中西医结合治疗高血压、高脂血症、冠心病、心律失常等引起的胸闷胸痛、心慌、头晕、头痛等。

专家门诊时间:星期二下午,星期五上午

陈竞纬

副主任中医师

专业特长:擅长运用中西医结合治疗高血压、高脂血症、冠心病、心律失常、心衰等引起的胸闷、胸痛、心慌、头晕、头痛、咳嗽等症状。

专家门诊时间:星期一下午,星期三上午

刘　敏

副主任中医师

专业特长:擅长中西医结合治疗各种肿瘤、肾脏疾病(慢性肾炎、肾功能不全)及中医虚劳疾病的调养。

专家门诊时间:星期一下午,星期二下午

夏季珊

五十年代毕业于医科大学本科,七址年代专业学习中医,从事中西医结合临床诊疗工作数十年,积累了较丰富的临床经验曾任江苏省中西医结合学会心血管分会第一届委员。

专长:用中西医结合诊治高血压、高血脂、冠心病、心律失常、中风、头痛等。

门诊时间:星期一、五下午。

马振华

师从名中医黄一峰医师,是重点继承者之一,长期跟随老师临床实践,并整理研制出《黄一峰主任医师脾胃病诊疗系统》,该系统已运用于临床。擅治疾病:脾胃病(消化系疾病)。用中西医结合方法治疗消化系统疾病及老年病。

医院地址苏州市朝阳西路191号。

苏州大学附属儿童医院

又名苏州市儿童医院,位于江南历史文化名城苏州市中心繁华地段,隶属于江苏省卫生厅。医院现有职工600余名,卫技人员近500名,其中高级职称60余名。医院目前占地面积18170平方米,实际开放床位362张。1959年,在原苏州医学院附属第一医院儿科的基础上独立组建,经过几代人的努力,现已发展成为一所集医疗、教学、科研、预防保健为一体的综合性三级甲等儿童医院。2001年设立苏州大学儿科医学研究所。医院多次被评为江苏省、苏州市文明单位,2005年被评为江苏省医院管理年活动先进单位。

医院现有职工600余名,卫技人员近500名,其中高级职称60余名,享受国务院特殊津贴专家11名,江苏省有突出贡献的中青年专家3名,博士生导师3名,硕士生导师30余名,省“333”工程培养对象6名,省“135”工程重点医学人才2名,省“青兰工程”学术带头人1名。医院目前占地面积18170平方米,实际开放床位362张。2005年完成门急诊46万余人次,收治病人近1.7万,完成手术例数2300余台。固定资产1.59亿元:拥有磁共振、多层螺旋CT、DSA和三级医院必备的医疗设备。骨科、新生儿科为江苏省临床重点专科;血液科、小儿普外科是江苏省“135”工程重点学科合作单位;小儿肾脏科为苏州市临床重点专科。

医院目前在研国家自然科学基金课题2项,国家中医药管理局课题1项,在研省级课题3项,厅级课题10余项,参与国际科研合作课题3项。每年在国内外杂志上发表论文100余篇(含被SCI收录)。近5年来,获得省政府科技进步三等奖1项,省卫生厅新技术引进一等奖3项,省新技术二等奖12项,苏州市科技进步奖19项,苏州市新技术奖14项。儿童疾病综合管理(IMCI)课程获省教育厅教学成果一等奖。此外,医院每年还举办2-3个国家级及4-5个省级继续教育学习班,正逐渐成为江、浙、沪、皖地区儿科医师的进修和培训基地。

医院现有儿科学博士点1个,儿科医学、急救医学硕士点2个,每年承担着四十余名硕、博士研究生和数百名儿科医学本科生教学任务以及临床见、实习的带教任务。

近几年来,省市各级领导先后来医院视察指导工作。医院对外交流日渐增多,先后与英国、美国、法国、加拿大、日本、丹麦、澳大利亚、以色列、巴西、香港等国家和地区建立了友好协作关系,聘请国外专家担任客座教授,派遣中青年专家赴英、美等国著名院校进修学习,开展国际学术交流。

建筑面积14000余平方米、拥有百余个地下泊位的新门诊大楼的投入使用,将为成千上万的儿童提供更舒适、温馨、优雅的就医环境。

领导班子

院　长　冯　星

儿科临床医学院院长、党委副书记兼纪委书记　王晓东

党委书记　卢祖元

副院长　朱建兴,汪　健,田健美

调研员　刘高金

科室介绍

小儿骨科是江苏省临床重点专科,是苏州大学骨科学博士生培养点之一,与英国皇家骨科医院建立了良好的协作关系。在小儿脑瘫治疗、肢体延长及脊柱侧凸矫治等方面形成了自身的特色。在国内首创经皮注射自体骨髓移植治疗小儿骨囊肿,创伤小,疗效好。

新生儿科是江苏省和苏州市重点临床医学专科,由全国著名的儿科专家何馥贞教授创立于二十世纪八十年代初,是国内最早开展新生儿临床、教学和科研的单位之一。经过几代人的不懈努力,现已成为苏南地区危重新生儿治疗中心,每年收治来自全省各地的危重新生儿2000余人,服务面积覆盖整个苏南地区及部分苏北地区,抢救成功率始终保持在80%以

上。科室人员梯队合理，全部具有研究生学历，多人担任省级专业学术团体的委员职务并入选省“135”工程评审对象，先后多人出访美、英、法等国。科室具备现代化医疗仪器设备和服务理念，其中具有空气层流净化和电视监视录像装置的新生儿重症监护病房(NICU)在国内处于领先水平。在新生儿缺氧性脑损伤、肺损伤、早产儿监护与营养、感染性疾病、新生儿外科、先天性遗传性疾病的早期诊断等方面具有较高的学术水平。所开展的呼吸机治疗、肺表面活性物质替代疗法、一氧化氮吸入、外周静脉同步换血等先进技术曾多次获市级以上科技奖10余项。

血液科

1959年由小儿血液病学奠基人之一彭大恩教授创建，在小儿血液病的科研和临床方面具有一定的影响和较高的学术地位。全科共有医务人员43人，其中硕士生导师3人，具有副高级职称以上有7人，中级职称8人，具有博、硕士学位(包括在读)10人，已培养外单位及全国的硕士生10余人。培养儿科血液进修医师数十人，主持举办省、市小儿血液学术会4次，并承担省内小儿血液病会议及跨省讲学任务。1995年列为江苏省重点临床医学专科，1998年经省继续教育委员会批准举办小儿血液提高班，至今已有4次。全科共有床位70张，接受来自全国各地的小儿血液病患儿，平均每年专科门诊1200余次，年住院1000余人次。积极参加国内外学术交流与协作，先后参加江苏省急性非淋巴细胞白血病治疗协作组、华东六省维甲酸治疗早幼粒细胞性白血病治疗协作组，1997年参加全国小儿白血病治疗协作组，1998年与加拿大EMAS组织联合成立了小儿血液/肿瘤中心，已公派多位医生赴日本、美国、加拿大、香港进修。从80年代起，对严重威胁小儿生命的恶性肿瘤——白血病进行了大量的研究，如小儿白血病MIC分型到应用多重PCR对小儿融合基因的分析的研究，小儿白血病细胞和血浆氨基酸模式探讨对白血病放射免疫导向治疗的实验研究，造血因子对造血干细胞自我更新影响到对脐血干细胞移植治疗白血病的基础研究；小儿特发性血小板减少性紫癜血小板膜糖蛋白的2b/3a自身抗体研究到小儿急性白血病的血小板活化的研究；并在国内首创小儿骨髓活检改良法，应用此法对小儿再生障碍性贫血临床研究应用到对小儿血液病诊治的普遍开展。大大提高了再障的早期诊断率及白血病诊疗疗效的判断率，先后发表在中华血液学权威杂志、核心杂志及论文百余篇，主编和参编血液学术专著多部。承担江苏省卫生厅及市科委重要临床课题多项。研究成果获核工业总公司科技进步奖、江苏省科技进步奖、苏州市科技进步奖多项。目前小儿急性淋巴细胞性白血病已成为可以治愈的恶性肿瘤，缓解率达98%，治愈率达80%。

普外科

创建于1960年的小儿普外是苏南地区最早的小儿外科专业，是江苏省医学重点学科合作单位。小儿肠缺血再灌注损伤、婴幼儿手术后应激反应、新生儿胃肠外营养等研究达到国内先进水平，获部级科技成果奖4项。先天性消化道畸形的诊治和小儿普外疑难疾病的处理有相当的经验。脾切除治疗小儿特发性血小板减少性紫癜取得较好疗效。2000年起开展了经肛门一期巨结肠根治术(腹腔镜手术)，逐渐与国际接轨。

肾脏科

医院小儿肾泌尿科是由全国知名专家蒋百康教授于1974年创建，担任苏锡常地区小儿肾脏病的医疗、教学和科研，病人来自全国各地。目前有专科床位数25张，床位使用率达87.4%，于1998年被评为苏州市临床重点专科。在国内较早应用环磷酰胺、苯丁酸氮芥、长春新碱和雷公藤、中草药等治疗难治性肾病，并进行系统地、长期地观察研究，其缓解率及控制副作用方面、特别在环磷酰胺性腺抑制方面的研究达到了国内先进水平，在此基础上大胆应用环磷酰胺冲击疗法、大剂量甲基强的松龙冲击疗法、大剂量丙球冲击疗法及环孢霉素治疗肾病综合征，收到显著疗效，且副作用少。1982年在省内率先开展小儿经皮肾活检术，至今共开展了近400例小儿肾活检术。1998年采用简易穿刺夹下单人操作肾活检技术，操作方便、损伤小、穿刺成功率达100%，大大地推动了小儿肾脏病的诊断与治疗水平。1998年开展尿红细胞形态检查、彩色多普勒诊断左肾静脉压迫情况、钙负荷实验诊断以及肾脏病理检查等极大地推动了小儿血尿的诊断与鉴别诊断。1987年在国内率先开展了过敏性紫癜肾炎临床与病理关系的研究，其研究论文于1989年发表在中华儿科杂志上，为国内最早报道。目前常规开展小儿难治性肾炎、肾病和血尿的病理诊断以及免疫治疗，将要开展遗尿门诊和血液透析。

呼吸科

呼吸科由全国著名儿科专家陈务民教授于1959年创建，经过四十多年的发展，在临床和科研方面处于省内领先水平。在儿童呼吸系统疾病的防治方面，从基础理论和临床实践中不断研究和总结，建立了一套有针对性合理使用抗生素及免疫调节的综合治疗手段，使呼吸系统疾病的危重抢救成功率提高，危重病人死亡率几近零；80年代，在国内较早开展了哮喘的临床研究及防治；2000年成立了省内首家儿童哮喘防治中心；2002年引进了亚洲第一台可检测0岁－成人的肺功能仪，该设备性能先进、功能齐全，使诊断及监测呼吸相关疑难杂症水平得到进一步提高，支气管诊治水平达到国内先进，与国际接轨。目前拥有60张床位，主要收治病种：小儿气管炎、肺炎、肺不张、支气管扩张、支气管哮喘、先天性畸形、胸腔疾病、慢性肺疾患、间质肺炎等。

特需门诊

近年来，开展儿童抽动症、自闭症、矮小症、脑发育不良等疑难杂症的治疗，取得了一定的成就，受了普遍好评。

专家介绍

姓名：张瑞宣

科室：新生儿科

职称：主任医师

毕业院校：南京医科大学

简历：1965.8南京医科大学本科毕业，1965.8—至今苏州儿童医院。20世纪70年代起，从事儿科中西医结合临床诊疗研究工作，至今积累不少具有自身特色诊疗经验。如：中西医结合诊治小儿肺脓肿，小儿反复呼吸道感染，垂危新生儿疾病的中西医诊疗等方面。已发表论文50余篇，曾获部、市级科技进步奖3项。参编成教统编儿科学教材3部，主编《中西医结合儿科诊疗手册》。在学术上有一定的影响。被评为“江苏省名中西医结合专家”、“苏州名医”。专业特长：新生儿疾病诊治及中西医结合诊治儿科杂病。

主诊方向:中西医结合治疗儿科疾病、新生儿疾病。

姓名:丁晓春

科室:新生儿科

职称:副主任医师

简历:1979.9～1984.8;苏州医学院医学系,1984.8～1992.6;苏州大学附属儿童医院;住院医师,1992.6～1999.6;苏州大学附属儿童医院;主治医师,1999.6～至今苏州大学附属儿童医院;副主任医师。专业为儿内科、新生儿专业,擅长于新生儿急救、新生儿营养、早产儿管理。已在省级以上刊物上发表专业论文10余篇,获得江苏省卫生厅新技术引进二等奖2项。

主诊方向:新生儿各类疾病。

姓名:朱玲琍

科室:血液科

职称:主任医师

简历:1991.06始苏州医学院附属儿童医院主任医师,1992.05始苏州医学院附属儿童医院教授1984～1994苏州医学院附属儿童医院院长。历任医院内科主任、院长;院长顾问;江苏生卫生厅科学技术委员会、省卫生厅高级职称评审委员会、核工业总公司卫生技术人员职务评审委员会、苏州市医疗事故鉴定委员会的委员;苏州市计划生育委员会、女科技协会理事;苏州市政协委员。致力于白血病的临床治疗与研究,发表论文、专著30余篇,其中"小儿急性淋巴细胞性白血病149例临床分析"、"小儿白血病长期存活随访研究"、"血液病与氨基酸代谢方面探讨"、"铁缺乏早访早治早研究",多次获核工业总公司、江苏省卫生厅科技进步奖,有10余篇论文获苏州市科协优秀论文奖。

专长:小儿血液病的诊治。

主诊方向:小儿血液病的诊治。

苏州大学附属儿童医院曾多次荣获:

江苏省文明单位;

苏州市文明单位;

荣获全国城市医院政研会"先进集体"光荣称号;

苏州市卫生系统白求恩杯"优胜杯";

苏州市立医院北区

是由原苏州市第三人民医院变更而来,位于古城区北部,历史悠久,学科优势明显,编制床位506张,设有临床、医技及其他功能科室28个,同时设苏州市体检中心、苏州市社区服务指导中心。医院以消化、肾内科和烧伤科为重点,心内科、妇产科等也有一定特色。

消化内科:附设有市消化疾病与营养研究所,该科技术力量雄厚,在消化系统疑难杂症的诊治、新技术新项目的开展及国内外学术交流等方面独树一帜。开展的无痛超声电子胃肠镜检查、胃动力检查、消化道晚期肿瘤介入治疗、胃肠内外营养疗法、重症急性胰腺炎治疗、食道静脉曲张套扎疗法、内镜下食道支架置入术以及逆行胰胆管造影和取石术等,都走在同行的前列。炎症性肠病临床诊断与治疗在全国处于领先地位。

肾内科:该科设有苏州市规模最大的血透中心,开展了腹膜透析、血液透析、持续性血液滤过、血液吸附等系列血液净化项目,并擅长治疗和抢救各种原因引起的急慢性肾功能衰竭、中毒引起的急性肾衰、急性心功能不全、多脏器功能障碍综合症、难治性自身免疫性疾病和全身性炎症反应综合症等病症。

烧伤科:是苏州市建科最早、规模最大、病房条件最优的烧伤整形专科,迄今已抢救治愈最大灼伤面积98%(Ⅲ°88%)的各类烧伤、灼伤、电击伤等患者近4万余例,在省内享有一定声誉。现又开展了先天后天畸形整形、缺损修复、疤痕整形、体表器官整形再造等各类整形手术,以及吸脂减肥等医疗美容手术。

专家介绍

郭于曦——烧伤整形科,主任医师,毕业于镇江医学院。从事临床烧伤整形专业近30年,曾先后在上海瑞金医院、上海九院进修烧伤和整形专业,熟悉相关专业基础理论及国内外有关医学进展。擅长于治疗烧伤、热水烫伤、电击伤、电弧灼伤、油灼伤、冻伤等各类酸碱烧伤、放射灼伤、超声灼伤等各类灼伤、冻伤。熟练应用皮肤软组织扩张技术修复各类瘢痕及肿瘤切除后组织缺损,熟练完成头面躯干四肢瘢痕的整形及物理、药物治疗和研究。对特大面积烧伤及合并伤、感染、多脏器功能不全、代谢、营养支持、残余创面修复有丰富经验和独特的见解。在《中华烧伤整形杂志》《中华创伤与外科杂志》等多种省级以上刊物发表论文近10篇。现为中华医学会江苏省烧伤整形学会会员,第三届委员。

刘武林——烧伤整形科,副主任医师,中华医学会整形外科学会会员,毕业于湖北医学院。一直从事整形、美容外科及烧伤外科临床工作,曾在北京大学第三临床医学院进修。师从于我国整形外科创造人之一王大政教授及现任整形外科学会副主任委员李健宁教授,熟悉本专业基本理论及国内外进展,并将其应用于临床,熟练掌握本专业各项技能并能独立完成;熟练开展各种畸形、病症整形、各种体表肿瘤缺损的治疗;熟练开展五官整形及再造(如:重睑、隆鼻、去眼袋、隆下颌、耳整形等),体形再塑(如乳房整形、全身各部位吸脂术等),妇科整形(如外阴整形、阴道整形、处女膜修复等),性别转换及微创仪腋臭治疗,开展微创技术修复颜面部外伤而不留疤痕。积极开展以整形方法治疗烧伤,最大限度地恢复烧伤患者外形及功能,一项科技成果获省级优秀奖,多次参加全国及地区整形外科论文交流。现为中华医学会整形外科学会会员,苏州市整形烧伤美容学会委员。

杜玉杰——不孕不育科,副主任医师,中华医学会会员,浙江不孕不育博士园专家,浙江广仁不孕不育研究所研究员,从事妇科及不孕症临床、教学、科研工作二十多年,对妇科炎症、月经不调、子宫内膜异位症、子宫肌瘤等各种妇科疑难杂症的诊治经验丰富。对因输卵管堵塞、多囊卵巢综合征、内分泌失调等引起的不孕不育有独特疗法。尤其擅长生育障碍、排卵障碍、输卵管疾病等。在国家级、省部级医学刊物上发表妇科及不孕不育学术论文等多篇。

母子保健中心该中心是苏州市政府旨在提高全市妇女儿童健康水平所实施的一项实事工程,附属于市立医院本部,承担了孕产妇和新生儿医疗护理、生殖和遗传服务、出生缺陷社会化干预、儿童保健与发展等各项功能。新建的门诊和住院大楼,在空间布局和内部装饰上,充分考虑妇女儿童的需求特点,考虑人性化的服务要求，设施一流，环境优美，充满了现代化气息和温馨的氛围。

中心下设妇女保健部、儿童保健部、社区保健部、儿童发展部、生殖与遗传中心。妇女保健以计划生育、生殖健康为主体，开展了孕妇围产保健、孕妇学校和妇女病普查。儿童保健设立了心理、营养、眼等保健和发育落后幼儿早期干预等门诊，开展了新生儿听力筛查、新生儿神经行为测定、脑电生理反馈等检测，专门开辟了婴儿游泳室、儿童语言、行为、水疗和感觉统合的训练室，为缺陷儿童功能的早期恢复提供了有效帮助。产科引进国外家庭化产科的服务模式，建立了集待产、分娩、康复于一体的家庭化产房，医生和家属陪伴整个分娩过程，还开展了孕期营养指导和产后康复训练等，满足了多层次的产科服务需求。儿童发展部按照美国儿童博物馆发展的新理念，建立了语言区、运动软区、音乐区、小小社区等婴幼儿活动区域，集参与性、趣味性、知识性、教育性于一体，开展形式多样的交流互动，全方位培养幼儿的观察、记忆、动作、协调、理解等各种能力。是促进儿童身心健康发展的良好场所。

新建的生殖与遗传中心配有国内领先的超净化胚胎实验室、遗传诊断实验室和IVF工作站，以遗传性疾病诊断、辅助生殖、优生优育、不孕不育症治疗为主。中心与美国加州大学旧金山生殖医学中心、哈佛大学医学院附属儿童医院遗传诊断实验室建立了长期紧密的合作关系，并聘请了2名外国专家作为中心的医学顾问，引进国际一流的技术、管理和服务模式，共同开展生殖与遗传方面疑难疾病的筛查诊断和科研项目。目前，中心承担了苏州市人口出生缺陷社会化干预工程中的遗传疾病筛查任务，为提高全市出生人口的素质，为广大孕妇生一个健康可爱的小宝宝“保驾护航”。

作为苏州市公惠医院，医院为广大市民，特别是中、低收入人群和特困人群提供优质价廉、高效便捷的服务，医疗费用在市级医院中处于最低水平。体检中心引进了健康管理系统，为亚健康人群提供健康指导和健康干预，提升了体检服务的水平，更好地满足市民的需求。

医院地址：苏州市道前街26号

苏州市第五人民医院

建院于1959年1月，现为苏州大学医学院教学医院。医院坐落在苏州市区南门、风景优美的“盘门三景”旁。经过四十多年的建设和发展，医院已成为具有一定规模，并具有临床、教学和科研能力的医疗实体。医院占地面积28600平方米，绿化覆盖率达30%，建筑面积19011平方米，固定资产41385869元，医疗设备22277440元。医院编制床位455张，职工394人，卫技人员306人，其中高级职称30人，中级职称133人，博士生3人，硕士生13人。

医院特色

苏州市第五人民医院是苏州市唯一一所以收治传染病、结核病、性病为主的市级专科医院。

该院一周开放门诊七天，设有传染病科、肝病科、结核病科，职业病科、皮肤性病科、高压氧舱氧疗门诊、综合门诊、方便门诊。

苏州肝病研究所于2003年3月正式挂牌，从事临床科研工作。近年来医院中标多项省、市科研项目。目前在病毒性肝炎患者细胞因子系列测定与临床关系、病毒性肝炎基因诊断与分析、抗病毒、抗肝纤维化疗效观察及人工肝治疗重型肝炎的治疗等方面进行重点研究。经四十五年历史演变，在上级部门的领导下，社会各界朋友的关心支持下，经几代人的艰辛耕耘，逐步发展成为具有一定规模，有临床教育和科研能力的医疗实体。在诊断、治疗传染病、结核病、皮肤病性病与职业病领域，广大医务工作者开展了锲而不舍的富有成效的研究，为控制和消灭传染病作出了贡献。

科室简介

1、肝病科

是市级重点专科，引进日产(Plasauto－IQ)人工肝支持系统，开展血浆置换、血液滤过和血浆吸附等技术，达到国内先进水平，提高了重症肝炎的抢救成功率。目前已在全市独家开展高血脂和脂肪肝的血液净化治疗，简便易行，疗效显著。同时肝病科还开展门脉高压、肝癌、脾功能亢进的介入治疗，具有安全性高、疗效好、创伤轻微的特点，易于为广大患者接受。此外肝病科也开展电子内镜下的诊断和治疗工作，如内镜下食道静脉曲张的分级、栓塞和套扎，为中晚期肝病患者，特别是上消化道出血患者带来简便、经济、特效的非手术治疗方法，备受欢迎。

2、结核病科

是市级重点专科，特别是在难治性肺结核、肺外结核、淋巴结核、肺癌、肺部疾病鉴别诊断方面积极探索研究，积累了丰富的临床经验。该科开展的支气管镜检查和镜下治疗，为肺结核、支气管内膜结核的诊断和鉴别诊断提供了必要和快捷的条件。科室还配备先进的呼吸机，进一步提高了抢救成功率。

3、皮肤病性病专科

属重点专科，拥有一流的专业设备和技术，根据苏州市区域卫生规划，医院已建成长三角一流的皮肤病性病治疗中心，皮肤性病科开展夜门诊，一对一的服务，绝对保护患者的隐私。

4、高压氧舱科

是市级重点专科，对急性缺氧、一氧化碳中毒、神经系统、心血管系统、呼吸系统等100多种疾病进行抢救治疗。取得了良好的社会效益。

5、职业病科

是市级重点专科，对各种职业病的急慢性中毒抢救与治疗有独到之处，2004年3月启用的职业病病房大楼，设施配备齐全，设计上更具有人性化，缓解了职业病患者住院难的矛盾，是患者安心疗养的理想场所。

6、综合门诊、消化专科、哮喘专科

在市区具有一定的知名度，现推出“一日病房”，为患者提供方便、快捷周到的医疗服务。

7、特色服务

皮肤病性病夜间门诊至20：00，绝对保护患者的隐私；方便门诊就诊无需挂号；高压氧舱抢救病人随叫随到；新入院病人由护理人员全程陪同，代办一切入院手续；住院危重病人进行各项检查，均由护理人员全程陪同。为患者提供快捷、优质、方便的服务。

苏州肝病研究所于2003年3月正式挂牌，从事临床科研工作。近年来医院中标多项省、市科研项目。目前在病毒性肝炎患者细胞因子系列测定与临床关系、病毒性肝炎基因诊断与分析、抗病毒、抗肝纤维化疗效观察及人工肝治疗重型肝炎的治疗等方面进行重点研究。经四十五年历史演变,在上级部门的领导下,社会各界朋友的关心支持下,经几代人的艰辛耕耘,逐步发展成为具有一定规模,有临床教育和科研能力的医疗实体。在诊断、治疗传染病、结核病、皮肤病性病与职业病领域,广大医务工作者开展了锲而不舍的富有成效的研究,为控制和消灭传染病作出了贡献。掌握了诊断与治疗传染性疾病的独特技能,积累了相当丰富的经验。医院布局合理,清洁区与污染区严格分开,环境优美。门诊大楼和病房大楼均开通了中央空调,病房大楼辟有内外走廊,每个病房均安装了先进的呼叫系统,有卫生间、淋浴设备和壁橱,开设了特需病房,为患者提供了良好诊疗环境。2003 年首获苏州市绿化达标单位。

医疗仪器

目前医院拥有:美国贝克玛·柯尔特 CEQ8000 全自动基因测序仪、美国 BD 公司 Facscalibur 流式细胞仪、美国 AG－9900 型全自动荧光定量 PCR 检测仪、美国 ABT9600 型 PCR 扩增仪、日立 7600－020 全自动生化分析仪、奥林巴斯 Au600 全自动生化仪、雅培全自动免疫分析系统、BD 全自动分枝杆菌检测系统、ALISei 全自动酶免系统、蛋白电泳仪、奥林巴斯 GIF－XQ240 电子内窥镜、西门子彩色多谱勒超声波诊断仪、日立 PM－1.55VC 医用双床双球管遥控 X 线诊断机、日本产 Plasauto－IQ 人工肝支持系统、多媒体病理彩色图像分析系统、中型高压氧舱、血液透析机、PE9600 全自动基因分析仪、德国 BN100 全自动特种蛋白仪、美国 AS－4H 快速微生物鉴定药敏测试系统、德国 CM1850 型冷冻切片机等一批先进大型现代化医疗设备。跨进新世纪的门槛,医院置于新的历史转折关头。国有、民营、外资等多种办医形式并存,日甚一日的竞争已是不可避免。面对新的挑战和机遇,我们必须尽快确立全新的管理理念,积极探索医院的未来发展方向和路径,不断提速医院的建设与发展,把专科建设做强做优。

医院地址:苏州西二路 2 号,位于人民桥附近,南门泰华商场西侧 100 米。

苏州市广济医院

苏州市广济医院(苏州大学附属广济医院)为江苏省三级乙等精神病专科医院,坐落于苏州西北部的古运河之畔,于 1923 年由美国传教士惠更生(JamesR. Wilkson)创建,为全国最早成立的精神病专科医院之一。院内草木葱绿,环境优雅,为江苏省园林式单位。医院编制床位 533 张,实际开放床位 700 多张,占地面积近 38000 平方米,建筑面积近 27000 平方米,现有在职职工 500 余人,其中专业技术人员 400 余人,具有高级职称 50 余人,中级技术职称 140 余人,博士、硕士研究生 40 余人,硕士生导师、教授、副教授 30 余人。

历史沿革

(一)更生医院阶段

1923 年美国传教士惠更生从美国教会筹款,并得到苏州地方绅士杨翼之等捐助,在苏州四摆渡(现为广济路 286 号,广济医院现址)建立医院,初名更生医院,由惠更生担任院长,八年后由弟 Gir. Wilkson 继任。我院为全国最早的精神病专科医院之一。

(二)圣光中学阶段

1946 年抗战胜利后,圣光中学从重庆迁到苏州,在原更生医院建立圣光中学(校董事长为张治中将军),学校在 1951 年 6 月迁出,并入萃英中学,后更名为苏州市第五中学。

(三)江苏省第三康复医院阶段

1951 年苏南康复医院在圣光中学原址成立,共有床位 560 张,占地 70 余亩,主要收治朝鲜战争的志愿军伤病员。1953 年更名为江苏省第三康复医院,专门收治部队精神病人。

(四)苏州精神病院阶段

1958 年开始收治地方精神病人,医院改名为苏州精神病院。1955 年先后派出多批医生、护士去南京、上海进修学习,这段时期医院精神病床位数由 150 张逐渐发展到 350 张。

1969 年分出半数人员及设备,共 73 人至南通市,建立南通地区精神病院。另有多人至太仓、昆山、吴江、吴县、沙州等支援基层精神卫生工作。

(五)苏州市广济医院阶段

1984 年更名为苏州市广济医院,目前除承担市区精神病的防治任务外,还在市区综合医院、周边县级市医院开设精神科和心理咨询门诊。

2007 年医院与高新区安康医院合并,编制床位数增加到 625 张,目前全院有 11 个病区,其中 7 个为封闭式管理的病区,4 个是开放式管理的病区。

2009 年 12 月 3 日,医院在苏州市高新区树山生态园内的苏州市高新区心理门诊部挂牌成立。

2010 年 5 月 8 日,正式挂牌为苏州大学附属广济医院。

2011 年医院建设苏州市精神卫生中心被纳入苏州市“十二五”发展规划。

2011 年 12 月 26 日,江苏省卫生厅正式发文确定医院为三级乙等精神病专科医院(苏卫医〔2011〕106 号)。2011 年 12 月 27 日,苏州市人民政府公布的《苏州市卫生事业发展“十二五”规划》(苏府〔2011〕239 号文)显示:“十二五”期间,苏州市建成公共医疗中心,广济医院整体搬迁,并同步建成苏州市心理卫生中心。

科室设置

设有临床精神科、临床心理科、老年精神科、儿童精神科、神经症科、神经内科、精神疾病司法鉴定科及药剂、放射、检验、脑电图、心电图、理疗、音疗、体疗、工娱疗等辅助科室,其中临床精神科、临床心理科为苏州市重点学科。医院采用心理、音乐、园艺、生物反馈、森田、催眠和体疗等综合性治疗和康复措施,结合中西医药物治疗,形成较为完整的精神心理卫生服务体系。近年来相继成立或设立失眠治疗特色专科、心理(自杀)危机援助热线 12320、青少年心理专科门诊、中高考学生心理减压门诊等特色心理门诊。近年来,苏州在全国率先实践“精神分裂症防治新模式”,目前已建立 17 所精神病人日间康复站,覆盖苏州市区全部总人口,约 600 万人,该项目曾三次被苏州市人民政府列为实事工程,并受到国家发改委和卫生部的肯定。

医院设备

大型仪器设备有：SIEMENS 公司 1.5T 核磁共振、SIEMENS 公司16 排 CT、导脑电图事件定位系统（ERP）、脑涨落图仪（EFG）、生物反馈仪、经颅磁刺激仪、动态脑电图自动分析仪、无抽搐电休克仪、诱发电位仪等精神专科治疗先进仪器和 CR、DR、B 形超声波诊断仪、日立全自动生化分析仪、自动血球计仪、心电监护仪等设备。

专家教授

医院现有苏大医学院心理学、精神病与精神卫生学硕士生导师 3 名、聘任教授 5 名、副教授 10 名、其他任课教师 20 余名。李鸣、陈一鸣、梅其一、吴天诚等为全国知名精神病、心理卫生学专家，长期担任《中华精神科杂志》、《中国心理卫生杂志》、《临床精神医学杂志》等专业杂志编委，李鸣教授为卫生部疾控局精神卫生处执委会执委、中华医师协会精神科医师分会常务委员、江苏省医院协会精神卫生分会副理事长。2008 年以来，先后有 2 人获得“中国医师协会十佳优秀精神科医师”。心理卫生、精神药物及催眠治疗等方面的研究在国内享有较高的声誉。

教学工作

医院目前是苏州大学附属医院，承担苏州大学、南京医科大学、江苏大学、苏州卫生职业技术学院、苏州大学教育学院等多所大专院校的精神、心理卫生专科教学任务，同时也是江苏省住院医师规范化培训基地；受江苏省卫生厅的委托，至今年已举办江苏省精神病医师进修班 33 期，护士长进修班 37 期，多年来共为全国各地培养了专科人才 1500 多人；2008 年医院又被江苏省卫生厅批准为住院医师规范化培训基地，并接受全市各家综合性医院的住院医师规范化培训；中华医院管理学会于 1997 年批准为“中华医院管理学会精神病医院管理分会培训基地”，主办了六期全国精神病医院院长管理学习班，培训管理干部近 400 人次。

科研工作

近年来，医院每年在 SCI、中华级等各级专业刊物上发表专著及论文约 30 余篇，心理卫生、精神药物及催眠治疗等方面的研究在国内享有较高的声誉，近年来获得部、省市科研资金项目近 10 项，其中包括：《新时期精神卫生服务与管理体系研究（科技部）》、《十一五科技支撑计划项目：抑郁症早期诊断方法和标准化综合治疗模式研究（科技部）》、《中国精神卫生人力资源配置标准研究（卫生部）》、《中国精神卫生防治财政保障机制研究（卫生部）》、《中英城市社区卫生服务与贫困救助项目（卫生部）》、《中国精神卫生立法项目：卫生资源利用与疾病负担调研（卫生部）》等。

对外交流：医院与美国、加拿大、德国、日本、香港、台湾等国家或地区来往频繁，每年派员参加各种国际学术会议。1997 年，与加拿大英属哥伦比亚大学缔结友好，作为该大学精神病学系的海外教学医院，并与该校合作，参加了中、加、德合作的国际精神疾病遗传学研究。1997 年与加拿大霍尔姆德医院结成姐妹医院，并于 1997 年开始互派青年医务人员交流学习。

发展规划：苏州市公共医疗中心（苏州市精神卫生中心）建设已被纳入苏州市“十二五”规划，医院将进行提升性搬迁。根据苏州市发展和改革委员会文件【苏发改中心〔2011〕415 号】显示：“新建医院床位总规模 1500 张，其中先期建设 1200 床位；总建筑面积约 15.6 万平方米。项目选址位于相城区太平街道花倪村堂前区域，具体为 227 省道以东、苏嘉杭高速公路以西、苏州市社会福利院以北地块，占地约 130 亩。项目建设工程费用约 8 亿元（未含征地及安置费用）。项目所需资金由市财政统筹安排。”

根据 2011 年 12 月 27 日苏州市人民政府公布的《苏州市卫生事业发展“十二五”规划》【苏府〔2011〕239 号文】显示：“′十二五期间，苏州市广济医院同步建成苏州市心理卫生中心，配备相应的设施，培育心理卫生从业人员，建成集精神疾病治疗、社区康复、心理干预、员工援助于一体的综合性心理卫生专业机构，保持国内领先地位。”

根据 2011 年 12 月 31 日苏州市人民政府公布的《苏州市深化公立医院改革意见》【苏府〔2011〕254 号文】显示：“市广济医院要根据市公共医疗中心建设规划，逐步建成在全国有较大影响的知名专科医院。”

医院地址：苏州市金阊区广济路 286 号苏州市广济南路 286 号

2015 年医院新址：苏州市相城区太平街道花倪村堂前区域

解放军 100 医院

创建于 1915 年，在中央领导、军委和海军领导的直接关怀下，已建设成为一所集医疗、教学、科研为一体的现代化三级部队医院。解放军第一00 医院是首批苏州市城镇职工基本医疗保险和农村医疗保险定点机构，2005 年医院被评为苏州市城镇职工基本医疗保险先进定点单位；2006 年被评为全国诚信部队医院。

重点科室妇科简介：医院是国家重点的妇科医院，多次被评为苏州 100 医院先进科室，温馨私密的独立诊室，舒适洁净的家庭式分娩区，符合国际标准的层流净化手术室，优质的服务；平价合理的收费，以“宾至如归”的关怀服务吸引广大患者。

苏州 100 妇产科医院微创妇科是 100 医院的重点科室，是苏州市权威妇产科中心。妇产科门诊细划病种，专病专治，妇科分别设有妇科炎症门诊、宫颈疾病门诊、妇科肿瘤门诊、计划生育门诊（无痛取放环、无痛人流、中孕引产）、不孕不育门诊，孕产前检查门诊、优生优育指导等专科门诊。通过医院网上预约挂号，为孕产妇提供产前、产时及产后一贯制连续性服务，提供高质量的产前咨询、分娩过程配合及产后的康复指导。

医院病区环境舒适，温馨优雅，医疗设备先进齐全，资源配置合理，根据不同层次患者的需求，设置了普通病房和 VIP 病房。收治各种妇产科常见病和疑难病，运用微创技术，开展各种治疗性手术，技术水平在省内同级医院中处于领先地位，开展无痛自然分娩，剖宫产，有专业医务人员负责新生儿的护理，指导母乳喂养。医院网上预约挂号不但方便了患者咨询就诊，更为广大患者朋友提供了很大的便利性以及更专业的妇产科专家在线指导。

重点科室烧伤科简介:苏州100医院是国家重点的皮肤病医院,学科以危重烧伤、复合伤救治及并发症防治和后期整复、美容整形、康复治疗为临床特色,涵盖烧伤早期救治、后期整复、美容整形、功能康复、皮肤护理、心理治疗等各个方面。在危重烧伤、复合伤及脓毒症和MODS防治的基础和临床研究、毁损性组织缺损的修复和组织工程材料的研制和应用、毛发移植、创面愈合及瘢痕防治的基础与临床研究方面处于国际先进水平;体表器官缺损和畸形的整复、烧创伤后的功能和心理康复处于国内领先水平;整形美容形成特色,乳房、颅颌面、眼、耳、鼻、外生殖器官的整形处于国内先进水平。

累计收治病人数万余例,烧伤总治愈率达99.85%,LA50达98.97%,功能康复室国内建立最早,在烧创伤后的瘢痕防治和功能锻炼方面形成了一整套治疗方案,并拥有国内一流的主动和被动功能锻炼设备。系统的综合功能康复疗法使患者从外观到功能、从心理到生理都得到满意康复,大大提高了其生活质量。

医院始终坚持临床与科研并举,理、工、医相结合,以军队新时期军事战略思想为指导,以为打赢未来高新技术局部战争提供技术储备为研究目标,以战、创、烧伤救治基础理论和临床治疗为研究重点,形成了鲜明的研究特色,科研实力雄厚,成果丰硕。

皮肤科简介:苏州100医院是国家重点的皮肤病医院,率先引进了最好的诊断、治疗设备,在中西医结合治疗白癜风、牛皮癣、鱼鳞病、湿疹、痤疮、灰指甲、黄褐斑、手足癣等皮肤病领域独具特色,并通过前沿科研技术成果的临床应用,造就了皮肤病治疗的领先强势学科,成为苏州地区重点的皮肤病治疗基地。

一、皮肤科人才众多,苏州皮肤病医院专家都是国内具有专业特长和临床经验丰富的专家坐诊:在中西医结合治疗白癜风、牛皮癣、鱼鳞病、湿疹、痤疮、灰指甲、黄褐斑、手足癣等皮肤病领域独具特色。

二、医院坚持以"保障身体健康"为已任,秉承"一切以患者为中心"的办院宗旨,坚持"星级专业服务、透明合理消费"的办院方针,用高品质的医疗质量、人性化的医疗服务,彰显浓郁的人文关怀,精心打造苏州皮肤病患者的"健康家园"。

三、医院内设候诊大厅、绿色诊疗区域、VIP温馨病房等。

苏州皮肤病医院—苏州100医院,秉承"一切以患者为中心"的服务理念,导医全程免费陪同,开通网络就医绿色服务通道,为患者营造一个家庭式的诊疗环境和场所,打造一流的服务态度和服务质量,看病全程优质服务,让患者倍感家庭的舒适和温馨。医院一直坚持"人性化"服务方式,推崇"一人一诊室"诊疗制度,不对外泄露患者任何个人资料,对患者隐私有绝对的安全保护,患者看病放心,更舒心。

骨科简介:苏州100医院骨科,是集医疗、教育、科研为一体的重点临床专科,创伤骨科发挥战伤救治技术优势,服务军民,在吴中大地享有盛誉。学科带头人黄洪主任医师为南京军区骨科学会著名专家,苏州市骨科学会委员,担任《中国骨与关节损伤杂志》编委。参加编撰《现代骨科学》。科室现有骨科及微创骨科中心两个病区,内设病床80张,医护人员名。其中主任医师3名,主治医师3名,博士1名,硕士1名。既有资深专家周永年、张本寿主任,又有新锐显微外科专家储辉主任。科室人才结构合理,有着雄厚的技术力量。科室设备齐全,C臂X线机,微创椎间盘镜、关节镜、手术显微镜等设备。

骨科技术优势

1、脊柱外科:以脊柱骨折脊髓损伤、脊柱畸形、腰椎滑脱、脊柱肿瘤及椎间盘退变的临床研究为重点,取得最佳疗效。

脊柱骨折合并截瘫方面,开展了包括颈椎、胸腰椎骨折后路减压椎弓根系统内固定及前路椎管减压内固定手术。

脊柱畸形方面,开展了极高度特发性脊椎侧弯、畸形、脊椎后突畸形、前后路联合矫正术。

腰椎滑脱方面,开展了RSS、TENOR椎体复位固定,BAK、TELAMON椎间融合术。

脊柱肿瘤方面,开展了颈、胸、腰、骶肿瘤椎体切除,椎体置换重建术。开展了复杂椎管肿瘤摘除术。

颈椎病方面,开展了颈椎后路减压成型内固定术及前路减压椎间融合内固定术。

腰椎间盘突出方面,开展了小切口椎间盘摘除术、椎间盘镜下微创摘除术、经皮椎间盘激光汽化减压及等离子刀超微创手术。

脊柱成形方面,引进最先进的经皮微创椎体后凸成形术,治疗脊椎血管病、骨髓瘤、溶血性骨转移病、骨质疏松椎体压缩性骨折等疾患,减轻患者疼痛的同时恢复椎体高度、增加椎体的强度和稳定性。

2、关节外科:开展了全髋关节关节置换、全膝关节置换、肩关节置换、肘关节成形术、同期双侧全髋关节置换。开展了复杂全髋置换重建及全髋翻修重建术。

3、创伤外科:开展四肢骨与关节骨折损伤的复位固定、关节修复重建。开展了断肢、断指再植、游离及带蒂的复合组织瓣移位、修复重建。

4、微创外科:开展了关节镜的诊断治疗膝关节的疾患、椎间盘镜下骨折的复位内固定等手术。

5、骶管滴注:骶管滴注治疗颈椎病、肩周炎、顽固腰腿痛、腰椎间盘突出(包括术后复发)、腰肌劳损、坐骨神经痛、骨质增生(骨刺)、强直性风湿性脊柱炎等,取的满意的疗效。

骨科特色

1、中医典范。传承国医精华,融合现代医学理念,融合各种中医治疗理论,独创了"五步再生疗法"、"细胞激活疗法"等在风湿、类风湿、股坏头坏死、颈腰椎间盘突出症、骨伤等的中西医诊疗方面独具优势。

2、品牌骨科。作为苏州解放军第100医院的拳头科室,占据了两大全国骨伤基地,有着全国十佳骨科医院的荣誉,与苏州、广州、南京等全国十多家解放军、武警等三级医院骨科长期合作,90%的骨伤患者是不需要经历开放手术就可以康复的!

3、微创潮流。"让患者的痛苦小一点,再小一点;让康复的时间快一点,再快一点",人性化诊疗是医院的共同追求。骨科推出微创诊疗超市,网罗射频热凝靶点技术、PLDD、激光针刀等国际先进微创技术,绿色安全、痛苦小、见效快,深受广大患者的欢迎。

4、医保报销。苏州100医院是医保定点医院，根据规定只要你是苏州市参保人员，都可以在这里享受国家规定的医保报销待遇。

苏州解放军100医院位于苏州市古城区沧浪亭畔，男科年门诊量达2万人次，住院病人7000人次。医院设有前列腺激光手术治疗室、腔内诊断治疗室、体外冲击波碎石中心等基础设施。先后投入巨资引进了CT可视腔道介入系统、美国绿激光PVP系统、CRS光导泌尿系统、OKW热疗系统、HQ—2000体外电磁波系统、德国STORZ腹腔镜、经皮肾镜、输尿管软硬镜、膀胱镜、等大批仪器设备，可以进行各种泌尿外科所需的临床检查、化验和治疗。

男科中心领先技术

随着微创技术的发展，不开腹而快速治愈疾病成为泌尿男科治疗的新趋势。中心引入尿道镜、膀胱镜、输尿管镜、精囊镜以及腹腔镜、经皮肾镜等前沿微创技术，可治疗结石、肿瘤、先天畸形、增生等几乎所有泌尿外科疾病，甚至可替代九成以上的泌尿外科开放手术；前列腺疾病研究中心自主研发应用"CT可视腔道介入疗法""美国绿激光PVP系统"治疗前列腺技术、性功能障碍"SF中枢激活疗法""PNI阴茎敏感选择性阻断术"、"CRS光导泌尿系统"生殖感染检测系统等。

医院肛肠科：苏州解放军100医按照"大专科，小综合"的模式，依托我国最高中医学府北京中医药大学的中西医诊治与科研水平，内设痔疮科、肛瘘科、肛门病科、大肠内科、便秘科、结肠科等特色肛肠科室，专业治疗便血、痔疮、肛门潮湿、肛门脓肿、肛门狭窄、肛乳头肥大、肛周湿疹、内痔、外痔、混合痔、脓肿、肛瘘、便秘等肛肠疾病，力求打造成苏州权威、专业的肛肠品牌专科医院。

苏州解放军100医肛肠科的每位医生都把对每一位患者的真心、爱心、关心融进高端肛肠诊疗服务中，开通网络在线咨询挂号绿色通道、免费预约专家以及夜间门诊服务，便捷现代工作繁忙人士的就医需求，免除患者排队排号等漫长等待的烦恼；坚决实行"一医一患一诊室"的就医方针，切实保障患者就诊权益；积极创建绿色无烟输液室，开设24小时专家在线咨询服务，健康输送不间断；热忱、贴心的定期健康回访制度，跟访患者就医后的模式。

有先进的韩国Dr. camscope电子肛肠镜检查治疗仪器，日本奥林巴斯电子结肠镜，美国强生PPH微创治疗系统，美国HCPT肛肠治疗仪，美国COOK套扎枪技术，高频电凝刀，等大批仪器设备，可以进行各种肛肠科所需的临床检查和治疗。近年来，承担军内外研究课题4项，获科技进步一等奖1项，国家卫生部科技进步三等奖1项，苏州市科技进步三等奖1项，科技进步和医疗成果三等奖各1项。

整形美容科简介：苏州100医院医学整形美容中心是人民解放军苏州100医院重点发展学科之一。承接三级医院的资质，严格按照国家三级医院操作规范，始终坚持"六重三不"原则，精益求精认真对待每一例手术，确保所有专家均是资深从业人员，拥有国家认证的从业资格证、职称。医院所有医疗设备均是正规渠道购置、来自国际一线医疗设备提供商，巨资的设备投入保障医疗美容手术过程中的绝对安全。从手术专家、到护理人员；从术前设计，到术后康复；大到大型医疗美容设备、小到每一根手术用缝合线，苏州100医院整形中心都要严格把关，做到绝对的安全。

医学整形美容中心——"专业造美，美丽100"。1915年迄今近百年的时间沉淀为整形美容这一对手术要求相当精细的医疗项目奠定了坚实的基础，于细微处，苏州100医院整形中心将向每一位求美者展示百年品质与众不同的卓越之感。中心现开设有皮肤美容中心、整形美容中心、抗衰老临床和研究中心、重建修复中心、生活美容中心等一站式综合美丽服务项目五百余种，在无创微整形、微创手术整形、注射整形等方面具有独特技术优势。

整形美容科——姑苏整形中心。为与顶尖医疗美容技术及医学美容材料与全球技术同步、品质同源，医院投入巨资引进目前国际一流的整形美容、激光美容尖端设备，如：华中地区首台美国Ultrapulse超脉冲点阵王焕肤系统；全球第三台、国内首台美国LightSheer DuetTM月光真空脱毛机；华东地区首台美国悍马MedliteC6抗衰除斑系统、大型YAG美肤激光治疗机、光子整形治疗机、水动力吸脂机、内窥镜除皱设备、内窥镜隆胸设备、下颌角整形手术电动设备、高频电刀、呼吸机、麻醉机、双极电凝、美容手术显微镜、心电监护仪等。

医院发展历程：1915年（民国4年），其前身为吴县公立医院，为地方士绅作为慈善事业而兴办。当时一式平房，设备简陋。北伐战争起，曾一度停办。日伪时期，改为铁道医院，增建楼一座，规模渐大。抗日战争胜利后，医院所有设备，被苏州铁路局运到常州戚墅堰。其时，国民党江苏省卫生厅长陈万里（苏州人），利用第二次世界大战后美国在远东的战争剩余物资装备医院，并通过在美国善后救济总署工作的蒋曾瑞，获得一批医疗物资，在铁道医院原址筹建吴县公立医院。

苏州解放后，由市军管会派朱介琴（女，共产党员）、杨格两人到院接管，交苏南行署卫生处领导，改名为苏州市公立医院。

1950年春，交苏南军区卫生处领导，改为苏南军区医院。

1953年春，苏南、苏北合并，成立江苏军区，改为江苏省军区中心医院，院长姜斯培，政委孙洪春。新建病房接受500余名志愿军伤员。另辟齐门外洋泾塘（现干休一所）为分院。

1956年，由军委统编为一00医院。

1969年，整编为驻军医院。

1997年4月，由江苏省军区转隶至南京军区联勤第十三分部。

妇科专家　林银凤

多年来一直致力于妇产科临床教学研究工作，在女性不孕不育领域有很深造诣。为中华医学会会员，中华妇产科学会会员。

对女性多囊卵巢综合症、卵巢囊肿、子宫肌瘤、闭经、内分泌失调、习惯性流产、宫腔粘连、输卵管粘连堵塞、积液、通而不畅及各类型子宫畸形的诊治有独特的方法。尤其擅长运用放射线及宫腹腔镜等先进微创技术疏通输卵管、剥除、子宫肌瘤、卵巢囊肿及宫腔粘连分离等。患者痛苦小、受孕率高、并能很好与病人沟通，深受患者好评。

◆个人擅长：多囊卵巢综合症、卵巢囊肿、子宫肌瘤、宫颈糜烂、闭经、内分泌失调、习惯性流产、宫腔粘连、输卵管粘连堵塞、积液、通而不畅以及各类型子宫畸形。

◆个人荣誉：

中华医学会会员

中华妇产科学会会员

◆参加学术交流会议：曾多次参加国内及国际学术交流；多次参加国内各类不孕症最新诊治的研修会议；2011 年 12 月 25 日受邀参加“中美不孕不育学术高峰论坛”。

◆发表学术论文：发表国家级学术论文多篇，并在省市级杂志上发表论文 10 余篇。

无　锡　市

无锡市人民医院

是由原市一院、儿童医院和五院全建制以及三院部分重点专科整合组建而成的公立医院，位于清扬路、金城路交界处东南隅，处于市区、新区、新城几何三角的中心位置，交通便利。

无锡市人民医院规划用地 287.7 亩，一期建筑面积 22.38 万平方米、开放床位 1680 张，二期再增 12.21 万平方米、增开床位 800 张，设备先进，环境幽雅，是一所集医疗、教学、科研、保健、康复于一体，代表了无锡市乃至苏南地区先进的医疗服务水平，定位为立足无锡、面向苏南、省内领先、全国一流的三级甲等现代化综合医院。该院是按照无锡市委市政府关于医疗资源整合的决策部署而斥资 20 亿元精心建设的，二期又追加投资并与今年全面启用，是全市“金字塔”型医疗保健服务体系的塔尖，又是无锡医疗卫生界的航母。

无锡市人民医院的建设充分展示了人性化、数字化、生态化、现代化的理念，充分营造了简洁大方、稳健和谐、清新典雅、便捷流畅的就医环境。该院配置有 3.0T 磁共振、双源 CT、ECT、大平板 DSA、全自动实验室检查系统等一流的设备。医院共设有 58 个临床科室，15 个医技科室，其中省级重点学科 1 个：器官移植外科（肺移植）；省级重点专科 7 个：心血管内科、血液科、内分泌科、泌尿外科、普外科（肝胆外科）、消化内科、影像科；市级重点专科 6 个：呼吸内科、肾内科、胸心外科、儿呼吸内科、麻醉科、病理科。医院主要包括 A 区（行政、康复、体检）、B 区（门诊楼）、C 区（医技楼）、D 区（病房大楼）、E 区（急诊、急救、手术中心）、F 区（后勤综合楼）、G 区（移植、烧伤、儿童医疗中心等）、J 区（感染小区）。

无锡市人民医院秉承“精诚勤慈，永续第一”的办院宗旨，崇尚“爱心仁术，情系人民”的医院精神，倡导“与健康相约，增生命色彩”的服务理念，追求“创生命无限健康，筑医疗金字塔尖”的发展愿景，尊重生命，关爱健康，不断满足患者需求。

医院布局

240 个诊室分工明确

无锡市人民医院主要包括 A 楼（行政、康复、体检楼）、B 楼（门诊楼）、C 楼（医技楼）、D 楼（病房大楼）、E 楼（急诊、急救、手术中心）、F 楼（后勤综合楼）、G 楼（儿童医院）、J 楼（感染区）、T 楼（特诊中心楼）、X 楼（心肺中心楼）。

无锡市人民医院有 240 个诊室，成人和儿童门诊的就医地点在不同的大楼。

新建的 G 楼作为儿童医院大楼，已于 2011 年 5 月 22 日正式启用。儿院门诊在二层，影像科、B 超等医技检查也在二层，一层是急诊科和输液区、观察室、住院出入院处，儿院检验科也在一层；三层是 PICU 和新生儿病区（含 NICU），四层以上分别是各个儿童专科病区。

B 楼是成人门诊部，C 楼是各类检验检查区域，E 楼一层是成人急诊区；D 楼是成人病房大楼。

A 楼：行政楼

G 区：儿童医院

T 区：特诊、体检中心

X 区：心肺治疗中心，器官移植学科

各楼层分布：

B 楼：门诊部一层：一站式服务中心、就诊卡办理处、结算区、中西药房、注射室、视光学中心、茶吧；

二层：内科门诊、皮肤科、医疗美容；

三层：外科门诊、耳鼻喉科门诊、门诊手术室、震波碎石室；

四层：眼科门诊、口腔科门诊、特需（VIP）门诊、专家会诊中心

C 楼：医技检查中心、妇产科、采血中心

一层：妇产科门诊、计划生育门诊、影像中心、CT 室、磁共振室、DSA 室；

二层：中医科、针伤理疗科、B 超室、消化内镜、支气管镜室、乳管镜室、肌电图室、

心电图室、超声心动图室、儿童运动康复室；

三层：检验科、采血中心；

四层：核医学科、中心实验室

D 楼：住院病房大楼、住出院处、中心药房、静脉配制中心

E 楼：急诊中心、输液室、手术区、血液净化中心

一层：急诊诊区、药房、检验检查科室等；

二层：输液室、观察室、血液净化中心；

三层：手术区；

J 楼：干部病房（老年病科）、感染性疾病科

一层：感染性疾病科；

二层：特需病区；

三层：干部病房（老年病科）

就医流程

看病过程有几个注意点★门急诊就诊流程图：初诊→办理就诊卡→刷卡挂号→分诊站等候叫号→诊室→结算→刷卡预约医技检查→诊室→刷卡取药

A、首次就医先办“一卡通”

市民到人民医院看病须持人民医院就诊卡就医，该卡是患者在就医过程中身份识别的唯一证明，凭卡看病、治疗、取药和结算。患者首次就诊时在各楼层的“结算窗口”办理就诊卡，就诊卡可以充值，充值后在各分诊台就能挂该区域的专科号。

使用就诊卡通后，医生通过刷卡就可以了解到患者以往的基本就医信息。门诊使用就诊卡，不仅简化了就医过程，减少了患者排队次数，缩短结算时间，还便于医院监督控制医疗过程的规范和合理。另外，还设有流动的护士分诊站、智能化的分诊排队系统叫号、自助打印检验报告单等一系列的现代

化服务举措。

B、人民医院空间较大,但诊疗检查区域分明,标牌标识清楚,还有流动的穿橙色衣服“诚意”导医人员,如果还无法找到就诊地点的话,可让导医为您服务。

C、门诊实行“一人一诊室”。病人挂号后自动进入排队等候系统,根据挂号单上的序号,在等候区等待系统叫号。杜绝了很多人拥向一个诊室,保护了患者的隐私。

D、高档服务、价格贴心。高尖端的医疗设备、优良的就诊环境,人民医院似乎与“高档医院”沾边,其收费是否昂贵?这一点患者不必担心,人民医院的各项收费标准都严格执行江苏省医疗服务项目价格规定的标准,人民医院的收费水平和医疗价格保持不变。

一、医院综合类

医院精神:爱心仁术,情系人民

医院宗旨:精诚勤慈,永续第一

服务理念:与健康相约,增生命色彩

医院信条:运用人类先进的医学科技成果,和无锡论坛的合理运用,尽最大的努力为病人解除痛苦,挽救生命,造福人民

医院愿景:省内领先、全国一流的现代化三级甲等综合医院

十大理念:诚信理念、以病人满意为追求的理念、反思危机理念、团队合作理念、品牌理念、能动创新理念、内在和谐理念、终身学习理念、持续发展理念、爱院如家理念

培育五大文化:责任文化、创新文化、大气文化、廉洁文化、执行力文化。

坚持四大发展意识:率先发展,科学发展,和谐发展,持续发展。

二、行政管理类

1、“三化”原则:深化服务理念,细化岗位职责,简化工作流程。

2、“三按”原则:按职责、按制度、按操作流程办事。

3、医院“三维管理”:知名度、美誉度、忠诚度。

4、工作目标:对外不断满足患者需求,对内始终保持协调一致。

5、工作态度:成功者找办法,失败者找借口。

三、医疗业务管理类

1、医院医疗质量:“三全”管理:全员、全程、全面管理。

“三围”管理:围手术期、围产期、围危重病人抢救期管理。

“三化”管理:制度化、系统化、循证化。

2、病区管理“三到位”:床单元管理到位,各科室整洁到位、外环境保洁到位。

3、医疗服务:医疗服务环节中体现四心(细心、耐心、爱心、责任心)

医疗服务效能上体现四时(及时、适时、限时、延时)

医疗服务过程中体现沟通“三到位”(事前、事中、事后)。

4、业务技术:人无我有,人有我优,人优我精。

四、经济管理类

1、实现“一个转变”:实现增长方式从单纯“数量增长型”向依靠“要素成长型”的转变,走医院内涵发展之路。

2、落实“双增、双降、双控”的举措:

双增:增加业务工作量,增加收入含金量。

双降:降低成本,降低不良收入。

双控:控制药比,控制医保总额超支。

科研动态

1986年初成立的国家自然科学基金委员会负责组织、实施、管理国家自然科学基金项目,并根据国家发展科学技术的方针、政策和规划,以及科学技术发展方向,面向全国资助基础研究和应用研究,基金主要来自国家财政拨款。

国家自然科学基金作为我国支持基础研究的主渠道之一,面向全国,重点资助具有良好研究条件、研究实力的高等院校中和科研机构中的研究人员。国家自然科学基金委员会(以下简称自然科学基金委)为贯彻落实国家中长期科学和技术发展规划纲要的部署,2006年发布了国家自然科学基金“十一五”发展规划,要准确把握“支持基础研究、坚持自由探索、发挥导向作用”的战略定位,贯彻“尊重科学、发扬民主、提倡竞争、促进合作、激励创新、引领未来”的工作方针,实施“源头创新战略、科技人才战略、创新环境战略和卓越管理战略,促进我国基础科学各学科均衡、协调和可持续发展。根据国家的总体部署,结合科学基金资助工作的特点,遴选了13个综合交叉以及按学部分布的一批优先发展领域。有关具体内容将体现在本指南和今后的项目指南当中。

自然科学基金按照资助类别可分为面上项目、重点项目、重大项目、重大研究计划、国家杰出青年科学基金、海外、港澳青年学者合作研究基金、创新研究群体科学基金、国家基础科学人才培养基金、专项项目、联合资助基金项目以及国际(地区)合作与交流项目等。通过亚类说明、附注说明还可将一些资助类别进一步细化。所有这些资助类别各有侧重,相互补充,共同构成当前的自然科学基金资助体系。

在2006年集中受理期间,自然科学基金委受理各类项目63330项,比上一年同期增加了20.3%,其中面上项目申请(包括联合资助项目)共计59079项,同比增长20.1%。批准资助10362项,同比增长13.73%。平均资助强度为26.15万元/项;比上一年有所提高。受理重点项目申请(包括联合资助项目)1539项,批准资助284项,平均资助强度160.24万元/项。

专家介绍

刘靖,浙江不孕不育博士园专家,浙江不孕不育研究所研究员,中华医学会妇产科分会会员。从事不孕不育临床、教学、科研工作二十余年。擅长运用中西医结合疗法,专业治疗由输卵管堵塞、多囊卵巢综合症、子宫内膜异位症、排卵功能障碍、盆腔炎及免疫性不孕等病因引起的不孕不育,多次参加国际、国内生殖及腔镜微创学术会议,在专业医学杂志上发表关于不孕不育论文20余篇,获各级奖项10余项。

肛肠科专家,王业皇,男,院内职务:无锡市人民医院肛肠科首席专家,主任医师,现任中华中医药学会肛肠分会副主委、

世界中医药学会联合会肛肠专业委员会副会长、全国肛肠学术带头人,国家135医学重点学科带头人。曾被国家劳动人事部、总政治部授予"有突出贡献的中青年专家"称号,享受国务院政府特殊津贴。

地址:无锡市清扬路299号

无锡市第二人民医院

始建于1908年的江苏省无锡市第二人民医院前身是美国圣公会创办的教会医院,原名"普仁医院",亦是普仁护士学校(现无锡卫校)原驻地。历经百年沧桑,目前医院已发展成为融医疗、教学、科研、预防、保健为一体的部颁三级甲等综合医院,是江苏省首批基本现代化医院之一,为南京医科大学附属医院,是江苏省多所医学院校的教学医院和硕士点。医院还是无锡市红十字医院,卫生部国际紧急救援中心网络医院,亚洲国际紧急救援中心(AEA)及日本各大保险公司的定点医院,每年还承担着中央、省、市等各级领导的保健任务。

历史沿革

1906年,美国人李克乐(Claude,M·Lee)博士受美国圣公会派遣,以医药传教士身份携妻来华,时年24岁。

1907年,美国传教士、医学博士李克乐来锡,经无锡举人俞复介绍,在百岁坊巷租赁一间旧屋,用红汞治疗外症和用灌肠的方法急救吞服鸦片的自杀病人,因疗效显著,一时轰动全城。

1908年,美国医学博士李克乐在二下塘、南市桥附近兴建了一所三开间的门诊所,取名为圣公会普仁诊所(StAn-drew'sLispensarg),3月16日举行开诊典礼。共有3名医师,设立5张简易病床,李克乐担任院长。标志着西方医学正式传入锡城地区。

1911年,普仁医院新建一座二层楼病房,1913年建成,为当时无锡最新颖的建筑。楼上为普仁女病房,楼下为男病房,设床位60张,病房分头等、二等、三等三种。

1913年医院建立手术室,开始实施西医外科手术。普仁医院成为解放前无锡地区医疗设备及医疗水平最好的西医医院之一,李克乐也成为无锡地区最早开展西医外科手术的医师之一。

1914年,美籍护士庞安妮来院主持护理工作。1919年开办普仁护士学校,即如今的江苏省无锡卫生高等职业技术学校的前身。庞安妮任校长。

1931年,普仁医院兴建新病房楼,至1933年3月竣工,正值建院25周年纪念日,医院举行隆重的庆祝活动。新病房楼一楼为外科病房,二楼为内科病房,三楼为护士学校教室,床位扩至115张。

1951年10月12日,普仁医院由人民政府接管,同年11月医院更名为"苏南公立无锡医院",1953年,划归无锡市卫生局领导,医院被列为江苏省重点医院。

1954年医院更名为"无锡市第二人民医院",并延续至今。

1953年5月,医院设计筹建二层楼门诊部,1954年3月动工,12月竣工。

党的十一届三中全会以来,改革开放的春风为二院的发展注入了强大动力。进入20世纪90年代,新一轮改革发展的浪潮给医院的建设和发展带来良好机遇,1987年至2000年,医院加快基本建设,投入建设资金1亿多元,相继建造了门诊楼(2000年1月20日结顶)、急救中心大楼(1998年11月15日竣工)、外科病房大楼(1990年3月启用)、食堂图书馆多功能厅综合楼(1994年竣工)、制剂楼(1992年竣工)、影像楼(1987年竣工),使医院的建筑面积从3.08万平方米扩展到5.9万平方米,其中医疗业务用房近4.92万平方米。这一时期,医院还投入3千多万元用于购置大型和新型医疗设备,医院的硬件建设跨上了新的台阶。

1995年,医院被江苏省卫生厅确定为三级乙等综合性医院。

2000年1月23日,医院正式挂牌成为南京医科大学附属医院。

2005年3月10日,医院被江苏省卫生厅确认为首批基本现代化医院。同年9月5日,医院被江苏省卫生厅确认为三级甲等综合性医院。

百年沧桑,几经磨难,经过几代人的不懈努力,无锡二院从建院之初的简易门诊所,如今已发展成为江苏省较大的一所集医疗、教学、科研、预防、保健、康复为一体的三级甲等综合性医院。目前,医院占地2.26万平方米,建筑面积5.9万平方米,固定资产总值达3.34亿多元,医疗设备总值达1.53亿多元,实际开放床位1010张,设有33个临床和医技科室,23个病区,85个专科专病门诊,39个专门实验室。现有在职职工1116人,高级职称130名,年门、急诊达89万余人次,年出院人数2.4万人次,日门急诊量2500-3000人次,与建院初的年门诊总量10816人次相比,翻了80倍。

一百年来,在二院这个医学圣殿,名医荟萃,群贤毕至,二院人用医术书写着不朽的医院历史,以高尚的医德、精湛的技术和严谨的医风征服着患者。一代代二院人铸就了以名医和技术构成的文化内涵,支撑着二院人不断夯实服务大众的技术基础。专科建设发展历程

1908年,医院成立时,只有李克乐、施亦临2名医师和1名药师曾芝珊,以后逐渐发展为内科、外科、妇产科、儿科等诊疗科室。

1930年,门诊开展分科诊治,设内科、外科、妇产科、眼科、五官科、泌尿等科室。

1954年至1961年,相继建立皮肤科、中医科、针灸科、儿科、眼科、耳鼻咽喉科、病理科、心电图室、超声波室、妇产科、大型制剂室和无菌供应室,成为具有相当规模的多科性综合医院。

1985年,医院注重专科专病建设,开展新技术新项目,逐步发展了一批重点专科。

部分重点专科介绍

●眼科:1960年3月创建专科,1990年被确定为无锡市重点专科,2002年被确定为江苏省重点临床专科,是医院第一个成为省重点专科的科室。

●心血管内科:创建于60年代,1991年被确定为无锡市重点专科,2005年被确定为江苏省重点临床专科,1997年被确认为国家级青年文明号。

●神经外科：创建于1965年，1977年6月建立单独病房，1991年被确定为无锡市重点专科，2005年被确定为江苏省重点临床专科。

●肝胆外科：1998年成为无锡市重点专科创建单位，2001年被确定为无锡市重点专科，2005年被确定为江苏省重点临床专科。

●皮肤科：皮肤科创建于1942年，是市属医院中最早开设的专科。2005年被确定为无锡市医学重点专科，2007年被确定为江苏省重点临床专科。

●神经内科：创建于20世纪70年代，2004年被确定为无锡市级重点专科，也是无锡市神经内科领域唯一的市重点专科。

●检验科：2004年被确定为无锡市重点专科，2005年被确定为无锡市医学重点专科。1986年市卫生局成立的无锡市临床检验中心设于此。

科技创新成果

无锡市第二人民医院始建于1908年，是江苏省为数不多的几家百年老医院之一，前身是美国圣公会创办的教会医院——"普仁医院"。目前已发展成为融医疗、教学、科研、预防、保健为一体的三级甲等综合性医院，江苏省首批现代化医院，南京医科大学附属医院。

近年来，医院荣获首批"全国百姓放心示范医院"、"全国原无锡普仁医院（现无锡市第二人民医院）

原无锡普仁医院（现无锡市第二人民医院）医院文化先进单位"、"全国学习型组织先进单位"、江苏省文明单位、无锡市"十佳医院"、江苏省学习型组织示范点和无锡市学习型组织示范单位，无锡市先进基层党组织、江苏省先进基层党校、无锡市红旗基层党校等荣誉称号，并拥有"国家级青年文明号"等一批优秀示范群体。

医院功能齐全、设施完善，医院编制床位800张，实际开放床位1200张。年门急诊量达135万人次，开展手术1.3万台次，出院病人3.7万人次，2011年完成业务收入7.4亿，较上年增长20%，各项效率效益指标和人均工作指标名列全省前五名。医院在编在职员工1145名，高级职称的卫生专业技术人员122名，硕士生导师12名，博士后1名，博士12名，硕士93名；享有国务院特殊津贴的专家5名，江苏省"135工程"重点培养对象1名，江苏省"333跨世纪学术带头人培养工程"培养对象5名，无锡市卫生局"三名"工程拔尖人才6名；医院专科设置合理、齐全，拥有四个江苏省临床重点专科——眼科、心内科、肝胆外科、神经外科，三个无锡市医学重点专科——皮肤科、神经内科、检验科。

医院现有16层螺旋CT、MR、PACS、大型DSA、钬激光、彩色超声诊断仪、流式细胞仪、数字型直线加速器、神经手术导航系统、食道心超仪、数字胃肠机等先进医疗设备仪器。目前具有万元以上设备466台件，设备总价值1.3亿元。全院联网的HIS、LIS、PACS、OA等信息系统和电子图书馆，使医院的数字化、信息化、现代化建设初具规模。

在传承中创新，于创新中飞跃。百年的历史，铸就了二院深厚的文化底蕴，而如今，二院人以"追求卓越、永续创新"的精神和品格，探索着建设现代化医院的创新发展之路。

医院宗旨：病人第一，质量第一。

医院精神：崇尚医术、求实创新、弘扬医德、团结奋进。

医院院训：追求卓越、永续创新。

医院院风：团结、勤奋、开拓、创新、奉献。

院徽及其含义：

说明：二院院徽由两个同心圆和两个F组合成外圆内方的图案。两个F（first，即第一）意指"病人第一，质量第一"的办院宗旨。同时两个F组成2H（NO.2Hospital），即二院的英文缩写。H中含红"字"，代表二院同时冠名为无锡市红十字医院。整个图形有圆有方，体现有规有距，有老医院的庄重感。采用白底红字蓝边，图案简洁、鲜明。

先进设备多层螺旋CT

自八十年代末期常规CT进入螺旋CT时代以来，扫描速度越来越快。初期螺旋CT最快扫描速度为1秒无锡市第二人民医院院徽多层螺旋CT机/圈，且只能获得1幅图像。九十年代末期，扫描速度达0.5秒/圈，能同时获得4幅图像。

进入本世纪后，扫描速度进一步缩短至0.42－0.5秒/圈时获得8－16幅图像。医院最近引进的德国西门子（SIEMENS）公司"50MATOMsensation16"多层螺旋CT。目前扫描速度最快为0.37秒/圈，能同时获得每层＜1min的16幅连续图像10.75×16mm。

扫描速度的不断加快和采集图像数目的增多能更好地解决运动器官（如心脏）的检查问题。这在早期螺旋CT中是无法实现的"50MATOMsensation"除了拥有基地多层CT的功能外，其优势还在于冠状动脉无创检查，心功能质量分析，灌注成像，低剂量肺、结肠病变筛选，动态实时成像，横断位、冠状位和失状位图像同步显示等等。另外，CT血管造影，仿真内窥镜及其他三维成像技术也得到了新的提升。

全数字化彩色多普勒超声诊断仪

医院超声室设备先进，目前拥有来自德国西门子和美国GE公司等多个国际著名品牌的顶级全数字化彩色多普勒超声诊断仪，这些设备具有先进的超声声学多元化链处理系统及全新的多普勒技术，图像更清晰更真实，并能检测到如指尖血管这种流速极低的血管信号。每台机器均配有多个探头，除常规的腹部探头，高频探头，还有先进的腔内探头，术中探头，穿刺探头。除了能进行超声诊断外，还能进行超声引导下的各类超声穿刺治疗，包括目前国内领先的经皮肾盂穿刺取石术，以及超声引导下经皮经肝胆管穿刺引流术（PTCD），超声引导下肝穿刺活检以及各种肿瘤的介入性诊断及治疗，超声引导下的肾穿刺活检等，以上病例已成功实施了近千例，积累了相当丰富的经验，并日益得到临床的广泛认同。目前，超声科正积极与神经外科合作，开展颅脑手术的术中超声引导，这一代表当今国内领先的新技术新项目。

DR

直接数字化摄影

DR即直接数字化摄影（DirectDigitalRadiojraphy），是继CT、MRI之后又一新的影像诊断学技术，其基本原理是通过平板探测器将X线直接转化为数字信号输入计算机，并由计算机将该影像还原在监视器上，由医生观察监视器直接诊断而无需摄在胶片上，如需摄片，也可通过激光打印机打印出来，文字与图像可通过医学数字成像与通信(DICOM)格式存储与交流，并通过网络进行传输。与CR相比，DR具有密度分辨率高、单帧图像传递时间短、探测器寿命长，图像清晰度与均匀性高，像素距阵总数大等特点，与CR、PACE组成了数字化影像诊断设备，提高了放射科的工作效率与诊断质量，缩短了等候时间，方便了患者，达到了医患双赢的境界。

DR系统的优越性：

1、组织均衡功能：能明显改善先前受体厚影像而难于观察部分的可视性，而又不牺牲其它部分的细节显示(提高心后肺纹理及纵隔内结构可视性；同时观察骨及软组织结构)。

2、双能量减影功能(一次曝光产生三幅图象)软组织减影图象：移除骨结构更有利于结节性病变(提高结节性病变可视性；气管、支气管异常；肺血管性病变；气胸；提高灵敏度)骨减影图象：辨别出良性的钙化结节和细微的骨折等病变。

医院神经内科率先引进VitalStim吞咽电刺激治疗仪，目前全省也只有几家大医院开展此项治疗。

喝水、吞食本是人与生俱来的一种本能，当正常的吞咽发生困难，称为吞咽功能障碍。临床上常见的是神经系统疾病，其中脑卒中是引起吞咽阻碍的最常见的原因之一，约占总数的25%。脑卒中急性期吞咽障碍发生率为41%，慢性期为16%。脑干卒中吞咽障碍发生率为51%。这类患者最大的危险和痛苦就是常常将水、食物等本应咽入食管的东西误吸入气管，导致肺部感染；同时患者常因怕被呛而拒服水、食和药物并因此引起严重营养不良，导致生活质量下降，死亡率明显升高。因此，及时、有效地治疗该病症，尽早恢复患者的吞咽功能，对患者提高生活自理能力，改善生活质量，降低肺部感染率和死亡率有重要的意义。积极治疗吞咽障碍可明显改善吞咽功能，摄取足够的营养，减少脱水、营养不良、吸入性肺炎等并发症，有利于整体康复及提高病人的生存质量。吞咽动作一般分为口腔准备期、口腔期、咽期和食管期。脑卒中病人常表现为口腔准备期、口腔期及咽期的吞咽障碍，多数是几个期同时发生障碍，也可咽期障碍占脑卒中吞咽障碍27%以上，这类病人发生肺炎、脱水和死亡的危险性明显增加；食管期障碍则很容易发生严重的肺部并发症，其病死率高达50%。

用于治疗吞咽功能障碍的VitalStim电刺激仪是唯一获得美国FDA认证的、对咽喉肌肉进行电刺激治疗的临床便携式系统。其最大的特点是安全有效，与传统治疗吞咽障碍的方法相比，VitalStim将神经肌肉电刺激的物理疗法和意识疗法相结合，使患者即时得到进食功能的改善。VitalStim治疗设备力图重新训练，以建立对正常且有效的吞咽所必需的咽喉肌肉的功能性的肌肉运动模式。

该仪器可用于治疗除机械原因造成的需手术治疗的吞咽障碍以外的任何原因引起的吞咽障碍。吞咽障碍的康复分为基础训练及摄食训练，通常来说一个疗程为10～14天，一般需要2～3个疗程即能明显改善吞咽障碍。

该仪器已应用于临床，为上百例患者解决了吞咽困难，取得了良好的社会效益。

东芝首台64排螺旋CT

医院最近新引进的东芝－Aquilion64排CT的介绍

1、真正的容积CT，拥有业界最薄0.5毫米层厚，64排探测器真正实现容积各向同性扫描。

2、更快的0.4秒全周扫描速度，实现超长范围的快速成像，无失真的TCOT锥性线束容积算法更真实。

3、QDF低剂量专利技术，节省常规扫描一半剂量，实时容积图像处理，显示和存储数据流程化。

4、业内最佳40ms时间分辨率实现专业心脏容积采集。64排螺旋CT

医学影像学已经从单纯的形态学检查发展到目前解剖形态、组织代谢和功能成像的时代，而MRI成像已经成为人类疾病科学研究的首选高级影像平台。医院此次引进的超导高场MR成像设备是代表当今最高技术水平的美国通用电器(GE)公司双梯度HD—Propeller 1.5T第四代功能型磁共振成像检查仪，功能强大，精密度高，成像清晰，扫描速度快，是适合于全身各系统疾病临床检查最成熟的MR机型，尤其是对疾病的早期诊断和早期治疗具有极高的临床实用价值。

功能型MR展示和体现了当今MR领域最具革命性的软硬件平台：

＊独有的第四代功能型1.5T－MR，全身各部位最成熟的MRI临床应用；

＊强大的计算机系统和超级图像后处理，领导全身功能与代谢成像的临床化；

＊独有的双梯度系统，实现了“双引擎双动力一机三用”；

＊全新的HD平台，高清晰图像提高病变检出率25 %；

＊全新的Propeller，彻底解决了MR长期以来的伪影顽疾；

＊先进的LAVA技术，使得MRI成为肝脏和腹部疾病的首选检查；

＊超快速的TRICKS技术，实现了多达50时相的MR－DSA血管造影。

特色专科内分泌病区

无锡市第二人民医院内分泌内科是无锡市地区内分泌学科学术与技术水平领先的专科。以技术力量雄厚，设备先进以及优质的医疗服务在本地享有盛誉。2004年6月18日，率先在无锡地区成立了首家糖尿病中心。

医疗特色

糖尿病及其并发症的诊治；

糖尿病教育；

甲状腺功能亢进症及甲状腺疾病的诊治；

垂体疾病，肾上腺疾病的诊治；

肥胖症及骨质疏松症的诊治。

优　势

无锡市第二人民医院内分泌内科是无锡市最早建立的内分泌专科之一。经过多年的开拓发展，其学术与技术水平得到了无锡市内分泌学界同行的认可。本学科拥有环境优雅的单一专科病区，开设有专科及专家门诊，其专科门诊量居本地区前列；拥有内分泌实验室，以及相关部门科室，设备先进；能全面开展各项内分泌代谢疾病的实验诊断项目，达到省内同级医院先进水平。设有本地区首家"糖尿病教育中心",对本院门诊及住院的糖尿病病人全面实施糖尿病知识教育,并将逐步推广到各个社区。中心内设有电化教育、展览及图书阅览,由专科医师、营养医师以及糖尿病教育专职护士授课及接受咨询,教育内容丰富形式多样,深受患者欢迎,显著提高糖尿病的治疗水平。在糖尿病及其并发症方面有较高的诊治水平,积累了较为丰富的临床经验。

在甲状腺功能亢进症及其他甲状腺疾病的诊治水平在本地区领先。除常规的实验室检查项目外,在本地区率先开展超敏TSH(STSH)、甲状腺自身抗体(包括TMAb、TGAb),以及促甲状腺素受体抗体(TRAb)检查,准确提高确诊率,在本地区处于优势。肾上腺疾病、骨质疏松症、肥胖症及垂体病诊断水平在本地区领先。

新技术:谷氨酸脱羧酶抗体(GADAb)、胰岛细胞抗体(ICA)及胰岛素自身抗体(IAA)联合检测——成人迟发性自身免疫性糖尿病(LADA)及1型DM免疫学诊断指标。

住院部:定编病床45张。

糖尿病教育中心:对住院病人每天开放;对门诊病人和社区病人定期开放;定期举行医护人员的糖尿病继续教育。

准分子治疗中心

无锡市第二人民医院视光学中心,是一所具有国际领先水平的眼科专业诊疗机构。中心以江苏省重点临床专科——眼科为技术依托,通过准分子激光手术(LASIK),替广大近视、远视和散光患者解除眼镜烦忧。中心配有国际领先的美国博士伦217Z-100型准分子激光治疗仪及全套视光检查设备,配备符合美国联邦法规FS-209E、洁净度达万级以上的超净手术室,并由经验丰富的眼科专家亲自施行手术和专业的护理人员护理,真正为广大屈光不正患者带来福音。

博士伦Technolas-217z-100准分子激光的优势:

1、本机采用2mm和1mm截边高斯分布的光斑,使激光能量均匀分配到每一个切削点;

2、最新一代高速飞点扫描,保证切削的光滑与精确;

3、特有的主动反馈控制——世界领先的虹膜跟踪技术,真正实现主动跟踪,保证每一个激光脉冲都发射到预定的位置;

4、工作频率达100Hz,手术时间更短;

5、在所有通过美国FDA认证的准分子激光中,该机的临床效果最好。

OrbscanⅡ诊断系统的优势:

1、全球唯一能检查角膜前表面高度图——用于真正完美的个体化切削所必不可少;

2、全球唯一能检查角膜后表面高度图——用于排除早期圆锥角膜;

3、全球唯一能检查全角膜厚度,并能给出角膜的最薄点——保证LASIK手术更加安全。

Hansatome微型旋转板层刀的优势:

1、全球第一台旋转板层切削刀,80%的市场占有率;

2、大力矩,高轨道,不易发生卡刀现象;

3、切削厚度均匀一致;

4、适合亚洲人眼球的负压吸引环——"亚洲环";

5、配有各种尺寸的吸引环及刀片,适合所有人群。

Zyoptix系统的优势:

Zyoptix系统首先使用OrbscanⅡ眼前节分析系统测量角膜前后表面的高度、曲率及角膜厚度等数据,然后使用波前技术-Zywave像差仪测量眼视光系统的总体像差。这两项测量结果通过Zylink软件进行分析处理,可以计算出最佳的激光治疗方案,然后将方案输入Technolas217z-100准分子激光治疗仪,真正为屈光不正患者的角膜实现量体裁衣式"个体化切削"。

科室介绍:心血管内科

心血管内科是省级临床重点专科,国家级青年文明号。拥有2个病区97张床位,年专科门诊人次、住院人次、介入人次全市最多,危重病人抢救成功率全市领先。年收治病人达三千余人次,治愈好转率达98.2%。

心血管内科技术力量雄厚。拥有医师21名,其中主任医师、教授4名,副主任医师、副教授6名,讲师、主治医师7名;博士3名,硕士6名。专科人员主攻方向明确,三级分组到位,是一支梯队结构合理、技术精湛的专业队伍。

拥有世界先进水平的导管室和心电监护抢救设备。设有冠心病重症监护病房、2个普通病房、全天候专家门诊及专科门诊、2个心导管室、起搏及心电生理研究室、心脏彩色超声诊断室、心电及运动平板室、细胞实验室等。

以心血管疾病的介入诊疗为特色,在全市率先建立心脏介入中心,率先开展临时起搏器和永久心脏起搏器植入术,开展心脏介入手术数市内最多,年介入人次800余人为全市最多,成功率达98%以上,无一例死亡;在冠心病及心律失常的介入诊断和治疗等多方面居国内先进水平。具有不开刀、创伤小、恢复快、效果好的特点。目前已完成各种心血管介入手术6000余例。在市内首先开通了心脏病急救绿色通道,救治了数千名急性心肌梗死等极危重患者,抢救成功率全市领先。

对常见心血管疾病如冠心病、高血压、高血脂、风心病、心律失常、心力衰竭、心肌炎、心肌病、先心病等的诊断和治疗具有雄厚的实力,对各种复杂、疑难心血管疾病的诊治有较高的技术水平,经该院心血管内科救治的危重病人死亡率接近国内最低水平,对暴发性心肌炎、重症休克、多脏器功能衰竭等的治疗有非常丰富的临床经验。

眼科

眼科,创建于上世纪50年代,是无锡地区最早成立的眼病专科,目前已发展成为具有省内先进水平的省级重点临床专科。开放床位80张。每年门急诊人次、住院人次、手术人次占全市1/2,诊疗技术水平处于全省先进水平。拥有梯队结构合理、专家阵容强大、后备力量充足的技术人才队伍。拥有国际国内一流的眼科诊疗设备,配有国际领先的美国博士伦217Z-100型准分子激光治疗仪及全套视光检查设备。

眼底病诊治、白内障手术治疗等技术达到国内领先水平;擅长整形美容、青光眼、角膜病及眼表疾病、弱视斜视治疗、准分子激光治疗等诊治。常规开展各种高难度的玻璃体视网膜手术、PDT激光治疗、复杂白内障超声乳化手术、各种复杂美容和眼眶手术。

肝胆外科

肝胆外科是江苏省重点临床专科也是南京医科大学重点学科,目前拥有床位60张,年门诊诊疗8000多人次,住院病人2000多人次,手术病人1000多人次。拥有博士2名,在读博士

2名,硕士2名,正副主任医师6名。专科技术力量雄厚,在微创技术、高难度肝胆胰脾手术、器官移植方面优势明显,已成功开展了多例肝移植手术和胰肾联合移植术。

成功开展胰肾联合移植手术、多例肝移植手术,国内首例声控智能腹腔镜胆囊手术,省内首例针式腹腔镜胆囊切除术,市内率先开展腹腔镜微创手术等新技术项目;率先开展高难度肝癌、胆管癌以及复杂胆道疾病手术;开展了市内首例复杂胰腺癌的扩大根治术、肝尾状叶肿瘤切除术、第Ⅷ段肝癌根治术、肝门部胆管癌区域性根治术、腹主动脉瘤切除人造血管转换术、胆道镜联合腹腔镜微创治疗胆道结石等高难度手术。开展的微创技术治疗重症胰腺炎,取得了良好的治疗效果,成为江苏省肝胆外科学领域的领先者。

神经外科

神经外科创立于1964年,是省内外具有领先地位的临床专科之一,是江苏省重点临床专科。无锡市神经外科研究所设于其内。科室设2个病区、重症监护室、显微实验室、分子生物学实验室。拥有主任医师2名,副主任医师1名,博士5名,硕士6名;年门诊诊疗1647人次,收治住院病人1200人次,抢救危重病人1011次,手术800余例,其中甲类手术达30.23%。

设有脑垂体腺瘤等脑肿瘤、脑动脉瘤、脑血管病、三叉神经痛、面肌痉挛、脑外伤、脑出血疾病的专病门诊。数十年来,颅脑外伤、脑出血的抢救成功率一直处于市内领先水平。近年来,在大量引进国内外先进设备的基础上,不断紧跟国际国内的新发展,开创了微创神经外科的新纪元。在颅内肿瘤、脑血管病的微创治疗方面达到省内领先水平,在省、市内率先开展神经内镜下的微创手术、脑血管病介入手术、神经导航引导下微创手术、微创血管减压术治疗三叉神经痛、面肌痉挛等。

皮肤科

皮肤科成立于1942年,是无锡市最早成立的皮肤科专科。目前已成为一个集临床、教学、科研为一体的市级医学重点专科,综合实力居全市之首,在省内亦享有较高的声誉。门急诊人次一直位居江苏省综合性医院第一,每年已达13万余人次。皮肤科由普通门诊、性病门诊、专家门诊、专病门诊、专科病房组成,并配备有皮肤治疗室、皮肤激光美容中心、性病诊治中心、六个专科实验室(皮肤病理室、皮肤真菌实验室、性病实验室、皮肤分子遗传学实验室、皮肤免疫实验室、变态反应实验室),拥有500余万元的各种诊疗设备。

科室拥有先进而齐全的各种治疗手段,如冷冻、CO2激光、化学疗法,静电治疗、中西医结合治疗、汽疗、水疗、紫外线治疗、白癜风表皮移植、微晶磨削治疗疤痕,多波长Q-开关Nd-YAG激光治疗技术,半导体激光脱毛技术等。近2年发展起来的皮肤外科进行微创手术根除腋臭、皮肤肿瘤切除、皮肤整形术也是该科的一大特色。

检验科

检验科是"卫生部科技中心基因诊断联合实验室"、"上海复旦大学遗传所人类基因研究协作实验室"、"卫生部生物医药临床科研基地",是南京医科大学和江南大学的硕士生培养点,无锡市临床检验中心设于此。检验科下设临床血液、体液学实验室、临床微生物学实验室、临床免疫学实验室、临床生物化学实验室、临床输血实验室和临床科研中心(分子生物学实验室、免疫学和细胞学实验室)。近五年来共获部省级科技进步奖3次和市级科技进步奖4次,获2001-2003年度江苏省卫生厅临床检验质量管理优秀奖。

科室能开展三甲医院所要求的检验项目400余项,拥有技术领先、国内一流的检验设备,包括日立7600-020全自动生化分析仪、VITEK2全自动细菌鉴定仪、IMMAGE特定蛋白仪、Coulter流式细胞仪、MJ-荧光定量PCR检测仪、罗氏化学发光仪等。

神经内科

神经内科创建于上世纪七十年代,已发展成为医疗、教学、科研、预防为一体的学科体系,为无锡市规模最大的神经内科专科。拥有重症监护中心、2个神经科普通病区、神经科门诊、心理咨询门诊。科室设置齐全,技术力量雄厚,服务质量上乘;拥有病床96张,年门诊量23800人次,住院病人数2100人次,危重病人抢救数310人次,年诊疗病人数在市内领先。

科室具有合理的人才梯队,有较高的神经科专业诊治水平,能诊治各类神经系统疾病,在脑血管、头痛、脑炎、脑膜炎、肌病、周围神经病、癫痫、锥体外系等方面具有较高水平。在无锡市率先开展脑血管病介入治疗,可进行DSA脑血管造影,诊断动静脉畸形、动脉瘤、moyamoya病,动脉介入溶栓,支架置入术等。新购进吞咽障碍治疗仪,临床应用效果较好。、对脑血管疾病的治疗有其独特的方法,取得较好的临床效果。

普外科

普外科始创于1908年,是无锡市最早创建的普外专科。目前,拥有床位92张,分胃肠、甲状腺、乳房、胰脾、疝气和腹壁外科、血管及介入等六个专业组,拥有主任医师1名,副主任医师6名,市卫生系统拔尖人才1名,博士后1名,硕士生3名。经过近百年特别是近十余年的快速发展,普外科已成为无锡市规模最大、专业最全的普外专科,其技术力量雄厚,年收治病人数、专科诊治覆盖面在无锡市名列前茅。

消化内科

消化内科是市内较早独立建科的单位之一,目前已经发展为拥有内镜诊疗中心、幽门螺杆菌检测室和集临床、科研、教学为一体的综合性科室。消化内科现有病床50张,每年收治住院病人1600多人次,门诊诊疗病人达4万余人次。

该科内镜室配置了电子胃镜、电子十二指肠镜、电子大肠镜、超声内镜、高频电氩气发生器、碎石器等先进医疗设备,有2台主攻肝、胆、胰疾病的电子十二指肠镜,专门开设了ERCP室。内镜设备的质量、数量、品种己居全市各大医院前列,为消化内科开辟了临床、科研的新领域。

该科在市内最早开展内镜下鼻胆管引流治疗阻塞性黄疸、化脓性胆管炎;率先开展DSA下腹腔动脉选择性造影诊断腹腔血管畸形、平滑肌瘤及其他肿瘤引起的胃肠道出血;逆行胰胆管造影诊断胆总管结石、肿瘤及壶腹部肿瘤;十二指肠乳头切开术及胆总管取石术治疗胆总管结石、胆总管远端狭窄、奥狄氏括约肌功能障碍;内镜下食管狭窄扩张术、食管及胆道内支架治疗各种原因引起的食管、胆管狭窄等高新技术。

专家介绍:郑义通:心内科主任、主任医师、教授、硕士生导师。

从事心内科临床工作30余年,擅长急性心肌梗死及其并发症、顽固性心衰、各种严重心律失常、高血压病等的治疗。

杨承健:副院长主任医师副教授硕士生导师。

擅长冠心病、心律失常等心脏介入治疗以及高血压病、心力衰竭的诊治。

徐欣:内科常务副主任、心内科常务副主任副主任医师副教授硕士生导师。

擅长心脏电生理、冠心病、高血压、心律失常及心衰等诊治。

曹佳宁:副主任医师

擅长高血压病、冠心病、心率失常诊治,精通起博与电生理技术。

胡世文:CCU 主任副主任医师。

从事心血管专业 20 余年,对冠心病、心律失常、心衰及高血压病等的诊治有丰富的临床经验,在心脏介入的治疗方面也有一定的造诣。

叶新和:心内科主任助理副主任医师。

擅长冠心病、心绞痛、心肌梗死、高血压病、血脂代谢异常及各种心律失常的诊治,在心脏介入治疗上积累了丰富经验。

张月军:副主任医师。

擅长心血管常见疾病和疑难病处理。

姚勇:院长助理、眼科副主任、主任医师、副教授。

擅长白内障的超声乳化手术治疗及青光眼的手术治疗。用精湛的医术让患者重见光明。

武志峰:眼科主任主任医师副教授、硕士生导师。

擅长视网膜脱离、糖尿病眼病以及各种眼科疑难病症的诊断和治疗。

孙松眼:科主任助理、主任医师、副教授。

擅长眼科整形、美容、眼眶病的诊断和治疗。

王祥群:眼科主任、助理副主任医师。

擅长白内障超声乳化吸除及非超声乳化小切口白内障手术以及复杂病例的白内障手术治疗,长期从事白内障临床工作及相关的基础研究。

黄又莉:副主任医师。

精通白内障技术,近 10 多年白内障手术量、治愈率等指标,居无锡市第一,江苏省前茅。

吴又凯:主任医师、教授硕士生导师。

擅长眼底病诊断、治疗,在眼底病激光和眼底造影技术方面处全国领先水平;在眼底视网膜、玻璃体手术方面具有丰富的临床经验。

周丽钧:主任医师。

擅长于眼科疑难杂症的诊断和处理,青光眼的早期诊断及复杂青光眼的处理。曾任中国援外医疗队眼科专家。

倪锡兰;副主任医师。

擅长眼睑病、眼眶病、眼科疑难病以及冷冻治疗等。

注重管理近年来医院注重管理创新,将精细化管理理念有效应用在医疗质量管理和医院服务管理中,取得了显著成效。医院内部运行机制改革取得实效。科主任领导下的主诊医师负责制充分调动了医务人员积极性、护理垂直化管理改革进一步凸显专业管理优势、机关事业部制改革有效解决科室间职能交叉和协调困难的问题、一体化医学诊疗中心较好地体现了优势叠加效应、平衡计分卡考核模式推动了绩效改革的科学化和公平化。独创“五个一”服务模式,即:“一医一患一诊室”充分尊重患者隐私权、“一个窗口发药”优化就诊流程、“一站式服务中心”为患者提供“管家”式服务、“168 后勤服务一条专线”切实解决患者住院需求和“一条红腕带标识”给急危重病人开辟绿色通道。强化医疗安全环节管理。在全院倡导医疗“五个不放过”,即:病人死亡原因不明不放过;手术失败原因不明不放过;病人投诉后不满意原因不明不放过;并发症原因不明不放过;纠纷当事人认识不到位不放过。以此为抓手,每季度开展一次针对院内典型死亡病例的“季读课”,邀请省内知名专家讲座和点评。努力建设学习型研究型团队,针对中高级职称人员和初级职称人员分别开设了每月一次的“早、晚读”课,利用早上上班前和晚上下班后 1 小时进行业务学习,七年多来共开设早读课 169 场次,累计参加人数 46200 人次,开设晚读课 73 场次,累计参加人数 12250 人次。

医院荣誉三年来全院共获得各类国家、省、市科技类成果奖 18 项,省、市新技术引进奖 36 项,省、市各类科研立项课题 84 项。发表著作 4 部,论文 2786 篇,其中 SCI44 篇,中华级 177 篇、国家核心(统计源)以上期刊 811 篇。

无锡市第二人民医院院长兼党委书记易利华

理论与实践的结合推进了医院管理的创新和跨越式发展。无锡市第二人民医院院长兼党委书记易利华同志作为一名优秀的医院管理实践者和现代医院管理理论的探索者,自 2001 年以来,先后主编出版了《医院管理新论》、《医院经营新论》、《医院现代化导论》、《医院服务战略概论》、《医院管理创新》、《现代医院绩效与薪酬管理》、《论现代医院院长领导力》等七部医院管理专著,受到了全国医院管理界的好评和欢迎,其个人还被授予无锡市政府科技最高奖——腾飞奖,获“全国优秀院长”、“全国卫生系统先进工作者”、“江苏省医院管理突出贡献奖”、“江苏省有突出贡献中青年专家”、“无锡市有突出贡献中青年专家”以及省、市用户满意杰出管理者等荣誉,并多次应邀到菲律宾、台湾及国内各地讲学近 70 余场次,与 4000 多位院长及医院管理者进行交流,其独到的创新管理理念和观点得到了各级领导的高度评价和同行的普遍认同。籍此,医院连续七次成功承办了“中国医院发展战略高级论坛”、“全国眼底病年会”、“全国普外科年会”、“第一届中国内科双语高级研修班”等多项大型全国性的学术会议。近年来,医院还吸引了来自全国 500 多所医院 5000 多位的医院管理者的参观交流和对外交流访问,探索出了一种极具实践意义的现代化医院创新管理之路。

如今的二院已是江苏省首批基本现代化医院、江苏省三级甲等综合性医院:是南京医科大学的附属医院、硕士点;东南大学、南通大学、江苏大学、苏州大学等医学院的教学医院;徐州医学院、扬州大学和江南大学医学院的实习医院。

是卫生部科技中心基因诊断联合实验室、卫生部生物医学临床科研基地、上海复旦大学遗传所人类基因研究协作实验室、江苏省白内障复明中心、江苏省腹腔镜外科技术培训中心、北京神经外科研究所、无锡市神经外科研究所、无锡市临床检验中心。

是无锡市红十字医院,卫生部国际紧急救援中心网络医院,亚洲国际紧急救援中心(AEA)及日本各大保险公司的定点医院,每年还承担着中央、省、市等各级领导的保健任务。

医院目前拥有省级重点学科 1 个,省级临床重点专科 9 个

(含2个省级临床重点专科建设单位),无锡市医管中心重点发展专(学)科2个,市级医学重点专科5个,市级专科(病)诊疗中心4个,是全省拥有省级重点专科最多的医院之一。心内科的冠心病介入诊治、神经外科的神经内镜微创手术、神经内科的颈内动脉狭窄支架置入术、消化内科的内镜下胰胆管造影(ERCP)、眼科的眼底病微微创治疗、肝胆外科的规则性左右半肝切除技术、皮肤科窄波及高能紫外线治疗等一大批技术已成为全国和省市领先的品牌技术。

拥有硕士生导师23名,博士后1名,博士12名,硕士研究生71名;享有国务院特殊津贴专家4名,江苏省、无锡市有突出贡献的中青年专家4名,江苏省"333工程"培养对象6名,江苏省"135工程"培养对象1名,江苏省医学领军人才1名,无锡市学术技术带头人培养对象3名,无锡市医学领军人才3名,无锡市卫生局专业技术拔尖人才6名。拥有一大批省市知名的中青年专家,如杨承健、鲁晓杰、武志峰、龚镭、孔岳南、金慧涵、杨丽佳等。

2006年3月,医院获得省"医院管理年活动先进单位"称号;

2006年4月,医院被中国医院协会授予"全国医院文化建设先进单位"和"全国学习型组织建设先进单位";

2006年8月,在江苏省卫生厅组织的"三基"理论考试中,医院名列全省42家三级医院第7名,27家综合医院第3名,22家三甲医院第2名;

2006年10月,医院囊括江苏省卫生厅新技术引进奖4个一等奖,是无锡医院中一次获一等奖数量最多的医院;

2006年10月,医院接受全省医院管理年活动暗查,获第3名;

2006年11月,医院摘取了江苏省医院管理年会授予的最高奖项——"2006年江苏省医院管理突出贡献奖";

2007年4月,医院检验科被江苏省卫生厅评为"2004－2007年江苏省质量管理优胜奖",常规化学和血细胞分析实验室被省临检中心评为"参比实验室";

2007年7月,经过省医院协会六届四次常务理事会讨论研究决定,医院被确认为全省首批"患者安全"示范单位;

2008年在"全国护士岗位技能"竞赛中获全国复赛铜牌,连续多年获无锡市医院托管制考核第一;

2009年获"医疗质量万里行"活动全国三级综合医院病历评比三等奖;

2010年度被评为江苏省"全面改善医疗服务,推进医德医风建设专项行动"先进单位,也是无锡市卫生系统唯一一家获此殊荣的医院;

2011年,医院管理案例入选卫生部"公立医院运行机制与内部管理改革案例集"第一集。医院先后荣获首批"全国百姓放心示范医院"、"全国医院文化建设先进单位"、"全国学习型组织先进单位"、"江苏省文明单位"等荣誉称号。2011年被评为全市首家"患者安全目标评估"合格单位;

2011年在三甲医院评审中荣获全省第一名;

2010年医院突破性获得中华医学科技奖首个卫生管理奖;

2011年又成为省内唯一一家荣获"2011年度中国医院协会医院科技创新奖"的医院。

技创新成果　自1979年以来,医院共获得江苏省科技进步奖三等奖4项,四等奖2项。获得省新技术引进奖一等奖13项,二等奖58项。其中省科技进步奖三等奖项目为:1983年神经内科主任陈建家的〃香兰素抗癫痫的研究〃、1987年检验科主任陆伟石的"临床生化质量控制的研究"(同时获全国生化质量评价一等奖)、2002年眼科主任吴又凯的"生长激素、胰岛素样生长因子I与糖尿病性视网膜病变的关系"、2004年院长易利华的"医院服务发展战略的系统研究"。另外,易利华院长的"现代医院管理创新的系列研究"获中华医学科技奖提名奖。"管理出效益,经营结硕果"获无锡市腾飞奖。《医院管理新论》获江苏省第八次哲学社会科学优秀成果三等奖;韩晓枫的"放射示踪核素的生物医学特性研究与实践"获国防科学技术三等奖。

无锡市第三人民医院

创建于1929年秋,前身为"益寿医院",1956年正式定名为"无锡市第三人民医院"。在历代"三院人"的辛勤耕耘下,现已成为集医疗、教学、科研、预防、保健、急救为一体的市级综合性医院。目前系江苏省规模最大的三级甲等中西医结合医院,2007年被国家中医药管理局正式确认为全国重点中西医结合医院建设单位。现同时为南通大学第三附属医院,南京中医药大学无锡中西医结合临床医学院,南京医科大学、江苏大学、扬州大学教学医院,南通大学硕士培养点,无锡市中西医结合研究所、无锡市烧伤研究所设于此。

医院简介

医院占地面积4.2万m,在职员工近千名,开放床位865张,年门急诊量70万人次,住院2.5万人次。设有37个临床科室、12个医技科室,19个病区。拥有高级卫技人员100余名,正副教授近百名,国家级名中医及省名中西医结合专家各1名、省"科教兴卫"医学重点人才及333工程培养对象3名。

无锡市第三人民医院拥有先进的多层螺旋CT及MRI、DSA、DR、烧伤流体悬浮治疗床、24座位高压氧舱等高档医疗设备。

经过多年建设发展,医院目前形成以国家、省、市三级重点专(学)科群。拥有国家级重点专科创建单位1个,省级重点专科(含创建)5个,市级重点专科2个。烧伤整形科为国家级重点专科创建科室;烧伤整形科、中西医结合消化科为省级重点专(学)科、无锡市医管中心重点发展专(学)科;神经外科、神经内科、内分泌科为省级重点专科创建科室;骨科、心血管内科为市级重点专科。开展的国内首例肾移植后再次肝肾联合移植术、成批危重烧伤救治达到国内先进水平,高位颈椎手术、颅脑外伤急救、小儿先天性心脏病介入术、心脏外科手术等技术省市领先。多年来获得了50多项省、市医学科技奖项,2009年,医院摘取了国家重点基础研究发展计划(973计划)和国家自然科学基金两项国家级科研发展项目。

近些年来,医院先后获得全国医院文化建设先进单位、江苏省文明单位标兵、江苏省用户满意服务明星单位、无锡市文明单位、无锡市十佳医院等荣誉称号。作为无锡市政府重点工程的医院新门急诊医技病房综合楼已于2008年12月正式开工建设，建成后，医院总建筑面积将达10万平方米，届时，能满足日门诊量4000人次、开放床位1200张的临床需要。作为无锡城北医疗中心，该院将以现代化、数字化、智能化、人性化的崭新面貌倾力护航锡城市民健康。

重点科室

烧伤救治中心

无锡三院烧伤整形科目前为集临床、科研、教学为一体的区域性烧伤诊治、研究中心，科室规模、临床救治及科研能力居国内先进、省内领先水平，具有较高的品牌效应。成立无锡市烧伤研究所、“盛志勇院士工作站”等品牌工程陆续落户。科室重点开展各种烧烫伤、深度烧伤后期的功能整复、外伤及手术后各种瘢痕、畸形的整复、手外伤及手功能重建、颜面整形、各种难治性复杂创面、难愈性皮肤溃疡、皮肤缺损的修复等技术服务。科室在成批危重烧伤急救、诊疗技术国内领先，曾创造国内成批烧伤救治史上危重烧伤病人数最多、烧伤程度最重二项第一，华东地区烧伤救治史上成功救治烧伤人数最多、面积最大、程度最重三项第一。

肝胆胰中心

无锡三院肝胆胰中心目前是融医疗、科研、教学为一体的省级肝胆胰疾病诊治中心，临床诊疗涉及面广，医学科研技术领先，涵盖肝胆胰外科、消化内科、内镜诊治、介入治疗、中西医结合及基础实验研究。2009年5月以高分通过专家组评审，成为市医管中心唯一的肝胆胰疾病重点发展专（学）科。中心拥有独立的肝胆胰专科门急诊、内镜中心、重症胰腺炎监护病房（PICU），设有江苏省肝胆胰疾病研究所、无锡市消化病研究室；专科队伍实力雄厚，多人担任国家、省市级医学专业委员会主任委员、副主任委员。医疗设备先进，胶囊内镜、胃镜、肠镜等设备均处于国内领先水平。

骨科

无锡三院骨科在创伤救治、关节外科、脊柱外科及修复重建外科方面技术出众、项目全面。近年来，同步国际开展脊髓损伤后的排尿排便功能重建手术和专科康复；国内领先开展无创氙光、微创臭氧和小切口治疗颈椎病和腰间盘疾病、颈胸腰椎骨折和脊髓损伤的前后路减压固定等多项技术；膝关节镜、四肢骨折的微创手术以及特重创伤救治的成功率均达到国内先进水平。省内领先、市内独家开展骨保留型髋关节置换、股骨头坏死的保关节治疗、先天性髋关节脱位的全关节畸形矫正术等技术。拥有市属医院中唯一的修复重建科，在四肢骨与软组织严重损伤的显微修复和功能重建方面具有较高水平。与美国匹兹堡大学医学中心、德国 Werner 脊柱外科医院建立远程会诊中心，倾力服务广大市民健康。

心血管内科

无锡三院心血管内科是集医疗、教学、科研于一体的市级重点临床专科。科室技术实力出众、设备先进，心脏介入技术市内领先，每年完成心脏介入手术300多例，率先开展多例房间隔缺损、动脉导管未闭、室间隔缺损等先天性心脏病的介入治疗，率先独立完成幼儿先天性心脏病介入治疗。心脏起搏器技术国内一流，率先独立完成市内新型三腔心脏起搏器安装治疗重度心力衰竭，开展多例急诊冠状动脉造影、PTCA及支架植入；在急性心肌梗死、各型主动脉夹层、重症心肌炎、顽固性心功能不全、心源性休克、高血压危象、快速房颤伴预激综合症等各类危重病人抢救中取得较高成功率。

神经外科

无锡三院神经外科立足自身，积极拓新，在神经外科治疗领域取得斐然成绩，逐步实现由单一的创伤急救向神经肿瘤、后期康复技术转型。以众多常规显微外科技术为支撑成功开展的松果体区肿瘤、脑干区域肿瘤等一系列先进技术，开展联合手术、放疗、化疗和免疫治疗相结合的综合方法治疗脑胶质瘤，在国内较早开展脑胶质瘤术后树突状细胞（DC）免疫治疗获得良好疗效。在巨大脑血管畸形手术治疗方面处于市内领先水平。科室结合治疗需要采用特制神经内镜装置开展微创脑部手术，被誉为颅内血肿治疗的新突破。

内分泌科

无锡三院内分泌科积极发挥中西医结合防治糖尿病的优势，建成糖尿病足、糖尿病周围神经病变、糖尿病肾病等省内先进水平的优势病种，开设具有专科特色的名医堂、护理门诊及营养门诊，成立糖尿病患者自我管理学校，形成专科特色和优势。自主研发的冰黄中药水凝胶治疗糖尿病足技术省内领先，填补数项国内空白。市内率先使用胰岛素泵对糖尿病患者进行强化治疗、体脂测定技术。市内领先开展中西医结合治疗糖尿病肾病、神经病变技术。

神经内科

无锡三院神经内科近年来坚持特色化、个体化治疗理念，采用中西医结合等综合治疗获得较好疗效。开展内服中药，外用生物电反馈、电刺激，脑超声治疗、三氧治疗等技术治疗各种缺血性脑中风，眩晕、失眠、焦虑、抑郁等神经症，副作用小，效果显著。在市内率先开展脑血管患者急性期床边康复，配备专业康复护士，大大减少脑中风患者的残疾率。领先开展先进的无创颅内压测定仪监测颅内压和脑血管病病因监测诊疗等体现科室优势的诊疗技术。

呼吸内科

无锡三院呼吸内科，在重症支气管哮喘、呼吸衰竭、支气管扩张大咯血，肺部感染、肺癌、弥漫性肺间质性病变的诊断与治疗具有丰富的临床经验。省内领先开展中西医结合治疗慢性阻塞性肺病、肺心病，并联合无创机械通气治疗呼吸衰竭。市内领先开展重症呼吸衰竭的救治及肺血栓栓塞症的诊治，开展支气管肺泡灌洗术、透视下经支气管镜肺活检术及支气管镜下肿瘤微波治疗，开展CT及B超引导下经皮肺活检术及经支气管动脉栓塞治疗大咯血和支气管动脉灌注治疗肺癌。

消化科

江苏省重点专科无锡三院消化科成立三十多年来，科室全体人员齐心协力，矢志不移，撷中西医之长，取内外科之优，坚持走临床与医技、科研相结合的道路，运用先进的方法开展了一系列高难度胃肠、肝胆、胰脾病的手术，应用中药、西药、手术、微创、介入等方法治疗消化道疾病取得良好的疗效，内镜诊断水平达到省内领先。积极探索消化系统疾病的中西医结合诊疗，取得了丰硕的成果，在苏、锡、常地区率先开展了原位肝移植和肝、肾联合移植，省内外具有较大的影响。

妇产科

妇产科熟练开展妇科常见病及多发病的诊治，对妇科恶性肿瘤的手术及化疗能规范开展并积累了丰富经验。另外我科1997年在无锡率先开展妇科腔镜手术,现院内拥有最先进的腔镜系统如PK刀、超声刀,目前已广泛开展除妇科内镜四级手术以外的所有手术。我科利用中西医结合的优势,对于如慢性盆腔炎、盆腔子宫内膜异位症、反复流产等难治性疾病采取中西医结合治疗,取得显著疗效,并已开展多项科研工作。2009年获省中医药管理局资助立项课题一项。产科发挥中西医结合的特色,在促宫颈成熟、产后催乳、产后恢复等方面经长期探索,中西医结合治疗规范渐趋成熟,疗效卓著。在妊娠期肝内胆汁淤积症、羊水过多、ABO血型不合等方面通过中西医结合治疗获得理想的疗效,积累了丰富的临床经验。有一项课题成功申报获省中管局课题,并获市科技进步奖。科室重视中西医结合科研,在临床工作中不断创新、不断积累,以最安全有效的方法治疗孕期、产时及产后的各种临床疾病。

儿科

无锡三院儿科现有两位主任医师、五位副主任医师;共有硕士研究生3名(其中中西医结合研究生一名),在读硕士2名。开设小儿哮喘、新生儿疾病、小儿内分泌疾病、儿童心理行为及小儿神经等专科门诊,近两年开设小儿紫癜性肾炎中西医结合门诊。开展了中药帖敷治疗小儿哮喘、儿童腹泻;小儿推拿等特色治疗项目。拥有小儿呼吸机、多参数心电监护仪、新生儿双面蓝光箱、肺炎治疗仪、微量血糖仪等先进医学仪器设备,对于常见病多发病以及疑难危重疾病积累了丰富的临床治疗经验。对于小儿哮喘、反复呼吸道感染病人在西医基础上加入小儿中药调理、中药帖敷、推拿等中医治疗手段,大大地提高了临床疗效。制定了儿童支气管肺炎、过敏性紫癜等专病的特色诊疗方案。新生儿病房主要收治出生至生后28天的新生儿,可进行床边心电、呼吸、经皮氧饱和度、血压等无创监测及微量血气、血糖检测,为危重新生儿抢救及时提供各种信息。并开展了经口持续气道正压通气、常规机械通气、高频振荡通气、胃肠外营养、新生儿黄疸的光疗等先进技术。正积极开展儿童疾病的中西医结合临床诊疗、科研工作,采用中西医辨证辨病结合、标本同治治疗小儿腹泻、抽动症等更多种的儿童疾病。

硬件设备

多层螺旋CT及核磁共振

拥有国际先进的多层螺旋CT及核磁共振、DSA、CR、人工肾、全自动生化分析仪、多功能心电监护系统、高能聚焦超声肿瘤治疗机、烧伤流体悬浮治疗床、24座位高压氧舱及净化手术室等高档医疗设施、设备。新建的市三院门急诊医技病房综合大楼,建筑总面积6.4万平米,建成后,医院总建筑面积将达11万平米,日门诊量能满足4000人次,开放床位达1200张,整体风格将现代简约的理念与中国古典神韵融会贯通,全面实现专业化的功能、智能化的管理、生态化的环境、酒店化的环境、人性化的设施,明晰化的区域分割同时医院拥有多个空中庭院、室内景观区域,配合家庭化设计的诊疗区域,为患者创造舒适宜人、富有自然气息的环境。如今,该院定位无锡城北医疗中心目标,将以绿色、科技、人文的崭新三院倾力护航锡城市民健康。

医院最新引进省内首台256层极速CT

以全新设计理念推出的极速CT256层极速CT,具有众多国际领先的技术优势,将为患者带来全新的诊断体验。扫描时间短,每圈扫描只需0.27秒,即可得256层图像,是64排CT的四倍;成像速度快,短时间内就能得到优质诊断图像,仅需10秒钟就能完成全身CT检查,在病人2次心跳内完成心脏冠状动脉检查,采集时间不到1秒,避免高心率和心律不齐患者因服药检查带来的风险;图像精度高,可精确显示人体细小的正常结构及各种病灶;适用范围广,可广泛应用于各类冠心病、脑中风、恶性肿瘤的检测,尤其对脑中风患者可在数秒钟内完成一站式检查和确诊,赢得抢救先机;也可用于检测有无心肌梗死、脑梗死的隐患;附加功能多,在进行解剖成像的同时,还能进行功能成像,如心脏功能分析、肺结节分析。独有肝脏节段分析软件,肝脏节段分析软件提供了全面方便的分割工具,可以轻松的完成整个肝脏的体积测量、左右肝叶体积测量及血管树的提取和病灶的定位。同时在肝脏介入计划中还包含一套交互式的处理工具;安全程度高,坚持人本理念,故其射线剂量是特低,剂量相比64排CT降低80%,具有更为安全的诊断流程。

主要专家

吕国忠,主任医师,烧伤整形科学科带头人、科主任、院长助理、无锡市烧伤研究所副所长。1984年毕业于苏州医学院医疗系,历任无锡市第三人民医院(无锡市中西医结合医院)烧伤整形科科秘书、副主任、科主任、院长助理。2002年曾作为高级访问学者留学加拿大,在留习期间,以扎实的烧伤整形外科理论及娴熟的操作技术,赢得了加拿大烧伤整形外科权威的赞同。2006年取得美容外科主诊医师资格,并被确立为江苏省"333"工程培养人才,无锡市医管中心医学后备领军人才,2007年被江苏省卫生厅选拔为江苏省"科教兴卫工程"医学重点人才,2009年被江苏省中医药局选拔为江苏省"中医药领军人才"。现为中华医学会烧伤外科分会常务委员;中国中西医结合学会第三届烧伤专业委员会常务委员;中国医师协会烧伤科医师分会第一届委员会常务委员;中华医学会江苏省分会烧伤整形外科学会副主任委员;江苏省中西医结合学会烧伤整形分会第一副主任委员;江苏省生物医学工程学会皮肤组织工程与移植专业委员会副主任委员;江苏省医学会理事,无锡市医学会常务理事、烧伤整形学组主委。

中华烧伤杂志、中华损伤与修复杂志、中国微循环杂志杂志编委。作为学科带头人,从事烧伤整形外科26年,医治了数千名各类烧伤病人,抢救了烧伤面积大于50%的危重病人近千例,临床烧伤医治水平及危重病人抢治水平居国内领先行列。在烧伤营养代谢、烧伤创面修复、烧伤后期整复及康复训练,表皮细胞培养移植,复合皮的构建等多个专题上颇有研究,得到国内外同行的认可。目前致力于皮肤组织工程、危重烧伤救治、烧伤后期功能整复及中医中药理论在烧伤外科作用研究,并应用中医活血化淤的理论指导烧伤临床及研究。

先后完成省市级科研立项课题10余项,科研成果获省厅新技术引进奖一、二等奖7项;省科技进步三等奖1项;市级科技进步奖5项;市局新技术引进奖一、二等奖3项。在省级以上各类专业杂志、全国及国际学术会议上发表专业论文40余篇,其中中华级以上杂志论文10余篇;各类国家级学术会议上论文10余篇。担任南通大学、扬州大学、南京医科大学、南京中医药大学、镇江医学院等多所医学院校见习、实习生及周边省市来院进修医师的烧伤整形专业教学任务，能流利的使用英语教学；每年定期举办国家级、省市级学术会议及专题讲座。先后被评为第八届"无锡市十大杰出青年"；无锡市新长征突击手；首届"无锡市青年创业先进"；无锡市知识型职工；无锡市卫生系统先进工作者；无锡市卫生系统"十佳医生"；无锡市有突出贡献中青年专家；无锡市名医；江苏省卫生系统先进工作者；抗震救灾优秀党员；"无锡市劳动模范"；全省卫生行业"百名医德医风标兵"；无锡市医院管理中心"优秀科主任"；无锡市"中医工作先进个人"；无锡市"第九届优秀科技工作者"等多项殊荣。

苏青和，主任医师，现任烧伤整形科副主任，江苏省烧伤整形专业委员会委员、无锡市中西医结合学会副秘书长、无锡市烧伤整形专业委员会委员。1984 年毕业于青海医学院医学系，从事烧伤整形专业 26 年，积极开展烧伤整形临床及科研工作，具有较高的学术理论水平，操作能力强。诊治特长：各种烧烫伤；烧伤、外伤和手术后各种瘢痕、畸形的整复；烧伤后瘢痕性秃发修复；各种皮肤体表肿瘤等。目前致力于烧伤后各种瘢痕、畸形的整复及各种体表肿瘤的治疗。曾获得江苏省新技术引进二等奖、无锡市科学技术三、四等奖各 1 项。荣获江苏省"巾帼建功"先进个人、无锡市三八红旗手标兵、江苏省"十佳医生"、"全国三八红旗手"等荣誉称号。

顾在秋，主任医师，现任无锡市第三人民医院烧伤整形科副主任，江苏省中西医结合学会烧伤、整形及美容分会委员，江苏省生物医学工程学会医学组织工程与移植专业委员会委员，中华医学会无锡分会烧伤专业委员会副主任委员。1985 年南京医学院（现南京医科大学）医学系毕业，从事烧伤整形专业 25 年，积极开展烧伤整形临床医疗工作，具有较高的学术理论水平。擅长诊治烧伤休克、感染、营养代谢、创面修复及功能康复等，尤其在大面积危重烧伤救治和中医药治疗方面具有丰富的经验。近年来参与抢救特大面积烧伤数十例，治愈率达到国内先进水平。承担南通大学、扬州大学、南京医科大学、南京中医药大学、镇江医学院等多所医学院校见习、实习生及周边省市来院进修医师的烧伤整形专业教学指导工作。先后获省新技术引进一等奖 1 项，省卫生厅新技术引进奖二等奖 3 项，科技进步奖 3 项。

虞俊杰，副主任医师，现任无锡市第三人民医院烧伤整形科烧伤病区主任，中华医学会烧伤外科学分会第七届委员会青年委员会委员。1988 年毕业于江南大学临床医疗系，从事烧伤专业 20 余年，具有丰富的临床经验，在烧伤休克、感染、营养代谢、创面修复及功能康复领域有较深造诣，尤其对各种难愈性创面处理、中西医结合治疗大面积烧伤有独到见解。每年承担各医学院学生烧伤专业教学任务，能流利的使用英语教学。2004－2006 年度作为援外队员，在圭亚那出色完成医疗援助工作，被授予市"五一劳动奖章"、"白求恩式的优秀医务工作者"称号。曾获省级新技术引进一、二等奖 2 项，省科技进步三等奖 1 项，市级新技术引进奖 1 项。

无锡市第四人民医院

创建于 1976 年，是一所集医疗、教学、科研、预防、保健等为一体的江苏省首批三级综合性医院，2008 年被评为江苏省三级甲等医院，是苏州大学附属第四医院、也是南京医科大学、江南大学教学医院，是苏州大学、山东大学、徐州医学院硕士点，附设无锡市肿瘤防治研究所、无锡市胸心外科治疗中心和无锡市麻醉质量控制中心，2005 年增挂无锡市肿瘤医院。经过 28 年的建设和发展，现已成为以肿瘤综合诊断、治疗为主体，胸心外科、耳鼻咽喉－头颈外科、麻醉科、妇产科为重点和特色的三级综合性现代化医院。

机构简介

无锡市第四人民医院建于 1976 年。目前拥有员工 1249 人，其中高级职称 119 人，正副教授 50 人，硕士生导师 19 人。医院已成为无锡地区以医、教、研为一体的，以肿瘤预防、早期诊断、综合治疗、随访为主体的现代化综合性医院。

无锡第四人民医院拥有内、外、妇、儿、眼、耳鼻咽喉、口腔、麻醉、病理、影像等 40 多个临床、医技科室。医院是无锡市建立肿瘤学科最早的医院，经过三十年的建设与发展，肿瘤科于 1992 年被确认为无锡市首批市级临床重点专科，2000 年被确认为江苏省首批省级临床重点专科。医院目前设立肿瘤内科、肿瘤放疗科、中西医结合肿瘤科、胃肠肿瘤外科、乳腺诊疗中心、甲状腺肿瘤外科、腔镜肿瘤外科、肿瘤妇科、贲门食管肿瘤外科、肺外科、中心实验室等临床、医技科室。医院现已成为苏南地区最大的肿瘤医院，开展肿瘤适形调强放射治疗、术中放疗、外周血干细胞移植、微创手术及介入治疗、生物免疫治疗、乳房同期再造等一大批国内外先进医疗技术。

无锡市第四人民医院目前拥有 CT、MRI、DSA、ECT、LA、彩超、大型生化分析仪等大型肿瘤诊治设备。

领导班子程之红　院长　党委副书记

魏福祥　党委书记

杨　红　党委副书记　纪委书记

龚晓红　副院长

华　东　副院长

黄　纯　副院长

行政机构院长办公室：

负责人：陆晓露　主任

科室职能：负责全院的秘书、行政管理工作。起草医院发展规划、工作计划、工作总结、会议纪要及有关文件，并负责督促其贯彻执行。安排各种行政会议，做好会议记录。办理领导行政文件的收发登记、转递传阅及发文登记工作。做好印鉴、文印、外勤、群众来访来信处理、参观及外宾的接待等工作。

医务科

负责人：丁　胜　科长

科室职能：负责医院医疗质量的监控，督促检查医疗规章制度的执行。受理及处理医疗事件。组织临床医师的业务培训和定期考核工作。

护理部

负责人：葛文娥　主任

科室职能：拟定全院护理工作计划及其实施。负责护理质量控制、检查，落实各项规章制度。负责护理队伍的管理、建设和发展。负责护理各层次教学及进修人员管理，制定和实施实习及进修计划。负责护理科研管理、护理新技术的推广应用。

科教科：

负责人：张亚男　科长

科室职能：负责医院科研及各个层次的教学管理工作。组织临床医师的继续教育，协助医务科组织临床医师的业务培训和定期考核工作。

党委办公室：

负责人：盛　瑶　主任

科室职能：宣传、组织学习党的基本路线、方针、政策。负责党的组织建设工作。做好党、工、团、民主党派工作。负责医院职业道德建设。

肿瘤学科建设办公室

负责人：柏　玫　主任

科室职能：确定肿瘤学科的建设目标、规划，确定肿瘤学各专业主攻技术方向、科学研究方向、人才队伍建设目标，落实肿瘤的规范化治疗，推广肿瘤的多学科综合治疗和个体化治疗，做好市政府“7+1”工程项目——复旦大学肿瘤学无锡基地建设工作。力争使医院肿瘤治疗水平达到国内先进、省内领先水平。

医保办公室：

负责人：李炯莹　副主任

科室职能：正确理解医疗保险和公费医疗政策法规，做好医疗保险有关政策培训，指导医生合理检查、合理治疗、合理用药。对医疗保险和干部医疗进行质量控制，检查门诊处方、住院病历、出院结算单，对检查中发现问题通报各有关科室。认真审核上报处方及单据，做好各种数据的录入工作，按要求准时向市、区医保中心上报软盘及报表。解答病人就医过程中有关医疗保险政策问题，负责接待医疗保险有关的费用纠纷投诉，并与有关部门沟通妥善处理。

监察科：

负责人：朱红霞　科长

科室职能：负责全院的纪检、监察、信访、廉政建设和纠风工作；负责研究制定医院纪检、监察规章制度；检查和处理医院内违法、违纪行为；负责受理医院内党员、干部、教职工的申诉、举报、控告工作；负责对全院领导干部和教职工进行党纪和政纪教育。

宣传科：

负责人：罗　莉　科长

科室职能：负责全院对外宣传和联络工作。建立和完善医院宣传工作制度与工作规范，负责医院新闻宣传、四院网站信息更新，文明行业创建、基层党校、医院文化建设、标识系统维护工作。

工会：

负责人：荣凤亚　主席

科室职能：在院党委和上级工会的领导下，紧密围绕发展医院先进生产力，发展医院先进文化，代表职工最根本利益开展工会工作，紧密围绕医院发展目标、围绕党委和医院中心工作开展工会活动，根据《工会法》、《工会章程》独立负责创造性地开展工作，发挥工会组织的桥梁、纽带和支柱作用。

人事科

负责人：蒋　平　科长

科室职能：根据人事政策规定，担任人员接收、调入、调出、退休、辞职等工作。负责专业技术人员晋升、聘任、转正定级及全院工作人员考勤、考核、奖惩、定编。负责工资调整，执行各项津贴、补助，收集、整理、保管全院人员档案。负责出国人员政审，管理全院职工学历教育、学费报销和各种考试报名。掌握熟悉干部业务水平、组织能力、政治思想等情。

财务科：

负责人：胡　斌　科长

科室职能：执行“会计法”等财务法规，加强财务监督，严格财务纪律。负责财务预决算，合理组织收入，严格控制支出。配合有关科室，对房产、设备、器械、药品、材料、低值易耗品等财产进行检查和监督。办理各项财务会计事务，报送各种财务报表。严格执行物价政策，管理医院各项收费标准、科室经济核算，负责全院经济管理工作。严格执行财务开支审核制度，积极推广计算机应用，使财理和会计核算工作规范化、科学化。

门诊部：

负责人：陈鸣宇　主任

科室职能：负责门诊的医疗、教学、科研、预防及行政管理，与各科主任及时沟通协调有关工作。制订门诊工作计划并负责具体实施。负责门诊部各窗口的协调工作，解决处理门诊病人的意见和纠纷。统计门诊医师工作量，通知挂号室每日就诊的专家。负责门诊病人病假、疾病证明和特殊检查项目的审核。做好基本医疗保险和特约医疗单位的费用管理。

信息科

负责人：徐渊洪　科长

科室职能：组织医院信息管理系统、互联网/内联网、开发和维护工作。收集、整理、保存、供应病人病案并根据医疗原始数据进行各种统计及分析。获取各种医学信息，为医疗、教学、科研、管理提供文献保障。

器械科

负责人：任　坚　科长

科室职能：负责医院医疗设备和医疗用品的管理。提供医院信息化网络建设的硬件支持和医疗仪器方面的技术支持。进行医院新设备、新技术的引进、推广与医疗设备技术革新及功能的开发。负责医疗设备的质量控制、安全评估及运行保证。

后勤科

负责人：李　珠　科长

科室职能：组织医院后勤工作的物资供应、设备维修、院容整顿，提供水、电、气、电话等生活保障。负责医院基本建设项目的管理。包括项目建设前期的各种手续报批，资料的收集、整理、保存，项目建设实施中的管理、督促与协调，工期、质量、投资的控制和静动态分析。深化改革，规范制度，逐步实行后勤保障与社会化服务的有机结合。

保卫科

负责人：薛建国　副科长

科室职能：负责医院安全保卫工作，维护医院治安管理秩序。开展医院社会治安综合治理。负责医院消防安全，清除隐患，防止火灾发生。保证医院政治稳定，做好来院内外宾的安全保卫工作。负责集体户口、身份证办理，外来人员的管理及相关工作。领导保安、门卫。

预防保健科

负责人:朱丽萍　科长

科室职能:负责全院传染病报告、登记、监测及人员培训。重大疫情应立即报告主管院长和医务处,并及时将疫情报告无锡市疾病控制中心。完成辖区居民和集体单位的传染病预防、控制和管理工作。建立健康教育网络,指导开展多种形式的社区健康促进和健康教育工作。

院内感染管理科

负责人:张素梅　科长

科室职能:负责全院各级各类人员预防、控制医院感染知识与技能的培训、考核。负责进行医院感染发病情况的监测,定期对医院环境卫生学、消毒、灭菌效果进行监督、监测,及时汇总、分析监测结果,发现问题,制定控制措施,并督导实施。对医院发生的医院感染流行、暴发进行调查分析,提出控制措施,并组织实施。对购入消毒药械、一次性使用医疗、卫生用品进行审核,对其储存、使用及用后处理进行监督。

药剂科

负责人:朱亮真　科长

科室职能:负责医院药品采购、供应、保管及审核验收工作,及时准确地调配处方并指导临床安全合理用药,承担教学、科研并指导基层医疗单位药剂工作。包括以合理用药为中心的临床药学服务体系以及药品不良反应监测小组和药品质量管理小组。

发展状况无锡市第四人民医院于1976年建院,是一所三级甲等综合性医院,是无锡市肿瘤医院、苏州大学附属第四医院、苏州大学医学部第四临床医学院;也是南京医科大学、苏州大学、徐州医学院硕士点。苏州大学生命科学学院临床肿瘤和分子生物研究所、无锡市肿瘤防治研究所、无锡市胸心外科治疗中心、无锡市核医学诊疗中心设在该院。

医院开放床位1029张,年门急诊量60万余人次,出院病人2.8万余人次,拥有内、外、妇、儿、眼、耳鼻咽喉、口腔、麻醉、肿瘤、病理、影像、检验、中心实验室等48个临床医技科室和24个病区,其中省级临床重点专科6个:肿瘤科、心胸外科、核医学科、肿瘤放射治疗科、普通(肿瘤)外科及妇产科,市级临床重点专科1个:耳鼻咽喉-头颈外科,市医管中心重点发展学科2个:肿瘤科和病理科。医院以肿瘤综合诊治为主要特色,拥有肿瘤外科(包括胸部、腹部、头颈等)、肿瘤放射治疗科、肿瘤内科、肿瘤妇科、肿瘤中西医结合治疗科等完整肿瘤诊疗体系。年收治各类肿瘤患者1.7万余人次,占出院总人次的56.56%,其中年放射治疗近19万野次,肿瘤手术例数3168人次,化疗人数7937人次。

医院有职工1020名,高级职称人员154名(其中省级学会委员24名),博士25名,硕士141名。近三年,医院荣获省自然科学基金项目3项,省、市级科技成果奖18项,省、市医学新技术引进奖39项,SCI收录论文22篇,获国家专利14项。承办国家级、省级继续教育项目24项。医院拥有西门子PET/CT、CT、MRI、DSA、ECT、LA、彩超、大型生化分析仪等先进诊疗设备。

近三年来,医院主要工作数量、质量、效率指标逐年上升,均达到三级甲等医院质量标准。主要经营业绩指标呈逐年快速增长态势。江苏省三级医院综合评价指标位于全省综合医院前列。

医院先后获得全国精神文明建设先进单位、江苏省文明单位、江苏省模范职工之家、江苏省用户满意服务明星单位、江苏省卫生文化建设先进单位、无锡市政府优秀产学研合作项目一等奖、无锡市支援四川地震灾区抗震救灾先进单位等荣誉称号。

历史沿革无锡市第四人民医院建于1976年,1994年成为卫生部首批三级乙等医院,1997年成为苏州大学附属第四医院(苏州大学医学部第四临床医学院)。2005年增挂无锡市肿瘤医院的牌子,是南京医科大学、江南大学等高等院校教学医院,无锡市肿瘤防治研究所设在该院。2006年无锡市政产学研"7+1"工程唯一社会发展项目"复旦大学附属肿瘤医院无锡肿瘤学基地"正式挂牌。

科室设置肿瘤科　心胸外科　麻醉科　耳鼻咽喉-头颈外科

核医学科　外科　内科　妇产科

儿科　眼科　口腔科　皮肤科

康复医学科　急诊科　影像科　检验科

病理科　中心实验室　重症监护(ICU)

科室介绍肿瘤科

肿瘤科成立于1976年,无锡地区最具专业优势的肿瘤预防、诊断、治疗、随访中心,拥有苏南地区规模最大的肿瘤标本库。设有肿瘤内科、肿瘤放疗科(头颈、胸部、腹部三个专科),无锡市第四人民医院

拥有集放疗、化疗、介入、中西医结合、热疗、生物免疫、基因等治疗手段于一体的综合治疗体系,有利于临床为肿瘤病人选择个体治疗方案、判断疗效。在苏、锡、常地区乃至江苏省内外享有较高的声誉,为数以万计的肿瘤患者带去了福音。

肿瘤三维适形调强放疗、术中放疗、DC-CIK细胞免疫疗法、基因治疗等技术达到国内先进水平。辐射整个苏南、苏北地区,年收治肿瘤病人数占全院病人总数近50%,肿瘤总治愈好转率达82%。肿瘤标志物检测项目的开展,为胃癌、肺癌、肠道肿瘤、妇科肿瘤及肝癌等早期发现、治疗,提高肿瘤病人的生存率,降低治疗费用奠定了基础。承担了多项省、市级科研课题,在临床上取得了良好效果。

心胸外科

无锡地区技术处于省内领先水平的心胸外科疾病诊断、治疗专科,也是无锡市心胸外科治疗中心,被评为省级临床重点专科。下设心胸外一科、心胸外二科、心胸外三科三个二级专科,涵盖心脏、纵隔、血管、食管、贲门和普胸外科。

已开展心脏移植、心脏不停跳下冠状动脉搭桥、心脏瓣膜置换、各类先天性心脏病矫治、低体重婴幼儿先天性心脏病矫治、主动脉大血管手术、食管、贲门、肺、纵膈肿瘤等心胸外科手术达万余例,成功率达98%以上,手术切除率、五年生存率均达到国内先进水平。近年来运用胸腔镜,开展微创小切口先天性心脏病矫治、小切口治疗肺部疾病,取得了良好的疗效。

心脏血管外科

科室成立于1976年6月,是市重点专科胸心外科的二级专科。现有医护人员15人,副主任医师以上职称人员3人,硕士生导师2人,硕士2人,开放床位19张,年手术100余台次。现学科带头人周运乾教授从事外科心脏外科工作30余年,在先天性心脏病诊治、瓣膜病、大血管外科等方面积累了丰富经

验,尤其擅长冠状动脉外科治疗。

该科室拥有世界先进的 stoket 人工心肺机、呼吸机、心电监护机,擅长治疗各种先天性心脏病、风湿性心脏病、冠心病、各种主动脉疾病,开展同种异体原位心脏移植手术 4 例,在省内率先开展微创技术治疗先天性心脏病,手术成功率达 99%,治愈率达 97%。获得省市新技术引进奖 5 项。

普胸肺外科

肺外科是该市最早开展肺外科手术的专科,至今已有二十余年历史,现开放床位 20 张。科室年完成肺和纵隔外科手术 100 余例,率先在市内开展了肺叶切除、全肺切除、心包内全肺切除、单肺和双肺减容术、双袖状肺叶切除、体外循环下肺叶切除、良恶性纵隔肿瘤切除等手术,积累了丰富的临床诊疗经验。2000 年率先在市内提出肺癌的多学科综合治疗理念,充分发挥本院肺癌整体治疗优势,为肺癌患者制定更加科学合理的多学科综合治疗方案,成为该市具有肺癌多学科综合治疗能力的唯一专业性科室。

普胸食管外科

食管贲门外科成立于 1997 年,已有 25 年的发展历史,是市级临床重点专科胸心外科的二级专科,现有医护人员 14 名,其中副主任医师 2 名,博士生 1 名,硕士生 2 名,专科护理人员 9 名,开放床位 40 张,年手术量近 400 例,手术量在全省名列前茅。

科室擅长开展各类食管贲门良恶性肿瘤、胸部外伤等疾病的诊治;同时积极拓展治疗范围,向微创手术发展,开展术前化疗,探讨肿瘤综合治疗的新途径。食管贲门手术并发症已连续 5 年控制在 1% 以下,食管癌五年生存率由单纯手术的 30% 提高到现在的 50% 以上,居全省同行业之首。在市内率先开展 25 项新技术、新项目,现积极开展食管贲门癌手术抗反流研究,2 项市科技局立项项目进展顺利。

肝胆胰外科

肝胆胰外科开放床位 25 张,现有医师 6 人,其中主任医师 1 人,副主任医师 2 名,硕士生导师 1 人,硕士以上学历 4 人。常规开展各类肝、胆、胰外科疾病手术,在肝癌、胰腺癌、肝门胆管癌、复杂胆道疾病的诊治达到国内先进水平,开展各类肝切除术、捆绑式胰头十二指肠切除术、肝门胆管癌根治性手术(包括受侵犯门静脉切除再吻合)及腹腔镜手术(包括腹腔镜下:肝部分切除、胰体尾切除、脾切除、胆囊切除、胆总管切开取石、肝囊肿开窗引流等)。在国内外率先开展"术中置鼻或胃胆管、胆总管一期缝合手术"治疗胆总管结石,此手术后 5 天即拔管(T 管需 1 月后拔管),彻底消除了胆漏,缩短住院时间,节省住院费用,自 2003 年以来已治疗患者 200 余例,手术成功率 100%。改良"序贯式外内引流术"治疗巨大胰腺假性囊肿在国内领先,解决了胰腺囊肿或脓肿治疗的难题,变多次手术为一次手术,获得良好的临床效果。在中西医结合治疗急性重症胰腺炎方面积累了丰富经验。近年来科室承担多项省、市级科研课题,获国家专利 2 项,获无锡市科技进步三等奖和江苏省卫生厅医学新技术引进二等奖多项。

神经外科

神经外科成立于 80 年代初,为苏州大学医学院硕士生培养点,现有医护人员十余人,其中副主任医师 2 人,开放床位 20 张,配备专科 ICU 病房,年手术量 200 例。

科室率先在市内开展功能性神经外科立体定向手术及无框架导航下脑肿瘤手术,并填补市内空白。在救治各类颅脑损伤、高血压脑溢血、颅内肿瘤手术治疗方面积累了丰富经验,手术成功率及术后生存质量在省内均处于领先地位。

泌尿外科

泌尿外科是集医疗、教学、科研为一体的综合性科室,尤其对各种肿瘤的治疗处于领先地位。泌尿外科 1991 年开展膀胱癌术中放疗,使患者保留了膀胱正常排尿功能,免除了全膀胱切除后所带来生活上的不便,此项技术在国内是领先,先后获无锡市及江苏省卫生厅科技进步二等奖,该手术方法的开展,为晚期膀胱癌尤其是高龄老年病人在患有膀胱癌而不能做全切时,提供了比较理想的治疗方案。保留尿道前列腺摘除术(Madigen 手术),1995 年获无锡市卫生局科技进步二等奖。螺旋 CT 泌尿系统成影技术具有病人无痛苦,检查效果好。获江苏省卫生厅新技术引进二等奖。

1985 年引进国外较先进的经尿道内窥镜电切设备,是无锡市较早进行此项手术的医院,该治疗方法不开刀、手术时间短、出血少、无痛苦、恢复快等优点。

新一代腔内手术设备《悬浮离子刀》,对前列腺电切;膀胱肿瘤电切;女性膀胱颈梗阻切开;尿道狭窄切开;具有更多优点。对女性压力性尿失禁经尿道内窥镜下膀胱颈悬吊术等,均达到国内三级医院同等水平。对泌尿、生殖外科的各种肿瘤(肾上腺嗜铬细胞瘤、肾癌、肾上腺肿瘤、膀胱癌、前列腺癌等)除手术外,还开展放疗、化疗、介入等全方位的综合性治疗方法,对恶性肿瘤治疗的手段上有独特优势。体外震波碎石机对泌尿系统结石取得较好效果。开展小儿泌尿外科各种泌尿系统肿瘤、先天性畸形等疾病的治疗。开展腹腔镜下肾脏肿瘤、肾上腺肿瘤、肾囊肿等切除术。对男性病、前列腺炎、女性排尿功能障碍等方面的疾病诊治有丰富的临床经验。

骨科

骨科成立与 1976 年,经过 30 多年的努力发展,目前已成为设备齐全、技术力量厚、朝气蓬勃、团队战斗力强、在无锡市内享有一定知名度的科室。

骨科目前有一个病区,开放床位 48 张,医护人员 20 余人。其中医生 7 人,高级职称 2 人,主任医师、教授、硕士生导师 1 人,副主任医师、副教授 1 人,主治医生 4 人,其中硕士研究生 3 人,科室拥有 MRI、CT、大型菲利蒲 C—臂机、SKYER 关节镜、枢法模椎间盘镜、骨科自动牵引床,肩关节、膝关节 CPM 功能锻炼仪,骨创伤治疗仪等设备。

骨科年住院人次 1200 人,年手术 1000 台次,开展骨与关节创伤、骨病、骨与软组织肿瘤患者的手术治疗。目前开展的特色手术有:骨与关节的微创手术治疗(闭合复位交锁髓内钉固定、关节镜监视下关节内骨折复位固定),颈椎病椎间盘切除椎体融合术,椎体次全切除融合术、颈椎间盘置换术、多节段椎管狭窄后路单开门术,腰椎不稳、椎弓根崩裂前后路融合术,腰椎间盘突出椎间盘镜下髓核摘除术,四肢恶性骨肿瘤超大剂量化疗保肢术,全宽、全膝关节置换、翻修术,骨盆肿瘤切除半骨盆置换术,骶尾部巨大肿瘤靶血管栓塞切除术。科室不仅注重于临床治疗,也积极开展科学研究,并取得多项成果:其中骨盆骨折三维外固定支架固定的临床研究,四肢骨肉瘤超大剂量化疗保肢术的临床研究,均已通过专家鉴定,并取得了良好的社会效益和经济效益。靶血管栓塞骶尾部巨大肿瘤切除术的临床研究获市科技引进二等奖。目前开展的课题有:脊柱转移性肿瘤微创治疗的临床研究;四肢恶性骨肿瘤体外循环下区域灌注化疗的临床研究。

心血管内科

心内科现有医师7名,硕士研究生2名。擅长高血压、冠心病、心律失常、心肌炎、心肌病、风心病的诊治。常规开展冠状动脉造影术、PTCA+支架术、永久起搏器安装术、射频消融术等,配套CCU,多导生理仪等先进仪器。急性心梗的PTCA术成功率达到98%以上,获得良好的社会效益。

呼吸内科

呼吸科核定病床40张,实际开放床位46张。下设呼吸重症监护室(RICU)和纤维支气管镜室。现有专科医生7人,其中主任医师1人,副主任医师1人,主治医师3人,住院医师2人。拥有万元以上医疗设备10台(套),其中日本奥林巴斯纤维支气管镜2套,德国耶格肺功能仪1台,进口呼吸机4台,内镜微波治疗仪1台,多功能监护仪2台。

运用多种手段在手术、化放疗前确诊肺癌,纤支镜下治疗原发或转移性肺癌,应用气管支架治疗肺癌引起的气管狭窄或气管—食管瘘,经支气管针吸活检,纤维支气管镜下取异物,机械通气治疗呼吸衰竭,重症肺部感染,肺栓塞诊断及溶栓、抗凝治疗,间质性肺疾病、放射性肺炎的诊治等均是呼吸科的优势项目。

目前常规开展的诊治项目有CT或B超引导下经皮肺穿刺,胸膜活检,有创、无创机械通气治疗呼吸衰竭,纤支镜检查,支气管肺泡灌洗,经纤支镜高频电刀、气管微波气管内肿瘤消融术,气管支架置入术,经支气管针吸活检术,支气管动脉灌注、栓塞术及肺残气、弥散功能测定,支气管舒张试验等。

儿科

现有医护人员30名,其中副高级以上人员5名,硕士以上学历5人(包括博士),硕士生导师1名。开放床位50张,下设新生儿科和儿内科两个二级科室。年门诊量6万人次左右,年收治住院病人2000余人次。

新生儿科

拥有副高级以上人员2名,博士学历1名,开放床位12张,拥有HILL-ROM高档进口婴儿孵育箱、Servo-i高档进口小儿呼吸机和重症监护单元等,成功救治了大量重危疑难病例,抢救成功率达95%。在市内率先成功开展极低体重儿机械通气、肺表面活性剂防治新生儿呼吸窘迫综合症和新生儿肝穿刺等,《机械通气下肺表面活性剂技术防治新生儿RDS》获2005年度无锡市卫生局新技术新项目引进一等奖,救治的先天性肝母细胞瘤和先天性风疹综合症等病例刊登于《中华儿科杂志》等期刊。

儿内科

以小儿心血管、小儿内分泌和小儿呼吸等专业为特色。拥有副高级以上人员3名,硕士学历3名,开放床位38张。

专家介绍谢宗涛,心胸外科主任医师,副教授,硕士生导师,擅长冠状动脉搭桥、婴幼儿先天谢宗涛

性心脏病、风湿性心脏病、大血管疾病的诊治及食道、贲门、肺、纵隔疾病的外科治疗。

蒋锡初,胸心外科主任医师,副教授,擅长食管癌、贲门癌的诊治及心脏病、肺癌、胸壁纵隔肿瘤、脓胸等疾病的手术治疗,在胸外科疑难疾病诊治方面有丰富经验。

常建华,心胸外科副主任医师,擅长肺癌、气管肿瘤、纵隔肿瘤的诊治及心脏病、食道、贲门疾病的外科治疗。

丁卫军,心胸外科主任医师,副教授,擅长低体重婴幼儿、成人先天性心脏病、风湿性心脏病的手术治疗及食道、贲门、肺、纵隔疾病的外科治疗。

金小寅,心胸外科副主任医师,副教授,擅长食管癌、贲门癌的诊治及心脏、肺、纵隔疾病的外科治疗。

游庆军,心胸外科副主任医师,博士后,副教授。

擅长肺癌、食管贲门癌以及纵隔肿瘤的手术治疗、肺癌微创外科。发表省级以上论文30多篇,获市科技进步三等奖5项、省医学新技术引进奖4项。

李晓林,心胸外科副主任医师,擅长食道癌、贲门癌、肺癌的综合治疗及纵隔肿瘤、胸部创伤、心脏病的外科治疗。

舒畅,男,主任医师,教授,硕士生导师,学科带头人,耳鼻咽喉-头颈外科主任。无锡市首届名医,无锡市耳鼻咽喉-头颈外科学会主任委员、国际鼻科学会会员。舒畅

擅长鼻内窥镜微创治疗、功能性头颈肿瘤手术。目前主攻方向:鼻内窥镜延伸外科、鼻变态反应研究;以激光为特色的功能性喉外科研究;鼾症微创及无创治疗的临床研究。近年来,主持或参与各级课题6项,完成省市级课题鉴定3项,获市科技进步奖2项,获省新技术引进奖6项,获国家实用新型专利1项;发表科研论文15篇;出版译著2部,合编专著2部。

彭志林,男,副主任医师,副教授。曾在丹麦哥本哈根大学耳鼻咽喉头颈外科系深造两年。

长期从事耳鼻咽喉头颈外科临床,教学及研究工作,重点学习中耳炎听力手术重建、鼻内窥镜手术、显微嗓音手术、头颈部恶性肿瘤。擅长鼻息肉鼻窦炎鼻出血及鼻肿瘤的微创手术、声嘶与嗓音疾病手术、中耳炎及并发症手术、急重症的诊断与急救,在无锡市首开显微嗓音手术。发表论文5篇。

陈建超,男,副主任医师,副教授。

擅长于鼻腔、鼻窦肿瘤,鼻咽癌,喉癌的诊断及治疗;鼻内镜下鼻息肉、鼻窦炎手术治疗;电子喉镜及显微喉镜下声带小结、声带息肉、声带白斑的手术治疗。曾获江苏省新技术引进一等奖2项,二等奖1项,三等奖1。先后发表论文12篇,其中核心期刊7篇,统计源期刊5篇。

特色医疗鼾症诊断与治疗

自1989年始在市内率先开展鼾症的手术治疗(腭咽成形术),至今已开展诊治各类鼾症患者1000多例。于2000年在省内率先成立了设备先进,全面,治疗方法齐全,以耳鼻咽喉科为主多科合作的睡眠呼吸暂停综合症诊治中心。拥有近100平方米的用于睡眠呼吸障碍诊治单元区,其中含有3个专用单间作为鼾症诊断监测室;设施先进的鼻、咽检查室;激光、射频、微波治疗室;拥有国际最先进的进口多导睡眠呼吸监测仪2台。

能开展各类手术、无创通气、软腭微柱及舌根微钉悬吊术,激光、射频、微波、口腔矫治器、鼻咽通气管等多项先进治疗,可以满足各类型患者的个性化治疗。目前在鼾症诊断治疗设备、专业技术人员、开展的诊断、治疗项目种类、诊断治疗人数位于

市内第一。在省内外有相当声誉。

荣获江苏省卫生厅新技术奖引进二等奖1次,市新技术引进二等奖1次。发表国家级杂志论著2篇。

对外交流医院与中国旅美专家协会签署医学交流协议

2008年,医院程之红院长随市医管中心许建平主任等一行赴美国对几家医学院进行了考察访问,程之红院长代表医院与中国旅美专家协会签署了"医学交流协议"。双方希望彼此间建立互惠关系,共同合作,以提高医学教育、研究和医学实践水平为目标,促进肿瘤学领域的相关学术交流。

德克萨斯大学 M. D. Anderson 癌症中心和贝勒医学院 Duncan 癌症中心是国家级癌症防治中心,致力于多种癌症的预防和治疗,并擅长采用跨学科综合的方法治疗癌症。该中心与外国知名机构合作,进行专有技术的双向交流,坚定地致力于教育、培训和研究工作。其培训课程能给医学专家提供肿瘤学领域最新的发展新息,并为他们在该中心观察癌症治疗、教学和研究提供机会。该中心目前已汇聚了一批享誉世界的临床医学专家,其研究结果得到外国医学界同僚们的充分肯定。

在遵守两国法律和不违背双方医疗主管部门规定的前提下,医院将通过与中国旅美专家协会的合作每年派送1-3名出色的医师赴 M. D. Anderson 癌症中心和 Duncan 癌症中心进行为期6-12个月的培训;每年邀请 M. D. Anderson 癌症中心和 Duncan 癌症中心的专家来华讲学。中国旅美专家协会也将邀请医院医疗业务骨干共同参加国际会议,讨论和交流癌症治疗和研究方面的信息和经验等。协议双方将在共同关心和有共同利益的领域促进合作与交流的机会。

医院文化办院宗旨:全心全意为人民健康服务。

医院院训:医术天下,德行千秋。

医院精神:团结、热忱、奉献、创新。

管理理念:效率最优化效益最大化责任人人化。

服务理念:呵护生命从规范做起,提升内涵从基础做起。关爱病人从服务做起,奉献社会从诚信做起。

文化理念:崇尚奉献　崇尚创新　崇尚服务　崇尚争先

院徽图案及内涵

该院院徽由两部分构成,采用红、绿两种颜色。左上方图案为红色的阿拉伯数字"4",代表四院,图案左侧突出部分犹如一支红色箭头,直指前方,有很强的视觉冲击力,象征四院锐意进取,不断前进;图案中间镂空部分为构成一只展翅高飞的白鸽形象,象征"白衣天使"纯洁无私,给病人带来健康与希望。右下方图案为绿色"心"形串成的半圈橄榄枝,象征强大的生命力,半圈橄榄枝与左上方红色"4"字形成整个图案的开放结构,寓意四院强劲的发展态势,橄榄枝内侧为四院英文缩写。整个院徽图案色彩鲜艳,简洁大方、意蕴深远。

无锡市妇幼保健院

创建于1950年,是无锡地区唯一的专业性妇幼保健机构。承担着无锡市及周边地区妇幼临床、科研、教学和新技术推广工作;承担着全市儿童保健、妇女保健、婚姻保健、计划生育技术指导、优生优育技术服务和监测指导工作;承担着各级妇幼保健人员的培训、信息统计、健康教育工作。先后被命名为苏南地区遗传医学诊断中心、全国爱婴医院、世界卫生组织临床研究及培训基地,2002年荣获三级甲等妇幼保健院,2003年成为附属医院。医院先后荣获全国卫生系统先进集体、全国五一劳动奖状、全国三八红旗集体、江苏省文明单位、江苏省用户服务满意明星单位等荣誉。全院开放床位600张,现有正式职工660人。2007年门急诊人次52万,出院人次2.1万。

新生儿科为市级重点专科创建科室,拥有床位25张,设有NICU,目前高危新生儿、极低体重儿成活率达90%,达到国内先进水平。

医院计划生育科学技术指导中心在全省率先开展预防出生缺陷染色体检查、新生儿疾病筛查、绝经期妇女宫腔镜下取环等业务。江苏省新生儿疾病筛查中心在我院设立分中心,负责无锡地区新生儿疾病筛查。

科　室

腔镜科是无锡妇幼保健院一个最大的专科,现有床位90张(两个病区),医护人员40人。拥有主任医师1人;副主任医师3人,主治医师4人,住院医师4人结构合理的人才梯队。现有国际一流品牌的腹腔镜、宫腔镜电视手术系统六台。目前,腹腔镜、宫腔镜手术已占到全科手术数80%以上。

腔镜科不但拥有丰富的人力资源和医疗设备,在技术上更是独树一帜,1995年在市内率先开展腹腔镜、宫腹镜技术,十余年来循序渐进,从腹腔镜诊断开始,乃至今天能完成妇科的绝大部分手术,尤其是复杂的子宫内膜异位症,各类巨大的卵巢良性肿瘤,各类型的子宫肌瘤剜除术及子宫切除术等均能在的腔镜下完成,并取得了丰富的经验。同时能够在镜下完成精细的输卵管吻合再通术和各类输卵管修复手术。在宫腔镜下完成的各类手术,包括宫腔镜下粘膜下肌瘤电切术、子宫纵隔切开矫形术、宫腔粘连分解术、宫腔镜插管通液术等。腔镜科始终以安全为前提,在手术技术上不断创新,创出多套更具特色的多项新技术。在中华妇产科、中国实用妇科与产科及实用妇产科等杂志刊登介绍,三次获省卫生厅新技术引进二等奖,五次获市医学新技术引进一、二等奖。迄今完成腹腔镜手术逾万例。但无一例发生副损伤。现妇幼新创建的腔镜特色专科,成为无锡地区妇科内镜中心

肿瘤专科是院级特色专科,拥有开放正式床位40张,床位使用率达到110%以上,常年设有普通门诊、专家门诊、特需门诊,年门诊量达3万人次,年出院人次近1500人。目前拥有医务人员20人,其中高级职称4名,中级职称4名,博士1名,硕士2名,学科带头人系江苏省中华医学会无锡分会肿瘤专科副主任委员,并且建立了较为完善的病区-门诊-随访服务体系。

普妇科现有开放床位45张,医务人员18名,其中医生6人,护士12人,高级职称3人,中级职称5名,硕士1名。

普妇科担任大量的临床及教学任务,开设有专家门诊、特需门诊,年门诊量3万余人次,年出院1300人次左右。主要开展子宫内膜异位症、子宫肌瘤、卵巢肿瘤、宫外孕、慢性盆腔炎及慢性盆腔痛不孕症的手术、保守及综合治疗,每年成功抢救无数因妇科急诊而危及生命的患者。学科专业科研方向及重点研究领域:子宫内膜异位症的病因及手术、药物治疗。

妇科泌尿外科是我院重点发展科室,专科病房目前开放

床位25张,现有主任医师1名、副主任医师1名、主治医师1名。

该科以盆底重建和妇科微创技术为专业特色,每年门诊病人约5000人次,理疗及体疗400人次,每年出院约600人次,手术约400台,甲类手术占90%左右。科室主要针对盆底功能障碍性疾病病人,包括子宫脱垂、阴道前后壁脱垂、子宫切除术后阴道顶端脱垂、尿失禁和其它排尿异常疾病,根据病人具体病情采用个体化治疗方案。包括生物反馈治疗和盆底电刺激治疗等物理治疗措施,以及开展各种经阴道微创手术,如阴式子宫切除术、各种无张力吊带术、各种盆底重建术。科室同时开展妇科各类疑难疾病的诊治,包括慢性盆腔痛、盆腔包块、性分化异常和生殖道发育异常的诊治等,开展各式妇科高难度手术和宫腹腔镜手术,如重度子宫内膜异位症手术、非脱垂子宫经阴道切除术、腹腔镜子宫切除术及各种式阴道成形术等。科专业科研方向及重点研究领域:盆底重建和妇科微创技术。

中医妇科是中西医结合的特色专科,现有副主任医师二名、主治医师一名,每年门诊病人约12000人次,理疗及体疗400人次,专科病房目前开放床位20张,每年住院约900人次,科室特色:1、充分发挥中医特色,治疗妇科常见病、多发病(包括经、带、胎、产及妇科杂病);2、运用中西医结合的方法,治疗妇科危重急症:难免流产、盆腔感染、异位妊娠等;3、现代腔镜技术与中药结合治疗妇科疑难杂症:子宫内膜增殖症、子宫内膜息肉、慢性盆腔痛;4、中药多途径给药:中药口服、灌肠、静脉滴注,减少了抗生素的使用时间及剂量,减少了毒副作用。

学科专业科研方向及重点研究领域:中西医结合治疗(中药及宫腹腔镜技术)子宫内膜异位症、慢性盆腔炎等顽固性腹痛。

1981年设立妇科内分泌门诊,1988年创建妇科内分泌专科,目前科室设有专病专家门诊和专科病区。并于2001年与美国医疗网络-北京医网合作建立了省内首家绝经期女性激素补充指导中心、骨质疏松症诊治中心,开展围绝经相关疾病的诊治研究工作。主要诊治的疾病有:功能协调性子宫出血、闭经、多囊卵巢综合症、更年期综合症、女性不孕症、席汉氏综合症,垂体功能危象,卵巢过度刺激综合症等。科室实验室能结合临床开展多项放免测定女性内分泌激素以及人体染色体核型分析。配有专科高级职称医生3名。近年来,完成科研课题3项,一项获得市科技进步三等奖。

规 模

无锡市妇幼保健院医院技术力量雄厚,专科优势突出。设有妇科、产科、新生儿科、计划生育指导中心、生殖医学科、乳腺病科、麻醉科和整形美容科等临床科室和专病专科门诊。妇科、产科为江苏省重点专科,妇女保健科和产前诊断试验室为市级医学重点专科。其中妇科开放床位300张,内设六个二级专科:肿瘤科、腔镜科、内分泌科、中医妇科、普妇科、妇外泌尿科,承担全市和周边地区各种妇科疑难杂症的诊断、治疗和预防。产科在无锡地区围产医学、围产管理和高危产科管理中起主导作用,年分娩数占全市总数的三分之一。在疑难高危产妇占75%的情况下,危重孕产妇抢救成功率达100%,居省内先进水平。拥有床位260张,设4个专科病房,2个特需病房。新生儿科拥有床位50张,设有NICU,目前高危新生儿、极低体重儿成活率达90%,达到国内先进水平。

计划生育科学技术指导中心在全省率先开展预防出生缺陷染色体检查、绝经期妇女宫腔镜下取环等业务。生殖医学科为无锡市医院管理中心重点发展学科,是无锡地区唯一经江苏省批准开展丈夫精液人工授精技术的首批医疗机构。配备最先进的IVF实验室。近年来开展的辅助生育技术针对不同病因,采用人工授精、配子输卵管内移植、体外受精——胚胎移植及冷冻胚胎移植(第一、第二代试管婴儿)等高科技手段,为治疗不孕症开辟了一条新的途径。

麻醉科始创于1950年,分妇科、腔镜科、产科、乳房科、门诊麻醉等五个专业组。以创建无痛医院的目标,成立疼痛管理小组,开设疼痛门诊;无痛人流、术后镇痛、分娩镇痛和无痛导尿工作均取得了新进展。保健部设有妇女保健、儿童保健、社区保健、生殖健康保健4个专业科室,在全省率先开展生育健康电子监测,使该市孕产妇系统管理、儿童系统管理与国际接轨。

专 家

龚健,女,主任医师,副教授、硕士生导师、江苏省重点专科—市妇幼妇科学科带头人、江苏省用户满意服务明星。中华预防学会妇女保健分会更年期医学组成员、无锡医学会常务理事、无锡市医学会妇产科组主任委员。从事妇产科临床工作36年,承担临床医学的教学工作11年,擅长盆底功能障碍性疾病,生殖道畸形,妇科内分泌疾病及妇科常见病、多发病的诊治,并通过开展各种盆底重建术、瘘管切除修补术、阴道成形术来恢复各器官的功能。同时运用个性化激素的诊疗手段治疗女性更年期疾病。近5年来发表核心期刊、统计源期刊5篇,主持完成省级新技术引进奖4项,协助完成国家级科研课题1项,主持完成省级科研课题1项、市级科研课题1项。

胡玲卿,女,主任医师。江苏省中西医结合妇产科分会常委,无锡市医学会妇产科分会副主任委员,无锡市围产协作组组长。从事妇产科临床工作25年,在诊治妇科内分泌疾病、不孕症、妇产科常见病、多见病及各种疑难杂症方面有着丰富的临床经验。近5年来发表核心期刊、统计源期刊论文4篇,主持完成省级科研1项,获无锡市科技进步奖1项,卫生局技术引进奖1项。

薛文群,女,主任医师,南医大教授、硕士生导师、有突出贡献的中青年专家。江苏省妇联第十届执行委员、省医院协会妇幼保健分会副主任委员、江苏省医学会第六届妇产科学分会委员、市医师协会理事会副会长、无锡市优生优育协会第三届理事会会长。从事妇产科临床研究36年,擅长妇科恶性肿瘤的早期诊断和治疗,在妇科恶性肿瘤诊断、手术治疗方面积累了丰富的临床经验。近年来发表省级以上论文30余篇,获省新技术引进二等奖3项、市科技进步三等奖7项、市新技术引进二等奖4项、市科技成果四等奖4项。

杨幼易,女,主任医师,副教授、硕士生导师。无锡市妇幼保健院特色专科—妇科肿瘤专科学科带头人。中华医学会无锡分会肿瘤学组副主任委员。从事妇科肿瘤临床工作20多年。曾在上海、香港等知名妇产科医院进修、学习。擅长妇科肿瘤及外阴疾病等方面的诊断和治疗工作,尤其在妇科恶性肿瘤手术、放疗、化疗等方面有独到之处。近年来,发表论文近20篇,获得市科技进步奖2项,省市级新技术引进奖3项。

徐坚,男,主任医师,副教授、硕士生导师,无锡市妇幼保健院特色专科—腔镜诊治专科学科带头人。江苏省医学会妇科内镜学组委员,无锡市医学会妇科内窥镜学组组长。1982年起从事妇产科工作,95年率先在全市内开展妇科腹腔镜手术。先后赴加拿大、澳大利亚、日本进修、访问学习。27年来始终工作在繁忙的临床第一线,尤其专注于微创技术的应用,在长期的医疗实践工作中取得了丰富的经验。先后17次获各类省或市新技术引进奖及市科技进步奖,在妇产科权威刊物《中华妇产科杂志》及核心期刊上发表论文10余篇,其中气囊止血导管技术发明获国家专利。

钱锦星,女,主任医师,从事妇产科临床工作38年,承担临床教学工作及临床会诊工作。擅长妇科肿瘤、子宫肌瘤、卵巢肿瘤、卵巢囊肿、子宫肌腺症、妇科内分泌失调、功能性子宫失血、老年性妇女疾病、慢性盆腔炎、慢性宫颈炎的诊断和手术治疗,尤其对更年期综合症、盆腔子宫内膜异位症、卵巢巧克力囊肿及妇产科疑难杂症的诊治有独到之处。近年来,发表医学科学论文数篇。

周敏,女,主任医师,副教授、硕士生导师。从事妇产科临床工作28年,承担临床教学工作12年,擅长各种妇科手术,对各种妇科疑难杂症诊治有丰富的经验,对子宫、卵巢肿瘤、子宫内膜异位症、不孕症诊治有独到之处,近5年发表核心期刊、统计源期刊5篇。实际科研立项1项。

钱莉,女,主任医师,长期从事妇产科临床工作,擅长妇科内分泌疾病和女性不孕症的诊治,在诊治功能失调性子宫出血、闭经,高催乳、高、多囊卵巢综合症、性分化异常等妇科内分泌疾病,女性不孕症监测排卵,诱发排卵等方面有丰富的经验,在本市较早开展辅助生育技术,如人工受精、体外受精—胚胎移植(试管婴儿),并取得较大成功。熟练处理辅助生育技术并发症,如卵巢过度刺激综合症、多胎妊娠、异位妊娠等。近年来先后发表了多篇学术论文。

田德虎,男,主任医师,副教授、硕士生导师。从事妇产科临床工作27年,擅长子宫脱垂、女性生殖道畸形、子宫肌瘤、子宫内膜异位症、子宫肌腺病、卵巢巧克力囊肿、卵巢良性肿瘤、附件包块、异位妊娠、不规则阴道流血及妇科疑难杂症等疾病的诊治。特别是对子宫肌瘤、卵巢良性肿瘤的保留子宫、保留卵巢的手术及运用微创手术治疗,对异位妊娠的规范化治疗有丰富的临床经验。近年来,发表省级以上论文30余篇,获得无锡市自然科学优秀论文二等奖2次,获无锡市科技进步三等奖1项、无锡市新技术、新项目一等奖1项、二等奖1项。

汤月萍,女,主任医师,中西医结合妇科主任,副教授、硕士生导师、医学硕士。江苏省中医妇科学会常务委员,无锡市中医妇科学会副主任委员,市妇幼业务部主任,兼中西医结合妇科主任,同时还担任临床医学的教学工作。擅长中西医结合治疗妇产科疾病,对不孕症、更年期综合症、月经病、急慢性盆腔炎、子宫内膜异位症、妊娠期肝内胆汁淤积症等治疗均有独到之处,尤其对免疫性不孕及免疫性流产运用中医药治疗在省内处于领先地位,根据中医脏腑经络理论编制的“慢性盆腔痛的体疗保健操”深受广大患者的欢迎。近年来,发表统计源以上期刊论文十余篇,主持完成江苏省中医药局科研课题一项、无锡市科技发展指导性计划课题一项,获无锡市科技进步三等奖一项。

张晔,女,副主任医师,兼职副教授、硕士生指导老师、无锡市医学会妇产科专业组委员。从事妇产科临床工作20年,承担南京医科大学临床医学教学工作8年。擅长妇科肿瘤常见病,多发病的诊治,及妇科肿瘤疑难杂症的处理,特别是在宫颈癌早诊早治、妇科肿瘤保留生育功能的综合治疗方面有一定的造诣。熟练掌握妇科肿瘤手术、放疗、化疗、内分泌治疗、免疫治疗等治疗技术及妇科肿瘤的个体化综合治疗。近5年来发表核心期刊、统计源期刊3篇,获江苏省医学新技术引进奖2项,主持省级科研课题1项。

顾映洁,女,副主任医师腔镜科副主任,讲师、硕士生导师、腔镜科副主任。从事妇产科临床工作18年,承担临床医学的带教工作10年。擅长各类妇科疾病的微创治疗及妇科常见病、多发病的诊治。擅长腹腔镜下子宫肌瘤剔除术、卵巢良性肿瘤剔除术等,尤其擅长宫腔镜下的各类微创手术,如宫腔镜下粘膜下肌瘤电切术、子宫纵隔切开矫形术、宫腔粘连分解术、宫腔镜插管通液术、宫腹腔镜联合治疗不孕症等。近5年发表核心期刊、统计源期刊论文5篇,获江苏省新技术引进二等奖3项、市级新技术引进二等奖1项。

张红,女,副主任医师,普妇科副主任,南京医科大学讲师,普妇科副主任。为院级青年技术骨干。从事妇产科临床工作21年,临床教学12年,有着丰富的临床经验及扎实的理论基础,对妇科常见病及多发病:子宫肌瘤、卵巢肿瘤、子宫内膜异位症、异位妊娠等积累了一定诊治及手术经验,擅长利用腹腔镜、宫腔镜微创技术治疗妇科疾病。近5年发表省级以上论文3篇。曾获无锡市科技进步三等奖,无锡市新技术引进一等奖。

王家俊,男,副主任医师,妇科泌尿外科负责人,医学硕士,硕士生导师。从事妇产科临床工作17年,多次赴国内外知名医院进修学习。能熟练、准确处理妇产科常见病、多发病及各种疑难危重病,能运用妇科微创技术如宫腔镜手术、腹腔镜手术和阴式手术诊治各类妇科疾病。擅长女性盆底功能障碍性疾病(盆腔脏器脱垂和尿失禁)的诊治和微创技术。近五年发表省级以上论文11篇,获省新技术引进奖

詹惠英,女,副主任医师,门诊部主任,主要擅长宫腔疾病的诊治,熟练掌握使用宫腔镜诊治技术,主要开展宫腔镜下嵌顿环取出术、子宫粘膜下肌瘤电切术、子宫纵隔电切术、热水囊子宫内膜切除术等多项宫腔镜手术。多次获局新技术、新项目引进奖二等奖。发表省级以上论文10多篇。

毛云,女,副主任医师,从事中西医结合妇产科临床工作27年,擅长以中西医诊治妇科常见病、疑难病,尤其在治疗月经不调、女性不孕、盆腔炎、宫腔残留等疾病方面有独到之处。近五年来在核心期刊及统计源期刊发表了学术论文2篇,参与完成省级科研课题1项。

孙丽华,女,副主任医师,江苏省中西医结合生殖学会常务委员,从事妇产科临床工作18年,在妇科内分泌疾病和对生殖辅助技术中控制性超排卵方案及其并发症的处理有较深研究,曾在核心期刊、统计源期刊和省级期刊发表论文9篇,参加全国及省级学术论文交流3次,获江苏省医学新技术引进二等奖一项,获无锡市医学成果三等奖一项。2008年获无锡市科

学技术进步三等奖。

吕伯中,男,副主任医师,从事中西医妇科临床诊治工作28年,擅长运用中医、中西医结合的方法治疗月经失调、功血、闭经等内分泌疾病,对子宫内膜异位症、慢性盆腔炎、盆腔包块、妊娠合并胆汁淤积症、产后不良、更年期综合症等疾病,治疗有独到之处。

过伟华,男,副主任医师,无锡市皮肤病学组成员。1975年从事临床皮肤病专业,在皮肤常见病,多发病,性病等诊治具有一定临床经验。1986年——1993年期间先后在《中国皮肤病》,《临床皮肤病》等专业核心,统计源杂志发表文章9篇,并在国内和本地多家期刊,报纸发表皮肤病科普文章40余篇。

顾劲松,男,副主任医师,2008年获无锡优秀医师称号。从事妇产科临床工作20余年,承担临床医学教学工作10余年。擅长微创手术治疗妇科多发病、常见病如子宫肌瘤、卵巢肿瘤及子宫内膜异位以及妇科内分泌疾患的诊断及治疗,熟练掌握各种妇科急诊、危重病人的处理。近年来发表统计源期刊文章多篇。

赵绍杰,男,副主任医师,副主任医师 医学硕士 十余年来致力于妇科腹腔镜微创手术的研究和推广,师秉全国著名微创手术专家李光仪教授(腹腔镜之父)。能熟练开展子宫肌瘤、卵巢肿瘤、宫外孕、子宫内膜异位症、盆腔炎、不孕症、子宫悬吊术、广泛全子宫切除术、骶神经切除术等各种妇科微创手术。发表国家级论文8篇,主编论著一部,参编论著一部,获国家级实用新型专利3项。先后被授予省级"青年岗位能手"、"优秀医务工作者"、"医德标兵"、"优秀青年科技人才"等荣誉称号。

前　景

医院保健部设有妇女保健、儿童保健、社区保健、生殖健康保健4个专业科室,在全省率先开展生育健康电子监测,使我市孕产妇系统管理、儿童系统管理与国际接轨,达到国内先进水平。

特　色

遗传实验室,院级重点实验室。

医院是江苏省苏南片医学遗传中心,医院遗传学实验室从80年代起和无锡港务医院联合开展的外周血染色体检查,双方具有良好的工作基础,目前拥有全自动酶标仪、全自动电泳仪、GC-91无锡市妇幼保健院

1放射免疫计数器、荧光定量PCR仪、PE9600循环扩增仪、时间分辨免疫荧光仪、高速台式冷冻离心机、液氮罐、超低温冰箱、细胞培养室、染色体电脑分析系统、奥林巴斯双目显微镜、奥林巴斯倒置显微镜、二氧化碳培养箱、Wallac荧光时间分辨仪、Ascant荧光读数仪、产前筛查分析系统、酶标仪、洗板机等设备。能独立开展外周血染色体检查、羊水染色体检查、流产绒毛染色体检查、TORCH检查、新生儿(甲减、肾上腺皮质增生、苯丙酮尿症)筛查、中孕唐氏筛查等项目。2008年共完成羊水染色体检查572例,外周血染色体检查2498例,唐氏筛查8766例,新生儿筛查38599例,TORCH检查68979例。发现2例世界首报核型。

全科现有专业技术人员11名,包括中级职称6名,占54.5%,博士1名,硕士5名,博硕士研究生占54.5%,在读硕士研究生3名,职业医师4名,平均年龄32岁。

近三年遗传实验室工作人员共发表省级以上论文34篇,承担国家自然基金项目1项,承担省级课题3项,承担吴阶平医学基金1项,参与国家自然基金项目3项,共有市级课题4项,南京医科大学面上项目6项。其中已完成的课题中《HSV-TK基因联合放射性核素60Co照射治疗宫颈癌的实验研究》和《线粒体DNA突变与宫颈癌的关系研究》分别获得2007年及2008年获无锡市科技进步三等奖。《一种高效的羊水细胞染色体制备方法》获无锡市新技术新项目引进二等奖。

妊娠期高血压疾病专科

妊娠期高血压疾病专科暨产科危重症救治中心为无锡市妇幼保健院产科二级分科之一,现开放床位数45张。科室医疗组人员8名,护理组人员15名,其中高级职称人员3名,中级职称人员8名,硕士3名,在读硕士4名,学科带头人为省重点专科学科带头人,中华医学会无锡分会副主任、无锡市围产协作组副主任委员、无锡市医学会围产学组副组长。

近年来产科危重病人救治中心在本专科确立,合并重要脏器病变及损伤的疑难危重急症病人的收治拓展了本专科的诊治思路,每年接受周边地区转诊而来的危重疑难病人200多人次,抢救成功率100%。

妊娠期糖尿病诊治病区

无锡市妇幼保健院产科率先在省内设立了妊娠期糖尿病诊治病区。目前开展的项目有妊娠期糖尿病的筛查,孕期营养饮食指导,胎儿肺成熟的检查,糖化血红蛋白的检测,住院GDM病人的诊疗常规和产时检测手段。科室现拥有1名主任医师,3名副主任医师,3名主治医师,1名营养师,与市级医院内分泌科密切配合做好产后病人的跟踪随访工作。

胎儿生长受限是产科重要的并发症之一,与围生期内发病率及病死率相关,国内报道发病率为3%-7%,围生儿死亡率为胎儿体重正常者的4-6倍。胎儿生长受限的胎死宫内、新生儿窒息、胎粪吸入、新生儿低血糖和低体温的发生率增加,同时常合并神经系统发育异常。许多胎儿生长受限与早期严重的损伤或遗传性的发育异常有关,及时的诊断,恰当的产科处理可大大改善胎儿预后。

新生儿科

无锡市妇幼保健医院新生儿科是无锡市集临床、科研、教学为一体的综合性科室,拥有现代化的管理,具备一流的人才、先进的技术、齐全的设备、优质的服务。多年来承担无锡及周边地区新生儿疑难、危重症的诊治、抢救及下级医院的转诊工作。新生儿科分为新生儿病区及NICU,现有开放床位40张,医护人员41名,其中副主任医师2名,主治医师6名,医师4名,主管护师6名,护师14名,护士8名。硕士研究生导师1名,硕士研究生3名。拥有先进的进口呼吸机,高端CPAP机,多参数监护仪,伺服式温箱,新生儿辐射抢救台,蓝光治疗箱,无创脉氧监护仪,微量血气分析仪,微量快速血糖分析仪,经皮胆红素测定仪,微量输液泵等先进诊疗仪器及设备。经过近30余年诊疗实践及专科发展,通过与国内及香港著名医院的学习与交流的临床经验,并将国内外医学进展的新技术应用于临床,积累了相当丰富的临床经验。在新生儿危重症抢救及早产儿救治方面如新生儿新法窒息复苏,早产儿肺表面活性

物质的应用,新生儿呼吸机及无创 CPAP 技术应用,新生儿中心静脉外周置管及静脉营养等高端技术应用,使新生儿重度窒息、颅内出血、重度新生儿缺血缺氧性脑病、肺透明膜病、胎粪吸入综合征、肺出血、坏死性小肠结肠炎、败血症、感染性休克、多器官功能衰竭等新生儿危重症抢救成功率大大提高,并显著提高了新生儿的生存质量及预后。

麻醉科

无锡市妇幼保健院麻醉科始创于 1950 年,下设妇科、腔镜科、产科、乳腺科、门诊麻醉、麻醉恢复室等多个专业麻醉小组。目前拥有麻醉科医师和麻醉护士共 18 名,手术室护士 24 名,其中高级职称 4 名,博士 1 名,硕士 1 名,是一支技术梯队合理、朝气蓬勃的团队。

XE－2100 以每小时 150 份样品的检测速度显示出其出色的性能,检测效率的提高可使样品的检测周期大大缩短,实现快速报告。处理能力为业界尖端,精确定量幼稚粒细胞检测,精确定量有核红细胞检测。两种方法检测血小板,7 种检测模式,随机任选进样,联网功能及原厂配置中文数据系统,可拓展为血液分析流水线。自动检验报告打印机自助检验报告打印系统帮助医院实现 24 小时的自助式检验报告打印服务,既优化了医院业务流程,提高了医院的工作效率,节约人力成本,又方便了患者在任意时段更快速地领取到检验结果报告,保护患者隐私,杜绝错拿检验单,同时还减少了交叉感染等问题。该设备美观大方,操作方便,简单实用,实施快捷,有较大的社会效益和经济效益。

光子嫩肤仪为新型超级皮肤治疗与皮肤美容平台,融合了多种全球顶级治疗技术:完美脉冲技术[OPT 光]、红外线激光治疗技术、新式射频治疗技术[电波拉皮]、半导体脱毛技术。针对雀斑、色斑、老年斑、晒斑、红脸蛋、暗疮色印、毛孔粗大、皮肤灰暗、肤色不均、外伤色印、敏感皮肤、浮浅凹洞、治疗黄褐斑的后遗症等皮肤问题都用很好的治疗效果。神经肌肉刺激治疗仪

盆底功能康复术—是利用生物工程技术,生物信息原理,凭借高科技的治疗仪,制定个性化的治疗方案,针对不同的病人采用不同频率、不同脉宽、不同强度的电刺激。不同效果的生物反馈模式,结合独有的 A3 反射,场景反射的训练,唤醒被损的盆底肌肉,增加盆底肌肉肌力和弹性。是盆底功能恢复正常并增强阴道紧缩度,提高性生活质量,同时有利于预防、治疗尿失禁、子宫脱垂等盆底功能障碍性疾病。

染色体分析系统

北昂医疗的染色体分析系统(染色体核型分析,染色体软件),用于染色体核型分析,集成 photoshop 式的图像处理功能,功能多,操作方便,内存人类 400、550 和 850 带标准染色体模式图,能快速完成染色体的分型和比对,尽早发现潜在的遗传性疾病和肿瘤的发生,在优生优育、不孕不育和潜在肿瘤发生等领域有着不可取代的作用。

全自动染色封片一体机

由全自动染色封片一体机实现了从染色到封片的自动化流程,用户只需设定程序,结束染色的玻片就会被机械臂通过转运接口送入封片机,最大限度提高了工作效率,节省人力,操作人员可尽量减少和有害气体的接触。是现代化组织学和细胞学实验室的最佳选择,创新的专利设计染色程序可以通过颜色代码自动启动,具有极大的灵活性和便利性。为诊断医生提供更为规范清晰的病理切片。

全自动酶免分析仪

FreedomEVOlyzer 是 TECAN 在 20 年以上酶免分析自动化经验优势的基础上推出的最新一代全自动酶免分析系统,完全遵循可能是全球最严格的 IVD 领域的安全标准设计,多项创新性技术,始终保持全球 50% 以上的占有率,开创酶免自动化的新纪元！该设备区别与普通的封闭批量模式,使样本可随到随做,带来酶免试验新革命;独立控温的避光防蒸发设计的孵育塔,可编程的高档 Columbus 洗板机,优秀的 sunrise 酶标仪是试验结果准确可靠的基础。从而可尽早为病人提供更准确的检验报告,早诊断早治疗。

无锡 101 医院

无锡 101 医院(无锡市太湖医院)是一所集医、教、研、预防、保健、急救为一体的大型综合性三级甲等医院,地理位置优越,医疗设备齐全,技术力量雄厚。近 4 万平方米的 17 层住院大楼是属国内最先进的智能化病房大楼之一。医院有兼职教授、副教授 42 名,高级职称 78 名,中级职称 97 名,博士、硕士生 46 名,展开床位 700 张,编设 29 个临床、医技科室,15 个护理单元。

无锡市中医院

始建于 1954 年的无锡市中医医院是一所集医、教、研及预防保健于一体的三级甲等中医医院,南京中医药大学附属医院,无锡市中医研究所、无锡市骨伤中心设在院内。

医院介绍

始建于 1954 年的无锡市中医医院是一所集医、教、研及预防保健于一体的三级甲等中医医院,南京中医药大学附属医院,无锡市中医研究所、无锡市骨伤中心设在院内。近年来,医院以“坤厚载物”的责任感和“健行不息”的自强心,始终坚持融汇中西、品牌强科、追求卓越的发展理念,医院实现了持续快速发展,成为首批通过江苏省中医药局“基本现代化中医医院”评审的医院。

学科建设医院通过“建名科”、“育名医”,不断搭建“中医名院”构架,聚结了许多品牌专科和特色技术。现开设床位 650 张,年门急诊量近 70 万人次,出院 1.4 万人次。半个世纪以来,医院凭借深厚的中医药学术底蕴创立的“杜氏金针”、“刘氏骨伤”、“丁氏痔科”、“黄氏喉科”、“一指禅推拿”、“赵氏微调平衡法治疗肿瘤理论”等技术,名扬八方,造福千万患者。骨伤科、心内科成为国家级中医药重点专科建设单位;骨伤科、心内科、肿瘤科成为省中医临床示范专科建设单位;肛肠科、肾内科为省中医临床重点专科建设单位;心内科同时为市重点学科培育点;针灸科为市重点专科;中风中心、呼吸、风湿、妇科、内分泌科、消化科等中西合璧、求真至善,逐渐成为优势特色专科。医院还设有金杏国际保健中心,为市民提供健康体检服务和亚健康咨询服务。

新中医院建设门急诊医技 1—5 层砌墙与二次结构已完

成,并通过主体结构验收。住院楼砌墙工作基本完成,准备进行内墙粉刷工作;制剂楼砌墙和二次结构完成60%。水电专业继续进行桥架和墙体配管施工,地下室供回水总管预制约80%,消防施工完成40%,安装总量约完成50%左右。住院楼、门急诊医技楼的铝板幕墙主龙骨安装已完成,副龙骨的安装和加焊工作基本完成,并完成金属幕墙的防火隔离层制作50%;门诊楼钢副窗安装至80%。

医疗设备医院通过倡导中医学术传承、浓厚中医文化氛围、推广中医治未病理念等举措,强化传统医学的弘扬发展,许多经方验药在常见病、多发病、疑难病的防治和医疗保健方面发挥了独特优势。在发展中医药特色的同时,一项项现代医学技术和一批先进医疗仪器设备成为创建现代化中医院的"灵魂元素"。特别是数字化建设成了医院现代化建设的新亮点。结构化电子病历系统、临床质量监控体系、合理用药系统、"医患通"服务平台、数字病房客户服务平台、门诊诊间工作站、无线查房、移动护理系统、移动资产管理、移动心电信息、远程会诊系统、成本核算与绩效管理系统等数字化手段在提高效率、提升质量、增加医患沟通的同时,为医院管理提供了科学、方便、快捷的现代化手段。医院被卫生部评为"全国数字化试点示范医院",承担和参与了一系列省市及国家科研项目。

医院注重文化建设和精神文明建设,通过打造"尊重、诚信、满意"服务品牌,使全院理念再升华、质量技能再求精、文明服务再创优、社会满意率再提升,构建了独具特性的文化品牌,营造了医院发展、社会满意的和谐氛围,医院被中华医学会评为首届"医院人文管理荣誉奖"。

医院成长、发展、壮大的过程,每一步都刻下了臻于至善,永续创新的深刻烙印。透过历史的沉淀,拥倚着中医药事业发展和医疗卫生改革的历史机遇期,无锡中医院将以时不我待的使命感和责任感,振奋精神、凝心聚力、乘势而为,实现医院新的一轮腾飞。

领导班子

院　　长　王彬夫
党委书记　朱伟良
党委副书记　张思成
副院长　沈崇德、蔡建平、陆　曙、陈玉萍

科室介绍

骨伤科是以中医、中西医结合技术为主,治疗各类骨折、软组织损伤的江苏省中医临床重点专科、市伤残鉴定定点科室。该科人才荟萃,技术力量雄厚,有市名医、医学博士、硕士及特聘专家数名。由全国脊柱外科主任委员唐天驷教授担任顾问。拥有国际一流水平的骨伤检查、手术、整复设备,以科研为依托开展新技术新项目。可完成各类复杂骨折;髋关节置换;颈、腰椎间盘突出症、周围神经损伤、断指再植、关节镜下半月板切除修补、韧带修补等手术;该科中医正骨,采用手法整复骨折,外用可塑小夹板和中药外敷,可明显减轻肿痛,对位骨折,避免手术,颇具特色。目前已成功开展脊柱、髋关节、四肢、显微外科等各类手术140余个病种。其中不少项目,如旋股外多条血管束植入治疗青壮年股骨颈骨折,髋、膝关节置换、等离子刀治疗等技术在省内处于领先水平。关节镜、椎间盘镜治疗技术、脊柱手术(脊柱创伤、脊柱滑脱、脊柱肿瘤)等在市内处于领先水平。

肿瘤科是江苏省中医重点专科,现有主任医师2名,副主任医师1名,1名省名中医,1名"省333工程"培养对象,硕士研究生2名。该科依据中医的整体观、辩证论治的观点独创的治癌微调理论,对治疗中晚期癌症,能明显增强患者的机体免疫力,控制癌肿生长,减轻放化疗的毒副反应和癌痛,延长晚期癌症病人的生命,其疗效在国内处于领先水平。该科设肿瘤实验室、热疗室等,诊治手段丰富。其自行研制的扶正和胃合剂、开道散、肃肺合剂、消症止痛膏、消症胶囊、生津止渴合剂、"康复灵"等中药生物制剂,分别用于消化道、呼吸道、血液以及减轻化疗反应,疗效良好。多位专家均有丰富的全身化疗和免疫治疗经验,还开展局部动脉介入治疗、肿瘤瘤体内注射抗癌药物、内窥镜下放置记忆合金食道支撑架等多项新技术,病人痛苦小,疗效可靠。先后完成市级以上科研课题10多项,获得省级、市级科研进步奖近10多项。

心血管内科为江苏省中医重点专科,南京中医药大学硕士生培养点。心内科由中国科学院院士、中国中西医结合学会会长陈可冀教授担任导师,江苏省中西医结合学会理事、江苏省中医心血管病专业副主任委员、南京中医药的大学硕士研究生导师陆曙博士为学科带头人。拥有全国老中医师带徒导师、省名中医,硕士生导师等一批中医、西医和中西医结合心血管病专业的高级专家;并拥有博士后,医学博士、硕士研究生等专科人才。心内科拥有国家二级中医药科研实验室(细胞分子生物实验室),并设:博士后工作室,细胞培养室,放射免疫室,生物化学室,化学发光室,荧光免疫室,分了生物学实验室,中药实验室,药理实验室等。

心内科现代诊疗设备精良,有CCU中央监护(GE)、彩色超声心动图仪、动态心电图、动态血压、C臂X光机、心脏临时起搏仪、心电监护及除颤复律仪、食道心房调搏仪、16排螺旋CT(心脏探针软件包)、心肌损伤标志物定量诊断仪、心衰BNP定量诊断仪、心脑血管超声波治疗仪、三维立体心电图、心脏晚电位、血流动力学监测等专科诊疗设备。

心内科积极开展心血管疾病的中医、中西医结合临床诊疗、科研和教学工作。采用中医与西医相结合,辨证与辨病相结合,局部与整体相结合等标本同治方法治疗心血管疾病,以不断提高心血管疾病的防治水平。先后开展了永久人工心脏起搏器植入术、冠状动脉造影术、冠无锡市中医医院

状动脉内扩张术和支架术、室上速射频消融术、先天性心脏病介入封堵术(房缺、室缺、动脉导管未闭封堵)等心脏介入手术,在冠心病、高血压、先心、病毒性心肌炎、心肌病以及心力衰竭等心血管疾病的中医、中西医结合诊疗和心血管介入诊疗技术,居国内先进水平,在中医中药防治高血压性心脏病、心力衰竭、扩张型心肌病、冠心病、高脂血症、心律失常,心脏手术或心血管介入治疗后的中医康复以及中药保护心肌细胞损伤等方面,均具有明显的特色。近年来,心内科诊治了大量的高血压、冠心病、病毒性心肌炎、扩张型心肌病、高脂血症、心律失常和心力衰竭等疾病的患者,取得了较好的临床疗效。

肛肠科是无锡市最大的专门治疗内外痔、瘘管、肛裂、肛管直肠息肉、肛周皮肤病、大肠肿瘤、便秘等各类肛肠部疾患的肛肠病治疗中心。开设病床65张,治疗方法多种、富有特色、历

史悠久。由全军肛肠外科副主任委员、上海长海医院外科原主任屠岳教授担任技术顾问,拥有二名无锡市名中医。该科采用传统“丁氏疗法”和现代技术相结合,充分发挥了中西医各自特长,对各种肛门疾病采用插药、外洗、结扎、挂线、切除等不同方法治疗,特别是对肛肠科疑难病症之一“环状混合痔”采用新的治疗方法,处于国内先进水平。由国内著名肛肠专家屠岳教授主持的大肠肿瘤手术,手术规范、痛苦小、生存质量高。科室设有电子肠镜室,开展大肠检查及肠镜下的治疗;设有水疗室,开展水疗便秘,肠道梗阻、溃疡性结肠炎等治疗。

近年来,该科引进的微波治疗仪及新型肛肠治疗仪,无痛苦治疗各类肛肠疾病,适合患者门诊治疗,收到良好的疗效。开设的便秘门诊,在市内率先运用排粪造影、肛肠压力测试、结肠运输试验等国内最新技术,为病情的正确诊断和治疗提供了可靠的保障。对顽固性便秘治疗在无锡地区独树一帜,采用中药调治,生物返馈调整排便反射、肛肠手术等多种方法,均取得较好疗效。慢性结肠炎专病门诊采用中药内服,保留灌肠,疗效显著,也给广大患者带来了福音。

针灸科

无锡市中医院针灸科创建于1954年,该科技术力量雄厚,在治疗内、外、骨伤、妇、儿、五官科疾病,诸如中风、面瘫、头痛、关节炎、肩周炎、腿髋炎、滑囊炎、腕髋综合症、颈椎病、腰腿病、神经痛、失眠、小儿多动症、妇女月经不调、痛经等,均有建树,在无锡地区享有很高的声誉。1995、2002年连续二次被市卫生局批准为市级中医重点专科。

多年来针灸科坚持以传统针灸疗法为主导,注重辨证论治和针刺手法,配合多种手段治疗本科疾病,如温针灸、烧针尾、火针治疗顽固性寒痹;伏夏防治慢支哮喘;腕踝针、梅花针、刺络拔罐、点刺出血法治疗各种急性疼痛性疾病,如三叉神经痛、头痛、急性腰腿痛、带状疱疹等;磁珠耳压治疗呃逆、面肌痉挛等等。在坚持传统针灸治疗的同时积极创新引进并开展新技术、新项目,给传统针灸赋予了新的活力,如针刺减肥、针刀疗法、关节腔注射疗法、穴位注射疗法、埋线疗法、腹针疗法等。该科致力于脑血管病的治疗研究,2002年,为了进一步拓展针灸治病范围,针灸科病区和神经内科组合成“中风治疗中心”,把针灸疗法运用到脑血管疾病的各个时期,开展中医、西医、康复医疗的“中西医结合中风卒中单元”治疗,尤其是中风偏瘫治疗上的“以针灸为主,配合中西药物、科学的运动锻炼综合疗法”,已使众多的中风病人得到了康复。目前该科室已拓展为一个病区,核编床位45张,拥有一个大型康复治疗室。

中风治疗中心

中医对脑卒中的治疗具有丰富的内涵,如针灸,推拿,分型辨证治疗以及中药外敷,穴位治疗等。本着博采众长,继承与创新的观念,深入发掘应用,逐渐形成中风治疗中心的特色治疗,这也是中医院的优势所在。目前国内外对中风治疗最为有效的医疗方法是“卒中单元”。它是一种脑卒中治疗的组织形式。一个标准的卒中单元包括有NCU,急性溶栓,急性脑出血治疗,脑保护治疗,神经康复,健康教育等基本要素。中风治疗中心正在创建“中西医结合卒中单元”,即在中风病的诊治中把以上二者有机的结合应用。这是一种全新的卒中单元治疗模式。它不是简单的二者相加,而是各取所长的融合,是互补效应的体现,是具有中国特色的“中西医结合卒中单元”新模式。中风治疗中心由医院的西医急救、神经内科、中医内科、针灸科、康复科等统一而成立了一个由专职、专病、专家汇聚而成,并设有设备精良先进的康复治疗室,其特色是应用中医、西医、康复医疗对中风急性期抢救及后遗症期康复的全过程,造福于广大中风患者。众多卧床不起、半身瘫痪、失语、痴呆、生活不能自理的病人,经过中风治疗中心应用中医、西医、康复三结合治疗,挽救了生命,恢复了生活自理能力。

肾内科

无锡市中医医院肾内科为无锡市中医临床重点专科。人才荟萃,临床经验丰富。目前有“市名中医”、南京中医药大学硕士研究生导师、医学博士、硕士等。

坚持传统中医特色,不断吸取现代医学研究成果,经过近40年几代人的努力,总结出了一套中医辨证结合西医辨病治疗各种肾病的有效临床经验,采用内服与外治相结合、辨病与辨证相结合、局部与整体相结合的方法治疗肾内科疾病,该科拥有离子导入治疗仪、中药熏蒸治疗机等先进设备治疗各类肾病,能较好地采用中医、中西医结合治疗急慢性肾炎、肾病综合征、急慢性肾功年能不全、尿路感染、糖尿病肾病、狼疮性肾炎、紫癜性肾炎等,特别是在蛋白尿的治疗上,抓住因各种有害因素导致肾络不固是形成蛋白尿的病理基础,研制成肾炎胶囊和益肾冲剂,并针对肾炎的多样性,已初步形成一系列协定处方,在临床上取得了很好的效果。

在对慢性肾功能衰竭的治疗方面,该科引进国际最新设备——费森尤斯血液透析仪,采用个体化透析方案,并结合中药内服、灌肠、离子导入、穴位注射治疗等中医特色医疗方式,为尿毒症患者提供了良好的治疗手段,大大提高了患者的生活质量,在患者中享有较高的声誉。该科不但注重中医研究,也充分利用现代医学手段,为肾病患者提供多样化的治疗措施,随着近年来肾活检技术、长期深静脉置管术、CRRT等诊疗技术的开展,对肾病的许多诊疗措施已达到本市的先进水平。

肾病实验室设备具备免疫发光检测仪、细胞培养室、基因扩增仪、放免检测仪、自动尿液细胞分析仪以及中药提取纯化设备等,已能在细胞分子水平进行中医药防治肾病方面的实验研究,目前已建立起慢性肾衰的“腺嘌呤”模型有5/6肾切除模型,已掌握细胞培养技术及基因扩增技术。

风湿科

无锡市中医院风湿科是该院的特色专科。该专科以博大精深,源远流长的中医药学为本,吸纳了传统医学和现代医学的特长及优势,创立了一套风湿病的系统综合治疗方案。风湿科前身为关节炎专科,对各类关节病诊疗有着丰富的临床经验和鲜明的中医特色,在患者中建立了良好的信誉。1999年在市内率先成立了风湿病专科,经过不懈的探索与努力,现已发展为住院病床20张,拥有主任医师1名,副主任医师1名、硕士研究生2名,集专家门诊、专科门诊、专科病区以及内病外治诊疗室于一体的现代风湿病专科。在学科发展中,该科始终秉承中西医相融,内治外疗并举、保健诊疗并重的原则,打特色牌,在突出传统中医特色的同时吸取现代医学诊治风湿病的先进经验,在各类风湿疾病的治疗上取得了可喜的效果。

风湿病,全称为“风湿类疾病”,是以损伤关节、肌肉、骨骼、肌腱、韧带、筋膜、血管,神经为主,引起疼痛、麻木、肿胀,甚至变形、残废、伤及五脏六腑,最终会危及生命的一类疾病。此病对各年龄阶段的危害都很大,特别是老年人。风湿病的特点是全身多系统受损,它可以累及心、脑、肝、肾等重要脏器,病程长,患病率和致残率都很高,是世界医学界公认的疑难病,世界卫生组织统计,因患风湿病而致残的患者每年就有近4000万人,仅在中国就有风湿、类风湿患者高达2000万人,而且有十分之一是重症患者。

为了更好地发挥中医药及中西医结合治疗风湿疾病的特长,无锡中医院风湿科开展了一系列特色治疗。该科以中医辩证论治为主导,根据局部与整体的关系,研制出的“风湿消肿止痛膏”、“骨刺宁擦剂”、“腰痛灵合剂”等特色系列制剂,取得了良好的临床效果;在市内率先开展了先进的内病外治新方法——“中草药露头蒸汽疗法”。近年来,特别在类风湿性关节炎,痛风性关节炎、强直性脊柱炎、红斑性狼疮、骨关节炎、腰椎骨质增生、干燥综合症等风湿病的治疗上积聚了宝贵的诊治经验,赢得了众多患者的信赖和省内同行的好评。

妇科

无锡市中医医院妇科成立于1980年1月,经过多年来的发展,科室不断壮大,人员素质逐步提高,现有医护人员21人,副主任中医师(市名中医)1名、副主任西医师1名、主治中医师3名、住院医师5名(其中硕士研究生2名)。开放床位45张,年住院病人1000余人次,年门诊量5万人次。医院妇科是无锡地区唯一的中西结合的特色专科,多年的临床实践探索出独特诊治方法,尤其在内分泌疾病的诊疗方面,诊断上辨病与辨证相结合,治疗上采用中药为主,中西医相结合,内服外治等方法治疗各种常见病及疑难病症,如不孕不育、闭经、功血、子宫内膜异位症,多囊卵巢综合征、卵巢早衰、更年期综合症、生殖系统炎症等疾病疗效显著,并研制出一批效果较好的中成药制剂。尤其在不孕症方面博采众长,以中西医结合的多种手段进行检查、诊断、治疗,有独特的诊治经验,疗效卓著,已成为最具特色的专科之一,在市内外享有较高声誉和影响。该科同时开展计划生育人流(无痛人流)、上取环术、药流、紧急事后避孕等项目。

护理服务无锡市中医医院坐落于太湖明珠——无锡的市中心,在繁华的商业街后西溪与健康路的交汇处,是一家三级甲等中医院、江苏省中医药大学的教学医院,现开放床位500张,床位使用率达到100%,日均门诊量约为1500人次。自1954年10月建院以来,50余年栉风沐雨,无锡市中医院的中医护士从无到有,一直发展到现在拥有200余名专业中医护理人员,利用中医理论辨证施护,并能熟练地掌握各项中西医技术操作,为前来求医的患者提供满意的治疗护理和保健服务,为人民群众的医疗卫生需求贡献着自己的力量。为适应医疗体制改革和卫生事业发展的需要,医院在护理管理、护理教学和护理科研方面成功探索一套科学的管理模式。

专家介绍

颜望碧,妇科、副主任医师。

个人简历

1990年7月毕业于湖北医科大学。1990年7月——2000
颜望碧

年8月在咸宁医学院附属一院妇产科从事妇科临床与教学工作。2000年9月——2006年8月在浙江省新昌人民医院妇产科工作,2006年9月至今在无锡市中医医院妇科工作。先后在武汉大学人民医院、上海市杨浦区中心医院进修妇科肿瘤及妇科内窥镜。

业务专长

妇科肿瘤、不孕症、妇科微创手术及常规开腹手术。本人已施行妇科恶性肿瘤根治术近1000例、腹腔镜及宫腔镜手术1300多例、传统的开腹手术达1万余例,阴式子宫切除术500多例。

诊治范围

各类妇科疾病的中、西医结合治疗及妇科恶性肿瘤的化疗。

学术成就

非脱垂阴式子宫切术获市科技进步一等奖,腹腔镜及宫腔镜在妇科疾病中的应用分别获县科技进步一、二等奖,新式剖宫产术获院内技进步一等奖。发表专业学术论文十篇。

戴高中,副主任医师、消化科。

个人简历

1982年9月—1987年8月,南京中医学院中医系1987年8月—1991年8月,南通县人民医院中医科住院医师1991年9月—1994年8月,南京中医学院攻读硕士学位1994年9月—1998年8月,南通医学院附属医院中医科主治医师、讲师1998年9月—2001年7月,上海中医药大学攻读博士学位2001年8月—2004年2月南通医学院附属医院医学系副教授、中医科副主任医师2004年3月至今无锡市中医医院消化科副主任医师

业务专长

中西医结合治疗相关性胃病、胃癌前期病变、急慢性胰腺炎、炎症性肠病等。

诊治范围

消化系统疾病。

学术成就

参与省级课题研究2项、国家自然基金重点课题1项。近几年来在《中医杂志》、《中国中西医结合杂志》、《中国针灸》、《医学与哲学》、《中国中西医结合脾胃病杂志》国家级和省级杂志上作为第一作者共发表文章20余篇,作为副主编参与编写了2部专著的编写。此外还参与人民卫生出版社出版的《中医内科临床诊疗思路与方法》一书的撰写。

苏泉丰,主任医师、脊柱科。

个人简历

原无锡市第二人民医院骨科主任。1964年南京医学院医疗系毕业,从事骨科临床工作40余年。

业务专长

在脊柱、四肢骨关节的创伤、骨病和先天性畸形等疾病的诊断和治疗方面积累了丰富的临床经验。

学术成就

1998年因“Willson氏法治疗脊柱侧弯畸形”获无锡市新技术引进二等奖,2003年因“关节镜下松解膝关节粘连”获无锡市科技进步二等奖。先后有《Ender钉治疗高龄患者股骨粗隆间骨折》、《伽玛钉治疗股骨粗隆间骨折》、《脊髓型颈椎病的手术入路探讨》、《全髋关节置换术在晚期松动的临床观察》等多篇论文在省级以上杂志发表。

王　政,副主任医师、眼科。

个人简历

1990年毕业于武汉大学医学院眼耳鼻喉专业,曾师从中山医大眼科医院著名白内障专家刘奕志教授、青光眼专家葛坚教授、玻璃体视网膜病专家吕林教授和高汝龙教授及眼肌病(斜视、弱视)专家麦光焕教授,从事眼科教学和临床近二十年,眼科专业核心期刊发表论文十多篇,积累了较丰富的眼科教学和临床经验。

业务专长

擅长白内障(白内障超声乳化术、先天性白内障手术、后发性白内障巩膜隧道切口插管灌注睫状体平坦部切除术)、青光眼(内、外引流术)、玻璃体视网膜疾病、角膜病(角膜移植术)、各种眼外伤(眼球裂伤修补、眼眶内、眼球内异物取出术、眶骨骨折复位术、眼睑成形术、玻璃体切割术)、泪道疾病(泪道激光术、泪道置管术、鼻腔泪囊吻合术、鼻内窥镜泪道再通术)、斜视(水平、垂直肌手术)、上睑下垂(下颌瞬目综合征手术、重度上睑下垂额肌办悬吊手术)、眼眶肿瘤(各种进路的开眶眶肿瘤摘除术)的诊断治疗,精通复杂的验光配镜。

无锡市中医医院地址:后西溪31号

宜兴市人民医院

成立于1946年,三级乙等综合性医院,是全市的医疗急救中心、江苏大学的附属医院和南京医科大学、东南大学医学院、扬州大学医学院的教学医院,江苏省基本现代化医院,江苏省平安医院,江苏省实施患者安全目标合格医院。

医院现有在职职工1900余人,其中高级职称180余人,编制床位1200张,实际开放床位1500张。2011年医院接收门急诊病人135.6万余人次,收治住院5万余人次。

医院占地4.3万平方米,建筑面积10.6万平方米,固定资产5.6亿元。拥有64排CT、核磁共振、DSA、DR、数字胃肠机等共计2.5亿余元的医疗设备,院区环境优美,园林化生态化环境建设已具规模。

医院有博士研究生8人,硕士研究生136人,硕士生导师7人,市学科带头人8人,省"333工程"培养对象先后4人,赴美国、日本进修学习30余人。医院内、外、骨、妇、儿、传、肿瘤等临床专科设置完备,装备精良。其中重症医学科、骨科中心、心血管内科、肿瘤内科、消化内科、麻醉科等6个专科为无锡市重点专科。内科形成了心血管、消化、呼吸、神经、内分泌、血液、肾脏等专科,外科形成了普外科、神经外科、心胸外科、肝胆外科、胃肠外科、泌尿外科、烧伤整形外科、腔镜中心、血管外科、甲状腺外科、乳腺外科等专科。医院积极开展科研项目,多次承担国际性学术会议和省级科研课题,有多项科研成果获省市级科技进步奖。

60多年来,凭借几代职工的努力,医院依托不断积累的基础,在各级政府及社会各界的关心支持下,在全体员工的共同努力下,综合实力有了长足的发展。医院的全体同仁将振奋精神,团结拼搏,谱写医院事业辉煌的篇章。

地址:江苏省宜兴市通贞观路75号

院长:谈永飞

书记:赵彦平

常　州　市

常州市第一人民医院

创建于1918年,坐落在江南古城常州市中心,经过90年的建设,已发展成为一所科室设置齐全、技术力量雄厚、医疗设备先进、学术水平较高,集医、教、研为一体的三级甲等综合性医院,1995年列为苏州医学院附属第三医院,2000年更名为苏州大学附属第三医院,2005年被确立为江苏省首批基本现代化医院。

人员设施

医院占地面积近6.5万平方米,建筑面积9.8万平方米,建有一幢建筑面积约4.5万平方米的现代化综合病房楼。医院现有床位1818张,年门急诊量175.65万人次,年出院病人约5.83万人次,手术2.5万余台次。医院现有职工2190人,其中正高职称91人,副高职称280人,省有突出贡献的中青年专家5人,享受国务院特殊津贴10人,省333人才培养工程9人。

医院科室

医院设有临床科室和医技科室42个,其中泌尿外科、消化内科、心胸外科、神经外科、骨科、血液科、肿瘤科、普通外科、医学影像科为省级临床重点专科。呼吸内科、神经内科、皮肤科、放疗科、病理科、心脏内科、麻醉科、肾内科、风湿免疫科、检验科等为市级临床重点专科,泌尿外科、消化内科、心胸外科、神经外科、骨科、肿瘤科为市级医学重点学科建设单位,泌尿外科为省医学重点学科建设合作单位,建立了以综合实验室为主体的及与各省、市临床重点专科相配套的专科实验室,综合实验室、肿瘤实验室为市重点医学实验室。医院建有肾移植、血液透析、肿瘤生物治疗中心和市级临床药学中心。成功地开展了同种异体原位肝移植、心脏移植、胰肾联合移植、自体肺移植、骨髓移植、脐血干细胞移植、自体外周干细胞移植、微创冠状动脉架桥术等新技术,肾脏移植术已超1400例。被省卫生厅确定为首批开展人体肾脏移植、非血缘造血干细胞移植和采集的医院。拥有MRI、DSA、ECT、高速多排螺旋CT、直线加速器、DR、三维B超、全自动生化分析仪及CCU、NICU、RICU、ICU成套进口监护设备等万元以上的先进医疗设备1000余台。固定资产总额7.79亿元,医疗设备固定资产总额达2.06亿元。全院实行微机联网。

成果荣誉

医院坚持科教兴院,科研硕果累累,"十五"以来立上各级科研项目248项,其中获国家自然科学基金2项,有60项科研获科技进步奖,其中省级奖5项,(获得省科技进步二等奖1项),市级奖55项,获江苏省卫生厅新技术引进奖56项。在省级以上医学刊物发表论文1728篇,其中中华级杂志158篇,发表在SCI系列杂志论文27篇。

医院积极开展国际交流活动,先后与美国、瑞典、日本、法国等国家和地区建立了科研协作和学术交流关系,与瑞典隆德大学医学院合作,建立"中瑞合作分子生物学实验室"。与法国佩提亚-萨勒佩提亚医院集团合作,成立骨科、血液科和神经内科等3个医疗合作中心。与美国耶鲁大学夏萤实验室合作成立中美现代医学实验室。与德国卡尔斯鲁厄市公立医院签订合作协议书。

医院设有教研室11个,硕士生培养点13个,博士培养点2个,博士生导师2人,硕士生导师36人,每年承担着10余所医学院校的临床教学和实习任务。2005年被国家食品药品监督管理局认定具有药物临床试验机构资格。

医院二次荣获全国卫生系统先进集体称号,并先后荣获省文明医院、市文明单位和文明标兵单位、市十佳医院、市先进基层党组织的称号,五次获得市卫生系统"团结、廉洁、开拓"好班子称号。

医院地址:常州市天宁区局前街185号

常州市第二人民医院

简 介

南京医科大学附属常州市第二人民医院创建于1943年,是一所历史悠久,科室设置齐全,技术力量雄厚,服务质量上乘的集医疗、教学、科研、预防为一体的国家综合性三级医院,2010年12月晋升为三级甲等综合医院。医院地处市中心,清代名园"约园"就在院内,景色秀丽,环境宜人。

规 模

医院占地面积近4万平方米,建筑面积6万平方米,开设病床800余张,年门急诊量为56万人次,年住院病人1.6万人次。现有职工1368人,其中高级职称206人,中级职称465人。

改革开放以来,医院的基础建设有了较快发展,1993年建成了外科大楼,2001年初省内一流的14层门诊病房综合大楼建成启用,大大改善了就诊和住院环境。

医院设有50多个临床、医技科室,开设病区22个,另有分院一所。医院拥有先进的磁共振、全身CT、大型C臂血管数字减影仪、Au-1000生化分析仪、多导生理记录仪、流式细胞仪、电化学发光仪等,以及ICU、CCU、RICU、NICU成套重症监护设备。

医院重视专科建设和技术创新。呼吸科、心血管内科为市重点临床专科,内分泌科、泌尿外科、骨科、心胸外科、儿科、神经内科、烧伤及整形科、介入放射科等皆颇具特色,在常州地区有相当优势,并开展了一系列高新技术项目,如呼吸科抢救重症呼吸衰竭和治疗气道狭窄技术已达到国内领先水平;心内科已全面开展心脏介入诊疗技术,在国内地市级医院中居先进水平;泌尿外科腔内手术和腹腔镜技术在华东地区颇有影响;心胸外科开展的"马凡氏综合症"诊治术和非体外循环下微创冠脉搭桥术、神经外科开展的延髓肿瘤切除术等多项高难手术填补了市内空白。医院开通的远程多媒体医疗会诊系统汇集京、沪、宁医疗专家,进一步提高了对危重疑难疾病的诊疗水平。医院信息管理微机化已初具规模,计算机在医院管理中发挥了重要作用,全院实现了医院质量数据采集、处理和传输的准确高效。

专 家

高洪志,主任医师,毕业于天津医科大学临床医疗专业、师从我国着名内镜外科专家鲁焕章教授。曾任河北医科大学内镜诊疗中心主任兼河北医科大学第一附属医院消化内镜诊疗中心主任,兼任国内多家医院内镜专业技术顾问。从事肛肠科教学、科研、临床工作三十余年,精于诊治肛肠科多种疾病及疑难杂症,曾无数次参加并指导对急、重、疑难病例的成功抢救,完成无数例复杂的高难度肠镜手术,积累了丰富的经验,结合国内外在该领域最前沿的先进技术和方法,独创出一套科学有效的诊疗方法,极大地提高了确诊率和治愈率,在业界享有盛誉。

前 景

医院与国内外的学术交流频繁。多渠道、多领域的开展友好往来,引进新知识、新技术、新设备,促进了医院现代化建设和发展。

医院始终坚持"以病人为中心"的服务宗旨,狠抓"服务态度、医疗质量、合理收费"三个环节,社会声誉日增,"爱院、爱岗、爱人、敬业、勤业、精业"已成为全院职工的自觉行为。

常州市第三人民医院

创始于1956年,是一所集医疗、教学、科研、预防为一体的具有专科特色的三级综合医院,是卫生部指定的国际紧急救援中心网络医院,吴阶平医学基金会理事医院,也是常州市公共卫生突发事件定点救治医院。承担南京医科大学、南京中医药大学、苏州大学、江苏大学、南通大学、扬州大学等多家医学院校临床实习带教工作。医院地处常州市城区,占地面积约80亩,院内绿树成荫、环境幽雅。2010年,根据常州市市委、市政府的决定,常州市眼耳鼻咽喉医院成建制整合到常州市第三人民医院,新的常州市第三人民医院既是常州市眼耳鼻咽喉医院,又为常州市中西医结合医院。

医院资源

多年来经过不懈努力,医院的基础建设得到较快发展,2009年底21层门急诊病房综合大楼建成使用,极大改善了就诊和住院环境。医院开放床位1000张,在职职工1041人,卫生专业技术人员占全院职工总数的81.9%,其中高级职称医技人员88人,中级职称医技人员222人,医学博士6人(其中1人在博士后工作站工作两年),医学硕士21人,兼职教授4人,副教授8人。

医院科室齐全,布局合理,设备精良。中西医结合肝病科是江苏省重点临床专科,临床实验室为市级重点医学实验室,并首批通过卫生部临检中心的验收。肝病科、肺科、检验科、麻醉科为市级重点专科,建有腹腔镜手术中心、放射介入治疗中心、超声介入治疗中心、睡眠呼吸障碍检测中心、血液净化中心、内窥镜诊治中心、法国梅里埃细菌生物实验中心、中科院基因芯片诊断中心和市肝病研究所。医院除肝病、结核等传染病专科外还拥有脑外科、肝胆外科、普外科、胸外科泌尿外科、骨科、妇产科、心内科、神经内科等22个重点临床专科,成功开展肝脏移植术、颅内肿瘤切除术、先天性房缺室缺封堵术、钬激光治疗结石等高难度手术。开展的超声介入诊断和治疗肝癌,放射介入治疗股骨头坏死、布—加氏综合征,人工肝技术等等,填补了省、市医学空白,达到市内、省内及国内先进水平。

近年来,有18项科研课题获得部、省、市级科技进步奖,多次参加美国、德国、意大利、香港、台湾等地区医学界开展的国际学术交流活动。是卫生部指定的国际紧急救援中心网络医院,吴阶平医学基金会理事医院,也是常州市公共卫生突发事件定点救治医院。

医院拥有全身螺旋CT、CR系统、全自动核苷酸序列检测仪、时间分辨仪、流式细胞仪、全自动生化仪、人工肝、人工肾、腹腔镜等一大批高精尖设备,建有ICU、RICU、CCU重症监护病房和国内一流的层流式手术室。

获得荣誉

医院坚持以病人为中心,大力弘扬白求恩精神,不断提高医疗质量和服务水平,狠抓医院管理,有力地促进了医院两个文明的建设。医院先后荣获全国卫生文明先进单位,省先进基层党组织,省、市文明单位,省抗击非典先进集体,市十佳医院等光荣称号。

常州市中医院

始建于1956年,经过五十年的艰苦创业,现已发展成为一所集中医医疗、教学、科研于一体的三级甲等综合性中医医院,南京中医药大学附属医院,江苏省中药剂型改革定向科研学科基地,江苏省中医药学会名家流派研究分会、常州市中医药学会、常州市孟河医学研究所挂靠单位。医院先后荣获市“文明单位标兵”、省“文明单位”、省“十佳医院”、省“卫生行风先进集体”、全国“卫生系统先进集体”称号。

规　模

医院占地面积28923平方米,建筑面积34170平方米,固定资产1.84亿元。设备总值7569.79万元。职工899人,卫技人员占84.3%,其中,高级职称人员105人,中医药人员数310人,占医药人数的76.92%。有省、市、院名中医、名中西医结合专家29人,省“333”人才工程培养对象2人,市“831”人才工程培养对象10人,局青蓝工程培养对象4人。硕士生导师8人,博士研究生4人,硕士研究生38人。开放病床535张,一级临床科室21个,二级分科17个,拥有市级中医临床重点学科1个、省级中医临床重点专科2个、市级中医临床重点专科4个,市级中医临床重点专科建设单位3个。

医院坚持科技兴院,在“十五”期间,医院获市级以上科技成果奖13项,2005年参与国家“973”课题研究。获医学技术创新奖15项,出版著作17部,专利4项,发表中华级和核心期刊论文173篇。先后与英国、日本、美国、德国、韩国开展学术交流。

在上级政府及卫生行政主管部门的领导、关心和支持下,目前医院已经进行全面规划,正在建设预计总投资3.5亿元、建筑面积69595平方米的门诊病房综合楼。

是否医保:有医保

院长姓名:张　琪

建院年份:1956年

科室数量:44个

医护人数:899人

病床数量:535床

年门诊量:302950次

联系地址:江苏常州市和平南路156号

特色专科:妇产科肛肠外科骨科

医院荣誉

常州市中医院先后荣获市“文明单位标兵”、省“文明单位”、省“十佳医院”、省“卫生行风先进集体”、全国“卫生系统先进集体”称号。

常州市中医院坚持科技兴院,在“十五”期间,医院获市级以上科技成果奖13项,2005年参与国家“973”课题研究,获医学技术创新奖15项,出版著作17部,专利4项,发表中华级和核心期刊论文173篇。

先进设备

800mAX光机　CT　彩超　流式细胞仪　全套免疫组化设备　全自动生化分析仪　高频乳腺X线机　定量DNA分析仪　腹腔镜　心腹两用B超　胃镜　全自动生化分析仪　DSA　心肺脑功能仪　血液磁疗仪等

专家介绍

姬雪梅　副主任医师　北京第一医科院特聘副教授

浙江不孕不育博士园专家

浙江广仁不孕不育研究所主任研究员

杭州广仁医院不孕不育中心主任

中华医学会妇产科分会会员

姬雪梅,副主任医师,浙江不孕不育博士园专家,浙江广仁不孕不育研究所主任研究员,杭州广仁医院不孕不育中心主任,中华医学会妇产科分会会员,在女性不孕不育领域有很深造诣。对女性输卵管堵塞、多囊卵巢综合症、卵巢囊肿、内分泌失调、习惯性流产等各类不孕症的治疗有独特的方法。尤其擅长运用微创技术治疗,患者痛苦小、受孕率高。多次在国内各类不孕症最新技术高峰论坛作专题主讲,以良好的医德医风和高超的医技深受患者好评,被患者亲切的誉为“送子观音”。

常州市妇幼保健院

始建于1981年,是一所集医疗、保健、教学、科研于一体的三级甲等妇幼保健院。是首批国家级“爱婴医院”,先后获得“全国妇幼卫生工作先进单位”,省、市“文明单位”,市先进基层党组织等多项荣誉称号,是南京医科大学、苏州大学及扬州大学等多家院校教学医院和临床实习基地。

医院简介

医院核定床位300余张,实际开放床位450张,职工787

人,其中中高级职称349人,硕士研究生39人,拥有全国劳模、享受国务院津贴的妇科专家许培箴、常州市感动百姓好党员产科主任蒋雅琴等一大批医学专家及学科带头人。医院分为临床、保健两大部分,建有“江苏省新生儿疾病筛查中心常州分中心”、“常州市生殖医学中心”、“常州市产前诊断中心”及通过卫生部验收的临床基因扩增实验室。妇科、产科分别是常州市的重点学科和重点专科。医院年门诊近40万人次,出院病人1.5万人次,固定资产2.4亿元,床位使用率达119.7%,平均住院日为8.8天,全市孕产妇系统管理率为93.3%。是常州及周边地区妇、产、儿科疑难重病患者的诊治中心。

医院分为临床、保健两大部分,承担着全市及周边地区妇、产、儿科疑难重病患者的诊治工作及妇幼保健指导工作,妇科广泛开展腔镜手术,还开展卵巢移植、盆底重建、腹腔镜下广泛子宫切除加盆腔淋巴清扫术、阴道重建术等高难度手术和多项科研项目,是常州地区妇科疾病的保健、临床和科研中心。产科在全国第五家开展了水中分娩,对羊水栓塞、DIC等疑难病种的诊疗水平跨入国内先进行列。新生儿科在早产儿、极低体重儿的救治方面有丰富的经验,成功抢救的新生儿最低体重为830克,居省内领先水平。2009年医院年门诊50万余人次,分娩数7300人次,手术数1.1万余台,出院病人1.6万余人次,固定资产2.79亿元。近年来,全市围产儿死亡率、孕产妇死亡率等指标均在全省处于领先地位。医院环境优美,设施精良,技术领先,质量一流,服务温馨,是一所技术优势明显,服务特色鲜明的三甲医院。医院拥有螺旋CT、三维彩超、全自动生化仪、时间分辨荧光免疫分析仪、生殖助孕显微操作系统等十万元以上医疗仪器设备107件,较好地满足临床需要。医院拥有一批优秀的学科带头人和顶尖人才。先后有1人入选省135工程,2人人选省333工程,5人入选市百名人才工程,3人入选市青蓝工程,其中1人享受国务院津贴。

医院理念秉承“诚信、敬业、和谐、创新”的医院精神,坚持“以人为本、创新理念、关爱妇幼、奉献社会”的共同愿景,近年来,医院通过狠抓制度建设,强化基础管理,美化服务环境,优化服务流程,提升内涵质量,创新服务举措,培育医院文化等,树立了良好的医院形象。先后获得“全国妇幼卫生工作先进单位”,省、市“文明单位”,市先进基层党组织等多项荣誉称号。

医院专家杨建华,主任医师,中国生殖医学实验室开创者,浙江不孕不育博士园专家,杭州广仁医院不孕不育中心首席专家。曾任法国Pellegrin医院、巴黎Bicetre医院生殖医学中心的客座教授,上海市卫生局跨世纪学科带头人,上海第二医科大学生殖医学专业博士。现任同济大学生殖医学研究所客座教授,上海市计划生育研究所特聘专家,《中国男科学》杂志主任编委等职。主编有《实用男性不育诊疗学》、《男性不育实验技术》等专著。在男女不孕不育症的诊疗方面取得的成就获得了国内外生殖医学专家的一致好评。

医院地址江苏省常州市博爱路26号

常州市102医院

地处常州市中心和平北路55号,是一所集医疗、保健、预防、科研、教学为一体的三级甲等综合性医院。常州102医院十分重视人才队伍建设,通过采取内引外联、多种渠道培养的途径,使一批具有博士、硕士学位的医学人才成为医院专家群的骨干力量,先后获国家、军队科技成果奖70余项,其中国家二等奖1项,军队一等奖1项,二等奖3项,还有680余篇学术论文在国家、省级专业杂志发表及参加军内外学术交流,有12篇参加国际学术会交流。

常州102医院(常州和平医院)隶属于南京军区,是一所具有60余年历史的综合性专科医院,现已发展成为一所学科齐全、医疗设备先进、技术力量雄厚、服务水平一流、内部管理科学的三级甲等专科医院。医院先后成立了“全军整形美容医学中心”和“全军修复创伤治疗中心”,是第二军医大学卫生临床学院,第二军医大学和江苏大学博士、硕士研究生培养点,是常州市首批城镇职工、居民医保定点医院。

中国人民解放军第102医院整形美容中心设有面部整形、乳房整形、吸脂塑身、整形失败修复、激光美容、生殖整形等多个专业组,其中疤痕修复经过几十年的技术锤炼,已成为特色重点项目。重建修复项目更为众多来院受术者解除痛苦,找回久违的自信。整形美容中心不仅为众多的求美者带来美丽与自信,也为整形美容的提高提供了更好的技术平台。

中国人民解放军第102医院妇科中心开设六大特色专科:妇科炎症、计划生育(人流)、宫颈疾病、妇科整形、不孕不育、生殖感染。医院开展各种计划生育手(取、上环,人工流产,无痛人工流产,诊刮)、宫颈病变筛查及治疗。在计划生育、宫颈疾病内分泌疾病、宫颈疾病、不孕不育诊治方面技术独到,遥遥领先!以无痛、微创、精准、无并发症深受业界同行高度赞誉和广大女性患者欢迎。2003－2010连续八年蝉联常州市卫生局、常州司令部管理局评定计划生育手术先进单位、计划生育优生优育技术中心。医院深入执行司令部“树立大卫生关,做好预防保健工作”,是女兵妇科健康体检基地,为常州女性妇科普查普治提供最先进的诊疗技术。

中国人民解放军第102医院妇科专家组是一支医技精湛、医德高尚的专业科技骨干队伍,长期深入开展妇科学术研究和临床科研应用,将国际最新研究成果应用于临床诊治,不断攻克妇科领域难题,对妇科常见病、多发病、疑难杂症的诊治积累了丰富的临床诊治经验和过硬的专业技术水平。

科室技术优势骨科

常州102医院骨科是国家三级甲等医院,南京军区重点骨科医院。医院拥有60多年的历史,治疗技术和专家团队都处在全国先进的水平,治愈颈椎病、腰椎间盘突出等6000余例。骨科汇集江苏省骨科学会著名专家,美国德克萨斯州脊柱研究中心特聘专家。在全国率先从德国引进不开刀、无痛苦治疗颈椎病的微创技术“AD射频热凝靶点消融术”。参保人员来院接受治疗可按规定报销费用,可节省大部分开支,减轻患者负担。

口腔科

常州102医院口腔科,常州市医保定点单位,常州和平医院最早开设的特色专科之一、升级为数字化的口腔中心,主要开展种植牙,牙齿矫正,牙齿正畸,牙齿修复,牙齿美白等特色牙齿诊疗服务;为德国西诺德牙科学院、韩国奥齿泰AIC全球种植牙培训中心联合成立的国际品牌服务医疗机构。常州和平口腔经过多年发展,已成为常州地区具有国际水准的现代化大型口腔治疗专科,集预防、保健、治疗、美容、整形、修复为一体,拥有精湛的医疗技术、权威的科室、专业的医疗团队,形成以常州为中心,辐射周边的口腔医疗专科医院。

妇　科

常州102医院妇科,是常州市医保定点医院,配备了先进的妇科疾病检测实验室、妇科疾病专项治疗设备、妇科疾病临床医学中心。妇产科是常州102医院妇科重点建设专科,多年来一直注重人才、设备、技术的发展,如今,为了更好地服务人民群众,提升科室技术的含金量,引进了高尖技术人才,时刻洞察医疗前沿技术,投巨资引进了先进的仪器设备,现已发展成为专家队伍强大、科研实力雄厚、仪器设备优良的常州现代化妇产科诊疗中心。

男　科

常州102医院男科,为常州市医保定点单位,全国知名的男科病治疗中心。配备万元以上医疗设备50余台,总价值近千万元。斥巨资从美国、德国等引进智源肽前列腺治疗系统、前列腺场内消融术、阴茎勃起硬度定量分析系统、德国爱能性功能康复治疗系统、精子采集分析仪、智能尿流率测定仪等大型医疗设备,精良的硬件配置,有效提高了医院的诊断治疗水平。

微创外科

开展了"AD射频热凝靶点消融术"治疗颈腰椎疾病,关节镜的诊断治疗膝关节的疾患、椎间盘镜下骨折的复位内固定等手术。

关节外科

开展了全髋关节关节置换、全膝关节置换、肩关节置换、肘关节成形术、同期双侧全髋关节置换。开展了复杂全髋置换重建及全髋翻修重建术。

创伤外科

开展四肢骨与关节骨折损伤的复位固定、关节修复重建。开展了断肢、断指再植、游离及带蒂的复合组织瓣移位、修复重建。

脊柱外科

以脊柱骨折脊髓损伤、脊柱畸形、腰椎滑脱、脊柱肿瘤及椎间盘退变的临床研究为重点,取得最佳疗效。

整形外科

开展了VPI"0创"微整形、无痕双眼皮、SKV绿光脱毛、彩光嫩肤、COVA溶脂纤体、T触感隆鼻、VPI面部整形、疤痕修复等多种精湛技术。

整形美容科特色

高端设备

解放军102医院整形美容中心拥有伽玛刀、核磁共振、PET-CT、超声刀等众多世界一流高精尖设备,设有高标准层流手术室。同时还引进美国科医人(Lumenis)IPL、LumenisOne(王者风范OPT)综合美肤系统、射频祛皱紧肤系统、水动力吸脂塑身仪等一批先进的专科设备。

权威团队

解放军第102医院整形美容中心医疗技术力量雄厚,人才队伍梯次合理、专业技术精湛,临床医师均为硕士以上学历,博士学历人员多名,来院所有求美者的整形美容项目均由权威专家亲自操作,根据个人形象和本人对未来生活方式的规划等来综合设计手术方案,开展"个性整形设计",为爱美人士量身打造专属的美丽。

"0创"技术

VPI"0创"微整形技术是皮肤科与美容外科结合的新一代美容高科技技术,与传统整形手术不同,微整形因其0创而深受人们欢迎,它主要采用国际最新科技VPI数字化分析仪的专业检测,全程更有VPI数字化定位系统全程监控,可达到去除皱纹、局部塑形、弥补缺陷等效果!

医院开设有前列腺科、泌尿生殖感染、性功能障碍、性病、男性不育、泌尿生殖整形等专业科室。医院男科诊疗特色鲜明,享誉国内外,年完成门诊量3万余人次,收治患者35000余人次,临床康复病人高达数万,病人收治量每年以两位数的增长率持续递增,为男性健康提供了坚实的保障。

特色服务

为了充分贯彻卫生部《关于在公立医院施行预约诊疗服务的工作意见》,常州和平医院推出网上挂号系统,充分满足人们多方面需求,缓解现存的"排长队,找专家难"问题。

妇科特色

常州102医院妇科,功能齐全、特色明显、技术力量雄厚、医疗设备先进,诊疗环境优良,集医疗、预防、保健的国家大型公立医院。全体医务人员树立"以病人为中心"的服务理念,禀承"病人第一、质量第一、安全第一"的服务宗旨,发扬我院的优良传统,廉洁行医,无私奉献,以精湛的技术、优良的服务、高尚的医德服务于部队、服务于社会,获得了广泛赞誉。

医院专家医院专家组以一流妇科权威临床经验与技术把常州102医院打造成为了国家级重点微创妇科诊疗示范基地!同时,医院不断开展同北京、上海众多知名医学院校、医疗机构合作,与各地甲级以上医院互派专家进行学术交流和探讨,从而确保医疗技术上的精益求精。

作为常州重点建设科室,医院妇科中心斥巨资引进了大批国际大型高端妇科诊疗设备,总价值高达12亿元!医院配备了全球高端妇科治疗设备:法国电子数码阴道镜、新帕氏TCT宫颈癌前检测系统、超导多弹头系统、数码电子宫腹腔镜、乳腺钼靶X光机。配套诊疗"装备"精良:B(彩)超、全自动生化分析仪、血球计数仪、Hp呼吸测试仪、全自动血细胞分析仪、全自动生化分析仪、血凝仪、酶标仪、洗板机、细菌培养室、药敏试验室、日本奥林帕斯高倍电子显微镜等。国际超标准层流净化手术室:空气洁净度高达99.98%,配备电动手术床、麻醉机、呼吸机、12孔冷光源无影灯、心电监护仪、高频电刀、腹腔镜等,无痛、微创的完成各种复杂的医疗手术,手术感染率降低为0。

102医院妇科专家

黄　平

医疗特长：擅长计划生育，子宫肌瘤，宫颈疾病等，被称为万例手术无事故专家，常州三甲首批微创妇科专家。凭借着丰富的临床经验，和专业的技术知识，黄医生在诊治各类妇科疾病方面都有着自己独到的见解。黄主任擅长联合西医先进的设备，与中医固本培元的调理方法治疗不孕症，且是妇科微创的领头人。

临床特长

黄平，不仅擅长计划生育，还擅长运用高科新技术治疗各种阴道炎、宫颈炎、盆腔炎、附件炎、子宫内膜炎、外阴白斑、支原体衣原体感染、不孕不育、月经不调等妇科常见病、多发病及疑难病症，并对性传播疾病如淋病、HPV感染、生殖器疱疹等有独到的见解和丰富的诊疗经验。熟练掌握妇科多项微创手术，如宫腔镜的粘膜下子宫肌瘤切除、腹腔镜的子宫和附件切除等。

学术活动

多次参与国内妇科疾病研讨会

参与宫颈疾病学术会议

参与关于两性健康学术会议

冯素娟

医疗特长：万例手术无事故专家，常州三甲首批微创妇科专家。擅长诊治各种妇科疾病，尤其是对久治不愈性妇科炎症、宫颈疾病、内分泌失调等疾病有着独特的疗效，而且擅长做各种人流手术，并获得"万例手术无事故专家"称号。

临床特长

擅长运用高科新技术治疗各种阴道炎、宫颈炎、盆腔炎、附件炎、子宫内膜炎、外阴白斑、支原体衣原体感染、不孕不育、月经不调等妇科常见病、多发病及疑难病症，并对性传播疾病如淋病、HPV感染、生殖器疱疹等有独到的见解和丰富的诊疗经验。熟练掌握妇科多项微创手术，如宫腔镜的粘膜下子宫肌瘤切除、腹腔镜的子宫和附件切除等。

学术活动

多次参与国内宫颈疾病研讨会

参与不孕不育疑难杂症学术会议

参与关于两性健康学术会议

陈慧玲

医疗特长：擅于学习使用各类妇科高端诊疗设备，能采用先进，敏捷的思维方式与病人沟通，为患者解除疼痛，深受广大病友的好评和信赖。

临床特长

陈慧玲，副主任医师，常州三甲首批微创妇科专家。擅长诊治各种妇科疾病，尤其是对久治不愈性妇科炎症、宫颈疾病、内分泌失调等疾病有着独特的疗效，而且擅长做各种人流手术。

学术活动

参加各类国内外妇科学术交流会

两岸妇科学术会议高峰论坛

两性健康女性健康交流会

口腔科专家权圣凤

韩国庆熙大学齿科专业毕业，曾赴美国LOUISIANA齿科大学研修种植牙、美国PACIFIC齿科大学研修骨移植种植、美国PECIFICIMPLANTINSITUTE研修种植结构力学。系大韩齿科修复美容学会正式会员，现任韩国首尔狎鸥亭YESON齿科代表院长。从事口腔种植事业30年，创下3万余例种植牙成功案例。尤其擅长All-on-4种植系统以及各种复杂牙颌系统重建及牙缺失疑难病例的半口及全口无痛即刻种植，有"韩国种牙第一人"之美称。

李大忠

1990年毕业于南京医科大学口腔系，ITI国际口腔种植学会会员，韩国奥齿泰种植公司培训讲师，美国3i种植集团和瑞典Nobel种植集团的种植技术顾问和培训讲师。其先后在江苏省三甲口腔医院、军队医院口腔科工作20年，并担任口腔种植学科的带头人，经历种植手术上万例，被称为种植领域的"翘楚"。曾多次赴韩国、日本进行口腔种植学术交流，学习国际先进的种植理念和技术。擅长各种常见、复杂、疑难种植病例。在植骨、骨劈开、上颌窦内外提升、块骨移植、软组织美学等方面具有很高造诣，深得种植手术精髓，专注于微创种植手术，注重个性化综合种植设计与整体美学效果。其良好的种植手术效果，得到了广大种植患者和同行的一致首肯。其论文《微创种植手术》获得国际以及国内一等奖两次，三等奖一次。

邓　燕　口腔正畸专家

口腔正畸专家、主任医师、博士生导师、享受国务院特殊津贴专家。中国医科大学口腔医学院正畸科专家，中华口腔医学会正畸专业委员会委员，中华口腔医学会沈阳分会主任委员，曾任国家自然科学基金生命学科的评委。《中华口腔医学杂志》、《口腔正畸杂志》、《上海口腔医学杂志》编委。

一直坚持教学、临床一线工作，培养了28名研究生。曾赴美国、日本、韩国等进行学术交流，承担卫生部科研课题数项，获省科技进步奖，任中国农工民主党第九届至第十二届中央委员。

李复平

从事口腔临床工作22年。先后从师于多位国内著名口腔科专家，始终接受正规系统专业培训，对于口腔专业知识及基础理论打下坚实基础，成功诊治数千例病患。工作认真负责一丝不苟，能够熟练掌握口腔内科治疗及无痛处置技术，在口腔镶复方面技术精湛深受患者信赖；在日常工作中还对数种常规治疗进行改良，减轻患者看牙痛苦及减少复诊次数；在牙齿修复方面擅长于牙齿美容，熟练操作冷激光美白仪，尤其对烤瓷牙的美观性和精密性有独到见解。

王道军　主治医师

毕业于江苏职工医科大学，从事口腔专业临床工作二十余年。师从美国人类健康组织德克萨斯州知名牙齿美容专家曼索尔教授，曾先后前往南京医科大学附属人民医院、江苏省口腔医院、上海第九人民医院、韩国牙医学院进修，主攻牙齿美容、口腔种植修复。首创"环保绿色美牙体系"，具有深厚的专业美齿知识及丰富的口腔美容临床经验，擅长各种成人畸形牙的美容性矫正、复杂的牙齿缺损、牙齿缺失的精密镶复。

郝　标　执业医师

本科学历，毕业于皖南医学院口腔医学专业，曾赴上海市闵行区中心医院、南京大厂医院进修学习。主攻口内、口外及牙体美容修复,对牙体牙髓病的治疗、牙周疾病的基础性治疗及口内常见粘膜类疾病的处理颇有心得;擅长各类常规牙的拔除术、阻生牙的拔除、口内小粘液腺囊肿的切除;在桩核冠、单冠及固定桥、各类牙列缺损及全口义齿的修复方面也卓有建树。

李　铁　副主任医师

从事口腔专业临床工作近40年,原西安市创伤医院(二甲)口腔科主任,全数字化美牙技术首批专家,资深美容牙科副主任医师。曾赴西安市第一人民医院、第四军医大学西京口腔医院、大连铁路医院进修深造。具有丰富的临床经验和精湛的诊疗技术,主要从事口腔颌面外科、口腔内科、口腔正畸、口腔修复,尤擅长各种成人畸形牙的美容性矫正,其独特美学正畸手法得到患者的高度认可;在复杂的牙齿缺损、牙齿缺失的精密镶复方面也卓有建树。在国家级医疗刊物上发表论文数十篇。

张晓莹　执业医师

昆明医学院口腔临床医学硕士,近十年口腔专业临床工作经验。曾赴云南省第一人民医院、昆明医学院附属口腔医院进修学习,具有扎实的口腔医学专业理论基础、熟练的医疗技能和丰富的临床经验。对口腔常见病及多发病主攻口内、口外及牙体美容修复,擅长牙体牙髓病、根尖周病、牙周疾病的基础性治疗,尤擅长复杂根管治疗。对各类常规牙的拔除术、牙周手术以及口内小粘液腺囊肿的切除有丰富经验。

骨科特色微创技术国际领先

率先引进德国"AD射频热凝靶点消融术",将颈椎病治疗带入微创时代,并华东地区首家推出"多元微创"治疗方法,打造全方位综合治疗腰椎间盘突出格局,获得国内外专家认可,是公认颈椎病、腰椎间盘突出权威诊疗中心。医院以微创为核心理念,吸引研发了一批具有国际水准的先进微创技术,已为数万人解除了疾病困扰。

专家团队全国一流

医院骨科汇聚全国知名专家,军区名医方文主任,有效开展颈椎病、腰椎间盘突出等治疗6000余例,因精湛医术和突出贡献,荣立个人三等功3次。以方文主任为代表的常州102医院的优秀专家团队,在各种疾病治疗领域取得突出成就,受到患者的广泛赞誉。

权威三甲医保定点

常州102医院是国家医院等级最高的三级甲等医院,部队医院拥有60多年的历史,治疗技术和专家团队都处在全国先进的水平。作为医保定点医院,参保患者前来就诊可享受看病报销的政策,大大减免治疗费用,减轻患者的负担,让群众看得起病。

医院本着专业、微创、无痛化理念,为适应社会大众对医疗技术和医疗服务高层次、高水平的需要,巨资引进美国大力神肛肠治疗系统及HCPT专利技术,全自动生化检测分析系统,韩国Dr. Camscope电子成像系统、美国强生微创手术(PPH)技术、全自动血液分析系统、航天PID综合透析系统、立体导航磁场透热系统、手术室层流净化系统等国内外先进的医疗设备系统。使现代临床诊断治疗及医学研究的技术水平与国际同步,应用现代高科技设备及微创治疗,缩短了疗程,大大减轻患者的痛苦及负担,是肛肠病治疗史上的重大突破。

医院坚持"专家立院"的建院方针,与全国肛肠学会、全国肛肠治疗中心协作,邀请多位肛肠界顶级专家、医学顾问、知名专家担任临床主诊医师,常年坐诊。

医院秉承做精做强的办院原则,根据现代疾病细分的科学性开设有:肛门病科、大肠肿瘤科、大肠内科、小儿肛门病科、排便障碍性疾病科、大肠息肉病治疗中心、电子大肠镜中心、肛门功能测定中心等特色诊室。治疗范围包括:肛裂、外痔、内痔、混合痔、肛乳头瘤、复杂瘘、肛瘘、直肠息肉、直肠前突、直肠脱垂、肛门湿疹、出口梗阻综合症、直肠癌等各类肛肠疾病。

医院根据患者实际情况,推行人性化医疗服务,实行男女分诊分治,坚持把方便让给患者,建立完善的患者健康档案登记制度,从患者入院开始,全程跟踪记录诊断过程、医生处方、用药记录和康复状况等资料,用最负责任的态度和最贴心的服务对患者负责、让家属安心。

医院坚持以病人为中心,把满足群众基本医疗服务的需要作为出发点和落脚点,努力让人民群众用较低的费用,享受到优质的医疗服务。作为军队医院,军医等医务人员始终发扬人民军队的优良传统,以良好的医德、精湛的医术、规范的服务、低廉的收费赢得了社会的普遍赞誉。

胡　妝　主任医师

毕业于武汉大学医学院,生殖泌尿外科学科带头人,曾多次参加国内外各大医院专业学术交流,将国际先进医学科研成果运用于生殖泌尿临床实践,对前列腺炎、生殖泌尿感染、男性不育、性功能障碍、生殖整形等治疗经验丰富,疗效卓著受到业内专家广泛认可和患者一致好评。

临床特长:对前列腺炎、生殖泌尿感染、男性不育、性功能障碍、生殖整形等治疗经验丰富,疗效卓著。

程大有　主任医师

毕业于第四军医大学,师从中科院院士、男科泰斗郭应禄,从事男科临床工作研究二十余年,曾先后在上海瑞金、仁济医院进行男科临床医疗、科研学习。在国内著名医学杂志上发表相关专业论文10余篇,对前列腺疾病的诊疗有较深的造诣。因其深厚的男科治疗经验,颇得常州市同行和患者的赞誉。

临床特长:特别擅长采用沃尔曼强能治疗系统、智源肽前列腺治疗系统(102医院江苏省首台)治疗前列腺炎、前列腺增生等男科疑难杂症。在男科微创手术方面技术精湛,具有独特手术美容技巧,造诣颇深,曾赴韩国、日本进行手术交流展示手术技巧。

张永清　主任医师

毕业于湖北医科大学,从事泌尿外科临床工作近三十年,熟练运用各种高新诊疗设备治疗各种疑难性泌尿道感染、男性功能障碍、阳痿、早泄、急/慢性前列腺炎等,疗效卓著,疗法独特。曾在《中国现代医学杂志》、《中华医学杂志》等前沿医学杂志上发表论文20余篇。

临床特长:对疑难性泌尿道感染、男性功能障碍、久治不愈的慢性前列腺炎等疾病具有一整套完善的、行之有效的治疗方案。

李世荣　中心主任

李世荣教授于2000年4月与韩国仁济医科大学的国际著名颌面外科整形专家金东一教授等联合在西南医院成立了国

内第一家"中韩整形外科研究所",担任荣誉所长一职。次年2月份更是被韩国仁济医科大学聘为名誉教授。现担任中华医学会整形外科分会副主任委员、全军整形外科专业委员会副主任委员、中国医师协会美容与整形医师分会会长、重庆市医学会医学美学与美容专委会主任委员、重庆市整形美容机构专家评审委员会主任委员等多个学术职务。同时是《中国实用美容整形外科杂志》副主编;《中华外科杂志》、《解放军医学杂志》、《中国医学美容杂志》等多种杂志的常务编委。先后获省、市、军队科技成果奖20余项,获国家专利3项,承担省、部级重点项目2项,国家自然科学基金2项。先后应邀赴日本、荷兰、芬兰、德国、韩国、美国及香港等地讲学及学术交流。多次主持召开国际、全国、全军和地区整形美容学术交流会并举办整形美容提高班,为军内外培养整形美容专业人才400多人。已招收培养博士生16名,硕士研究生31名,共发表学术论文300余篇,主编专著2部,参编专著8部。

方　文　主任医师

他是一位孜孜不倦的医务工作者,他是一位待患者如亲人的好医生,他是一位为医疗事业奉献青春的人,他就是常州102医院骨科学科带头人——方文主任。

作为常州102医院骨科学科带头人,他工作严谨,学识渊博,对待下属平易近人。从事骨科临床工作和研究30余年,擅长股骨头坏死、骨性关节炎、滑膜炎等骨关节疾病的诊断治疗,临床治愈了6000余名患者,使他们一个个微笑着走出医院,享受新的生活。这一个个成功的案例,专业的技术,使方文主任在我国骨科研究领域名望颇高。

"书山有路勤为径,学海无涯苦作舟"。为了寻找自己在业务技术上进一步发展的空间。方文主任不断学习,钻研专业业务知识。有《中西医结合治疗股骨头坏死方法的临床研究》、《股骨头坏死治疗的新突破》、《胸腰段椎间盘突出症的临床特点》等多篇学术论文发表,并获得多种奖项。他还荣立个人三等功3次。但他仍旧谦逊地说:"再多的奖项也比不上患者一个满意的微笑,这才是对我工作最大的肯定"。

吴书华　主任医师

常州102医院主任医师,从事临床骨科工作30余年,先后在北京积水潭医院、上海医科大学第九人民医院、天津骨科医院进修深造三年,新加坡国大医院、上海复旦大学EMBA学习一年。曾赴新加坡、香港、澳门、台湾学习考察,先后在广东省二院、广东省惠州市中医院、广东省英德市中医院、湖南省中医院、江西井冈山大学附属医院、湖南省石门县人民医院、江苏海安等医院进行椎间盘病微创技术讲学、手术演示、脊柱微创手术带教。

熟练掌握骨伤科各种创伤急救、四肢、脊柱骨折的手法复位和手术切开复位内固定等技术。精通颈、肩、腰腿痛专科临床诊断与治疗,熟练开展微创多靶叠加技术、后路腰椎间盘镜(MED－Ⅱ)髓核摘除、腰椎间盘切吸、经皮胶原酶髓核溶解术、腰椎板小开窗、腰椎弓根钉内固定等手术,成功治疗各种椎间盘突出患者近万例。吴主任现任中华医学会骨伤科专业委员会委员、医院管理学会常务理事,全国脊柱微创培训中心专家、顾问,培养脊柱微创手术学科带头人100余人,被誉为椎间盘病微创技术的"全国教练"。1997年被江西省卫生厅评为"全省医疗先进工作者",先后在《中国骨伤》、《中医药管理杂志》、《江西医药》、《中国现代疾病诊疗与预防》、《骨伤手册》等权威杂志上发表专业论文12篇。

卓开臣　主任医师

毕业于河南中医学院骨伤系,从事骨科专业20余年。对骨科常规以及疑难杂症的诊断和治疗有着丰富的经验,尤其对颈椎病、腰椎病、颈腰椎间盘突出症,腰椎管狭窄症、风湿类风湿、强直性脊柱炎、肩周炎、半月板损伤、网球肘、滑膜炎、痛风、骨性关节炎、骨质增生、股骨头坏死等有较深入的研究,经验丰富。卓开臣

为了掌握最新治疗颈腰椎病的微创新技术——"AD射频热凝靶点消融术",卓开臣主任刻苦钻研,终成大器,运用这项新技术,造福了无数颈腰椎病患者,背后的艰辛,却鲜为人知。卓主任也是国内最早涉足射频加超氧治疗颈腰椎疾病的专家之一,是国内掌握微创介入疗法治疗颈、腰椎间盘突出症的先驱者,他采用射频加超氧对数千余例颈腰椎患者进行治疗,无一例发生意外,受到业界和患者的高度赞扬。从医20多年他选准治疗骨病作为自己终生的奋斗目标,潜心医学就是为了给老百姓解除疾苦。卓主任在繁忙的工作之余,还不忘提升自己,先后在国家级医学杂志发表论文30余篇,负责主持和参与了医院多项科研项目。

方　针　副主任医师

毕业于天津中医学院,后于北京空军总医院疼痛科进修。从事骨科专业30年,精通脊柱微创介入技术(如射频、臭氧融核、PLDD),擅长治疗颈腰椎间盘突出症、颈肩腰腿痛、类风湿关节炎以及风湿骨病、强直性脊柱炎、肩周炎、半月板损伤、网球肘、滑膜炎、骨性关节炎、骨质增生、股骨头坏死等,临床经验丰富。由于精湛的医术,为无数骨病患者带来健康,于2005年荣获"中华优秀针刀医师"称号。方副主任撰写的论文17篇,先后在《中国针灸》《上海针灸杂志》《天津中医》等省级以上医学刊物上发表,其中一文被"法国医学博士联会"用为法国针灸师培训教材。传略被录入《中国大陆名医大典》《中国医学专家》《中国著作权人档案》等书。

耿　征　副主任医师

常州102医院耿征副主任医师,毕业于华中科技大学同济医学院临床医学系,先后赴武汉大学耿征

第一人民医院进修骨科、上海复旦大学关节镜与运动医学科进修关节镜技术,通过大量的临床治疗,特别是骨关节病的诊断治疗,总结出一套行之有效的治疗与康复方法。在骨病治疗领域取得了突出的成绩。并以专业的水准被评为中华医学会骨科分会关节镜学组委员;全军关节镜与运动医学分会委员;中国康复医学会会员;江苏微创骨科中心学会委员;《临床骨科杂志》常务编委。

耿征主任研究骨病治疗的文章如《半月板损伤的机理与临床研究》、《肩关节、膝关节和髋关节的共同特征》、《滑膜炎的各种疗法探究报告》,多次在国家著名杂志《临床骨科杂志》、《临床骨科学》、《软组织治疗学》等发表文章,并凭借关节镜下清除骨关节炎的基础与临床研究,获科技进步二等奖。多次参加国内骨科学术交流会,参与军区、分部的专业技术比赛,获得医院的嘉奖,在关节病治疗领域享有良好的声誉。

龙代前　副主任医师

常州102医院手足显微外科龙代前副主任,中华医学会会

员,中华骨科学会会员,《实用医学杂志》编委,江苏微创骨科中心学会委员。以优异的成绩毕业于贵阳医学院,从事临床工作10余年,熟悉各种骨科疾病治疗,尤其擅长各平面断指再植,断腕再植,修饰性再造,皮肤软组织创面修复。并对旋转撕脱伤,脱套伤的治疗有独到见解。严谨和专业是他从医的一贯作风,作为医生,"有缘善写红十字,立德常学白求恩"激励他不断发奋向前,他的敬业与专注也得到了许多患者的称赞好评。凭借着多年的临床经验,在骨科治疗领域取得了理想的效果。龙代前副主任在工作之余积极撰写学术论文,并在国内外多家专业期刊上发表具有科研价值的学术性论文数十篇。

武进区人民医院

始建于1949年,是一所集医疗、教学、科研、预防于一体的三级综合医院、国家级爱婴医院。为江苏省首批基本现代化医院、江苏大学附属武进医院、江苏大学硕士点和苏州大学医学院教学医院。先后获全国巾帼文明示范岗、江苏省卫生系统先进集体等荣誉称号。

医院由本部和南院两个院区,为同一法人,实行一体化管理,即人员统一调派、物质统一采购供应、财务一本账。本部地处常州市区,交通便捷,环境优美,占地面积5.6万平方米,开放床位1000张。28层的综合病房大楼设施齐全,拥有中央空调、中心供氧、中心负压吸引、信号系统、视频监控等现代化设施。医疗设备齐全,层流净化手术室和ICU达国际标准,四星级宾馆式特需病房集医疗、保健、休养为一体,门诊建有一站式服务中心。南院位于武进新城区夏城路与滆湖东路交叉口,一期占地100亩,建筑面积5万平方米,床位350张,总投资3亿元。南院综合病房大楼按照"三位一体"的设计理念来建造,门诊楼、急诊楼、住院楼有机融合。各专科设置齐全,南院专家专科门诊设置及医疗技术水平与本部一致,人员由本部统一协调安排。其中,创伤急救中心、血液净化中心是南院特色专科。同时,在南院12楼还设有国际医疗中心和特需病房,除按医疗要求配置相关设施设备外,还设置了外宾专用诊室,满足外宾和特需人群的需要。

全院职工1800余名。其中享受国务院特殊津贴专家2名,国家级、省级有突出贡献中青年专家各1名、高级职称专家150余名、博士、硕士140余名,初步形成知名专家领衔,中青年技术骨干挑大梁的复合型人才队伍。

科室设置齐全,有内、外、妇产、儿、急诊、重症医学、麻醉等14个临床一级科室,12个医技科室。其中内科设9个二级专科,外科设6个二级专科。心内科、心胸外科、肿瘤内科、影像科、检验科、急诊医学科、泌尿外科、神经内科、呼吸内科为常州市临床重点专科,中心实验室已通过国家卫生部的评审验收。

医院积极开展三级综合医院必备诊疗项目,先后开展了冠状动脉造影术、支架置入治疗、埋藏式心脏起搏植入术、先心病介入治疗、脑血管内介入诊断与治疗、睡眠与呼吸障碍疾病的诊疗、胰头癌根治术、腹腔镜胃癌根治术、人工关节置换、重症心脏瓣膜置换及成形术、复杂性先心病的手术矫治、脑动脉瘤手术与介入、脑与脊髓内肿瘤切除术、肾上腺肿瘤切除术、肾癌根治术、经腹腔镜子宫切除术、盆底重建术等300余项。心脏外科五年内完成心脏瓣膜置换300余例,技术省内领先;心脏内科开展心脏介入诊疗手术在市内领先;骨科成立武进脊柱外科中心,每年开展脊柱手术400台。

医院坚持教学科研并进,先后承担江苏大学临床医学本科班专业教学任务以及江苏大学、南京医科大学、苏州大学医学院临床实习,五个专业被江苏大学批准为硕士培养点,拥有硕士研究生导师7名。2007－2012年八十余项科研成果获省、市、区级科技进步奖。医护人员每年在省级以上发表论文200余篇。

六十多年来,医院始终坚持"以病人为中心"的服务宗旨,竭诚为常武地区人民提供优质、安全、高效、便捷的医疗服务,努力为广大人民的健康事业作出应有的贡献。

扬　州　市

苏北人民医院

又名扬州大学医学院附属医院、扬州大学临床医学院、扬州市红十字中心医院,成立于1900年,位于历史文化名城扬州市中心位置。与扬州大学城和著名的蜀岗瘦西湖风景区相邻,是江苏省扬州地区历史最久、规模最大、功能最全的一所综合性医院,也是该地区的医、教、研中心。1994年被卫生部首批授予三级甲等医院,是卫生部国际紧急救援中心网络医院。连续被评为江苏省"十佳医院",江苏省"文明单位",江苏省"文明单位标兵"。

医疗条件医院占地8万平方米,建筑面积12万多平方米。医院固定资产近5亿元,设备总值近2.8亿元,其中有多层螺旋CT、1.5T双梯度核磁共振、高能直线加速器、模拟机、DSA、SPECT、全自动生化分析仪、多维彩超及超声心动图机、超声聚焦刀、准分子激光机、数字化X线摄片系统(DR),全视野数字化乳腺钼铑双靶DR机,数字胃肠机等百万元以上设备20多台(套),流式基因芯片、体外碎石机、主动脉内球囊反搏仪、体外循环机、关节镜、椎间盘镜、腹腔镜、鼻腔镜系统、多功能麻醉工作站、流式细胞分析系统、药物浓度检测仪等10万元以上设备380台(套)。院图书馆拥有中外文图书5万余册、期刊500余种,可进行微机查询和光盘及网上数据库检索。

医院实际开放1800多张,在岗职工1870名,有高级职称305名,医学博士65名、硕士370名,有10人享受政府特殊津贴,20人被评为省、市中青年专家,有80多位专家在全国或省级各学术团体中任职。医院临床医技科室齐全,有省级临床重点专科8个,市级临床重点专科16个,国家级药物临床试验科室(专业)9个,国家级内镜诊疗技术培训基地6个。现有国家级博士后工作站1个,医学博士、硕士培养点20余个,博士、硕士研究生导师50余人。2010年,开展新技术、新项目一百多项,获市级以上科技奖26项。

医院编制床位900张,实际开放1300多张,承担着该市及周边地区千万人的医疗和保健任务。2007年门、急诊近103万人次,收治住院病人近4万人次,手术病人近1.4万多人次。承担着扬州大学医学院7000多学时和扬州环境资源学院1000多学时的理论教学任务,接受南京医科大学、扬州大学医学院、第二军医大学南京医学院、徐州医学院、安徽蚌埠医学院等各类院校实习生250余名,进修生180余名。2006年,开展新技术、新项目近百项,获市级以上科技奖36项。

百年历程 1949年7月,苏北人民行政公署接管江苏省立扬州医院从宜兴和桥镇迁至泰州,改名为苏北人民医院。8月,举行苏北人民医院成立大会,苏北行署主任惠浴宇、地委书记陈扬到会讲话并与全体工作人员合影。门诊部和行政办公设在泰山临湖禅寺,病区借用泰州福音医院部分房屋开诊。

1950年1月,苏北人民医院随苏北行政公署移驻扬州,迁入北河下原江苏省立扬州医院旧址。同年12月,苏北行署卫生局卫政字第114号通知:"苏北人民医院为教学医院,培养中级医卫人员,为全区专科治疗中心"。1951年12月,苏北行政公署苏人字第630号通知:"苏北第一护士学校与苏北助产学校改归苏北人民医院领导,由院长邢白兼任该两校校长;医务主任夏元贞兼任该两校副校长。"

1952年10月,苏北人民医院迁入扬州浸会医院旧址。有综合楼1幢、平房4座、西式两层住宅楼6幢,建筑面积近5000m^2。为适应医疗教学需要,同时批准扩征土地,以扬州浸会医院旧址为基础,南通路以北、屈巷以西、淮海路以东为医疗区,浸会医院旧址以北为教学区。

1953年建省后,苏北人民医院隶属江苏省卫生厅。1956年3月,江苏省人民委员会通知:"苏北人民医院移交扬州专员公署领导,并担负扬州专区中心卫生院的医疗任务,原名称不改"。1958年,扬州卫校升格为扬州医学专科学校,1959年7月扬州专员公署通知决定,苏北人民医院改为扬州医学专科学校附属医院。1962年,扬州医学专科学校停办,医院恢复苏北人民医院名称,江苏省卫生厅核定病床420张,编制1:1.2,精简下放58人,实有人员521人。1965年,医院设12个病区,西医一级科9个,二级专业分科9个;中医一级科2个,二级专业分科7个。

1966年下半年,"文化大革命"开始。1967年,工宣队、军代表进驻医院。1968年3月,经扬州专区革命委员会批准,成立苏北人民医院革命委员会。1969年12月,扬州专区革命委员会决定,为"把医疗卫生工作的重点放到农村去",扬州卫生学校教工与医院医务人员合编在一起,下放179人,随带病床200张,以及与病床相配套的全部设施。

1970年1月,苏北人民医院改名为扬州专区人民医院,扬州卫生学校为医院附属卫校。1972年,扬州专区改名为扬州地区,医院随之改名为扬州地区人民医院。这时候,全院设8个病区,病床240张,临床科发挥一专多能,不再明确划分专科。

1978年,中共十一届三中全会以后,苏北人民医院各项工作逐步恢复,事业有较快发展。1979年1月,扬州医学专科学校恢复办学。1980年1月,扬州地区行政公署批准,扬州地区人民医院为扬州医学专科学校附属医院,扬州地区人民医院名称不变。

1982年,医院病床增加到450张,13个病区,职工735人,床位与人员比例为为1:1.63。临床科室中,中医保持"文化大革命"前的原有科室,西医二级专业科比原来增加6个,还新增了同位素室和放疗室。1983年6月,扬州市人民政府通知,扬州地区人民医院改名为扬州市苏北人民医院。1984年10月,江苏省人民政府通知决定,扬州市苏北人民医院改名为扬州医学院附属医院,关于附属医院管理体制,待省高教局、卫生厅同扬州市商议后报省审批。后经省、市商定,一个单位两块牌子,扬州市苏北人民医院承担全市范围及毗邻地区人民的医疗、预防任务,同时承担附属医院的教学、科研任务。

1985年起,苏北人民医院进一步深化以综合目标责任制为主要内容的改革,开展"白求恩杯"竞赛、"文明医院"创建等活动,不断进行理想、纪律、职业道德教育。医院连续5年获省"文明医院"称号,多次被市、区政府授予"文明单位"、"卫生模范单位"、"老龄工作先进集体"、"巾帼建功先进单位"、"市卫生系统先进党委"等荣誉称号。

1991年4月,在创建文明医院的基础上,全省实施医院分级管理,开展等级医院创建和评审工作。医院经过三年多的艰苦创建,1994年7月,以优异成绩通过三级医院基本标准评审。同年10月,通过省医院评审委员会组织的三级医院分等标准评审,经厅长办公会议审定,1994年12月26日,卫生厅苏卫医(94)30号文件通知,确认扬州市苏北人民医院为"三级甲等"医院。并获得卫生部统一颁发的"三级甲等医院"证牌。

1994年12月,全院职工930人,编制床位550张,实际开放床位600张,13个病区,4个研究室,1个放射免疫检测中心,36个专业科。其中消化内科、妇产科是市级重点专科。万元以上设备有164台,总价值2281万元。年门诊50万人次,年住院1.2万人次。理论教学方面每年完成医学院2300多学时、扬州卫校1500多学时任务。

1992年扬州大学合并办学,扬州医学院更名为扬州大学医学院,扬州医学院附属医院更名为扬州大学医学院附属医院,1995年1月10日,医院举行庆典活动,在"三级甲等医院挂牌、ECT开机、老干部病房楼封顶"的同时,举行"扬州大学医学院附属医院"挂牌仪式。

1996年,新扩建的老干部病房、维修后的院办公楼、干部病房楼、职工食堂多功能厅等一批工程相继竣工并投入使用,医院就诊环境进一步改善。先后开设腹泻病门诊、离退休老干部家庭病房、成立"绿色救护小组"、开通与华山医院远程会诊系统、开放儿科日间病房、实行门诊联班工作制、实施计算机网络管理等,医疗服务质量明显改善。

1997年4月,经扬州市人民政府批准,同意将扬州市苏北人民医院恢复为江苏省苏北人民医院。10月6日,澳大利亚汉密尔顿医院董事长沃特,医务处、护理部主任等一行8人对医院进行为期6天的参观访问,洽谈建立友好医院事宜。10日下午签订友好医院协议书,同时举行友好医院揭牌仪式。11月7日,中美合作江苏省苏北人民医院眼科中心成立。医院对外交流揭开新的一页。

1999年1月26日,医院被卫生部认定为"卫生部国际紧急救援中心网络医院",为境外人士提供医疗紧急救援服务。1999年4月26日,扬州大学通知,将"扬州大学医学院附属医院"更名为"扬州大学临床医学院"。2000年6月2日,医院举行"第二军医大学南京军医学院教学医院"挂牌仪式。6月19日,美国乔治亚洲医学代表团来院访问,开学术讲座,并派6名实习医生至口腔科、护理部、中心实验室、检验科短期实习。

至2000年底,苏北人民医院既是扬州大学临床医学院,同时也是扬州市红十字中心医院、卫生部国际紧急救援中心网络医院以及南京医科大学、徐州医学院、蚌埠医学院等省内外15所医药院校教学医院，成为一所集医疗、教学、科研、预防保健为一体的综合性三级甲等医院。医院占地7.81万平方米，建筑面积6.39万平方米，医疗设备总值5000余万元，其中百万元以上设备9台(套)，10万元以上设备54台(套)。全院职工1184人，卫生技术人员1012名，其中高级职称152名，中级职称283名，有6人被聘为硕士研究生导师，40多位专家在全国或省级各学术团体中任职。设有职能科室20个，一级专业学科18个，二级专业学科24个，临床教研室、研究室和专业实验室17个，全市的眼科中心、放射免疫检测中心附设于院内。编制床位600张，实际开放770张，承担全市及毗邻市县近千万人口的医疗和保健任务，年门、急诊65万人次，收治住院病人1.7万人次。年承担扬州大学医学院4000多学时和扬州卫校2000多学时的理论教学任务，接收各类院校实习生240余名，进修生140余名。先后获市级以上科技进步奖200余项，在国内外专业杂志上发表学术论文2300余篇。

苏北人民医院呼吸内科现有固定床位43张，专科医生12人，护士13人，其中主任医师3名，副主任医师5名，硕士研究生2名。年门诊1万6千余人次，出院16000余人次。拥有专科病区、气管镜室、肺功能室及雾化治疗中心等4个组成部份，形成了以哮喘、肺癌及呼吸衰竭为主要研究方向的全方位发展的临床科室。其拥有进口纤维气管镜3台及配套的数字图象显示仪1台、全功能肺功能仪2台，呼吸机4台，多功能监护仪3台，掌上血气仪1台，压缩雾化治疗机6台，以及膈肌起搏器、高频通气机、胸腹治疗仪、超声检查仪等多种呼吸系统疾病必备的检查及治疗设备。最早在扬州开展肺功能、纤维支气管镜、胸腔镜、过敏原皮试、机械通气、经皮肺活检、哮喘及慢支的雾化治疗等多项研究及治疗技术。能熟练处理大咯血、气胸、重症哮喘及呼吸衰竭等急诊，多功能呼吸机的临床应用以及经纤维支气管镜诊断、灌洗、异物钳取和气管支架置入等技术的广泛应用，极大地提高了监护和抢救能力。苏北医院呼吸内科室还承担扬州大学医学院诊断和呼吸内科的理论教学和实习任务，接受南京医科大学等多所学校的实习生和一级、二级医院进修医师以及呼吸专科进修医师的培养任务，承担本地及邻近地区的医疗会诊。近10年来，本科主持省市级科研课题10余项，获科技进步奖13项，发表学术论文130余篇。在十五计划中，本科全体同志将倍加努力，在医、教、研等方面争取上一个新台阶。

苏北人民医院急诊与危重医学科是省内较早建立并发展为独立科室的急诊医学科。有良好的人才梯队，现有主任医师1名、副主任医师4名、主治医师2名、我科设急诊监护病床8张、开放床位50余张，拥有多台各种先进的监测治疗设备，承担医院内外大量危重病救治任务。急诊与危重医学科建科10余年来，在学科带头人夏仲芳主任、徐继扬主任医师带领下，全科同志勤奋工作、锐意进取，紧跟国内外学科最新进展。在多发伤合并多脏器功能不全的救治，各类急性中毒性疾病的诊断治疗，多发性急性肺水肿、重症脑血管病、重症胰腺炎合并多脏器功能不全、心肺脑复苏等方面的救治积累了丰富的临床经验，取得了令人瞩目的成果，如急性有机磷农药中毒，抢救成功率达95%以上，居国内先进水平，成功救治一名心电静止155分钟的患者，无后遗症实属罕见；在市内率先开展了有创血流动力学监测，在指导危重病救治方面取得了重要突破，发挥了重要作用。本科在呼吸支持技术、ARDS的保护性肺通气、血液净化技术、营养支持、抗感染治疗等方面达较高水平，为许多重症患者赢得了生机。在全科同志努力下，收治病人数不断增加，全科出院人数近2000人，在省内享有较高知名度。夏仲芳主任担任江苏省中西医结合学会急诊专业委员会副主任委员、江苏省医学会急诊分会委员、华东地区危重病协作组委员、扬州市急诊与危重病专业委员会主任委员，徐继扬副主任担任江苏省医学会急诊分会危重病学组委员，扬州市急诊与危重病专业委员会副主任委员。在承担本科大量危重病救治工作同时，还承担了基层医院急诊急救的指导工作及会诊任务，辐射面达苏南苏北。近年来，苏北医院急诊科还承担了扬州大学医学院研究生班、危重病医学本、专科班及内科理化疾病的教学任务，同时承担大量各医学院实习医师及基层医院进修医师的临床带教工作，在做好教学工作的同时，科内积极开展科研，获市科技进步奖，并有数十篇论文在省级以上杂志发表。

苏北人民医院麻醉科作为扬州市医学临床重点专科的江苏省苏北人民医院麻醉科始建于上世纪五十年代，经过近60年的不懈努力，从建科初期的几人，临床麻醉主要由护理人员承担发展到现在，全科共有医护人员30人，医生26人，护士4人。其中博士生1人，硕士研究生5人，本科学历20人，具有高级职称8人，中级职称16人。由于麻醉科的日常工作涉及到内、外、妇、儿、五官等学科的诸多病种，病人年龄的跨度从出生几小时到近百岁，并且除原发病外，往往伴有高血压、冠心病、糖尿病、肝肾功能障碍。因此要求麻醉科医生不仅要有精湛的本专业知识和技能，而且要具有以上多学科的丰富知识，在手术科室治疗原发病时，麻醉科医生要发挥对呼吸，循环、内分泌、体液、内稳态调节等知识掌握较为全面的特长，对手术病人的生理机能进行监测、调节和控制，以保证手术能安全顺利地进行，为外科手术保驾护航。麻醉科的年麻醉人次9000余例。技术能力能满足外科手术麻醉的需要，能够独立开展体外循环心内直视手术、不停跳冠状动脉搭桥术、先天性心脏病介入治疗、以及腹腔镜手术、神经外科、脑肿瘤切除、脑血管病手术、眼耳鼻喉、口腔科、普通外科(肝胆脾胰切除)、胸外科(纵隔肿瘤、食管癌、肺切除等)手术的麻醉，对一些疑难危重病人亦能正确地施行麻醉，如嗜铬细胞瘤切除、重症肌无力胸腺瘤切除、原发性醛固酮增多症、柯兴氏综合症、垂体瘤切除术等，配合相关科室开展了同种异体、亲体肾移植，肝移植等脏器移植手术的麻醉。作为麻醉学科的一个领域——重症监测治疗病室，它集中了技术全面的医生和品质卓越的设备，对危重病人进行监测和治疗，以及对心跳呼吸骤停的病人进行心肺脑复苏。麻醉科医生谙熟呼吸、循环、体液、内稳态的知识，以及操作呼吸机等各种监测治疗的设备，从而在救治危重病人的过程显示出其突出的作用。除临床麻醉、疼痛诊疗外，我科积极配合各科危重病人的抢救及治疗，提高了抢救的成功率。

麻醉科医生在进行麻醉时，如果不能恰当地掌握麻醉深度，势必将加重病人原有的疾病对机体的生理机能的扰乱，因此麻醉过程必须实时地监测病人的呼吸、循环、内分泌、体液、内稳态等生理机能指标，并调节好这些参数，使病人能无痛安全地进行手术。在搞好医疗工作的同时，苏北医院麻醉科承担了扬州大学医学院不同层次的教学任务，以及南京医科大学，徐州医学院等高等院校的学生实习带教，并承担了下级医院进修生的培养，每年约有10余人次。全科医生重视科教兴科，认真学习先进的知识和技术，积极撰写论文，每年在省级以上杂志上发表论文3－5篇，有5项科研获市局科技奖。

苏北人民医院泌尿外科成立于1952年，当初仅有5张床位1名普外科兼职医生，逐渐发展到如今拥有床位20张，主任医师1名、副主任医师3名、主治医师3名、住院医师1名、专职碎石护师1名，其中博士生1人，其它人员均具有本科以上学历，且经过专业进修培训。从初期进行专科小手术，发展到现在开展了几乎泌尿外科全部手术，每年住院手术例数在400余例，包括较大的手术，如：肾癌根治术、腹膜后淋巴结清扫术、全膀胱切除术、尿道改道术，每年肾上腺嗜铬细胞瘤、原醛等手术都达几十例次。近几年开展了经尿道前列腺、膀胱肿瘤电切术，如今又开展了汽化术，大大提高了手术成功率，减少了病人的痛苦，同时开展了肾外伤后介入疗法，行血管栓塞治疗；对女性尿失禁行改良膀胱颈悬吊术，改善了生活质量。特别从1978年在谢桐教授帮助下，在我院开展了首例同种异体肾移植手术，取得成功，在省内泌尿外科处于较领先地位。近两年来我科两次掀起肾移植手术高潮，2000年一年就达10例次，手术日趋成熟，人/肾成活率均在较高水平。我科从1996年引进体外震波碎石机一台，成立碎石中心，每年碎石在400人次以上，避免病人因泌尿系结石而手术治疗的痛苦。我科现拥有多种先进仪器设备，如膀胱镜、前列腺汽化仪、尿流率测定仪等，为开展临床医疗、科研教学以及开展男性学研究、治疗工作奠定了基础。苏北医院泌尿外科成立后有数十篇学术论文在省级以上杂志发表，获得江苏省卫生厅科技进步二等奖2次，获得扬州市政府科技进步三等奖3次，目前正申报省市重点专科及申报硕士研究生点。该科常年担任扬州大学医学院医学系、妇产系、中医系、护理系的本、专科泌尿外科专业理论课及部分外科总论课，承担多所医科院校的临床教学任务，同时每年接受下级医院多名专科医生进修任务。该科担任了中华医学会江苏省分会、泌尿外科分会、器官移植分会委员，为不断提高扬州泌尿外科整体学术水平及对外交流做出了贡献。

苏北人民医院神经外科是扬州市医学重点专科，全科有专科医生14人，其中主任医师2人，副主任医师7人（博士2人，硕士4人），主治和住院医师5人（博士1人，硕士4人）。苏北医院神经外科始于1961年，1965年初具规模，1971年建制设科。建科以来，经几代人的不懈努力，专科诊治水平不断提高，1998年以来所开展的技术项目达到部颁“三级甲等医院”的标准；近些年来，我科收治的病种结构有了质的改变，脑病已经超过收治病人的半数以上，择期手术数也超过急诊手术。1995年起该科广泛应用显微神经外科技术，成长起一批熟练掌握显微神经外科技术的医生队伍，手术质量有了质的飞跃。在此基础上，我科着力开展微创神经外科手术并逐渐形成特色，治疗病种包括颅底肿瘤、脑室肿瘤、海绵窦肿瘤、脑动脉瘤和动静脉畸形、脊髓肿瘤等的手术治疗、三叉神经痛和面肌痉挛等的微血管减压手术治疗，许多项诊疗项目为扬州市最早开展，如经胼胝体入路三脑室肿瘤切除术、经颞底锁孔入路海绵窦肿瘤切除术、经半椎板锁孔入路椎管内肿瘤切除术、经枕后锁孔入路脑干肿瘤切除术、经锁孔入路颅内动脉夹闭术、颈静脉孔肿瘤切除手术、岩斜区肿瘤切除手术、经单鼻孔一蝶窦入路垂体瘤切除术等。显微颅内动脉瘤夹闭术获02年扬州市新技术引进一等奖、应用锁孔技术治疗颅内肿瘤获05年扬州市新技术引进二等奖；经眶上眉弓入路治疗大型垂体肿瘤获05年江苏省新技术引进二等奖。苏北医院神经外科重视科研工作，承担省科技厅立项资助科研项目2项，市科技局立项资助科研项目5项。近5年底，我科在全国及省级学术期刊上发表学术论文近40篇，获市级科技进步奖5项。该我科还承担扬大医学院的本科和硕士研究生的课堂教学及扬大医学院、南京医科大学、东南大学、徐州医学院、镇江医学院等多所医学院校的临床实习带教任务。

苏北医院烧伤整形科系扬州市临床重点专科，建立于上世纪70年代末期，编制床位33张。现有主任医师2名，副主任医师3名（分别在上海瑞金医院、上海第九人民医院、长征医院烧伤整形科进行过进修深造），主治医师3名，住院医师1名，另有护理人员18名，其中副主任护师1名，主管护师5人。科室拥有世界上治疗大面积烧伤的先进设备——烧伤悬浮治疗床1张，另拥有烧伤远红外治疗仪2台，心电监护仪2台，烧伤翻身床5张以及显微镜、高频呼吸机、高频电刀等烧伤整形治疗设备。该科建科20多年来，全科医护人员不断改善服务态度，提高医疗质量，精心治疗每一个病人，已先后治愈1万3千多名烧伤患者，治愈率达99.5%。近十几年来，该科医护人员努力学习和应用本专业国内外新技术，开展了早期切痂、异种(体)皮自体皮混合移植以及微粒植皮治疗大面积烧伤、应用各种转移皮瓣修复功能部位深度烧伤等先进技术，使烧伤的治疗水平有显著提高，基本达到国内先进水平，受到了上海、南京等地同行专家的肯定和好评。另外该科还开展各种烧伤疤痕畸形的整复、巨乳缩小、耳、阴茎、鼻梁再造、面部除皱、垫鼻梁、双眼皮等整形美容手术。该科下设的整形美容中心，自成立3年来，整形美容业务越做越大，目前已在扬州及周边地区具有一定影响。该科医护人员平时还积极开展临床科研工作，近十几年来，先后承担省、市级科研课题8项，获省、市级科技进步奖12项，在省级以上杂志发表科研论文120多篇

苏北医院神经内科创建于1963年，在经历38年的发展中，神经内科进入了快速发展阶段，在我市最早建立电生理检查室，神经实验室，癫痫病治疗中心，在医院配备核磁共振、螺旋CT、DSA等大型医疗设备的基础上，神经内科相继装备了进口脑电图、脑地形图、肌电图、脑室诱发电位、经颅多谱勒超声仪、进口智能呼吸机、脑反射仪等一批先进仪器，在条件相对现代化的病区中设有专科病床46张。神经内科有一支较高素质的技术骨干队伍，其中有正副主任医师8人，正副教授3人，博士后1人，硕士及在读硕士生6人，在临床、科研、教学等各个方面取得了显著成绩，已步入全省先进行列，被市科委列为重点发展科室，被扬州大学授予硕士点，每年招收数名硕士生。在急性脑血管病的基础研究及抢救、神经系统疾病、癫痫心肌病的诊断与治疗、神经介入诊断与治疗等技术居全省先进水平，部分技术已达国内先进水平。该科先后承担了世界卫生组织与卫生部合作项目、省科委、省教委、市科委及扬州大学共10余项科研项目，并获得市以上科研成果16项，在省级以上学术刊物上发表论文80余篇，多次主办或承办全国、省市神经病学学术年会，还承担了扬州大学医学院、江苏省继续教育讲

习班,市卫生局委办的内科进修班的教学任务。神经科技术的提高与发展,吸引了大批来自四面八方的病人前来就诊,每年门诊病人约20000人,住院病人1000余人,该科已成为扬州及周边地区神经科临床科研教学的中心。

合作交流

江苏省苏北人民医院胸心外科创建于1956年。在60年代即开展二尖瓣闭式交界分离术,缩窄性心包炎的心包剥脱术等手术,80年代始开展体外循环下心脏直视手术,普胸手术则更是在省内独树一帜,具有相当大的影响力。胸心外科一贯注重临床科研工作,目前已形成器官移植、胸部肿瘤、心脏疾病三大研究方向。在器官移植基础研究方面,"生物材料人工气管的实验与临床研究"获国家自然科学基金和省卫生厅医学重大课题资助,"肺移植实施肺保护的基础与临床研究"获省"135"课题资助。在胸部肿瘤基础与临床研究方面,承担省科技厅项目4项,包括"联合应用cDNA微阵列和组织微阵列技术构建原发性支气管肺癌基因表达谱"、"肺叶切除术后右心功能的评价和无创监测"、"食管贲门癌细胞免疫反应与生物学特性和预后相关性研究"和"人肺癌裸鼠移植瘤模型建立及端粒酶核酶基因治疗";在心脏疾病研究方面,"人工瓣膜表明改性的研究"获铁道部科技基金资助。先后获江苏省卫生厅新技术引进奖、扬州市政府科技进步奖30余项,在国内外发表学术论文近300篇。核心期刊《创伤外科杂志》编委1人,《实用医学杂志》编委1人,参编《袖珍临床急诊手册》1人。1人获"扬州大学课堂教学质量评比"一等奖。近年来,我科先后与美国华盛顿大学、加拿大多伦多大学、德国GIESSEN大学和印度Madras Medical Mission等国家的肺移植和心脏中心建立了广泛的学术交流与合作,聘请亚洲胸心外科协会副理事长、印度心脏外科协会主席K. M. Cherzan教授和德国GIESSEN大学Paul. Vogt教授为客座教授。已成功举办了两届扬州国际心血管病研讨会暨省级胸心外科新进展学习班,进一步展示了该科在临床、科研和教学等方面的综合实力。

医院地址:江苏省扬州市南通西路98号。

扬州市第一人民医院

江苏省扬州市第一人民医院始建于1960年,位于历史文化名城扬州的东部,著名的古运河畔,占地面积3.5万平方米,医疗用房4.88万平方米。1996年医院被扬州市卫生局确定为扬州市内儿科专业进修基地,1998年通过江苏省教委、省卫生厅附属医院资格评估,成为东南大学医学院附属医院,2003年与扬州大学医学院建立了附属医院关系,成为扬州大学第二临床医学院,承担着两所医学院的部分理论课教学及多所医学院校的临床实习带教任务。2003年底医院通过了ISO9001:2000国际质量管理体系认证,取得国家注册认证证书。2004年医院通过江苏省三级医院分等标准评审,跻身于全省十二家三级甲等综合性医院的行列。

该院系东南大学医学院附属医院、扬州大学第二临床医学院,是一所集医疗、教学、科研、急救、预防为一体的综合性三级甲等医院。2003年,通过了ISO9001质量管理体系认证,并取得国家注册认证证书。医院在注重质量内涵管理,提升医疗技术水平基础上,切实加强医院精神文明与文化建设,多次被评为省、市文明单位,获得"全国精神文明建设工作先进单位"和"全国文明单位"称号2006年,根据扬州市委市政府"拓宽思路、整合资源、明确主体、优化服务"要求,与扬州市第四人民医院实施了医疗资源整合,独立承建西区分院(原南方协和医院)。全院现有在职员工1166人,省市突出贡献的中青年专家11人,享受政府特殊津贴的专家4人,中高级卫技人员607人,其中医学博士31人、硕士生导师19人;设立病区22个、临床医技科室50个,开放床位934张,年门诊量60万人次、收治住院病人2.68万人次;拥有各类先进仪器设备489台(套),其中1.5T高场核磁共振、多排高速螺旋CT、DSA、直线加速器、超声刀、人工心肺机、多功能麻醉机、全自动生化分析仪、64导电生理仪、三维立体心脏彩色多普勒超声仪、超细电子胃镜、电子腹腔镜、前列腺电切镜等设备处于国内和省市领先水平。

医院始终注重专科内涵建设,先后成立了心血管病急救中心、儿童医学中心等10余个专科诊疗技术中心;心血管内科成为江苏省首批临床重点专科,影像科成为省级临床重点学科;神经内科、消化内科、呼吸内科、普外科、骨科、妇产科、儿内科、耳鼻咽喉科、医学检验科成为扬州市临床重点专科。面中份凹陷假体植入修复术、颧弓颧骨成形术等多项技术填补了省内空白;冠状动脉左主干内支架植入术、大血管覆膜支架植入术、脑血管病介入治疗、妇科内窥镜治疗恶性肿瘤、鼻内镜下经鼻腔、蝶窦垂体肿瘤切除术等达到省内先进水平。肿瘤放化疗技术、心脏外科手术、肝胆外科手术、外科腹腔镜治疗技术、脊柱脊髓病诊疗技术、前列腺电汽化治疗技术、高危妊娠的处理、危急重症患儿的急救技术、头颈外科整形技术、眼科准分子激光治疗技术在区域内都颇具特色。

医院拥有国际先进的1.5T高场核磁共振、多排高速螺旋CT、DSA、超声刀、人工心肺机、多功能麻醉机、全自动生化分析仪、32导电生理仪、三维立体心脏彩色多普勒超声仪、电子胃镜、流式细胞仪、基因扩增仪、药物浓度测定仪、电子腹腔镜、前列腺电切镜等先进设备489台(套),总值1.63亿元,总资产4.1亿元。

医院在专科建设和技术发展上成绩斐然。心血管内科是江苏省临床重点专科,影像科为江苏省临床重点学科。神经内科、呼吸科、妇科、儿内科、耳鼻咽喉科是扬州市临床重点专科。消化科、心脏外科、肝胆外科、骨科、外科腹腔镜治疗技术、体外震波碎石、前列腺电汽化治疗、头颈外科整形技术在本地区颇具特色。

医院以"引进一个博士,建立一个中心、购买一批设备、新上一批项目、创出一批成果、造福一方病人、拓展一块医疗市场"为经营理念,先后成立了江苏省肝脏移植中心扬州分中心,心血管病急救中心、脑血管病急救中心、慢性阻塞性肺病防治中心暨重症呼吸监护室、糖尿病诊治教育中心、湘雅心血管病研究所——扬州市第一人民医院先天性心脏病手术中心、脊柱关节外科中心、妇科腔镜中心、儿童医学中心、上海第二医科大学附属第九人民医院扬州市第一人民医院口腔颌面——头颈外科协作中心,医学影像中心,中心实验室等。医院核定床位800张,开放床位900张,设有22个病区,2个研究所(东南大学心血管疾病研究所、东南大学脊柱关节外科研究所),50个临床医技科室,职工1009人,其中高、中级卫技人员457

人,医学博士20人,硕士生导师7人,江苏省"135"工程医学重点人才1人,重点培养对象1人,江苏省"333"工程学术技术带头人5人,有突出贡献的中青年专家9人,享受政府特殊津贴的专家4人。年门诊量近50万人次,年收住院病人2.2万余人次。医院核定床位800张,开放床位900张,设有22个病区,2个研究所(东南大学心血管疾病研究所、东南大学脊柱关节外科研究所),50个临床医技科室,职工1009人,其中高、中级卫技人员457人,医学博士20人,硕士生导师7人,江苏省"135"工程医学重点人才1人,重点培养对象1人,江苏省"333"工程学术技术带头人5人,有突出贡献的中青年专家9人,享受政府特殊津贴的专家4人。年门诊量近50万人次,年收住院病人2.2万余人次。

心血管内科

医院心血管内科成立于1985年,2002年晋升为江苏省级重点专科,2004年组织成立了东南大学心血管病研究所。科室有具有教授1名,主任医师3名,副主任医师3名,其中医学博士4名,硕士5名。3人被评为省突击贡献的中青年专家,省"135工程"医学重点人才1人,省"333工程"培养对象2人。科室构成包括普通病房、CCU病房、心功能室、心导管室和超声心动图室,医疗设备均达到国内先进水平。常规开展永久埋藏式心脏起搏器安置术,射频消融根治快速性心率失常,急诊PTCA冠脉内支架安置术。二尖瓣狭窄球囊扩张术和先天性心脏病的介入治疗,急性心肌梗塞抢救成功率达到国内先进水平。

呼吸内科

医院呼吸内科成立于1983年,是扬州市重点专科,具有完善的临床,教学和科研体系。现有主任医师1名,副主任医师4名,设重症呼吸监护中心(RICU)、呼吸病研究室、支气管镜室、肺功能室,拥有带显像系统OLYMPUSP30型纤维气管镜、德国耶格公司产Jaeger肺功能仪、美国Agilent公司产全功能监护系统等先进仪器设备,在开展疑难危重病人的诊治研究方面实力雄厚。在扬州市率先开展了纤支镜插查,经纤支镜肺活检,注射药物止血,经纤支镜肺癌介入治疗,纤支镜代替胸腔镜对胸腔积液和气胸的病因诊断和治疗,经纤支镜置气管支架术。在CT导向下经皮肺活检,肺癌的介入治疗和大咯血的介入治疗,慢性阻塞性肺疾病的各种检查和治疗等达到扬州市领先水平。

消化内科

医院消化内科成立于1982年,现有主任医师4位,副主任医师6位,医学博士1位,医学硕士6位。已开展消化内科领域内各类工作,包括各项消化内镜的诊断和镜下治疗。拥有电子胃、肠镜,十二指肠镜及各种治疗附件,内窥镜彩色电脑处理系统,高频电发生器等先进仪器。已常规开展及相关镜下治疗,包括逆行胰胆管造影、各种胆管内引流术、十二指肠乳头切开取石,内窥镜下消化道息肉套切、镜下止血、注射药物,胃镜食道良恶性狭窄扩张术以及食道内金属支架置入术,无痛胃、肠镜检查等。取得良好疗效,并建立了全国首家流动胃镜室,为基层患者服务。

神经内科

医院神经内科成立于1980年,是扬州市重点专科,拥有独立病区及脑血管病急救中心,现有主任医师5位,副主任医师2位,其中医学博士1位,市级有突出贡献中青年专家2人,享受国务院特殊津贴1人。科内设有脑血管病抢救中心、神经病学研究室、脑电图脑地形图室、肌电－诱发电位室、经颅多普勒室、微循环检查室、高压氧室、康复治疗室等,在脑、脊髓、周围神经及肌肉等各种疾病的诊治及脑血管病介入、康复治疗中有丰富经验。

骨　科

医院骨科成立于1974年,已渐形成以脊柱外科、创伤修复重建外科、关节外科为专业特色的临床专科。2003年脊柱关节外科成为扬州市医学领先专业,2004年建立了东南大学脊柱关节外科研究所。现有主任医师3位,副主任医师7位,医学博士2名。脊柱外科是本科的最大特色,可常规开展前路颈椎的环锯法和开长窗减压术、后纵韧带骨化切除术(前后路)、各种内植物植入术等。同时,该科还可开展关节镜下的手术,重度DDH的髋关节重建,人工关节翻修术,膝关节严重畸形的关节置换手术,肿瘤切除后假体重建,外伤或肿瘤切除后骨与软组织缺损的修复等高难度手术。

妇　科

医院妇科的前身是苏北地区妇幼保健院,建于1950年,现有主任医师4名、副主任医师16名。科室拥有全套妇科内窥镜、阴道B超、Leep刀等诊疗仪器设备。除开设普通妇科门诊外,还设有生殖内分泌、肿瘤、不孕不育、、宫颈疾病、性病诊治等专科特色门诊。2001年医院成立了妇科内窥镜中心,2002年成为扬州市重点专科。临床上除全面开展妇产科疑难杂症手术外,还开展瘤体缩减术,结肠代阴道术,腹腔镜下妇科恶性肿瘤根治术、子宫多发肌瘤剔除术、卵巢肿瘤切除术,宫腔镜下赘生物及粘膜下肌瘤切除术,广泛性全子宫切除术及盆腔淋巴清扫术,月经过多去内膜治疗,输卵管阻塞插管治疗和输卵管造口术,人工授精等先进医疗技术。

颌面头颈外科:扬州市第一人民医院颌面头颈外科开展已四十余年,在省内及全国享有盛誉,拥有扬州市口腔医学会主任委员1名,医学博士一名,主任医师3名,副主任医师2名;其中主任医师。本科以面部整形及头颈部肿瘤诊治为主要特色,在国内首创"体外头面骨重塑—面形再造术"治疗严重面部畸形患者,既提高了手术预测的准确性,又最大限度地减少了手术创伤。面部骨架的整形、头颈部晚期肿瘤的根治、游离皮瓣移植修复技术、颅颌面联合根治术、颈内动脉重建术、卵巢颈部移植手术等均为本科专业特色。

影像科

医院影像科是省级重点学科及扬州市重点专科,具有良好的学术传统和严谨学风,目前拥有美国通用(GE)公司1.5T高场磁共振、8层16排高速螺旋CT机、LCVPLUS数字减影血管机、美国惠普公司HP8500GP彩色多普勒超声诊断仪、GE及岱嘉影像存储及通讯系统(PACS)等一整套国内一流省内领先的影像设备。影像科中高级职称人员35人,其中博士5人,江苏省"333"工程学术技术带头人2人,江苏省放射诊断学会常委、市放射专业学会主委1人、市超声专业学会副主委1人、省中西医结合影像学会委员会1人。该科新生儿颅内损伤的CT诊断研究,课题"新生儿蛛网膜下腔出血的CT诊断分型与特殊征象研究"获江苏省政府科技进步奖;开展了CT导向下实质脏器穿刺或造瘘和骨骼穿刺活检,腹腔神经丛阻滞,胆道梗阻外引流等介入项目,处于国内先进水平;该科较早开展无创性冠状动脉成像的研究,目前已积累了一定的病例,并获省卫生厅新技术二等奖,居于国内领先水平;心脏收缩功能的研究曾发表多篇论文,并曾获省卫生厅新技术引进二等奖;在脑功能MR成像方面,"实时动态磁共振功能成像研究、人脑对针刺与对指反应的对比研究"的论文应邀参加2001年北美放射年会(RSNA)作大会交流,相关论文发表于中华放射学杂志,在此方面的研究居于国际领先水平。

医学健康检查中心

集健康体检、咨询、导医等专业服务为一体的扬州市第一人民医院医学健康检查中心是扬州市规模最大的健康体检场所,多年来一直承担高等院校及高级中等学校招生体检、教师资格认定体检、市知名企业家体检及市多家企事业单位职工体检等工作。该中心设有全市唯一的独立体检场所,凭着多年来从事体检工作的经验和高效优质的服务,赢得了众多受检者的好评。在长期实践中,本中心形成了自己独特的专业特色,创造出一种全新的医学服务模式,能够根据被检者的不同需求提供各种个性化、专业化的健康体检服务。中心还可利用计算机信息系统为受检者建立个人健康档案,对受检者体检信息进行综合评估,提出健康生活建议,进行体检后跟踪服务。近期中心还将提供个人健康信息互联网、手机查询等远程信息服务,方便每一位受检者获取健康信息。中心始终坚持"愉快的身心体验、完善的个性服务"为服务原则,为广大群众提供专业、个性、可靠的优质服务。

医院组织承担省、市科研课题146项,获省、市(厅)科技进步奖132项,获得国家发明专利8项、在专业学术刊物上发表论文1263篇,参与编写专著数十部,引进开新技术、新项目378项。其中心脏射频消融术、二尖瓣球囊扩张术、急诊PTCA、冠状动脉左主干内支架植入术、ERCP、体外循环心内直视手术、冠状动脉搭桥术、脊柱侧弯截骨矫形内固定术、颈椎前路手术、全肩关节置换、双膝关节置换、体外头面骨重塑面形再造术、咽癌切除喉气管整复术、皮肤伸展术快速修复组织缺损、妇科宫腹腔镜手术、新生儿缺氧缺血性脑病神经系统后遗症的早期预测与干预、CT和磁共振灌注成像、脑功能成像等高新技术在扬州市率先开展,达到省内或国内先进水平。心脏移植术、双肺移植术、心肺联合移植术、肝脏移植术、自体卵巢颈部移植术填补了扬州及周边地区医学空白,并在全国地级市中率先成功开展了亲体肝脏移植手术。医院环境清洁优美,院内绿草如茵,亭台楼阁错落有致。所有病区、门诊、办公楼设施齐全,为病人提供了良好的诊疗环境。目前医院正逐步更新完善实施医院信息管理系统(HIS)、临床检验系统(LIS)、医学影像存储与传输系统(PACS)、办公自动化系统(OA),以及远程医疗、远程教育等,并将于年底前实现全院计算机网络化管理,以提高医院科学管理水平。

医院始终推行"科技兴院"战略,坚持"以人才为根本,以病人为中心,以创新为主题,以激励为动力,以发展为目标"的指导思想,走"以人带科,以科带院,发展专科,科技兴院"的路子,内涵质量得到了极大的提高。医院多次被命名为省、市文明单位,并被中央文明委授予"全国精神文明建设工作先进单位、全国文明单位"光荣称号。院长乔家国荣获全国卫生系统先进个人、全国优秀院长等荣誉称号。

专　家

王丽美,肛肠科主任,女性肛肠主任从事肛肠外科临床工作20余年,多次到北京大学附属医院、上海九院学术交流,长期专注于肛肠疾病诊疗领域,曾多次应邀参加国内外权威肛肠专家学术交流会,擅长治疗内痔、外痔、混合痔、肛裂、肛瘘、直肠脱垂、大肠恶变等肛肠疾病。从事肛肠外科临床工作20余年,多次到北京大学附属医院、上海九院学术交流,长期专注于肛肠疾病诊疗领域,曾多次应邀参加国内外权威肛肠专家学术交流会,擅长治疗内痔、外痔、混合痔、肛裂、肛瘘、直肠脱垂、大肠恶变等肛肠疾病,在运用PPH吻合术、HCPT、COOK痔疮枪等国际诊疗先进技术治疗肛肠疾病有很深的造诣,安全开展肛肠病手术8000余例,在国家级肛肠刊杂志上多次发表作品,在业内享有很高的声誉。

扬州市中医院

创建于1978年,是一所中医特色显著、西医功能全面、技术力量雄厚、设备设施先进的现代综合性"国家三级甲等中医医院",是扬州市两所定点涉外医院之一,也是南京中医药大学和扬州大学的教学医院。2005年1月通过了ISO9001:2000国际质量管理体系认证,并取得了国家注册认证证书。医院占地面积36000平方米,编制床位300张(正拟拓展至500张床位),设有门诊分部两个。

享受国务院特殊津贴的专家、省市名中医、医学和药学硕士、博士等高级中西医技术专家54名。医院拥有先进的基础设施和16层32排螺旋CT、磁共振、DSA、大型X线机、计算机X影像系统(CR)、彩色多普勒超声诊断系统、内窥镜系统(电子胃镜、电子肠镜、纤维支气管镜、腹腔镜、关节镜、膀胱镜等)、24小时动态心电图、核素系列诊断治疗设备、13C质普仪、全自动生化分析仪、血液透析装置、钬激光碎石系统、脑立体定向手术系统、内生场肿瘤热疗系统、等离子体冷消融系统等系列现代大中型医疗设备115台套。设有急诊、内、外、妇、儿、骨伤、针灸、介入、肿瘤、脑病等一级临床科室18个,心血管、消化、呼吸、肾病、血液、脑外、胸外、泌尿外科等二级专科22个,常年开放专科专病门诊45个,在肿瘤综合治疗、核素诊疗、骨与关节疾病诊治、呼吸内科、心血管内科、泌尿外科、脑血管病专科、针灸治疗疑难杂症、皮肤病防治、白内障复明、介入治疗、内病外治、不孕不育等方面,形成了系列特色。其中,肿瘤诊疗中心、骨伤科、脑病中心、呼吸内科、肾内科、泌尿外科是市级重点专科,扬州名医馆代表了当今扬州中医临床最高诊疗水平,肿瘤诊疗中心还是省级和国家级中医重点专科建设单位。

尤擅长对环状痔、复杂性肛瘘、顽固性便秘、大肠炎症性疾病、结直肠肿瘤、直肠脱垂等疾病的中西医治疗。

张湘莲,肛肠(女子)中心主任,肛肠中心女子门诊长期坐诊专家,全国肛肠诊疗中心扬州分中心主任。在从事肛肠临床工作十多年来,对内痔、外痔、混合痔、肛裂、肛瘘、肛门湿疣、便血、直肠息肉、女性各种便秘,肛门瘙痒的疾病及术后康复方面有特到的心得,特别是应用微创、无痛、无刀新技术治疗肛肠疾病方面积累了丰富的经验,在中国肛肠医学刊物发表过专业肛肠疾病论文多篇,以过硬的技术和细心的服务深受广大患者信赖和好评,并在医学界获得了较高评价

办院方针

医院始终坚持以科学发展观为统领,牢记使命,坚持"科技兴院、质量建院、特色办院"的方针,肛肠科、普外科、超声影像、传染科等专科技术实力较强,创伤救治、微创治疗、超声介入、人工肝、体外碎石、钬激光、TST专利、多普勒等技术在本地区领先。

医院地址:江苏省扬州市江都南路8号

盐　城　市

盐城市第一人民医院

创建于1948年,经过近六十年的发展,现已建设成为一所集医疗、教学、科研、康复、急救为一体的三级甲等综合性医院。1999年12月正式挂牌南通大学第四附属医院。

盐城市地处江苏沿海中部,东濒黄海,南与南通市毗邻,西与扬州相连,北与连云港接壤。盐城市第一人民医院位于市区越河路16号,占地9万多平方米,建筑面积9.2万平方米。

该院创建于1948年1月,经过50多年的发展,现已建设成为全市技术力量雄厚、专业和设备齐全、服务质量上乘的唯一一所三级综合性医院,1993年被命名为盐城市第一红十字医院,1996年被授于"爱婴医院"称号,1999年12月正式挂牌南通医学院第四附属医院。该院为盐城市七县一区二市800多万人口提供医疗、预防、保健、康复服务,同时,担负全市卫生技术人员的业务培训和医学科研任务。

医院占地面积13万多平方米,建筑面积13万平方米,现有在编职工1003人,合同制专业技术人员617人,其中硕士生导师8人,博士10人,硕士研究生131人,具有高级职称323人、中级职称353人。医院现有34个临床科室,23个医技科室,49个护理单元,实际开放床位1500张,年门诊量近63万人次,年出院病人近5.5万人次。院内设有全市的急救中心、临床检验中心、医学特检中心、防盲中心、糖尿病防治中心、心脏介入中心和微创中心,并建立了烧伤整形、血液净化、影像诊断、介入放射等研究室和内科、外科、妇产科、儿科、五官科、影像科、护理等临床教研室。积极开展对外合作,组建了上海中山医院心胸外科盐城诊疗中心、上海华山医院神经外科盐城诊疗中心、北京朝阳医院泌尿外科盐城诊疗中心、上海华山医院皮肤科盐城诊疗中心、上海中山医院呼吸病盐城会诊中心等协作中心。

医院医疗设备先进,拥有万元以上医疗设备1279台件,设备固定资产2亿多元,大型设备有3.0T核磁共振、1.5T双梯度核磁共振、进口高档128排螺旋CT、带高级CT功能大型DSA、医科达高能直线加速器、双探头ECT、多普勒彩色超声诊断仪、西门子数字胃肠、DR、全自动生化分析仪、准分子激光、进口血液透析机等。医院实行信息化管理,建立了医生工作站,满足较高层次的工作需要;办公自动化、HIS、LIS、PACS系统集成度较高,功能比较先进。

2007年,医院完成门急诊病人诊疗587048人次,家庭病床诊疗3504人次;收治住院病人38693人次;床位使用率达102.77%,完成住院病人手术12408例,治愈好转率达98.21%;抢救危重病人3221人次;术前住院日为2.88天,平均住院日为10.76天。全院业务收入3.2亿元,比上年同期增长28.5%,百元业务收入积累率为14.81。

医院注重发挥人才优势,不断加快技术创新步伐,每年完成省、市级科研项目10项以上、在省级以上医学杂志上发表学术论文近300篇。近几年来,被列为省级重点医学人才的10人、市级医学重点人才的45人,有4人被评为"省有突出贡献中青年专家"。医院重视学科建设,建成了一批特色鲜明的重点专科,呼吸内科、骨科被评为江苏省临床重点专科;心血管内科、心胸外科、消化内科、肾脏内科、神经内科、烧伤整型科、超声诊断(B超室)等18个科室被评为市级临床重点专科;呼吸内科、骨外科、普通外科、实验诊断(检验科)等9个科室被评为市"135工程"医学重点学科。

服务理念:医院始终坚持以病人为中心,以质量为核心,大力加强三个文明建设,努力为社会提供优质、高效、便捷、廉价的医疗服务,受到广大病员和社会各界的一致好评,病员综合满意度保持在96%以上。医院多次被评为"省级文明单位"、"省文明医院"。2006年以来,医院被中华医院管理学会授予"全国百姓放心示范医院";被省卫生厅评为全省卫生系统行风建设先进单位、"医院管理年"活动先进单位;被市委市政府授予科技和人才工作先进集体;连续四年在全省三级医院"三基"抽考中名列前茅,连续四年在自主经营目标责任制考核中名列榜首,2009年医院被国家卫生部、食品药品监督管理局、中医药管理局表彰为全国医药卫生系统先进集体,2010年被省高院、省综治委联合授予"全省'诉调对接'工作先进集体",被省卫生厅评为"'全面改善医疗服务,推进医德医风建设'专项行动医疗服务先进单位",并推荐为"全国优化医疗服务流程先进单位"。

淮　安　市

淮安市第一人民医院

创建于1950年,为淮安市最大的一所综合性三级甲等医院、南京医科大学附属淮安第一医院、卫生部指定的国际紧急救援中心网络医院。医院占地11.58万平方米,新建成4.6万平方米15层病房大楼一座,现有职工1285人,核定床位1200

张,年门诊量50万人次,年出院病人2.5万人次,拥有直线加速器、螺旋CT等万元以上大型设备近300台(套),资产总额3.8亿元,此外医院还有三所运营良好的分院。

重点科室

市一院ICU(重症医学科)创建于1991年2月,为全市成立最早、综合能力和规模最大的集中抢救急危重病人的临床专业病区。经过二十余年建设和发展,目前已初具现代化医院ICU规模和要求。ICU拥有病床12张,主任医师1名、副主任医师1名、主治医师2名、住院医师4名、博士研究生1名、硕士研究生5名、护理人员26名、卫生员8名。该科以ICU独特服务理念和加强医疗模式为全院救治急危重病人做出出色的贡献,取得良好的社会效益。年抢救危重病人数约200人,抢救成功率89.0%以上。

该科主要收治各种休克、呼吸心跳骤停、心肺脑复苏、严重创伤内科急救、严重感染、重度中毒、严重心律失常、大手术后严重并发症、急性呼吸窘迫综合征、重型哮喘、DIC、多脏器功能障碍综合征等内外科危重症病人。尤其擅长于危重病人生命指标监测和治疗、呼吸机临床应用技术、脑复苏亚低温治疗、床边危重病人持续血液净化治疗、危重病人全身支持和肠道内外营养支持等。

医院肿瘤内科Ⅲ病区是集化疗、放疗、介入治疗、生物治疗、中医中药治疗为一体的淮安市的专业肿瘤综合治疗病区,是市级肿瘤治疗重点专科、硕士学位授权点。现有医师10人。其中主任医师2人,博士1人,硕士生导师2人,主治医师2人,硕士研究生4人,护理人员15人,其中主管护士3人,护理师3人,护士9人。现有床位40余张。病区致力于肿瘤的防治研究、肿瘤规范化治疗和个体化治疗的研究。擅长肺癌、大肠癌、食道癌、乳腺癌、胃癌、肝癌、淋巴瘤、子宫颈癌以及头颈部等全身各部位常见实体肿瘤的综合治疗,近年来开展了一系列国内领先水平的个体化治疗肿瘤的新技术和新业务。如放射性粒子植入术、射频消融术、时辰化疗术等我科特有诊疗方法。陈梅护士长率先在全市开展PICC(经外周中心静脉置管术),经颈外静脉置入PICC及改良塞丁格置管术,提高疗效减轻患者的痛苦,获得市级新技术引进奖。本科主持多项省部级、市厅级科研课题,科研成果分获省、厅及市科技进步奖,新技术引进奖多项。淮安市第一人民医院肿瘤内科三病区全体医护人员作为一个奋发向上、积极拼搏的团队,为患者提供一流的技术和一流的服务。

血液科

市一院血液科是淮安市第一个江苏省临床重点专科、“十一五”期间南京医科大学重点学科,有医、护人员29人,其中江苏省“135工程”优秀医学人才1人、省“333工程”培养对象2人、淮安市“十百千工程”第一层次培养对象1人,博士研究生2人、硕士研究生4人,主任医师3人(硕士生导师1人)、副主任医师3人、主治医师4人、住院医师5人。开放床位48张,其中百级层流病房2张。年门诊量1万余人次,年出院病人1千余人次。拥有先进的血液专科实验室,为淮安市及周边县市血液病的诊治中心、淮安市血液病学、科、研和教学基地。

对各种常见及疑难重危血液病的诊治有丰富的经验。1990年率先在苏北地区开展了自体骨髓移植治疗血液恶性肿瘤,1996年在国内率先采用高三尖杉酯碱治疗慢性粒细胞和应用MEA方案治疗急性非淋巴细胞性白血病,雷公藤多甙治疗重型再生障碍性贫血取得了较好的疗效,并被国内多家医院采用。目前正开展大剂量化疗、异体和自体外周血干细胞移植治疗白血病及恶性淋巴瘤、血浆置换术、供淋巴查看患者病情、细胞输注、骨髓基质干细胞治疗急性心肌梗塞和脑梗塞、CIK免疫细胞治疗恶性肿瘤等先进技术,疗效达国内先进水平。实验室占地400平方米,拥有CO2培养箱、PCR扩增仪、BenchmanCoulter流式细胞仪、荧光显微镜、冷冻离心机、-80℃低温冰箱、凝胶成像系统、骨髓血液细胞成像系统等万元以上设备20余台(套),除常规开展细胞形态学、免疫学检查、出凝血疾病检查外,同时还掌握了恶性肿瘤和血液病的染色体核型分析、FISH分析细胞培养、急性白血病的MIC分型和恶性肿瘤的分子生物学检测等国内先进的技术。

临床生殖医学中心

淮安市第一人民医院临床生殖医学中心是该院的一个临床科室,开设不孕不育专病门诊,是江苏省人民医院临床生殖医学中心的淮安分中心,主要致力于男、女性不孕、不育症的临床规范诊治及相关的基础研究,积极开展各项诊疗新技术,为淮安及周边的不孕不育夫妇服务,使他们早日拥有一个健康可爱的宝宝。

在男、女双方不孕不育的治疗中,和江苏省人民医院合作,开展规范的门诊筛查,如排卵监测、内分泌检查、精液检查、碘油造影等,在生殖内分泌的领域里,我们对排卵障碍导致的不孕症,如卵巢早衰、多囊卵巢综合征、性发育不良、功能不良性子宫出血、闭经、子宫内膜异位症、高泌乳素血征等常见的生殖内分泌疾病和排卵障碍的疾病进行系统的临床和基础研究,对患者个体化地采用国际上先进的药品和方案分别进行诱导排卵治疗。同时和江苏省人民医院临床生殖医学中心合作,开展双向转诊,医疗资源共享,开展人工授精、试管婴儿的各种检查和治疗,是患者就诊的最佳选择。

心内科

市一院心血管内科是淮安市临床重点专科,现有各级医师15人,其中主任医师3人,副主任医师3人、主治医师4人、硕士研究生4人,现任科主任是马树人主任医师。心内科有多位医师分别担任江苏省医学会心血管专科学会委员、省冠心病介入学组委员、淮安市医学会心血管专科学会主任委员、副主任委员、秘书等职务。

心血管专科门诊年诊治病人2万余人次,设有起搏器门诊、阵发性室上性心动过速等专病门诊。病房现有床位54张,年收治病人2千多人次,心内科还设有冠心病专业组和起搏与电生理专业组。病区内拥有先进的覆盖全病区的遥测心电监护系统、心脏DSA导管室、双有创多功能监护仪、多导电生理记录仪,科内还拥有动态心电图、动态血压、心室晚电位、运动平板、心脏彩色多普勒等设备,配合64排螺旋CT、心肌核素显像(ECT)、核磁共振等先进设备,可满足各种心脏病诊断和治疗的需要。

心内科是淮安地区唯一被江苏省卫生厅批准可以开展心血管疾病介入诊疗的单位。

产　科

淮安市第一人民医院是淮安市唯一一家三甲医院，于1995年被命名为爱婴医院，妇产科为淮安市临床重点专科。产科现共有床位54张，有主任医师1名，副主任医师4名，主治医师3人，住院医师3人，硕士研究生2人，同时还有技术精湛的助产及护理队伍。产科联合新生儿、ICU、麻醉科以及其他各专科组成了一支技术过硬、训练有素，配合默契的孕产妇及围产儿急、危重症抢救团队，抢救成功率>98%。

专家荟萃

孙晓阳，1960年生，市一院神经外科主任、主任医师、院长、党委书记。淮安市神经外科学术委员会主任委员、江苏省神经外科学术委员会委员、脊髓病学组组长、江苏省“333工程”人才。南医大副教授、硕士生导师。1998年被评为淮阴市“十大杰出青年”(劳模)、2001年被授予淮安市优秀科技工作者、2002年获得江苏省“五一”劳动奖章。

1982年毕业于南京医学院，同年分入医院后一直从事神经外科工作。刻苦钻研业务，先后赴北京天坛医院、第四军医大学附属西京医院、加拿大多伦多大学附属儿童医院进修学习，得到王忠诚院士及Dr. Drake教授等著名神经外科专家指导，开展了颅脑损伤、脑血管病、脊髓髓内肿瘤切除术、小儿神经外科等高难度手术。在省内较早开展神经显微外科技术、脊髓髓内肿瘤的显微切除，手术彻底、干净，术后病人全部恢复良好。能熟练开展颅底肿瘤及颈静脉区肿瘤、听神经痛的显微手术切除，全切除率高，手术并发症少，无手术死亡。1994年率先在市内开展颅内动脉瘤直接手术，获得市科技进步奖；1996年开展的超选择性介入化疗术，为晚期或复发的脑肿瘤患者带来福音；2004年开展的自体骨髓干细胞移植，为治疗严重脑功能障碍疾患探出了一条新路。他十分重视经验的总结和推广，在省内外核心期刊上发表专业学术论文十余篇，获得市科技进步二等奖两次、三等奖五次。

李玉峰，1955年生，医院血液科主任医师，副院长，教授，硕士生导师。1996年被评为江苏省优秀知识分子、1999年被授予江苏省有突出贡献的中青年专家、2000年成为江苏省百名优秀医学人才、2005年起享受国务院批准的政府特殊津贴、2006年被江苏省政府授予劳动模范称号。2007年获全国五一劳动奖章，农工民主党淮安市主委、淮安市政协副主席、淮安市首位全国政协委员。

李玉峰医学理论基础扎实，业务技术严谨，对待患者热情，医德高尚。1994年在意大利学有所成后拒绝了导师的盛情挽留，回国来到医院。他理论与实践相结合，在临床一线积累了丰富的经验，并且善于发现问题，不断进取。在国内首次使用MEA方案治疗急性白血病、雷公藤多甙治疗重型再生障碍性贫血，引起同行的高度重视。1999年，在国家教育部的资助下，赴法国巴黎圣路易医院学习，期间完成科研两项。回国后，又相继开展了CIK细胞治疗恶性肿瘤、急性白血病的MICM诊断、异体造血干细胞移植治疗恶性血液病以及半相合造血干细胞移植等代表血液学领域高水平的新技术、新项目十多项，在各级学术期刊上发表研究论文40余篇，其中在《英国血液学杂志》、《柳叶刀》上各发表一篇，在《中华血液学杂志》等中华系列杂志上发表论著10余篇。获得江苏省科技进步三等奖1项，淮安市科技进步奖10余项、其中一等奖2项。2006年获得市科技进步一等奖的研究成果“高三尖杉酯碱治疗慢性粒细胞性白血病的远期疗效及其作用机制研究”得到国内知名专家的高度评价，认为其对治疗慢性粒细胞白血病的作用机制作了创新性研究，达到了国内领先水平。他领导的血液科对白血病、再生障碍性贫血、血小板减少性紫癜等疾病的诊断与治疗效果已达国内先进水平，血液科于2002年被确定为省重点专科，2006年成为南京医科大学重点学科，2006年被省卫生厅确认为首批具有非血缘造血干细胞移植资质的科室。

林仙芝，广东新会人，妇产科主任医师。1963年毕业于苏州医学院医疗系，从事妇产科临床工作四十多年，对高危产妇、习惯性流产、早产、子宫脱垂、子宫颈癌、子宫内膜癌、尿瘘、宫颈机能不全等疾病有较丰富的临床经验，尤其在使用MTX加中药治疗宫外孕、中西医治疗不孕症和以乙状结肠代阴道手术方面在省内外有较高的声誉，采用药物治疗子宫肌瘤获得科研奖，首创外阴癌根治术，对计划生育手术及输卵管吻合术均能熟练掌握。妇科手术熟练，并能对各种难产作出正确判断和处理。十余年来承担大专班卫校临床教学任务，在省市医学会杂志发表论文十多篇和科普短文多篇。为淮安市医学会妇产分会副主任委员。

甄林林，男，1966年10月出生，江苏沭阳人，中共党员，医学博士、主任医师、南京医科大学副教授、硕士生导师。1989年毕业于徐州医学院，分配至淮安市(原淮阴市)第一人民医院工作。1999~2006年在南京医科大学攻读普外科硕士、博士学位。博士毕业后继续回淮安市第一人民医院工作，主要从事甲状腺、乳腺疾病的诊断与治疗，尤其是乳腺癌的早期诊断、新辅助治疗、乳腺癌根治手术、保乳治疗、乳腺癌术后乳房成形手术、甲状腺癌的手术治疗等。主持国家级、省级、市级课题各一项，在核心期刊上发表论文近20篇，获得淮安市科技成果二等奖两项、三等奖二项。目前是江苏省乳腺甲状腺内分泌外科学组委员，淮安市普外学组副主任委员，江苏省“333工程”培养对象，淮安市“十百千人才”培养对象，江苏省“十佳医德医风楷模”。现任淮安市第一人民医院普外科副主任、甲状腺乳腺外科主任。

田兆方，男，1967年出生，江苏沭阳人，医学博士，主任医师，南京医科大学副教授，硕士研究生导师。1984年毕业于江苏省淮阴中学，1984－1989年就读于南通医学院临床医学系，毕业并获得学士学位；同年进入淮阴(安)市第一人民医院儿科工作，历任住院医师、主治医师、副主任医师、主任医师等。期间于1998年考取南京医科大学儿科学硕士研究生，专业方向为新生儿疾病，2000年毕业并获得儿科学硕士学位；2004年进入南方医科大学攻读儿科学博士学位，专业方向为儿童危重病的基础与临床研究。2007年毕业，获得儿科学博士学位，并荣获2007年广东省南粤优秀研究生称号。

临床专业特长：新生儿疾病及儿童危重病。多年的研究生过程，使得自身具有扎实的专业理论基础，20年的临床工作经验，对于儿童危重病及新生儿各种危急重症的抢救、常见新生儿外科疾病的术后管理、危重病患儿的转运等较为擅长；对于新生儿复苏、肺表面活性物质替代治疗肺透明膜病、新生儿肠外静脉营养、极低出生体重儿救治、新生儿高胆红素血症换血治疗、一氧化氮吸入治疗新生儿肺动脉高压症等均有一定的经验。

所获荣誉：医院连续16年被评为省市“文明单位”，两次被授予“全国卫生先进集体”，2001年被评为“江苏省十佳医院”，2002年获得了“江苏省服务质量奖”殊荣，2003年被省消费者协会授予“诚信单位”称号。如今的一院人正奋发向上，努力拼搏，积极迈向更加辉煌的明天！

历史沿革

淮安市第一人民医院，又名淮安市红十字医院、南京医科大学附属淮安第一医院。前身是1950年5月由苏北军区直属医疗一队、二队、医疗所合并，在扬州市何家花园成立的苏北军区医院。当时设病床400张，有职工355人，卫技人员95人。1951年5月迁至淮安（现楚州）湖心寺。1952年移交给苏北康复医院管理委员会，属地方建制。1953年2月，易名为省第十康复医院，设病床500张，职工381人，其中卫技人员160人。1955年接收了康复一、三、九院工作人员74人后改名为江苏省第七康复医院。1956年3月更名为江苏省第二干部疗养院。1958年3月，省政府决定将医院交清江市领导，改称淮阴干部疗养院。同年12月26日迁往淮阴县王营镇即现址，为淮阴医学专科学校附属医院，设病床400张，有职工245人，其中卫技人员146人，对全民开放。1962年淮阴医学专科学校停办，改为淮阴专区人民医院。1972年2月，医院更名为“淮阴地区人民医院”。1983年撤地区建市，改为淮阴市第一人民医院。2000年7月，医院成为南京医科大学附属淮阴第一医院。2001年2月，淮阴市改为淮安市，医院更名为淮安市第一人民医院。

研究成果

医院先后建成了江苏省重点专科血液科、普通外科，淮安市食管癌防治、放免、检验、信息、糖尿病诊疗、孕产妇急危重救治6个技术中心，肿瘤内科、神经外科、心内科、泌尿外科、医学影像科、内分泌科、心胸外科、医学检验科、肿瘤放射治疗科、风湿免疫科、妇产科、神经内科、耳鼻咽喉等15个市级重点专科，以及一大批临床带头学科，2010年底拥有正高级职称100多人，副高级职称197人，1人为省“135工程”培养对象，11人为省“333”工程培养对象，1人为省十大杰出青年和省青年科学家，56人为市十百千人才。在淮安市医学会的31个专科学组中，医院有86名专家分别担任主任、副主任、秘书长等职位。医院成功开展了“肾移植”、“异体骨髓移植”等一大批高难技术。

院际合作

医院与北京安贞医院、韩国高丽大学医学中心、德国雷沃库森医院、瑞典卡罗琳斯卡医学院等建立了友好合作关系，创建了江苏省首家中韩合作“心脏血管研究所”，2008年底成为江苏省首批设立省级博士后科研工作站单位、中国医学科学院肿瘤医院肿瘤治疗协作中心，2009年成为国家药物临床试验机构，国家级博士后科研工作站，推动了医院整体技术的进步和高层次技术人才的培养。医院近4年获得了包括省科技进步三等奖在内的市以上科技成果200余项，在省级以上杂志发表论文1000多篇、SCI论文14篇。

医院地址：淮安市淮阴区北京西路

淮安市第二人民医院

又名江苏省淮安仁慈医院，是一所集医疗、教学、科研、预防、保健、康复、急救为一体的国家三级综合性医院、是一所有着百年历史的老院。经过几代人的不懈努力，医院有了长足的发展。而其大发展、大变化始于1978年。30年来，历届医院领导班子团结、带领全院职工锐意改革、勇于进取，两个文明建设取得了累累硕果，医院规模不断扩大，综合实力不断增强，门诊楼、外科楼、急诊楼、内科楼呼应配套、合理组织，成为淮安市一所全新的基本现代化医院。

医院现有病床900张，工作人员980余人，其中副高以上职称161人、硕士以上研究生49人。年门诊量45万人次，出院病人2万1千余人次。全院设有41个临床专业科室和医技科室，有病区27个以及ICU、CCU、RICU监护病房。下设3个分院和2个门诊部，形成了以总院为中心、多点分布的医疗服务网络体系。

近年来，医院积极实施“科教兴院”战略，坚持“短、平、快”项目与“高、精、尖”项目协调发展，突出“人有专长、科有特色、院有重点”的技术发展方向，从技术、人才、管理三方面入手，狠抓医疗质量，加强内涵建设，努力打造放心医院、平安医院，受到了患者的认可。

目前医院拥有大C臂、螺旋CT、全身彩色多普勒、菲利浦1000毫安X光机、肿瘤射频热疗机、美国480型及AK－100型人工肾机、德国西门子多功能心电监护仪、人工心肺机、体外震波碎石机、高压氧舱、多台腹腔镜、系列电子内窥镜、肌电图、全自动生化分析仪、DSA等万元以上先进大型医疗仪器设备350余台（件），促进了医疗质量和技术水平的提高。

在科技兴院战略的带动下，医院坚持以病人为中心，以质量为核心，医疗技术水平有了很大提高。近年来，依靠自身力量先后开展了心脏移植术、肾脏移植术、肝脏移植术、心脏冠状动脉搭桥术、冠状动脉造影、支架安装、射频消融等一系列新技术、新项目，为广大患者带来了福音。目前，医疗范围辐射至宿迁、徐州、盐城、连云港、扬州等地区以及安徽、山东等省市。普外科、消化内科、心内科、呼吸科、老年科、眼科为淮安市重点专科。心胸外科、肿瘤外科、神经内科、乳腺普查中心、介入放射中心、准分子激光近视眼治疗中心、血液透析中心、骨科、妇产科、血液科等一大批临床科室有较高的社会信誉。尤其是微创技术、介入放射、心脏介入、手足外科等，在淮安市均处于领先水平。近年来，医院先后获得市级以上科技进步奖100余项，在省级以上刊物发表论文1200余篇。

医院几十年来始终坚持“全心全意为病员服务”的宗旨，重视和加强文化建设，培养了鲜明的具有个性特征的医院精神。多年来，病员综合满意度始终保持在90%以上，医疗质量指标一直位居全省前列，而医疗费用指标位居全省最低。由于注重社会效益，设身处地为广大群众着想，医院取得了良好的社会信誉。1985年以来，医院连续16年被评为省级“文明单位”；两次荣获卫生部“全国卫生文明先进集体”；2001－2003年，医院连续三年被评为全国首批“百姓放心医院”；2004年被评为全国首批“百姓放心示范医院”;2006年在江苏省万人评议医疗机构活动中被评为“最佳满意综合性医院”。

细胞生物中心淮安市第二人民医院细胞生物治疗中心是集医疗、教学、科研、康复为一体的医院重点建设学科,位于医院内科楼15层,中心邀请享有盛名的国内外生物学家及淮安市第二人民医院海外归来博士、博士后、专家教授等高科技专业人才组成一支强大的科研团队,并斥巨资引进德国、美国、日本的流式细胞仪、血细胞分离机、培养箱、离心机、血细胞分析仪、超纯净水仪、倒置荧光显微镜、CCD成像系统等检测设备。

中心拥有CMP达标的精华实验室、无菌层流室、细胞制备间、PCR实验室等,可从事细胞冷冻、细胞分离、细胞培养、免疫检测等相关的临床及实验室技术;开展干细胞与再生医学、实验血液学、分在生物学、基因药物等多个专业项目。

细胞生物治疗中心是江苏省内首家干细胞与生物创新医学临床转化基地,也是江苏省首家可在一小时内提供细胞制品的标准化生产应用研究中心,更是国内仅有几家拥有标准化制备实验室,细胞移植与生物治疗室以及舒适住院条件的高规格细胞生物治疗中心。

楚州区人民医院

楚州区人民医院(淮安市肿瘤医院)前身为淮安县人民医院,成立于1937年。1987年因撤县建市,更名为淮安市人民医院,2001年,因区划调整,更名为楚州医院。2002年,经上级主管部门批准,增挂“淮安市肿瘤医院”牌子。楚州医院是楚州区唯一一所集预防、医疗、急救、社区医疗、体检、康复、治疗、教学、科研为一体的全国三级乙等综合性医院,是淮安地区唯一一所市级肿瘤专科医院,是“全国爱婴医院”、“卫生部急救网络医院”、国家“天使工程”肿瘤防治项目医院、“淮安市红十字医院”、“徐州医学院教学医院”、“江苏省肿瘤医院楚州合作中心”、“苏州大学医学院硕士研究生培训基地”、“江苏省人民医院心脏内外科合作中心”,医院先后荣获“省级文明医院”、“市级文明单位”、“全国十佳百姓放心医院”、“中国医疗质量放心诚信十强肿瘤专科医院”等荣誉称号。

医院位于淮安市楚州区岳庙东街14号,占地5.5万平方米,开放床位508张,拥有美国通用超高速64排螺旋CT、德国西门子1.5T磁共振,荷兰飞利浦心电运动平板、数字化胃肠机、C臂机、彩超、PCR、CR、腹腔镜、人工肾、高压氧、钴60放疗机、超声刀、体外震波碎石机、全自动生化分析仪、24小时动态心电图、纤维内窥镜等先进仪器和设备。设有44个临床科室,22个医技科室,全院在职员工989人,其中高级职称132人,中级职称361人,研究生及在职研究生108人,年门诊量40余万人次。

南通市

南通大学附属医院

南通大学附属医院创建于1911年,是一所省属大型综合性教学医院,1994年被卫生部审定为三级甲等医院,1998年被卫生部确定为国际紧急救援中心网络医院。医院占地面积近130亩,建筑面积8.8万余平方米,开放床位1120张。2007年,年门诊量达112.25万人次,年住院量3.69万人次,年手术1.64万台次。医院现有职工1700余名,其中正高级专家110余名,副高级专家180余名,享受国务院特殊津贴专家26名。医师队伍中有博士41名,硕士219名,省“科技兴卫”工程重点人才5人;省“135工程”重点人才4人;省“六大人才高峰”资助对象4人;省“333工程”高层次领军人才2人;省“333工程”高层次中青年带头人5人;省“333工程”培养对象6人;40余名中青年业务骨干被评为省、市学术、技术带头人及培养对象。

医院现有31个临床科室,20个医技科室,17个研究室、实验室。手外科为江苏省十大临床医学中心之一;内科学、外科学为省“十一五”重点学科;眼科学、实验诊断学为省医学重点学科;胃肠病学、神经病学为省医学重点建设学科;普外科、骨科、消化内科、血液内科、心血管内科、肾内科、神经内科、眼科、皮肤性病科、检验科为省级临床重点专科。临床医学为一级学科硕士学位授权点,硕士研究生导师90余名。开展了脏器移植、介入治疗、微创手术、人工全髋关节置换等一系列高新技术。

医院拥有3.0T核磁共振扫描仪、16排螺旋CT机、SPECT、全数字化多功能胃肠造影机、全数字化平板乳腺摄影机、准分子激光治疗仪、平板DSA、多功能数字摄影机(CR)、直线加速器等大型医疗仪器设备330余台。

按照医院总体建设规划,建设了现代化的急诊中心和医技检查中心;6万多平方米的综合病房大楼即将建成投入使用;功能完善的HIS、LIS、PACS/RIS使医院信息化管理达到新的水平,经过老楼改造、提升绿化品位、实施亮化美化工程,花园式医院初步建成。

历史沿革:1911年8月,清末状元、实业家、教育家张謇先生和其弟张祭创办南通医院(南通大学附属医院前身)。

1914年6月,张謇先生将南通医院改为南通医学专门学校,在原医院东南边建造新院,并题写了院名。

1922年,医院附设二年制助产护士讲习所。

1927年,南通医学专门学校更名为私立南通医科大学,南通医院亦更名为南通医科大学附属医院。

1928年8月,南通医科大学附属医院再次更名为南通大学医科附属医院。

1930年,南通大学改称南通学院,医院改称为南通学院医科附属医院。

1937年8月,南通遭日军飞机袭击,南通医科附属医院迁至扬州,为抗日战争服务,随后又迁至湖南衡阳,并由军政部正式命名为军政部第七重伤医院。

1938年10月,日军在原医科附属医院开设“南通医院及护士、助产养成所”,12月改名为江北中央病院。同时在南门外江家桥1号征购土地,拟建新院。

1944年8月,新院落成,医院从濠阳路迁现址。

1945年8月,抗战结束后,国民党南通县政府接管南通江北中央病院及其分院,改名为南通县立医院。

1946年5月,南通学院购置原江北中央病院为医科附属医院。

1946年8月,南通公立医院董事会召开成立大会,医院同挂"南通学院附属医院、南通公立医院"两块牌。

1951年1月,医院解放初由市政府核定为私立性质,与南通专区中心卫生院实行公私合营,改名为南通医院。

1952年8月,南通学院医科扩展为苏北医学院,医院亦更名为苏北医学院附属医院。

1956年9月,苏北医学院更名为南通医学院。

1957年8月,南通医学院迁往苏州,成立苏州医学院,次年,江苏省人民委员会决定在南通建立苏州医学院南通分部,医院随之改称为苏州医学院南通分部附属医院。

1958年9月,江苏省人民委员会批准苏州医学院南通分部改为南通医学院,医院亦更名为南通医学院附属医院。

1988年1月,与日本国半田市市立半田病院缔结为友好医院。

1994年,被卫生部审定为"三级甲等医院"。

1999年1月,被认定为卫生部国际紧急救援中心网络医院。

2004年9月,由南通医学院附属医院更名为南通大学附属医院。

机构设置机构设置:南通大学附属医院机构设置图

服务理念医院始终坚持"一切以病人为中心"的服务理念,以精湛的诊疗技术和一流的服务水平,为病人提供安全、优质、高效的医疗服务。

科室设置

南通大学附属医院手外科,是国内综合大学附属医院中为数不多的独立手外科之一,是江苏省集手外科临床和基础研究为一体具有鲜明特色的综合性医疗、科研和教学基地,是江苏省本专业内唯一的"135工程"医学重点学科、十大临床医学中心。这一学科是在中国手外科学界的老前辈、著名手外科专家侍德教授在六、七十年代开展手部创伤救治的医疗和科研工作的基础上发展起来的,参与了中国手外科的许多开创性工作,是《中华手外科杂志》的创办者之一。由现担任国际手外科联合会(IFSSH)肌腱外科委员会主席的国际知名的手部肌腱和骨关节外科专家汤锦波教授领导,进行手外科的各种疾病的诊治和相关基础研究。该科是以手外科中重要而常见的肌腱损伤、腕关节损伤微创诊疗、周围神经损伤和手部复合损伤修复、为鲜明特色和重点攻关目标。在临床上诊治大量断指再植、手指再造和复合手部创伤。在这些领域中作出了国内乃至国际上颇有影响的临床和科研工作,学科发展水平居全国先进或领先水平。在肌腱和骨关节方面的临床和相关研究在国际手外科界享有很高声誉。手外科以位于实验研究楼的手外科研究中心为基础研究依托,科室具有雄厚的技术实力,有一批敬业的医护教学科研人员,病区可使用病床45张左右,并配有3个手外科专用手术室,有齐备的手术显微镜、手外科及显微外科器械设备,服务对象覆盖省内外。

眼科

南通大学附属医院眼科中心为江苏省医学重点学科,1996年获硕士学位授予权。是江苏省临床重点专科,省高校重点建设学科,省白内障手术医师培训基地。现有医技人员60名,其中医生25名,教授2名,主任医师9名,副教授、副主任医师7名,博士1名,硕士12名,在读博士5名,肩负着医疗、教学、科研和防盲等多项工作。

眼科门诊硬件设施齐全,配备有世界一流的眼科检查、治疗设备,如共焦激光角膜显微镜、眼科超声生物显微镜、眼底血管造影、多波长激光机、科以人准分子激光机等。科室设有2个病区,床位50张,有独立的手术室,可同时进行5台手术,医疗服务覆盖省内外。

检验科

南通大学附属医院于上世纪二十年代初具雏形,2002年成为江苏省临床重点专科,2005年成为南通市医疗卫生领域科研重点建设专科。2007年成为江苏省"科教兴卫"医学重点学科。

现有专业技术人员50名,其中高级职称10名、中级27名、初级13名,含博士学位2名、硕士及在读硕士14名、本科29名,2名同志分别在美国和日本深造,科内有硕士生导师3名,南通市学科、学术带头人及培养对象5名。

目前开展常规项目300多项,开展药物浓度监测及核酸定量等特殊检验20多项。累计10万元以上大型设备30多台。二十世纪九十年代中期建立了实验室管理信息系统(LIS),实验室管理工作迈上了自动化、标准化、科学化发展道路。

普外科

南通大学附属医院普外科建科近四十年来,十分重视科室的内涵建设,坚持医疗为重点、技术为核心、教学为基础、科研为龙头的建科方针,经几代人的努力,现已发展成为江苏省医学临床重点专科,是江苏省南通大学附属医院普外科领域的一个重要组成部分。

普外科现拥有四个病区共计134张床位,已设立四个三级临床专科即肝胆外科、胃肠外科、微创外科、甲状腺乳腺外科,并下辖肝胆外科研究所、普外实验室、胆道镜室。每年收治患者近5万人次,手术3千多例,门急诊量4.5万人次,治愈好转率常年保持在95%以上。

普外科医疗实力雄厚,人材济济,现拥有教授、主任医师16名,副教授、副主任医师13名,讲师、主治医师11名,其中博士后3名,博士7名,硕士23名,硕士研究生导师15名。

骨科

江苏省南通大学附属医院骨科始建于1954年,历史悠久,是江苏省最早建科、最具实力的三大骨科中心之一。骨科人才辈出、梯队结构合理,既有德高望重的资深专家,又有国内外享有盛名的中青年专家和一大批接受专科正规训练的青年医师。现有正高4名、副高7名、主治医师5名、住院医师4名,其中博士6人,硕士13人,国外深造回国者3人,享受国务院特殊津贴者4人,博士生导师1人,硕士生导师7人,在国际及全国、省、市学会担任领导职务者5人。另有40名护士,其中主管护师22人。此外还有3名专职实验室主管技师。

早在1981年骨科即为中国首批高教硕士授予权单位之一,并被交通部和江苏省批准为高级骨科医师培训基地,已毕业及在校研究生100多人,为全国及本省、市培养骨科医师350余人。1984年建立省属创伤研究室,1993年被评为江苏省首批省重点临床专科,2002年再度被评为省重点临床专科。2003年批准为国家级骨科医师培训基地。2005年批准为药品食品试验基地。

专科特色手外科

手外科常规进行各种断指再植、手指再造、游离皮瓣移植和复杂手部创伤手术,如多节段断指再植、部分趾甲皮瓣移植、微小带血管皮瓣移植和带血管游离腓骨移植手术、股前外侧皮瓣修复上肢软组织缺损、改良示指近节桡背岛状皮瓣移位术、前臂骨间背动脉逆行岛状皮瓣修复手部创伤、组合皮瓣拇指再造术等成功率居国内先进行列。该科对手部肌腱损伤、骨关节损伤、腕关节不稳定、复合手部创伤修复的诊治和腕关节损伤的微创诊疗处于国内领先地位。对晚期手部功能重建手术方面具有鲜明特色,对舟骨骨折的治疗、月骨无菌性坏死和腕三角纤维软骨损伤的治疗有独到之处,对舟骨骨折的带血管蒂骨片移植、肌腱团填塞代替月骨、采用腕内局限性腕骨间植骨融合术治疗腕部疾病方面处于国内领先地位,在这些方面积累有丰富的经验。同时开展以腕关节镜和磁共振技术为代表的微创技术在手外科领域得到了广泛的运用。通过对掌大关节动力学和静力学的系统研究,改进了拇指功能重建的术式。并开发了人工组织神经移植物,动物活体实验取得了良好的结果,并已进入临床适用阶段,初步显示了良好的应用前景。对神经的免疫组化研究,开发和改进了临床运动和感觉神经的分辨方法,缩短了鉴别时间,提高了神经修复的质量。通过对神经断端微环境的研究,指导对神经断端缝合后微环境的调节,缩短了周围神经损伤愈合时间。

眼科

眼科设有白内障超声乳化中心、眼科激光中心、视光学特诊部和眼科整形等中心。眼科激光中心在苏北地区率先引进准分子激光机,已成功治疗近三万名近视眼患者。视光学特诊部主要采用医学验光技术,合理验光、合理配镜,并且有各种框架及镜片以供选择,由专人负责制片,立等可取。

眼科在江苏省内率先划分为白内障、青光眼、眼外伤、斜视弱视、眼表整形眼眶病、眼后段等专业组,各专业组既各有所长,组间又能相互协作。主要开展白内障超声乳化吸出术、小切口白内障囊外摘除术、穿透性和非穿透性小梁切除术、睫状体冷冻术、先天性青光眼的小梁切开术、眼前段再造术、玻璃体切除术、眼前后段联合手术、眼球内异物取出术、羊膜移植术、角膜移植、眼眶肿瘤摘除、眼部整形手术、玻璃体切除术、视网膜前膜剥除术、巩膜外冷凝或电凝加压手术、环扎术、硅油填充术等治疗复杂的视网膜脱离、玻璃体积血等,尤其在疑难病例的白内障超声乳化手术,如小瞳孔、青光眼术后无前房眼等的治疗,严重的糖尿病视网膜病变、急性视网膜坏死综合征及眼内炎的玻璃体切除术治疗,带虹膜的人工晶状体植入术、瞳孔成形术、闭合式虹膜根部离断缝合术等复杂性眼外伤治疗方面独树一帜。

检验科

检验中心始终把质量管理放在首位。近两年,参加的全国、全省临床检验中心组织的质评项目近百项,全部取得满分。已连续10年义务上门抽血服务,受到中央电视台、东方电视台、中国青年报、南通日报等多家媒体报道;把社会效益放在首位。检验中心开展项目260多项,每天发出数据上万个。为了缩短化验时间,以最快的速度发出报告,检验中心工作无节假日。临床生化报告每天上、下午各发放报各一次,免疫、放免每天发出报告,这一举措走在全省前列。检验中心开展项目齐全,既有常规项目,也有PCR实时定量、器官移植及心脏瓣膜术后药物监测等高精尖项目。

普外科

普外科十分注重新手术、新技术在临床的应用,常规开展各种特殊部位的肝癌切除术(包括第八肝段、中肝、尾状叶切除术),并在苏中、苏北地区首先开展同种异体背驮式全肝移植术,常规开展扩大的胰十二指肠根治性切除术、复杂的胆道手术、低位直肠癌保肛根治性切除术、早期乳腺癌保乳根治术、布-加氏综合征介入治疗术、各种无张力疝修补术、经胆囊管纤维胆道镜胆总管探查取石术、射频消融治疗肝肿瘤术,相继开展了腹腔镜下胆囊切除术、脾切除、小肠肿瘤切除、肝囊肿开窗引流术等。率先在省内引进纤维胆道镜技术,目前共取石3千多例,获得江苏省卫生厅新技术引进一等奖等多种奖项,保持国内先进水平。开展了各种有效的肝硬化门脉高压症手术,其中改进的Hassab手术已完成300多例,手术取得了较满意的疗效,并获得江苏省卫生厅新技术引进二等奖。目前所有三甲医院重点科室规定的手术,均可在南通医学院附属医院普外科常规施行。

骨科

2003年4月在全省率先开展了三级分科,成立了隶属于骨科的四大中心:即骨关节外科中心、脊柱外科中心、创伤骨科中心、手外科中心,共计160多张床位。

附院骨科能处理骨科脊柱、关节、创伤、骨病、肿瘤及畸形等各种常见病、多发病及疑难杂症,近5年来开展新技术、新项目20多项,填补了一大批省内、国内空白。治疗覆盖面遍及苏中、苏北、苏南沿江一带,许多远自新疆、东北等边远省份的患者也慕名而来。年床位使用率约93%,专科年门诊人数约38000人次左右,年出院人次2000多人,年接受转诊率26%,治疗好转率96.4%。

学科优势:手外科

手外科首先提出屈指肌腱Ⅱ区亚分区,成为现国际上通用的"汤氏亚分区"方法,有效地指导和促进了肌腱和腱周结构修复质量的提高。通过系统的肌腱生物力学方法研究,首创6束肌腱缝合法,在国际上被称为南通大学附属医院"汤氏方法"。简化了肌腱缝合方法,增强了肌腱缝合强度。在省内和美国、英国多家医院推广和应用。手外科是中国最先开展对腕不稳定研究和治疗的单位。他们在系统测量正常人腕部放射线指标的基础上,提出了腕不稳定的临床放射线学诊断指标,现已成为中国广为采纳的诊断基准。他们在临床上观察分析桡骨远端骨折这一常见损伤时的腕不稳定发生率和临床病程,指出同时治疗伴发腕不稳定的重要性,同时积极开展纠正腕不稳定的骨间韧带重建手术,是中国在腕不稳定的诊断和治疗方面处于领先地位的学科。

手外科先后有医务人员担任国际YearbookofHandSurgery编委、《JournalofHandSurgery》英国和欧洲卷编委、《JournalofHandSurgery》美国卷审稿人、《JOrthopedicResearch》审稿人、美国JournalofHandSurgeryAssociate编辑,《骨科医学杂志》、《中华外科杂志》、《中华创伤骨科杂志》、《中华手外科杂志》等多个杂志编委。在SCI期刊发表论著60余篇,参编大型专著8本,取得国家自然科学基金、省厅科研成果10余项。

眼科

眼科在眼病防治的基础和临床研究、防盲治盲等方面在省内外具有一定的优势。科室配备有江苏省内唯一南通大学附属医院

的眼科研究所，装备了世界一流的PCR诊断仪、细胞培养室、Leica病理切片机等设备和专门的眼科动物实验中心。近5年，先后承担国家级、省市级课题近三十项，发表论文200余篇，主编《现代基础眼科学》、《现代青光眼手术学》、《现代眼科手术操作技术》等专著和《眼科学》（科学出版社）、《眼保健与眼病预防》（高教出版社）、卫生部视听教材《结膜病》、《角膜病》等教材，取得省厅科研成果12项。

眼科是"南通市青年文明号"，南通大学附属医院的"温馨服务示范科室"，"巾帼文明示范岗"，能为患者提供温馨、满意的服务。眼科还多次代表国家医疗队赴青海、海南、广西、安徽、内蒙等地开展白内障复明手术近万例，多次受到国务院、卫生部、民政部、中国残疾人联合会、省市政府的表彰。

检验科

主攻方向为PCR与微流控电泳技术，近五年来承担或参加科研项目国家863课题4项、国家自然科学基金项目1项、省级8项、市级多项。近五年来获省科研进步三等奖2项、市科技进步一等奖3项、其他奖项多项；主编专著12部，参编专著4部；申请国家发明专利7项；发表学术论文100多篇，中华级论文、SCI论文20多篇。2002年以来每年举办国家级继续教育项目。

普外科

普外科多年来已完成国家、省、市级以上科研项目30多项，获得省级科研成果奖4项，省厅新技术引进奖7项，市级科研成果奖20多项。在省级以上期刊上发表了学术论文500多篇，其中SCI收录、中华级40篇；出南通大学附属医院

版专著十多本。目前承担国家自然科学基金资助课题2项、省自然科学基金资助课题3项、省医学重点人才项目1项、省人事厅"六大人才高峰"资助项目2项、市、院级课题14项。先后主办和承办了多期国家级、省级继续教育项目，是江苏省卫生厅高级医师进修基地。

普外科获得国务院特殊津贴的资深专家3人，省医学重点人才1人，省"333工程"中青年科学技术带头人1人，省高校"青蓝工程"中青年学术带头人培养对象1人，省"六大人才高峰"高层次人才培养对象2人，南通市"226高层次人才培养工程"中青年创新创业领军人才1人，南通市专业技术拔尖人才3人，南通市新世纪学术技术带头人6人。

骨科

骨科积极开展与国内外的学术交流，现与国际内固定协会、美国哈佛大学、耶鲁大学、康涅狄格大学、Mayo医学中心、瑞士Basel大学及日本德岛大学医学院等著名大学以及国内多家大学建立了友好学术交流关系，频繁举行学术交流。屡次获文明科室、科技先进集体等多项荣誉称号。

专家介绍

朱健华，教授、主任医师，医学博士。南通大学护理学院院长，南通大学附属医院副院长，大内科主任。

擅长冠心病、高血压病、心衰、心律失常的诊治。对心血管疑难危重病诊治经验丰富。在心脏电生理及介入诊治方面有较高的水平。朱健华先后主持并完成江苏省自然科学基金等科研项目4项，2002年以来获省、市科技进步奖多项，在省级以上学术刊物发表论著15篇。

倪松石，呼吸内科主任、医务处主任、教授、主任医师，医学硕士。硕士研究生导师。

呼吸系统疾病的诊治工作，参与南通市和周边地区医院的疑难和危重病人的会诊、抢救，指导临床医疗工作。擅长支气管镜技术和呼吸机治疗。

主要研究课题为肺部感染和肺梗塞的基础和临床研究。2004年以来完成市、院级科研课题五项，其中三项通过江苏省科学技术厅鉴定，两项通过南通市科学技术局鉴定。课题四项。获南通市人民政府科技进步二等奖一项、三等奖三项、江苏省卫生厅医学新技术一等奖二项。共发表学术论文二十多篇，SCI收录论文一篇。

崔世维，内分泌科主任，主任医师，硕士生导师。1982年南通医学院医学系本科毕业，获学士学位，1989年崔世维毕业于南通医学院医学系，获硕士学位。

擅长糖尿病、甲状腺疾病、肥胖症、脑垂体疾病、肾上腺疾病、内分泌高血压、内分泌代谢性性功能障碍、不明原因低钾血症、类风关、系统性红斑狼疮、脊柱关节病等的诊治。

主编或参编著作有：《肾脏病学》、《内科学》、《内科免疫学》、《慢性肾衰竭现代诊断与治疗》、《内科疾病诊断思维程序》、《肾脏病现代诊断与治疗》、《内科程序诊断》等。自1982年以来，以第一作者在国内核心期刊发表论文58篇。

现任中华医学会南通市内分泌分会主任委员、南通市糖尿病防治质量控制中心执行主任，担任《临床肾脏病学杂志》特约编委、《南通医药》编委。

医院院训："大医精诚，以宏慈善"

释义：南通大学附属医院院训

"大医精诚"语出唐代医药名家孙思邈所著《备急千金要方》之《大医精诚》篇，意为既"精"又"诚"者方成大医。精，指技术精湛。医乃"至精至微"之道，医者应"博极医源、精勤不倦"。诚，为医德诚笃。为医者当以"见彼苦恼、若己有之"之"仁心"，"普救含灵之苦"。

"以宏慈善"取自清末状元、医院创始人张謇先生当年手书训词。宏，即宏大光扬。慈善，即仁慈善良，普济天下。"以宏慈善"昭示世人：医学乃慈善事业，办医者，当为民。

孙思邈素有"医圣"之名，张謇亦为中国近代著名实业家、教育家，他们博大精深的论述，深刻揭示了为医之真谛，而"办人民满意医院"的当今追求与先贤思想一脉相承。"大医精诚以宏慈善"之院训，不仅汲取了传统医学之精髓，亦秉承了张謇先生的办院理念，更表达了当今通大附院人的价值取向。

百年历史，厚重积淀，医乃仁术，唯此追求。"成大医以为民"的宗旨，成就了江海名院，也必将激励今人与来者，精业不倦，福泽百姓。

医院院徽释义：

（1）该标志以代表医院行业特征的"十"作为设计的主体，幻化为两颗相通相融交织在一起的心，象征着医南通大学附属医院医护人员的爱心和责任心，同时寓意着医、患之间心心相映，共同缔造生命的辉煌。

(2)在图形处理上,将通大附院的拼音首写字母"T"作为创意元素,与"十"图形巧妙结合,充分体现出医院名称特点。"T"为"通",表示医院生命通道的畅通和医患之间的沟通。

(3)该标志的双线线条巧妙地反映出医院位于濠河之畔、长江之滨的得天独厚的地域优势,同时又彰显出医院渊源深厚的历史底蕴和通江达海的磅礴发展之势。

(4)标志的主色由蓝色和蓝绿色构成。蓝色着意稳重、宁静、严谨,蓝绿色着意温馨、乐观、活力,体现医院舒适的就诊环境和良好的精神风貌。

(5)标志线条流畅,简洁明快,易于记忆、识别和实际应用。

医院坚持科教兴院,2007年获省、市科技进步奖及新技术引进奖38项。在省级以上杂志发表论文482篇,SCI收录16篇,获科研项目31项。

作为苏中地区的医疗保健中心,南通大学附属医院的基本现代化建设已初具规模,医院连续六年获省卫生厅直属单位综合目标管理责任制考核一等奖和省市文明单位,2007年又被评为省卫生系统先进集体。

连续五年(2003—2007年)获省卫生厅综合目标管理责任制考核一等奖第一名。

· 江苏省文明单位;
· 江苏省卫生系统先进集体;
· 全国首家政府授牌的"无红包"三级甲等综合性医院;
· 全国卫生系统纪检监察先进单位;
· 全国模范职工之家;
· 全国卫生系统巾帼文明示范岗;
· 江苏省医院管理年活动先进单位;
· 江苏省医院管理学会授予"医院管理创新奖"。

地址:西寺路20号

南通市第一人民医院

暨南通大学第二附属医院、南京医科大学教学医院、南通国际友谊医院、南通市红十字医院,是一所集医疗、教学、科研于一体的国家三级甲等综合性医院,也是卫生部国际紧急救援中心网络医院。

医院前身为创建于1907年的南通州基督医院。1951年由人民政府接办,定名为南通人民医院。1953年定名为南通市人民医院。1970年定名为南通市第一人民医院。2007年,该院标志性建筑—21层综合病房大楼全面启用。

医院占地4.1万平方米,建筑面积8.7万平方米,医护员工1325人,开放床位1100张,开设30个病区,32个临床专科,24个医技科室,36个专科门诊。南通市临床检验中心和放射免疫中心均设在该院。

医院坚持科教兴院战略。拥有国际最新一代64排螺旋CT、1.5T磁共振、PACS系统扩展软件、DSA、SPECT、直线加速器、CR、DR、十二指肠镜、超声胃镜、放大电子染色内镜、菲利普IU—22彩超、菲利普IU—33专用心超、大型高压氧舱、日立7600全自动生化分析仪、飞利浦专用ERCP机等先进医疗设备。

拥有心内科、消化内科、骨科三个省级临床重点专科,神经内科、危重医学科、胸外科、泌尿外科、急诊科、眼科、骨外科、医学影像科、检验科、放射治疗科、妇产科、普外科、病理科、介入科等16个市级重点临床专科和医技科室,形成以心脏介入和微创外科治疗、消化内镜下诊疗、危重病抢救等为代表的专科特色。近五年来,获省、市科技进步奖分别为1项和58项,省医学科技奖1项,省卫生厅新技术引进奖25项,18人被聘为硕士研究生导师,5人获国务院颁发的政府特殊津贴,87人次被列为省"333高层次人才培养工程"培养对象、省医学重点人才、市"226高层次人才培养工程"培养对象和市医学重点人才。

科　室

心血管内科
消化内科
呼吸内科
内分泌科
血液内科
肾脏内科
老年病科
普外科
胸心血管外科
骨科
神经外科
泌尿外科
烧伤整形科
脊柱外科
妇产科
儿科
急诊科
重症医学科
神经内科
眼科
耳鼻咽喉科
口腔科
中医科
针灸科
肛肠科
皮肤科
肿瘤科
放射治疗科
介入科
影像医学中心
检验医学中心
药剂科
病理科
超声科
核医学科
麻醉科
门诊脊柱外科

骨质疏松性脊柱压缩骨折　青少年脊柱侧弯　颈椎人工椎间盘置换术　脊柱脊髓损伤　腰椎疾患

脊柱肿瘤　脊柱畸形　胸椎疾患　颈椎疾患　腰腿痛的治疗

介入科

大血管病变　颅内动脉瘤　肺动脉栓塞　肝癌的介入“封堵”病变血管

脑缺血　缺血性疾病　经皮髓核切吸术　颈内动脉海绵窦瘘　子宫肌瘤

肿瘤的消融技术　梗阻性黄疸

难治性创面门诊

各种烧伤残余创面各种皮肤撕脱伤、擦挫伤、挤压伤、脱套伤等各种原因所致皮肤缺损及皮肤肿瘤等

外科手术后迁延不愈伤口各种原因长期卧床所致皮肤压疮糖尿病所致慢性皮肤溃疡如:糖尿病足

癌性溃疡(肿瘤伤口)放射性皮肤溃疡慢性骨髓炎所致皮肤溃疡

过敏性疾病所致皮肤慢性溃疡增生性瘢痕、瘢痕疙瘩

南通市第一人民医院院长、党委书记　缪旭东

党委副书记、副院长　孙　华

副院长　仲崇俊

副院长　王高仁

副院长　崔志明

纪委书记　王建军

医院标识说明:

标识外形由“南通”两字的汉语拼音开头字母“N”、“T”变形组成的红十字符号,揭示了“南通市第一人民医院”。

标识内形为汉字“人”与阿拉伯数字“1”的变形组合。语义揭示为“第一人民医院”,同时也揭示了“以人为本”的含义。内形符号“人”的变形又与医院英文“hospital”的第一个字母“h”相吻合,语义揭示医疗机构的性质。

绿色的标志象征着生命,红色的“1”象征着希望,白色象征着医疗事业的高尚纯洁。

标识中间的“1”字的变形,隐喻射向病魔之箭和医院昂扬向上的态势。

荣誉:医院秉承救死扶伤的人道主义精神,切实履行“人民医院为人民”的社会职责,20 世纪 80 年代以来连续获得全国红十字先进集体,省文明单位、文明医院,市文明单位、十佳医院、信得过医院等荣誉称号。2010 新年伊始,医院被评为“全国医药卫生系统先进集体”,全省三级综合医院中仅有 5 家获此殊荣。

专家:高洪志,主任医师,毕业于天津医科大学临床医疗专业、师从我国着名内镜外科专家鲁焕章教授。曾任河北医科大学内镜诊疗中心主任兼河北医科大学第一附属医院消化内镜诊疗中心主任,兼任国内多家医院内镜专业技术顾问。从事肛肠科教学、科研、临床工作三十余年,精于诊治肛肠科多种疾病及疑难杂症,曾无数次参加并指导对急、重、疑难病例的成功抢救,完成无数例复杂的高难度肠镜手术,积累了丰富的经验,结合国内外在该领域最前沿的先进技术和方法,独创出一套科学有效的诊疗方法,极大地提高了确诊率和治愈率,在业界享有盛誉。

南通市第三人民医院

始建于 1962 年,是一所集医、教、研于一体的三级甲等全民所有制医院,是南通大学附属南通第三医院,江苏省基本现代化医院试点单位,附设南通市肝病研究所。

医院现有职工 600 余人,高级专家教授 90 人,开放床位 500 张。医院占地面积 52191 ㎡,建筑面积 30769 ㎡,设有 1 个分院,32 个临床医技科室,2 个门诊部、5 个社区卫生服务站,11 个病区。拥有美国 GE 永磁磁共振影像系统、螺旋 CT、DSA、CR、全息彩色多谱勒超声诊断仪、腹腔镜、日本产人工肝支持系统、富士能系列电子内窥镜、德国费森尤斯 4008H 联机、血液透析滤过机及劳尔水处理系统等大型仪器设备。

肝病诊治中心

诊治、教学、科研基地,慢性病毒性肝炎个体化抗病毒治疗转阴率高,肝活检诊断疑难肝病例数多。该中心与相关专科、专业合作对肝炎、肝硬化、肝癌等其他肝病建立了化验 - 影像 - 病理和药物 - 介入 - 手术全程诊疗体系,中心拥有国内最先进的非生物型人工肝支持系统,对各种原因引起的肝功能不全、肝衰竭及终末期肝病建立了中西医结合药物治疗 - 人工肝支持 - 肝移植的综合治疗模式,治疗效果达到国内先进水平。中心依托南通市肝病研究所,承担国家、省、市级课题 23 项,获省市科技进步奖和新技术奖 8 项,并承担着多项江苏省继续教育项目。

肝肾移植中心

天津市第一中心医院器官移植研究中心南通肝肾移植中心,常规开展肝脏和肾脏移植。中心开展的肝移植手术技术成熟,对各种终末期肝病、肝硬化合并肝癌,特别是重症肝炎、急性肝功能衰竭的肝移植,取得满意疗效,现已为近 20 例肝病患者进行了肝移植术,手术成功率 100%,目前所有的移植病人均健康存活,无 1 例乙肝复发。

消化内镜中心

拥有最先进的日本进口系列电子内窥镜、超细胃镜、超声内镜及全套辅助治疗设备,为成人和儿童进行食管、胃肠及胰胆疾病的内镜检查,检查痛苦小,诊断准确率高。中心开展的食管胆管狭窄的内镜下扩张和支架置入、胆管结石的内镜下取石、胃肠息肉的内镜摘除等微创治疗居省市先进水平。

心脏中心

开展在市内领先或先进的各类起搏器的安装,冠脉造影及支架植入等介入治疗、射频消融治疗,并开展高血压、慢性心衰、急性心梗等特色医疗,其中双心室 + 右心房三腔心脏起搏器的安装填补苏中、苏北地区的空白。心胸外科成功开展不停跳冠脉搭桥及心脏瓣膜置换手术达到国内先进水平。

肝癌及肿瘤诊治中心

常规开展各种恶性肿瘤的化疗,尤以肝肿瘤的双途径化疗及晚期胃肠道肿瘤的综合治疗为特色,治疗方案个性化。2000 年引进美国最先进的肿瘤射频治疗仪,率先在江苏省开展肝癌射频治疗技术,该技术达到国内先进水平。

肾脏病诊疗研究中心

汇聚国内、省内高级专家,是南通地区肾脏病血液净化规

模最大、设备最先进的肾脏病诊疗基地。中心肾内科在准确诊断的基础上采用中西医结合药物实行个体化治疗，血液净化中心开展急慢性肾功能衰竭、各种毒物、药物中毒的血液净化治疗。中心泌尿外科开展肾肿瘤根治术、肾结石钬激光碎石，尤其是等离子前列腺切除术达国内先进水平。

介入放射治疗中心

常规开展各种肿瘤及周围血管病变的介入治疗。其中，肝动脉造影 CT 扫描 + 动脉性门静脉造影 CT 扫描、股骨头无菌性坏死介入术、子宫肌瘤介入术等技术填补了南通市空白，下腔静脉滤器置放技术及下腔静脉球囊成形术 + 支架置入术达到国内先进水平。

骨科及断肢(指)再植中心

熟练开展人工全髋及膝关节置换术、四肢及脊柱骨折治疗、断肢(指)再植、椎间盘突出症、椎管狭窄症、脊柱滑脱症、椎管内外肿瘤及四肢骨肿瘤等治疗。断肢(指)再植术、局麻小切口及 MED 椎间盘镜下腰椎间盘髓核摘除术、微创减压及表面置换治疗股骨头坏死达国内先进水平。

烧伤医疗中心

中国中西医结合烧伤专业委员会会员单位，在江苏率先规范开展皮肤再生医疗新技术治疗各种烧伤、皮肤软组织创伤、溃疡，达国内先进水平。同时常规开展各种原因引起的瘢痕、五官、乳房、外生殖器及四肢等体表组织器官畸形、缺损的整形修复治疗，腋臭、良性脂肪瘤、局部凹陷或脂肪堆积的微创治疗。

医院荣誉：医院近年来取得省市科研成果 21 项，各项主要效率、质量和效益指标或平均增幅连续四年名列南通市市级医院第 1 名。是全国首家“无红包”医院，江苏省唯一的“全国职工职业道德建设先进单位”、是“全国卫生系统先进集体”、“江苏省卫生系统先进集体”，“江苏省卫生行风先进集体”、江苏省委省政府表彰的“抗击非典工作先进集体”、南通市“花园式单位”，并荣登市“十佳医院”榜首。

南通市肿瘤医院

南通市肿瘤医院(南通大学附属肿瘤医院，南通市第五人民医院)是一所全民所有制的三级甲等肿瘤专科医院，始建于 1972 年，由位于通州市平潮镇的北院和位于南通市中心的南院组成，是国内创建最早、规模最大的地市级肿瘤专科医院。医院占地 126.3 亩，现有建筑面积 5.5 万 m^2，另外：南院病房楼 1.5 万 m^2 将于 2010 年投入启用，北院肿瘤康复楼、行政办公楼 2 万 m^2 将于 2013 年投入启用。医院总资产 3.4 亿元，固定资产总值 2.6 亿元，医疗设备总值 1.42 亿元。

医院编制床位 720 张，实际开放床位 1000 张，年门急诊总量 10 万余人次，年出院病人 1.44 万人次。建院近 40 年来，先后接诊 350 多万名患者，为 20 万名患者提供了住院治疗，仅 2009 年上半年，医院收治的 7414 名住院病人覆盖了 25 个省市。现有职工 996 人，其中卫生技术人员 824 人，其中高级职称 103 南通市肿瘤医院人，中级职称 285 人，博士、硕士研究生 107 人，享受国务院特殊津贴专家 2 人，市优秀技术拔尖人才 3 名，市重点医学人才 5 名，市“226 高层次人才培养工程”中青年学科带头人 4 名，市重点医学人才培养对象 1 名，南通市名中医 1 名。2006 年以来，各级科研立项 56 项，取得市级科研成果 18 项，88 项新技术获省市奖项，其中江苏省医学新技术引进奖一等奖 2 项、二等奖 6 项，南通市优秀新技术项目奖一等奖 2 项、二等奖 17 项、三等奖 61 项，在省级以上刊物发表论文 400 余篇。

医院集医、教、研于一体，系南通大学附属肿瘤医院、南通市第五人民医院、苏州大学教学医院、南京医科大学教学医院，也是卫生部认定的“全国百万妇女乳腺病普查工程”南通地区定点医院。院内附设有南通市肿瘤研究所、南通市肿瘤放疗中心、南通市肿瘤化疗中心、南通市病理诊断中心。医院设置临床、医技科室 15 个，共有 18 个病区。病理科为江苏省重点建设专科，另有市级重点专科 7 个，包括肿瘤内科、外科、放疗科、肿瘤妇科、影像科、病理科和麻醉科，麻醉科为徐州医学院麻醉学硕士研究生培训点。

医院全面拥有手术、放疗、化疗(含介入治疗)、微创治疗、同位素治疗、生物治疗、中西医结合治疗等综合治疗手段。配备国内一流的洁净手术室、百级层流病房，乳腺普查工程专用普查车。配置螺旋 CT、ECT、核磁共振、直线加速器、模拟定位机、DSA、DR、数字胃肠机、超声波碎石机等各类诊疗设备 2000 余台(套)，其中万元以上医疗设备 470 多台(件)，10 万元以上医疗设备 126 台(件)，30 万元以上医疗设备 60 余台(件)。2008 年，医院同时获得卫生部 PET - CT 和伽玛刀两个甲类大型设备的配置许可，医院的肿瘤诊断和治疗水平、品牌效应和核心竞争力正逐步增强。

科室介绍

内科

南通市肿瘤化疗中心挂靠于该院内科，为南通市重点临床科室，设有呼吸、消化南通市肿瘤医院组织架构、血液淋巴肿瘤等二级科室，拥有享受国务院特殊津贴专家季震及江坚、谭清和等省内外知名肿瘤化疗专家，擅长以化疗为主的综合治疗，能明显延长病人的生存期，改善生存质量。近年来相继承担了由卫生部、上海肿瘤医院、江苏省肿瘤医院组织的十几种抗癌新药的Ⅱ、Ⅲ期临床试验，采用的化疗方案和综合治疗手段均与省级肿瘤医院接轨，中心还设有南通市最高级别的无菌层流室两间，为造血干细胞移植及造血细胞因子支持下的大剂量和超大剂量化疗提供了有力保证，中心开展了南通市首例自体造血干细胞移植。

外科

外科系国内地市级医院中最早成立的肿瘤外科之一，拥有张一心、蒋松琪等知名肿瘤外科专家，下设胸瘤科、普瘤科、肝胆肿瘤科、头颈科等二级科室，能熟练开展各类肿瘤的常规手术，同时能独立开展第Ⅰ、Ⅳ、Ⅴ、Ⅷ肝段高难度肝癌的切除手术，高位胆管癌的切除手术(包括侵犯静脉的联合门静脉切除)，胆囊癌的根治手术等。其中，肝胆肿瘤科为南通市重点临床建设专科，在江苏省内率先推行肿瘤单病种综合治疗模式，根据每一位病人的病情制定规范、标准、合理的个体化、程序化的治疗方案，以达最佳治疗效果。该科还拥有南通市唯一的头颈肿瘤专科，在治疗头颈肿瘤方面经验丰富，尤其对头颈部恶性肿瘤的治疗有其独到之处，疗效达到国内先进水平。

妇科

南通市肿瘤医院肿瘤妇科（简称妇瘤科）始建于1973年，是全国地级市中最早建立的规模较大的妇瘤科之一，为南通市临床重点专科，在省内享有盛誉。该科设有专科病房、综合门诊、后装治疗室等，集手术、放疗、化疗以及其他治疗为一体，是一个典型的实施综合治疗临床科室，也是全市唯一的专治妇科肿瘤的科室。30多年来，该科已收治妇科恶性肿瘤病人3万多人次，为我省及周边地区的肿瘤患者的健康作出了巨大贡献。妇瘤科开放床位84张，收治病员主要来自南通地区和苏北地区，不少苏南地区病人（如张家港、常熟等）和外省市（安徽、新疆、江西、浙江、东北、贵州等）病人也慕名而来。该科熟练开展妇科恶性肿瘤治疗的各种手段及规范化治疗，擅长宫颈癌根治术、卵巢肿瘤细胞减灭术、外阴癌根治术等；规范实施体外放疗及腔内放疗，注重综合治疗，努力提高生存率、降低复发率，疗效达国内先进水平。妇瘤科还在苏中苏北地区率先开展了淋巴管造影术、腹壁下动脉灌注术、微泵化疗术、介入治疗、组织间插植术、生物治疗、氩氦刀治疗、组织间化疗、腔镜手术等新技术，并获多项科技成果奖，受到同行专家的一致肯定。

肿瘤放疗中心

南通市肿瘤医院放疗科始建于1974年，是全国较早建立的规模较大的放疗科之一，为南通市重点临床专科，南通市放疗中心挂靠该科。放疗科设有胸腹、头颈、精确放疗中心等二级科室，拥有蔡晶、马煌如、万志龙等知名放疗专家及X－刀，伽玛刀，瓦里安、西门子直线加速器等国际一流的放疗设备，开展CT模拟、三维适形放射治疗、立体定向放射治疗、图像引导放射治疗（IGRT）、调强放疗（IMRT）等现代化精确放射治疗技术，可以对脑瘤、鼻咽癌、食管癌、肺癌、乳腺癌、肝癌、胰腺癌、前列腺癌、淋巴瘤等全身各部位肿瘤实施放射治疗，是苏中苏北地区最大的放射治疗中心，该科担负着苏北地区肿瘤放射治疗的临床、教学、科研任务，在省内外享有较高声誉。

近年来，该科不断开拓创新，在规范化常规放疗的基础上，积极引进新技术、新设备，不断派出医生去广州、上海、北京进修学习，科室还与美国纽约医学院附属Westchest医学中心长期合作，定期派人前往进修，及时掌握肿瘤治疗的最新动态，使整个科研医疗水平有了显著提高。

中医科

南通市肿瘤医院中医科擅长运用中西医结合、内外合治法治疗各种疑难病、肝病、良恶性肿瘤等，缓解放疗、化疗副作用，提高晚期肿瘤患者的生活质量、延长患者生命。该科拥有刘浩江等省市知名中医专家，对肝病及各种疑难病的诊治极具经验。该科采用中西医结合疗法治疗各种慢性病，尤其对糖尿病、肾病、男性病及各类疼痛的治疗具有丰富经验。

专家介绍

陈曾燕，系妇瘤科主任、主任医师，1983年毕业于南通大学医学院医疗系，为中华医学会南通市分会理事、妇产科分会副主任委员，江苏省抗癌协会妇科肿瘤专业委员会委员，南通市抗癌协会理事，苏州大学医学院临床教学副教授，南通市医疗事故鉴定委员会专家库首批成员。20多年来，陈主任一直从事妇科肿瘤的临床与科研工作，熟练开展各类妇科肿瘤手术、放疗、化疗及综合治疗，擅长根据年龄、肿瘤类型、临床病期的不同，制定个体化的综合性治疗治疗方案，力求最佳疗效。作为学科带头人，陈主任不断创新，开拓进取，主持并扶持科室多项科研与新技术的开展，其中《多项肿瘤标志物测定妇科恶性肿瘤的临床分析》、《中国妇女宫颈癌盆腔照射野修正设计研究》、《子宫动脉阻断和肌瘤挖除治疗子宫肌瘤的研究》等科研项目多次获省、市新技术奖和成果奖。

刘蓉，妇瘤科副主任、主任医师，1986年毕业于青海医学院医学系，中国抗癌协会临床肿瘤学协作中心成员，江苏省妇女联合会执行委员，南通市医疗事故鉴定委员会成员。

吴霞，主任医师，南通市肿瘤医院肿瘤研究所临床治疗研究室副主任，1982年毕业于南通大学医学院医疗系，中国抗癌协会成员。

蔡晶，为医院副院长、放疗科主任，主任医师，1984年毕业于南京医科大学，2005年获苏州大学医学院放射治疗专业硕士学位，担任江苏省医学会放射治疗专业委员会委员，南通市抗癌协会放射治疗委员会主任委员，南通市抗癌协会秘书，南通市医疗事故鉴定专家库成员，曾赴美国学习图像引导放射治疗（IGRT）、调强放疗（IMRT）及X—刀治疗等世界先进放疗技术，除擅长食管癌、肺癌、鼻咽癌、乳腺癌等各种肿瘤的常规放疗外，在苏中、苏北地区率先开展了脑瘤、胰腺癌、肝癌、肺癌等肿瘤的适形放疗和X—刀治疗。近年来，开展了《立体定向放射治疗技术临床应用》、《肺癌的分次立体定向放射治疗》、《不均等分割剂量放射治疗食管癌》等新技术，并获市卫生局新技术项目奖、市科技进步奖，在省级以上医学杂志发表《立体定向适形放射治疗胰腺癌18例分析》、《放疗加平阳霉素治疗中晚期食管癌96例前瞻性研究》、《放射治疗配合DB方案治疗中晚期鼻咽癌148例疗效分析》等十余篇论文，目前致力于“肝癌门静脉癌栓的三维适形放射治疗”的研究。多次被记功、嘉奖并荣获市“巾帼建功先进个人”称号和“十佳巾帼新秀”提名奖。

专科特色妇瘤科

妇瘤科是全市唯一专治妇科肿瘤的科室，集多种治疗手段为一体，多年来实行国内外推崇的单病种综合治疗模式，拥有一支优秀的专家队伍，技术全面、精益求精、疗效明显，深受国内外同行的肯定和患者的认可。

熟练开展各种妇科良恶性肿瘤的手术，如宫颈癌、子宫内膜癌、外阴癌的根治性手术和卵巢肿瘤细胞减灭术，尤其对要求保留生育功能的妇科肿瘤手术有独到之处。

将体外放疗（加速器）和腔内照射（后装治疗）有机结合，使妇科肿瘤尤其是宫颈癌的治疗达到满意的疗效。其中，后装治疗的腔内、插植、敷贴等三维立体治疗，以及X刀治疗对难治性、复发性妇科肿瘤有较好的疗效。

利用全身化疗、腹腔化疗、超选择动脉化疗、微泵化疗、瘤体注射化疗等手段，针对不同种类的妇科肿瘤制定个体化的化疗方案。

介入治疗是在医学影像学引导下将导管送达靶器官或肿瘤血管进行治疗的一种微创手段，通过化疗药物灌注和栓塞使肿瘤坏死缩小,为手术的彻底性创造条件,使复发肿块得以控制。

生物治疗作为肿瘤治疗的研究方向逐渐应用于临床,为妇科肿瘤的治疗开辟了新的领域。主要利用免疫细胞、肿瘤杀伤细胞对手术、放疗、化疗后患者的辅助治疗,以控制肿瘤的转移与复发。

根据患者年龄、肿瘤类型、分化程度、临床病期的不同,将各种治疗手段有机的结合,制定个体化综合治疗方案,以降低复发率、提高生存率。

肿瘤放疗中心,放疗科是苏中苏北地区最大的放射治疗中心,是全市唯一放射治疗恶性肿瘤的重点科室,70% 的肿瘤可通过放疗达到姑息性或根治性治疗。该院放疗科技术全面、精益求精、疗效显著,主要开展以下特色项目:

非常规分割放疗

除开展常规放射治疗(每天一次,每周五次,每次 1.8—2Gy)外,我们还开展超分割、加速分割及加速超分割、不均等剂量分割等非常规分割放疗,在头颈肿瘤、肺癌、食管癌等一系列恶性肿瘤的放疗上取得了令人鼓舞的疗效。

立体适形放疗及立体定向放疗(俗称 X—刀)

常用多野等中心共面或非共面照射使照射范围更精确地集中于肿瘤组织,更好地保护肿瘤周围的正常组织,对头颈部、肺、肝、胰腺、前列腺肿瘤具有独特的疗效。

束流调强立体适形放疗(IMRT)及图像引导的放射治疗(IGRT)

西门子 oncor 加速器 80 叶多叶光栅,兆伏级椎形束 CT,先进的四套 TPS 系统,能开展头颈部、肺、食管肿瘤、胸腹腔淋巴结转移瘤、前列腺等肿瘤的 IMRT 及 IGRT 技术,是目前国际放疗界公认的 21 世纪放疗发展的方向。

近距离放疗

高剂量率(HDR)近距离放射治疗俗称“后装治疗”,可用于空腔脏器如宫颈、鼻咽、食管、气管、直肠肿瘤的补充放疗,亦用于实质性脏器如前列腺、舌根、软组织肿瘤的插植和植入放疗。

头颈体膜技术(体位固定装置)、乳腺托架在病人治疗时,特定的面膜、体膜使病人体位固定良好,放射治疗准确性高、重复性好。2004 年起,我院引进了乳腺托架,它使放疗重复性好,副作用轻,并发症减少,操作简单方便,保证乳腺癌患者治疗安全可靠、效果好。

模拟机工作站

放射治疗的信息化管理系统拥有便捷的查询和丰富的统计功能,可以对病人的影像信息、疾病诊断、模拟定位、肿瘤区域定义、治疗剂量、治疗计划等进行科学的计算和严格的处理,为病人提供全方位的服务。

综合治疗

根据患者年龄、肿瘤类型、分化程度、临床病期的不同,将手术、放疗、化疗、免疫等治疗手段有机的结合,制定个体化综合治疗方案,以降低局部复发率和远处转移,提高治愈率。

中医科肿瘤治疗

中医科擅长运用中西医药内服外治晚期肿瘤,在消除肿瘤并发症、缓解和消散肿块、减轻晚期癌症患者痛苦、延长生命方面有独特的疗效。该科在治疗晚期肝癌、胰腺癌、胆管癌、肺癌、转移性肿瘤及其并发症(疼痛、发热、出血、呃逆、呕吐、腹胀、溃疡、肠梗阻等)以及放射性肺炎、放射性膀胱炎等放化疗副作用方面有独到之处。

疼痛治疗

对于癌痛、颈椎病、肩周炎、落枕、急性腰扭伤、腰椎增生、坐骨神经痛、头痛、胁痛、胃痛、三叉神经痛等各种疼痛,中医科采用中药和特效针灸结合治疗,一般能在半小时内明显缓解病患(包括晚期肿瘤患者)的疼痛。

疑难杂病

对于妇科病(经、带、产、不孕)、痛风、类风湿关节炎、肥胖等各种疑难杂病,中医科采取辨病与辨证相结合的中医药内外治法,痛苦少,副作用小,深受患者欢迎。

科技成果细胞周期相关蛋白在免疫系统肿瘤及炎症免疫中作用的初步研究:2008 年获南通市科技进步一等奖。(何松、沈爱国与南通大学等人合作)

· 胃癌神经内分泌分化的临床病理学研究:2008 年获南通市科技进步二等奖。(何松、陈旭东、周建云、张向东、施美娟、陆晓云、张建兵)

· 经络沿线脂肪条带机构与经络相关性实验研究:2008 年获南通市科技进步二等奖(强福林、张兰凤、蔡晶、王静、浦鲁言、沈康与南通大学等人合作)

· 不同剂量分割方式的三维适形放疗治疗中晚期胰腺癌的临床研究:2008 年获南通市科技进步三等奖。(蔡晶、吴志军、季雪梅、谢国栋、储开岳)

· PTEN、survivin、cyclinE 基因在结直肠癌中的表达及临床意义:2008 年获南通市科技进步三等奖。(张建兵、曹松、顾晓云、何松、邵冰峰)

· 洁净手术部微生物动态监测与控制:2008 年获南通市科技进步三等奖。(王晓蔚、许秀梅、朱自力、张兰凤、蔡守平)

广泛开展对外交流与合作,先后与日本、美国、加拿大、澳大利亚等国的抗癌组织开展了多项技术合作。目前在省内率先推行国际最新的肿瘤单病种多学科综合治疗模式,与上海中山医院合作建立了肝肿瘤研究中心。医院还与先河科技发展有限公司联合建立了苏北首家肿瘤生物治疗中心,与上海亚东卫捷实业发展有限公司联合建立了微创治疗中心,为广大肿瘤患者提供了更多的治疗选择。

南通市妇幼保健院

南通市妇幼保健院始建于 1982 年底,1983 年 4 月 1 日正式开诊,前身为南通市妇产科医院。1985 年,医院开设了综合门诊,1986 年以后,随着医疗任务、床位和人员编制的增加,医院逐步走上了健康发展的道路。1988 年,医院又开设了综合病房,走上了“大专科,小综合”的道路。1990 年,近 4000 平方米的新妇产科大楼投入使用。1991 年,医院开设了内科、外科、儿科、新生儿科病区。近几年先后引进了 CT、CR、全自动生化分析仪、彩超等一系列先进的专业设备。2002 年 6 月 6 日,经南通市编制委员会批准,医院正式由原南通市妇产科医院更名挂牌为南通市妇幼保健院。2004 年 11 月,医院正式晋级为江苏省三级乙等妇幼保健院。目前,南通市妇幼保健院已发展成为基础设施完善、医疗设备先进、技术力量雄厚,集保健、医疗、教学、科研为一体,以妇幼保健为中心的综合性医院。多年来,医院不断加强基础管理和基础设施建设,环境卫生整洁优美,"花园式医院"已成为南通市卫生行业的一个新亮点,先后获得江苏省文明单位、南通市文明单位、创十佳医院先进单位、市预防保健先进单位、城市卫生管理先进集体等荣誉称号,为南通市广大妇女儿童的预防保健、身体健康作出了积极贡献。

2010 年 5 月 18 日,市妇幼保健院整体迁建工程启动,新的妇幼保健院位于新城区世纪大道南侧,总建筑面积达 5.2 万平方米。这也是新城区内首家综合医院。该工程由政府代建,2013 年交付使用。

新开工的市妇幼保健院位于新城区世纪大道南侧,科技社区东侧,总投资约 3.73 亿元。院内设置床位 500 张,除保持原来承担全市妇女儿童的医疗、保健、培训、科研等服务项目外,新建成的妇幼保健院还将在专科特色等方面有新的突破,并成立南通市儿童医院。

历史沿革:医院 1999 年与市妇幼保健所合并,具有临床保健双重功能。近几年先后进行了园林改造工程,购置了 CT、CR、全身动生化分析仪、彩超等一系列先进的专业设备,形成了集保健、医疗、教学、科研为一体的妇幼保健中心。医院先后获得国家级"爱婴医院"、江苏省"文明单位"、省"三八"红旗集体、南通市"文明单位"等多种荣誉称号。

2002 年 6 月 6 日正式更名为南通市妇幼保健院,承担全市妇幼卫生技术指导和妇幼卫生行业管理。2004 年 4 月,顺利通过了江苏省卫生厅专家组的评审,达到了江苏省级妇幼保健院评审标准,2004 年 11 月成为继南京、无锡后江苏省第三家三级妇幼保健院,正式跨入江苏省三级妇幼保健院行列。

基础设施:临床方面设有妇、产、儿、生育技术、内、外、急诊医学、中医、皮肤、性病、五官、口腔等一级科室和 8 个二级科室;其产科、新生儿科、生殖助孕技术为市重点专科。保健方面设有妇女保健科、儿童保健科、社区保健科以及 18 个二级专业科室;并设有药事、检验、影像、病理、物理诊疗、彩超、B 超、心电图、彩色多普勒超声区、心动图、心功能检测、血液变量、遗传实验、同位素、内窥镜、胎儿心电图、胎儿脐血流图、胎儿监护等医技科室;共设 9 个病区,4 个门诊分部,市级重点专科 3 个。医院相继建成妇产科实验室、腔镜中心、新生儿抢救中心,0—3 岁婴幼儿早期教育中心、生殖助孕中心、产前诊断和新生儿筛查中心等;功能齐全、设备先进,技术力量已能基本满足医疗和保健需求。

医疗特色:保健方面设有妇女保健科、儿童保健科、社区保健科及相关配套二级科室,医疗方面设有妇、产、儿、内、外、中医、皮肤、性病、五官、口腔、整形美容、助孕等临床科室,并设有药事、检验、影像、病理、物理诊疗、彩超、B 超、心电图、彩色多普勒超声心动图、心功能检测、血液变量、遗传实验、同位素、内窥镜、胎儿心电图、胎儿脐血流图、胎儿监护、体外反搏、光量子等医技科室,功能齐全、设备先进,技术力量已能基本满足医疗需求。编制床位 320 张,设 6 个病区,15 个临床科室,3 个市级重点专科,12 个医技科室,26 个专家专科门诊,3 个社区卫生服务站。

南通市虹桥医院

南通市妇幼保健院始建于 1982 年底,1983 年 4 月 1 日正式开诊,前身为南通市妇产科医院。1985 年,医院开设了综合门诊,1986 年以后,随着医疗任务、床位和人员编制的增加,医院逐步走上了健康发展的道路。1988 年,医院又开设了综合病房,走上了"大专科,小综合"的道路。1990 年,近 4000 平方米的新妇产科大楼投入使用。1991 年,医院开设了内科、外科、儿科、新生儿科病区。近几年先后引进了 CT、CR、全自动生化分析仪、彩超等一系列先进的专业设备。2002 年 6 月 6 日,经南通市编制委员会批准,医院正式由原南通市妇产科医院更名挂牌为南通市妇幼保健院。2004 年 11 月,医院正式晋级为江苏省三级乙等妇幼保健院。目前,南通市妇幼保健院已发展成为基础设施完善、医疗设备先进、技术力量雄厚,集保健、医疗、教学、科研为一体,以妇幼保健为中心的综合性医院。2012 年 1 月 2 日,被批准为三级甲等综合医院。多年来,医院不断加强基础管理和基础设施建设,环境卫生整洁优美,"花园式医院"已成为南通市卫生行业的一个新亮点,先后获得江苏省文明单位、南通市文明单位、创十佳医院先进单位、市预防保健先进单位、城市卫生管理先进集体等荣誉称号,为南通市广大妇女儿童的预防保健、身体健康作出了积极贡献。

保健方面设有妇女保健科、儿童保健科、社区保健科及相关配套二级科室,医疗方面设有妇、产、儿、内、外、中医、皮肤、性病、五官、口腔、整形美容、助孕等临床科室,并设有药事、检验、影像、病理、物理诊疗、彩超、B 超、心电图、彩色多普勒超声心动图、心功能检测、血液变量、遗传实验、同位素、内窥镜、胎儿心电图、胎儿脐血流图、胎儿监护、体外反搏、光量子等医技科室,功能齐全、设备先进,技术力量已能基本满足医疗需求。编制床位 320 张,设 6 个病区,15 个临床科室,3 个市级重点专科,12 个医技科室,26 个专家专科门诊,3 个社区卫生服务站。

泰　州　市

泰州市人民医院

始建于 1917 年,原为美国教会创办的福音医院,解放后为江苏省第八康复医院。于 2001 年底通过国家三级综合性医院评审,成为一所新兴的三级综合性医院,是本地区最大的一所综合性医院。2012 年 1 月 2 日被批准为三级甲等综合医院。医院 2003－2004 年度、2005－2006 年度荣获江苏省文明单位标兵称号;院团委获 2005 年江苏省"五四红旗团委标兵"称号;2006 年获江苏省廉政文化建设示范点;2007 年获全省卫生行风先进集体称号;2008 年获得江苏省模范职工之家、全国精神文明建设工作先进单位等荣誉称号。

医院占地面积 9.4 万平方米。至 2003 年,医院建筑面积达 8.1 万平方米,拥有 2.1 万平方米的 19 层病房大楼和 2.01 万平方米的急诊大楼。核定床位 756 张,实际开放床位 1000

多张，在职职工1300名，博士硕士生40名，高级专业技术人员170名，中级专业技术人员362名，年门急诊量近51万人次，年出院病人近2万人次。

科室分类：医院设有临床一级科室14个，医技科室8个，临床二级专科30个，全院共有23个病区。消化内科、骨科、肝科、肿瘤内科、核医学科、儿科、介入科、烧伤整形科、耳鼻咽喉—头颈外科、呼吸内科、心血管内科、普外科为重点专科。

医院现有固定资产2.85亿余元，其中医疗设备达1亿元，万元以上医疗设备480多台套。拥有：西门子16层螺旋CT、GE核磁共振、西门子DSA、800mAX光机、1000mA数字胃肠机、菲利浦床边X光机、乳腺钼靶机、高压氧舱、体外震波碎石机、准分子激光、日立大型全自动生化分析仪、流式分析仪、高效液相色谱仪、DNA定量测定仪、快速细菌培养仪、西门子医用直线加速器、射频热疗机、烧伤悬浮床、多导睡眠检测仪、动态心电图、彩超、血液透析机、人工肝支持系统、电视电子胃肠镜、电视胸腔镜、腹腔镜、阴道镜、宫腔镜、鼻内窥镜、椎间盘镜、关节镜、胆道镜、电切镜等先进设备。

医院十分重视专科建设及新技术的开发和应用。近年来成功开展了冠状动脉内球囊扩张术、射频消融术、体外循环心脏直视手术、逆行胰胆管造影、肾脏移植、恶性胆道梗阻内镜下支架置入术、交锁髓内钉骨折内固定术、全髋关节置换术、微量注射泵深静脉内连续化疗、经皮椎间盘切除术、断肢再植、肿瘤放化疗、介入治疗、射频热疗、人工肝等一系列新技术新项目，可满足不同层次、不同人群的各种医疗需求。2004年我院成功开展5例肝移植手术，冠状动脉搭术、心脏瓣膜置换术、干细胞移植等一系列高精尖手术。

医院十分重视高级技术人才的培养和引进，重点培育了一批面向21世纪的中青年科技人才，并先后以多种形式与美国、丹麦、澳大利亚、日本、以色列、比利时、荷兰等国进行学术交流合作并派专家和高层管理人员赴外考察访问学习。

医院是扬州大学医学院附属医院，南京医科大学教学医院，多年来承担国内5所高等医学院校的实习带教任务。

医院2001年度和2003年度两次获江苏省文明单位称号。

面向新世纪，泰州市人民医院将瞄准现代化医院的目标，加快发展的步伐，实现后来居上，成为苏中、苏北地区的医疗中心之一。

泰兴市人民医院

始建于1934年，是一所集医疗、科研、教学于一体综合性三级医院，是扬州大学医学院附属医院，同时也是南京医科大学、江苏大学医学院、江苏职工医科大学等院校的教学医院和临床实习基地。

医院占地面积8万平方米，总建筑面积12.6万平方米。现开放床位1000张，分设16个病区、26个临床医技科室。医院在职职工1000余人，其中高级技术职称人员129人，硕士学位32人，其中省市级突出贡献的中青年专家6人，享受国务院政府津贴专家3人。2007年门急诊量为50万余人次，住院量2.4万余人次，大中型手术1万余台次。

医院拥有固定资产2亿元，现有GE磁共振、高能直线加速器、高速螺旋CT、ECT、数字化X光机（DR）、DSA、流式细胞仪、全自动生化分析仪、彩色B超、系列腹腔镜、系列内窥镜等一大批先进的医疗设备。

医院重视医疗技术和重点学科的建设，目前有神经内科、心血管内科、心胸外科、泌尿外科和普外科等五个泰州市重点专科，能正常开展心脏直视手术、冠状动脉狭窄支架放置术、射频消融术、ERCP等一大批高难度技术，近两年全院共获省科技进步奖1项，省卫生厅科技进步奖1项，省卫生厅新技术引进奖18项，获泰州市科技进步奖17项。

医院牢固树立科学发展观，本着"一切以病人为中心"的服务宗旨，努力改善服务态度，优化服务流程，提高医疗质量。近年来先后获得"全国卫生文明先进集体""江苏省精神文明建设先进集体"、"江苏省园林式单位"、"泰州市文明单位"、"泰州市人民满意医院"等荣誉称号。

重点学科：神经内科等五个专科成为泰州市重点专科目前该院能独立开展500多项医疗技术其中160多项达到三级医院水平，同种异体肾移植和心脏直视手术已成为常规技术"事件相关电位临床应用推广"获省政府科技成果三等奖，有16项科研成果获省厅和泰州市科技进步奖，每年都有50篇以上论文发表在省级以上刊物上，吴阶平副委员长、巴德年院士先后来院视察和讲学。

先进设备：医院设备先进，拥有美国GE1.5T磁共振、美国GE螺旋CT、西门子大、小C臂机、英国依科达直线加速器、全自动生化分析仪、多普勒彩超、ECT、DR、胆道腹腔镜和妇科腹腔镜多探头监护系统、体部X—刀及尿道内电切镜等先进高档设备。

权威专家：谭中青主任医师，毕业于吉林白求恩医科大学，主任医师，江苏省中西医学肛肠分会委员，曾在多次到北京广安门医院肛肠科进行学术交流，在国内重要学术刊物上发表论文共20余篇，荣获省级四项科研成果奖，临床经验丰富。着重研究和治疗各类肛肠科疑难杂症，对各类肛周肠道疑难杂症疾病的治疗和康复具有丰富的经验，临床治愈肛肠疾病患者高达万例，擅长应用PPH、HCPT、安氏疗法等前沿技术治疗各种复杂痔疮、直肠脱垂等肛肠疾病，在治疗肛肠疑难疾病如复杂性肛瘘，环状混合痔，慢性输型和出口梗阻型便秘很深的造诣，深受各地患者好评。

王立辉，主治医师，从事妇产科临床已经有20余年了。在优生优育、生殖遗传咨询等方面有丰富的经验。

擅长对妇科炎症、子宫肌瘤、子宫内膜异位症、不孕症、输卵管堵塞、青春期功血、多囊卵巢综合症、子宫出血、反复自然流产、子宫纵隔、宫腔粘连等疾病的诊治。

诊疗范围

妇科炎症、子宫肌瘤、子宫内膜异位症、不孕症、输卵管堵塞、青春期功血、多囊卵巢综合症、子宫出血、反复自然流产、子宫纵隔、宫腔粘连。

泰州市中医院

位于泰州市区东城河畔，医院环境优美、设备精良、服务周到、技术精湛，是国家三级甲等中医院、南京中医药大学泰州附属医院。也是卫生部国际紧急救援中心网络医院、扬州大学医学院教学医院、上海中医药大学附属龙华医院泰州合作医院。

是江苏省文明单位，并多次被泰州市委、市政府和省中医药局评为文明单位。日本、美国、澳大利亚、韩国等国家的医学代表团多次来到泰州市中医院参观、访问和学术交流。

医院占地面积30734平方米，建筑面积26571平方米，医疗用房21864平方米。全院现有在职职工623人，高级职称人员77人，中级职称人员243人。其中省名中医2人，市名中医9人。全院共有十三个病区，床位410张，涵盖内、外、妇产、儿、骨伤、眼、耳鼻喉、口腔、针灸、肛肠、脑病、康复等十余个临床一级科室。现代化手术室可以同时开展多台手术，满足各科不同的手术需求。

具有鲜明中医特色和创新的专病专科是泰州市中医院几十年创造和发展起来的品牌。四十多年来，始终坚持以中医为主、中西医结合的办院方向，以精湛的医术，独特的疗效，赢得了泰州及苏北里下河地区乃至全省广大病员的赞誉与信赖。三十多个中医特色专家专科门诊及“癌复康”、“滋泉丸”、“许氏膏药”、“破抗合剂”、“止咳祛痰灵”等百余种几十年来形成的院内独特制剂受到省内外患者的青睐。

医院现有1个国家重点专科骨伤科，1个省级重点专科眼科中心，1个省级重点专科建设单位脑病中心，3个市级重点科骨伤科、妇产科、脑病中心。泰州市中医院许氏骨科传统医术被列入泰州市非物质文化遗产名录。由外科和肾内科协作完成了多例肾移植手术，心内科也能常规开展心内导管射频消融治疗心律失常等较先进的治疗方法，ICU病房的建立，使医院的急诊救治能力有了明显的提高。医院工作步入了良性发展的正常轨道。环境面貌得到了很大的改善，医院规模得到了较大的发展，人才设备得到了充分的利用，特色专科也有了明显的加强。

医院科室：中医内科、消化科、妇产科、针灸科、心内科、肾内科、神经内科、儿科、皮肤科、骨伤科、内分泌科、中医五官科、普外科、血液科、肛肠科、男性科、肿瘤科、呼吸科、急诊科、泌尿外科、眼科、脑外科、ICU胸外科、心理卫生科

重点专科

脑病中心

泰州市重点临床专科、省级重点专科建设单位脑病中心，主任全亚萍，主任中医师，1985年毕业于南京中医药大学。为全国名老中医王玉玲后代，家学渊源，在中医和中西医结合治疗脑血管病、神经科疑难症方面经验独到；在他们的带领下，全科医务人员共同努力，使科室不断发展壮大，临床科教研并进，全科在各级学术刊物上发表论文六十余篇。率先在全市创建中风单元模式，明显降低了中风的病死率、致残率，在恢复生活能力、重建社交自信方面卓有成效。

科室特色：开展中风的系统工程，包括中风的一级、二级预防，院前、院中和院后的社区健康宣教，出院后的随访。其中，中风的一级、二级预防意义尤为重要，旨在降低中风的发病率和复发率，体现了中医“治未病”的思想精髓。中心在诊治癫痫、帕金森病、痴呆、头痛、眩晕、周围神经病变、中枢神经系统感染性疾病、脊髓病变、脱髓鞘疾病等神经系统疾病方面经验丰富，与省人民医院神经内科是友好合作单位。

妇产科

泰州市重点临床专科妇产科，经过几十年的发展，因其良好的作风、精湛的医术、一流的服务、人性化的管理深得泰州市民的信任。妇产科王赛丽主任，从事妇产科工作近二十年，基本功扎实，在妇产科临床工作中积累了丰富的经验，对于妇产科常见病的诊治、各类妇产科手术以及宫腔镜、腹腔镜操作规范熟练。

妇产科人员结构合理，技术力量雄厚，治疗手段多样，在宫腔镜、腹腔镜、子宫热球治疗，阴道镜、羊膜镜等妇产科腔镜技术及X光输卵管碘油造影、输卵管介入、超声输卵管通畅度检查、孕卵监测及人工授精等不孕不育诊疗技术，新式剖宫产，导乐分娩，无痛分娩，家庭式分娩，新生儿抚触，产后访视等产科新技术、新理念有较强优势。妇产科2004年创建为泰州市临床重点专科，1982年至今，没有一位母婴出现过意外，正常分娩和剖宫产成功率均为100%，使来这里的产妇能更加放心和安心。温馨舒适的病房，微笑体贴的服务，精湛细腻的医术，导乐人员24小时全程服务，都使来这里的产妇有一种到家的感觉。

骨伤科

国家重点专科建设单位、泰州市重点临床专科、省级重点专科建设单位骨伤科，是1958年由全国名老中医许钜材所创办。人员结构合理，技术力量较强。骨伤科主任王铠副主任中医师，是许钜材老先生的外孙，家学渊源，15岁就跟在外祖父身后抄药方，后来又接受了南京中医药大学本科学习。由他带领的骨伤科坚持中医特色，通过改良小夹板固定技术，对许氏膏药、许氏敷药进行改制研究等，提高了对骨科常见病、多发病和大部分疑难病的中医、中西医结合诊疗能力，社会信誉度高，影响较大。

骨伤科在继承传统疗法的基础上，更通过引进现代的科学技术来发展自己的特色。积极引进新技术，开发利用新项目，开展了微创腰椎间盘突出髓核摘除术、小切口全髋关节置换术等一批省内较先进的手术。

进口C臂X光机，30ma移动式X线摄片机，便携式X线透视仪，METRX椎间盘镜，膝关节镜，电脑三维快速牵引床，椎间盘旋切器，美迪兰电动手术床及650型骨科手术牵引架等诊疗设备，手术室里上肢、下肢、脊椎专用手术器械包，各类骨科手术器械配套齐全。病区内还配有心电监护、脉氧仪、血糖仪等设备。这一切都标志着中医现代化给传统的骨伤科带来了新的活力。

外科

外科经过多年的发展，已经形成了由胸外科、脑外科、普外科、泌尿外科、微创外科等5个二级专科共同组成的特色学科。

普外科　拥有多名专业医师，目前针对肝胆疾病和消化道肿瘤发病率高的特点，学科又进行肝胆疾病、胃肠疾病二级分组，对一些疑难、复杂疾病提高了诊治能力，如正常开展消化道肿瘤多脏器联合切除手术、腹十二指肠切除手术、复杂胆道手术、肝叶切除术等，并较好地将腔镜技术和中医特色融入学科建设中，成为泰州地区的特色专科。

胸外科　常规开展胸外科各种常见病，多发病的诊治。特别是食道癌，肺癌、贲门癌等手术，已积累了丰富的临床诊治经验。近年来，某些高度的复杂手术如纵膈肿瘤切除，气管支气管成形术，也相继成功。

脑外科　泰州中医院脑外科成立以来，成功地实施了数

百例危重脑外伤患者手术,挽救了病人的生命。此外,独立开展了许多颅内肿瘤切除术,如:翼点入路鞍区肿瘤切除术、镰旁巨大肿瘤切除术、四脑室肿瘤切除术、双额开路前颅窝底肿瘤切除术、巨大小脑幕肿瘤切除术、高龄(80岁)患者颅内肿瘤切除术及一批大脑半球肿瘤切除术。并在市内率先开展腹腔镜引导下的侧脑室腹腔分流术。

微创外科　包括内镜外科和腹腔镜外科二大部分,在泰州地区率先独立开展胆总管微创手术,可多科合作开展胸腔镜肺大泡切除、腹腔镜胆囊切除、胆总管切开取石、阑尾切除、小儿疝修补等手术及泌尿科各种腔内治疗。

泌尿外科　现有主任医师一名,副主任医师两名,硕士研究生一名。开展了泌尿外科各种常规手术及高难度手术。特别在肾肿瘤、输尿管肿瘤、膀胱癌、阴茎癌、睾丸癌;肾结石、输尿管结石、膀胱结石;泌尿系统感染;泌尿系统畸形以及前列腺疾病(前列腺增生、前列腺癌、前列腺炎)等泌尿外科疾病具有本科的特点。近年来,先后成功开展肾上腺肿瘤切除术、肾癌根治、肾输尿管癌根治性全切除术、(膀胱癌)全膀胱切除、尿流改道、全阴茎切除、腹股沟淋巴结清扫以及复杂尿道狭窄等高难度手术。积极引进新技术,1999年在泰州地区率先开展经尿道前列腺电汽化治疗前列腺肥大;近年来,开展经输尿管镜行肾结石、输尿管结石、膀胱结石的治疗;近年来,将腹腔镜在泌尿系统疾病的治疗加以引进,先后成功开展腹腔镜下肾上腺肿瘤切除术、腹腔镜下输尿管切开取石术、腹腔镜下肾囊肿去顶减压术、腹腔镜下精索静脉曲张高位结扎术等手术。

医院专家:王赛莉,女,副主任医师,妇产科主任兼妇科主任。曾先后在南京市鼓楼医院、上海新华医院、江苏省肿瘤医院进修妇产科、妇科内窥镜。擅长腹腔镜下开展妇科各种微创手术。

唐珊玲。女,副主任医师,从事妇产科临床三十余年,具有丰富的临床经验及很强的实践能力。对妇科肿瘤、不孕症、产科急危重症的诊治均有较高水平。

赵燕宁,女,主任中医师,泰州市名中医,妇产科副主任。擅长于中西医结合治疗月经不调、不孕症、盆腔炎、子宫肌瘤、卵巢囊肿、子宫内膜异位症,并能熟练进行计划生育手术及常见妇科手术。

田炳照,男,主任中医师,市名中医,擅长中西医结合治疗月经病、带下、不孕症、围绝经期病例等。

孙文成,女,副主任医师,擅长各种妇产科手术及各种妇科、产科疑难杂症的诊治。对妇女不孕症有研究。

潘扣英,女,副主任医师。

刘翠华,女,副主任医师,擅长各种妇产科手术及各种妇科、产科疑难杂症的诊治。

王诗露,女,副主任医师,从事妇产科临床工作三十多年,擅长妇科良、恶性肿瘤及不孕不育的诊断、治疗及手术。

倪春梅,女,副主任医师,产科主任,从事妇产科临床工作近二十年,擅长进行不孕不育及高危产科的诊治,熟练开展妇产科各种手术。

王晓洪,女,主任医师,大内科主任兼心内科主任。南京中医药大学兼职教授,曾在北京大学人民医院、天津总医院、北京协和医院、上海新华医院进修学习。对冠心病、心绞痛、心肌梗死、心衰、各类心律失常、高血压、高血脂、心肌病、心包疾病的诊治有丰富的经验。能开展心脏介入手术。获泰州市科技进步三等奖一项,泰州市311层次人才,江苏省中西医结合心血管病学会常委,泰州市心血管学会委员,泰州市政协常委。

谢桂香,女,主任医师,心内科副主任。泰州市“311”工程青年拔尖人才。曾先后在上海中山医院心内科、江苏省人民医院心内科进修。熟练掌握心内科各种常见病、多发病诊治,擅长高血压病、各类冠心病、心律失常的诊治。

蒋明华,主任医师南京中医药大学兼职教授,医学本科毕业,中西医结合研究生课程班结业,从事心内科工作20多年,在国家及省级医学杂志发表论文20多篇,主持省级资金扶持科研课题一项,获市级科技奖一项。

曾经在江苏省人民医院心脏介入中心及南京鼓楼医院心脏科进修心血管的诊治及介入治疗。对冠心病、高血压病、心律失常、心力衰竭等治疗有丰富的临床经验,能开展心脏起搏及介入治疗,尤其擅长对复杂或疑难心血管病的诊断治疗。

彭德熹,心内科副主任医师、兼聘南京中医药大学教师,泰州市311人才培养对象,1994年毕业于南京医科大学,从事心血管临床诊疗科研工作十多年、曾经于江苏省人民医院心内科进修学习一年。

有丰富的临床经验和较好的理论基础,擅长对高血压、冠心病、心绞痛、心肌梗死、心功能不全、各种心律失常、心肌病、血脂异常的诊断与治疗。

阮佰明,泌尿科副主任,杭州广仁医院泌尿男科专家,中华医学会会员,曾多次应邀在全国泌尿男科学术会议专题主讲,在泌尿生殖系统疾病,男性性功能障碍、各类性传播疾病等方面积累了丰富的临床经验,尤其擅长急慢性前列腺炎、前列腺增生、阳痿、早泄等男科疾病的研究和临床诊治等有丰富的临床工作经验,深受广大患者的一致赞誉。

连 云 港 市

连云港市第一人民医院

始建于1951年10月,经过几代人的艰苦努力,已发展成为徐淮东部地区规模最大,集医疗、教学、科研、预防、保健、康复、急救等于一体的综合性三级甲等医院和徐州医学院附属医院,南京医科大学、东南大学、江苏大学等教学医院。

连云港市第一人民医院建筑面积7万多平方米,辐射人口700多万。资产总值5.7亿元。年诊疗总量78万人次,年出院人数3.6万人次,年总收入4.6亿元。近年来,医院先后被评为省市文明单位、省十佳医院、省卫生系统先进集体、省抗击非典先进集体、全国卫生系统先进集体、全国卫生文化建设先进单位、全国综合医院中医药工作示范单位,连续十多年获连云港市卫生系统夏季百日优质服务竞赛活动第一名。2004年10月,东方医院(二级甲等综合医院)并入医院。

医院在职职工1282人,其中卫生技术人员1130人,高级职称323人,中级职称471人。享受各级政府特殊津贴的专家18人,省“科教兴卫工程”重点人才1人,省“333工程”培养对象10人,市“521工程”培养对象20人,市医学重点人才学科带头人8人，市医学重点人才18人，市医学重点人才培养对象14人，全国优秀中医临床人才1人，省名中医2人、市名中医3人，省名中西医结合专家1人，省有突出贡献的中青年专家3人。博士、硕士144人。担任省级专业学术委员会委员以上职务的专家40人、市级专业委员会主任委员21人。

医院设置临床、医技科室38个、医疗中心6个、市级研究所和实验室3个，其中省级重点专科1个（神经外科）、市级重点学科16个（神经外科、神经内科、骨科、医学检验科、医学影像科、儿科、普通外科、麻醉科、感染性疾病科、血液内科、急诊医学科、临床药学科、肿瘤放疗科、呼吸内科、耳鼻咽喉科、病理科）、市级重点学科建设单位8个（肿瘤内科、妇产科、眼科、心血管内科、胸外科、消化内科、内分泌科、口腔科）、市级中医重点专科1个（中医科）；

设立病区27个，开放床位1080张。神经、心脏、肿瘤、急救创伤四大战略性支柱学科初步形成，心脏病、脑卒中、创伤、急性中毒4条急救绿色通道24小时畅通。北京阜外心血管病医院连云港心脏中心、中国医学科学院肿瘤医院连云港诊疗中心、苏州大学附属第一医院连云港血液病诊疗中心、中日骨科合作研究中心等在我院相继成立并成功运行。

医院拥有彩超、16排螺旋CT、DSA、DR、1.5T核磁共振机、ECT、钼靶机等50万元以上医疗设备50多台、万元以上医疗设备900多台，设备总值达1.9亿元。

近五年来，医院开展各类心脏介入手术、骨髓移植术、肝移植术、肾移植术、角膜移植术、复杂先心手术、不停跳冠状动脉搭桥手术、脑干肿瘤切除术、复杂动脉瘤手术、癫痫的手术治疗、舌头再造术、气管肿瘤切除术、腹腔镜下结肠肿瘤切除术、腹腔镜下直肠癌根治术、注射硬化剂治疗食管胃底静脉曲张、周围性假性动脉瘤（PPA）手术、主动脉瓣换瓣术及人造血管旁路术、下丘脑错钩瘤切除术、胸骨后巨大甲状腺肿瘤切除术、胸主动脉夹层动脉瘤带膜支架植入术等新技术、新项目100余项，多项技术填补了我市在相关领域的空白，有的达到了省内先进水平。医院被卫生部批准为十年百项PCC项目示范点。2008年12月，成功举办了医院技术创新与发展院士论坛。

影像科

影像科是市医学重点学科，拥有MRI、西门子螺旋CT、岛津全身CT、计算机成像系统、GE公司DSA、多排螺旋CT机、PACS系统、乳腺专用摄片机、射频治疗仪、便携式B超机、柯达激光照相机、日立胃肠X光机及500mA、800mA等大型医疗设备，在省内处于领先地位。科室有主任医师3名、副主任医师6名、主治医师12名、医师15名，有副主任技师11名、主管技师3名、技师7名，有包括高级工程师在内的工程技术人员3名。

科室开展全身各部位的X光摄片、计算机X线体层摄影和磁共振检查，能开展乳腺钼靶摄片、胆道、泌尿道造影检查，自1987年就开展了介入治疗，目前介入放射组开展的各种介入放射治疗患者已达4000多例，其中肝癌的肝动脉灌注化疗栓塞术近2000例次，椎间盘突出的旋切治疗达1000例以上，肺癌的支气管动脉灌注化疗达400例次，布加氏综合征的介入治疗30余例，颅内血管疾病的微导管治疗23例，介入治疗的范围已涉及全身各系统。积极开展科研工作，近5年来先后有颅内血管疾病的微导管治疗研究、经皮髓核切除治疗腰椎间盘突出症及器械更新、食道癌影像诊断与临床对照分析、CK19RT PCR在肺癌微转移检测中的应用、肺孤立性炎性病变CT诊断、时间密度曲线在脑部常见肿瘤鉴别诊断中的应用价值研究、中低场强磁共振MRCP临床应用价值的评价、CT定向术对颅内病变的应用研究等8项科研课题通过市科委组织的专家鉴定。其中6项课题已获得市科技进步二、三等奖。

神经内科

神经内科技术力量雄厚、人才结构合理，目前拥有病床40张，高级职称7名。在科主任带领下，在全国率先开展脑微创治疗技术"电脑模拟定位水囊置换脑血肿吸引术"，论文《经颅穿刺安全点定位法——电脑模拟定位法》《225例自发性脑出血血肿微创清除术近期疗效的研究》分别发表在2002年度《中华医学论坛》、《中华急诊医学》上。目前正在开展江苏省社会发展科研项目"脑电整合技术"治疗失眠、焦虑、血管性头痛等疾病。同时科内专家在脑血管病及康复、神经系统炎症及脱水鞘疾病，癫痫，震颤麻、以中枢神经变性疾病、心理咨询及睡眠疾病方面有丰富的临床经验。市一院神经内科的临床主攻方向是急性脑血循环障碍的基础与临床研究，以脑卒中的规范治疗作为学科建设的主体工程，在此基础上，研究应用动静脉溶栓、血管介入、微创等具有专科特色的治疗技术，"神经干细胞移植对血管性痴呆的治疗价值研究"课题是市一院神经内科学科建设与科研活动的"金字塔尖"，这一高新项目取得成功将使市一院神经内科诊疗水平驶入国家先进行列。神经功能科为神经内科的下属学科，目前已开展癫痫灶术中定位，24小时动态脑电图、肌电图、神经传导速度及诱发电位检查项目，结合医院先进的磁共振成像技术、DSA、CT等检查，确保了神经科疾病的准确诊断。

检验科

检验科是市临床重点学科、市临床医学实验研究中心（市重点实验室），是集临床实验诊断、教学、科研三位一体的现代化综合性实验室。科室设有临床生化实验室、临床免疫学实验室、临床微生物实验室、临床血液学实验室、临床内分泌实验室、临床风湿免疫实验室、临床肝病实验室、门急诊检验室、放射免疫检测中心、血库等专业实验室。科室现有主任、副主任检验师8人。主任检验师何浩明为省有突出贡献中青年专家、学科带头人，科主任吴惠毅为省有突出贡献中青年专家、省"333"新世纪科学技术带头人培养对象、享受市政府特殊津贴。检验科近年来先后承担省科技厅、省卫生厅、市科技局科研课题多项，获省科技进步三等奖1项，省医学新技术引进一等奖1项，市科技进步一等奖1项，二、三等奖20余项；多篇论文被美国"CA"摘录，在全市医药卫生科研方面发挥了排头兵作用。

儿　科

五十多年来，儿科培养和造就了几代儿科医师，特别是2002年为加强学科建设，成立了一麟儿童医疗中心，扩大儿科范围，从儿保、儿内、儿外一条龙，使儿科更加壮大起来。现有在职主任医师10名、反聘主任医师3名（均为享受国务院特贴,在省内外有一定影响的老专家),副主任医师5名(临床研究生1名),主治医师10名。科主任陈晶系江苏儿科专业委员会委员,副主任罗洪系省儿外科专业委员,主任医师叶旗系省儿保专业委员,中心分儿内、儿外两大块,三个病区,共60张床位。中心共分九个专业组,新生儿、内分泌、儿保、呼吸、心血管、血液、肾脏、神经、儿外,为苏北地区分专业最细的儿科。各专业均配备梯队,有各自的学科带头人。

新生儿组诊疗经验丰富,在感染性疾病的诊断研究达到省先进水平,在本市率先将静脉高营养应用于低出生体重儿的救治;对缺氧缺血性脑病除正规系统治疗外,积极进行早期干预,减少智力低下的发生;对新生儿黄疸实行早期干预和综合治疗,不但救活多例重症黄疸新生儿,还避免了出现红素脑病后遗症。小儿内分泌组为苏北地区最早成立的专业组,对身材矮小、智力低下、性早熟等内分泌遗传疾病的诊断达到省先进水平。1998年以来将基因工程生长激素用于垂体性侏儒的治疗处于省领先水平。

心血管内科

心血管内科是市一院的传统优势专业学科,拥有独立的专科、专家门诊、心血管病房及监护病房。病房共有床位44张,其中普通病房38张、CCU病房6张。现有专业人员31人,医师14人,护士17人,其中具有高级技术职称6人。目前,市一院心血管内科是连云港市重点学科,在高血压病、冠心病、心衰、心律失常诊治及介入心脏学方面均取得了一定的成绩,某些领域技术已达到国内先进水平,现已成为市内及周边地区重要的心血管病救治中心。

重点实验室:临床药学研究中心

临床药学研究中心成立于1990年,2000年经市科委批准为连云港市临床药学研究中心。中心经过10多年的建设和发展,特别是近几年一院领导的重视和科技兴院政策的落实,现已初具规模,拥有高档配置的Waters高效液相色谱仪、全自动血药浓度分析仪(TDxFLx)、Millipore超纯水器(Milli-Q)等先进设备。其工作内容涉及治疗药物监测、临床药动学、药物中毒急救监测、生物利用度、药物不良反应监测、特殊生化检测、法医药检等。开展环孢素、地高辛、丙戊酸钠、卡马西平、苯巴比妥等常规血药浓度监测项目近20个。获市科技成果一等奖一项,二等奖、三等奖各二项,医学新技术引进二等奖一项,核心期刊发表论著40多篇。

颅底外科神经生物实验室

实验室筹建于2000年底,耗资50余万,历时1年半完成,于2002年5月正式投入使用。建筑面积达100平方米,由办公区,实验操作室,标本储藏室组成。实验操作室内设有实验操作台三个,镇江中天集团生产的LZL 11型多功能手术显微镜一台,并附有手术摄像装置,镜下可放大5至22倍,手术无影灯一台,电动吸引器一台,显微神经外科器械一套,常规开颅器械一套,先进的测量工具等设备。标本储藏室拥有标本储藏柜两台,现有福尔马林固定头颅标本30只,新鲜冷冻标本3只,可行标本灌注。办公区设有电脑一台,配有光盘刻录设备,可进行数据的统计和处理,手术教学光盘和录象带齐全,可进行教学与学习。实验室内可常规开展大体解剖和显微外科解剖学研究,进行各种各样的手术入路的研究,自该实验室投入使用以来已承担省级重大课题五项。

骨科实验室

2004年12月连云港市第一人民医院和日本大阪厚生年金病院结为友好医院,并正式挂牌成立。同时在该院建立了“连云港市中日骨科合作研究中心”,同期成立“骨科实验室”。研究中心成立以来,受各级领导的关心,已陆续配备多种实验设备,进行了一些基础及临床方面的研究,取得了一些成绩。曾接受徐州医学院研究生处的检查,受到了一致好评。

医院科研立项共120余项,获省、市级科技进步奖41项,获省卫生厅、市卫生局医学新技术引进奖105项;在省级以上刊物上发表论文1200多篇,出版学术专著13部。

采取的主要便民措施有:实行分楼层挂号和划价、收费一次性服务,免去病人奔波之苦;在门诊大厅成立了一站式服务中心,为病人提供综合服务;设立了168后勤服务中心,为病人提供全天候后勤保障服务;组建了探视陪护中心,确保“信息流、物资流、礼品流、情感流”到位和住院病人安心治疗、休养;强化了163维修保障中心的功能,为一线提供配套的后勤支撑;加强了门诊中心采血处建设,确保病人采血安全、快捷。

医院每年承担着10多所院校的临床实习任务。2005年12月,医院接受了教育部本科教学工作水平评估,得到了专家组的充分肯定,成为徐州医学院迎评工作中的一大亮点。儿科学、外科学(神经外科、骨外科)、内科学(血液病)、神经病学、急诊医学、肿瘤学被确定为徐州医学院硕士生培养点,神经内科、检验科被确定为江苏大学硕士生培养点。目前,有硕士生导师11名,教授1名、副教授20名、讲师65名。2008年12月,成立了徐州医学院附属连云港医院硕士研究生培养基地。

连云港市中医院

医院建于1984年,现发展为国家三级甲等中医医院和南京中医药大学附属医院。临床上有近20名省市级名中医,50余名硕博群体以及近200名高级职称人员。有国家和省中医优秀人才研修项目培养对象2人、省中医药领军人才培养对象1人、市中医重点人才及培养对象23人;南京中医药大学兼职教授50余名,硕士生导师3名。

脑病科为国家中医药管理局中医重点专科;肛肠科为江苏省中医药局中医重点专科;肾病科、结石科为江苏省中医药局中医重点专科建设单位;心血管病科、骨伤科、脾胃肝胆科、儿科、眼科等为市中医重点专科和特色专科。医院承担南京中医药大学、连云港中医药高职校等6所医学院校的临床授课、实习带教任务。近几年来,发表论文500多篇;有省市级科研近100项,科技成果奖30余项。

医院综合服务能力全面提升,建立了急诊ICU、CCU、NICU;配置了科学规范的HIS、LIS、PACS系统。拥有MRI(磁共振)、DSA(血管介入治疗系统)、DR(直接数字X线摄影系统)、16排螺旋CT、腹腔镜、关节镜、全自动生化分析仪等一大批先进诊疗设备。

医院荣誉:

全省卫生系统先进集体

江苏省院务公开工作先进单位

全省卫生行风先进集体

我院护士获江苏省护士岗位技能竞赛集体组织奖

江苏省文明单位

连云港市五四红旗团委

先进基层党组织

2007年度卫生工作综合目标考核一等奖

农工党中医院支部荣获2007年度市民主党派创有活动先进基层组织。

连云港市妇幼保健院

始建于1986年,是一所集保健、医疗、教学、科研为一体的三级甲等妇幼保健院,徐州医学院教学妇幼保健院,市高职校、淮安卫校、赣州卫校实习基地。

医院荣誉

1994年被国家卫生部授予"爱婴医院"称号,先后荣获江苏省文明单位、市政府颁发的母婴安康工程、消防工作、社会保险工作先进集体、市卫生事业发展综合目标考评一等奖、江苏省价格诚信单位,多次荣获市文明单位、市卫生事业发展综合目标考评二等奖,急诊科荣获2003年度全国巾帼文明示范岗,团委荣获2007年度江苏省五四红旗团支部标兵,该院同时还是江苏省新生儿疾病筛查中心连云港分中心、连云港市产前诊断筛查中心。

医院规模

占地面积19亩,总建筑面积1.8万平方米,租赁区1500平方米(行政办公、儿童康复病区),拥有床位369张,2011年,实现业务收入1.3亿元,门急诊326437人次,出院13711人次,手术6695台次,分娩数5382例。其中分娩数位于市医疗机构首位。

医院人才

全院在职职工550人,其中卫技人员440人,高级职称70人,中级职称130人,博士后1名,硕士研究生近30余名,省市重点人才29人。医院严格按照三级妇保院科室设置,设职能科室13个,保健一级科室6个,二级科室17个,临床一级科室8个,二级科室11个,医技科室5个,能够较好地满足妇女儿童保健、就诊需求。

2011年,科教研工作实现历史性突破。申报市级重点学科5个,批复3个,申报市级医学重点人才19名,入选11名。顾莹获市卫生系统唯一领军人才,汤丽莎入选省市共建人才(卫生系统仅2名,全省同质医院仅2名,位居市内、省内同质医院前列)。荣获局新技术引进奖2项;申报市局级课题共25项,立项11项;全年共发表论文76篇,其中SCI1篇,核心期刊18篇,科技统计源期刊20篇;完成省级继续教育项目2项,市级继续教育项目5项。

医院设施

开设九个病区,一个训练中心,拥有16排螺旋CT、基因分析仪、荧光定量PCR、数台三维、四维彩超、乳腺血氧功能成像系统、CPAP、钼耙机、干化学分析仪、三晶片腹腔镜、一体化产床、产科中央监护系统等大型精良设备。

医院科室

医院主要开展群体保健、妇女保健、儿童保健、母婴保健技术培训、指导、适宜新技术推广、妇女儿童常见病诊治、产前筛查、产前诊断、新生儿疾病筛查、听力筛查、产科并发症处理、新生儿危重症抢救和治疗等业务。妇产科、新生儿科、儿保科、群保科为市重点学科,其中妇产科被评为市优秀重点学科。

儿童保健科

儿童保健科作为本市儿童保健业务指导中心,主要任务是根据儿童的生理特点,开展经常性的预防保健、宣传教育、培训工作,以达到保障儿童身体健康,提高人口素质的目的。主要开展儿童保健、儿童营养、儿童听力测定、儿童心理、儿童康复、儿童眼保健、儿童耳鼻咽喉保健、微量元素测定、婴儿游泳、感觉综合训练等特色服务项目。2011年服务儿童近10万余人次,并率先在省内成立儿童康复中心。2010年,与北京大学医学院遗传中心、海军神经研究所合作开展干细胞治疗神经性疾病(小儿脑瘫)临床应用性研究。目前在江苏尚属首家,填补省内科研空白。

产科

产科是市级重点学科,开设三个病区,床位120张。该科设置产科ICU,担负着全市危重症孕产妇抢救指导、现场处理和转运接诊任务。2006年开通了85195199全市统一的呼救电话,实行了24小时值班制,进一步规范了急救流程,建立了孕产妇死亡防范和处置预案。该科为全市产妇实现了孕前准备、孕期保健(建立保健卡、免费为孕妇开设讲座、免费组织孕妇学习孕妇操)、导乐分娩、无痛分娩、家庭化分娩、产后康复等一条龙服务。其中无痛分娩、产后康复、孕妇学校在我市属于率先开展,特别无痛分娩市场需求成倍提升,2009年该院全面开展无痛分娩工作,专人负责,得到了广大产妇的普遍认可,目前无痛分娩已越来越被更多的产妇及家属接受。该院分娩量近年来一直位居市直医疗机构之首。

妇科

妇科作为市级重点专科,主要开展阴道镜、TCT、HPV规范化宫颈病筛查;微创治疗宫颈病变;宫腔镜诊治宫腔疾病、不孕;盆腔治疗仪治疗盆腔粘连、慢性盆腔炎;生物反馈治疗仪治疗张力性尿失禁;腹腔镜下不孕症诊治、子宫切除、肌瘤剔除术、卵巢囊肿剥除、附件切除术等业务。其中腔镜治疗是该院一大特色,在连云港市及苏北地区享有较高声誉,从2000年开展此项目以来,已经为8000余患者解除了病痛,腔镜治疗无痛、微创的特点已越来越被广大妇女所接受,在治疗子宫肌瘤、宫外孕、卵巢肿瘤、盆腔肿瘤等方面效果显著。

新生儿重症监护室

新生儿重症监护室是该院着力打造的品牌专科,2011年再次被评为市级重点学科。配备了先进的消毒隔离措施、监护仪器、呼吸机、空氧混合仪、远红外复苏抢救台、CPAP机等仪器设备,为危重患儿及时、高效、精确的诊断和治疗提供了重要保障。近三年来,抢救危重症新生儿1000多例,成功率达98.5%,无医疗事故发生,受到社会广泛好评。先后荣获连云港市科技进步三等奖、新技术进步奖各1项、医疗综合奖2项。

生育技术科

生育技术科组建于2000年,下设普通生育技术科、生殖内分泌科二个二级科室,硕士以上3名,高级职称6名。主要开展夫精宫腔内人工授精、生殖内分泌疾病的诊疗以及不孕症规范化常规诊疗工作,每年实施夫精宫腔内人工授精120-200个周期,2010年初开展少量科研性质的体外授精工作。多次荣获连云港市政府、市卫生局颁发的科技进步奖、新技术引进奖等奖项,先后承担省级课题1项,市局级课题10项。2011年5月6日,省卫生厅苏卫社妇[2011]8号、9号文正式批准该院人类辅助生殖、夫精人工授精技术进入临床开展,该项目在苏北率先开展,其中人类辅助生殖技术目前在苏北仅徐州妇幼保健院和该院具备临床准入资质,成为港城唯一一家人类辅助生殖、夫精人工授精技术临床专科医院,正式开展规范性临床生殖技术服务。

儿科

儿科是院重点专科,担负全市儿童的医疗、教学、科研与康复的任务。技术力量雄厚,危重病抢救成功率95%以上;对呼吸及哮喘类疾病治诊具有独到之处;精于儿童常见病、多发病的诊治,并以用药"灵、轻、便"享誉社会。护理单元率先开展"静脉留置针输液",减少穿刺痛苦,赢得市民广泛赞誉。

妇女保健科是为女性各年龄阶段提供以保障生殖健康为重点的医疗和保健咨询的特色科室。如:青春期、婚育期、产褥期、哺乳期、更年期、老年期各阶段的保健服务以及婚前医学检查、婚前卫生咨询、婚前卫生指导、优生优育咨询指导、生殖健康咨询指导等。该科负责全市妇女工作的业务指导以及市区妇女保健工作,为各期妇女提供健康检查、健康档案管理、常见病防治、心理咨询、营养咨询、营养评价和指导的系列保健服务。

产前诊断业务指导中心

产前诊断、产前筛查、新生儿筛查是全市唯一的江苏省指定医疗机构。2008年,产前血清遗传学筛查工作在全市四县四区全面推广开展。作为全市唯一的产前诊断业务指导中心,该院还担负着全市孕中期妇女血清遗传学筛查、胎儿先天性畸形的超声筛查和产前遗传学诊断工作,对全市产前筛查进行技术指导、质量控制、出生缺陷筛查、诊断情况汇总和信息统计等妇幼保健工作。2011年产前筛查率达40%以上。

其他科室

该院同时还设立内科、外科、急诊科、生殖健康科、麻醉科、检验科、放射科、功能科、药事科、病理科、体检中心、皮肤科、耳鼻喉科、口腔科、理疗科等,科室设置齐全。

在"十二五"规划政策引导下,该院将积极迎着港城大发展的大好形势,以创建基本现代化妇保院为目标,为全市的人民提供最优质的保健医疗服务。以妇幼保健技术研究和政策研究为手段,以全面提高妇女儿童的健康水平为目的,指导全市妇幼保健技术服务的开展。主要负责对全市妇幼卫生工作的业务指导、培训及咨询;开展适宜新技术推广;对全市妇幼卫生信息的收集、整理、分析和反馈以及妇幼卫生信息系统的建设与管理工作;开展妇幼保健健康教育活动;协助卫生行政部门制定妇幼保健发展规划。

专家介绍

陈艳冰,主治医师,北京第一医科院特聘研究员,浙江不孕不育博士园专家,浙江广仁不孕不育研究所主任研究员,杭州广仁医院不孕不育中心主任,中华医学会妇产科分会会员,从事妇产科临床工作近三十年。擅长治疗阴道炎、宫颈炎、盆腔炎等引起的输卵管堵塞、功能性子宫出血、多囊卵巢综合症等不孕症,尤其擅长治疗输卵管性不孕、子宫性不孕、免疫性不孕,采用中西医结合的方法治疗月经不调、排卵障碍性不孕及内分泌失调、高泌乳素血症性不孕、免疫性不孕等。在各级医学刊物上发表多篇学术论文。

连云港市第二人民医院

前身为创建于1908年的教会医院,是苏北鲁南地区建院最早的医院之一。现有职工1018人,设有连云港市临床肿瘤研究所及内、外、妇、儿、五官、肿瘤等20个病区。连云港市第二人民医院以严格的管理、精湛的技术、优质的服务、舒适的就医环境服务于病人,服务于社会。

江苏省连云港市第二人民医院(原名海州医院),坐落在这座新兴的海滨旅游城市的西端——古城海州内,医院前身为美国传教士创建于1908年的"义德医院",是苏北鲁南地区建院最早的医院之一,现为连云港市规模较大、技术力量雄厚、医疗设备先进、学术水平较高,融医、教、研、防于一体的现代化综合性医院。连云港市临床肿瘤研究所、肿瘤医院均设在该院,也是连云港市第二红十字医院。2003年,连云港市第二人民医院成功地对原江苏省盐业总医院进行了托管和划转,并在此基础上成立了市二院东院区,使市二院在规模和功能上有了较大发展,这也标志着连云港市第二人民医院在朝着做大、做优、做强、做精方面又迈出了新的更大的一步。

连云港市第二人民医院前身为清光绪三十四年(1908年)基督教南长老会美籍传教士在海州开办的西医诊所,1913年美国实业家嘉尔翰的女儿爱伦丽芬临终捐资,在诊所的基础上正式兴建医院,并于1914年建成,定名为"义德医院",此名一直沿用至解放前。新中国成立后,义德医院被政府接办,先后更名为新海连市立医院、海州医院、连云港市第一人民医院,1986年易名为连云港市第二人民医院至今。1996年连云港市第二人民医院被卫生部授予"二级甲等医院",并增挂"连云港市肿瘤医院"院牌。2011年4月28日经省卫生厅确认,正式成为国家三级综合医院。

医院现有职工1672人,其中卫技人员856余人,高级技术职称人员151人。编制病床1307张,设内、外、妇、儿、五官、肿瘤等30多个病区。另设有手术室、检验科、放射科、药剂科等医技科室。医院设施先进,科室设置齐全,其中内肿瘤科、口腔科、分泌科为市首批临床重点专科,2004年肿瘤放疗科、内分泌科又被确定为市一类重点学科,口腔科、血液科、普通外科又被确定为市二类重点学科,另外,泌尿科、男性科、儿外科、妇产科、血液净化中心等在本地区享有一定声誉。

医院于1962年承担苏州医学院本科实习生实习任务,1963年承担徐州医学院本科实习生实习任务,并被确定为江苏省高等医学院校本、专科毕业生实习基地,1992年成为徐州医学院教学医院，并先后成为江苏大学、南京医科大学、省职工医科大学教学医院，每年带教高等医学院校本科实习生100余人。现教学设施不断完善充实，全院拥有教研室、示教室总面积337.23平方米，现代化教学器材和设备先进齐全，为全市各级医疗单位培养、输送了大批医疗技术骨干。2006年，经该院申请，安徽省蚌埠医学院报批，我院成为安徽省蚌埠医学院附属连云港医院。

医院服务范围覆盖苏北鲁南及连云港市周边地区，年门急诊量25万余人次，年住院病人超万人次，年业务收入超亿元。近年来，医院坚持以病人为中心，狠抓医疗质量的提高，并努力营造人才培养、引进的良好氛围。开展了体外循环下心脏直视手术、肾移植、冠状血管造影及扩张术、肿瘤碘-125粒子植入治疗、氩氦刀治疗肿瘤、适形及立体定向放疗、甲状腺碘-131治疗、心导管检查、永久性及临时性心脏起搏器安装、超声乳化治疗白内障、复杂青光眼治疗、眼部离子导入、滤光镜技术应用、新生儿围产期监测、脑肿瘤摘除、面颈部畸形矫正、颈动脉体瘤摘除、婴儿漏斗胸根治、二尖瓣球囊扩张术等技术，有大批新技术项目在连云港市均处于领先水平，其中有2项新技术获江苏省新技术引进奖二等奖，并且有20余项科研题通过了省市级科研鉴定。

医院现拥有十万元以上的大型医疗设备达100余台(件)，瓦里安直线加速器1台、西门子直线加速器1台、核磁共振1台、螺旋CT2台、DSA1台、准分子激光治疗仪1台、流式细胞仪1台、体外循环机1台、血液净化系统4台、氩氦刀1台、粒子刀1台、适形及立体定向放疗系统3台、射频热疗仪1台、自动生化分析仪3台、多功能麻醉机10台，另有彩色多普勒超声诊断仪、动态心电图、经颅多普勒、尿沉渣检测仪、数字X光机、ECT等先进的医疗设备。配有中央空调、中心供氧、中心负压、外线直拨电话及全套卫生设施的综合病房大楼，是连云港市条件较好的病房之一。2000年投入使用的建筑面积达14300平方米的现代化门急诊综合大楼功能齐全、设施先进，为病人营造了良好的就医环境。目前，医院总资产已突破2.3亿元。

权威专家：蒋华，主任医师，肿瘤内科主任兼新浦院区肿瘤内II科病区主任、海州院区肿瘤内科病区主任，硕士生导师，教授，连云港市肿瘤研究所副所长，连云港市抗癌协会理事长，连云港市医学会肿瘤化疗与生物治疗学会主任委员，省化疗专业委员会、省肿瘤标志物委员会委员、省中西医结合学会肿瘤分会常委。江苏省"333高层次人才"工程培养对象，连云港市"521高层次人才"培养对象，"十一五"连云港市优秀医学重点人才，"十二五"连云港市医学领军型人才，获连云港市优秀科技人员一等奖、连云港市劳动模范等荣誉称号。近年来作为第一主研人承担了省、市级课题多项，获得市科技进步一等奖1项、三等奖2项、省新技术引进二等奖1项、市新技术引进一等奖1项、二等奖1项。享受市政府特殊津贴。

姜建东，主任医师，市二院神经医学科主任，市级重点学科、重点专科带头人。南京医科大学及蚌埠医学院教授，硕士生导师，市脑血管病首席专家。连云港市脑血管病防治协会理事长、连云港市脑血管病健康学校校长、江苏省"333"人才工程培养对象。先后任中国医师协会(中西医结合分会)神经内科专家委员会常委、江苏省神经内科学会委员、省脑血管病学组委员、江苏省中西医结合学会脑病专业委员会常务委员、世界卒中组织会员、在国家核心期刊上发表的科研论文40余篇、多次荣获省市级科研成果表彰，参编多本神经医学专著。

获得荣誉：医院连年被评为省市级文明单位，三次被评为省文明医院，并被卫生部授予"全国卫生文明建设先进集体"称号，1995年8月通过了国家爱婴医院的评估验收，1997年医院跨入"无红包医院"行列，并被有关部门授予市直卫生系统惟一的"园林式绿化先进单位"和连云港市首届十佳文明服务窗口"。

镇　江　市

镇江市第一人民医院

又名江苏大学附属人民医院，始建于1922年，原为美国长老会基督医院，经过80多年的发展，现已成为一所集医、教、科、防等功能齐全的三级综合性医院。

镇江市第一人民医院，又名江苏大学附属人民医院，始建于1922年，原为美国长老会基督医院，经过80多年的发展，现已成为一所集医、教、科、防等功能齐全的三级综合性医院，是第二军医大学、南京医科大学的教学医院，也是台胞及外宾定点就诊医院。现有职工1200余人，临床科室50多个，实际开放床位902张。2005年完成门诊诊疗病人近100万人次，出院病人2万余人次。

医院重视专科建设，充分发挥重点科室的龙头作用，注重科技创新，以胸心外科、心内科、神经外科、血液科、泌尿外科、乳房外科、中心实验室、肾内科、综合ICU等省、市重点临床专科为代表的临床科室，积极开展新技术、新项目，先后开展了心肺联合、心脏、肝脏、骨髓、肾脏等大器官移植术、主动脉置换术、双瓣膜置换加迷宫手术、冠状动脉搭桥术、脑干肿瘤摘除术、脑动脉瘤夹闭术、各种复杂疾病介入术等手术，多项技术填补了镇江市空白，有的达到省内、国内先进水平。近5年来，共有20多项科研成果获市以上科技进步奖，其中省厅级以上5项。

医院科室：

内科

心血管内科

消化内科

血液科

肾脏科

呼吸内科

老年病科

内分泌科

神经内科

风湿免疫科

高压氧

外科

普外科

乳房外科

神经外科
骨科
胸心外科
泌尿外科
妇儿
妇产科
小儿内科
小儿心血管专科
小儿内分泌专科
小儿消化专科
新生儿科
小儿肾脏专科
小儿神经科
其他
中医科
耳鼻咽喉科
眼科
口腔科
急诊医学中心
皮肤科
肿瘤放疗科
ICU 科
美容烧伤外科
麻醉科
肿瘤化疗科
影像科
病理科
伤科
放射科
理疗科
体检科
功能科
保健科
检验科

省重点科室：胸心外科

医院胸心外科创建于 1955 年，该科是江苏省建立最早的胸心外科专科之一，也是苏、锡、常、镇江地区开展胸心外科手术数量最多的专科之一，到目前为止已开展各类胸心外科大手术两万余例。经过几代人的不懈努力，1997 年专科被镇江市卫生局确认为镇江市胸心血管外科中心，1999 年被确认为镇江市重点学科，2001 年被江苏省卫生厅首批确认为省级临床重点专科，2004 年经江苏省卫生厅批准成立中德（江苏）心脏中心。在业务上取得了卓越的成绩，心血管外科已成为镇江市的一大特色专科，在省内具有较高的知名度，心脏瓣膜置已达 800 余例，单瓣置换手术成功率达 97.8%，在省内处于领先水平，还开展了数百例各种复杂性心脏病的外科治疗，如法乐氏四联症根治术、右室双出口纠治术，三尖瓣闭锁的外科治疗，艾伯氏坦畸形纠治，细小主动脉根部扩大换瓣，Bentall 手术治疗马凡氏综合征，IHSS 外科治疗，单心房分隔术，Cox 迷宫加瓣膜置换术等等，其中有 30 余项手术技术填补或达到省内先进水平，COX 迷宫加瓣膜置换获得了江苏省政府科技成果三等奖。目前该科开展的多瓣膜置换，复杂性先天性心脏病诊治，主动脉瘤切除加人造血管置换、不停跳冠状动脉搭桥已成为常规手术。心脏移植是挽救终末期心脏病人生命的唯一有效方法，也是一个地区一个单位整体医疗实力的体现，该科开展了 7 例心脏移植，1 例心肺联合移植，全部获得成功。

该科在提高医疗技术的同时，还注意不断总结临床经验，已有 130 余篇论文在全国核心医学期刊上发表，其中中华级占三分之一。该科重视科学研究，近几年来有 3 项科研成果获省、部级科技成果奖，有 9 项获江苏省卫生厅新技术一、二等奖，有 9 项分别获镇江市科技成果一、二、三等奖。该科拥有专科病床 50 张，专科实验室 40 平方米，设备一流。现有临床医生 11 名，其中主任医师 2 名，副主任医师 3 名，主治医师 3 名，住院医师 3 名，硕士生导师 2 名，博士研究生 3 名，硕士研究生 5 名。目前带教研究生 10 名，另外，该科还先后派出 5 名医护人员在欧州一流心脏外科医院进修学习。

心血管内科

医院心血管内科是镇江地区最早成立的专科，作为镇江市第一人民医院重点建设的专科，经过几代人的共同努力，终于在 2005 年通过省卫生厅的考评，成为江苏省的重点临床专科。2008 年心血管内科成为江苏省首批获得介入手术资格的科室，吸引越来越多的外地病人前来就诊。2009 年门诊量达到 60839 人次，出院人数达到 2207 人次。2003 年至今已完成心血管介入手术 4867 例。几年来，在各级领导的关心和支持下，专科建设取得了长足的进步。三来年来共引进博士 3 人，其中临床 1 人，基础科研 2 人，引进硕士 3 人。聘用来自美国学者 1 人，在实验室工作一年。

人才培养：三年来本科室培养硕士研究生 9，其中已毕业 7 人，在读 2 人。学科带头人张国辉去德国 Essend 的西德心脏中心进修 3 个月，尹春阳赴加拿大 SunybrookHospital 心内科半年，真亚赴上海中山医院和上海第一人民医院心内科各 1 年。共有专业医师 18 人，其中具有主任医师 1 人，副主任医师 5 人，主治医师 7 人，住院医师 5 人，获得博士学位者 4 人，硕士学位者 11 人，其余均为大学本科学历。三年来我科添置的设备有主动脉内球囊反搏系统、CARTO 三维电生理标测系统、Maquet 呼吸机和体外除颤仪。BNP 和心梗三项快速床旁测定仪。另外建立了心内科实验室。现有普通床位 50 张，CCU 监护病房 5 张。

心内科担负全市的心血管疾病诊疗学术方面的带头工作以及危重病人的会诊工作，承担江苏大学医学院诊断学和心血管内科的教学工作，并且是心内科硕士研究生培养点，每年招收硕士研究生 2 到 3 名，并担负着全市进修医师的培训工作。目前的学科主攻方向为介入心脏病学，包括心律失常、冠心病和先天性心脏病的介入诊断和治疗，已形成了起搏与心电生理、冠状动脉疾病和先天性心脏病、心脏瓣膜病等四个介入方向的专业学组。近几年本科在介入心脏病学方面做了大量的工作，发展很快并取得了瞩目的成绩，本科在此领域跻身于省内先进行列，赢得了同道的广泛赞誉。心脏导管室条件和设备先进，拥有先进的 SIMENS 数字减影血管造影 X 线机、电生理记录分析仪、射频消融仪、心脏程序刺激仪、除颤器及 CARTO 标测仪，可以满足各种心脏病介入工作的需要。心脏监护病房设备精良，医护人员训练有素，是我市唯一首批获得开展心血管介入诊断和治疗资质的专科。手术数量和种类均处于江苏省先进水平,部分项目达国内先进水平。

学术上,课题"心肌桥对冠状动脉血流和粥样硬化影响的研究"2003年获上海市临床成果二等奖;课题"心肌桥的临床诊断和治疗"2004年获江苏省卫生厅医学新技术引进奖二等奖;课题"心肌桥在动脉粥样硬化和缺血性心脏病中意义"2004年获国家教育部科技进步二等奖;课题"心肌桥对冠状动脉血流动力学影响的实验研究"2006年获镇江市科技进步二等奖。

目前"不同组合抗RAAS药物联合使用治疗扩张型心肌病疗效及机制的研究"获镇江市卫生局重点人才培养课题。"氟伐他汀、卡维地洛对扩张型心肌病的疗效及机制研究"获江苏省人事厅"六大人才高峰"资助项目。"氯沙坦对急性冠脉综合征胰岛素抵抗及血管内皮功能的影响"为江苏省卫生厅重点实验室开放课题,第二负责人。"骨髓间充质干细胞移植对扩张型心肌病心力衰竭大鼠心肌细胞凋亡的影响及其机制研究"为镇江市科技局在研项目。"骨髓干细胞移植治疗扩张型心肌病的基础和临床研究"和"心肌桥对冠状动脉血流和粥样硬化的影响"两项课题通过市科技局组织的科研鉴定。论文"心肌桥对冠脉内皮细胞形态和粥样硬化的作用"获镇江市优秀论文一等奖。在省级以上杂志发表学术论文近30篇。在国际学术会议上发表论文10篇。参加编写专著3部。近几年组织主办市级学术活动两项,组织主办省级继续教育项目一项。

神经外科

医院神经外科创建于1977年,经过几代人的不懈努力,于1999年被镇江市卫生局确认为镇江市重点专科,2006年被江苏省卫生厅确认为省级临床重点专科。目前该科在业务上取得了卓越的成绩,已成为镇江市的一大特色专科,在省内具有较高的知名度。其中对各种颅脑损伤的抢救水平及抢救设备在市内均处于领先水平,能开展各种颅脑及脊髓的肿瘤,除此之外,该科还开展了大量的新技术、新项目,其中填补市内空白的项目有20多项,如高位颈髓肿瘤摘除术,经口咽行齿突切除术,三叉神经面神经起始段微血管减压术,超选择性动脉插管化疗术等。该科尤其擅长于介入放射治疗,对颅脑及脊髓的血管性病变如动脉瘤、动静脉畸形、蛛网膜下腔出血等治疗达到了省内先进水平(市内仅本科开展)。另外该科还开展了大量高难度手术,多个项目在省内处于领先水平,如脑干肿瘤摘除术,舌下神经瘤摘除术,巨大脑室内肿瘤摘除术,颅鼻沟通瘤全切术、颅底肿瘤切除术、脊髓内巨大肿瘤摘除术、超选择性动脉内溶栓术等。

该科在提高医疗技术的同时,还注意不断总结临床经验,开展大量科研工作。近几年来该科共开展的省、市级科研项目20多项,其中获镇江市科技进步二等奖3项,三等奖2项,另1项科技成果获2项国家专利。在省级以上杂志共发表学术论文100余篇,其中中华级杂志20余篇,3篇获全国优秀论文奖。该科现拥有专科病床40张,拥有伽吗刀治疗中心,重症监护病房和神经外科实验室。其中重症监护病房床位7张,神经外科实验室40平方米,设备一流。现有临床医师12人,包括主任医师3名(教授2名、副教授1名),副主任医师2名。主治医师4名(其中3名为研究生),住院医师3名(均为研究生),硕士生导师2人,在读博士1人,目前带教研究生5名。

血液科

医院血液科自1975年建科以来,经过几代人的不懈努力,现已能对常见、罕见及疑难血液病进行快速、准确诊断和有效治疗,多个项目处于国内先进或省内先进水平,个别项目达到国内领先水平,整体实力在镇江地区处于领先地位,在省内具有较高知名度。1997年被评为"镇江市医学临床重点专科",2009被评为"江苏省省级临床重点专科";专科实验室于2003年被评为"镇江市实验血液学重点实验室"并保持至今。

一、人才梯队

近三年来引进硕士研究生2名,外送培养硕士、博士研究生4名、培养本院研究生8名。医师队伍中本科以上学历达100%,已形成一支由3名高级、3名中级、3名初级人员组成、平均年龄不足40岁的医师队伍,其中江苏省医学重点人才、江苏省"333工程"学术技术带头人、镇江市"169工程"学术技术带头人、江苏省和镇江市有突出贡献的中青年专家2名、市"169工程"科技骨干1名,博士生导师1名,硕士研究生导师1名。

二、科研成果

近三年来申报省科技厅课题2项、省卫生厅重大课题和面上课题各1项、市课题6项,与外单位合作国家自然基金课题2项;获得中国中西医结合学会科学技术三等奖1项、省卫生厅新技术引进二等奖3项、市科技进步一等奖1项、二等奖2项和三等奖4项;发表各级论文28篇,其中SCI论文8篇、中华系列论文10篇、,申报国家发明专利2项并已公布。

三、诊疗特色

(一)造血干细胞移植术

自1998年开始,我科率先在镇江市陆续开展了近十例自体造血干细胞移植治疗恶性淋巴瘤、急性淋巴细胞白血病等恶性血液病;2004年进一步相继成功开展了亲缘间异基因干细胞移植、无关供体异基因骨髓和非清髓性异基因骨髓移植治疗白血病和淋巴瘤等6例恶性血液病患者,2006年开展了自体外周血造血干细胞移植治疗老年血液系统肿瘤患者,取得了良好效果,延长了患者的生存期,提高了患者的无病生存率及生活质量。

(二)血液系统恶性肿瘤治疗

在引进国外先进化疗方案治疗急性白血病、淋巴瘤、多发性骨髓瘤、慢性骨髓增殖性疾病等的同时,积极探索对患者的个体化治疗方案,根据其MICM诊断和各种预后因素制定一整套方案。目前已开展了以中、大剂量MTX和阿糖胞苷为主的联合化疗法挽救治疗难治、复发性急性白血病;小剂量诱导分化、预激方案治疗老年急性白血病和低增生性白血病,STI571(格列卫)靶向治疗慢性粒细胞白血病和Ph+急性淋巴细胞白血病,全反式维甲酸联合亚砷酸治疗急性早幼粒细胞白血病,联合或序贯应用MP、VAD、反应停、亚砷酸、万珂、骨膦等多种药物和方案治疗多发性骨髓瘤,均取得了较理想的疗效,达到了国内先进水平。

(三)贫血的诊断和治疗

着眼于疾病的克隆性质,通过建立染色体核型分析、荧光原位杂交、姐妹染色单体分化染色、N－ras 基因突变检测等多种技术手段进行克隆性分析，对 MDS 患者的诊断和鉴别诊断起了重要的指导意义；根据预后积分评价，通过对雄性激素、环孢霉素 A 等的选择应用，使 MDS 的治疗效果有了较大提高。通过流式细胞仪检测 CD55、CD59 表达、Ham's 试验、流式细胞仪网织红细胞测定、Coomb's 试验、游离血红蛋白测定等检测手段使阵发性睡眠性血红蛋白尿、自身免疫性溶血性贫血等得以正确诊断和治疗。

（四）血液病分子的诊断

是较早常规开展白血病 MICM 诊断的省内为数不多的几个单位之一，使白血病患者的诊断准确率、对患者的治疗反应和预后判断水平大大提高，为镇江市及周边地区各级医院血液科同仁提供了良好的支撑和服务。血液科于 2001 年在省内首家开展了多重筑巢式 RT－PCR 技术同时检测急性白血病 29 种相关融合基因发现了多种基因异常，弥补了染色体核型分析数量少及敏感性不高的不足；同时开展了肿瘤相关基因检测如端粒酶活性、P53、P73、N－ras、Bcl－2、TCRγ、IgH、MLL、Jak2、Flt3、C－KIT 基因重排等，对白血病和淋巴瘤的诊断分型、指导治疗、判断预后具有重要意义；并且，利用 FⅧ基因内微卫星 CA－13、CA－22 及与该基因紧密连锁的微卫星 DXS15 的多态性建立了血友病甲的基因诊断，使其诊断准确率大为提高。许多检测项目达到国内和省内先进水平。

于 2003 年底在国内第一家建立带有内源性参照基因的实时定量 PCR 技术，现以为国内首家同时为临床提供 PH 染色体阳性白血病 P210 和 P190 融合基因绝对和相对定量结果的科室，结果更加科学、可靠、及时，藉此明了患者初诊时的 bcr/abl 转录本含量，判断患者体内肿瘤细胞负荷，并可以监测治疗后的微小残留病灶（MRD），及时调整治疗方案。该技术经专家鉴定，达国内领先水平，2005 年获得江苏省卫生厅医学新技术引进二等奖、镇江市科技进步奖三等奖并获得国家发明专利。

医疗设备

美国ⅥSX 第五代准分子激光治疗机

镇江市第一人民医院眼科中心购入的美国产全球最先进的威视（VisxStarS4）准分子激光治疗仪，可变光斑既能保证时间，节省角膜组织，又可以精雕细琢，实现真正的个性化切削，更可以达到 9mm 的光学区和 9.5mm 的混合治疗区。节约角膜组织，进一步缩短治疗时间，最小化角膜表面的热效应，使切削更平滑，取得最佳视觉质量。无须药物扩瞳，追踪自然状态下瞳孔；实时监控追踪眼球 X、Y、Z 轴各方向运动，确保手术精确、安全。先进的 OrbscanⅡz 眼前节图像分析系统，显示角膜前、后表面的高度图，筛选早期圆锥角膜，显示角膜前后曲率图、屈光力图、散光力图、切线屈光力等，显示角巩膜缘之间的距离，提供手术设计参数。提供 Kappa 角的值和位置，有利于屈光手术更精确定位中心，提供 3mm、5mm 区域角膜不规则度，排除禁忌症。先进的法国目利亚（Moria）角膜板层刀，高度精确，性能稳定，并拥有角膜上皮刀，能降低手术的不适感，缩短视觉回复时间，并且避免其他表面消融方式出现的 haze 的形成。该院现开展的屈光不正手术：PRK、LASIK、Epi－LASIK，治疗近视、远视、散光。

OLYMPUS－AU2700 全自动生化仪

医院新近引进的 OLYMPUS－AU2700 全自动生化仪由日本 OLYMPUS 光学株式会社生产，应用当今最新数码技术推出的世界最先进的全自动生化分析仪，全息光栅技术，使波长范围更宽，稳定性更高，结合高速全数字化技术，机内通过数字光纤传输检测信号，大大减少各种干扰，提高了检测精度和速度，实现了超微量检测，测试容量低至 120U1。恒温系统独创的恒温液循环加温方式，集干式空气浴和水浴的优点，恒温液为热容量高、蓄热能量强、无腐蚀的液体，使恒温均匀稳定。进术系统采用国际流行的样品架进样方式，原采血管可直接上机，方便灵活，可不间断连续进样，更配置全条形码识别系统，为实验实现全面自动化打基础。探针系统、最新的智能化探针安全系统，一但探针遇到阻碍，探针立即停止报警，探针更设有探针阻塞报警系统。搅拌系统独特的三头双清洗式搅拌系统，搅拌棒为微螺旋式不锈钢，表面采用特富龙不贴涂层，避免液体的粘附，一组进行搅拌时，另两组同时进行清洗，保证搅拌更充分，冲洗更干净，交叉污染减至最低。操作系统操作系统为最新 WINDOWS NT 界面，更方便实现网络化工作，全国形化设计，方便直观，功能强大，全开放式试剂系统，并可随意对样品进行预稀释。仪器备有全条码识别系统，自动识别试剂，样品架，样品编号及需测项目，实现电脑智能化操作。另可选购增加远程通讯功能，即可通过 INTERNET 实现远程监控。

医院检验科自 2005 年购买 OLYMPUS－AU2700 全自动生化分析仪以来，开展近四十项生化检验项目，给患者提供快速，简便，准确的生化检验。

医院医疗设备——西门子 64 层 CT

镇江市第一人民医院现在正在使用的德国西门子 SOMATOMSensation64 是目前世界上最先进的螺旋 CT 之一。它将磁悬浮科技首先成功的运用于 CT 中，使其仅用 0.33s 旋转 360 度即可获得病人 64 层每层层厚为 0.6mm 图像，扫描胸部 5 秒钟，扫描心脏一次 10 秒钟，扫描全身成像仅用 12 秒钟。SOMATOMSensation64 层 CT 以电子束球管为基础，应用其独有的 Z－Sharp 技术，实现了在任意螺距下低于 0.4mm 的各向同性分辨率，使 CT 有史以来实现了 Z 轴分辨率达到和超过横断位图像分辨率，从而可以利用 CT 采集的原始数据图像直接重建出无以伦比的锐利度、诊断细节、清晰度和速度的任意层面的图像质量，实时展现逼真的全景立体像素容积图像，比目前绝大部分正在使用中螺旋 CT 空间分辨率高出 1－2 倍，可以看到我们以前很多不可能看到的人体结构，从而看到其变化以发现早期病变。

SOMATOMSensation64CT 在曝光剂量方面采用了实时动态曝光剂量调节技术，其根据病人的体形迹解剖，在可能的最小剂量下达到最好的诊断图像质量，从而更好的保护患者，同时又降低了球管的消耗，并有利于图像的显示。如此高的成像质量、成像速度及图像锐利度，以及强大功能的 Syngo 后处理软件，从而给放射学医生及其他临床医生提供了交互式的容积观察应用工具，是现代 CT 诊断发生了革命性的飞跃。

首先在无创伤性心脏 CT 检查方面，西门子采用了 2 个心动周期的心脏成像，先进的心电图门控采集、图像重建技术，实现了时间分辨率与图像质量包括高分辨率和低对比分辨率的统一，从而达到快速的心脏容积扫描，同时利用专门的心脏后处理软件，为心脏提供从形态到功能的更为直观详尽的影像学资料及亚毫米级各向同性的心脏冠状动脉成像,采用 MPR、MIP、VRT、曲面重建及冠状动脉分离等后处理技术,可以应用于对冠状动脉狭窄的评估、冠状动脉钙化积分的分析、软硬斑块的诊断等,为临床冠心病的诊断和治疗提供直接的依据。同时 SOMATOMSensation64CT 还提供了真实的心脏 4D 再现以及准确的心功能分析,如左心室功能参数分析,心室壁运动监测,心肌的功能评估等。

在实质器官多期研究方面,利用 64 层螺旋 CT 快速扫描,可以对实质器官进行平扫、动脉早期、晚期、门脉早期及晚期、实质期等各期研究提供丰富的临床信息,对肿瘤的定性、定位具有较高的诊断价值,同时还能利用增强扫描对实质性脏器进行 CT 灌注成像,特别是对早期缺血性脑梗塞的诊断,能快速的检查出过去检查不出来的早期脑梗塞,这样再配合及时的溶栓治疗,则可以使中风患者能及时的得到康复。

仿真内窥镜技术是一种全景容积透视,利用其 3D 仿真内窥镜等多种后处理技术,自动导航,自动进退,无需插管就可以进行气管、支气管、胃、全结肠、胆道、胆囊、血管等脏器的仿真内窥镜检查,对微小病变得检出能力已接近内窥镜。从急性胸痛到多发性外伤到休克评估等的急症检查中,SOMATOMSensation64CT 急症引擎技术提供了针对急症和外伤的全面解决方案,综合心脏、血管和神经 CT 成像方面最先进的功能,加之先进的工作流程、高分辨率的采集,CT 急症引擎为临床医生提供快速而又自信的诊断。

SOMATOMSensation64 高端极品 CT 给我们影像科医师带来自信,源于它提供了以前不可能看到的大量有用信息,对我们的及时、正确的诊断提供了帮助;更重要的是给患者就医看病带来极大的便利。

医院医疗设备——1.5T 核磁共振

镇江市第一人民医院装备使用的磁共振机 MagnetomAvanto 是西门子目前最高档的 1.5T 磁共振产品。它具备了一系列磁共振的优异特点,是目前最先进的磁共振系统之一。MagnetomAvanto 是全球首台具备了 Tim 技术的磁共振机,Tim 对磁共振的变革就像从传统 CT 到多排螺旋 CT 的飞越,可以任意选择全身高分辨高矩阵成像(最大扫描范围 205cm)或局部高分辨高矩阵成像。磁体长度仅 1.5 米,是最短磁体的磁共振机。MagnetomAvanto 采用全新的梯度设计,真正实现了最高的梯度场强和大范围的成像。噪音一直是困扰磁共振的一大难题,噪音和幽蔽恐怖使得很多病人拒绝磁共振检查,采 Audiocomfort 技术可将噪音降低 97%。MagnetomAvanto 革命性的检查方式将彻底改变了这一现状,除去头颈部检查,所有部位均可采取足先入检查模式,真正实现了开放友好的磁共振检查,90% 的时间病人头部可露在外面。

临床磁共振成像检查可以做头颅脑灌注成像,波谱成像,内耳水成像,心脏心肌功能检查,乳腺 MR 成像(弥散、灌注、波谱成像),上腹部胆道系统水成像(MRCP),肾脏尿路水成像(MRU),前列腺检查波谱成像,颈椎、胸椎、腰椎全脊柱成像,四肢关节成像,三维增强血管造影成像(包括脑血管、颈部血管、肺动脉血管、主动脉、四肢动脉血管)等。

磁共振成像由于能提供高时间分辨率、高空间分辨率和高对比分辨率已经成为中枢神经系统诊断的最主要的影像检查手段。早期以及低场的磁共振检查仅局限于对正常及组织病变的大体解剖和形态的显示,逐渐不能完全满足人民健康服务的需要。磁共振检查已经超越了单纯的解剖学评价,开发出了能反映组织生理和生化学等的功能性技术,例如:磁共振弥散加权成像(DWI)、灌注加权成像(PWI)和磁共振波谱成像(MRS)等。镇江市第一人民医院的 1.5T 超导磁共振成像仪装备了最先进的硬件和软件,使得这些新技术在临床得到真正的应用,对早期病变的发现起到了"千里眼"的作用,尽可能做到真正意义上的早发现、早治疗。

乳腺疾病是威胁广大妇女健康的常见病、多发病,特别是乳房癌的发病率不断上升,且有年轻化的趋势,据国内外文献报道乳房癌的发病率已是女性恶性肿瘤的首位。乳腺疾病的检查目前已从钼靶、超声检查发展到磁共振成像检查。我院所装备的优秀乳腺检查硬件与软件,为乳腺疾病的诊断和治疗提供了便利,使之除了目前临床上常用的钼靶机、超声检查外的又一高端武器,可以称为乳腺疾病的显微镜。

磁共振成像由于具有较高的组织分辨力和无创伤、无辐射的优越性,非常适合盆腔疾病如前列腺的检查。除可轴位成像外,还可做冠状位、矢状位和斜位成像。前列腺周围结构多而复杂,清楚的识别它们具有极其重要的价值。如前列腺包膜及周围静脉丛(PVP)的识别就对前列腺癌的诊断和治疗方法、预后有着极为密切的关系。1.5T 磁共振由于磁场均匀度高,盆腔脂肪抑制完全,因此对于盆腔内前列腺周围结构的显示如前列腺包膜、周围静脉丛(PVP)、精囊、膀胱、直肠、周围淋巴结等的显示清晰无误,且可以三维立体精确显示、定位。使前列腺癌、前列腺增生、慢性前列腺炎病变的范围及周围的侵犯明确显示,这对临床分期、治疗方案的选择、疾病的预后均有着指导性和决定性的意义。

在冠心病的临床处理过程中,心肌的供血状态是决定患者是否进行药物或手术治疗的关键。近年来 MR 软、硬件技术都有了较大的进步,因其空间分辨率高已成熟地用于心脏形态、功能检查。随着 MR 软、硬件的发展,MR 成像速度亦显著提高。覆盖整个心脏的多层、快速 MR 首过心肌灌注成像已应用于临床,随着多通道阵列线圈应用,脉冲序列及射频优化等技术发展,用 MR 评价心肌缺血和活力以及随访治疗效果已引起广泛的关注。应用 DSA 和或 64 层螺旋 CT 对冠心病患者冠状动脉管腔壁、管腔狭窄度及腔内斑块性质进行评价(解剖学评价);同时利用 1.5TMRI 设备对冠心病患者行心肌灌注成像检查,通过对心肌壁的活动度及首过灌注及延迟强化情况分析心肌供血状况(功能评价),探讨冠脉管腔状况与心肌灌注异常间的关系,为临床制定治疗计划及疗效评估提供依据。

荣誉医院:始终坚持"一切以病人为中心"的服务宗旨,不断强化三个文明建设,成绩显著,先后被授予国家、省、市卫生系统先进集体,国家、省、市卫生系统优秀思想政治工作研究会,全国医院文化建设先进单位,江苏省"文明单位标兵"、十佳医院、服务质量奖,镇江市文明单位等多项荣誉称号。

江苏大学附属医院

创建于 1936 年的江苏大学附属医院(原镇江医学院附属医院),是本市规模较大、设备齐全、技术水平较高、集医疗、教学、科研、预防为一体的综合性医院。1995 年被国家卫生部命名为综合性三级甲等医院,成为本市唯一的全省十所高等级医院之一。

江苏大学附属医院(又名江滨医院)自1936年筹建至2010年,已有七十多年的发展历史。1949年新中国建立以来,先后被命名为国立江苏医学院附属医院、镇江地区人民医院、镇江市江滨医院、镇江医学院附属医院。1995年医院被国家卫生部命名为三级甲等医院;2003年被省委省政府授予"江苏省文明单位"荣誉称号;2003年2月,经省政府批准,医院成建制划归江苏大学,成为全省高校直接管理附属医院的体制改革试点单位;2006年底经江苏省政府批准省教育厅与卫生厅共建附院,在行业管理上成为省卫生厅直属的医疗单位,为医院跨越式发展创造了极为有利的条件;2008年,医院又以优异的成绩通过"三级甲等医院"复评。

医院现有开放病床1000多张,在职职工1500多人,其中卫生技术人员1300余人,具有高级职称210多人,中级职称500多人,是全市卫生系统高知最多的单位。年门诊量近100万人次,年出院病人30,000人次。医院设有53个临床、医技科室,拥有一批先进的诊疗设备,如3、0T磁共振、23EX医用高能直线加速器(适形放疗)、SPECT、DSA大型心血管造影机、心脏彩超、全自动生化分析仪、多排螺旋CT、彩色电子胃镜、数字胃肠机、数字胸片机、ICU重症监护设备、CCU监护设备、全套导管实验室系统以及由20台人工肾组成的血透中心等。

医院在专科建设上具有较高水准,呼吸内科、消化科、肿瘤科、普外科、心内科、烧伤整形科为省级重点专科,2005年以来先后成立的肿瘤医学研究院、骨科医学研究院、儿童医学研究院在全省有一定影响,检验科、风湿科、核医学科、骨科、儿科为市级重点专科,内分泌科、脑外科、介入放射科等科室在省、市也享有一定的声誉。早在1992年,医院即成功地对1例罕见的连体婴儿实施了分离手术,2001年11月和2004年10月医院又成功地实施了全市首例肝脏移植手术和肝肾联合移植手术,代表着医院在高新技术方面占据全市领先水平。

重点专科

呼吸内科

呼吸科俗称肺科,是院最早成立的专科之一。1985年1月呼吸科迁入内科楼四病区(4号楼4层),床位25张。1994年1月调整到三病区(4号楼3层),床位增加到50张,年床位使用率都在85%以上。呼吸科共有博士生导师2名,博士1名,硕士4名,在读硕士3名;正高职称5名,副高职称4名,中级职称4名,初级2名。2002年被评为江苏省重点科室,2003年被评为镇江市呼吸病分子免疫学临床重点实验室。

自1992年以来,呼吸科承担大学、医院、成教多层次、多类型的课堂教学任务,平均每年约300课时,接受本科、大专等各层次的实习生约100人,接受进修人员平均每年30人,承办市内、院内学习班10余次,为基层医院输送了骨干人才。2004年确定为省高教委硕士点,已培养、正在培养硕士研究生10余人,正培养博士生2名。多年来,先后承办全国呼吸病会议2次,江苏省呼吸年会1次。承担江苏省科技局、卫生厅、市科技局项目多项,2006年卫生部项目一项,科研经费200多万,发表论文100余篇,主编专篇5本,省级科技进步奖4项,卫生厅新技术引进奖4项,市科技进步奖9项。

消化内科

江苏大学附属医院消化内科是江苏省省级重点学科,在省市内具有较高的知名度。该科创建于70年代初,为我市最早建立消化疾病专业的临床科室。30多年来经过几代人的努力,如今该科已是人才济济,梯队完整,设备齐全,实力雄厚,逐渐成为以临床诊疗和基础医学研究为主攻方向的集临床、教学、科研为一体的特色专科。本专科科在镇江市率先引进首台纤维胃镜,开展对上消化道疾病的诊断和治疗。目前已拥有全市最先进的多台电子胃镜、电子肠镜,内镜电脑工作台。另外医院配有与消化诊疗相关的先进设备,如数字造影机、数字X光机、螺旋CT机、流式细胞仪、荧光定量PCR仪、低温高速离心机等。消化专科实验室,为消化科开展科研工作、培养医学人才和研究生提供了有力的硬件。

目前专科现有主任医师3人,副主任医师3人,主治医师4名,住院医师4名;其中博士1名,出站博士后1名,硕士6名,其余均为医学学士。

在加强临床和教学基础上,消化科坚持不懈地开展医学科学研究工作,其中多项研究填补市内空白,达到省内领先水平。近十年来,完成了多项市级科研课题,如"AFU和AFP联合检测对原发性肝癌的诊断研究"、"幽门螺杆菌vacA基因型、cagA基因及其表达产物与胃十二指肠疾病关系的研究"、"端粒酶特异性核酶对人胃癌细胞恶性表型的影响"、"幽门螺杆菌与胃十二指肠疾病的关系及致病机制的研究"等江苏省科委课题,并获得江苏省科技进步三等奖一次、镇江市科技进步二等奖二次、镇江市科技进步三等奖一次。在1995年~1999年期间,圆满完成了由江苏省卫生厅批复的"注射用奥美拉唑钠"、"复方雷尼替丁胶囊"和"注射用泮托拉唑钠"的临床药物研究。2006年,专科通过卫生部组织的临床药理验证评审。

该科拥有专门的消化内科实验室,位于临床实验中心。实验室占地面积约30m^2,拥有超低温冰箱、高速低温离心机培养箱、分光光度计、显微镜、倒置显微镜、超净工作台、基因扩增仪、生化分析仪、全自动电泳、特定蛋白仪、血培养仪、微生物鉴定仪、全自动血凝仪、酶标仪等仪器。实验室能完成一般的细胞试验,DNA、RNA抽提,RT-PCR,幽门螺杆菌培养,电泳等。

肿瘤治疗中心

本专科由放疗科和肿瘤内科(化疗科)合并而成,现为江苏省临床重点专科。放疗科成立于1976年,是省内较早、市内最早开设肿瘤放射治疗的专科。肿瘤内科源于血液肿瘤内科,于70年代中期建立,1985年放疗科和肿瘤内科(化疗科)合并成立了肿瘤科,分为放疗和化疗两大组。

目前专科开设病床100张,年门急诊量10000多人次,年收治病员2300人次,现有住院以上专业技术人员19人,其中高级职称人员9名,中级职称人员7名,博士2名,硕士4人。2005年成立江苏大学肿瘤研究院,陈德玉任院长,朱小霞任副院长。2007年批准为江苏省省级临床重点专科。学科带头人主任医师陈德玉博士为江苏省医学会放射肿瘤治疗学分会委员,中国生物医学工程肿瘤靶向治疗技术分会理事,镇江市医学会肿瘤学专业委员会主任委员,肿瘤科主任兼放疗科主任,市"169人才工程"学术技术带头人,硕士生导师,在省内及市内有一定知名度。化疗科主任朱小霞主任医师为省第四届肿瘤专科学会委员，有丰富的临床经验。专科现为镇江市规模最大、收治病员最多、人才结构最强的省级肿瘤临床治疗中心。

建科早期曾在中国放射肿瘤杂志等全国性杂志上发表了“田”字型铅条定位治疗食管癌、鼻咽癌误诊误治等论文。近年来科研工作取得长足进步。2000年，陈德玉等完成了国家科技部立项的国家重点科技攻关项目“重组人类白蛋白的研究”，同年他的“术后放、化疗结合治疗C3期直肠癌临床Ⅱ期研究”获镇江市科技进步三等奖。束凯俊等完成市级课题《鼻咽癌放射治疗的骨性定位》。《食管癌同期放化疗与血管内皮生长因子表达的关系》、《腔内与体外照射治疗宫颈癌的剂量分布分析》等10多篇文章先后在《肿瘤》等省级以上杂志发表。食管癌的基因诊断和治疗的研究：EGFR、c－erbB－2过度表达与食管癌发生、发展之间的关系及对预后的影响填补市内空白。与江苏大学生命科学院合作肿瘤基因治疗研究填补市内空白。目前还承担省级课题一项、市级课题三项。朱小霞主任1998年—2002年与江苏大学药学院合作参与省社会发展基金项目“受体介导毫微粒的肝癌导向治疗研究”该项目获江苏省科技进步三等奖，市科技进步二等奖。1998年—2002年与江苏大学药学院合作参与省青年科技基金项目“运用神经网络模式识别技术鉴定药物不良反应”获镇江市科技进步二等奖。

普外科

江大附院普外科于1976年在胸外科、骨科、脑外科、泌尿科、妇产科等专科同时分别从大外科分出，是镇江市级综合性医院最早独立的专科之一，随着医院的发展和不断升级，普外科亦在不断地发展和壮大，其医疗水平在镇江市及周边地区一直处在领先地位，在广大群众心目中享有崇高地位。在领导和大家的共同努力下，现在已发展成为临床、教学、科研为一体的全面发展的市重点专科。

普外科在全市内一直保持人才优势，2005年止已有主任医师（张建新、黄润生、徐三荣等），近年来引进或培养医学博士多名，他们是张明仪、张建新、徐三荣、黄中晶。2003年成功申报普外科专业硕士研究生培养点，同时被评为镇江市临床重点专科，利用人才优势，保持科研强势地位。近年来承担市级课题7项，2006年与相关科室成功申报了省自然科学基金一项，国家自然科学奖金一项，填补镇江市卫生系统空白。自镇江医学院招生医学生以来，普外科一直担任外总和普外科理论与临床教学，目前承担了江苏大学医学院临床医学专业、江苏大学京江学院全科医学专业、江苏大学医学技术学院医学影像专业的外总和普外科理论与临床教学，被江苏大学评为校级优秀课题。

小儿内科

儿科于80年代成立，是镇江市最早的新生儿专科。2000年在顾兆坤主任的领导下，把儿科首先创建为镇江市重点专科。2005年在江苏大学附属医院儿科的基础上成立了江苏大学儿童医学研究院（江苏大学儿童医院），为儿童医学的发展又构建了一个较高的平台。目前儿童医学研究院已发展为集医疗、教学、科研为一体的综合性儿童专业医院，是江苏大学儿科学硕士研究生的培养基地。目前共有医务人员40余人，其中主任、副主任医师10人，博士生2人，硕士生（包括在读）10人，镇江市169学科带头人4名，镇江市医学重点人才2人，硕士生导师2人，省医学会委员4人。

1994年在市内率先建立儿科实验室，利用分子生物学技术进行肺炎、腹泻的病原学检查，利用PCR技术进行结核菌、肝炎病毒、淋球菌、弓形虫、支原体、衣原体、合胞病毒等数十项检测，并开展了秋季腹泻患儿的轮状病毒检测及尿液中半乳糖检测。1996年在省、市内较早开展先天性心脏病的非开胸介入治疗，利用软件进行小儿生长发育的评估、智能测定，1998年在市内率先开展婴幼儿肾穿刺病理检查，常规开展矮小病的生长激素激发试验，儿童性早熟的促性腺激素释放激素激发试验，哮喘过敏原测定等。近年来开展的微量血糖、微量血气检测方法，C13－呼气试验检测幽门螺旋杆菌等为患者提供了更为便捷的服务。

儿童保健专科成立于1984年，常规进行儿童健康保健、儿童营养、遗传咨询、智能测定、多动症、抽动症、学习困难等的诊治。

江苏大学儿童医学研究院负责并承担江苏大学医学院、医技学院儿科学的教学、实习任务，每年承担8～10个班的理论教学各见习课约400学时，接受实习生100余人。儿科学2001年被评为江苏大学优秀课程，2006年被评为江苏大学临床教研室精品课程。此外，该院还每年接受4～8名其它医院儿科医生的进修和培训，目前编写《儿科临床与检验》、《儿科学》、《小儿感染病学》、《实习进修医生必读丛书—儿科手册》4部儿科专业书籍，承担国家级、省、市级科研课题多项，获市科技进步奖四项（见表一），每年在省级以上刊物发表专业论文10余篇，每年均承担省、市级儿科医生的继续教育项目，是江苏大学医学院儿科硕士学位的培养基地。

特色专科

老年病科

老年病科是江苏大学附属医院的一个综合性学科，它集老年性疾病的预防、治疗及老年人保健于一体。建于1982年，其前身为老干部病房，1993年更名为老年病科。科室现有医务人员24人，医师7人，其中硕士生导师1名，在读博士1名，硕士3名，在读硕士2名，具有高级职称3人，中级职称3人，初级职称1人，内设病床40余张，拥有多功能心电监护仪、血氧饱和度监测仪、胰岛素泵、12导心电图仪、多频振动排痰机等设备，年门诊量及出入院病人量常年在市内处于领先地位。

经过多年的临床实践，我科积累了丰富的临床经验，特别是对老年性高血压、冠心病、动脉硬化、糖尿病、脑血管疾病、老年痴呆及老慢支、肺部感染等疾病的治疗、康复、预防及护理方面有着独特的经验。对老年人心理卫生及康复、保健方面有较高的造诣。通过预防保健，采取有效的措施，提高老年人的身体素质和生命质量，使老年人的生理年龄和心理年龄年轻化，针对老年病的各种危险因素（如不爱活动，乱用药物，高热量、高脂肪、高糖、高胆固醇饮食，心理障碍，人际关系等），给予老年卫生保健的教育和指导，消除老年病发生的危险因素，最大限度地减少高危人群，把老年病的患病率降到最低限度。老年病科全体正以娴熟的诊疗技术、饱满的热忱和优质的服务，竭诚为全市及周边地区老年病人服务，为广大老年患者解除病痛，提供满意的服务。

心内科

江苏大学附属医院心血管内科创建于1982年,是镇江市最早设立的心血管专科,现为江苏省临床重点专科,镇江市唯一获得国家药物临床验证机构的心血管内科,心内科下设心血管病普通病房、冠心病监护中心(CCU)、心脏介入中心、心血管病研究中心,心功能室,心电杂志社等,共有床位110张,其中CCU监护床位12张。心内科在编人员20余人,具有博士学位4人,博士生导师1名,硕士生导师3人,80%具有硕士以上学位。经过近30年的不懈努力,心内科取得了长足发展,目前是镇江市规模最大、技术力量最强、设备最先进、人才队伍最雄厚、科研及教学水平最高、开展各种心血管介入项目种类及数量最多的心血管专科,在省内具有很高的知名度和影响,心内科先后获得镇江市、江苏省及国家青年文明号称号,年介入手术量2000余台。

常规开展经桡动脉急诊介入治疗心肌梗死、自体外周血干细胞移植技术治疗晚期心力衰竭、心肌梗死、心肌病及冠心病介入治疗,射频消融术治疗室上速、室速和房扑、房颤、预激综合征等心律失常性疾病,开展房缺、室缺、动脉导管未闭等先天性心脏病的封堵术,开展各种临时及永久起搏器的安置术。心内科现有国家、省市级在研科研项目10余项,拥有科研经费200余万元,每年招收3-4名博士及硕士研究生。现任学科带头人严金川博士为江苏省医学重点人才,江苏省333工程高层次人才,镇江市169学科带头人,镇江市自主创新杰出人才。长期从事心内科的临床、科研及教学工作,多次出访欧、美等国学术交流。对心血管疑难病症的诊断及危重病人的抢救积累了丰富经验。熟练掌握心脏起搏及冠脉造影、冠脉内超声及旋磨技术、心肌病的化学消融、肾动脉支架植入等介入治疗手段,尤其是经桡动脉介入治疗;已累计完成冠脉造影、支架手术及急诊介入3000余例。多次主持和参加国家、省、市级科研项目。在国、内外核心期刊发表论文60余篇,被SCI收录20余篇。获得省、部、市级科技进步奖10余项。

血液科

血液科成立于1991年,金蓉珍、黄非等先后担任科主任,2000年3月由朱彦副主任医师担任科主任。血液科共有主任医师2人,副主任医师2人,主治医师2人、住院医师2人,主管技师1人。其中硕士生2人,在读博士生2人,在读硕士生1人,教授、副教授2名,硕士研究生导师1名,"169"科技骨干、市医学重点人才1名。目前设专科床位22张,专家门诊每周一次,专科门诊为全天门诊,年出院病人数400~450人次。

1990年以后,相继开展HD-Ara-C治疗急性髓系白血病,HD-MTX-CF治疗急性淋巴细胞白血病及恶性淋巴瘤10例。2000年以后相继开展反应停(沙利度胺)治疗多发性骨髓瘤,维甲酸联合化疗治疗急性早幼粒细胞白血病,近五年来保持急性早幼细胞白血病初治病人零死亡,完全缓解率(CR)达100%,5年无病生存率90%的良好疗效。预激方案治疗难治性白血病,Hyper——CAVD方案治疗急性淋巴细胞白血病和恶性淋巴瘤,均取得良好疗效,同时逐步开展了血细胞单采,血浆置换治疗各种血液病。1999年随着血液病实验室成立,相继开展恶性血液病的染色体检测,免疫学分型及融合基因检测,提高了血液科的诊疗水平。

教学方面:自建科以来,就一直承担原镇江医学院的理论教学、实习带教及进修医生培训任务,其中包括医疗专业、检验专业、药学专业本科及专科的内科血液学教学及诊断学教学。2003年并入江苏大学后,每年均要承担医疗、影像、药学、检验科本科及专科的内科学血液病学及诊断学理论教学115学时,同时承担成人教育专升本内科医师进修班的内科学教学约30学时,镇江卫生学校的内科学教学,以及学生见习及实习的带教工作。每年接收8~10名进修医生学习。

肾脏内科

江苏大学附属医院肾内科创建于1982年,1987年肾脏内科独立成科,由陈佩茹任科主任。经过20余年的不断发展,人才梯队不断壮大,仪器设备不断更新,医疗水平及教学科研均有了长足的发展,科室的综合实力不断提高。

1989年4月成立血液净化室,在镇江率先开展了血液透析及腹膜透析,并在骨科协助下行动静脉内瘘成形术。1995年成立血液净化中心。中心可进行常规血液透析、血液滤过、血液透析滤过、连续性血液滤过、血透联合腹水回输、血液灌流等,为急、慢性肾功能衰竭、药物中毒、自身免疫性疾病和多脏器功能障碍综合征患者提供当时市内最先进、最有效的辅助治疗手段。中心10多年来共治疗血透病人600多例,2000年开展CRRT以来治疗危重病人达60人。现拥有进口透析机共21台,包括费森尤斯Fresenius4008B、4008H、金宝S200、东丽等型号和美国百特$Bm^2$5型、HF400CRRT机。

20余年来,肾内科在多种肾脏疾病的诊治方面积累了一定的临床经验,开展了多项新技术新项目。对各种原发性肾小球疾病、继发性肾小球疾病、感染性肾脏疾病、急慢性小管-间质性疾病、急慢性肾功能不全、老年肾脏病等疾病的诊治达到了显着的疗效。1999年在王晓明主任的带领下开展了B超引导下肾活检术,现已成为肾脏科常规检查项目,到目前为止肾活检已达110例,显着提高了肾小球疾病的确诊率。对于肾衰竭病人给予血液净化治疗,专科先后开展碳酸盐透析、血液灌流、血液滤过、血液透析滤过、连续性肾脏替代治疗等疗法,抢救了大量急、慢性肾功能衰竭和各种中毒患者。专科血液净化治疗方面的强项之一,是对不适合血液透析的肾衰病人积极的选用腹膜透析治疗,以提高患者的生存质量,在这方面积累了很多经验。2001年开展永久性深静脉置管,为部分不能建立有效自体血管通路的慢性肾衰患者,提供了切实可行的治疗手段。2005年与泌尿外科联合开展肾移植2人,至2006年底病人均未出现排斥反应。

肾内科承担大学、医院、成教多层次、多类型的课堂教学任务,平均每年约100学时,接受本科、大专等各层次实习生约100人,接受进修生人员平均每年20人,为基层医院输送了骨干人才。

妇产科

江苏大学附属医院特色专科妇产科,专科建制为一般科室,分设妇科、产科、计划生育、产房、门诊五个部门,有55张病床(其中2张抢救床)平均年住院人数1868人次,(其中妇科592人次,产科1276人次)剖宫产率40.8%围产儿死亡率14.56%,平均门诊就诊人数28238人次(妇科21746人次、产科6492人次)计划生育手术室年手术人次达2671人次,并设专家门诊。

常规开展以下诊断技术:复杂全子宫切除术;次广泛全子宫切除术(全子宫、双附件、游离输尿管、宫旁2cm、阴);卵巢癌肿瘤细胞减夭术+腹腔化疗+全身化疗;阴式全子宫切除术;阴道膀胱瘘修补术;阴道直肠瘘修补术;皮瓣代阴道成形术;显微外科输卵管吻合术;妊娠滋养细胞肿瘤规范化治疗(手术,化疗);计划生育复杂并发症内分泌诱发排卵技术;产后 DIC 诊断处理;腹膜外剖宫产;宫腔镜;阴道镜;胎儿监护(NST、CST、OCT)等。

耳鼻咽喉科

1995 年医院三级甲等医院评审,耳鼻喉科挑起两重点专科之一的重担。主动请医学院配合,将组胚戴数宏教授等纳入我科编制,戴教授是全国著名耳蜗研究专家,他带来内耳耳蜗铺片的科研成果弥补我院科研不足,使我院顺利拿到三级甲等医院牌子。同年医院为我科配置了声导抗仪,显微镜(国产)鼻内窥镜(国产),为了迎接检查科室也开展了声带外展术,鼓室成型术,使科室从手术角度也通过了重点专科评审。1996 年率先在镇江开展全麻高频给氧支撑喉镜手术。

消化科

江苏大学附属医院消化科是国家级临床重点专科,是镇江市最早设立消化疾病的临床科室,在江苏省具有较高的知名度。本专科人才济济,设备齐全,技术先进,是集临床、教学、科研为一体的特色重点专科。本专科拥有目前我市最先进的环扫电子超声内镜、电子胃镜、电子肠镜、等离子氩气发生器、高频电切刀、内镜清洗工作站等先进设备。另外医院配套相关的先进检查设备,如数字造影机、64 排螺旋 CT 机、3.0T 核磁共振机等。

消化科现有专科医师 16 名,其中主任医师 5 名,副主任医师 4 名,主治医师 3 名,住院医师 4 名;其中博士 2 名,硕士 9 名,硕士以上学历人数占科室人员比例达 69%,本专科人才梯度合理,现有镇江市学术技术带头人 1 人,镇江市科技骨干 3 人。学科带头人张尤历博士是江苏大学附属医院副院长、博士生导师、江苏省"333"人才、镇江市突出贡献中青年专家、镇江市学术技术带头人,现任中华医学会江苏省分会消化学会副主任委员、镇江市消化内科专业委员会主任委员,全国"五一"劳动奖章获得者。张尤历博士负责主持幽门螺旋杆菌与胃十二指肠疾病关系的研究在全国、全省处于领先地位。

本专科常年开设专科及专家门诊,由临床经验丰富的主任、副主任医师坐诊,年均诊疗达 48000 多人次,病房开放床位 43 张,年均收治患者 1300 多人次。本专科在消化系常见疾病的诊断和治疗上形成了规范、程序化的处理方法,如幽门螺杆菌感染、消化性溃疡、肝硬化、上消化道出血、溃疡性结肠炎、消化道肿瘤等。重视对少见病、疑难疾病的诊断和治疗。更注重消化内镜诊疗技术的开展,本科开展的多项技术添补了本市消化领域的空白。先后承担省级课题 5 项,卫生厅和市级课题 10 余项。曾获江苏省科技进步奖三等奖 1 项,江苏省卫生厅医学新技术引进奖 3 项,镇江市科技进步 5 项。在 SCI、中华系列杂志和核心期刊发表医学论文 100 余篇。

科室特色诊疗项目:幽门螺杆菌的诊治,内镜逆行胰胆管造影术(ERCP)、内镜下黏膜切除术(EMR)、内镜下黏膜剥离术(ESD)、食管狭窄扩张术、食管支架置入术、超声内镜检查术(EUS)、经皮经肝胆管引流术(PTCD)、经皮内镜下胃造瘘术(PEG)、经胃镜食管曲张静脉套扎术(EVL)等。

肿瘤科

江大附院肿瘤科组建于上世纪七十年代,于 1988 年化疗专业独立成科,是我省成立较早的肿瘤化疗专业科室之一,2005 年由江苏大学批准成立为江苏大学肿瘤研究院,化疗科为其主要科室之一。2006 年被评为江苏省重点临床专科,2005 年获得国家药物临床试验机构肿瘤专业资格认定,目前已承担多项肿瘤新药的临床验证。

在长期临床实践和强大的科教支持下,科室摸索和形成了一套肿瘤综合治疗策略和化疗常规;并不断应用新药物、新技术、新方法,明显提高了恶性肿瘤的治愈率和有效率,许多肿瘤病人在精心治疗下得以康复。充分利用肿瘤研究院杭州平台的优势妇产建立肿瘤多学科综合中华中青诊治模式,注重肿瘤的规范化治疗,在对肿瘤病人建立的个体化有着治疗方面也课题颇具功力。常规开展根治化疗、新辅助化疗、辅助化疗、姑息化疗;配合生物治疗、内分泌治疗、中西医结合及肿瘤的非手术局部治疗方法,综合治疗恶性淋巴瘤、乳腺癌、头颈部肿瘤以及呼吸、消化、泌尿生殖系统、骨与软组织等恶性肿瘤,疗效具国内先进水平。较早规范开展癌痛的三阶梯镇痛治疗。上世纪 90 年度初就开展大剂量、大容积腹腔化疗加热治疗晚期卵巢癌、胃癌;胸腔注射化疗;鞘内注射注射;大剂量 MTX 治疗骨肉瘤和中枢神经系统淋巴瘤。本世纪初开展低剂量 5-氟尿嘧啶持续静注联合顺铂、周剂量多西他赛治疗晚期胃癌、食管癌;射频热疗。近年开展肿瘤生物靶向治疗;时辰化疗;根据药物基因组学开展个体化化疗均取得较好的疗效。2005 年开展 PICC 技术以来明显减轻了患者治疗相关的痛苦。目前有手携式电脑程控微量泵、时辰化疗泵等专科设备,肿瘤研究院有独立的实验室供研究使用。

鲍玲红副主任医师,1986 年毕业于镇江医学院,从事临床耳鼻咽喉-头颈外科及教学工作 22 年,对耳鼻咽喉-头颈外科疾病诊断及治疗有丰富的临床经验,对本专业疑难疾病诊断及治疗有较强的能力。主要学术论文有《突发性耳聋的早期治疗及两种疗法的临床疗效观察》等三篇。

曹桃芬主任医师,镇江市内分泌学专业委员会委员,《中华医药杂志》专家编辑委员会常务编委。擅长糖尿病、甲状腺疾病、肾上腺疾病、脑垂体疾病的诊治(闭经、泌乳、不育综合症)。

陈德玉,中共党员,主任医师,硕士生导师,现任江苏大学附属医院副院长、江苏大学附属医院肿瘤研究院院长、中国生物医学工程肿瘤靶向治疗技术分会理事,江苏省医学会放射肿瘤治疗学分会委员,江苏省抗癌协会鼻咽癌专业委员会委员,镇江市医学会肿瘤学专业委员会主任委员,美国哥伦比亚大学访问学者,镇江市医学重点人才,擅长肿瘤放疗及放、化疗综合治疗。主持国家级课题 1 项、省级及市级课题各 2 项。

陈二南,心内科主任医师,资深心血管疾病专家,曾担任省急救学会副主任委员,市急救学会主任委员,心内科学会主任委员。擅长心脏病、高血压诊疗。

陈军建,附院内分泌科主任,主任医师,现担任市内分泌专业委员会主任委员,擅长治疗糖尿病,粗脖子病等。

镇江市第四人民医院

镇江市第四人民医院(镇江市妇幼保健院)始建于 1952

年,是一所集医疗、教学、科研、预防、保健为一体的,具有一定规模和实力的综合性医院。2005年被江苏省卫生厅确认为三级甲等医院。

医院占地面积24800平方米,医疗用房45000平方米,职工800余人,其中高、中级专业技术人员374名,医学博士、硕士研究生43名。现开设床位700张,有48个临床医技科室。医院年门诊量42万人次,年收治病人1.2万人次。妇科、产科、神经科、精神科等为市重点专科,妇幼保健、儿科、眼科、骨科、脑外科、普外科、心血管内科、内分泌科等为特色专科,在市内外有较大影响。医院现有市新生儿疾病筛查中心、急诊抢救中心、影像中心、介入放射治疗中心、胎儿中央监护中心、腔镜治疗中心、药物浓度检测中心、更年期保健中心等十二个功能齐备的医疗中心。

医院拥有一批先进的诊疗设备,如核磁共振、全身螺旋CT、大型C臂机(DSA)、数字成像机DR、1000MA数字胃肠机、乳腺钼钯机、医用高压氧舱、准分子激光治疗仪、适时三维彩超、全自动生化分析仪、光电18道脑电图仪、光谱分析仪、药物浓度测定仪、德国产的手术显微镜、电子数码阴道镜、电子胃镜、肠镜、腹腔镜、PK刀、德国施道氏系列内窥镜等。

医院在做好临床工作的基础上,积极开展教学、科研工作。近五年来全院共有600多篇学术论文在省级以上杂志发表,其中近百篇论文在核心期刊上发表,数十项科研项目获省、市级科技成果奖,多次获得镇江市"科技进步"先进单位的称号。

医院地处市中心,交通便捷,环境宜人,新建的镇江市妇幼保建大楼,总建筑面积近3万平方米,功能齐全,布局合理,温馨舒适。大楼前建有7000平方米的健康广场,院内建有7个花园,集绿化、水景、雕塑、人文景观为一体,"花园式医院"已成为医院建设的一大亮点。

专家介绍:王艳华,北京第一医科院特聘研究员,浙江不孕不育博士园专家,浙江广仁不孕不育研究所研究员,擅长运用中西医结合疗法,专业治疗由输卵管堵塞、多囊卵巢综合症、子宫内膜异位症、排卵功能障碍、免疫性不孕等病因引起的不孕不育,多次参加国际、国内生殖及腔镜微创学术会议,在专业医学杂志上发表关于不孕不育论文20余篇,获各级奖项10余项。

郭翔燕,北京第一医科院特聘研究员,浙江不孕不育博士园专家,浙江广仁不孕不育研究所主任研究员,中华性学会会员。从事泌尿科及男性不育工作近四十年在泌尿生殖系统疾病,男性性功能障碍等方面积累了丰富的临床经验,尤其擅长男性泌尿疾病的诊治,曾多次应邀参加全国泌尿男科学术会议,在国内各种医疗刊物发表论文十余篇,在泌尿生殖系统疾病,男性性功能障碍、急慢性前列腺炎等方面积累了丰富的临床经验,对少精、弱精、畸形精子症、死精、无精症等各类男性不育疾病有独到的治疗方法。

刘海霞。长期从事不孕不育科临床,具有丰富的临床经验,擅长治疗输卵管堵塞、免疫性不孕、子宫内膜异位症、输卵管梗阻、排卵障碍、内分泌失调、卵巢早衰、习惯流产等,尤其在不孕症的治疗及优生优育、生殖遗传咨询方面有较深造诣。

医院精神:团结、敬业、仁爱、创新。"忠诚于医学科学,奉献于人类健康"、"追求止于尽美,服务完于尽善"是我们医院的组织理念。近年来,医院先后获得江苏省文明单位、江苏省模范职工之家、江苏省行风建设先进单位、镇江市先进基层党组织、镇工市"五一"劳动奖状获得单位、镇江市价格诚信标兵单位、镇江市消费者信得过单位等多项荣誉称号。

镇江市中医院

1958年诞生于大西路同德里,1989年医院搬迁到青年广场开始了第二次创业,1996年中医院成为一所中医特色鲜明、中西医结合的二级甲等综合性中医院。随着镇江市卫生区域规划的调整,以及中医事业发展和人民群众对卫生健康的需求,2007年7月23日市中医院搬迁至桃花坞十区八号。2008年12月3日,镇江市中医院被江苏省中医药局确认为三级中医医院。

医院现占地50亩,环境优美、布局合理、功能齐全,集办公自动化、服务人性化、控制智能化于一体兼顾节能环保,设有内、外、妇、儿、急诊、骨伤、针灸、肛肠、皮肤、眼、耳鼻喉、口腔、推拿、理疗等14个临床一级科室,有专科专病特色的门诊31个。医院定编床位400张,年门诊量30余万人次,现有正式职工352人,其中卫生技术人员281人,具有高级职称者40名,中级职称者123名,169学术带头人1名,医学博士1名,硕士研究生22名,有省名中医2名,市名中医8名,是南京中医药大学的教学医院。医院拥有飞利浦6排螺旋CT机、飞利浦全数字拍片系统(DR)、LOGIQ5pro彩色超声诊断仪、全自动生化分析仪、奥林巴斯电子胃镜、肠镜,高压氧舱等万元以上设备178台。

中西医结合消化科为省重点专科建设单位,现有省名中医2名,市名中医2名,主任医师5名,副主任医师2名,博士生1名,硕士生2名。该科以科技创新为动力,以科学管理为手段,积极实施精中汇西战略,开展对慢性胃病、消化性溃疡、慢性肠炎、各种肝病等疾病的治疗。中医妇科为镇江市重点专科。运用中医、中西医结合治疗卵巢肿瘤、急慢性盆腔炎、附件囊肿、先兆流产等妇科常见病有很好的疗效,同时开展子宫肌瘤、卵巢肿瘤等各类西医手术。脑血管病专科为镇江市重点专科。融中西药物、针灸、康复治疗于一体,在中风(脑血管病)、面瘫、中枢神经系统感染,老年性痴呆,眩晕、头痛等疾病的治疗上充分发挥中医药优势,形成了自己独特的诊疗规范。2004年市急救中心在中医院设立了全市第一家急救分站,急诊科设有急诊内科、外科、骨伤科、小儿科、妇科等相关科室,具有较强的抢救技术队伍和先进的抢救设备。外科能熟练开展胸外、普外、脑外、泌尿等外科手术;尤其是近几年微创外科有了快速的发展,加之采用中医中药手段,其病程短、痛苦少、费用低的优势,取得了良好的社会效果。骨伤科能运用中、西两法处理四肢骨折,开展人工关节置换、颈胸腰脊椎等手术。肛肠科源于省内外闻名的"丁氏痔科",博采中西医众家之长,将中医传统疗法与西医手术方法完美结合,并且与全国肛肠医疗中心合作成立全国肛肠医疗中心镇江技术协作中心,科室得到了跨越发展。

三级中医院的成功创建让医院走上了跨越发展的快车道,医院抓住机遇,加快发展,在"团结、敬业、继承、创新"院训的指引下,坚持一切以病人为中心,以病人满意为目标的服务理念,加快医院新大楼的建设步伐,发扬创建三级中医院的工作作风，进一步扩大医院综合服务的功能，努力把市中医院打造成为一座环境优美、功能齐全、特色明显的现代化新型中医院。

专家介绍：向强，中华医学会会员，同济医科大学硕士研究生，上海不孕不育研究所专家，浙江广仁不孕不育研究所特聘研究员，从事男性不育工作二十余年，发表专业性学术论文10余篇。对男性不育的诊断、检查、治疗及优生优育有较丰富的临床经验。曾参与北京、上海等地区三甲医院不孕不育专家开展的学术交流和研讨。擅长治疗男性弱精、少精、血精、死精、无精症、精液不液化、逆行射精、排精障碍等男性不育症。

科室介绍：中西医结合消化科为江苏省重点专科建设单位，镇江市重点专科，该科积极实施精中汇西战略，开展对慢性胃病、消化性溃疡、慢性肠炎、各种肝病等疾病的治疗。近年来，科室加强人才的引进和培养，技术队伍、业务能力、学术水平、设施设备等方面都有了快速的提升。

肿瘤综合治疗中心在镇江率先推出肿瘤综合治疗方案，即恶性肿瘤局部治疗与全身治疗相结合、分期分类治疗、多学科协同治疗、整体化与个体化治疗、生物免疫治疗、中西结合治疗，中心拥有体内伽玛刀等整套肿瘤综合治疗设备，运用微创手术、精确放疗、局部化疗、中医治疗等综合手段，为不同肿瘤患者制定个性化的最佳治疗方案和完善的服务计划。

泌尿外科、男科秉承中医学传统，结合现代泌尿外科、男科技术，采用中西医结合手段，在治疗慢性前列腺炎、良性前列腺增生、尿路结石、男子不育、男性性功能障碍等方面积累了丰富的经验，该科相继引进了膀胱镜电切镜、输尿管镜以及体外冲击波碎石机、男性性功能诊断治疗系统等设备，开展膀胱镜检、前列腺电切术、输尿管镜碎石术、男性性功能生理测定及治疗等诊疗项目，为广大患者解除了病痛。

肛肠科源于省内外闻名“丁氏痔科”，博采中西医众家之长，将中医传统疗法与西医手术方法完美结合，并与全国肛肠医疗中心合作成立全国肛肠医疗中心镇江技术协作中心，在内外痔、混合痔、肛裂、肛瘘等各种肛肠疾病的治疗方面，形成了一套完整而独特的治疗方法。

肾脏科是市三级医院中唯一以中医为主、中西医结合治疗肾脏病的特色专科，现已开放病床25张，有副高以上医师3人，研究生2人，学科带头人朱辟疆主任医师为省卫生厅授衔的“江苏省名中西医结合专家”，为全国知名肾脏病专家，现任中国中西医结合学会肾脏专业委员会委员，曾任江苏省中西医结合学会肾病专业委员会主任委员。

解放军第359医院

又称镇江市金山医院，组建于1966年9月16日，位于江苏省镇江市中山东路8号。营院座北朝南。北靠东吴路，距著名景点甘露寺1公里，南大门面对中山东路，东邻梦溪路，西距市中心(大市口)0.5公里。医院占地总面积62864平方米，建筑面积52477平方米，其中医疗用房29145平方米，办公用房5800平方米。其中包括主体13层12276平方米的医疗大楼和主体6层8000平方米的附属楼。

第359医院是一所集医疗、教学、科研、预防、保健为一体的“三级乙等”综合型医院。现展开床位500张，分设12个病区24个科室，其中有全军及军区级专科中心3个，拥有头体伽玛刀、1.5T西门子磁共振、全身螺旋CT、DSA、全自动生化分析仪、800毫安X线机、CR、DR、C臂X线机、彩色B超、电子胃镜、胸腹腔镜、血透机、高档口腔治疗椅、烤瓷机、微波刀、全自动血液回输机等大型医疗设备900多台(件)，总价值1亿余元。

第359医院年均门诊收治军地病人20万人次，住院治疗10,000人次，手术8000人次。医院现有工作人员600名，其中高中级职称人员80名。有19名专家担任全国、全军和军区专业学术组织领导职务。其中：原骨科主任、主任医师邬华彬担任全国小儿麻痹研究会会长；原口腔科主任、主任医师周平担任全军牙病防治领导小组副组长、南京军区口腔专业组组长；原副院长、主任医师周存余担任南京军区耳鼻喉科专业委员会副主任委员；原骨科主任、主任医师张雪非担任军队肢体残疾康复委员会副主任委员；骨科主任、主任医师刘方刚担任南京军区骨科专业委员会副主任委员；内一科主任、主任医师慈书平担任南京军区睡眠呼吸疾病治疗中心主任；理疗科主任、副主任医师钱兴皋担任南京军区理疗康复专业委员会副主任委员；原院长刘文华担任军队医院管理委员会委员、南京军区医疗质量管理委员会副主任委员。

第359医院是安徽医科大学临床学院，第二军医大学、第四军医大学、东南大学医学院、江苏大学医学院、皖南医学院等十余所院校的教学医院，同时为第四军医大学、东南大学骨科研究生实践基地和全军交通医学研究所镇江临床基地，先后接收进修、实习学生1463人次，培养博士、硕士研究生180余名。建院以来，医院共完成国家和军队下达的医疗科研课题113项，获得科研资助基金1000万元，在军地省部级学术刊物上发表论文1353篇，获国家、军队和省部级医疗成果、科技进步奖84项：其中，国家科技进步奖1项，军队科技进步奖与医疗成果2等奖7项，获得实用新型专利17项，出版专著40部，举办军地各种类型医学培训85个班次，开展院管课题435项。

建院45年来，逐步完成了骨科、口腔科、急救医学3个重点学科的建设工程；创立了肝病(癌)、鼾症治疗；血透、重症急救、伽玛刀和中成药制剂等医疗特色科室。医院骨科担负着南京军区骨科研究所和全军肢体伤残治疗中心的医疗重任；口腔科承担着南京军区口腔中心和全军牙病防治中心的康复保健任务。医院先后被国家和军队授予“扶残助残先进集体”“全国残疾人三项康复工作先进单位”“全军文明卫生先进单位”“全国残疾人康复工作先进集体”“全军为部队服务先进医院”“江苏省精神文明建设工作先进单位”等荣誉称号。

1985年，骨科和口腔科分别被南京军区确定为重点科室。1989年11月被南京军区确定为“矫形外科专科中心”“口腔颌面外科专科中心”。2000年12月，骨科升格为“南京军区骨科研究所”，2006年3月被总后勤部卫生部升格为“全军肢体伤残治疗中心”。2002年，口腔科被南京军区升格为“军区口腔医学中心”，2006年5月被总后卫生部确认为“全军牙病防治指导中心”。医院以骨科研究所和口腔颌面外科专科中心为龙头，带动其他科室建设与发展。首先是与骨科和口腔颌面外科密切相关的科室得到了发展。1999年，医院组建了急救中心，改造了急诊设施，购置了多套医疗抢救设备，并建立了“绿色通道”。医院还会同镇江市、丹徒区等交巡警部门和沪宁高速公路等单位建立了“军民共建”及其业务联系，制定互动公约。通过上述有效措施，使急救中心抢救成功率大幅度提升，工作效率明显提高，抢救人数日益增加。

地址：江苏省镇江市京口区中山东路 8 号

宿　迁　市

宿迁市第一人民医院

按照三级甲等综合医院标准规划建设，占地面积 330 亩，总设计床位 2000 张，总建筑面积约 22 万平方米，主体病房大楼 22 层，高 89.6 米，计划总投资 15 亿元。医院采用最新的医疗信息化管理技术，设置了排队叫号、自动物流传输和病房可视呼叫等几十个专业智能系统，是一所硬件、软件国内领先的绿色智能化医院。

南京鼓楼医院集团宿迁市人民医院

位于苏北徐、淮、连中心地带，东频京杭大运河，西临黄河故道，南靠西楚霸王故里。

医院始建于 1905 年美国长老会创办的“仁济医院”。医院科室齐全，人才济济，设备精良，环境优美，是宿迁市医教研及对外交流中心，为国家三级综合医院。

医院占地面积 59741m^2，建筑面积 64160m^2，现有 761 人，其中高级职称为 75 人，中级职称 247 名，床位 700 张，24 个临床科室、14 个医技科室。

医院加盟鼓楼医院以来，在鼓楼医院强大的技术支撑下，积极开展新技术、新项目和对外交流活动，重视专科建设和人才培养，设立了专病门诊，成立了宿迁市心脏外科中心，儿童医学治疗中心、放疗中心、血液净化中心等诊治中心。能开展体外循环心脏直视手术、肝脏移植和肾脏移植手术、经皮肾镜碎石术、室上性心动过速射频消融术、先天性心脏病介入治疗、经皮肾镜碎石术、三维造形放疗及 X—刀治疗、广泛开展了显微外科手术、腹腔镜手术、血液透析治疗等，许多项目弥补了当地医疗技术的空白，在淮海经济区已初具影响力。

医院十分重视行风建设，始终坚持以病人为中心的办院宗旨，推行人性化的服务模式，不断优化人文环境，提倡和病人交朋友，开展了“三心”、“三爱”和“三零”活动，是全国百姓放心示范医院。

医院以社会需求、群众满意和自身发展需要为标准，在鼓楼医院专家技术品牌的全力支持下，用全新服务理念，精湛的医疗技术，努力打造服务品牌效应，全心全意为宿迁人民服务，鼓楼医院就在你身边。

宿迁市中医院

是市区唯一具有中西医结合特色的中医院，是宿迁市中医药事业医、教、研中心。是市区城镇职工医保和农村新型合作医疗定点单位。全院共有职工 260 人，其中高级职称 30 人，中级职称 102 人。设七个病区及一个多功能 ICU 病房，开放床位 210 张，正常开展颅脑、胸外、普外、泌尿、骨伤、妇产、微创、介入等大中型手术。骨伤科、肛肠科是医院的重点科室。为加快医院的发展，医院已在运河四号桥东首宿豫新区征地 80 亩，用于新院建设，新院由江苏省建筑设计院设计，并列入江苏省中医药局“十一五”重点规划建设单位和市、区政府为民办实事重点项目。新的医院总投资 1 亿元，总建筑面积 4 万平方米，床位 500 张，于 2007 年底竣工并交付使用。已成为宿迁市现代化、园林式、特色化的三级中医院。

肛肠科专家：王业皇，男，院内职务：宿迁市中医院肛肠科首席专家，主任医师，现任中华中医药学会肛肠分会副主委、世界中医药学会联合会肛肠专业委员会副会长、全国肛肠学术带头人，国家 135 医学重点学科带头人。曾被国家劳动人事部、总政治部授予“有突出贡献的中青年专家”称号，享受国务院政府特殊津贴。

先进设备：彩色多普勒扫描仪、B 超、300mAX 光机、尿液分析仪、X 光透视机、CT、胃肠、心电图等。

医院地址：江苏省宿迁市宿豫区衡山路 1 号。

沭阳县人民医院

成立于 1936 年，三级综合医院，是全县的医疗、预防、急救、教学、科研中心，江苏省人民医院医疗联合体，江苏省肿瘤医院医疗协作体，徐州医学院教学医院、东南大学附属中大医院、中华医学会苏北介入推广中心，沭阳县急救中心、中心血站设在医院。医院多次荣获省、市、县先进单位，文明单位，文明医院等称号。

医院占地面积 197.35 亩，建筑面积 15.5 万平方米，总投资 5 亿元，完全按照三级甲等医院、医学院附属医院标准设计建成。新院是个园林式、高新、专业、低碳、无烟、抗震能力最强的现代化医院，为患者提供宾馆式服务。医疗区采用经典的“王”字形布局，门诊、挂号、拿药、化验、检查、住院一条龙手续全在室内办理。设有 30 部电梯及 6 部自动扶梯，共设 32 个病区，开放 1260 张床位（实际可开放 1500 张），病房配有有线电视、程控电话、淋浴设施，病区配有节能环保的地源热泵中央空调系统，24 小时为患者提供冷热水。

门诊楼建筑面积 2.4 万 m^2，共 4 层，设有内科、外科、产科、妇科、眼科、口腔科、耳鼻喉科、皮肤科、疼痛科、感染科、中医科、康复科、预防保健科等 27 个科室，急诊、儿科、健康体检中心等为独立诊区。

医技楼建筑面积 1.8 万 m^2，共 4 层，设有中心实验室、影像科、功能科、病理科、24 间净化手术室等科室。

病房楼建筑面积 7.2 万 m^2，共 17 层，设有 24 个独立病区和 CCU（冠心病重症监护病房）、ICU（重症监护病房）、NICU（新生儿重症监护病房）、血液净化中心、消毒供应中心。

感染病楼建筑面积 5360m^2，共四层，集就诊、住院为一体，能承担全县及周边地区突发公共卫生事件，从根本上为政府解决了应对公共卫生事件及突发传染病流行的问题，很好地履行社会责任。

设备：配备国际最先进、全国县级医院唯一装机的 GE 宝石能谱二代动态 500 排螺旋 CT、国际最先进、国内首台装机

GE－HDi1.5T磁共振、数字平板血管造影机(DSA)、进口直线加速器、DR、意大利高频钼钨双靶X光乳腺机、体外循环机、心脏消融射频治疗仪、运动平板、动态心电图机、肌电图机、肺功能仪、主动脉球囊反博仪、呼吸睡眠监测仪、神经肌肉电生理检测仪、双导管碎石机及钬激光、超声乳化治疗仪、术中C型臂、双能X线骨密度检测仪、SD－Ⅱ妊高症预测分析系统、西门子细菌鉴定与药敏分析仪、美国强生干式生化分析仪、AB－X五分类血球计数仪、时间分辨荧光免疫分析仪、DX1800型全自动化学发光分析仪、LX－3000I型尿沉渣分析仪、美国16530－14型呼吸机、YH300A高频电刀、超声刀、飞利浦心脏彩超、实时四维产科彩超、阿洛卡心脏彩超、富士能电子胃镜、电子肠镜、电子十二指肠镜、电子支气管镜、纤维喉镜、纤维胆道镜、进口腹腔镜、宫腔镜、胸腔镜、关节镜、肿瘤免疫治疗系统、介入热疗机、放射性粒子计划系统、冷循环射频消融治疗机、体外高频热疗机、体腔灌注热疗机、计算机辅助电子扫描计划系统、制氧机等价值1.5亿元的大型尖端设备。

人才：全院职工1000余人，卫技人员806人，其中高级职称124人，中级职称240人，博士、硕士60人，已结业研究生50人，在读研究生52人，徐州医学院兼职副教授10人，兼职讲师15人，江苏省“333”高层次人才培养对象2人，宿迁市“优秀科技专家”1人，市“135”工程培养对象5人。今年来引进“双高”人员65人次，其中外籍专家2人、省级领军人才1人、市级6人、博士4人、硕士32人、主任医师9人、副主任医师34人。

实力：医院常规开展心血管造影及支架植入，心脏搭桥，体外循环下心脏直视手术，全脑血管造影及支架植入，脑肿瘤显微手术，胸腔镜手术，心脏双腔起博器植入，断指断肢再植，带血管骨瓣移植，骨关节置换，关节镜手术，腹腔镜下乳房肿块切除，腹腔镜下脾切除，腹腔镜下甲状腺，腹腔镜下结直肠癌根治，腹腔镜下肾上腺及肾切除，腹腔镜下全子宫切除术及盆腔淋巴结清除术，胰十二指肠癌根治，胃肠癌根治，肝癌、胆管癌根治，肾癌根治，肺癌、食管癌手术，泌尿系统碎石，宫腔镜手术，子宫、卵巢肿瘤宫腔淋巴附件清扫，鼻内窥镜手术，眼科白内障超声乳化术、眼底激光手术等。

全市首家远程会诊中心、脑病中心、苏北儿童医学中心、微创外科中心、血管外科中心、肝胆胰腺外科中心、心脏中心、肿瘤中心等八大中心是医院八大特色品牌，在苏北地区享有较高声誉。HDi1.5T磁共振成像系统

地址：江苏省宿迁市沭阳县迎宾大道9号。

沭阳县中医院

是国家三级乙等中医院，沭阳县肿瘤医院，沭阳县司法鉴定所。该院现有职工700人，卫技人员550人，其中高级职称36人，中级160人；临床科室40个，医疗科室28个；开放床位686张。医院占地面积2.5万平方米，拥有门诊楼、急诊楼、综合服务楼、新建的现代化十九层病房楼等医疗用房5.99万平方米。目前投资1.15亿元，建筑面积5.1万平方米的36层中医大厦正在建设中。

科室：沭阳县中医院正常开展肿瘤外科、胸外科、脑外科、泌尿外科、普外科、腔镜外科、骨科、烧伤整形科、骨感染科、心血管内科、神经内科、精神内科、消化内科、呼吸内科、血液内科、内分泌内科、肾内科、妇产科、急诊科、儿科、眼科、口腔科、耳鼻喉科、中医内科、肛肠科、针灸推拿科、皮肤科、男性科、不孕不育等科疾病的诊治。设有ICU(重症监护病房)、CCU(重症心脏监护病房)和NICU(新生儿重症监护病房)。

设备：沭阳县中医院拥有核磁共振、螺旋CT、大型C臂机、CR、数字胃肠机、直线加速器、实时动态三维彩色B超、电子胃肠镜、电子十二指肠镜、电子腹腔镜、关节镜、高压氧舱、血球计数仪、全自动呼吸机、麻醉机、全自动生化仪、血透机、微量元素检测仪等大中型仪器设备86台套。

理念：快速发展的沭阳县中医院，始终坚持以患者医疗需求为中心，把医院员工感受放首位的经营理念，将一如既往，以精湛的技术、先进的设备、温馨的环境，竭诚为广大患者提供优质高效的医疗服务！

全省二级医院选载

南　京　市

南京市市级机关医院

创建于1951年,至今已拥有62年的建院史,是南京机关直属公立医院。交通线路四通发达,通行便利。是一所集医疗、教学、科研、康复、保健为一体的国家机关直属公立医院,院内设有临床科室25个,医技科室15个,开展41个专业,14个实验室,9个诊疗中心,并有多项省级特色项目。

在硬件方面妇科斥巨资引进了"层流净化手术室、宫腹腔镜、奥洛克宫颈修复系统等几十种高精设备,软件方面由国务院特殊津贴妇科专家领衔的妇科专家团,在"计划生育、妇科炎症、宫颈疾病、不孕不育、妇科肿瘤及妇科整形"等妇科诊疗方面都取得了不俗的成绩。年门诊量达数万余人次,临床初诊与确诊率高达98.36%,开展各种微创手术近万次。曾受到中央电视台专题新闻报道。

南京机关医院,是江苏省内具有国际质量体系认证的专业综合性医院,南京市平价公认第一品牌。自建院以来便始终坚持以精湛的医术、高尚的医德真诚地为广大女性服务交通便利。医院从人性化服务的角度,另开设女性健康体检中心和男性门诊及其内外科。是南京市计划生育手术指定医院、是医院重点建设的核心专科,拥有在妇科治疗领域颇具影响,具有丰富临床经验的权威妇科专家组,具有国际国内领先水平的高科技妇科诊疗设备,拥有国内先进的手术室。医院现有中、高级职称医务人员百余人,对各种疾病能迅速诊断和治疗,同时开展妇科男科手术,专家团队、技术力量强,被评为"无痛人流万例手术无事故"先进团队,获得荣誉证书。

妇科特色南京机关医院妇科中心开设八大特色专科——妇科炎症、计划生育(人流)、宫颈疾病、卵巢疾病、乳腺疾病、女性性病、不孕不育、妇科整形。可开展各种计划生育手术(取、上环,人工流产,无痛人工流产,诊刮)、宫颈病变筛查及治疗(薄层细胞涂片,HPV-DNA二代杂交捕获检测,阴道镜,TCT、微波、奥洛克手术、LEEP刀宫颈锥切,宫颈微波治疗等)、宫腔镜检查及宫腔镜下部分手术等多项妇科诊疗技术,在宫颈癌及癌前病变的早期诊治中起到了积极的作用。南京机关医院是南京较早开展阴式子宫全切及妇科各种整复性手术的甲级医院之一,在妇科内分泌疾病、不孕不育诊治方面技术独到,遥遥领先!以无痛、微创、精准、无并发症深受业界同行高度赞誉和广大女性患者欢迎。以下特色诊疗技术获机关科技成果一等奖。

公益活动:南京机关医院作为江苏大型公立甲级医院,严格执行国家收费标准,杜绝诸如私立医院、诊所等随意抬高药品价格、乱收费、滥用药物等现象发生,平价不平质,全面保障患者权益。作为白求恩基金援助单位,南京医院妇科中心成立【白求恩基金意外怀孕援助基地】和【白求恩基金妇科疾病援助基地】。通过对南京女性各种妇科常见病、意外怀孕的长期援助,切实解决了"看病难、看病贵"的问题,使得在与其他公立医院相比,费用降低20%—50%,是女性就医的首选。

专家云集:南京机关医院妇科中心在江苏拥有一支老中青结合的、医术精湛、医德良好的医疗护理队伍,聘请"国务院特殊津贴获得者"何萃华教授、"中国妇科宫腔镜微创技术第一人"夏恩兰教授为顾问专家,以"计划生育万例手术无事故专家"张士香主任、"国家级宫颈资格权威认证"韩兵主任、江苏微创妇科带头人马迎春主任为学科带头人,对妇科常见病、多发病、疑难杂症诊治积累了过硬的专业技术水平和丰富的临床诊治经验,长期深入开展妇科学术研究和临床科研应用,将国际最新研究成果用于临床诊治,不断攻克妇科学领域难题,赢得了国内外业界同行及权威媒体的广泛报道和关注。

韩兵个人简介:南京机关医院妇科主任,毕业于于上海第二医科大学,1996年瑞士日内瓦州立医院进修。长期从事生殖内分泌专业,在不孕不育、复发流产及生殖领域微创手术(宫腔镜及腹腔镜)治疗方面积累了宝贵的经验。现担任中华医学会南京分会妇产科专业委员会常务委员,中华医学会南京分会妇科内窥镜学组组长,全国不孕不育杰出贡献奖获得者,国外医学妇产科分册编委,中国实用妇科与产科杂志编委,中国微创外科杂志编委。

中华医学会南京分会妇产科专业委员会常务委员,中华医学会南京分长期从事妇产科临床工作。

专业擅长

专业研究和诊治女性宫颈疾病、妇科炎症、内分泌疾病、月经不调、妇科肿瘤、乳腺疾病及妇科感染性疾病、多囊卵巢综合征等以及各种无痛人流术、女性不孕的诊疗。尤其擅长将妇科微创技术和我国传统医学相结合运用于临床诊治,疗效显著,在利用美国奥洛克LEEP刀治疗宫颈糜烂、宫颈肥大等方面有着很深的研究,已经获得国家宫颈资格认证书,能够让宫颈患者快速治愈,深受南京女性信赖与好评。

科研成果

曾多次带领中国妇产科专家团队赴欧美国家进行生殖医学方面的学术研讨和交流,发表20多篇学术论文,参与出版了《妇科内窥镜手术图谱》等书籍,并成为《中华现代临床医学杂志》、《中华现代妇产科学杂志》等杂志的重要撰写人。

张士香医师:南京机关医院妇科中心主任张士香,从事于妇产科临床诊疗工作30余年,多次赴北京、上海等地进修学习,具体深厚的理论基础和丰富的临床实践经验。曾获国家卫生部颁发“计划生育万例手术无事故医师”称号。崇高的医德,精湛的医术使张主任获得了良好的口碑,连年获省级“三八红旗手”荣誉称号。

专业擅长

擅长妇产科高危妊娠、女性生殖器肿瘤、月经失调、不孕不育症、宫颈糜烂、月经失调、功能性子宫出血、宫颈病变、子宫内膜异位症、绝经后出血等妇科疾病诊治,尤其是对意外怀孕、各种妇科常见病、宫颈疾病诊疗达到国内尖端水平。娴熟微创妇科专业各类手术操作,对数码凝固刀、数码LEEP(利普)刀、宫腹腔镜系统联合探查等手术精细快捷,深受患者信赖与好评,运用美国COOK导丝介入者,治愈千名不孕患者,被誉为“送子观音”。

科研成果

曾多次参加国内妇产科学术交流会及高峰论坛,2010年应邀参加世界内镜医师大会宣读相关科研论文获业界同行高度赞誉,参编《妇产科临床与研究》等国内医疗专刊杂志,于省级以上刊物发表学术论文数十篇,在国内微创妇科领域享有盛名!

何萃华

专家荣誉

★现任北南京机关医院特聘首席专家

★亚太助孕黄金组成员★华博亚太不孕不育研究院顾问

★中美STK生育技术研究组成员之一

★全国计划生育协会理事

★中国医科大学妇产科教授

★中国医科学院学术委员会计划生育专题委员会主任委员

★首批中国协和医科大学硕士生导师

★终生享有国务院颁发的医学专家特殊津贴

★中国首位将腔镜技术应用于不孕不育诊治的生殖医学专家

诊疗范围

具有50多年丰富的妇科科研、临床诊治经验。不孕不育症及习惯性流产的中西医结合治疗;不孕症的助孕技术,如取卵术、配子输卵管移植术、精子输卵管移植术、人工授精及习惯性流产、绝育术后腹痛等;在国内首先将腹腔镜技术用于妇科、计划生育及计划生育并发症之诊治。除诊治妇产科范畴疾病(如女性生殖道炎症、宫颈疾病、月经失调、盆腔肿块、异常妊娠、妇科疑难杂症等)外,还擅长不孕症及习惯性流产的中西医结合治疗。现任南京机关医院特骋首席专家。

南京机关医院特聘专家、全国计划生育协会理事、中国医科大学妇产科教授、中国医科学院学术委员会计划生育专题委员会主任委员。北京协和医院特需门诊妇科专家国家计划生育协会原理事,享受国务院“政府特殊津贴”。

1953年毕业于南京大学医学院,从事医疗、教学和科研60年。在国内于1979年率先将腹腔镜技术用于妇科及不孕症的治疗。

发表中英文论文60余篇,参加编写《急诊医学》一书获卫生部著作奖。十多次出国参加美国、泰国、菲律宾、新加坡等国的学术交流活动。获卫生部、中国科技委及中国医学科学院科技进步三等奖三次,国家计生委及北京市先进个人奖各一次,医疗成果二等奖一次。

师从我国妇产科学开拓者林巧稚教授;是中国协和医科大学首批硕士生导师;是我国率先将腹腔镜技术应用于不孕不育诊治的生殖医学专家;曾先后16次参加在美国、德国、日本等国召开的国际妇产科及生殖医学学术交流活动。

何萃华教授定期坐诊南京机关医院,为广大患者治疗不孕不育、妇科类疾病,精湛的医术、高尚的医德为广大患者带来福音。

医院率先引进国际大型尖端诊疗设备,凝聚高水平、高学历、经验丰富的妇科人才梯队,大力推进机关高新科研基地建设,国际前沿微创技术成果的临床应用,实现了妇科中心科研及临床诊治水平的跨越式发展,造就了【江苏妇科微创】领先强势学科!

医院妇科诊疗特色鲜明,享誉全国机关内外,年完成门诊量4万余人次,收治民、地患者35000余人次,临床康复病人高达数万,病人收治量每年以两位数的增长率持续递增,为保证地方基础医疗工作,组织重大战备医疗提供了坚实保障。

全球高端妇科治疗设备:法国电子数码阴道镜、新帕氏TCT宫颈癌前检测系统、奥洛克超导多弹头系统、数码电子宫腹腔镜、乳腺钼靶X光机。

★国际超标准层流净化手术室:空气洁净度高达99.98%,配备电动手术床、麻醉机、呼吸机、12孔冷光源无影灯、心电监护仪、高频电刀、腹腔镜等,无痛、微创的完成各种复杂的医疗手术,手术感染率降低为0。

★配套诊疗“装备”精良:南京唯一日本东芝全数字340彩超仪器、日本奥林帕斯高倍电子显微镜、全自动生化分析仪、血球计数仪、Hp呼吸测试仪、全自动血细胞分析仪、全自动生化分析仪、血凝仪、酶标仪、洗板机、细菌培养室、药敏试验室等。

其中,美国D-MIT数字化保宫无痛人流、美国奥洛克超导多弹头系统等部分国际前沿尖端诊疗设备,目前,全国仅有中国国家卫生部联合国家计生委、全国女性健康委员会、中国疾病预防控制中心等多家权威机构联合认证的少数具备专业认证资质的大型公立甲级以上医院方可开展。

耳鼻喉科室简介:南京机关医院耳鼻喉科的发展根据“合理利用资源、方便联系群众”的思想体系组建而成。2012年,科室发展又上了一个新台阶,在医院领导的重视下,引进了“美国光离子无创康复术”、“三镜合璧技术”、“多窦一清”技术、“激活免疫疗法”等国内先进的诊疗技术和设备,并聘请名医专家团队王健、梅维兵、尹中普等专家长期坐诊。医院门诊楼占地面积不大,病床仅50余张,但科室年门诊量达5000余人次,年收治病人近1800人次,年大型手术量近1500例,江苏省各县市及南京周边,滁州、马鞍山、合肥等外省患者也有慕名前来看病的患者。

耳鼻喉科名医坐诊医院的技术队伍少不了优秀的专业人才,南京机关医院耳鼻喉科室领导始终将人才培养与梯队建设列为长期的战略任务。医院常年邀请来自北京,上海知名专家教授常年会诊交流。医院耳鼻喉科主任－梅维兵,毕业于皖西医科大学研究生班,参加工作后就一直从事耳鼻喉临床研究工作,10年间先后被派到上海复旦大学附属耳鼻喉医院进修一年,后在广州、长沙,杭州等地方进行参观和学习交流。不仅开阔了眼界,拓展了知识面。在他不懈的带领下,通过在职培训、国内外进修与研究生培养三种途径,逐步形成一支年龄结构合理,梯次衔接紧密,综合素质较高的专业技术队伍。同时,医院拥有各类中高级专家10余人,王健、梅维兵等3人分别为副主任以上职称,汇聚了南京地区及周边不错的耳鼻喉科领域的诊疗力量。

王　健　副主任医师

毕业于昆明医学院,从事耳鼻喉——头颈外科临床工作26年,完成了几千例鼻内窥镜下筛窦、蝶窦、额窦等高难度鼻窦手术。从业至今频获殊荣,曾在国家权威刊物上发表多篇论文,多次参加全国性耳鼻咽喉——头颈外科学术会议,被广大患者誉为"最具有实力的耳鼻喉科专家",广受当地患者好评。他一直以"鼻炎"、"鼻窦炎"的微创治疗,低通气"阻塞性睡眠呼吸综合征"的研究(SOAS),慢性咽喉炎、耳鸣、突发性耳聋的诊疗为主攻方向,取得丰硕成果。同时,他在国内开展"FESS功能性鼻窦内窥镜技术"很有特色,建树颇丰。

对耳鼻喉科常见病和疑难病,如鼾症、过敏性鼻炎、鼻甲肥大、鼻窦炎、多发性鼻息肉、中耳炎、耳鸣等都有着独到的见解和治疗手段。他在继承传统的基础上,从美国引进最新的"光离子无创康复术",实现了"微创"到"无创"治疗的历史性跨越,代表了耳鼻喉头颈外科微创治疗的发展方向

梅维兵　耳鼻喉科主任

著名耳鼻喉康复专家,从事耳鼻喉临床工作多年。熟练开展头颈一颌面部、鼻部及鼻窦手术、外耳及中耳手术、口腔咽喉部及管食道异物手术。

【擅长领域】擅长中西医结合诊治耳鸣、耳聋、急慢性中耳炎、各类鼻炎及咽喉疾病,尤其擅长耳部疾病的治疗,采用先进的内窥镜等高技术准确定位耳部病灶,实现了耳鸣、耳聋、中耳炎等耳部疾病的精细化治疗,耳病康复速度比传统治疗方法搞出1－3成,治疗效果显著。他多次受邀参加"中华医学会耳鼻喉－头颈外科年会"、"国际耳鼻喉－头颈外科学术论坛"等国内大型耳鼻喉学术交流会议。被评为"2011年度江苏省耳鼻喉－头颈外科协会优秀青年医生"称号。擅长以"低温等离子微创技术"进行治疗。精通在鼻内窥镜下对各类耳鼻喉疾病的诊治。在耳鼻咽喉科疾病的诊治方面积累了丰富的经验,尤其在鼻炎、慢性咽炎和耳鸣的诊治上有较深的造诣。精确诊断,技术娴熟,疗效确切,在业内具有很高的声誉,得到患者的一致好评。

特色耳鼻喉疗法技术美国光离子40℃无创康复术——开辟鼻炎无创时代

【疗法综述】美国光离子40℃无创康复术是目前国际耳鼻喉治疗领域最先进的技术之一。该疗法利用低温等离子射频的能量,以较低的温度(40℃左右)来进行组织的切除,是目前治疗各种鼻炎最为快捷安全的微创治疗系统。

"激活免疫疗法"——"秒杀"过敏性鼻炎

"氩离子导入疗法"精确给药——全面治疗耳鸣

【疗法背景】"氩离子导入疗法"是我国耳鼻喉数十位权威专家,经过数十年的临床经验总结,结合耳鸣的分级标准,将耳鸣分为0－6级共7个等级。经过多年的临床实践证明,采用离子精确刺激耳穴,将药物精确送达病灶同时,激活耳部自身免疫组织,对耳鸣的治疗有极好的疗效。

"FESS多窦一清"技术——"扫净"鼻窦炎

1978年,Messerklinger医生首先详细论述了鼻内窥镜下鼻腔鼻窦的构造。1984年,Kennedy医生及其同事将功能性鼻窦内窥镜疗法的概念引进了美国。上世纪90年代初,鼻窦内窥镜治疗开始引入中国。目前,FESS(功能性内窥镜)微创技术已发展到非常成熟的阶段。并在镜下结合鼻窦微型动力系统,直接进入鼻腔内对鼻窦的病变组织进行治疗,清除病灶,使治疗达到更精细的效果。

医院地址:南京市玄武区龙蟠中路46号(华山饭店对面)

南京市玄武医院

是一家集医疗、教学、科研工作于一体的综合性医院,是南京市中医药大学的第二教室,担任着高等医学院校和国际针灸班的实习教学任务,江苏省中西医结合乳房病研究中心就设在我院,四年来被江苏省授为"爱婴医院"。

全院临床科医生中,南京市名中医1人,副高级职称以上人员29人,主治医师48人,本科学历人员46人。

医院与市三级医院和军区总医院建立了经常性业务关系,与鼓楼医院成立了"联合骨科病区"、设立了多个专家门诊,并建立了来院会诊、手术和接受特殊送检验等方便的业务网络。

眼科被市卫生局列为市二级医院的重点专科,其技术水平和专科设备居同级医院的首位;骨科7年来共收治病人2000多人次,其中髂部骨折386人,尤其是粗隆间骨折和股骨颈骨折的牵引治疗术,其效果已达到南京市领先水平;我院以40万元购置了美国先进的设备,开展腹腔镜手术治疗胆囊炎和胆石症以及在妇科手术中的应用,在4年中已使500例病人解除了痛苦;又斥资10万元购置了气化电切镜,以不开刀的方式治疗前列腺疾病,通过几十例术后病人的观察,效果很好。

医院还进行了全面的房屋改造,每个病房都安装了空调,并使每个病房都用上全新的多功能床。

3年多来,医院建立了社区医疗服务网络,深入居民区进行人户调查,为他们建立了健康档案,实行防、治、保、康、健教和计划生育六位一体的综合服务,对入网的居民定期上门体检和健康咨询,提供连续快捷的医疗服务,同时康复病区为病人提供医老、托老、康复、送老服务。

设备:医院改善了硬件设施,添置了高压氧舱、价值60万元的进口彩色B超、纤维胃镜、快速血气分析、24小时动态心电图分析系统、24小时动态血压分析系统、双维骨密度仪、脑地形图及具有全市领先水平的眼底照相仪等设备,大大提高

了诊断治疗水平。

地址:南京市杨将军巷21号。

南京市红十字医院

始建于1946年,是建国前南京市唯一面向广大平民的免费医疗机构,门诊量仅次于当时的中央医院,名列全市第二。医院职工400余名,其中中高级职称医师185名。分设内科、外科、骨科、妇产科、肿瘤科、耳鼻喉科等6个病区,核定床位255张,临床医技科室36个。医院坐落在南京繁华的白下路上,南邻国家5A级旅游风景区—夫子庙秦淮风光带,占地面积18100平方米,建筑面积28700平方米。

1997年被命名为中国红十字会总会南京医院。

2002年被确定为南京市惠民医院,也是全国首家惠民医院。通过几代红十字人的奋发努力,医院现已发展成为一所集医疗、教学、科研、预防、保健为一体的综合性医院,承担着白下区及周边居民和全市13万低保人群的医疗保健任务。拥有西门子—秒环保型螺旋CT、日立1000毫安数字胃肠机、计算机间像成像系统(CR)、计算机直接成像系统(DR)、美国苏法莫椎间盘镜手术系统、超声刀治疗仪、光动力治疗仪、阿洛卡彩超及全自动生化分析仪、德国storz内窥镜、美国DNR等离子综合治疗系统、美国xomed鼻窦钻介入系统仪等进口先进设备20余台(套)。另外,医院投资80余万元升级了医院管理信息系统(HIS),目前,人事、财务、药品、物价和医保等全面实行高效的微机化管理。

60多年来,医院遵循“服务社会、博爱人群”的红十字宗旨,秉承“惠民、为民、便民、利民”的光荣传统,三个文明建设取得了显著成绩。医院连续14年荣获“江苏省文明单位”称号,2006年又荣获“全国基层先进工会组织”和“江苏省级人民最信赖的十佳医院”称号。现为南京市“十佳医院”和“文明卫生行业示范单位”。同时是南京中医药大学实习医院、江苏职工医科大学教学医院。还常年接收南京中医药大学国际针灸班的外籍学员临床实习。

重点科室:耳鼻喉科简介耳鼻咽喉治疗科室是南京红十字医院的重点临床科室之一,科室以高科技医疗技术为依托、高质量专业服务为目标,引进德国STORZ鼻内窥镜、美国等离子消融手术系统、纳米红光治疗仪、纤维喉镜等先进诊疗设备,拥有专业的耳鼻喉医师和聘请在全国各地大型综合性三级甲等医院工作多年的临床经验十分丰富的医师队伍,治疗鼻炎、鼻窦炎、鼻息肉、鼻中隔偏曲、腺样体肥大、慢性扁桃体炎、声带息肉、声带小结、鼾症(打呼噜)、中耳炎以及开展一系列针对不同年龄段的咽喉科疾病的诊疗。特别擅长等离子技术治疗过单纯性鼻炎、肥厚性鼻炎、过敏性鼻炎和窥镜下治疗鼻窦炎鼻息肉等。由于医术高超,服务优质,不少国内外患者慕名前来!

自成为南京市惠民医院以来,廉价、优质、安全、高效的医疗服务赢得了广大群众的信赖和赞扬,被社会誉为“老百姓自己的医院”。医院年门诊量达42万人次,住院收治6000人次。其创立的惠民医疗“南京模式”不仅在全国各地得到了广泛复制,还率先实现了从“惠民医疗”向“慈善医疗”的历史性跨越,为新医改提出的“实现医疗公平”提供了可鉴之路。

耳鼻喉专家简介

庄丽萍,从事耳鼻喉临床工作近30年,经验丰富,擅长耳鼻喉病症的诊断与治疗,多次被省医师协会评为“省级技术能手”。多次受邀参加中华医学会年会、中国耳鼻喉学术研究会等国内大型耳鼻喉研究会议。曾在各种报刊发表学术论文多篇,与人合著有《五官疾病诊断概要》、《鼻与窦腔手术大全》等书。多年来,注重德艺双修,以其精湛的技术和高尚的医德赢得了同行的认同及患者的赞扬。

荣誉成就:

南京市红十字医院耳鼻喉科科主任

中国女医师协会会员

江苏省耳鼻咽喉头颈外科学会副主任委员

中华耳鼻喉协会委员

多次被省医师协会评为“省级技术能手”

多次获耳鼻喉临床医学个人进步奖

专业擅长:从事耳鼻喉疾病临床工作近30年,拥有丰富的一线临床诊疗和实践经验,熟知国内外耳鼻喉领域的最新诊疗技术,在鼻科疾病的研治方面成绩卓越,尤其擅长鼻窦炎、鼻息肉、鼻中隔偏曲矫正术等鼻科疾病,同时在耳聋耳鸣、咽喉炎等疾病的防治方面有深入的研究。近30年来,庄主任以其轻柔的手法和高度的责任心得到了广大患者的认可与好评。

耳鼻喉专家　肖锦亮

肖锦亮,南京红十字医院耳鼻喉科主任,毕业于第一军医大学,原上海医学研究中心客座教授。从事耳科临床医疗、教学和研究工作40余年,工作重点在中耳炎、耳鸣耳聋、外耳道炎有关耳科的应用基础医学研究及临床研究。临床经验丰富,能熟练使用国际最新耳科科研技术“康乐TTS/DTS耳鸣耳聋系统疗法”对耳鸣耳聋患者进行高效治疗,特别擅长耳鸣耳聋和中耳炎、外耳道炎等耳部疾病的临床诊治。多次参与国家级、省级医学技术研究与开发,主持及参加多项耳鸣耳聋的损伤及防治机理等相关课题的研究。

荣誉成就:

多次获省级“先进工作者”称号

荣获当代医学界杰出贡献奖

获得多项省级科技成果奖

国内耳鸣耳聋诊疗科研进步奖

专业擅长:多年专职于耳科的临床工作和科学研究,在耳部疾病上有其独到的见解,尤其在耳部疾病的防治及技术研发方面造诣深厚,目前主要研究重点围绕听觉与前庭系统相关的生理与病理研究,擅长耳鸣耳聋、中耳炎、外耳道炎及耳科疾病的临床诊治,运用康乐TTS耳鸣耳聋系统疗法治疗耳鸣耳聋等疾病成就突出。目前,已成功治疗数千名患者,得到病患的高度赞誉以及医院领导、业界同行的高度肯定。

从医名言:以永不满足的进取精神书写一位有志学者的奋斗历程,以精诚为医的博大情怀帮助更多患者重返健康。

权威技术简介

“DNR低温等离子消融术”治疗鼻炎一“点”就通

南京市红十字医院耳鼻喉医院鼻内窥镜下“DNR低温等离子消融术”,是医生在鼻内窥镜全程电视屏幕监控下,将等离子直径只有2.7-4.0mm的治疗头置于鼻腔和鼻道内等患处,然后直接利用美国低温等离子来进行组织消融,清除患者鼻咽部水肿、促进微循环、加快分泌物的排泄和黏膜的修复,使患者鼻咽部粘膜和结构恢复常态,消除打喷嚏、流鼻涕、鼻痒等症状。具有安全、无痛、等效果。

康乐 TTS 耳鸣系统疗法开创中西结合快速止鸣新时代

南京红十字耳鼻喉医院采用的“康乐 TTS”耳鸣系统疗法结合现代医学与古代名医治疗耳病的精华,经过归纳和总结,在传统的祖方上加以改进(康乐活穴通耳疗法、康乐药物灵耳疗法、康乐针灸通络疗法等中医特效疗法),同时结合丹麦厄勒耳病研究中心研发的“康乐 TTS”耳鸣系统疗法双效合一的方式,分三步“激活、修复、再生”耳神经(通过生物电传导,直接作用于耳神经,使其因听觉系统异常兴奋,引起的放电得到快速恢复),从而迅速修复受损耳蜗内毛细胞组织。改善病灶血液微循环,增加血液供氧量,促进耳蜗内毛细胞再生,使损伤的耳蜗内毛细胞功能得以修复。快速彻底去除耳鸣。该系统疗法具有活血化瘀、消肿散结、祛腐生肌、促生鼓膜,扩张软化血管、改善心脑供血,促进耳脉耳络畅通、芳香通窍、促进坏死神经细胞再生、消除耳鸣、恢复听力等功效,针对性治疗各种耳病。

新一代“YeFine 技术” 治疗慢性咽炎“一步到位” 南京红十字耳鼻喉医院的“YeFine 技术”针对不同病情的咽炎患者,通过不同形式,直接作用在病灶部位进行杀菌、消炎,结合德国 STORZ 内窥镜、日本奥林巴斯纤维喉镜系统,高清、精准清除病灶组织,使其恢复正常屏障作用。且正常的组织结构得以保留,生理功能不会遭受破坏。治疗具有针对性,时间短、安全性高、术中无痛苦,术后无并发症及不住院。国内外专家一致认为,“YeFine 技术”真正做到了彻底有效的治疗慢性咽炎,达到治疗一步到位的目的,是目前慢性咽炎患者的最佳选择。

CZB 聚焦超声技术无创治疗过敏性鼻炎疗效好 南京红十字耳鼻喉医院“CZB 聚焦超声技术”是在德国 STORZ 鼻内窥镜的直视下,通过聚焦超声的热效应、机械效应和空化效应,使焦点处组织凝固性坏死,从而降低鼻粘膜下血管、神经和腺样对过敏性炎症介质刺激的反应性,减少鼻腔通气阻力;选择性破坏鼻腔副交感神经纤维的作用,从而减轻临床症状,达到治疗过敏性鼻炎的目的。

“三镜合璧技术”治打呼噜的金牌技术 南京红十字耳鼻喉医院在吸取多种传统治疗鼾症(打呼噜)方法优缺点的基础上,南京市红十字医院不惜重金从美国引进了“三镜合璧技术”。这种国际上最先进的技术,是目前治疗鼾症(打呼噜)疗效最明显,也是治疗鼾症(打呼噜)最为安全的疗法。“三镜合璧技术”是在鼻内窥镜下,运用从国外引进的等离子低温消融系统,瞬间对引起鼾症(打呼噜)的增生组织进行消融,可保持局部黏膜组织结构的安全性,并能有效减轻术后水肿与疼痛。消融时间很短,约 20 多分钟,术后症状即得到缓解,一般术后不会再复发,可有效治疗鼾症(打呼噜)。

“精准定位窦通技术”带动治疗鼻窦炎“新时代” 南京红十字耳鼻喉医院定位窦通技术凭借着内窥镜 500 倍高清成像图显示,利用国际顶尖的精准定位导航系统可精确锁定细小病灶,将其彻底清除:开放筛窦,扩大上颌窦开口和蝶窦开口,清理额隐窝,开放额窦开口,使筛窦术腔与额窦、上颌窦、蝶窦和中鼻道形成一个开放的窦口—鼻道复合体通气引流系统,保留鼻腔、鼻窦粘膜及中鼻甲,如此可以长期改善鼻腔、鼻窦通气引流和纤毛传输,促使鼻腔、鼻窦病变自行恢复。在精确的去除病变组织的基础上,重建和恢复鼻腔鼻窦的通气和粘膜纤毛的功能。

鼓室成型术高效治疗中耳炎重建健康听力 南京市红十字医院耳鼻喉医院率先采用国际先进的“鼓室成型术”,结合多年丰富的临床经验,彻底根除中耳炎等耳科疾病——鼓室成形术是一种可以高效治疗中耳病灶和重建鼓室传音结构的手术,目的是清除病灶,并修复鼓膜及重建听骨链,以达到提高听力的目的。

AGP 净清技术治疗鼻息肉不复发 南京市红十字医院耳鼻喉医院采用的 AGP 净清技术在德国超级疝灯内窥镜良好的照明功能之下,直接找到病变部位及其周围的隐蔽部位,然后在强劲的多功能动力系统指控下,彻底快速摘除鼻息肉,同时全面疏通病灶相连的部位,歼灭病灶组织。

先进设备

德国 WOLF 内窥镜系统　产地:德国

适应病种:鼻息肉、鼻窦炎、过敏性鼻炎、肥大性鼻炎、声带息肉、小肿瘤、扁桃体切除、软腭松弛、咽后壁淋巴滤泡、副鼻窦炎以及鼻腔囊肿等疾病的诊断及治疗。南京红十字会医院耳鼻喉诊疗中心引进的德国 WOLF 鼻内窥镜成像摄像系统对鼻窦炎,能有效治疗鼻窦炎,是国际最为尖端的一种全新微创技术,高亮度和 500 倍的放大倍率,可准确查明病变情况,并可更快更准的引导进行微创手术,对周围组织损伤小,在门诊即可治疗,尤其是对慢性单纯性鼻炎、慢性肥厚性鼻炎、鼻窦炎、过敏性合并有鼻塞的鼻炎以及鼻息肉等鼻内疾病,效果更佳,立竿见影,具有微创无痛、无创伤、出血少、安全彻底等特点,非常适合繁忙的商务人士和在校学生。

鼻内窥镜微创治疗系统　产地:德国

适应病种:鼻窦炎、鼻中隔偏曲、鼻息肉鼻内窥镜微创治系统是南京红十字会医院引进的又一大力作。系统采用国际先进的冷光内窥设备,20 倍高亮度显示,在影像监视下清晰操作,彻底清除病变组织,尽量保留鼻腔的正常形态,结构和机能,达到功能治愈的目的。几毫米大小的微创小孔,在彻底清除病灶的基础上,保留病灶部位的正常结构,可真正做到无痛、微创、痊愈快、不复发、疗效彻底。

荷兰飞利浦双层 CT　产地:荷兰

适应病种:副鼻窦炎、中耳内耳及乳突、颈喉部疾病南京红十字耳鼻喉医院斥巨资引进荷兰飞利浦高科技产品——螺旋 CT 机,是目前世界上最先进的 CT 设备之一,其扫描速度快,分辨率高,图像质量优。任意间隔、任意平面重建,能发现更多由于部分容积效应而有可能遗漏的小病灶;在任何扫描部位重建出高质量的三维图像和血管造影图像。能发现小于几毫米的病变,如副鼻窦炎、垂体微腺瘤及小动脉瘤等,可行多种三维成像,如多层面重建、CT 血管造影、器官表面重建及仿真肠道、气管、血管内窥镜检查。可进行实时透镜下的 CT 导引穿刺活检,能进行全身各部检查,时间短、高清晰、精确监测、被称为医学界的“火眼金睛”。

日本奥林巴斯纤维喉镜　产地:日本

适应病种:鼻咽喉部位(包括其他器械无法达到的部位)息肉、小结、异物、肿瘤等进行精确检查、取活检、准确诊断及进行手术。为了向耳鼻咽喉疾病患者提供更准确、更舒适的检查和治疗,南京红十字会医院斥巨资引进日本奥林巴斯纤维鼻咽喉镜。纤维鼻咽喉镜由冷光源照明系统、显像系统、手术系统组成,是目前耳鼻咽喉科应用最广泛的导光纤维内窥镜。耳鼻喉科最先进、应用最广泛的导光纤维内窥镜,纤维鼻咽喉镜由冷光源照明系统、显像系统、手术系统组成,具有镜体柔软、光亮度强、视野清晰、放大倍率可控,让患者痛苦小、恶心反应轻。

德国蔡司手术显微镜　产地:德国

适应病种:鼻窦炎、鼻息肉、鼻中隔偏曲德国蔡司手术显微镜采用高分辨率、高清晰度光学系统和显像系统,可对病灶组织放大6~400倍进行观察,用于对微小部位的微创手术操作进行导航。运用冷光源双光纤同轴照明,视场亮度好;立体感强、视野清晰;有直接目视功能;独有的XY弧面运动机构和功能齐全的豪华型机架,可任意角度、位置观察。手术医师在清的视野下对微小的病灶开展精细的显微手术,精确。

丹麦 madsen 听力系统　产地:丹麦

适应病种:各种人群的听阈测定、功能性耳聋与器质性耳聋的鉴别、耳蜗及蜗后病变的鉴别、听神经瘤及某些中枢病变的定位诊断。丹麦 madsen 听力系统隔离效果一流的测听室和灵敏度极高的电测听仪组成的丹麦 Madsen 纯音电子测听系统。能准确娴熟的完成各种听力检测仪的操作,能参与不同程度的听力损害进行诊断,并根据听力损失程度进行治疗。纯音、灵敏、准确测听。是目前诊断耳聋、听神经瘤等疾病最精确的方法之一。

DNR 低温等离子消融系统　产地:美国

适应病种:急慢性鼻炎、鼻甲肥大,腺样体肥大症等疾病“DNR 低温等离子消融术”是依据美国最新科技开发出来的目前最先进的医疗仪器,也是最新的第四代物理治疗技术,由于其临床表现突出,在美国本土及欧洲等发达国家都已全面代替了开刀,激光,微波等传统治疗,医学界专家一致认为数字化等离子治疗技术,代表了当今的最高水平。

细胞治疗中心:位于医院门诊二楼,是医院重点建设学科,中心整体医疗技术、科研水平在国内极具优势,是国内较早从事干细胞临床研究的单位。细胞治疗中心实验室,是省内规模较大的、高标准的 GMP 综合性实验室,目前主要开展间充质干细胞和 DC-CIK 细胞的临床治疗应用和分子生物学研究等,配备了细胞治疗所用的最新一代流式细胞仪、电泳仪、PCR 仪及美国进口恒温离心机、荧光显微镜和倒置显微镜、低温冰箱、CO2 培养箱以及治疗所用的各种医疗器械等。治疗中心在细胞临床技术领域取得多项重大突破,目前,干细胞技术已经成功帮助了众多患者获得康复。

中心细胞治疗技术,是将干细胞和免疫细胞移植治疗领域由血液系统疾病拓宽到非血液系统疾病,在国内乃至国际属先进水平。中心开展的细胞治疗,细胞来源于患者自体,不存在排异反应,手术安全性高,患者耐受治疗,易于接受,其真正价值在于挽救患者生命并改善生存质量。

医院地址:南京市白下区白下路 242 号

南京市秦淮医院

始建于 1950 年,是一所二级综合医院。

医院现有职工 240 人,其中卫技人员 1% 人,副高职称以上 17 人。医院临床科室 15 个,医技科室 7 个,特色专科门诊 9 个,病区 3 个,病床 152 张。

产科被南京市卫生局列为重点专科,负责早孕建卡、孕期保健、正常接产以及各种难产处理和产后保健服务等,妇科开展各种疑难杂病的治疗,血液净化(透析)治疗中心始建于 1989 年,十多年来,治疗了众多尿毒症、肾功能衰竭病人,1998 年被南京市总工会推出为 “血透扶贫 ’’工程,目前,医院已成为南京市职工扶贫血透中心、南京市总工会慈善医疗门诊部,为特困企业职工和下岗职工中需做血液透析的病人减免 25% 的医疗费用。

特色专科开展了糖尿病血管病变,肿瘤、心脑血管病变、神经系统疾病,乳腺病、OK 镜近视矫正、疼痛治疗等。

南京市建邺医院

是 1996 年 8 月由原建邺区医院和原建邺区南湖医院合并而成,是一所组织严密、功能齐全的二级医院,医院全称为“南京市建邺医院”。包括:丰富路部(丰富路 27 号)、南湖部(南湖路 7 号)、茶南、南苑、兴达、所街等社区卫生服务站;建邺医院占地面积 11200 平方米,建筑面积 11000 平方米。具有内科、外科、妇科、老年科(含临终关怀)病区、共有床位 210 张,临床、医技科室 30 余个和近 10 个具有一定特长的专科。全院在职职工近 400 人,其中本科、大专以上学历人员占 70%,高中级医师 140 余人。全年接待门急诊病人约 29 万人次,收治住院病人约 3000 人次。

目前两部门诊开设:内科、外科、妇科、儿科、耳鼻喉科、眼科、口腔科、中医科、针灸科、皮肤科、理疗科、安怀病房等。特色专科门诊有:儿科主任门诊、骨伤科门诊、泌尿科、肛肠科、骨外科、妇科等。

为了适应社会主义经济体制和医疗保障制度改革的需要,近 1 年来医院深化改革,积极发展社区卫生服务,目前已开设《社区卫生服务站》网点 4 个(茶南、南苑、兴达、所街);流动社区卫生服务站 6 个(陆家巷、朝天宫、国泰民安、文体西村、玉塘村、茶亭村),各社区卫生站实行电话预约上门服务,初步形成了医院社区卫生服务网络。

大型设备有:全自动生化分析仪、血球计数仪、500mA 遥控 X 线机、C 臂机、隔室透视、经颅彩色多谱勒、多导联心电图、24 小时动态心电图检查仪、24 小时动态血压检查仪、彩色 B 超、多谱勒超声心动图、电视胃镜、多参数监护仪、多功能麻醉机等等。

南京市第三医院

南京市第三医院(原南京铁路分局中心医院)

院长姓名:徐广宁

总病床数:314 张

日门诊量:442

详细地址:南京市中山北路262号

其它科室:

内科、外科、妇产科、儿科、传染科、肿瘤科、老年干部科、急诊科、麻醉科及门诊部的五官科、口腔科、中医科、皮肤科、职业病室和精神病室等15个科室;

医院简介

南京市第三医院是一所防治结合,融医、教、研为一体的综合性二级医院。1992年经省教委批准列为南京铁道医学院教学医院,1996年授名为南昌铁路卫生学校教学医院,2000年授名为东南大学医学院教学医院,国家级爱婴医院,2002年授名为南京市医保定点单位,2003年授名为江苏省(离休干部)医保定点医院。

专家推荐

内科

庄建平,副院长,副主任医师(周二上午门诊),南京市中西医结合心血管学会会员。擅长治疗冠心病、心肌梗塞、心律失常、高血压、心力衰竭等心血管疾病。

杨文东,内科主任,副主任医师(周三上午门诊),南京市"十佳医生"、铁道部先进女职工、先进科技工作者。擅长慢性支气管炎、肺气肿、咯血、哮喘等呼吸系统疾病的诊治及纤维支气管镜操作。

李　彤,内科副主任,副主任医师(周一上午门诊),擅长支气管哮喘、自发性气胸、慢性支气管炎、慢性阻塞性肺气肿等呼吸系统疾病的诊治及纤维支气管镜操作。

叶　红,副主任医师(周二、四上午),擅长各类肾小球疾病、尿路感染、糖尿病肾病、慢性肾衰等肾脏病的诊治及血液透析治疗。

外科

徐广宁,院长,副主任医师(周四下午门诊),江苏省中西医结合泌尿肾科专业委员会副主任委员,擅长诊治泌尿外科系统疾病。

马永杰,外科主任,副主任医师(周一上午门诊)。擅长高血压脑出血、颅脑损伤、颅内肿瘤等疾病的外科治疗。

蔡公裘,副主任医师(周二上午门诊)。擅长食管癌、贲门癌根治术、肺切除、胆囊胆道手术、胃脾切除术等。

王　杰,副主任医师(周三上午门诊)。擅长胸外科。

于　晨,副主任医师(周四上午门诊)。擅长四肢骨创伤等骨科疾病。

妇产科

陈　健,妇产科主任,副主任医师(周二、四上午门诊),擅长诊治高危妊娠、妇科肿瘤及中西医结合治疗多种妇科炎症。

儿科

吴红梅:门诊部主任,副主任医师(周三上午门诊),擅长诊治小儿呼吸系统疾病,对小儿支气管哮喘、小儿伤寒的诊治积累了丰富的临床经验。

肿瘤科

林　岩,肿瘤科主任,副主任医师(周三上午门诊),擅长各类肿瘤的化疗及综合治疗。

中医科

施　慧,副主任医师(周一、三、五上午门诊),江苏省中西医学会委员,擅长中医治疗老年病、心血管病、骨与关节疾病等。

传染科

周柏瑞,感染科主任,副主任医师(周一、三上午门诊),擅长诊治各类肺病及多重耐药的肺结核等呼吸系统疾病。

南京市下关医院

南京市下关医院(中大医院下关分院)为一所二级综合性医院,临床科室有:内科、外科、妇产科、儿科、社区卫生服务科、急诊科、口腔科、眼科、耳鼻喉科、中医科、皮肤科、激光科、家庭病床科等;其中妇产科被确定为南京市区级医学重点专科;外科是下关医院的重点科室,开展胸科、骨科、泌尿、普外、肝胆等专业的手术;泌尿科开展气化术治疗前列腺肥大。

南京市浦口医院

是政府举办的全民事业非营利性医疗机构,始建于1949年6月,经过60多年发展,现已成为一所集医疗、科研、教学、预防、康复、保健为一体的二级综合性医院。医院坐落于南京长江大桥北端泰山片区,总占地面积21亩,现有在职职工421人,其中,高级职称27人,中级职称116人。2011年7月份,由区委区政府投资1.2亿元新建的13层病房综合大楼正式启用,目前,开放床位323张,开设普内科、神经内科、普外科、骨外科、脑外科、手外科、妇产科、儿科、皮肤科、口腔科、眼耳鼻喉科等26个临床科室。拥有螺旋CT机、电子胃肠镜、腹腔镜、骨密度仪、彩色多普勒超声检查仪、尿沉渣仪、全自动生化分析仪、DR、CR、Leep刀、宫腔镜、阴道镜等一系列大型医疗检查设备。此外,医院专门设有急救分站,直接加入南京市急救中心调度行列。2009年,医院年住院量5623人次、门诊量18.7万人次;2010年,住院量7245人次、门诊量25万人次。2011年,住院量8785人次、门诊量30.3万人次。2006年、2010年消化内科、手外科分别被评为南京市临床医学重点专科;2009年,ICU室成功通过南京市首批重症医学科验收(江北首家),并先后挂牌南京市妇幼保健院江北分院、南京市儿童医院江北分院;2010年,与南京市脑科医院成立联合脑外科,与南京市口腔医院进行口腔科共建,市级专家常年在院坐诊、查房、手术。2012年6月,医院妇产科、儿科、ICU、手外科、神经内科5个科室被确认为南京医学重点专科。

南京市栖霞区迈皋桥医院

创建于1949年,是一家集医疗、预防、保健、教学、科研和培训为一体的综合性二级医疗机构,1997年被市卫生局命名为:南京卫生学校附属医院和国家级的爱婴医院,2000年又增挂了"栖霞区中医骨伤专科医院"牌子,2001年成为市首批医保定点医院,先后获省"公众满意形象单位"、市"文明单位"、花园式医院、三信三优单位等荣誉称号,2003年度又荣获省级文明单位和南京市"十佳医院"称号。承担着百姓的医疗保健需求和政府主管部门交办的各项卫生工作任务。

迈皋桥医院微创中心颈/腰椎间盘突出症、下肢静脉曲张专家门诊是医院重点建设学科之一，中心拥有病床100多张，汇聚多名微创专家，配备进口螺旋CT、三维/四维彩超、C型臂导航定位系统、高功率半导体球形激光治疗系统等超微创诊疗设备，为椎间盘突出症、下肢静脉曲张临床诊断和治疗提供了科学的保障。是技术力量较为雄厚并具有一定影响的椎间盘突出症、下肢静脉曲张微创诊疗专业。

肛肠中心专家王业皇，男，院内职务：南京迈皋桥医院肛肠中心首席专家，主任医师，现任中华中医药学会肛肠分会副主委、世界中医药学会联合会肛肠专业委员会副会长、全国肛肠学术带头人，国家135医学重点学科带头人。曾被国家劳动人事部、总政治部授予“有突出贡献的中青年专家”称号，享受国务院政府特殊津贴。

特色先进设备

超微创治疗是一项科技含量很高的先进性技术，和传统手术方法相比，S-PLDD、S-EVLT治疗技术可以说把治疗创伤降到了最低点，具有不开刀、安全快捷、住院时间短、恢复快、术后美观无疤痕、一次性治疗颈椎、腰椎间盘突出症、下肢静脉曲张，而且还能让有些不能进行全身麻醉的心脏病、糖尿病等患者也能接受该技术治疗。迈皋桥医院微创中心在江苏省率先引进的S-PLDD、S-EVLT技术，标志着迈皋桥医院在治疗颈椎、腰椎间盘突出症、下肢静脉曲张技术上已达到国际先进，国内领先的水平。

星级酒店式环境

医院建筑面积三千多平方米按星级酒店式标准装修内设中高档病房家庭式病房开放床位50张院内环境和谐高雅绿意盎然宾馆式病房舒适温馨幽雅宁静。全程导诊，温馨病房，重顾客的知情权和隐私权，让顾客真正感受家庭式护理，人性化服务！

医院文化目标：推行以人为本的目标化管理，实施医院医、教、研全面稳定持续发展，全力发展肛肠医学，建成面向全国的肛肠医院集团。院训：敬业、务实、团结、创新

追求：专业特长、管理先进、人才一流、技术领先、服务优秀核心价值观：关爱生命，病人至上，创造全心全意为全民健康的医院文化

准则：一切以病人为中心

理念：真诚，求精。医院对社会的责任是力争用最好的服务为病人解除病痛；员工对医院的责任是爱院如家，爱岗敬业；各科室之间和每位员工以医院的目标为己任。

就医环境：让病人感受我们先进的文化、优质的服务、精湛的技术、现代化的管理。

智能化、自动化、现代化的洁净手术室，配以完善的管理、规范的标识、明快的色彩和线条、配套的装饰，给患者一个现代化的、整洁温馨的家的感觉。

医院地址：南京市栖霞区和燕路290号(迈皋桥地铁旁)

南京市栖霞区医院

建于1950年，是一所综合性二级医院和国家级爱婴医院。现有栖霞和尧化两个院区，在职职工301人，其中卫技人员245人，高级职称27人，中级职称88人；设有内、外、妇产、儿、骨、眼、耳鼻喉、防保、口腔、中医、康复、皮肤、碎石、急诊等28个临床医技科室，床位220张；常年开设心血管科、神经内科、消化科、泌尿外科及颈肩腰腿痛、关节病、高血压、胆石症、宫颈病、脑血管病等专科专病及专家门诊；承担着约30万人的医疗、预防、保健、康复、计划生育、健康教育等任务。医院以外科微创化、内科有创化、医技临床化发展着，拥有GE螺旋CT机、麦迪逊彩超仪、艾克松腹腔镜、前列腺电切镜、关节镜、奥林巴斯电子胃肠镜、电子阴道镜、华莱士LEEP刀、全自动生化分析仪、血球计数仪、24小时动态心电图仪、碎石机、免疫发光仪等大中型设备98件。2003年在南京率先实行药房托管，2006年底率先在全市完成了药房托管的信息化管理，结合综合目标责任制考评办法和药房托管综合评价体系的考核，实现了药房托管长效管理，实现了管理的系统化和科学化，又实现了用药的透明化，达到了市委提出的“防腐、增效、惠民”的目标。

管理年活动，医院业务快速发展，年门诊量28万人次，年住院4000人次，连续3年在全市综合性医院中实现每门诊费用、每门诊药费、每住院费用、每住院药费、单张处方值、药占比6个最低！

栖霞区医院始终以科学严谨的态度，求真务实的作风，围绕“一切以病人为中心”的服务宗旨，2007年在世界急救日之际在上级的关心下又开通了南京120栖霞区医院急救分站，完善了栖霞急救网络体系建设，缓解了栖霞东片急救转运难，医院正在依托医疗不断完善和扩大康复护理中心的规模，对需康复和养老的群众提供优质服务。

先进设备：拥有GE螺旋CT机、麦迪逊彩超仪、艾克松腹腔镜、前列腺电切镜、关节镜、奥林巴斯电子胃肠镜、电子阴道镜、华莱士LEEP刀、全自动生化分析仪、血球计数仪、24小时动态心电图仪、碎石机、免疫发光仪等大中型设备98件。

南京市大厂医院

建于1985年，是大厂地区唯一的政府办非营利性二级综合性医院，是医疗、科研、教育、保健中心，是南京市医保、公费医疗和农村合作医疗定点医院，国家级爱婴医院。

医院占地面积26000平方米，建筑面积14000平方米，编制床位120张，实际开设200张，现拥有德国西门子螺旋CT，日本大型高频X光机及数字减影系统(DSA)、意大利全身彩色多谱勒B超、奥林巴斯自动生化分析仪、心电工作站、奥林巴斯电子胃肠镜、德国STERKY电视腹腔镜手术系统等一大批先进的医疗设备。

医院现有在职职工350名，中高级职称近百名，开设床位200张，设有内、外、妇产、骨、儿、康复医学、放射介入、皮肤性病、中医、针灸推拿、五官、眼、口腔科等20多个临床科室。开设内、外、骨、妇产、康复、综合病区，并设有ICU重症监护室。全年门急诊26万多人次，住院病人3900多人次，危重病人抢救成功率和治愈好转率均在90%以上。

医院为进一步方便江北地区居民就诊，长年聘请省、市级医院专家开设中医疑难杂症、儿科、妇科、心内科、康复等专科专病门诊。

全院实行先进的计算机管理,严格按照国家标准收费,对低保贫困家庭实行优惠减免,收费一直处于南京市同级医院的最低水平。

医院重视就诊环境,进一步对病房楼及门诊楼进行了改造,安装了中央空调,每间病房配备洗浴设施进行了人性化设计,进一步改善了病人的就诊环境。同时,为进一步做好社区卫生工作,方便社区居民就诊,医院还举办了大厂社区卫生服务中心,以完善社区卫生服务功能为目标,以社区、家庭和居民为服务对象,以妇女、儿童、老年人、慢性病人、残疾人、贫困居民等为服务重点,以主动服务、上门服务为主,开展健康教育、预防、保健、康复、计划生育技术服务指导的六位一体医疗体系。现拥有腾泰、西厂门、卸甲甸、山畔、晓山5家社区卫生服务站,和一个药物维持治疗门诊。同时设有6个全科医疗团队。拥有一支先进的医疗队伍,80%以上医护人员均通过省级卫生行政部门认可的全科医师、社区护士岗位培训和规范化培训。医保病人在中心就诊的门诊慢性病人可享受比二级医院门诊优惠10%的自付比例,部分药品已实行零差价销售。

中心地处交通便捷的新华路206号,环境宽敞明亮,电梯、医疗价格查询触摸屏等设施配备齐全,深受广大沿江地区及周围患者的好评。

医院发展:2010年1月"南京市六合区第二次人民代表大会第三次会议"决议,把大厂医院易地建设工程列为六合区2010年重点建设一大"民心工程"。该工程项目位于沿江工业开发区健民路东南、旭东路北侧,占地26785平方米,总建筑面积48916平方米,最终要建成规模为300-400张床位,10-12个病区,多个二级专科的二级甲等综合性医院。

2010年12月25日9:18分,大厂医院在健民路体育运动场举行了易地建设工程开工仪式。

地址:江苏省南京市大厂区太子山路68号。

中国医学科学院皮肤病研究所

1954年创建于北京,直属中央卫生部领导。1970年从北京迁至江苏泰州,1984年迁南京现址,并建立皮肤病医院。1986年设立全国性病防治研究中心,2005年调整为中国疾病预防控制中心性病控制中心、中国疾病预防控制中心麻风病控制中心。

该院所是我国最早成立的从事皮肤病、性病、麻风病,集临床、科研、防治和教学为一体的国家级专业机构。为世界卫生组织性传播疾病预防与控制合作中心、皮肤性病学国家重点学科、博士和硕士学位授予点、国家药品临床研究基地、中国微生物菌种保藏管理委员会医学真菌中心、江苏省临床医学中心、卫生部化妆品皮肤病诊断机构、中国医学科学院艾滋病研究中心性传播疾病控制中心、家庭健康国际中国合作中心,同时承担《中华皮肤科杂志》、《国际皮肤性病学杂志》的编辑和出版任务。

该院所占地4.04万平方米,建筑面积3.6万平方米,主要建筑有门诊楼、病房楼、医技楼、科研楼、教育防治业务楼、SPF级实验动物中心。医院编制床位100张,设有20多个临床、科研科室,年接诊病员约60万人次。300余名在职职工中,高级专家62名,博士生导师9名,硕士生导师23名,享受政府特殊津贴专家17名。50余名专家在国家及省级专业委员会任职。现有中青年骨干中,多人当选卫生部突出贡献专家、新世纪百千万国家级人选、江苏省"六大高峰"人才和医学重点人才。

1954年在北京成立,原名为"中央皮肤性病研究所",郭沫若题写所名;

1957年更名为"中国医学科学院皮肤性病研究所";

1970年迁至江苏泰州,易名"江苏皮肤病防治研究所";

1984年迁南京现址,易名"中国医学科学院皮肤病研究所",并建立"中国医学科学院皮肤病医院"。

1986年在该院设立"全国性病防治研究中心";2005年更名为"中国CDC性病控制中心"、"中国CDC麻风病控制中心"。

科研硕果

建院所以来,承担国家"七·五"、"八·五"攻关项目、国家自然科学基金、国家重大专项、科技部和卫生部公益专项、江苏省自然科学基金和国际合作等项目的研究。先后获国家科技进步一、二、三等奖、全国科学大会奖、部省市级奖和院校奖。每年在国内外核心期刊发表论文100余篇,专著10余部。《中国性病防治之梅毒》在世界著名医学期刊《柳叶刀》上发表。研制的雷公藤多甙已广泛用于治疗变态反应和免疫相关的疾病,其有效单体的研究被评为国家一类新药。自行研制皮肤科外用制剂百余种用于临床,受到病员的广泛好评

教书育人

皮肤性病学为教育部重点学科,北京协和医学院皮肤性病学专业博士、硕士学位授予点,卫生部认定的第一批国家级继续医学教育基地、中国医师协会皮肤病理、真菌、性病及美容专业全国培训基地。院所培养的皮肤性病学专业博士和硕士研究生,已成为全国三级医疗卫生机构的业务骨干。每年接受进修生100余名,完成10余期国家医学教育项目,组织20多期培训班,为各省市基层卫生医疗机构、疾病预防机构,培养皮肤性病专业诊疗和防治技术骨干,更好地指导基层的医疗卫生和防治工作。

防治成就

院所防治工作者以完成国家任务为己任,经过二十余年不懈努力,已建立起一支具有光荣传统的,集临床、防治和科研为一体的团队,并设立了遍布全国的疫情监测网络。首任所长胡传揆教授代表国家在北京国际科学讨论会上宣读了"我国对梅毒的控制与消灭"的论文;"全国控制和基本消灭麻风病的策略和技术措施的研究"、"麻风畸残防治及康复研究"分别获得国家科技进步一、二等奖;15届麻风大会,我院所荣获"全国麻风防治工作先进集体",实现了本世纪末我国基本消灭麻风病的目标,标志着我国性病、麻风病防治工作取得了举世瞩目的成就。

国际交流

先后与WHO、美国NIH、欧盟、瑞士巴塞尔大学医学研究中心、国际皮肤病基金会、国际麻风病救济会、荷兰麻风基金会、法国佛里豪基金会、日本世川财团等30多个国际组织建立

了学术交流与合作。定期邀请国际知名专家来所讲学、交流，同时选送优秀中青年医学、科研人员出国学习和培训。每年与WHO、欧盟、中英、世行卫九、福特基金等开展了数十项国际合作项目的科学研究。

南京市职业病防治院

前身为南京市职业病防治所，初建于1972年，后更名为南京市疾病预防控制中心金山医院；2012年，经南京市编制委员会、南京市卫生局批准，组建成立南京市职业病防治院，重点承担实施全市职业病防治计划，开展职业病监测与职业健康风险评估，开展职业健康检查、职业病诊治、职业病防治宣传教育和科学研究等，为非营利性职业病防治机构，也是全市医疗保险、工伤保险定点机构。目前具有尘肺、职业中毒、物理和生物因素所致职业病、职业性皮肤病、职业性眼病、职业性放射性疾病等多项职业病诊断资质，为全市职业病诊断鉴定委员会办公地点。同时具有职业健康检查专业资质，承担全市粉尘作业、化学物作业、放射性作业、生物因素作业、物理因素作业等特殊从业人员及电工、压力容器、高处作业、机动车驾驶等高危职业劳动者的职业健康检查与防护任务。

现有在职职工242人，其中高级职称21人；具备职业病诊断医师资格22人，其中省级职业病诊断鉴定专家11人，国家级尘肺病诊断医师资格6人，国家级职业中毒诊断医师资格8人，国家级物理因素职业病诊断医师资格8人，国家级放射诊断医师资格5人。

南京市职业病防治院坐落于紫金山下花园路4号，占地面积4932平方米，建筑面积10521平方米，设有门诊、住院、体检等多个功能区域，核定床位120张；配备DR、高仟伏遥控透视X射线机、电测听仪、肺功能仪、彩超、神经肌电图仪、全自动生化分析仪、全自动五分类血细胞分析仪、时间分辨荧光免疫分析仪、24小时动态心电分析仪等国内外先进诊疗设备，并配有摄片车、透视车、电测听车等现场诊疗车辆，便于企事业单位职业性体检现场工作。

职业病防治工作关系到国计民生和劳动者生命健康，南京市职业病防治院始终坚持落实《中华人民共和国职业病防治法》，全体职工秉承“进德修业、致精致湛、仁爱和谐、医心赤诚”的职业精神，着力于消除职业病危害，防治职业病，为南京市广大劳动者的健康保驾护航。

南京军都皮肤病研究所

南京军都皮肤病研究所是集皮肤病医疗、科研、住院康复为一体的大型现代化专科医院，南京市医保定点医院。是江苏省省属大型皮肤病科研治疗基地；也是全国重点医学院校临床教学示范特准单位；承担了多项国家级疑难皮肤病研究治疗课题的研究；同时获得了「全国十佳皮肤病示范医院」、「国家首批行业质量服务诚信示范单位」和“中国最具影响力特色专科医院”等荣誉。

权威专家坐诊：“看病就要找专家，好专家才能保证好疗效”这是老百姓普遍的看法，作为江苏省唯一皮肤科诊疗中心，是国家权威专家会诊基地。南京军都皮肤病研究所汇聚国内近十名省级以上皮肤科诊疗最高认证专家，由国务院特殊津贴专家顾昌林领衔，潘海川、李清菊、陈建国、张聪明为首的一大批国内优秀皮肤病带头人。

李清菊

社会职务：中国皮肤病研究学会会员、华东地区皮肤病专业奠基人之一、中华医学会皮肤病学会委员、现任南京军都皮肤病研究所主任医师。

医学成就：从事皮肤科临床及科研工作20多年，对各种脱发、鱼鳞病、白癜风、湿疣、疱疹等皮肤病积累了丰富的临床诊疗经验，尤其对脱发、鱼鳞病、白癜风等疑难杂症造诣颇深。著有《临床脱发治疗分析》、《湿疣临床诊疗及案例剖析》学术专著2部；凭借治疗脱发科学技术“ST自体活细胞疗法”荣获“国家科技进步成果奖”。

潘海川

社会职务：皮肤科资深专家、中国皮肤病协会会员、江苏省皮肤病专业奠基人之一、南京军都皮肤病研究所主治医师。

医学成就：长期从事痤疮、腋臭疾病的诊疗科研工作，对痤疮和腋臭的发病机制等方面研究见解独到，擅长运用“中西医结合五联清痘疗法”、“韩式纳米微创汗腺清除术”全新疗法治疗痤疮、腋臭等诊治方面造诣深厚，并在国内外期刊发表论文数十篇，多篇被《世界皮肤疾病防治档案》收录。

技术擅长：擅长运用“中西医结合五联清痘疗法”、“韩式纳米微创汗腺清除术”全新疗法治疗痤疮、腋臭等诊治方面造诣深厚，并在国内外期刊发表论文数十篇，多篇被《世界皮肤疾病防治档案》收录。

陈建国

社会职务：江苏省皮肤疑难杂症防治中心成员、荣获北京协和医院医学博士学位、百度知道专家团特聘专家、现任南京军都皮肤病研究所主治医师。

医学成就：长期从事皮肤科临床、科研工作。对银屑病、荨麻疹、湿疹、过敏、脱发及遗传性皮肤病等诊治造诣极深。领衔专家组研创“G－B自血净化免疫疗法”、“G－B自血回输免疫疗法”等攻克银屑病、荨麻疹顽疾，治愈的患者数以千计，深受广大患者与医学界的好评。

技术擅长：擅长利用“自血净化免疫疗法”治疗银屑病，利用“G－B自血回输疗法”治疗荨麻疹，被誉为“南京治疗皮肤病第一圣手”。

张聪明

社会职务：国际皮肤性病防治蓝皮书中文版编委、中华皮肤健康保障委员会理事、南京皮肤性病控制研究组组长、现任南京军都皮肤病研究所主治医师。

医学成就：长期从事皮肤性病临床科教研工作，曾任首都医科大学附属北京天坛医院皮肤科主任，积累了丰富的临床经验。对淋病、梅毒、尖锐湿疣、带状疱疹、生殖器疱疹等性传播疾病颇有研究，特别是治疗尖锐湿疣、外阴白斑疑难病效果突出，许多久治不愈、巨大的尖锐湿疣得到了有效的治疗，深受患者的好评。

技术擅长:对外阴白斑、淋病、梅毒、尖锐湿疣、带状疱疹、生殖器疱疹等疾病颇有研究,治愈无数的疑难皮肤病患者,研发的疗法深受好评和信赖。

特色皮肤病技术疗法 G-B 自体血净化疗法

通过激活核因子 NFKB 使免疫活性细胞增多,产生诱导作用,最终导致 T 细胞基因链中的"HDN"和"DRH"恢复信息传达,对病变部位受损和变异的基因进行调节、修复,甚至替代。阻断变异细胞营养链,使皮肤细胞代谢正常化,一旦进入体内就会直接杀死细菌、病毒和寄生虫等病原体或体内病变的细胞,并将其清除,为机体建立保护层。诱导机体产生抗体及免疫因子随血液循环转移到体内各个淋巴器官,形成进步的级联免疫反应链,使被破坏的组织及免疫系统得到恢复。激活免疫细胞,提高血液自由基的性能,防止其不稳定而直击细胞膜、线粒体膜,使人体的 DNA、RNA、肝细胞、线粒体损伤得到修复,防止再次引发牛皮癣。

五联清痘疗法

中西医五联清痘疗法是根据患者自身情况,辩证症型,查找证因,制定治疗方案。通过洁面、清创、消毒等面部处理后,敷以祛痘除印中药石膏面膜,使中药渗透局部皮下消除深层炎症,同时在关键穴位刺血疗法,排出旺行毒素,结合调理深层脏腑经络,消除瘀滞,疏通经络,改善内分泌,祛除病因,内调外治,针对头部、面部、胸部、后背的青春痘(痤疮),痤疮,均能消除。

ST 自体活细胞疗法

ST 自体活细胞是从自己的血液中提取出高浓度的活性生长因子,直接在瘫痪毛囊根部以注射的方式直接补充营养来刺激毛发的生长,激活毛囊细胞的再生能力,让已经坏死的毛囊与萎缩不健康的毛囊(细软发丝)激发生长的活性,使毛发变得更健康。ST 自体活细胞生发技术的效果之所以持续时间更久,效果更好,也是因为 ST 自体活细胞生发技术提取的是自身体内的物质不会被人体快速代谢排出。所以,它能长时间活跃皮肤的修复机能,配合长期生发理疗辅助性的头发保养,使头发越来越健康,毛囊越来越坚固。

医院地址:南京市汉府街 18 号(总统府周恩来纪念馆旁)

南京市胸科医院

建于 1950 年,是江苏省规模最大的胸部专科医院,承担着省、市胸部疾病的医疗、教学、科研任务。是"东南大学医学院教学医院"、"南京肺灌洗中心"、"南京市结核病研究所"。2003 年与澳大利亚阿尔弗雷德医院建立友好医院及科研技术合作伙伴关系,2004 年成功地为两例终末期慢性阻塞性肺病患者实施了单肺移植、对侧肺减容术,填补了南京地区人体肺移植技术的空白。

医院拥有编制床位 500 张,设有胸外科、呼吸内科、结核病科、心血管内科、心脏外科、麻醉科、放疗科、中西医结合科、急救中心等 11 个临床科室,其中胸外科为南京市重点专科;设有医学影像科、检验科、病理科、心导管室、气管镜室等 10 个医技科室;另有中心实验室、胸心外科研究室、胸部肿瘤研究室、肺结核病研究室等。随着医院新病房大楼的建成和使用,业务和床位将会进一步得到拓展。

医疗水平:医院现有医疗设备 1030 台(件),总价值 4500 多万元。主要医疗设备有:钴-60 治疗机、模拟定位机、螺旋 CT 机、胸腔镜、纵隔镜、DSA、主动脉内球囊反博泵、数字化胸片机、结核杆菌快速培养仪、动态心电图、麻醉机、呼吸机、肺功能机、彩色多普勒诊断仪、全自动系列生化分析仪、血气分析仪、移动式 X 线机和 ICU 中央监护设备等。医院科研工作生机勃勃,成绩斐然。共获国家、省、市、局科研成果奖近 60 项。在市级以上杂志发表学术论文 600 多篇,参加国际性学术会议 10 多次。

医院是南京市"花园式单位"和"花园式医院",医院多次被南京市政府、江苏省卫生厅、南京市卫生局授予"文明单位"、"文明医院"、"先进基层党组织"等光荣称号。

科室概述:胸外科南京市医学重点专科。现有高级职称 4 人,硕士生导师 3 人,90% 医师拥有硕士学位。编制床位 60 张。1996 年开展的电视胸腔镜手术,在华东地区一直处于领先水平;2004 年成功地为两例终末期慢性阻塞性肺病患者实施了单肺移植、对侧肺减容术,填补了南京地区人体肺移植技术的空白;2004 年成功开展了省内首例电视纵隔镜手术。在气管、支气管及肺外科领域其技术水平与国际接轨。

心脏外科

1、可以完成包括非体外循环、心脏不停跳冠脉搭桥术在内的各种冠心病手术,费用多在 3.5-4.5 万元。

2、微创手术色我科的另一个特色,范围扩展到包括体外循环下先心病的纠治、瓣膜置换、导管结扎、肺疾患、胸外伤等手术中。

3、先天性心脏病合并重度肺动脉高压是国际上公认的手术禁忌症,我们成功的挽救了半数以上被外院认为无法治疗的病人。

4、瓣膜成形术达到国内领先。包括对主动脉瓣、二尖瓣、三尖瓣肺动脉瓣,甚至因细菌性心内膜炎使瓣膜损伤非常严重的情况下的瓣膜修复。对巨大心脏心功能 IV 级病人的多瓣膜置换。

5、对常见的先天性心脏病如房间隔缺损、室间隔缺损、动脉导管未闭、肺动脉狭窄等,我们的手术成功率达到 99.5% 以上。

6、对复杂先天性心脏病,如法乐氏四联症、心内膜垫缺损、肺静脉畸形引流等的治疗水平已达到国内先进。

7、熟练的完成对大血管的疾病如主动脉缩窄、动脉瘤和心脏粘液瘤等的手术治疗。

8、对漏斗胸、鸡胸等胸廓畸形,有独特的手术治疗方法。

2005 年,南京胸科医院正式加入南京鼓楼医院集团。2006 年初,南京鼓楼医院心胸外科、南京胸科医院心脏外科和心脏内科共同成立南京鼓楼医院集团心血管病中心。该中心将设在胸科医院新病房大楼,每年完成体外循环心脏手术 700 例左右,手术成功率 98% 以上,无论手术数量、质量均居于江苏省前列。

心血管内科心内科在治疗顽固性心力衰竭、严重心律失常,在以冠脉介入为主的心脏介入新技术等方面逐步形成了自己较强的专科特色和优势。

1、在市内率先开展、也是目前唯一常规进行经皮穿刺二尖瓣球囊成形术，处于国内领先水平。

2、冠脉造影、冠脉介入（PTCA、冠脉内支架），急性心肌梗死直接PTCA术等均达到国内先进水平，且以成功率高、并发症少而著名。

3、是省内较早开展射频消融术和埋置永久心脏起搏器术治疗心律失常的医院之一。

4、是开展先天性心脏病、大血管病介入治疗为数不多的医院之一。

领导班子：陈宇宁，1963年8月生，江苏省张家港市人，1985年毕业于新疆石河子医学院，1998年任副主任医师，2004年任主任医师，2000年3月任南京市胸科医院医务处副主任，2002年2月任医务处主任，2003年3月任南京市胸科医院院长助理。2004年8月10日任南京市胸科医院副院长。2008年1月任南京市胸科医院院长。

陈延年，1961年2月生，陕西省商县人，1983年青海医学院医疗系毕业，1997年任副主任医师。1999年8月任南京市胸科医院院长助理兼院办公室主任，2000年11月任副院长。

唐进，1955年3月生，安徽省来安县人，1982年毕业于山西医学院医疗系，1985年为山西医学院硕士研究生，1993年任山西医科大学第二附属医院心胸外科副教授、副主任、副主任医师，1999年任心胸外科教授、副主任、主任医师，2002年1月任山西医科大学第二附属医院心胸外科教授、科主任、主任医师，2002年9月任南京市胸科医院心外科主任，2003年3月任南京市胸科医院副院长。

王东进，于2001年10月由中国医学科学院阜外心血管病医院应聘到南京市鼓楼医院胸心外科任科主任。在心血管外科专业的理论与实践方面都具备了极高的水平。已参加心血管手术近4000余例，亲任手术者2000余例，以及在美国、欧洲等发达国家接受系统培训与学术交流。驾轻就熟于心血管外科所包涵的先心病、瓣膜病、冠心病和大血管病这四大类心脏病中的最高难度部分，如完全性大动脉转位的大动脉调转术、换双瓣同时搭五支桥加室壁瘤折叠加左房血栓清除术、主动脉瓣加升主动脉置换加冠状动脉原位移植加冠脉搭桥术、升主动脉及主动脉弓或降主动脉夹层动脉瘤的人工血管置换等等，而其包括这些复杂心脏病手术的总手术死亡率 $<0.3\%$。尤其是于1997年首创的经右腋下小切口经肋间行心脏双瓣膜替换术——这一世界范围内领先的微创心脏手术技术。

南京市中西医结合医院

南京市中西医结合医院（南京市钟山医院）坐落于风景秀丽的紫金山南麓，该院是一所集医疗、教学、科研、预防、保健为一体的市级综合性医院，医院是南京市惠民医疗单位，爱婴医院，南京中医药大学、安徽中医学院的教学医院，意大利都灵BOSCO医院友好合作医院，江苏省中西医结合学会外治法研究中心设在该院，医院实施了ISO9001质量管理体系并获得BSI英国标准协会的审核认证。

南京市中西医结合医院开设病区8个，病床300张（其中特需病床8张），年门诊量35万人次，年收治住院病人超过一万人次。医院现有各级重点专科、专病5个，其中肺外结核是国家中医药管理局重点专病，中西医结合外科是国家中医药管理局重点专科建设单位，瘰疬科是江苏省中医重点临床专科，骨伤科是南京市中医重点临床专科，内科糖尿病是南京市中医重点专病，南京市糖尿病防治中心在院设立分中心。医院设33个临床、医技科室和瘰疬、骨痨、肛肠、乳腺病、糖尿病、肾病等近20个特色专病门诊，以中西医结合治疗淋巴结结核、骨与关节结核等中医外科疑难疾病已成为我院特色。

历史沿革：1949年建院，南京市第九区卫生所

1950～1958年，南京市陵园卫生所

1958～1964年，紫金山人民公社医院

1964～1969年，中山陵园医院

1969～1975年，南京市钟山区医院

1975～1985年，南京市栖霞区钟山医院

1985年～至今，南京市钟山医院

1987年～至今，南京市中西医结合医院

1995年，评为二级甲等中西医结合医院

1997年，成为南京市直属医院

钟山馆以医疗、养生、文化传播为主要内涵，按照“原汁原味、古色古香、文化先导”的原则进行规划设计，着眼于体现中国传统文化、传统医学和中西医结合特色等真髓。功能分区明确、布局紧凑有序，因医院地处紫金山（钟山）南麓，得名“钟山馆”。

钟山馆内设有瘰疬科、骨痨科、老年病科、针灸推拿科、肛肠科等中医、中西医结合特色科室，开放瘰疬病、脉管炎、糖尿病足、骨与关节结核、股骨头坏死、腰椎间盘突出症、溃疡性结肠炎、丹毒、流行性腮腺炎、猫抓病、难愈性窦道、乳房结核、风心病等专病门诊。馆内汇集中医，中西医结合医学之翘楚，有坐堂行医逾三十年、老骥伏枥、声名卓著的省市级名中医；有医、教、研辛勤耕耘，承上启下，独树一帜的中青年专家；有杏林后学，勤勉奋发的新一代传统医学文化继承者。他们为世人展示中华传统医学和中西医结合文化精粹，传播医学养生知识，倡导“不治已病治未病”，谋求为人类带来健康、除去病痛。

专家：谭中青，主任医师，毕业于吉林白求恩医科大学，主任医师，江苏省中西医学肛肠分会委员，曾在多次到北京广安门医院肛肠科进行学术交流，在国内重要学术刊物上发表论文共20余篇，荣获省级四项科研成果奖，临床经验丰富。着重研究和治疗各类肛肠科疑难杂症，对各类肛周肠道疑难杂症疾病的治疗和康复具有丰富的经验，临床治愈肛肠疾病患者高达万例，擅长应用PPH、HCPT、安氏疗法等前沿技术治疗各种复杂痔疮、直肠脱垂等肛肠疾病，在治疗肛肠疑难疾病如复杂性肛瘘，环状混合痔，慢性输型和出口梗阻型便秘有较深的造诣，深受各地患者好评。

许斌，他是不孕不育科的男医生，却不乏女性的和蔼可亲。他以病人的安危为己任，为无数不育症患者圆了做父亲的梦想。他就像是一匹马，没有驰骋千里，却一步一步地到达了医者的峰顶。长期从事泌尿外科工作，擅长中西结合及显微微创技术诊治各种原因引起的男性不育、精索静脉曲张、无精、少精、弱精、死精、畸精、精液不液化、不射精、性功能障碍（阳痿、早泄、性欲障碍）、及泌尿生殖感染（尿道炎，前列腺炎，精囊炎，附睾炎）等；在精子体内优化、显微手术（睾丸穿刺，附睾穿

刺,介入治疗)等方面有较深的造诣。

建邺区中医医院

南京市建邺区中医医院创建于1958年,原名"南京市联合医院",1989年改建为南京市建邺区中医医院,原址位于莫愁路394号,2002年10月因区划调整,经市卫生局批准,医院总部搬迁至水西门大街85-1号,另设位于河北大街60号上新河医院为分部(现名建邺区上新河社区卫生服务中心)。医院经过多年努力,现在是一所突出中医特色,突出中西医结合,突出专科、专病,能提供综合服务的二级甲等中医院,也是本市唯一一家全国示范中医院。医院有床位120张,在职职工195人,其中卫技人员171人,有省名中医1人,市名中医3名,高级职称21人,中级职称52人。临床医技科室配备齐全,拥有东芝纳米彩色超声仪(可检查腹部、妇科脏器、心脏、小器官、周围血管等)、遥控500mAX光摄片机(可透视、摄片、造影)、全自动生化分析仪(可开展全系列29项生化检测)、全自动心电监护仪、十二导联心电图机、麻醉机、奥林巴斯电子胃镜、肠镜等大型医疗设备。建邺区中医院管理规范,在市卫生局"白求恩杯"竞赛中多次榜上有名,曾先后被评为"南京市十佳医院",省市、区文明单位,深受南京市及周边地区广大患者的信任。

秦淮区中医医院

南京市秦淮中医医院成立于1956年,集中中医医疗、教研、康复保健为一体的二级中医院。医院设有内、外、妇、儿、针灸、康复、男性、骨伤、计划生育、社会保健等临床科室,配有500毫安X机、彩色B超、全自动生化仪等检验设备,并设床位80张,并开展社区卫生服务等项目。

医院中医妇科是南京市重点专科,形成以省名中医胥受天、胥京生主任医师领军的学术梯队,在妇科病诊治中,对男女不孕(育)症、子宫肌瘤、习惯性流产、宫颈炎、功能性子宫出血等病制定了一套完整的系列治疗,并形成自己独特的学术特色。同时开展各种门诊手术,中西医结合,疗效满意。慕名前来的患者有全国各地及港澳台地区,妇科年门诊量逾13万人次。妇科还十分重视科研,先后在国际、国内学术刊物及学术会议上发表论文50篇,不少论文获国际国内优秀成果奖,出版专著10多部,有省市科研项目3项。其中《化瘤合剂治疗子宫肌瘤应用研究》2004年被评为全国现代中医药科技进步一等奖。

医院针灸康复科也是南京市重点专科。该科位于医院的二楼和五楼,分别由针灸治疗室、康复治疗室、理疗室、灸疗室、牵引室、住院部等几部分组成。该科坚持走中医特色之路,不断挖掘祖国医学之精髓。在针刺的同时,大量运用"艾灸"法,并创立了南京市第一家"灸疗室",目前广泛应用于临床治疗的有"动力灸"、"温箱灸"、"隔物灸"、"艾炷灸"、"骑竹马灸"等十余种灸法,形成了专科特色疗法。除针灸外还采用康复煅练、正骨、推拿、整脊、耳压、水针、皮肤针、封闭、理疗、牵引、蜡疗、薰蒸等多种方法对患者进行综合治疗。

医院以病人为中心为患者提高优质满意服务,多次被评为"平安秦淮建设"、"居家保健卡特约医疗单位"、"计量合格确认单位"、"南京市中医药大学国际针灸培训中心临床实习基地"、"医院管理工作先进单位"、"秦淮区卫生系统文明示范窗口"、"价格调控和治乱减负工作先进单位"、"江苏省文明单位"、"明码实价诚售药房创建活动优胜单位""物价信得过单位""三信三优单位""市行风建设先进单位"等荣誉称号。

白下区中医医院

南京市白下区中医医院创建于1952年,前身为淮海医院,1995年与南京市白下中医门诊部合并,更名为南京市白下区中医医院。医院占地1708平方米,建筑面积6200平方米。医院设程阁老巷本部、长白街分部、淮海新村医疗点、区政府医疗点、二条巷社区医疗点。现有在职职工160余人,其中中、高级职称54人,医院年门诊量14余万人次,设有内、外、妇、骨伤、针推、口腔、眼、皮肤、血管瘤等22个临床和医技科室。专家门诊有中医内科(痛风)、中医内科(冠心病)、中医内科(肿瘤)、针灸科、血管瘤科、妇科等。特色科室为血管瘤科、骨伤科、针灸科、妇科、手外科、不孕不育。医院目前装备有OLYMPUS细径胃镜、500MA胃肠机、加拿大进口DR、日本东芝全自动生化分析仪、阿络卡彩超、阴道镜、经颅多普勒仪、全自动十二导心电图机、红外乳房检查仪、激光疼痛治疗仪、电脑牵引床等先进仪器设备。

玄武区中医医院

南京市玄武区中医医院始建于1953年,经过50年发展,医院已发展成为一家以中医外科为主要特色的综合性区级中医院,临床各科室配备齐全,床位60张,年门急诊量超过10万人次。1997年5月,医院中医外科被市卫生局确定为重点专科建设单位,皮肤科被区卫生局确定为重点专科建设单位。医院采用已故老中医的祖传秘方——"益黄膏"外用,专门治疗疔、疮、痈、疽、腮腺炎、丹毒、疱疹、痛风及各类无名肿毒,疗效显著。

鼓楼区中医医院

南京市鼓楼区中医医院于1989年成立,经过多年的建设和发展,医院在技术力量,专科特色、科研教学上已初具规模。开设内、外、妇、儿、皮肤、骨伤、针灸、推拿、急诊等中西医科室以及骨质疏松、小儿矮身材、嗓音科、肝胆、脾胃、肾科等专家专病专科特色门诊21个,年门诊量达10万人/次左右,业务收入1200余万元,在全市区县中医院中居领先地位。

皮肤科是我院重点的科室,也是南京皮肤病重点科研单位,皮肤科主任张维凤:主任医师,毕业于南京中医药大学,从事皮肤病临床研究工作30多年,独创的"五合一"排毒疗法治愈众多皮肤病患者,被誉为皮肤病患者的救星。擅长中医中药治疗牛皮癣、白癜风、皮炎湿疹、青春痘、黄褐斑、荨麻疹,七天效果喜人。

"小儿矮身材专科"的蔡惠英主任还成功地为世界袖珍小姐赵路君治疗,使其身材从65cm增加到70cm,轰动了南京,在全国的22个省份享有声誉，日本、台湾、香港、马来西亚均有病人求治。

荣誉：至目前为止医院已有7项课题获市科委立项，其中2项还通过了市科委科研鉴定，并获得市科技进步三等奖。医院医生申请医疗发明专利也有五项获取了专利证书。

地址：南京市鼓楼区中山北路253号。

南京长江医院

南京长江医院是一所集医疗、教学、科研、康复为一体的综合性医院。南京长江医院被南京市人民政府核准为“医保定点医院”，是“中华医学会远程医疗会诊中心”之一，获准为“中华医院管理学会团体会员单位”，被选定为“国际激光医学交流中心南京临床医学部”、《中华中西医杂志》专家特约编辑部，被评为“江苏省社会公众信得过单位”、“质量、服务、维权最佳单位”。

医院技术力量雄厚、专科优势显著。现已有内、外、妇科、泌尿科、不孕不育科、微创中心、皮肤科、胃肠科、骨伤科、肝病科、耳鼻咽喉科、口腔科等19个临床科室28个专业学科。医院现有员工1000余名，其中具有高级职称的专家315名；专职教授48名；享受政府津贴12名；有68位专家荣获过国家及省级科学技术进步奖及自然科学优秀学术论文奖。近年来，医院加快了硬件建设，总投资上亿元，从美、德、日等国引进了近百台具有国际先进、国内一流的大型高科技设备，如美国GE医学影像工作站、日本奥林巴斯无痛电子胃镜、美国腹腔镜、宫腔镜、胸腔镜等微创腔镜系统、美国LEEP刀技术、大型体外短波热疗仪、前列腺可视介入消融系统、全息复位导航正脊系统等。与此同时，还引进大量国内领先的高科技、新项目，使医院在硬件和软件建设上得到同步发展，体现出医疗技术的实力和水平，形成了学科齐全、设备先进、专科特色显著、专家优势明显的新型医院模式。

不孕不育中心是南京长江医院的老字号金牌科室，是拥有一流研究所的高起点、高科技的权威不孕不育专业治疗机构，依托专业不孕不育研究机构——华东生殖医学重点实验室的雄厚科研实力，引进全套国际领先的医学设备及医学成果，囊括国内外同行业多项尖端技术，如美国数码卵泡检测技术、宫腹腔镜技术、美国COOK导丝技术、精子优化技术、辅助生殖系统。汇聚海内外资深不孕不育专家，有著名留法生殖医学博士杨建华、有全国知名的腔镜微创专家张震宇、李似瑜、姜卫周、邵公权等，组成会诊中心，严格遵循世界卫生组织诊疗程序，为患者亲诊并研讨个性化治疗方案，中医、西医及自然疗法有机结合，成为国内治疗不孕不育专业特点很强的的临床基地，让众多久治不愈的患者实现了得子的梦想。

男　科

南京长江医院男科以“人性化医疗服务”为核心，引进大批医疗人才，及国内外知名专家，并参照ISO9000国际认证体系进行科学管理，立足南京、面向华中，以中西医结合为特色，是南京地区整体实力最强的专业男科。南京长江医院男科集预防、治疗为一体的综合性科室，荟萃了一批医术精湛的泌尿科专家，长期从事男性泌尿疾病实践与研究工作，如主任医师应荣、皇甫钦等。这些男科专家都从事泌尿外科工作数十年年，积累了丰富的临床经验，对治疗各种男科疾病都有颇深的造诣，深受广大患者的信赖。专业开设：前列腺，性功能障碍，生殖整形，生殖感染，泌尿外科微创诊疗中心。

妇　科

南京长江医院妇科微创中心是医院的重点科室之一，云集了众多资深妇科专家，开设了妇科炎症、宫颈疾病、子宫肌瘤、无痛人流、乳腺疾病、月经不调、中医妇科等多个特色科室。

骨　科

南京长江医院骨科是全市屈指可数的骨科品牌科室之一。院拥有PLDD、臭氧消融术、液体刀、微创介入摘除、三位一体、三维电脑以及中药辅助治疗，集预防、治疗为一体。该科室荟萃了一批医术精湛的骨科专家，长期从事腰椎间盘临床实践与研究工作，经验非常丰富，迄今已帮助数万腰椎间盘患者朋友恢复健康。骨科中心引进全套国际领先的医学设备及医学成果，结合祖国传统中医学辨证理论，以微创治疗为特色，直击病灶核心，全面恢复脊柱正常生理功能。对腰腿痛、关节疼痛、腰椎间盘突出症等疾病的治疗上有着极高的水平和丰富的经验。

毛发科

10年来，医院为时尚人士开展各类毛发整形医学美容手术，至今已为南京及江苏省乃至周边省市的脱发患者和时尚人士施行了76000余例植发手术。这些手术项目包括：头发种植、眉毛种植、睫毛种植、鬓发种植、胡须种植、胸毛种植、体毛种植、发际线调整、美人尖再造等等，赢得了“发友”的爱戴，并成为国内一流的毛发种植与研究机构。

其他科室

现已有内科、外科、妇科、泌尿科、不孕不育科、毛发科、微创中心、皮肤科、胃肠科、骨伤科、肝病科、耳鼻咽喉科、口腔科等19个临床科室28个专业学科。

男科特色诊疗

1. 无损伤不插管体外治疗前列腺炎18倍强度高效治疗前列腺炎第二代无创介入导融系统直达前列腺10mm～15mm核心处。远红外波，磁场物理治疗，无损伤无副作用，48小时告别尿频，尿急

2. 早泄三度分型治疗性生活时间延长3倍3度阳痿3线疗法一次性攻克阳痿

南京长江医院利用数码ED专用治疗设备治疗阳痿早泄，早泄三度分型精确治疗，见效快效果好。对部分阴茎有加长，加粗的效果，明显提高性能力。安全，有效无副作用

3. 第五代套袖式包皮环切术30分钟手术7天恢复

微创专家，全程诊治；整齐美观无疤痕，专业安全，快速康复

4. 改良型阴茎延长术平均延长

南京长江医院“改良型阴茎延长术”是在现代微创技术的指导下，切断阴茎浅、深韧带至耻骨弓处，使埋藏于耻骨联合前

方的海绵体成为游离部分,从而增加阴茎的有效长度。

5. CDYD 低频共振治疗仪突破泌尿生殖感染的治疗瓶颈

不孕不育特色诊疗

1. 宫腹腔镜 cook 导丝输卵管疏通术
2. 腹腔镜多囊卵巢多点打孔术
3. 宫腹腔镜子宫肌瘤剔除术
4. 腹腔镜卵巢囊肿剥除术
5. 子宫内膜异位微创消除术
6. 腹腔镜精索静脉高位结扎术

毛发科特色:南京长江医院毛发种植中心是新生毛发种植研究院的连锁旗舰医院,至今已有10年的毛发研究与种植历史。医院坐落在南京市中心钟阜路新门口18号,交通便捷,环境优雅。南京长江医院毛发种植中心综合实力主要有:

一、高素质、多层次、多学科的专家团队。医院从创建伊始,就从美国的合作机构——纽约亚历山大新生毛发研究院引进华裔专家,包括创始人顾东生博导和林建宁博士都是纽约新生毛发研究院的专家学者。建院后,毛发科不断吸收充实专家团队,尤其是引进知名医学院校毕业的、有较高学术造诣的、并且毛发种植临床经验丰富的人才。同时,在人才梯队上注重结构的完善。有博士、硕士做团队骨干,也有本科生做手术辅助医生;有毛发整形外科的专家,也有医学美容、形象设计方面的专家。目前,长江医院毛发科已拥有黄云、段天文等国内一流的毛发种植专家28名。

二、高精尖的毛发种植设备。毛发种植是一项非常精细的显微外科、微创外科手术,设备的优劣直接决定了手术的效果。长江医院每隔一两年淘汰更新医疗设备及辅助设施,包括术前的毛发检测设备、术中的毛囊提取设备、术后的护理设备及治疗设备,如:LED 光动力治疗机、HD 毛囊检测仪、FUE 毛囊提取种植仪、数字化视频显微毛囊分离培育仪等等。

三、不断完善的成熟技术。10年前从美国引进第一代FUT、FUE 自体毛囊移植手术以来,长江医院专家不断地对相关技术进行升级完善,陆续推出第二代及第三代 FUT、FUE 毛发种植技术,使该项技术始终保持在"亚洲领先、国内第一"的位置。今年来,毛发科又陆续推出了世界上先进、高端的毛发种植专利技术——TDDP 毛囊移植复合技术,效果更佳。

四、周到体贴的服务与温馨优雅的环境。南京长江医院毛发科拥有业内最整洁高端的候诊室、门诊室、手术室、休息室及VIP 贵宾室。所有照明、陈设、装修均按照三级甲等医院的标准来进行,为患者朋友营造了一个温馨优雅的就医环境。

医院地址:南京市鼓楼区钟阜路新门口18号

江宁区第二人民医院

是一所二级医疗机构,占地26亩,建筑面积达14000平方米,医疗用房面积达占12000平方米。设六个病区,235张床位。全院职工有220人,中高级职称有30余人,外聘专科专家7人,大专以上学历有60人。

临床、医技科室齐全,有精神科、神经科、癫痫专科、血栓病专科、内科、儿科、外科、疼痛科、五官科、口腔科、妇产科、中医科、针灸理疗科、医学心理科、检验科、生化室、血液流变室、病理室、细菌室、心电图室、脑电地形图室、经颅多谱室、胃镜室、b超室、影像科、高压氧治疗室、康复治疗科、音乐治疗室等。

精密医疗设备:有全身 ct、800 毫安 x 光机、单舱高压氧、24小时动态心电监测仪、心电监护仪、纤维胃镜、激光治疗仪、经颅多谱勒、彩色脑电地形图仪、全自动生化哦仪、药物浓度分析仪、14c 尿素检测仪、血流变监测仪、中心供氧设备等等。

医院特色专科:以精神科、神经内科、血栓病专科为主,开设有癫痫专科、心脑血管病专科、糖尿病专科、胃病专科、肿瘤科、康复科、疼痛专科、骨科等。

基本建设

医院综合病房楼建筑面积6400平方米,总投资1100万元。布局合理、设施齐全,楼内设有自动电梯、中心供氧系统、中心吸引系统、病房传呼系统。病房内设有空调、卫生间,并有与之相配套的会客间。

专科的发展

近两年来院先后选派20多名业务骨干到中国医科大学血栓病医院、上海医科大学、上海瑞金医院、上海长海医院、南京脑科医院、江苏省中医院进修培训,大大提高了医务人员的业务素质。除此之外,该院常年聘请南京中医药大学,南京脑科医院,南京市第一医院等大医院的有关专家开设专家门诊。

区第二人民医院先后与中国医科大学,上海医科大学、南京中医药大学,河北石庄开发区医药研究所共同合作,成立了"中国医科大学血栓病医院江宁区分院",逐步建立了以心、脑血管病、糖尿病、老年病痴呆等为主的老年病专科和康复医学科专科体系,近期又开展了微创疗法,为中老年心脑血管疾病的防治提供了可靠的保证。

主营::全科

地址:南京市江宁区上坊镇东陵路50号

等级:二乙类别:综合医院

床位数:235

南京市青龙山精神病院

始建于1952年。座落在南京市东南郊的青龙山南麓,占地面积125168平方米,建有门诊综合大楼,现有床位800张。医院依山傍水,树木蔽茏,四季常青,鸟语花香。假山水池随处可见,回廊亭阁引人入胜,是一所集医疗、预防、教学、科研、康复为一体的国家二级精神病专科医院,新近又开设了南京市优抚对象康复中心。

医院医护力量雄厚,有各类高、中、初级职称的专业医护人员100多名。开设了精神专科、神经内科(门诊)、心理(测试)咨询和老年疾病的诊治,同时还收治慢性精神病人的长期寄养,设有十个精神病区,一个老年病区。拥有500毫安X光机、心电图机、B超、脑地形图仪、全自动生化仪、全自动血球计数仪、经颅多普勒、电脑心理测评等较为先进的现代化诊断设备,并设有多种理疗仪和音乐治疗仪、生物反馈仪及数十套运动康复治疗器材等。医院经过多年探索、创立了住院精神病人康复新模式,即:一切以病人为中心,尊重病人的人格和尊严,达到住院环境花园化,病房设施宾馆化、康复服务亲人化,治疗综合化。以药物治疗为基础，辅以心理治疗、行为治疗，突出康复治疗，从而有效地降低了精神病人复发率，提高了康复率。

医院为改善病人的诊疗环境，建广场，修花园，病房设有空调、木地板、冷热水供应，活动室配有不锈钢餐椅，大屏幕投影有线电视等。为提高住院病人的生活质量，坚持每天组织病人做广播操；每月教会病人唱一支歌；根据病人的兴趣特长，分别成立了病人文艺演唱队、腰鼓队、健身队等，还定期举办病人绘画展，文艺演唱会，每年举办一次运动会；每年组织2－3次病人“南京一日游”活动。为了让病人过上正常人的生活，医院组织每月为病人集体过生日、“端午节”让病人吃粽子；“中秋节”举办“天涯共此时”活动，病人与家属，单位领导、医务人员共度佳节；春节院领导给每一位病员拜年，让他们在医院也能享受到家庭的温暖。

1996年至今，医院连续多年被南京市委、市政府授予“文明单位”、“建设南京有功单位”和“综合治理先进单位”、2001年度获省级“文明单位”等荣誉称号，院长邢芝青同志，还多次荣获“三八红旗手”，省市劳动模范等荣誉称号。

法人代表：邢芝青

通讯地址：南京市江宁区淳化镇

南京市祖堂山精神病院

始建于1950年10月，是南京市民政局下属福利机构，现为卫生二级、江苏省民政一级精神病院，同时也是南京市医疗保险定点医疗机构。

该院位于南京市南郊风景区内，座落在苍松翠竹掩映下的祖堂山下，古“幽栖寺”遗址上，与著名景点牛首山宏觉塔、祖堂山宏觉寺、南唐二陵、郑和墓、将军山旅游区、龙泉寺等毗邻而居，与江宁经济开发区也已连成一体，宜人的景色，清新的空气，优雅的环境，独特的地理条件以及便利的交通使这里成为精神病患者及老人治疗、康复、疗养、生活的绝佳场所。医院占地近6万平方米，床位500余张，各种医疗设备齐全，配备了脑功能诊断治疗仪、脑地形图机、双球双管500ma、x光机、全自动生化分析仪、电解质分析仪、电子心理测评仪以及其它一些先进的医疗仪器等，并拥有一支多年从事精神科临床治疗的医护队伍，为江苏省内知名的专门从事精神病治疗、康复的民政福利机构，并通过iso－9001国际质量管理体系认证。

经过多年的临床探索，针对精神病患者情感反映平淡、思维不活跃等特点，除开展药物治疗、工娱疗外，还开设了音乐治疗、心理治疗、体疗等服务项目，推行人性化服务管理模式，收效明显。

多年来，该院坚持“上为国分忧，下与民解愁”的民政办院宗旨，大力弘扬救助精神，多次受到上级表彰，被授予南京市“文明单位”称号，医院女病区也连续多年被确定为江苏省“青年文明号”称号和南京市“文明班组”岗位标兵。

武警江苏总队南京医院

是一所集医疗、预防、保健、教学、科研为一体的“二级甲等”医院。医院设有门急诊部、内一科、内二科、外一科、外二科5个临床科室和检验科、影像科、麻醉科、药械科4个医技科室。开展21个二级分科专业：神经内科、心血管内科、呼吸内科、消化内科、内分泌科、普外科、神经外科、胸外科、骨科、手足外科、烧伤科、椎间盘镜和腹腔镜微创治疗、泌尿科、麻醉科、妇科、眼科、耳鼻喉科、口腔科、中医科、理疗科。

作为省卫生厅直管单位，医院多次接受国家、省、市各级领导视察、指导，被指定为市医保定点单位、国家爱婴医院，并先后被授予价格计量信得过单位和基层先进党组织、青年文明号等荣誉称号。

肛肠中心简介：武警南京医院肛肠中心是在省内外有很大影响的中医外科基础上发展起来的，目前是中国医师协会肛肠专业委员会会员单位、江苏省十佳肛肠病治疗中心、全国肛肠医疗中心临床协作单位、会诊中心，由全国肛肠医疗中心组织副教授以上肛肠病专家，定期来中心进行临床指导和肛肠疑难疾病的诊疗及重症患者的专家会诊工作。中心具有主任医师1名，副主任医师2名，主治医师1名，其中硕士研究生2名的人才梯队，集医疗、教学、科研于一体，在继承和发展中医传统治疗肛肠病的基础上，开展肛肠领域的各种先进技术和治疗方法，给广大肛肠病患者带来福音！专业诊治内痔、外痔、混合痔、脱肛、肛裂、肛瘘、肛周瘙痒、肛周脓肿、便秘、肠炎等肛肠科疾病。

肛肠中心专家

王业皇，院内职务：武警南京医院肛肠中心首席专家，主任医师，现任中华中医药学会肛肠分会副主委、世界中医药学会联合会肛肠专业委员会副会长、全国肛肠学术带头人，国家135医学重点学科带头人。曾被国家劳动人事部、总政治部授予“有突出贡献的中青年专家”称号，享受国务院政府特殊津贴。

吴金萍，院内职务：武警南京医院肛肠中心首席专家，主任医师，现任中华中医药学会肛肠专业委员主任，南京中医药大学副教授、39肛肠网首席顾问专家。

赵建云，院内职务：武警南京医院肛肠中心肛肠科主任，现任中华中医药学会肛肠专业委员会会员，中国中西医结合肛肠专业委员会会员，全国中医药高等教育学会肛肠分会理事，全军肛肠专业委员会理事，江苏省中医药学会肛肠专业委员会理事。

王雪冰，院内职务：武警南京医院肛肠中心肛肠科主治医师，现任中华中医药学会肛肠专业委员会会员，全军肛肠专业委员会理事，中国肛肠病学研究生联合会会员，江苏省中医药学会肛肠专业委员会理事。

张广信，院内职务：武警南京医院肛肠中心副主任医师、主治医师、国内知名肛肠专家，中华中医药学会肛肠专业委员会委员，“三九肛肠网”特聘专家，从事中西医结合临床近30年，曾担任国家二甲医院肛肠科主任20余年，对内痔、外痔、混合痔、肛裂、肛瘘、便秘等常见病、多发病、疑难病的诊治，方法独到，疗效显著，尤其对多普勒引导下痔动脉结扎术的开展有独到见解。多次受邀参加国内、国际学术会议，发表著作及论文数十篇，得到业界的认可。

肝病专科简介：武警南京医院作肝病专科为江苏肝病临床教学基地，作为江苏肝病临床教学基地，医院同白求恩医科大学等国内权威名院肝病专家建立了长期技术合作关系；并定期选派本院专家赴北京、上海、广州等地参加学术交流活动,医院现有立项课题15项,在国家级刊物上发表论文近百篇;引进国际一流的大型诊疗设备四十余台,真正形成了以疗效为根本、科研为先导、人才为优势、临床为基础的高科技诊疗模式。

肝病专科名医名家

武警南京医院肝病专科名医名家,以人为本,聘请国内知名医学泰斗担任医疗总顾问;十几名具有高级职称、临床经验丰富的权威医学专家担任医疗专科的首席专家,确保疗效与安全;高级医学人才组成医疗技术骨干,立足肝病医学的前沿;全国26家知名医院160位肝病医学领域的教授、博导、国务院特殊津贴级的医疗专家组成强大的江苏省武警南京医院肝病专家顾问团,定期前来亲诊。

肖荣秀主任于1979年毕业于江西医学院医疗专业。从事肝病临床工作30多年,多次赴北京、上海等地进修,长期应邀参加国内肝病学术交流会议。

精通国际治疗肝病的新技术、新疗法;针对病毒性肝炎、肝硬化腹水、脂肪肝、酒精肝等积累了丰富的临床经验。

尤其擅长诊治急慢性乙肝、乙肝大、小三阳、丙肝等各型肝病,取得显著的疗效,先后在国内学术期刊发表论文十余篇。

肝病专家肖平,主任医师:江苏南武肝病研究院首席肝病专家,国内知名的肝病专家。全军肝病科研研究员,中华医学会传染学会顾问。

尤其擅长诊治:乙肝大小三阳、急慢性乙肝、病毒性肝炎等肝脏疾病,擅长中医中药与现代医学科技相结合,善用国际先进肝病疗法。

从事医学工作近40年,曾在武汉大学医学院学习研究肝病病理、病毒性肝炎的防疫与治疗,担任过山东江西等地多所肝病医院主任。

肝病专家燕南翔简介:

燕南翔,男,副主任医师,1951年出生于山东济南。博士学位,硕士研究生导师。

肝病专家燕南翔副主任医师,是江苏南武肝病研究院权威肝病专家,华东地区知名肝病专家,中华医学会会员,肝病临床经验丰富。

曾多次赴国外参加国际肝病学术研讨会,在肝病学术领域造诣颇深,曾在《传染病学》《全科医学临床与教育》等学术刊物上发表专业论文70余篇,从事肝病防治研究及临床工作30余年。

特色科室:肛肠科武警江苏省总队南京医院肛肠中心是在省内外有很大影响的中医外科基础上发展起来的,目前是中国医师协会肛肠专业委员会会员单位、江苏省十佳肛肠病治疗中心、全国肛肠医疗中心临床协作单位、会诊中心,由全国肛肠医疗中心组织副教授以上肛肠病专家,定期来中心进行临床指导和肛肠疑难疾病的诊疗及重症患者的专家会诊工作。中心具有主任医师1名,副主任医师2名,主治医师1名,其中硕士研究生2名的人才梯队,集医疗、教学、科研于一体,在继承和发展中医传统治疗肛肠病的基础上,开展肛肠领域的各种先进技术和治疗方法,给广大肛肠病患者带来福音!专业诊治内痔、外痔、混合痔、脱肛、肛裂、肛瘘、肛周瘙痒、肛周脓肿、便秘、肠炎等肛肠科疾病。

肛肠专家　张　兵

院内职务:武警南京医院肛肠中心肛肠科主任　职称:现任中华中医药学会肛肠专业委员会会员,中国中西医结合肛肠专业委员会会员,全国中医药高等教育学会肛肠分会理事,全军肛肠专业委员会理事,江苏省中医药学会肛肠专业委员会理事。

肛肠专家　姚广敏

院内职务:武警南京医院肛肠中心肛肠科主任　职称:任中国医师协会肛肠专业委员会

副主任委员,中华中医药学会(肛肠)委员,中国肛肠病学研究生联合学会会员。

中华医学会会员江苏省肛肠健康关爱中心主任　彭澎

院内职务:武警南京医院肛肠中心首席专家,副主任医师职称:副主任医师,教授

中华医学会会员,江苏省肛肠健康关爱中心资深专家——王雪梅

院内职务:肛肠科主任职称:中华中医药学会肛肠专业委员会常务

理事,江苏省中医药学会肛肠专业委员会副主任委员

耳鼻喉科简介

耳鼻喉科是武警南京医院重点特色科室之一,引进美国DNR低温等离子技术、STORZ鼻腔内窥镜、Sutter鼾症治疗系统等多项国际顶尖微创技术。特色治疗鼻炎、过敏性鼻炎、肥厚性鼻炎、鼻窦炎、鼻息肉、鼻中隔偏曲、扁桃体炎、耳聋、耳鸣、中耳炎、外耳炎、鼾症、咽喉炎、腺样体肥大、声带疾病等耳鼻喉科疾病。

武警南京医院耳鼻喉科专业致力于耳、鼻、咽喉疾病,医院倡导"专家、专科、专病、专治"的医疗服务理念,在耳鼻喉领域,已成为中国人民警察武装部队耳鼻喉科品牌。

耳鼻喉特色治疗

鼻内窥镜下DNR等离子热敏技术

低温等离子

武警南京医院耳鼻喉科专家肖主任介绍说,鼻内窥镜是一种自带光源,能对鼻腔进行详细检查的纤维光学设备,有0至90度不等的角度,由于有良好的照明,加之本身比较细,直径只有2.7-4.0mm,鼻内窥镜可以很方便的通过狭窄的鼻腔和鼻道内的结构,来对鼻腔和鼻咽部甚至鼻窦内部结构进行检查,是诊断鼻炎、鼻窦炎、鼻息肉的重要手段!

DNR等离子低温消融技术是利用低温(40-70℃)来进行组织消融的一种高科技的治疗手段,与传统激光微波治疗高达150℃的温度相比,极大的减轻了组织的损伤和病人的痛苦,该技术以高智能探头自动识别病变组织,能够确保黏膜完整、对鼻腔正常组织没有损伤。

鼻内窥镜下进行DNR等离子热敏技术治疗过敏性鼻炎,正是利用这两者各自的优势,让医生能够在全程电视屏幕监控下,将等离子治疗头置于鼻甲充血、咽喉肿痛、滤泡增生等患处,直接进行各项精密的操作,清除患者鼻咽部水肿、促进微循环、加快分泌物的排泄和黏膜的修复,使患者鼻咽部粘膜和结

构恢复常态,消除打喷嚏、流鼻涕、鼻痒等症状。

溧水县人民医院

始建于1924年,是全县最大的一所集医疗、教学、科研、保健、康复于一体的综合性二甲医院,是国家级"爱婴医院"、南京红十字急救中心分站、卫生部国际紧急救援中心网络医院,是江苏大学、皖南医学院和南京医科大学康达学院教学医院。

2011年9月份正式启用的新址医院地处溧水县城南新区,占地125亩,建筑面积8.6万平方米,总投资4亿元。主要建筑有门诊部、急诊部、住院部、医技部、后勤保障系统等。门诊入口设在南侧,急诊入口设在西侧,门急诊楼和医技楼组成综合建筑群体,两幢相对独立的病房楼,位于整个医院北侧,东侧为后勤保障区和生活区。医院编制床位650张,实际开放床位850张,设有18个标准病区,36个业务科室。2011年,门急诊57万人次,收治住院病人2.53万人次。现有在职职工962人,硕士研究生27名,正、副教授14人,高级职称76人,4名县级中青年拔尖人才,11名南京市青年卫生人才。拥有1.5T核磁共振、大型DSA、16排螺旋CT、CR、DR、乳腺钼靶机、数字胃肠机、全自动生化分析仪、氩气刀、高频治疗仪等大中型医疗设备300余台(套),总价值8000多万元,目前正在申请购置直线加速器。拥有先进一流的百级、万级洁净手术室12间。消毒供应中心、重症监护室和血液净化中心与南京地区同级医院相比已领先一步。神经内科、重症医学科、妇产科、儿科、泌尿外科、麻醉科、病理科、骨科、肿瘤内科为南京市临床重点专科。能充分利用腹腔镜、关节镜、宫腔镜、电切镜、电子胃肠镜、影像、检验、病理等技术设备,全面开发微创和腔镜专科技术品牌。除了能开展二甲医院全部诊疗项目外,还开展了部分三级医院技术项目。"快速程序诱导"、"可普诺用于无痛分娩的临床研究"、"电子病历与质量控制系统在临床中的应用与研究"等多个项目,获得南京市卫生局新技术引进奖和溧水县科技进步奖。以检验科为技术基础的中心实验室被南京市卫生局认定为"十二五"南京市医学重点实验室。医院信息化建设走在了全省同级医院的前列,具备万兆主干、千兆桌面的三级星状高性能、高安全的大型数字网络,实现全院FULLPACS、HIS系统功能强大、电子病历全面普及,将来要实现无线医疗护理,真正达到现代化、智能化、数字化医院的目标。

肛肠科专家:王业皇,男,院内职务:溧水县人民医院肛肠科首席专家,主任医师,现任中华中医药学会肛肠分会副主委、世界中医药学会联合会肛肠专业委员会副会长、全国肛肠学术带头人,国家135医学重点学科带头人。曾被国家劳动人事部、总政治部授予"有突出贡献的中青年专家"称号,享受国务院政府特殊津贴。

医院地址:溧水县永阳镇崇文路86号。

溧水县中医院

始建于1979年,是一所集医疗、教学、科研、康复于一体的综合性二级中医院,是国家级爱婴医院,南京市中医药大学实习基地,南京市白内障复明定点医院,溧水县眼病防治中心,又名溧水县红十字医院,医院现有在职职工144人,其中卫生技术人员122人,开设床位110张,年门诊量10万人次,年住院病人3000人次。

医院占地面积7000m^2 建筑面积15072m^2,一幢配有中心吸引、中心供氧、中心传呼、层流手术室于一体的8000m^2 现代化病房大楼于2003年正式投入使用。医院拥有主要大型设备:500MAX光机、电子胃镜、彩超、全自动生化仪等53台。近期医院拟购置CT、CR及超声乳化治疗仪等大型设备(现已进行招标采购期),全面提升中医院综合服务水平。

高淳县人民医院

始建于1936年,医院目前实际开放床位450张,有正式职工439名,副高级以上职称人员50余名,中级职称人员200余名,占地面积2.4万㎡,建筑面积4.6万㎡。目前建筑面积达1.56万㎡的新门急诊大楼已投入使用,两幢大楼以其建筑造型典雅大方内部设施先进高效外部环境优美舒适赢得了广泛赞誉。

医院病床总数:285,日均门诊量:605,医院性质:综合性,分管药剂科工作院长姓名:刘武,药房(药剂科)总人数:26,有无制剂室:有,自制制剂品种数:68,开展临床药学工作否:开展,有无微机管理:无,药房(药剂科)负责人姓名/职务/职称:卢玉芳、边家福。

医院经过六十余年的艰苦创业积累了丰富的文化底蕴,奠定了坚实的发展基础,随着我国改革开放的步伐,医院也迎来了辉煌的腾飞。自九十年代末期开始,经过全体员工的不懈努力,医院一年迈进一大步,一年一上新台阶,目前已成为本地区规模最大功能齐全优势突出集医疗教学科研保健于一体的综合性医院,是江苏职工医科大学附属医院、南京医科大学、江苏大学等多家医学高等院校的教学医院。1994年被卫生部评为二级甲等医院和爱婴医院,2003年与意大利都灵BOSCO医院结为友好医院。充分体现了医院"以人为本"的管理和服务理念,已成为该县的标志性建筑,2003年医院还在开发区征用土地120亩准备建设新区。

医院设有7个职能科室、20多个业务科室和42个专业学组,配有核磁共振、16层螺旋CT、彩色多功能多普勒B超、电子胃肠镜、化学发光仪等大批先进医疗设备,建有现代化的全冗余网管局域网系统,建立了远程教学、远程会诊中心,同时大力引进和发展微创技术。医院的普外科、心内科、儿内科、医学检验科、超声诊断科、麻醉科、肾内科、急诊科、神经内科、妇产科等十个专科是南京市二级医院医学重点专科。

肛肠科专家王业皇,男,院内职务:高淳县人民医院肛肠科首席专家,主任医师,现任中华中医药学会肛肠分会副主委、世界中医药学会联合会肛肠专业委员会副会长、全国肛肠学术带头人,国家135医学重点学科带头人。曾被国家劳动人事部、总政治部授予"有突出贡献的中青年专家"称号,享受国务院政府特殊津贴。

荣誉称号:1999年,医院被评为"南京市十佳医院";2006年,医院被评为南京市二级医院中首家"南京市基本现代化医院"。医院曾连续十六年蝉联南京市卫生系统"白求恩赛"郊县组第一名。2005年医院建立的ISO9001质量管理体系通过了英国BSI公司的认证。

医院地址:高淳县淳溪镇淳中路9号

高淳县中医院

始建于1986年,是一所集医疗、教学、科研、预防保健和社区医疗为一体的综合性二级甲等中医医院。也是高淳县红十字医院,南京中医药大学实习基地,江苏健康职业学院教学医院。

医院占地面积15713平方米,建筑面积18000平方米,编制床位200张。医院有在岗员工266人,卫技人员175人,其中,中、高级职称92人,市名中医2人。设有四个病区、4个中心(急诊中心、危重病监护中心(ICU)、血液净化中心、内窥镜中心),手术室可以同时开放5张手术台(含1个百极手术室),12个临床一级科室,5个医技科室,11个专病门诊,骨伤科、针灸科为国家级农村医疗机构特色专科建设单位,中医消化科等是南京市重点专科。医院固定资产总值过亿,设备资产总值3000万元。装备了飞利浦6排螺旋CT、CR、全自动生化分析仪、彩超、C型臂机、五分类血球计数仪、凝血仪、电子胃肠镜、血液透析机20台、震波碎石机、肿瘤热疗仪等一批先进的医疗设备。

高淳县中医院从2012年开始,实行绩效工资,国标县级医院工资标准,再加40%绩效考核工资。

地址:南京市高淳县汶溪路287号105路公交直达

人员结构:医院有在岗员工236人,卫技人员175人,其中,中、高级职称92人,市名中医2人。设有四个病区、4个中心(急诊中心、危重病监护中心(ICU)、血液净化中心、内窥镜中心),手术室可以同时开放5张手术台(含1个百极手术室),12个临床一级科室,5个医技科室,11个专病门诊,骨伤科、针灸科为国家级农村医疗机构特色专科建设单位,中医消化科等是南京市重点专科。

医疗设备:医院固定资产总值8500万元,设备资产总值2064万元。装备了飞利浦6排螺旋CT、CR、全自动生化分析仪、彩超、C型臂机、五分类血球计数仪、凝血仪、电子胃肠镜、血液透析机20台、震波碎石机、肿瘤热疗仪等一批先进的医疗设备。

开展科目:设有四个病区、4个中心(急诊中心、危重病监护中心(ICU)、血液净化中心、内窥镜中心),手术室可以同时开放5张手术台(含1个百极手术室),12个临床一级科室,5个医技科室,11个专病门诊,骨伤科、针灸科为国家级农村医疗机构特色专科建设单位,中医消化科等是南京市重点专科。

六合区人民医院

是一所集医疗、教学、科研、预防保健和院内、外急救为一体的现代化综合医院,东南大学医学院教学基地、南京医科大学临床实习基地。医院现有职工774人,其中高级职称人员50人,中级职称人员250人。拥有开放病床650张,固定资产8300万元,年门诊量38.2万人次,年收治住院病人1.5万人次。

详细地址　南京市六合镇健康巷9号

邮政编码　211500

联系电话　025-7759827

床位数　300

日门诊量　486

特色专科　耳鼻喉科、皮肤科、脑外科、病理科等

院　长　王正永

主要设备　彩色多普勒超声扫描仪、体外反搏机、手术显微镜、CT等。

六合区中医院

医院简介:医院病床总数:100,日均门诊量:607,医院性质:中医院,分管药剂科工作院长姓名:王茂生,药房(药剂科)总人数:21,有无制剂室:无,自制制剂品种数:/,开展临床药学工作否:否,有无微机管理:无,药房(药剂科)负责人姓名/职务/职称:袁习文中药师。

·呼吸内科·消化内科·心内科

·肾病科·血液科·代谢与内分泌科

·神经内科·精神病科·感染与传染病科

·普外科·胸外科·神经外科

·整形外科·肝胆外科·骨科

·烧伤科·泌尿外科·妇科

·产科·儿科·眼科

·口腔科·耳鼻喉科·皮肤科

·性病科·急诊科

医院地址:六合县通玄街7号

江宁区中医院

地址:南京市江宁区东山镇文苑巷2号

院长姓名:马维庆

医院类型:综合医院

病床数量:200张

年门诊量:30万人次

是否医保:非医保

主要设备:有美国GE公司螺旋CT、飞利浦16排螺旋CT、X射线诊断设备(DR)、多功能数字胃肠机、奥林巴斯高清电子腹腔镜、电子胃肠镜、GE彩超、彩色经颅多普勒诊断仪(TCD)、全自动生化分析仪、化学发光仪、全自动尿沉渣分析仪、全自动血球计数仪、电子鼻咽喉镜、前列腺气化电切系统、多功能麻醉机、监护仪、病理诊断系统和血液透析设备等近4000万元的大型医疗设备。

临床一级科室13人,专科专病12人,其中肛肠科、骨伤科、肿瘤科为市(区)重点专科。市级名中医3人,高级职称10人,中级职称37人,医学硕士1人,函授研究生5人,外聘专家7人。

医院科室设置齐全。有内科、外科、骨伤科、妇产科、儿科、皮肤科、眼科、耳鼻喉科、口腔科、肛肠科、肿瘤科、针灸科、推拿科、急诊科、防保科、中西医结合科、病理科、重症医学科、麻醉科、医学检验科、医学影像科等临床、医技科室;有血透中心、体检中心等。其中肛肠、骨伤和针灸为市、区重点专科。

江浦区中医院

医院简介:医院病床总数:90,日均门诊量:300,医院性质:中医院,分管药剂科工作院长姓名:程玉芳,药房(药剂科)总人数:26,有无制剂室:无,自制制剂品种数:/,开展临床药学工作否:否,有无微机管理:无,药房(药剂科)负责人姓名/职务/职称:俞耀良主任/药师、钱建新副主任/药师、张明生副主任/中药师。

·呼吸内科·消化内科·心内科
·肾病科·血液科·代谢与内分泌科
·神经内科·精神病科·感染与传染病科
·普外科·胸外科·神经外科
·整形外科·肝胆外科·骨科
·烧伤科·泌尿外科·妇科
·产科·儿科·眼科
·口腔科·耳鼻喉科·皮肤科
·性病科·急诊科

医院地址:江浦县珠江镇

无 锡 市

无锡市第五人民医院

毗邻太湖旅游风景区,是无锡城市规划调整后的中心区域,根据无锡卫生十一五发展规划,医院迎来了前所未有的发展空间。全院职工正以此为契机,齐心协力,以现代化医院建设为目标,坚持重管理求效益、重特色求创新、重机制求人才、重品牌求发展,以求真务实的态度,不断提升医院整体实力,满足不同层次市民日益增长的医疗保健服务需求,为提升诚市综合服务功能注入新的活力。

“瑶台倒映参差树,玉镜屏开远近山”在美丽的太湖之滨,孕育着无锡卫生一颗璀璨的明珠——无锡市第五人民医院。1979年成立,经过二十多年的艰苦创业,业已成为无锡西南片区居民的医疗保健中心。医院总资产1.85亿人民币,占地面积20474平方米,建筑面积为34483平方米,员工662名,其中卫技人员540余名,中高级技术职称人员267名,开设床位661张,设有内、外、妇、儿等30多个临床医技科室。技术力量雄厚、医疗设备先进,是南京医科大学教学医院、江南大学附属医院。医院建有现代化一流设备的病房大楼和门诊大楼,拥有各种检查治疗设备2298台,其中10万元以上设备205台,配有多排螺旋CT、DSA、DR、CR、全自动生化仪、彩色B超、体外循环仪等现代化设备。医院以诚信为办院宗旨,为广大市民提供优质低价的满意服务,医院先后获得省文明单位、诚信单位、市十佳医院、市“五一”劳动奖状等荣誉称号。

技术优势:2002年6月无锡市第五人民医院与肺科医院重组合并,医疗技术力量得到加强和提高,已形成综合平衡、异军突起的技术力量格局。市重点临床专科胸外科开展异体肺移植治疗终末期肺病的技术已达到了国际先进水平,至2006年7月已独立成功开展肺移植手术47例,成为国内开展肺移植手术最多、成功率最高的医院,普胸手术已包含普胸外科的全部病种;另一市级重点临床专科呼吸内科建科已有五十多年,已发展成为以诊治各种肺部疾病为特色的大专科,特别在肺、胸部疑难疾病的鉴别诊断方面,紧跟国内前沿水平,以其雄厚的技术力量确保了医院圆满完成2003年无锡市抗击“非典”的艰巨任务;心内科开展冠脉造影、冠脉球囊扩张术及支架安置术、周围血管介入治疗肾动脉狭窄、腹主动脉瘤等治疗技术,达到了市内领先水平。另外,以急诊科、骨科、神经外科、重症监护室和急诊科为主干科室的创伤外科治疗中心,以其得天独厚的地理优势和全面发展的技术力量,形成专业性抢救治疗队伍,业务工作量常年保持在较高水平。该中心率先在市内开通生命救护绿色通道,致力于严重创伤、复合伤危重病人的综合治疗及多脏器功能衰竭的治疗和研究,重症多发性创伤病人抢救成功率达96%以上,形成了畅通、快捷、安全、有效、完善的创伤外科治疗体系。

服务优势:二十多年的建院历史,创造了与时俱进的医院文化。“团结、奉献、务实、求精”是医院的精神支柱,医院拥有一支精干高效的管理队伍、一批勤劳朴实的职工群众,一条以人为本的医院经营理念。医院在全市首创推行了资深专家、首席专家制,以过硬的专家品牌服务社会。同时,医院坚持以诚信办院为理念,积极推行人性化服务,积极开展“一科一特色、一科一举措”创新服务,如为病人送上一声问候、递上一杯水等“四个一”服务,住院病人迎送服务和延伸服务,为恰逢生日的住院病人送上鲜花和贺卡、温馨服务零距离等举措,社会对医院的综合满意度常年居全市各医院之前列。

区位优势:无锡市第五人民医院毗邻太湖旅游风景区,是无锡城市规划调整后的中心区域,根据无锡卫生十一五发展规划,医院迎来了前所未有的发展空间。随着无锡城市的整体南移,沿太湖开发方兴未艾。作为无锡高级商住区和居住区的蠡湖新城已初具规模,预计将有近30万人口迁入新居,人气旺盛,商机无限。全院职工正以此为契机,齐心协力,以现代化医院建设为目标,坚持重管理求效益、重特色求创新、重机制求人才、重品牌求发展,以求真务实的态度,不断提升医院整体实力,满足不同层次市民日益增长的医疗保健服务需求,为提升诚市综合服务功能注入新的活力。

地址:江苏省无锡市兴源中路88号

无锡市第六人民医院

位于无锡太湖国家旅游度假区内、灵山大佛境区,创建于1979年,至今已近30多年的历史,占地16000平方米,建筑面积13200平方米,固定资产1806万元,建筑床位280张,实际开放床位180张,综合科室齐全,是一所发展中的二级综合性医院、爱婴医院、无锡市旅游急救定点医院、无锡市花园式单位;属于非营利性医疗机构、无锡市城镇职工医疗保险定点机构、中国人寿保险公司定点医院、泰康人寿保险定点医院。医院坚持“团结、奋进、求实、创新”的办院宗旨,在改革中求生存、在竞争中求发展,初步创出了一条以专科建设为龙头,推动医院整体发展的工作思路。近年来,医院在内、外、妇、儿、骨伤科等常见病、多发病治疗实践和规范化管理的同时,尤其重视专科建设,偏瘫治疗专科经过近5年的临床实践,以其独特的治疗方法、疗效和宾馆式的服务,吸引了全国10多个省市的偏瘫患者来院就医,为老年康复事业作出了较大的贡献。血液平衡治疗专科利用最新医疗设备和技术手段,经过近4年的临床实践,在心脑血管疾病患者的早期预防和病根治疗等方面取得了显著成效。

地址:无锡市滨湖区马山梅梁路

无锡市传染病医院

无锡市传染病医院始建于1951年,是无锡地区唯一治疗肝炎、结核及乙脑等各类传染病的市级专科医院,接受南京医科大学等高等院校教学实习,是苏州大学教学医院。设有临床肝科、结核科、传染科、中西医结合科、性病科等五大专科,是一所拥有编制床位380张,高级职称卫生专业技术人员30人,中级职称102人的集医、教、研、防于一体的二级甲等专科医院。

擅长各型肝炎、结核、出血热、流脑、乙脑、性病、艾滋病等三十多种法定传染病的诊断、治疗,尤其在各类疑难、危重病症的诊断与治疗方面效果突出,在省内外同行中享有较高声誉。该院院先后荣获省、市文明单位、市十佳医院、市服务行业"双信"优胜单位等荣誉称号。

近年来,医院秉持"创建学习型医院,推行现代化管理,提供人性化服务"的医院理念,坚持诚信服务、价格公开,坚持以患者满意为最高准绳,精心制定和推出各项便民、利民新举措。同时,该院坚持走"科教兴院"之路,以专科建设为龙头,以人才培养为根本,稳步推进"三名战略"的实施,使医院专技人员队伍日趋强大,诊疗技术日趋领先。医院不断加大科研开发力度与先进设备的投入,目前拥有1235全自动时间荧光分辨仪、螺旋CT、7600全自动生化分析仪、特定蛋白仪、DNA测序仪等一批国内外先进的诊疗设备,检测诊断水平在同行业中处于领先地位,科研成果多次荣获省、市科技进步奖。

随着卫生改革的不断深入,传院人以科学发展观调整思维,按照卫生国际化、现代化的要求精心部署医院发展工作,确立医院发展新定位。医院以创立三级甲等专科医院为目标,全面强化质量管理;以医院文化建设为核心,进一步加强行风建设,加大文明行业创建力度,努力实现突破性发展。

历史沿革:"宝剑锋从磨砺出,梅花香自苦寒来",1951－2001年,无锡市传染病医院在社会各界的关心和支持下,在全院职工的艰苦努力下,历经时代的沉浮,以坚实的脚步从容走过了她的半百历程,笑颜面对一个崭新的世纪。回顾医院50多年来的发展史,医院大致经历了四个阶段:

初创(1951－1957);搬迁(1957－1979);重建(1979年－1988年);发展(1988年－2001年)。

经过50多年的风雨历程,医院现已发展成为一所设有临床肝科、结核科、传染科、中西医结合科、性病科五大专科,拥有编制床位380张,职工383人,高级职称专家30人,中级职称人员102人,集医、教、研于一体的专科医院。医院采用中西医结合、人工肝、介入、腹水浓缩回输、自血光量子疗法等方法治疗病毒性肝炎、中毒性肝炎、重症肝炎、药物性肝炎、肝硬化、肝肿瘤、耐药性结核及其他各类传染病的治疗方面取得了显著成效,危重病人抢救成功率达85%以上,处国内先进水平。

肝　科

通过肝病治疗仪和填补市内空白的人工肝支持治疗,以及腹水浓缩回输术、经皮穿刺肝动脉灌注/栓塞化疗药物、经皮穿刺小肝癌瘤体内无水酒精注射等国内外先进方法的运用,对各型肝炎、肝硬化和中晚期肝癌伴有顽固性癌性腹水、重症肝炎的抢救尤有独到之处,危重病人抢救成功率达到国内先进水平。

中西医结合肝科

聘请多名国内著名中西医结合肝病专家,采用中药联合西医序贯疗法、中药"通腑泄毒法"、"扶正托毒"等疗法,对病毒性肝炎、肝硬化、脂肪肝、酒精性肝病等进行辨证论治,形成运用中医、西医、中西医结合等多种方法治疗各类肝病的诊疗新体系,在恢复肝功能,抑制病毒复制,促进乙肝病毒标志物阴转,调节免疫功能,阻断或逆转肝纤维化等方面取得显著的临床效果。

结核病诊疗中心

对结核病的规范化治疗、难治性结核的综合治疗以及肺结核严重并发症的抢救均有独到之处,特别是对各种肺内、外结核及肺部多发病、少见病、疑难病的诊断和鉴别诊断积累了丰富的经验。近年来开展的纤支镜介入治疗,为耐药性肺结核、支气管内膜结核的治疗开辟了一条新途径。

传染科

主要诊治出血热、乙脑、流脑、伤寒、菌痢、麻疹等传染性疾病,技术力量雄厚,技术水平一流,在长江三角洲地区具有良好的重点学科形象。

性传播疾病诊疗中心

该中心是无锡市艾滋病抗体控测单位,设有艾滋病初筛实验室,拥有现代高科技检测系统,引进全套尖端泌尿性疾病治疗设备,科学、规范、保密治疗淋菌性尿道炎、非淋菌性尿道炎、阴道炎(支原体、衣原体感染)、梅毒、生殖器疱疹、尖锐湿疣、艾滋病等男女泌尿性疾病及其后遗症。

先进设备

西门子螺旋CT

1235全自动时间荧光分辨仪

人工肝——重症肝炎患者的希望

美国贝克曼库特流式细胞仪

960分枝杆菌培养仪

7600－020全自动生化仪

西门子螺旋CT美国贝克曼库特流式细胞仪

人工肝——重症肝炎患者的希望1235全自动时间荧光分辨仪

7600－020全自动生化仪960分枝杆菌培养仪

特色医疗人工肝

"人工肝支持系统"结合血浆置换,血液灌流,血浆吸附,血液透析,血液滤过等方面,暂时替代部分肝脏功能,稳定内环境，利用肝细胞再生功能强大的特性，用体外循环去除血液中因肝衰竭所产生的有害物质，如黄疸、血氨、血脂等，病变的肝脏可望通过再生而恢复其原有的结构和功能，为治疗和抢救争取宝贵的时间。

腹水浓缩回输

对顽固性肝硬化腹水患者进行腹水浓缩腹腔回输，安全可靠，禁忌症少，能提高血浆蛋白量，对显著改善肾功能，消除水肿及腹水吸收有良好作用，总有效率70%。

自血光量子疗法

是一种将少量抗凝自体血经一定波长紫外线照射，同时充氧磁化一定时间后再回输的方法，能提高血红蛋白的氧合作用和红细胞携氧能力，增加组织供氧，改善病变组织的微循环，能杀死细菌、病毒等微生物，调整免疫功能。

部分脾栓塞术

部分脾栓塞是脾功能亢进治疗的首选方法，有"内科脾切除"之称。部分脾栓塞是通过部分脾动脉栓塞，使被栓塞的部分脾脏组织因缺血坏死而达到治疗目的，从而起到预防和治疗腹水、上消化道出血，提高肝癌治疗效果的作用。手术本身具有微创性、安全性、并发症少等优点。

肝癌介入疗法

肝动脉栓塞化疗（HAE）即所谓肝癌介入疗法，是将特殊导管在X光机或DSA的观察下，超选择到肝脏肿瘤供血的固有动脉，注入抗肿瘤的化疗药物，能使肿瘤局部药物浓度提高，减轻全身性的药物毒副反应，达到最大的抗肿瘤效果。

纤支镜介入治疗

借助纤维支气管镜进行肿瘤腔内微波治疗、药物胸腔内注射和治疗结核性胸膜炎致胸膜增厚粘连，效果显著，同时为耐多药肺结核、难治性结核性空洞、支气管内膜的治疗开辟了新途径。

专家介绍

西医肝病专家

蒋祥虎：院长，副主任医师，擅长重症肝炎并发多脏器衰竭的抢救治疗及肿瘤、脾功能亢进的介入治疗。

谢志萍：副院长，副主任医师，从事传染病专业30余年，2003年赴德国美茵兹大学进修学习。擅长对各型病毒性肝炎、药物性肝炎、脂肪肝等常见疾病的诊治，特别对慢性肝炎的抗病毒治疗、肝硬化的抗纤维化治疗、重症肝炎的免疫调控及肝细胞再生有独到的见解。撰写医学论文近20篇，其科研项目曾获江苏省新技术引进二等奖。

陈浩坤：主任医师，医院重点学科带头人，长期从事肝病、传染病的防治工作，临床经验丰富，擅长中西医结合治疗各类肝炎、肝硬化和传染性疑难病症，对慢性肝炎的抗病毒治疗有深入的研究。发表学术论文数十篇，多项科研课题获市科技进步奖。

顾锡炳：主任医师，擅长早、中期重症肝炎、肝硬化胸水、腹水、肝昏迷等的治疗。对乙型、丙型肝炎的抗病毒治疗有丰富的临床经验。其科研项目荣获市科技进步三等奖。

丁　虹：主任医师，从事传染病诊治工作20余年，对病毒性肝炎、肝硬化腹水、疑难杂症的诊治有独到的理论见解，尤其擅长乙型、丙型肝炎的抗病毒、抗纤维化治疗及肝活检有丰富的临床经验。发表国家级、省级论文十余篇，曾获无锡市自然科学优秀学术论文奖2次。

徐　微：主任医师，卫生局拔尖人才，重症监护病区主任，擅长病毒性肝炎的抗病毒、抗纤维化治疗以及运用人工肝治疗重症肝炎、脂肪肝等。

陈凯红：主任医师，无锡市传染病病医院肝科六病区主任，擅长肝纤维化的防治、难治性肝硬化胸腹水和重症肝炎的治疗及中西医结合治疗肝病。其科研项目先后荣获江苏省新技术新项目引进二等奖、无锡市阿斯特拉医学三等奖。现任南京医科大学兼职副教授。

中西医结合肝病专家

胡泰洪：副主任医师，医学博士，中西医结合肝科主任，从事传染病工作十余年，具有扎实的中西医理论基础，擅长中医药联合西医抗乙肝病毒序贯疗法治疗慢性乙型肝炎及中药"通腑泄毒法"治疗重症肝炎。发表学术论文10余篇，参编著作一部，先后获军队科技成果三等奖一项，省级科技进步三等奖一项。

包永敏：主任医师主任中医师，无锡市名中医兼任江苏省中西医结合肝病专业组委员，在中医治疗各类病毒性肝炎、重症肝炎及肝硬化腹水顽症及抗纤维化治疗等有深入的研究，临床经验丰富。

金　实：江苏省中医院主任医师，博士生导师，擅长运用调肝运脾、凉血解毒法治疗急慢性肝炎、肝硬化、肝腹水、脂肪肝、重症肝炎及各种疑难杂症。

王德明：江苏省中西医结合医院主任医师、医学硕士，擅长中药治疗乙肝、丙肝及病毒性肝炎、肝外损害并发症。

张长法：中国解放军454医院传染科、空军传染病中心主任、主任医师，擅长运用中西医结合治疗病毒性肝炎、肝硬化、脂肪肝、肝癌。

李明钊：南京市中医院肝病科主任、主任医师，擅长治疗急慢性肝炎、肝硬化、脂肪肝及中医疑难重症。

金小晶：南京市中医院主任医师，擅长治疗急慢性肝炎、肝硬化、重症肝炎、脂肪肝、药物性肝病、自身免疫性肝病及消化系统疾病。

结核病专家

王学广：主任医师，擅长胸部X线、CT片、核磁共振片的读片诊断及各种肺部疾病、肺、胸部肿瘤、呼吸衰竭的诊断和抢救治疗。

无锡市崇安区人民医院

是一所集医疗、教育、科研、预防、保健、康复和社区卫生服务为一体的综合性医院。地处城中心，交通便捷，建院四十多年以来，特别是改革开放后，医院的规模不断扩大，目前主要由院本部、无锡市口腔医院、映山河分院（映山河儿童医院）、靖海分院、长江康复分院、亭子桥门诊所、工运门诊所和社区医疗卫生服务中心（下设九个医疗点）组成。医院建筑面积2.1万平方米，占地面积1.2万平方米。拥有274张床位，28个临床科室，7个医技科室，2个市属重点专科（口腔科、蛇伤科）和4个院内重点专利（心内科、口腔科、小儿科、眼科）及6个中心（血液净化中心、心脏监护中心、影像中心、临床检验中心、生命健康保健中心、脑瘫康复中心),在注重规模发展的同时,医院领导大力开展专科建设,其中无锡市口腔医院是无锡地区最大的口腔疾病防治中心,拥有无锡地区唯一的口腔CT及全景X光机、电脑精密铸造机、进口烤瓷系统、光固化机和起声喷粉等设备,设有外宾治疗室,开展四环素脱色、牙齿脱敏、矫形、隐形义齿和种植牙等新技术。蛇伤科更是名扬大江南北,病人来源涉及江、浙、沪,年收治700余人次,收治数达1.2万余人次,死亡率仅0.3%,收治数、治愈率均在全国处于领先水平。在医院开设的28个临床科室中,尤其以儿科、中医、眼科、神经内科、泌尿外科、美容科见长。另外男性科、痔管科、疼痛科、中西医结合脊柱病治疗中心等特色门诊在邻近及周边地区有一定影响。还拥有东芝AsteionDual多排双层螺旋CT、德国西门子AXGPSM80高频50KW数字化胃肠机、美国LOGIQ400彩色多谱勒超声诊断仪、日本东芝TBA-40FR全自动生化分析仪、美国威龙VG-200电子内窥镜、HypervisorⅢ中心监护系统、美国AK95血液透析机、SUT-610超声扫描心脑血管治疗仪、匈牙利500MA电视遥控X线机、美国TDS9900彩色经颅多谱勒血流诊断仪、日本光电4217型18导脑电分析仪、德国STONZ485纤维膀胱镜、日本OLYMPUS-BFIT30纤维支气管镜、美国NAY98慧眼超声乳化仪、日本佳能RK-2型自动角膜曲率——屈光度测定仪、德国MASTERCYCLER5330型基因扩增仪等大型设备。全院在编职工465人,其中高级职称29人,中级专业技术人员143人,年门诊量43万人次,年出院病人6000余人次,1994年被卫生部评为"二级乙等"医院,1993-1994、1995-1996、1997-1998年度连续三次被江苏省委、省政府命名为"省文明单位",1995年被评为"无锡市市民满意医院优胜单位",同年被苏州医学院定为"教学医院"。1996年被评为国家"爱婴医院",2001年被评为无锡市"十佳医院"。2002年荣获"无锡市文明单位"称号。

无锡市南长区人民医院

无锡市南长区人民医院(无锡市老年病医院)创建于1958年,是一所功能齐全,设施规范,以老年病诊断治疗为特色的二级综合性医院,1996年市政府批准挂牌无锡市老年病医院。医院编制床位231张,有高级职称专家40余名,拥有多层螺旋ct、彩色b超、全自动生化分析仪、电子胃肠镜、腹腔镜、等离子双级内窥镜系统等先进医疗设备。医院下属6个社区卫生服务中心(站)分布在全区各街道社区。医院是"江苏省文明单位",连续四年荣获"无锡市十佳医院"。

医院坚持科教兴院,加强内涵管理,注重行风建设,不断深化改革,2003年加盟上海仁济医疗集团,今天的南长人民医院正以"仁术济世"的精神,加强学科建设,内强素质,外树形象,为社会提供更高、更精、更优的服务。

无锡市北塘区人民医院

座落于无锡市北塘大街莲蓉桥堍,48年的发展成为一所集医疗、教学、科研、保健为一体的综合性国家二级医院,国家爱婴医院,是北塘区计划生育指导中心和儿童保健中心,拥有北大街和惠山二家社区卫生服务中心,下属九家社区卫生服务站等分支机构。医院为无锡市医保定点单位。总院开放床位255张,设置30个临床医技科室,全院在编职工360余名,专技人员291人,其中高级卫技人员25名,中级110名。近三年,年门诊量达20万人次,住院病人4500余人,完成正规手术1100余例。

改革开放给医院带来勃勃生机,特别是近几年,医院始终坚持发展是硬道理的观念,不断开拓创新,坚持"院有重点,科有特色,医有专长"的学科发展方向,注重科技兴院,市(县)级重点专科心血管内科,市特色科室超声诊断科。院主力科室为内、外、妇产科等。妇产科业务量居本市城区级医院之首,院特色科室肿瘤科、中医骨伤科、眼白内障专科等。近三年来,在省级以上刊物发表学术论文150余篇。

设备共引进国内外先进医疗设备40多台件。如大型螺旋CT机、进口彩色多谱勒超声仪、电子胃镜、800mA电视遥控X线机、500mA数字X线机、动态心电图仪、动态血压仪、全自动生化分析仪、发光免疫仪、热疗仪等。

无锡市锡山人民医院

位于无锡市广瑞路588号,是一所集医疗、教学、科研、急救、预防保健为一体的二级甲等综合性医院,技术力量雄厚、医疗设备先进,是江苏大学、江南大学和皖南医学院的教学医院,无锡市医保定点医疗单位。同锡山脑科医院实行两块牌子、一套班子的管理体系。

医院实际开放床位490余张,现有在职职工576名,其中卫技人员占88%,中高级职称200余名;医院年门诊量30万人次,年出院病人1.5万人次,手术7000余例。医院设内、外、妇、脑、儿科等14个临床科室,8个医技科室,12个病区;其中脑科、胸外科、心内科、呼吸内科、骨科、普外科、妇产科为医院重点专科;肾内科血液净化中心、中西医结合肛肠科、口腔科、中西医结合风湿科等为医院特色专科。医疗设备先进,有西门子多层螺旋CT、DSA、CR、全自动生化分析仪、彩超及进口胃肠机、三维超声成像仪、进口动脉硬化检测仪等先进的仪器设备,并拥有国内一流的层流手术室和一流的信息化系统。医院推行"感动服务"的全新理念,全面实施感动服务,"以病人为中心、以满意为目标"是医院多年来的工作宗旨,先后开展了服务明星评比、病人满意病区"流动红旗"竞赛活动等,建立了服务质量监控的长效机制,有效地促进了服务质量的提升。

医院先后获得"全国卫生文明建设先进集体","省文明医院"、"无锡市十佳医院"、"无锡市市民满意医院"、"无锡市文明单位"等荣誉称号。

宜兴市中医医院

是发展的综合性二级甲等中医院、省文明医院、爱婴医院、江苏省高校实习基地、上海复旦大学附属妇产科医院宜兴协作医院、江苏省中医院宜兴协作医院、宜兴市司法鉴定所。

现有职工600余人,其中高级职称45人,中级职称148人,拥有省名中医2人、无锡市名中医1人、宜兴市名中医3人、宜兴市学科带头人3名。近年来面向全国招聘脑外科、心胸外科、神经内科、急诊科、心血管内科、烧伤整形科专家型人才6名。医院年门诊量37万人次,收治住院病人近1万人次。

中医名医堂享誉全市及周边地区。特色专科专病有心血管专科、呼吸专科、糖尿病、肾病、消化病、腹腔镜微创外科、烧伤美容、泌尿外科、脑外科、心胸外科、肝胆外科、白内障超声乳化术、儿童哮喘病、新生儿疾病、耳鼻咽喉、乳房病及疔疮痈、肛肠痔瘘、不孕症、腰腿痛病等,其中儿科、骨伤科为无锡市中西医结合重点专科,腰腿痛病为无锡市中医重点专病。

医院设备先进,技术一流,拥有德国西门子64排螺旋CT、心脏彩超、日本东芝数字胃肠机、美国GE实时四维彩超、日本奥林巴斯电子胃镜、纤维支气管镜、德国Storz电视腹腔镜、前列腺电切镜、膀胱镜、钬激光、体外循环机、全自动电化学发光分析仪等先进诊疗设备。能独立开展经尿道前列腺、膀胱肿瘤电切术、各类腹腔镜、宫腔镜、胸腔镜手术、全髋关节置换术、骨盆骨折开放复位内固定术、脊柱减压融合内固定术、钬激光手术、脑肿瘤切除术、微创颅内血肿清除术、心包畸胎瘤切除术、纵隔肺肿瘤切除术、肝癌切除术、复杂联合脏器切除术、复杂胰十二指肠切除术等各类手术。

新院区占地66亩,总建筑面积达7.2万平方米,总投资3.5亿元,由政府投资兴建。新院区设施完善、环境优美,包含行政楼、综合楼、后勤楼3幢建筑主体,设停车位400余个。综合楼高17层,设有功能齐全、设施一流的门诊、急诊、住院部和体检中心,拥有高标准层流手术室12间。床位设置830张,首期开放600余张,设有14个病区和27个专科。病区环境舒适温馨,中央空调、中心供氧、中心吸引、病床呼叫系统、物流传输、智能化监控报警系统、数字电视等现代化设施一应俱全。为了更好地服务于临床患者,医院将新增核磁共振、双板DR、高压氧舱等大型诊疗设备。

先进设备:拥有ProspeedFⅡ双排螺旋CT、日本日立TU-41胃肠专用X光机、美国GE公司500mA摄片机,德国西门子多功能B超、美国GE公司彩超、日本奥林巴斯全自动血生化分析仪,日本富士电子胃镜、奥林巴斯纤维支气管镜、德国Storz电视腹腔镜、前列腺电切镜、膀胱镜等先进的检测治疗设备。

宜兴市第二人民医院

创建于1952年,座落在太湖之滨的陶都——丁蜀镇,经过50多年的建设,已发展成为一所科室设置齐全,技术力量雄厚,医疗设备先进、学术水平较高,集医、教、研为一体的综合性二级甲等医院。医院现有临床和医技科室30余个,其中眼科、骨科、儿科为市级重点专科,具有特色的有:内科的消化、心血管、糖尿病专业组;外科的胸外、肝胆(包括腹腔镜)、泌尿(包括体外振波碎石)、胃肠专业组;脑外科、妇产科、伤骨科等。

经过50多年的建设,已发展成为一所科室设置齐全,技术力量雄厚,医疗设备先进、学术水平较高,集医、教、研为一体的综合性二级甲等医院。2000年列为江苏省"视觉第一、中国行动"白内障复明手术和扶贫定点医院,成立苏州大学附属儿童医院宜兴儿童咨询中心,并与上海东方医院合作,成立上海东方医院宜兴分院、2002年宜兴市眼科中心在我院挂牌,2003年成为南通大学教育医院。

医院占地面积25606平方米,医疗用房面积31702平方米,作为市政府为民办实事工程的门诊大楼总建筑面积9048平方米,21层的新病房大楼总建筑面积17400平方米,全院实行微机联网,内有中央空调、电脑网络系统、电梯等现代化装备,是市内一流的医疗设施。院内绿茵浓郁、环境优美,为患者创造了优质、温馨的就医、诊疗和康复环境。医院现有床位260张,在编在册职工420余名,其中专业技术人员380余名,高级职称30余名,中级职称200余名。医院年门诊量达18余万人次,年出院病人8600余人次,手术4500余台次。

医院现有临床和医技科室30余个,其中眼科、骨科、儿科为市级重点专科,具有特色的有:内科的消化、心血管、糖尿病专业组;外科的胸外、肝胆(包括腹腔镜)、泌尿(包括体外振波碎石)、胃肠专业组;脑外科、妇产科、伤骨科等。

医院始终紧紧围绕"爱岗敬业、振兴二院"这一精神文明建设主题,党、政、工、青、妇齐抓共管,坚持把医疗服务质量作为医院发展的动力,不断弘扬"团结、奉献、创新、发展"的医院精神,大力加强医院两个文明建设,先后荣获无锡市十佳医院、宜兴市文明单位和文明标兵单位、宜兴市十佳医院等光荣称号。

专家介绍

蒋国兴

性别:男

职称:主治医师

科别:五官科

职务:五官科主任

称号:市二院十佳医生

特长:眼科疾病的诊治

简介:主治医师,农工民主党党员,大专,毕业于江南大学,

现任五官科主任,擅长眼科疾病的诊治。院十佳医生,多次获宜兴市卫生局嘉奖。

戴佳文

性别:男

职称:副主任医师

科别:外科

职务:大外科副主任

特长:擅长普外疾病、胃肠道肿瘤的诊治

简介:副主任医师,本科,毕业于苏州医科大学,2002-2004年苏州大学临床医学研究生课程班结业,现任大外科副主任,曾赴上海瑞金医院进修,擅长普外疾病、胃肠道肿瘤的诊治,多次获宜兴市卫生局嘉奖。

周仲明

性别:男

职称:副主任医师

科别:脑外科

职务:脑外科主任

称号:市二院十佳医生

特长:脑外科

简介:副主任医师,农工民主党党员,本科,毕业于镇江医学院,现任脑外科主任,曾赴江苏省人民医院进修,擅长脑外科疾病的诊治,院十佳医生,多次获得宜兴市卫生局嘉奖。

夏小明

性别:男

职称:主治医师

科别:骨科

特长:骨科疾病

简介:主治医师,本科,毕业于南京铁道医学院,擅长骨科疾病的诊治。

医疗设备:医院在加快人才培养,提高人员素质的同时,不断加强硬件的投入,使医院的医疗设备不断精良完备,处于全市一流水平。

主要设备有:东芝全身CT机、岛津800毫安X光数字胃肠机、岛津500毫安X光全自动胃肠造影机、东芝500毫安X光摄片机,DSA、惠普(HX—影像之星)彩超机、内窥镜电视系统及电子胃镜、肠镜、十二指肠、腹腔镜、纤维支气管镜、全自动生划、血液分析仪、动态血压、动态心电图系统、眼科手术显微镜、美国爱尔康白内障超声乳化仪、非接触式眼压仪、全自动电动验光仪、视野仪、角膜地形图仪、视觉电生理系统、多功能监护仪、全套进口麻醉机及监护系统、TCD、脑电图、全套中央监护、中央供氧、中央吸引设备等。

江阴市人民医院

是东南大学医学院附属医院、南通大学附属医院,是一所集医疗、教学、科研、预防保健、康复为一体的综合性医院,医院设有脑科中心,骨关节中心,肿瘤血液中心,急危重症救治中心,消化中心,内科,外科,眼科,耳鼻喉科,整形烧伤科,整形美容科,口腔科,皮肤科,介入科和中医科等科室。

江苏省江阴市人民医院是东南大学医学院附属医院、南通大学附属医院,是一所集医疗、教学、科研、预防保健、康复为一体的综合性医院,现开放床位1500张;职工2100余人,其中中高级医技人员500余名;年出院病人5万余人次。

江阴市人民医院分设二大医疗区。本部设:脑科中心,骨关节中心,肿瘤血液中心,急危重症救治中心,消化中心,内科,外科,眼科,耳鼻喉科,整形烧伤科,整形美容科,口腔科,皮肤科,介入科和中医科等科室。其中神经外科、骨科、眼科、心血管内科、神经内科、肝胆胃肠外科等科室是无锡市重点临床专科。东区设:妇幼中心(妇科、产科、儿科)、胃病专科和感染性疾病科。

医院拥有直线加速器、磁共振、螺旋CT、大型C臂数字减影血管造影机(DSA)、直接数字化摄片机(DR)、彩超及电子内窥镜系列、全自动生化分析仪等万元以上的现代化医疗设备600余台套。医院综合病房大楼,环境优美,服务设施一流。新建的门急诊综合大楼,面积36000余平方米,现代气息浓烈,现代化设施齐全。

领导介绍

杨惠光:江阴市卫生局党委副书记、江阴市人民医院党委书记、院长;主任医师,东南大学医学院、南京医科大学教授,硕士生导师。1983年毕业于苏州医学院,曾赴澳大利亚、新加坡研修。精通骨科专业基础理论,擅长骨科创伤和疑难杂症的诊治,熟练施行断肢再植、各种复杂关节内骨折内固定、多种游离带蒂皮瓣移植、脊柱骨折前路、侧前方减压内固定、椎间盘突出摘除、全髋关节置换等手术。

陈国强:江阴市人民医院党委副书记、副院长;副主任医师。1983年毕业于镇江医学院。1991年上海市胸科医院胸外科进修。1998年苏州医学院研究生课程班结业。1998年赴澳大利亚莫纳希大学医疗中心及福兰克斯通医院胸外科进修。在胸外科双肺移植、肺、食管、贲门、纵隔疾病,胸腔镜外科、甲状腺、乳房疾病,腹部外科等疾病的诊治积累了较丰富的经验。

许　晨:江阴市人民医院副院长,副主任医师。1983年毕业于镇江医学院临床医学系,从事肿瘤、血液病工作至今,曾在上海医科大学肿瘤医院、苏州医学院附一院进修肿瘤化疗、血液科,是中国抗癌协会临床肿瘤学协作中心会员。在肿瘤治疗方面有较全面的认识,特别是对晚期不能再手术的胃癌、肺癌、大肠癌的治疗较有经验,尤其是在小细胞肺癌、淋巴癌、睾丸癌、乳腺癌的化疗方面有独到之处。重视肿瘤的免疫、生物治疗,尤其是在提高肿瘤病人生活质量、解除肿瘤病人痛苦、无痛苦化疗方面钻研较深、疗效满意。

冯东侠:江阴市人民医院副院长,医学博士、副主任医师、副教授,硕士生导师;1996年至1998年他被省委组织部列为江苏省“333”工程跨世纪学科带头人培养对象,2001年被江苏省卫生厅评为“135”工程重点医学人才,并被无锡市政府授予“无锡市十佳医生”等荣誉称号,2005年当选为世界神经外科联合会青年委员会委员。在脑肿瘤、脑血管病、脊髓疾病和颅脑外伤的外科治疗方面,具有丰富的临床经验和精湛的技术。荣获多项省科研基金。有多项科研获省厅级科研成果奖。

符耀清:江阴市人民医院副院长。1991年毕业于上海医科大学医学系。曾任江阴市人民医院院长办公室副主任、东区综合办公室主任、东区综合办公室主任兼妇幼中心主任。

张　华:江阴市人民医院副院长;副主任医师,中华医学会江阴医院管理分会秘书,江阴市中青年专业技术拔尖人才。1991年毕业于南京医科大学。擅长冠心病、高血压和心律失常的诊治,对心动过速的射频消融、人工心脏起搏器植入、冠心病的经皮冠状动脉腔内成形术、先心病的封堵术等有较高造诣。

脑科中心

国际协作江阴脑科中心是无锡市临床重点专科,东南大学医学院硕士培养点。该中心由江苏省神经外科学会副主任委员、江苏省“135工程”重点医学人才、留学归国的冯东侠副院长兼任中心主任。脑科中心分设神经外科和神经内科,开设床位165张,配备了世界一流的高速螺旋CT,核磁共振,数字减影血管造影机等进口设备;建立了神经外科解剖实验室,神经电生理实验室。目前,该中心在脑肿瘤、脑血管病、颅底外科和神经介入及重型颅脑外伤和脑中风救治方面已达到国内先进水平。

神经外科

经外科设有床位90张,包括配套的神经放射科、神经麻醉和神经外科手术室、重症监护室(ICU)等。共有医护人员50人,由留学归国的副院长、脑科中心主任冯东侠副主任医师兼任病区主任。ICU病房配备多台进口呼吸机、颅内压监护仪、多参数生命体征监护仪、除颤仪、电子降温毯等多种设备。神经外科层流手术室配有进口蔡司手术显微镜、超声刀(CUSA)、高速气钻、双极电凝等先进设备,医院还配备了世界一流的高速螺旋CT、开放式磁共振(MRI)、数字减影血管造影机(DSA)。神经外科还建立了解剖实验室,主要从事颅底解剖的显微研究以及显微外科技术的培训。神经电生理实验室配备经颅多普勒超声(TCD)、脑诱发电位、微型脑电图仪。近年来,医院先后派出多名业务骨干赴美国和比利时进修神经外科、神经麻醉、神经影像专业。他们回院后积极拓宽业务范围,在脑肿瘤、脑血管病、颅底外科和神经介入等业务领域取得了令人瞩目的成绩,重型颅脑外伤等救治方面已达到国内领先水平。近年来神经外科获得省级科研成果8项及多项无锡市、江阴市科技成果奖,所取得的成绩还得到了省市领导、外国专家以及中华神经外科学会主席王忠诚院士高度评价。

神经内科

国际协作江阴脑科中心神经内科是无锡市规范化管理达标科室。该科技术力量雄厚,装备精良,拥有神经电生理实验室,核磁共振,螺旋CT,DSA脑血管造影仪,多普勒血管超声仪,TCD,肌电图脑诱发电位仪,便携式脑电图仪,脑循环治疗仪,生命体征监护仪等。在无锡地区率先开展了微创颅内血肿清除术,神经电生理方面的研究在江阴及周边地区处于领先地位。近年来,获得了无锡市、江阴市科技成果三、四等奖10余项,在中华系列等杂志上发表论文100余篇。

肝胆外科

对肝脏、胆道、胰腺和脾脏的肿瘤、胆道结石、胆管狭窄、肝硬化引起的门脉高压症、脾功能亢进及食道胃底静脉曲张破裂出血、急性重症胰腺炎、阻塞性黄疸等的治疗积累了丰富经验,全年开展手术一千三百余台。腹腔镜手术已完成8000余例,在省内处领先水平。对肝癌、胰腺癌、坏死性胰腺炎的规范治疗取得了很好的疗效,在江阴市及周边地区享有很高声誉。去年成功开展了肝移植手术。在腹腔镜手术、胰腺癌及肝癌手术方面的研究成果获得了多项科技进步奖。

胃肠外科

在胃肠道肿瘤及良性疾病的手术治疗方面积累了丰富的临床经验,特别是早期胃癌五年生存率提高到了95%。近年,胃肠外科先后有多名医师赴日本仙台医院进修胃肠外科专业,回院后积极拓宽业务范围,相继开展了一系列新项目、新技术,如:晚期胃癌的术中化疗,直肠癌根治术等,均取得了很好的临床效果,获得多项科技成果奖。去年胃肠外科又下设了痔瘘专科,为患者提供了快捷方便、高质量的医疗服务。

肛肠外科

江阴市人民医院消化中心之肛肠外科(二十五病区),由上海长海医院金国祥教授领衔,是一个人才荟萃、技术精良、设备齐全的专业治疗中心,拥有螺旋CT,MRI,DSA,电子肠镜,直线加速器,后装机,排粪造影仪,盆底测压,结肠慢传输诊疗设备,多普勒超声引导下痔动脉结扎仪,微波治疗仪,腹腔镜,超声刀,各种进口吻合设备,结肠水疗仪,可以检测结、直肠癌,慢传输型便秘,出口处梗阻型便秘,直肠脱垂,肛门失禁。本科有多名技术骨干曾先后赴欧美、日本研修及上海、南京著名医院进修,并与全国多家著名肛肠医院保持良好协作关系。能开展肛肠外科所有手术,技术水平达国内一流。

消化内科

配备先进的进口系列内镜,包括电子胃镜、电子肠镜、电子十二指肠镜、超声内镜及其辅助治疗器械,幽门螺杆菌检测仪。开展的诊治项目有:肝、胆、胰、胃肠道等消化系统内科疾病的诊断与治疗,胃肠镜检查诊断胃肠道疾病,内镜下药物及电凝止血术;内镜下五环套扎及硬化剂治疗食管静脉曲张,内镜下逆行胰胆管造影,内镜十二指肠乳头括约肌切开取石、取虫术,内镜下消化道异物取出术,食管吻合狭窄扩张及记忆合金支架安装术,早期胃癌粘膜下切除术,胆道支架安置治疗胆管狭窄(包括良恶性肿瘤),胃造瘘治疗不能进食者。其中五环套扎对肝硬化食管静脉曲张的治疗获江苏省医学会一等奖。

内分泌科

江阴市人民医院内分泌科,是江阴市唯一的内分泌专科,开设床位34张。常规开展垂体系列激素、甲状腺系列激素、肾上腺系列激素、性腺系列激素检测项目,保证了心脑血管病及各种内分泌疾病的快速、准确诊治。采用胰岛素短期强华治疗,使难治性糖尿病病人的血糖快速控制达标。采用甲状腺内药物注射技术,使甲状腺疾病及甲状腺突眼收到了良好的疗效。对高血压的临床研究曾先后获得省、市科技进步二等奖、三等奖。本病区与上海中山医院、瑞金医院一直保持密切的业务往来。

胸心外科

市人民医院胸心外科(八病区),开放病床40张,重症监护病床5张。拥有进口人工心肺机,电视胸腔镜,多功能呼吸机,多参数动态心电监护仪,心脏临时起搏器,心脏除颤器,纤维支气管镜及微量泵输液器等先进设备;该科技术力量雄厚,常规开展食管及贲门肿瘤切除;肺癌的肺叶或全肺切除,气管或支气管成形术;心脏不停跳的先天性心脏病畸形矫正或风湿性心脏病的人工瓣膜置换;非体外循环(Off-pump)的冠状动脉搭桥术治疗冠心病;人造血管置换治疗血管瘤;胸腔镜下的部分心包、肺、纵隔及胸腔疾病的微创治疗与诊断;弥漫性肺大泡及肺气肿的肺减容术;纵隔肿瘤或胸壁包块切除术等。

乳房、甲状腺外科

乳房、甲状腺外科是该院特色专科之一,素以先进的诊疗设备,精湛的手术技巧,合理有效的治疗手段,正规系统的肿瘤综合治疗而著称。依托医院高档的电脑红外线乳房扫描仪,先进的彩色钼靶摄片机等,为乳腺肿瘤的早期诊断提供了准确的科学依据。对乳腺增生等良性乳腺疾病,采用中西医结合治疗,治疗好转率高达95%以上。乳腺恶性肿瘤从术前诊断、手术根治、术后化疗、放射治疗、内分泌治疗、免疫治疗等,形成综合治疗体系,有效地提高了10年生存率。2000年引进了国内外先进技术开展了早期乳癌的保乳手术,取得了极好的疗效。年诊治病人5000多人次,开展各类手术千余台次,吸引了周边地区病人前来就诊。

眼科

市人民医院眼科,是无锡市重点专科。设有门诊、病区、激光中心。开设床位41张,配备专科手术室,有两张专用手术床。年门诊30000余人次,年平均收治病人近二千人次,年手术1100余台。拥有一流的眼科现代化进口设备,如:蔡氏手术显微镜二台、玻璃体切割器、超声乳化仪、准分子激光仪、眼科专用A/B超仪、眼底血管造影仪、非接触眼压仪、角膜板层刀、角膜测厚仪、角膜地形图、全自动视野分析仪、YAG激光仪、眼底激光仪、激光弱视治疗仪等。在无锡地区较早开展了眼眶肿瘤切除术、白内障超声乳化折叠式人工晶体植入术。常规开展各种类型的视网膜脱离手术,进行眼底激光治疗各种眼底病。独立开展各种新的手术,如:硅胶阀门管植入治疗难治性青光眼、羟基磷灰石义眼座植入、复合小梁切除术、准分子激光治疗近视眼等。

肾脏、风湿科

江阴市人民医院肾脏、风湿科,现开放床位20余张,配有经验丰富副主任医师、主治医师,年平均收治病人500多人次,专门诊治各种急慢性肾炎、肾病综合症、隐匿性肾炎、尿路感染、梗阻性肾病、继发性肾炎及肾病、急慢性肾衰等。开展了尿畸形红细胞检查以鉴别肾小球血尿非肾小球性血尿、尿白蛋白及尿β2——微球蛋白测定及24小时尿蛋白定量测定。

肾脏、风湿科设有血液透析中心,配有进口高档血液透析机18台,其中三台带有自产置换液装置,可做血液透析滤过,治疗效果超过血液透析。1台CRRT机救治多脏器衰竭。开展了血液透析,低分子肝素血透,无肝素血透,血液透析滤过,日间连续性床旁静脉血液透析滤过及血液灌流。成功抢救了各种急慢性肾衰及药物、毒物中毒病人和部分多脏器损伤病人,延长了尿毒症病人的生命,提高了其生活质量。协助泌尿外科开展同种异体肾脏移植工作。

风湿病是一组以内科治疗为主的肌肉、骨骼系统疾病。它包括:弥漫性结缔组织病及各种病因引起的关节周围软组织包括肌肉、肌腱、韧带等的疾病。

江阴市人民医院开设的风湿病专科门诊,由从中国医学科学院、北京协和医院学习归来的专科医师主诊,辅以先进的免疫实验检查和规范的治疗措施,主治系统性红斑狼疮、类风湿关节炎、骨关节炎、痛风性关节炎、牛皮癣关节炎、风湿热、强直性脊柱炎、硬皮病、多发性肌炎、白塞病、血管炎、干燥综合症等。凡有原因不明的长期发热、关节疼痛或肿胀、腰背痛、皮疹、面部红斑、口腔溃疡、手指遇冷变白发紫、口干、眼干等症状的患者均应就诊。

整形烧伤科

市人民医院整形烧伤科(二十七病区)是江阴市整形烧伤研究所所在地,是江阴及周边地区规模最大、硬件设施最好,集医疗、教学、科研于一体的整形烧伤诊疗中心,拥有3项国家专利。整形烧伤科开放床位40余张;病房条件优越,设有闭路电视、中心供氧、中央空调、自动呼叫系统、单独橱卫等;拥有美国进口的电动削皮刀和鼓式、滚轴式取皮刀7台,悬浮翻身床和手动、电动翻身床9台。

整形烧伤科数十年来治愈了3万余例烧伤患者,抢救治愈了400多例特重型烧伤患者。

整形烧伤科采用研制的"新型生物敷料"治疗各类烧伤(如火烧伤、电击伤、电烧伤、酸碱烧伤等),效果显著,减轻或消除了病人痛苦,具有后遗症少,疗程短,费用少等特点,在江阴及周边地区享有较高的声誉,年诊治的病人中有40%来自张家港、常州、靖江等地区。该科与国内著名烧伤专科医院建立了长期、广泛的交流和合作。

感染性疾病科

江阴市人民医院感染性疾病科为江阴地区唯一的感染科,开设床位64张,一楼为感染科门诊,二楼为呼吸道疾病病房,三楼为肝炎疾病病房。该科在治疗各种肝炎、肺结核、流行性出血热、感染性腹泻等疾病积累了丰富的经验,成功抢救了无数危重病人。率先在江阴及周边地区开展血液净化-人工肝支持治疗系统,通过血浆交换等治疗方法,极大提高了重型肝炎抢救成功率。在慢性乙型肝炎抗病毒、抗肝纤维化治疗上形成了一套系统的治疗方案,取得了满意的临床效果。

耳鼻喉科

市人民医院耳鼻喉科(四病区),是江阴市耳鼻喉科疾病的诊治中心,技术力量雄厚,设备精良,在同级医院和周边地区保持着领先地位。该科拥有先进的进口内窥镜摄像系统,纤维喉镜,手术显微镜,电测听仪,声阻抗仪,耳声发射仪,鼻窦内窥镜,喉内窥镜,微波治疗仪、先进的多功能治疗台。常规开展鼻窦内窥镜手术治疗鼻息肉、鼻窦炎,治疗慢性中耳炎的乳突根治术、各类鼓室成形术,治疗鼾症的UPPP手术,气道、食道异物取出术。此外,该科开展的喉显微手术,精确地去除声带息肉等病变,恢复时间短、效果佳,特别是开展了全喉切除术后发音重建术,较满意地解决了传统喉癌全喉切除后长期带管且不能发音的后遗症。

专家介绍

李　浩,大外科主任兼消化中心主任、肝胆外科(十九病区)主任;主任医师,教授,中华医学会江苏省腹腔镜学组委员,江阴外科学会主任委员。从事普外科工作近二十年。对肝脏肿瘤、胆道肿瘤、胆道结石、胰腺肿瘤、重症胰腺炎,门脉高压症等腹部外科疾病的诊治具有丰富的经验。

江阴市人民医院先后荣获"全国百佳医院"、"江苏省文明单位"、"江苏省基本现代化医院"、"省十佳医院"、"省卫生行风先进集体"、"无锡市市民满意医院"等。杨惠光同志荣获全国医院优秀院长荣誉称号。

江阴市中医院

座落在繁华市中心的江阴市中医院已有50多年的历史,是一所全民所有制的综合性二级甲等中医院,也是首批全国示范中医院、南京中医药大学江阴附属医院,是"卫生部国际紧急救援中心网络医院"、"涉外医院"、"爱婴医院"。

规模:医院占地面积17.5亩,建筑面积4.6万平方米。开放床位500张,在编在职职工689人,有"江苏省名中医"、"无锡市名中医"、"江阴市名中医"12人,中高级以上职称216人。医院设病区13个,临床一级科室18个,医技科室9个,年门诊量80余万人次。

面积32000平方米的20层现代化病房大楼于2004年建成启用,拥有装备先进的ICU、CCU病房和高级病房、血液净化中心、层流手术室,配备中心供氧、中心吸引等一流设施,是一幢装饰新颖、功能齐全、分区明确、布局合理的现代化大楼,使中医院发展出现了质的飞跃。

新门诊楼总建筑面积约7300平方米。它的落成启用使就医环境改善,服务流程优化,调整医院布局,整合现有资源,更好地满足全市人民对日益增长的卫生医疗需求。

设备:为进一步提高诊疗水平,加速医院现代化步伐,医院积极利用先进设备武装自己。已拥有德国西门子64排螺旋CT、核磁共振、双板DR、西门子数字减影血管造影仪(DSA)、德国AGFA牌CR、全自动生化仪、血球仪、荷兰菲利浦彩色多谱勒超声诊断仪、德国STORZ腹腔镜、电切镜、输尿管镜、宫腔镜、奥林巴斯电子胃肠镜、十二指肠肠镜、电子支气管镜、电子喉镜、美高仪动态心电图、进口多功能呼吸机、麻醉机、震波碎石机等一大批先进设备,为临床诊断治疗的高效准确提供了有力保证。

特色:医院集医、教、研为一体,西医有实力、中医有特色、中西医结合有优势。皮肤科为国家级中医特色专科建设单位、江苏省中医示范专科建设单位、江苏省中医重点专科,中西医结合小儿科为江苏省中医重点专科建设单位,胃肠病专科、不孕症为无锡市重点专科专病,针灸针刀专科为无锡市重点专科创建单位,内、外、妇产、肛肠、五官、整形美容等科技术实力雄厚。脑外科、心胸外科、肝胆病治疗等在周边地区有较大影响。作为全市中西医结合工作的"龙头",医院与中山医院、瑞金医院、二军医大长海医院、红房子医院、中国医学科学院协和医院、南京、苏州等大医院及科研机构技术合作开展新技术新项目。成功开展了胰十二指肠切除手术、腹腔镜下结肠癌、直肠癌根治术,经单鼻孔垂体瘤切除及听神经瘤切除、高位颈椎前后路开放性手术等高难度手术,内科系统开展DSA下心脏介入手术、先心病的封堵、胆源性胰腺炎内镜治疗(ERCP)、经皮肝胆道引流(PTCD)等先进手术。每年收治住院病人近3万余人次,开展正规手术近5000余例。开展手术3800余例。

领导介绍

龚　伟,院党委书记,院长,主任中医师,硕士生导师。1986年毕业于南京中医药大学中医系。精通外科专业基础理论,擅长外科疑难杂症的诊治,临床经验丰富,熟练开展肝、胆、胰疾病及胃癌、肠癌等疾病的治疗。1999年任华士卫生院(市第四人民医院)副院长,2002年任利港卫生院院长。曾多次被评为市卫生系统先进工作者、优秀党员、优秀领导干部。

路　楷,副院长,主任医师。1987年毕业于甘肃兰州医学院,脑外科临床工作多年,对颅脑外伤、脑出血、颅脑肿瘤、脑积水等神经外科疾病的急救、手术及非手术治疗临床经验丰富。曾获地市级科研成果二等奖两项,江阴市"双革四新"奖一项。荣获江阴市"科技创新奖"、"中青年专业技术拔尖人才"、"无锡市先进科技工作者"、"无锡市十佳医生"等称号,参加国家973研究课题。专家门诊时间:每周一上午

黄国范,副院长,副主任医师,副教授。1988年毕业于苏州医学院医疗系,1996年和2000年分别在第二军医大学长海医院消化内科、内镜中心、放射介疗中心等进修。多年来一直从事消化系疾病的诊治工作,临床经验丰富。擅长反流性食道炎、胃炎、消化性溃疡及消化道肿瘤的治疗。开展的新技术有食道扩张及食道支架安装、胃息肉镜下摘除术、肝癌的介入治疗等。曾多次获得江阴市科技进步奖和市双革四新奖。专家门诊时间:每周一、周三上午

计忠宁,副院长,副主任中医师,副教授,省肾脏病专业委员会常务委员。1989年毕业于南京中医药大学,从事肾内科临床工作二十余年,临床经验丰富。中西医结合治疗蛋白尿、血尿、肾亏、急慢性肾小球肾炎、肾结石、肾功能不全和高血压肾病、糖尿病肾病等各类继发性肾病。曾在上海中山医院、江苏省中医院肾内科进修。曾多次荣获市科技进步、双革四新奖。

徐　州　市

彭城人民医院

前身是徐州市公费医疗医院,2000年5月18日更名。该院已有近50年的历史,医改前主要担负公费医疗人员的诊疗保健任务,医改后成为首批医保定点医院。设有内、外、妇、中医、五官科等临床科室相应的医技科室;拥有大型X光机、彩超和动态心电仪等较先进的医疗设备.

医院具有中、高级技术职称的医护人员90余名;对常见病、多发病的治疗有较丰富的经验,尤其中西医结合治疗心脑血管疾病、糖尿病、肝病、男性病等有一定的特色,在市内及周边地区享有较高的声誉;医院24小时对外门急诊,节假日不休息,设有病床150张,病房条件舒适;住院收费较三级医院低廉,(如门坎费三级医院900元,该院只收600元)大型检查站也给予优惠,最适合广大参保人员和工薪阶层的消费水平及基本医疗需求;该院坚持"一切以病人为中心"的服务方针,积极开展便民服务活动、病人自选医生、家庭医生呼叫服务等项目。彭城人民医院将以新的面貌、新的形象展现在广大患者面前,为人民健康做出新的贡献。

地址:大同街125号

工人医院

具有良好的专业素质及精湛的医疗技术,设有内科、外科、骨科、妇科、中医科、五官科、眼科、口腔科、皮肤科等临床科室以及放射科检验科超声诊断室心电图室等医技科室,拥有国内外先进的诊疗设备;骨科手术治疗胸腰椎及骨关节疾病有着成熟的经验;中医科治疗面瘫男女不孕不育症肿瘤肝炎有较高的信誉。

地址:淮海西路159号

财贸医院

是由上海、徐州两地联合创建的集预防、医疗、康复、科研、教学、于一体的现代化综合性全科医院。医院遵循"院有特色,科有专长"的办院理念,医院临床科室齐全,现开设有内科、外科、泌尿科、妇科、儿科、中医科、耳鼻喉科、肛肠科、肝病科、肾病科、医学检验、病理科等20多个临床科室。已成为上海市第二医科大学附属新华医院分院。

医院重视高端医学人才的引进和团队的创建。目前,医院已形成了200多名由沪徐高端医疗人才为主导,涵盖全国各地知名专家组成的核心医疗团队,各学科带头人均为承担国家自然科学基金科研项目的学术权威。医院普通门诊基本由副主任医师以上职称专家坐诊,以满足患者常见病的诊疗需求,并由专业护士为患者提供"一站式就医"导诊服务;专家门诊邀请各地知名专家定期坐诊、授课、手术,为患者提供便捷的专家会诊平台。

徐州财贸医院以在妇科、泌尿科等专业前沿领域已经具

有一定业界地位和影响的杰出人才为核心,建立集基础研究、临床诊治为一体的成果转化基地,并承担徐州临床医师的培训工作,不断提高医院的学术水平和科研能力,以确保医院整体医疗、管理、护理水平始终与国际同步发展,为患者提供全人关顾的医学人文关怀。

医院陆续配备进口螺旋CT、GE数字化X光机、GE彩色多普勒超声诊断仪、OLYMPUS电子胃肠镜、GE数字化乳腺钼钯机、新柏氏宫颈筛查TCT、德国STORZ系列腔镜、LEEP利普刀、ICU中央监护系统等尖端设备,设有七间流净化手术室,可满足心、脑外科、器官移植等大型手术的无菌洁净要求。预防保健科开辟了3100平米独立空间的体检中心,医院体检中心为徐州市定点体检中心;基于人才与设备的引进,医院保健、高危流产手术、宫腹腔镜手术、阴式手术等诊疗技术已处于领先水平。

鼓楼医院

鼓楼社区卫生服务中心是区属二级鼓楼医院2005年初转型承建,位于淮海路与民主路交界的市区中心。服务于黄楼办事处的永康、华联,万通、庆北、彭校,红杉树、大坝头、镇平八个社区,15138户,39311任,其中7岁一下儿童1232人,60岁以上老人4781人,低保户498户610人,残疾人309人,中心建筑面积10000余平方米,另有7个门诊部。现有在职职工154人,其中高级职称15人,中级职称66人,初级职称60人。各科医师均经过省级以上医院培训,培训全科医师12人,全科护士12人。设病床100张,中心按要求设有办公室、医疗康复部、预防保健部,后勤保障部。医疗部设有内、外,产、康复、病区,门诊设有全科医疗诊室(内、外、妇,儿科),耳鼻喉科、口腔科,眼科、中医科、针灸科,感染性疾病科、急诊内、外科,抢救室、日间病房。预防保健部设有计划免疫室,儿保室、妇保室、计划生育指导室,健康教育室。医技科室齐全,有检验科,B超室、心电图室、超声波室,放射科。中、西药房,供应室。输液室环境温馨,成人与儿童分设,年门诊量达83963人次。是市城镇职工医疗保险、生育保险定点单位,

中心按江苏省社区卫生服务先进区要求创建,遵循六位一体服务模式。送医上门、开展义诊,健康调查,位60以上老人建健康档案,与东南大学医学院联合对高血压,糖尿病进行干预,开展社区康复、健康教育,发放健教处方,进行健康保健讲座,妇女儿童保健讲座,产前产后访视,7岁以下儿童计划免疫服务,社区传染病管理,计划生育指导。

中心重视特色专科建设,产科被评为国家级爱婴医院,病房有卫生间、电视,空调、环境温馨、母婴同室,似温暖家园。科内有副主任医师4人,主管护师4人技术力量强,是市级先进集体,年接生600余人次。康复科及科内专家在淮海经济区有较高知名度,技术精湛乐于奉献,他们使许多经过传统治疗效果不佳的偏瘫、脑瘫病人重新恢复语言和行走,回归社会,减轻了家庭和社会负担,受到社会一致好评,年治疗4000余人次。

中心对社区内居民开展优抚服务,发放优惠卡5000余张,对残疾人、低保户实施优抚,持优惠卡看病免挂号费,治疗费、检查费优惠10%,解决了贫困群众看病难问题,受到社区群众欢迎。

云龙区人民医院

是一所具有40多年建院史的二级综合性医院,2004年3月增挂徐州市云龙手外科医院,拥有院本部(建国东路417号)和东院(东苑居住区)两个院区,下辖云龙、东苑两个社区卫生服务中心和天桥、青年、湖滨、莲花、解放里(新生)、桥东等门诊部、社区卫生服务站。现有医技人员400余名,具有中高级职称190余名,编制床位200张。共有内、外、妇、产、儿、肿瘤、眼、耳鼻喉、口腔、手外科、整形美容、腹腔镜微创外科、中医、针灸、推拿、皮肤、痔瘘、小针刀、理疗、康复等二十一个临床科室及十一个医技科室,以手外科(断肢再植)、产科(国家级爱婴医院)、腹腔镜专科、心脑血管病、哮喘、肿瘤、老年病、关怀、针刀专科、颈腰椎间盘突出等为专科特色。其中,手外科是徐州市(手外科)唯一的市级重点专科。是徐州市唯一的手外科工伤定点医院。是徐州市职工生育保险定点医院和徐州市新型农村合作医疗定点医院。院本部和东院两个院区全部实现了微机联网管理,为市医保定点医院。与北京解放军总医院、香港威尔斯亲王医院、上海华山医院、上海长海医院建立了长期业务合作关系。

泉山医院

是泉山区政府投资兴建,是一所为社区居民提供预防,保健,康复,健康教育及计划生育指导六位一体的公益性,非营利性,综合性,连续性的社区卫生服务机构。位于泉山区湖北路,坐落在风景秀丽的云龙山脚下,毗邻云龙湖。按市,区卫生局社区卫生服务范围划分有:建南,苏园,吴庄,银湖,新吴庄,纺南,关庄,西南村,余窑,建煤,纺东,新光,海郑,王陵15个社区居委会,约66547人。下设金泰,大山头社区卫生服务站,服务金山,大山头,屯里,茶棚4个社区卫生服务居委会约16022人。按照省卫生厅社区卫生服务中心建设,我“中心”主要以社区,家庭和居民为服务对象,以妇女儿童,老年人,慢性病人,残疾人,贫困居民等为服务重点,以主动服务,上门服务为主,开展健康教育,预防,保健,康复,计划生育技术指导和一般常见病,多发病的治疗服务。

服务宗旨是:服务社区,关注健康。

泉山区人民医院(三楼)妇科专家荟萃,技术力量过硬、设备齐全,检测手段先进,掌握着国内外最新的医疗科技及药品信息。实现科研成果应用于临床,并制定一套非常成熟的治疗方案,为患者提供系统性,全方位的优质诊疗服务,防治专科拥有国内外先进的全套检测、试验设备;如:妇科光谱治疗仪、梦幻无痛人流设备、大型二氧化碳激光治疗机、治疗手段多样,选择性、针对性强,并以良好的医技、医德为广大妇科疾病患者提供早期诊断,临床指导治疗和咨询服务。

泉山医院无痛人流中心采用国际先进的SHE'S无痛人流技术,该技术是一种先进的安全的人工流产技术,突破了过去医疗设备的限制,采用美国进口一次性纳米微管,无需扩宫即可进入宫腔,配合先进的可视人流系统,让医生在可视系统下,直接吸除孕囊。时间短,出血少,避免了对宫颈无辜伤害,有效避免了交叉感染和医源性感染。同时泉山医院首创术后仿生

磁疗,配合中药调整,能迅速恢复子宫机理,不影响病人以后生育的需要。

徐州市东方人民医院

徐州市东方人民医院(市精神病防治院)市心理卫生研究所,始建于1973年,是徐州市卫生系统唯一一所集医疗、教学、科研、防治为一体,以精神、心理治疗为主,药物依赖、戒酒治疗为辅的精神、心理专科医院,是淮海经济区精神疾病理事单位,徐州医学院教学医院,省政府指定的精神疾病司法鉴定机构,担负着徐州市及周边地区的精神疾病防治及司法鉴定工作,是江苏省及淮海经济区精神医学研究、预防、治疗网重要的一环。

医院位于徐州市城东大道,面临连徐公路,医院占地面积22665平方米,建筑面积12221.4平方米,建筑面积4380平方米的新门诊大楼于2004年10月启用。编制床位300张,在职职工203人,临时用工79人,(其中卫技人员167人),具有中级职称70人,高级技术职称18人,有三十余名医护人员被徐州医学院聘为兼职讲师、教授。现设有7个病区,3个研究室,8个临床科室,有精神科、心理科、神经科、药物依赖科、戒酒科、儿童精神科、内科、行为治疗中心。

精神科2004年8月被评为徐州市重点专科,在淮海经济区同级别专科中具有领先优势,拥有主任医师5名,副主任医师11名,在读研究生3名,一些专家在徐淮地区已有一定的知名度;全科医护人员广泛开展了重型精神病、酒精所致精神障碍、宗教文化所致精神障碍等疑难病症的收治工作。精神科病房配备空调、淋浴器、微波炉、有线电视等,为广大精神疾病患者提供了舒适怡人、高效廉价、实惠方便、热忱周到、精益求精的就医环境和服务。

心理科设有病床100张,现有主任医师3名,副主任医师3名,主治医师4名,研究生1名。专门收治各种神经症、失眠症、心身疾病、临床心理疾病、慢性疼痛性心理阻碍等病人。2005年12月老年性痴呆专科病房投入使用,医院服务范围不断扩大,现已形成了司法鉴定、戒酒、药物依赖、神经症、心理咨询、老年性痴呆、儿童精神科等更具规模和特色的二级学科。

市心理卫生研究所于2003年正式挂牌,下设三个临床实验室,主要工作是组织专家参于课题研究,协助临床对疑难病例进行诊治,组织患者开展各种形式多样、丰富多彩的团体心理活动,开展各种形式的病区及门诊心理咨询,并为医院培养心理咨询专业技术人才。两年来心理卫生研究所协助医院防治科进行了多次大型的院外心理卫生知识的宣传讲座,组织了《快乐传递》、《水底捞月》、《快乐列车》、《翻叶子》等团体心理活动和一系列《家庭心理治疗》讲座,得到社会和患者的好评。

医院地处苏、鲁、豫、皖交界处,又是淮海经济区主要的专科医院,在周边地区的影响力、知名度较高,对带动周边地区的精神卫生事业发展也起到举足轻重的作用。作为徐州医学院的教学医院,每年完成184课时的精神科理论与临床见习教学任务,至今已发表专科论文近二百篇,专著3部,取得了一定的成果。1984年被省政府指定为徐州地区唯一具有司法鉴定资格医院,开展司法精神医学鉴定二十多年,累计鉴定案例已达2500余例,2006年医院收到省司法厅准予行政许可决定书,成为全市唯一一家具有法医精神病鉴定许可证的司法精神医学鉴定机构。

徐州精神病院

徐州精神病院(徐州民政南湖医院)系徐州市民政福利医院,地处风景秀丽的泉山西麓,地理位置优越、环境优美,是各种精神(心理)疾病诊治和疗养的理想场所。始建于1963年,是淮海经济区建院最早、规模最大、知名度较高的市级精神病专科医院。主要承担全市“三无”(无劳动能力、无经济来源、无法定抚养人或赡养人)精神病人及公安“110”、救助站所送流浪乞讨、肇事肇祸精神病人的收治任务,并开展对外服务。是徐州市首批医保定点医院、市直离休干部医保定点医院、市新型农村合作医疗定点医院。现为徐州市精神病防治康复指导中心、徐州市青少年心理健康咨询减压中心。徐州市心理学会及徐州市精神卫生研究所设在我院。床位300张、卫技人员150名。

徐州精神病院开设精神科、神经科、心理科、戒酒科、口腔科等专科。对抑郁症、强迫症、疑病症、癔症、恐怖症、睡眠障碍、各种心身疾病、社会适应不良、性心理障碍、学习障碍、儿童多动症、躯体形式障碍、酒精中毒性精神障碍、更年期综合症、老年性精神障碍等精神疾病有独特治疗方法。尤其是对各种压力下出现的紧张、焦虑、抑郁、失眠、恐惧、适应障碍、学习困难、网瘾、性心理障碍、儿童情结障碍等开展认知疗法、支持疗法、放松训练、催眠疗法、行为矫正疗法等专科特色治疗手段。开展各种心理障碍、心理咨询、心理减压、心理治疗工作。

徐州精神病院拥有心理CT等先进设备,开展整体护理和“温馨服务工程”。坚持“以人为本、为民解困”的民政宗旨,对下岗职工、优抚对象、农村患者、经济困难等弱势群体实行优惠政策,减轻群众的经济和精神负担。医院人才力量雄厚、设备先进、技术精湛,实行无假日医院服务。

徐州民政医院

是从事防治残障和治疗残障的专业医院。鉴于全国儿童弱视患者已经超过1000万,且由于治疗方法不当,或者治疗时机的延误而造成的视力残障的人数的增加,专门成立了“儿童弱视治疗中心”,引进全新的“弱视”治疗设备,专门致力于儿童弱视的治疗和康复。

多年来,该院为广大的弱视小患者进行全面细致的专业治疗,避免了他们由于“弱视”而导致视力残障的可能,为广大的家长解除了后顾之忧,由于治疗方法独特,治疗时间短,见效快的特点,获得了家长们的好评。

邳州市人民医院

始建于1925年,拥有八十多年的古老历史,是一所集医疗、教学、科研、预防保健为一体的二级甲等综合性医院、徐州医学院教学医院、国家级“爱婴医院”,1999年被中国原子能科学研究院挂牌为核医学诊断治疗中心。医院现开放床位600

张,拥有正式职工800余人,其中高级技术职称人员70人,中级职称人员214人。医院年门诊量60万余人次,收治入院病人2.5万人次,完成各种正规手术7000余例。医院无论规模实力、技术水平、还是工作量均居苏北地区同级医院前列。

专业齐备,特色突出。医院现设临床、医技科室35个,开放床位735张。门诊设置齐全,设有普通门诊、专科门诊和专家门诊。近年来,医院强力打造心血管疾病、糖尿病以及神经内科治疗中心。徐州市重点专科和在建重点专科分别是:普外科、儿科、骨科、肿瘤科、泌尿外科、心内科、神经内科、妇产科。医院在城北、城东以及沙沟湖行政新区设有三所分院。医院开设的健康体检中心、司法鉴定中心以及医学美容中心,满足了就诊人群不同层次的医疗保健需求。

技术服务:技术精湛,服务优良。近年来,医院先后开展了腹腔镜手术、胸腔镜手术、鼻窦内窥镜术、关节镜诊疗术、钬激光、胶囊胃镜、医学美容整形、经皮冠状动脉成形加内支架植入术、准分子激光近视治疗术、肾移植和肾透析、放疗、碎石、核医学诊疗及风湿病治疗等工作。院内实行信息化管理,推行电子病历,实现了医疗信息互通;门诊各科设立专家门诊,分楼层导医,实行“无假日门诊”、“无午休门诊”,推行病人选择医生制度,病区全部安装中央空调、中心供氧、中心吸引及病员呼叫系统,实行病人选医生和整体护理制度;后勤服务中心实行24小时值班制,集中统一调度,服务快捷、高效;“一站式”服务中心对病人开展院前、院中、院后全过程一条龙服务。

医院特色专科利民惠民为带动重点专科发展,培养高精尖技术人才和学科带头人,近年来,医院开展了大规模的“请进来、走出去”学习交流活动。邀请国内知名管理专家和专业技术权威来院讲学、带教,开展新技术、新业务。近年来,医院有多个专业的十多个项目获市级科技进步奖。2008年全院有40多篇学术论文在国家、省、市医学期刊发表。副院长、儿科主任中医师胡义保承担着科技部中医治疗儿童哮喘缓解期的研究课题。医院心内科与东南大学附属中大医院心内科联合建立邳州心血管病诊疗中心,带动院心内技术全面升级;内分泌科成立糖尿病友俱乐部,针对患者病情和要求,展开技术攻关,既提高了医疗水平,又巩固了病患群体。为把公立医院的公益性、人民性更大范围地普惠百姓,在全国范围内率先开展“送医下乡村村行”活动,足迹遍布全市468个行政村,把优质医疗资源送到农民家中。深入乡村卫生院、卫生室开展技术指导,对乡医、村医实行免费集中培训,提供来院进修和学习,有效发挥二级医院在“三级医疗网”的技术辐射和龙头带动作用,为未来邳州市人民医院建成医疗服务集团打下了坚实的基础。

设备先进,诊断快捷。目前医院医疗用房5.67万平方米,拥有GE16排超高速螺旋CT、核磁共振、大型C型臂数字剪影血管造影机(DSA)、直接数字化摄片系统(DR)、准分子激光近视治疗仪、直线加速器等国内外先进仪器设备300余台(套)。还有国内先进、配套齐全的手术室层流系统和麻醉科、重症监护病房先进的监护抢救设备等,实现了诊疗手段的现代化。

环境设施:环境幽雅,设施齐全。绿树与红花掩映,音乐与雕塑交融,邳州市人民医院是省级园林式窗口单位,市绿化先进单位。医院环境优美,四季常青,季季有花。门诊综合大楼配套设施齐全,病房均配有独立卫生间、中央空调、电视等生活设施,24小时供应热水。病区宽敞,通风采光好,就医环境舒适,为病人提供了良好的医疗保健条件。

医院地址:邳州运河镇人民南路93号。

邳州市中医院

创建于1965年,为二级甲等医院,爱婴医院,南京中医药大学实习医院,该院占地面积53000平方米,固定资产1.7亿元。其中医疗设备总值4千多万元,新近投入使用的新区医院12层门诊病房综合楼建筑面积2.3万平方米,可开设病床500张,2010年度门诊量30万人次,业务收入8800多万元。全院在职职工500余人,具有高级职称的56人,大专以上学历的210人,其中本科生130人。在医院“与时俱进,科学发展,和谐发展”的思维指导下,全体职工气顺心齐,医院知名度和美誉度逐年提高,病人满意度保持95%以上,2010年度被评为邳州市唯一一家人民满意医院。

医院设备

2008年至2010三年来为了适应市场经济发展,医院领导班子解放思想,科学管理,加大投入,3年跨了三大步,一是改善本部病房及卫生间,安装了70多台空调;二是加大设备投入,新上全数字化X光(DR)两台、PS800 + 全数字化胃肠机、全自动生化分析仪两台、电子胃镜、五官科耳鼻喉内窥镜工作站、多参数监护仪30余台、进口GE16排准64高速螺旋CT两台、高场核磁共振等,3年来设备仪器投入1200多万元,超过了建院40年医疗设备投入的总和;三是新区医院耗资8000多万元修建的门诊病房综合楼已于2010年2月正式运营,无论是硬件还是软件设施,都达到同级医院的先进水平。

医院现状

针灸科为邳州市传统中医特色专科,现有副主任医师一名,主治医师5名,实力雄厚。针灸治疗各种原因引起的面神经炎、颈椎病、腰间盘突出症、急性腰扭伤等疗效突出。小针刀治疗肩周炎、腰Ⅲ横突综合征、网球肘、跟骨骨刺、腰椎间盘突出症等有独特疗效,在周围地区影响较大。耳鼻喉科能开展上颌根治,扁桃体摘除,鼻息肉、鼻咽癌根治,气管切开急救手术,自制制剂鼻炎合剂、咽炎合剂,疗效显著。儿科为徐州市重点中医专科,“泻克星剂膜治疗小儿乳糖不耐受腹泻临床研究”获江苏省中医科技进步二等奖。此外治疗重症肝炎,用消喘穴位敷贴治疗慢性肺病等。

为解决医院病床紧张状况,该院2010年9月开工建设的12层病房楼已于2011年11月底投入使用,增加床位500张,全院床位达到1000张。

医院2008年被评为江苏省价格诚信单位,徐州市2006年-2008年度文明单位,徐州市十佳学习型企业,2009年被提名推荐为全国卫生先进集体。

沛县人民医院

是一所集医疗,科研、教学为一体的综合性医院,是徐州医学院教学医院,多年来连续被评为市级“文明医院”,1996年被卫生部评为"二级甲等医院"和"爱婴医院",1996－2000年被连续评为市文明单位。

医院现有职工754人,其中技术人员540人,高级36人,中级154人,初级457人,分设内科、外科,骨科、妇产科、儿科,中医科、眼科、耳鼻喉科,口腔科、麻醉科、检验科,放射科等25个临床医技科室,开设14个病区,共490张床位;建立了ICU,CCU病房。除能够成功地开展"二甲医院标准"要求的129项技术外,近年来还成功地开展了腹腔镜胆囊摘除术,断肢再植、风心二狭内闭式扩张分离术、全喉切除术,下颌骨切除肋骨移植术、人工晶体植入等高难度手术,填补了我县医学史上的许多空白,为了方便病人,开通了急救电话专线4641111,24小时服务,1分钟通电话,5分钟出车,免费接病人。

沛县中医院

坐落在美丽的微山湖西岸,素有龙城水乡美誉的沛县城中心东风中路18号。始建于1956年,因东汉神医华佗行医于沛,故又名为"华佗医院"。是一所集医疗、科研、教学、保健、康复为一体,中西医各临床科室门类齐全、具有鲜明中医特色和中西医医疗优势的现代化二级甲等中医院。首批"国际紧急救援中心网络医院"、南京中医药大学教学医院、沛县120急救中心分站。先后荣获爱婴医院、徐州市人民满意医院、全国中医医院典型单位的称号。是沛县职工基本医疗保险定点医院,农村新型合作医疗定点医院。

经过全院职工多年的共同努力,医院规模不断壮大,目前占地面积1.22万平方米,建筑面积2.74万平方米。建有门诊大楼、内科病房大楼、外科病房大楼、医技楼、急诊楼、肝病楼、仓储楼,院内环境优美,病房整洁舒适。

在岗职工600余人,其中卫技人员434人,注册护士213人,执业医师156人,省市级名中医4人。设置床位500张,实际开设800张。拥有20个临床科室,16个医技科室,1个重症监护室(ICU),1个血液透析室。开设专科专病门诊15个,年门诊量达32余万人次。医院拥有国家中医药管理局农村医疗机构针灸理疗康复特色专科建设项目1个(康复科),"十二五"江苏省中医重点专科建设单位1个(脑病科),徐州市中医重点专科3个(肿瘤外科、脑病科、肝病科)。1997年3月医院被江苏省中医药局批准为二级甲等中医院,2010年9月顺利通过江苏省中医药局对二级甲等中医院的复核评审。

医院设备齐全,大型医疗设备108台,是本地区医疗设备最先进的医院之一。拥有先进的飞利浦16排高档螺旋CT机、德国进口X光数字计算机成像系统(CR)、中科美仑DR、日本东芝彩色多普勒超声诊断仪、彩色经颅多普勒、飞利浦C型臂、动态心电监护仪、多功能麻醉机、胎儿监护仪、遥控摇篮X光机、口腔全景X光机、多功能监护仪、除颤仪、前列腺汽化电切镜、狼牌腹腔镜、多功能呼吸机、奥林巴斯电子胃肠镜、高压氧舱、全自动生化分析仪,血球计数仪、精子分析仪、碎石机、微量元素分析仪、血气分析仪、化学发光仪及多种中医诊疗设备等。

沛县中医院的发展和创新得到了各级政府和卫生主管部门的高度肯定,2011年,医院党总支被授予全省卫生系统先进党组织称号,是徐州市二级医院中唯一一家获此殊荣的医疗单位。2011年被徐州市卫生局评为卫生行风建设先进管理单位。2011年获徐州市卫生局表彰医院感染管理工作先进单位。2010年6月,在国家中医药管理局组织的对县级中医院医院管理检查中,医院被评为"全国县级中医院典型单位"。2010年荣获"市、县两级人民满意医院"称号。2010年被县委、县政府评为争先创优先进单位、平安法治先进单位。

铜山县中医院

始建于1954年,于1999年增名铜山经济开发区医院,位于铜山经济开发区中心位置、风景秀丽的圭山脚下,距徐州市中心医院10公里,与徐州市新城区咫尺相望,交通十分便利,占地面积21200平方米(本部19000平方米,东院2200平方米),建筑面积13361平方米(本部9242平方米,东院4119平方米),其中,医疗用房10229平方米(本部7454平方米,东院2775平方米)。是卫生部、联合国儿童基金会世界卫生组织确认的爱婴医院,铜山县医保定点医院;是铜山经济开发区内唯一的一所集中医、西医为一体的二级综合性医疗机构。是卫生部,联合国儿童基金会世界卫生组织确认的爱婴医院。

医院设有定编床位100张,二个住院病区、12个职能科室;具有高级技术职称15人,中级职称76人;设有内科,外科、儿科、妇产科等28个临床一二级专业科室;设有检验科,放射科、CT室、B超室,彩超室、脑彩超室、心电图室,24小时动态心电监护室、内窥镜室、病理室,煎药室等20个医技科室;设有中医腮腺炎专科、中医针灸理疗科、中医推拿康复科,中医小针刀科、中医痔瘘科5个特色专科,设有西医的呼吸内科,消化内科、神经内科、小儿科,脑外科、胸外科、骨外科,泌尿外科、妇产科9个二级重点专科。

目前90%为西医技术,特别是近二年广招人才、严格的制度化管理、良好的医德行风建设,使我院以惊人的速度在健康的发展,令人刮目相看。良好的服务,低廉的医疗价格,吸引众多病员来院就医。现能进行前列腺摘除,肾癌根治术,食道癌、肺癌,胃大部切除术,四肢骨折切开复位内固定,骨股头置换术,颅脑外科手术,局麻下复杂肛瘘、混合痔手术,新法助产接生,无痛引流产,无痛手术,新法剖宫产手术,子宫附件切除等高难度手术,五官科能开展鼻中隔偏曲矫正术,上颌窦根治术,口腔科能开展下颌骨骨折复位固定术等一定难度的手术,能进行内科,儿科、中医科等各科常见病、疑难病症的诊治,能进行快速洗片、细胞分析、艾滋病初筛检查。

徐州市第六人民医院

是一所综合性二级甲等医院,医院是徐州医学院教学医院、卫生部、联合国儿童基金会、世界卫生组织确认的"爱婴医院"。医院地处淮海路延长地段,占地25000平方米,建筑面积29700平方米。院内园林绿化环境优美。新建的急诊楼、门诊大楼设计新颖、宽敞明亮、设施齐全、流程通畅。全院设有九大病区,病床306张,临床二级专业科室20个,15个医技科室。拥有高级职称医技人员60余人、中级职称170余人,徐州医学院兼职副教授16人,兼职讲师15人。

医院拥有美国GE公司生产的高档螺旋CT、数字胃肠

DSA 机、新型体外震波碎石机、美国惠普彩超、日本阿洛卡 B 超、经颅多普勒、BIPAP 呼吸机、12 导联全自动心电图机、心脏除颤仪、荷兰产人工肾、C 型臂、日本奥林巴丝纤维胃镜、支气管镜、移动式床边 X 光机、脑电地形图机、全自动生化分析仪、机电诱发电位仪、担任和多人高压氧舱等大型医疗设备。拥有一流的病房设施和现代化的微机管理系统,具有较强的院前、院内综合急救能力。

医院成功开展先天性导管未闭、二尖瓣分离、房间膈缺损修补、癌症根治、肝叶肝门肿瘤切除、肝包虫病根治、肾上腺切除、人工血管置换、搭桥、脊柱矫正等手本术、疑难病的诊断、突发事件及危重病人的抢救治疗,也赢得社会好评、连续多年获省、市、县文明先进单位称号,被授予徐州市"十佳医院"、市"行风先进单位"市"物价信得过单位"、省"剂量保证确认单位"。

睢宁县人民医院

成立于 1949 年,是一所集医疗、科研、教学为一体的二级甲等医院、综合性医院,是全县 130 万人口的医疗急救中心。

医院占地 87 亩,现有建筑面积 31880 平方米。目前设 10 个病区,28 个临床与医技科室,开放病床 320 张。2003 年收治住院病人 10500 人次,接诊门诊病人 20 万人次,急危病人抢救率达 98% 以上。

医院现有在编职工 510 人,其中副高以上职称 50 人(其中正高 6 人),中级职称 210 人,心内科、神经内科、肾内科、消化内科、脑外科、胸外科、泌尿外科、骨科、妇科、儿科、影像科等专业科的人才技术优势比较明显,能常规开展卫生部规定的"二级甲等医院"的各项诊疗项目,有些技术项目已达到三级医院水平。

2000 年 10 月建成的 10 层外科大楼,设有 3 部电梯,有中央空调、中心供氧、中央负压吸引、自动控制消防和自动传呼等现代化设施。楼内容纳 6 个护理单元、200 张床位。手术室、ICU 室、血库、中心药房、电脑中心都设置在楼内,且都装备了一流的设施,能够较好地满足医疗需求。

1993 年该院被选定为徐州医学院教学医院;1995 年被卫生部确认为"二级甲等"医院、爱婴医院;2000 年,被江苏省质量技术监督局评定为"计量保证确认单位"。

睢宁县中医院

始创于 1984 年,是一所集医疗、急救、教学、科研、预防、保健于一体的具有中医特色的中西医结合型综合性县级中医院,是卫生部命名的爱婴医院,是南京中医药大学教学实习医院、江苏省中医院重点支持医院,是县职工医保定点医院、城镇居民医保定点医院、新型农村合作医疗定点医院、离休干部定点医院,是县爱心医院、县急救医疗中心。

医院坚持"科技兴院、人才兴院"的发展战略,坚持"以病人为中心"的服务理念,"立足服务、突出特色、培养人才、发展专科、树立榜样"为目标,医院连续被评为"先进单位"、"徐州市文明单位"、"先进基层党组织"等荣誉称号。

医院占地 36.4 亩,建筑面积约 3 万平方米,现有在职职工 207 人,其中高级专业技术人员 21 人,主治医师 60 人。设有 15 个临床科室、10 个与临床科室相配套的医技科室,开设病床 100 张,设 5 个病区,年住院病人 3605 人次,年门诊量 7.9 万人次。

医院拥有市级中医重点专科 1 个——骨伤科,县级重点专科一个——肛肠科。骨伤科在治疗颈椎病、三维牵引治疗腰椎间盘突出症、肩周炎、腰腿痛、关节脱位、骨折手法整复、小针刀治疗关节骨刺,各种关节疾痛方面疗效突出。肛肠科在直肠肿瘤,环状混合痔、高位复杂性肛瘘、肛裂、肛门脓肿及各种内外痔的治疗居领先水平,具有独特的优势。

内科作为医院的支柱科室,设有心脏科、呼吸、消化、糖尿病、肝病、肿瘤等专科。心脏科在治疗心功能不全、心绞痛、心肌梗塞上疗效显著。消化科成立内镜中心,拥有日本奥林巴斯电子胃镜,糖尿病科中西医结合治疗糖尿病及其并发症,效果显著。

肾病科作为省重点专科建设项目,成立了血液透析中心,对肾功能不全、肾病综合症、电解质紊乱、农药中毒、尿毒症等病人进行血液净化治疗,极大地提高了治疗及抢救成功率。

医院外科蓬勃发展,尤其是普外科、脑外、泌尿、肿瘤。微创外科发展较快,运用腹腔镜开展各种微创手术,大大提高了医院外科的知名度和影响力,前列腺电凝电切术的开展,极大缓解了许多前列腺肥大患者的痛苦。体外震波碎石减少了结石患者手术的痛苦。

妇产科及不孕不育专科为我院的特色专科,采用中西医结合治疗不孕不育症,获得了较高的受孕率,通过开展各种宫、腹腔镜等微创手术,治疗子宫肌瘤、卵巢囊肿、卵巢肿瘤、畸胎瘤等缩短了患者的住院时间及费用,赢得了广大患者的美誉。

医院主要大型设备有:飞利浦双螺旋全身 CT 机,德国西门子彩超、德国爱克发 CR、德国费森尤斯血透机、美国 TDS-9900 型彩色多普勒血流诊断仪、全身自动生化分析仪、全自动血球计数仪、美国惠普自动分析全导心电图机、24 小时动态心电图机、日本奥林巴斯电子胃镜、体外震波碎石机、多功能肛肠治疗仪、心电监护仪、自动呼吸机、胎心监护仪、无痛分娩气体吸入机、乳腺治疗仪、三维电脑牵引床等。新装修的病房配有中心供氧、中心传呼、中心吸引,为患者提供温馨、舒适的康复环境。

丰县人民医院

始建于 1950 年,是一所集医疗、预防、康复、急救、科研于一体的卫生部颁"二级甲等"综合性医院,连续多年被评为市级"文明医院"。1995 年被卫生部评为二级甲等医院和爱婴医院,1997 年至 2000 年连续被评为市"十佳医院",1994 年至今多次获市县级文明单位、先进集体、模范单位等称号。

丰县人民医院挂牌成为徐州医学院附属医院集团丰县医院,将会使集团医院相互间的协作加强,资源共享,优势互补,充分发挥徐医附院在技术、专家、设备、管理和综合服务等方面的区域优势,促进丰县人民医院在医疗技术水平、科研教学工作和综合服务能力等方面的提高,帮助丰县人民医院尽早建成三级医院,为人民群众提供更为优质、高效、便捷的医疗服务。

医院规模：医院占地60000平方米，绿化面积4000平方米，建筑面积50000平方米。开设病床800张，临床科室有普内科、心内科、神经内科、干中科、小儿科、普外一科、普外二科、骨一科、骨二科、胸心科、肿瘤科、脑泌科、五官科、妇科、产科、传染科、重症监护室等26个；辅助科室有生化科、病理科、螺旋CT室、核磁共振室、放射科、介入科、放疗科、高压氧舱、血液透析室、内窥镜室、心电图室、脑电图室、B超、彩色多普勒等医技科室20多个。现有正式职工620人，拥有高级职称150人，中级职称260人，是目前本县规模最大、专业科室齐全、技术力量雄厚的综合性医院。

医院坚持人才为本，科技兴院，注重人才的培养与开发，每年有计划有目的地送大批医疗骨干去三甲医院进修、培训，大力扶持科研，不断开展新技术、新项目，拓展医疗范围，近年成功开展角膜移植、玻璃体切割术、超声乳化治疗白内障、内窥镜鼻窦手术、经蝶垂体瘤摘除术、腹腔镜微创手术、肝内胆管结石部分肝叶切除肝内U形管引流术、前列腺电气化术、体外震波碎石、前列腺睾丸实质拔离去势治疗前列腺癌、隐匿阴茎松解术、经阴道子宫切除术及卵巢癌切除术并盆腔恶性肿瘤的介入治疗等，先后获国家专利一项、市县科技成果奖20次。每年发表于省级以上杂志的专业论文80余篇。

医疗设备：医院注重医疗设备的添置与更新，近年来医院投资两千余万元，购买国内外先进医疗器械近百种（件），其十万元以上设备有韩国三星核磁共振、美国GE公司螺旋CT机、高压氧舱、500毫安闭路X光机、DSA数字减影X光机、放射介入治疗仪、钼靶、进口彩超、多功能碎石机、日本产纤维胃镜、乙状结肠镜、支气管镜、腹腔镜、膀胱镜、经颅多普勒、全自动生化分析仪、酶标仪、人工肾、呼吸机、麻醉机、直线加速器、三维成像彩色多谱勒、CR机、日本光电监护仪、鼻窦镜等。

2000年初一幢建筑面积为12000m^2、总造价为2600万元的8层综合病房大楼竣工并全面投入使用。大楼外观美，内部设施现代化，两部电梯、中央空调、中心供氧、中心吸引、悬挂式输液轨道、监护和传呼双重系统，医护人员通过电视屏幕随时掌握每一位病人的情况及治疗抢救的进展等，病人如需呼叫医护人员，只需按一下床头按钮，办公室及走廊内均有明显的显示，病人及医护人员间的沟通十分方便。总监护系统又能使院领导随时了解全局，统筹安排。

2008年7月一幢造价为4500余万元、面积为28000m^{2}的12层新综合病房大楼竣工并投入使用。新大楼12层按基本现代化标准建造，各病房现代化设施、设备一应俱全，手术室的高标准净化系统更有利于手术室环境的净化及器械、物品、空气的清洁和消毒，保障其手术的高质量要求，也更能满足一些复杂手术、高难度手术的需求。重症监护室重点建设，以满足急危重及大手术病人的抢救需要。清洁物与污染物分离管理更具科学性，污物专线出口避免了二次污染；清洁物物品的输送由中心监控物流系统完成，各科室间物品交换，一按电钮，迅速完成，不仅方便快捷，还人性化地减少了医务人员来回奔走的忙碌。中央空调、供应冷热水、排水、消防等都满足了基本现代化医院的要求。

2010年7月县人民医院新门急诊楼启用。据了解，该新楼建设为该县实施的国家拉动内需项目，共利用中央扶持资金700万元，将旧病房楼改造扩建成门急诊楼，同时拆除原门诊楼。新门急诊楼共有7层，面积15000平方米，采用中庭设计，中庭天窗装有钢结构玻璃采光顶，大楼设有一部扶手电梯和两部乘客电梯，其中1至4层为门急诊和医技科室。具体设置如下：一楼为急救中心、放射科、药房、挂号收款以及报销等科室；二楼为输液室、化验室和内科门诊；三楼为外科、儿科、妇科、门诊手术室及心电图B超室等辅助科室；四楼为五官科、皮肤科、肛肠科等。

2011年3月24日，“徐州医学院附属医院集团丰县医院”挂牌仪式在丰县人民医院举行，徐医附院院长徐开林和丰县县委常委、宣传部长单长丰共同为仪式揭牌，标志着丰县人民医院正式加入了徐州医学院附属医院集团。

医院地址：徐州市丰县人民西路51号。

丰县中医院

现有职工212人，其中高级职称15人，中级职称45人。十多年来，丰县中医院艰苦创业，迅速发展。坚持“科技兴院”、“专科专病兴院”的办院方针，发挥中医药优势，采取“人无我有，人有我优”的策略，不断提高中医药在医疗市场上的竞争力，扩大医院的影响。坚持长期不懈地狠抓医疗质量，改善服务态度；加强专科专病建设，加强人才培养，提高业务素质；深化医院改革，加强目标管理；加大宣传力度，扩大社会影响；抓好党建，促进精神文明建设。

医院地址：江苏省徐州市丰县工农南路47号

新沂市人民医院

是新沂市规模最大、设备最先进、技术力量最雄厚的综合性医院。是卫生部部颁二级甲等医院；东南大学医学院、徐州医学院教学医院。现有高、中级技术人才202名，其中副高级以上职务58人。共设病床350张，有内、外、妇、儿、五官、传染等十五个病区，并开设了脑外、胸外、心内、心外、神经、肿瘤和骨科等15个专科。医院拥有磁共振机、大型C臂X光机等先进医疗设备等，常年开展心脏外科手术及腹腔镜手术，锥颅治疗脑出血等高难度的手术项目，是新沂市医疗、科研、教学中心。

近年来，医院狠抓医疗、护理质量管理，不断提高服务水平，医院的经济效益和社会效益明显提高。院领导班子坚持“强化管理、科技兴院”的方针，去年总收入达到6300万元。心脏外科可以开展各种心脏直视手术，常年开展腹腔镜手术，痛苦小，恢复快。妇产科及儿科在全市均处于领先位置，妇产科与徐州医学院生殖研究所合作开展了不孕不育治疗。医院在不断提高医疗质量的同时，努力改善服务态度，严格执行一次性投诉待岗制度，现患者和社会的满意度较前有明显的提高。

新沂市中医院

始建于1958年，现已发展成为以特色中医为主、中西医结合的综合性二级甲等中医院。医院人才结构合理，科室设置齐全，医疗设备优良、技术力量雄厚，拥有中高级人才近百名，徐州市名中医3名,医学硕士研究生16人,开设床位300张,年门急诊26万余人次,年收治住院病人15000余人次。医院主要业务指标及综合实力居苏北地区先进行列。

医院拥有28个临床科室,其中心脑血管科、肛肠科为徐州市重点专科,肾病、糖尿病、骨伤、肝胆、泌尿外科、妇科等为市级重点专科,钬激光碎石、经脐入路单孔腹腔镜应用等技术省内领先。

新沂市中医院在进一步发挥传统医学优势的同时,注意消化吸收现代医学和现代科学成果,引进一大批现代化医疗仪器设备。目前,医院已拥有全身CT机、富士能电子窥镜、彩超、全自动生化分析仪、血透机、ICU多功能监护系统、大型X光机、全功能麻醉呼吸机、显微手术外科设备、骨科手术设备等大型医疗设备100余件(套),增强了专科服务功能和应急能力。

新沂市中医院制定了"专科取胜、专病竞争"的发展方针,大唱特唱专科专病建设重头戏,先后开设了25个临床科室和3个专科专病诊室,形成"科有特色,人有专长"的可喜局面。医院4年间共抢救心脑栓塞患者1200多例,心脏瓣膜置换术、心脏创伤修补术、各种肿瘤等心脑直视手术1300余例。骨外科已开展断肢再植术及人工髋、膝、指关节置换术和骨矫形、骨延长手术1500余例。泌尿外科成功地开展前列腺切除450例、体外激波碎石1400余例。ICU病房成立5年来已抢救3250余位重症患者。

突出中医特色,注重品牌建设。随着医院的发展壮大,新沂市中医院逐步组建了胸外科、脑外科、泌尿外科、ICU专科,形成了配套齐全、技术精湛的综合治疗系统,腔镜外科、结石科、肾病科、骨伤科、肝胆科等形成了品牌优势,中医内病外治、小针刀、火针、专科专药等成为医院特色品牌,使医院特色更显、中西医结合并肩发展的新的医疗技术服务格局、医疗水平步入了新台阶。为进一步弘扬传统中医特色,形成规模效应,2002年以市中医院为龙头,由6家乡镇卫生院组成了中医医疗联合体,优势互补、资源共享,形成了中医药的强大优势。

通过全面加强心脑血管、结石、骨伤、肾病、糖尿病、妇科、肝胆、脾胃等品牌专科建设,强化特色和优势,增强了辐射力。心脑血管科通过引进介入疗法、康复治疗等新技术,扩大和增加诊疗手段;引进气压弹道碎石机,结合中药治石特点,形成结石非手术治疗特色体系,在周边地区形成优势;肾病、糖尿病专科通过增加新的检验项目,提高疾病诊断准确率及早期诊断率,在治疗上运用中西医结合,进一步发挥中医药特色,提高了糖尿病并发症、难治性肾病综合征的治愈好转率;肝胆、脾胃专科在加强继承基础上又有所创新。

120急救中心,是新沂市中医院近几年创建的最有影响的特色专科,其信誉随着京沪、连霍两条过境高速公路传遍大江南北;他们的事迹,国家级及省、市级报刊曾予以大篇幅报道,被受过救助的车主及旅客们誉为"京沪高速苏鲁交界的白衣战士"。

新沂市中医院120急救中心现有一线救护医生、护士15人,承担"120"出车、接诊、急救门诊输液等多项任务。他们树立"以病人为中心,以病人满意为目标"的宗旨,开展"以诚待人,以信立业"的全方位优质服务活动。急救中心拥有监护仪1套,集心电监护、除颤器等多项功能为一体的抢救设备1套,血液透析机1套,洗胃机两台,心电图机1台,吸氧装置两套,救护车7辆,每辆均配有GPS卫星定位系统、车载对讲机、数十种急救手术器械及急救药品。"120"急救实行军事化管理,做到接到求救电话后,市区内3分钟到达,市区以外以最快的速度赶到出事地点。"有急必到,有病必治,有伤必医,有求必应,免费出车,免费拨打"的服务宗旨,深受社会的赞誉和群众的信赖。据统计,自"120"急救电话开通以来,至2004年底,共出车4万余次,抢救各种急危重症病人4.4万人次。

新沂市中医院坐落在新沂市城区中心,市区纵横两条主干道的交会处,东距京沪高速仅10余公里,接警后10分钟内即可到达出入口(自2003年起新沂市中医院120急救中心已安排救护车在出入口长年全天候待命,更加缩短了接警抢救时间);南距连霍、徐连高速仅3公里,自城区通向这两条高速的公路均为双向6车道柏油路面,可确保救护车出警时的畅通无阻,从而在最短的时间里实施抢救。

为了提高现代化急救水平,市中医院投巨资与"110"联动安装了GPS卫星跟踪定位系统,使救护车有了"千里眼",提高了抢救病人的准确率和成功率。在京沪、徐连高速公路,每发生一起交通事故,新沂市中医院120急救中心接到求救电话后,都会安排两辆以上的急救车同时双向出动,以最快的速度赶赴出事现场,抢救伤员。医院迅速成立了医疗抢救小组,协调急诊、骨科、外科、手术科、内科等科室组织救治。

常　州　市

常州市广化医院

始建于1958年的常州市广化医院,1990年由卫生部、省卫生厅促进和支持,经市卫生局同意,在原广化医院的基础上,加称"常州市中西医结合医院",同年7月正式挂牌。1996年10月通过了国家二级甲等中西医结合医院的评审。设临床一级科室15个,专科专病门诊18个。

医院占地面积9310.3平方米,院内花团锦簇、绿草成茵、环境优美怡人。门诊部、住院部相互联接贯通,现代化的微机管理系统使医院管理提高到一个新的水平,患者可享受高水平的服务。医院被省中医药局评为"九五"建设先进单位。医院现有职工358人,其中高级职称12人,中级职称70人。设病床200张,床位使用率83.6%。医院在继承和发扬中医药瑰宝的同时,融汇现代医学和现代科技成果,中西医结合特色显著,眼科、耳鼻喉科、骨伤科、烧伤科、泌尿科、肛肠科、整形美容科已形成优势,每日平均门诊数558人,年平均收治住院病人4004人,2000年业务收入2983.66万元,全院固定资产3459.76万元,全院专业设备金额1574.70万元,其中眼科专业设备达1000万元以上,设备配置及技术水平均达到三级甲等医院标准,业务量占全市眼科总诊疗人次61.7%,服务范围覆盖本省及浙江、山东、安徽、江西等地区。

医院先后获得江苏省文明单位、常州市文明单位标兵、常州市先进集体、常州市卫生先进集体、常州市十佳医院等殊荣。

常州市同济医院

是一家以现代康复为特色,集医疗、保健、科研、康复为一体,以专科实力型和逐步蓄积专科人才为重点发展的综合性医院。医院设施先进医院规模,环境优美,是有个性化服务特色的现代化的医院。常州同济医院是一家率先引进高品质医疗服务理念的现代化男科医院,对外接诊。被国家评为省级重点医院,是国家非营利性平价医院。

常州同济医院位于常州市天宁区蔷薇花园旁边,与苏果超市斜对面,交通便利,位置繁华。被常州市政府评为"花园式医院",是病人治疗、休养的理想境地。

常州同济医院开设了多个专业科室,其中男科治疗中心、前列腺治疗中心以及性功能障碍疾病中心、生殖整形中心是常州同济医院门诊最具有特色的重点学科,服务项目和医疗质量优良。

专家队伍:医院在建设和发展上,重视人才引进与科技导入,拥有全国各地的医疗技术专业人员及高职称的复合型医疗人才,其中高级技术职称医务人员、中级技术职称医务人员125名,共同组成了一支由专家、教授领衔的医学团队,专业实力臻于业界。

常州同济医院门诊的领导班子清醒的认识到,无论是保障手术质量,还是开发新技术,人才都是关键。只有有了高技术人才,才能推动医院向高科技发展,人员素质是保证医院各项技术服务水平的关键,应注重不断地培养和引进人才,对所有人员进行技术培训和训练,进行技术比武,提高他们的素质和专业知识和基本技能,建立一支技术过硬的专业技术队伍,进一步提高开发新技术的能力,进一步提高医院技术水平。

常州同济医院门诊部斥巨资引进国内外先进的诊疗设备和设施,如正电子发射计算机断层成像仪(PET)、不同类型的核磁共振、螺旋CT、体外震波碎石机、血管造影机、彩色多普勒超声检查仪、X刀、电镜、ECT、激光聚焦显微镜、准分子激光仪、MV系列及HONKON系列激光治疗仪、MY-MOUSE激光治疗仪等国际一流的医疗设备,雄厚的技术力量和先进的诊疗手段,促进了江苏地区技术水平和医疗质量的不断提高,临床初诊与确诊符合率达99.18%。

院址:常州市天宁区中吴大道与丽华北路交叉口(蔷薇家园交通银行旁边)

常州市戚墅堰区人民医院

系国家二级甲等医院、江苏省文明单位、爱婴医院、常州市"十佳医院"、东南大学医学院和南京中医药大学教学医院,常州市首批医保定点单位,常州市首家通过ISO9001—2000质量管理体系认证的医疗机构,是一所以内、外、妇三大科为龙头,其他临床、医技科室设置齐全的综合性医院。占地面积2.5万平方米,编制床位500张,卫技人员400余人,其中有中、高级专业卫技人员190余人。"德术并举,病人至上"是医院的办院宗旨。医院拥有现代化的门急诊大楼、病房大楼、手术室和常州市东部地区规模最大、设施最全的体检中心。急救中心、血液净化中心、消化内科、创伤外科、甲状腺专科、肛肠专科、白内障超乳术、前列腺汽化术、腹腔镜胆囊摘除、腹腔镜妇科手术、椎间盘镜治疗腰椎间盘突出、无痛人流、无痛分娩、吻合器治疗内痔等在常州东部地区处于领先地位。120急救中心和中心血站在医院设有分站。

专科:儿科、妇产科、消化内科、血液净化中心、骨科、泌尿外科、口腔科。

设备:医院拥有省内首台0.4T日立磁共振机、飞利浦多排螺旋CT机、大型生化仪、电子内镜、腹腔镜、宫腔镜、C臂X光机、震波碎石机、高压氧舱及多台进口血透血滤机等先进设备。

地址:江苏省常州市戚墅堰区戚机厂工房南八区1号

常州市德安医院

建于1959年,是一所集医疗,教学,科研,预防为一体的综合性医院,是徐州,皖南医学院教学医院,常州市基本医疗保险定点机构,城市低保对象住院定点医疗机构,2005年3月被市政府命名为"常州市慈善医院",专业医院占地面积25.3亩,建筑面积16530平方米,核定床位500张,开展的业务范围有普内科,消化科,老年科,神经科,普外科,手外科,骨科,骨伤理疗科,妇科,糖尿病专科,精神科,心理咨询科,戒毒科,泌尿科,婚前体检,法医司法鉴定科,其中消化科,神经康复科,老年科,精神科,手外科为本院特色专科,医院内设有常州市心理卫生中心,常州市戒毒康复中心等机构,

设备:目前,医院因为拥有美国螺旋CT机、0.3核磁共振,意大利产1000毫安数字X光机,彩色电子胃镜、肠镜、12导心电图、日本产彩色B超仪、全自动生化仪、法国产血球仪、德国产彩色多谱勒超声诊断博士仪、丹麦产酶标仪、美国产心电监护仪、发光免疫仪、语言外地康复训练仪等万元以上先进医疗设备近百件;目前,拥有百级,万级层流净化手术室和净化重症监护病房,创建了一套较为完善的医院信息化管理系统;

力量:拥有一支较优秀的专业技术队伍,全院现有职工323人,其中卫技人员213人,正,副教授14人,高级职称21人,中级职称82人,每年在各级杂志上发表60多篇论文,并完成部,省,市指定科研项目2~3项,曾有三篇论文分别被英,美国家图书馆及美国全球信息中心收载,多篇论文在美国中华健康杂志,美国中华心身医学杂志上发表,论文《常州精神疾病和康复管理模式》参加了国际亚太地区第九届学术交流,并获二等奖,

医院地址:常州市天宁区桃园路11号

武进区第二人民医院

位于常州市戚墅堰中心地带—常州市延陵东路207号,始建于1978年,占地面积5亩,建筑面积8643平方米,现有职工165人,床位132张,是集医、教、研一体的综合性医院。2006年,医院年门诊量达4.6万多人次,年住院病人2800多人次。

医院开设有内科、外科、泌尿专科、胸外专科、脑外科、妇产科、儿科、中医科、针灸专科、伤骨科、痔瘘科、皮肤科、口腔科、五官科、检验科、放射科等临床科室和医技科室。

医院有西门子多排螺旋CT机、岛津500mAX光机、移动式C臂X光机、东芝彩色B超、日立全自动7060生化分析仪、彩

色经颅多普勒诊断仪、雅培1700全自动血球计数仪、Olympus电子胃镜、肠镜,膀胱镜、眼科手术显微镜、心电工作站、费森尤斯血液透析仪、惠普床边监护仪等设备。

武进区第三人民医院

成立于1985年,现有职工88人,床位100张,是武进区医保定点的综合性医院。2006年,医院年门诊量为1万多人次,年住院病人约500人次。

医院设有外科、精神科、传染科、皮肤科及妇科等科室。

医院传染科成立于1988年,是目前武进区收治各类传染病特别是以肝病为特色的专科病区。现拥有病床48张,开科至今已收治各类肝病患者近2万例,肝病门诊3万余人次。近年来医院开展的人工肝,腹水超滤浓缩回输术为重症肝炎、肝硬化顽固性腹水患者提供了更好的治疗手段。

医院拥有岛津C臂机、全自动生化分析仪、PCR检测仪、脑电图、麦迪逊5000B超机、SC－5呼吸机、400B多参数心电监护仪、500MAX光机等检测设备。

医院地址:武进区卢家巷市政街21号

金坛市人民医院

坐落在金坛市中心,是一所集医疗、教学、科研为一体的综合性二级甲等医院。是江苏大学医学院、东南大学医学院的教学医院。目前医院占地面积2万多平方米,设床位400张,有副高以上职称52人,中级职称220人,全院11个病区,16个专业临床科室,6个医技科室。医院年诊疗40余万人次,年住院2万多人次。

近年来,医院多渠道筹资,综合治理了医院环境,改善了院容院貌,切实为病人创建良好的诊疗生活条件,基本实现了院内环境园林化、病房设施标准化。目前,占地五万多平方米的医院扩建蓝图已经描画,投入1千余万元的直线加速器机房已经投入使用,未来的市人民医院将会是一个花园式多功能医疗中心。

医院坚持“以医为本、医教结合、科技先导、科教兴院”的发展思路,巴专科建设和人才培养列为医院建设的重中之重,全面实施跨世纪

人才培养工程,近年来,医院积极培养人才,提高青年科教人才的学历层次。迄今为止,医院共培养了4名硕士研究生,并每年选送10～15名青年骨干赴省内外三级医院临床进修,学习先进的诊治方法和医学科技理论,并为他们的发展创造平等、择优、竞争的用人环境。在专科建设上,突出重点,兼顾一般,重点加强了心内科、泌尿外科、肿瘤科三大专科建设。成功开展了四例同种异体肾移植术、永久型人工心脏起搏器埋置术、介入治疗等高新技术项目,近三年来,医院共获省、市科研成果奖十余项,有三百多篇文章在各级各类杂志上发表。

科室介绍

妇产科

妇产科拥有一支由44名女同志组成的清一色的“娘子军”,承担着全市1/3以上的产妇生育及妇女各类妇科病的诊治任务。每年完成诊疗2.3万人次,接待分娩产妇800多人次,开展各类手术3000多人次,危重病人抢救成功率100%,已创造了连续15年无1例孕产妇死亡的纪录(省标准孕产妇死亡率≤5/万)。她们为保障全市妇女同胞的身体健康作出了积极的贡献,2000年於丽娅同志获“金坛市十佳医生”、2004年被评为“常州市‘三八’红旗手标兵”光荣称号。

该科现有主任医师1名、副主任医师3名、主治医师9名,在老主任李素娥的带领下形成了由施娟英、於丽娅、马玉华、胡顺美等一批医疗骨干组成的人才梯队。近几年,该科开展了系列特色诊疗项目:如胎心监护,可动态监测晚期妊娠胎儿在宫腔内的状况,以利临床医生更准确地判断处理。采用复合光能治疗仪及微波治疗仪治疗各种宫颈糜烂、宫颈息肉,取得极好疗效。与麻醉科合作开展术后病人止痛、无痛人流术,让患者达到无痛状态,受到许多手术病人的欢迎。对剖宫产手术切口改良,施行腹部横切口及内缝术,使产妇产后腹壁平整光滑,满足了产妇的爱美需求。该科还计划与放射科合作开展子宫肌瘤的介入治疗,患者将无需手术并可保留子宫,该方法特别适合年纪较轻,需要保留生育功能的患者。

感染科

感染科乃金坛市唯一设置的正规传染病临床科室,分设门诊和单独的住院病区,每年收住病人600多人次。该科现有副主任医师2名,主治医师4名,形成了一支老中青相结合的合理的人才梯队,科主任姜雁及副主任医师戴国琪、蒋留保,已从事传染病防治工作数十年,成功救治了大量的危重、疑难传染病患者,积累了丰富的临床经验。

感染科现设肝病、结核、杂病三个专业组,肝病组主要针对各种肝损害,特别是慢性肝炎的诊断、治疗拥有丰富的临床经验,能针对患者的具体情况和病毒复制状态设计中西医结合治疗方案,必要时行抗病毒治疗,疗效显著。

ICU

重症监护病房(ICU)自1998年建科以来,收治各类重症病人,抢救成功率逐年提高,抢救技术日趋成熟。开展了机械通气、留置中心静脉导管、肠内外营养、人工冬眠、血管活性药物运用,血流动力学监测等危重病抢救监护手段;对多发伤、各型休克、多脏器功能不全、急性中毒、围手术期病人等形成了一整套规范化,程序化的现代医学抢救系统。

ICU配置了美国太空实验室监护系统,并配备了高档进口呼吸机4台,i－STAT即时血气分析仪1台,各种输液泵、微量泵7台、电子冰毯等,硬件装备居全省同级医院领先水平。

ICU医护人员均经专门技术培训,具较高医德素养和专业技术能力。ICU病房集中各科室的危重病人,采用国际惯例的无陪护病房,所有入院病人一律特别护理,对重症病人实施24小时不间断系统监护,病人生命体征的细微变化均能被医护人员及时发现,并给予及时准确的处理。

血透中心

众所周知,肾脏是人体的重要器官,肾脏坏了怎么办?通过“人工肾”将血液中的一切有毒、有害、多余物质过滤吸附出来,达到净化血液、挽救病人生命的目的,这就是血液净化技术。市人民医院血液净化中心已成功运用该技术对数千名急慢性肾衰患者进行抢救与治疗,使急性肾衰病人均得到痊愈、慢性肾衰患者延长了生命,确保他们高质量地生存。该中心不

断拓宽治疗领域，由最初的肾脏病治疗向临床急救领域拓展，将血液净化新技术用于对重度有机磷农药中毒、急性坏死性化脓性胰腺炎、严重创伤、多脏器功能障碍综合征、慢性顽固性心衰等危重病人的抢救，达到令人称奇的疗效。

泌尿外科

泌尿外科是金坛市的重点建设专科，每年收治患者300多人次，其技术水平居周边地区同级医院领先地位，已达到三级甲等医院标准。

该专科学科带头人，主任医师司马衡因技术水平精湛，医德医风高尚曾两次被授予“常州市十佳白衣战士”，被群众誉为“金坛城里一把刀”。在他的带领下，泌尿外科已形成了由副主任医师虞立平、史文华，主治医师段建春、戴国芳等人组成的合理的人才梯队。该专科目前能熟练开展泌尿系统的各种手术，包括肾癌根治、全膀胱切除、后尿道修复、前列腺癌根治、各类腔道内手术等等，尤其是该专科已成功地开展了4例同种异体肾移植术，充分显示了该专科的整体技术水平和雄厚的实力。该专科引进的国产最高档的碎石机，已开展体外震波碎石200多人次，成功率达90%以上，为泌尿系结石患者带来了福音。

脑外科

脑外科建立于1988年，经过10多年的建设与发展，目前该专科已拥有床位20多张，有专科医师5名，其中主任医师1名、副主任医师2名、主治医师1名、高年资住院医师1名，每年开展急诊脑外科手术80多例，手术成功率达80%以上，挽救了许多车祸、颅脑外伤病人的生命。

胸外科

位于市人民医院6号住院大楼五楼的胸外科，与脑外科共同组成一个病区，在长期的临床实践中，该专科形成了一支训练有素，实力雄厚的技术骨干队伍。有专科医师7名，其中副主任医师3名、主治医师3名，每年完成各类普胸手术100多例，因手术费用较省市大医院明显减少，手术效果好，赢得社会广泛好评，他们为金坛众多的患上消化道肿瘤患者带来了福音。

呼吸内科

呼吸内科现有医师6名，其中副主任医师2人，主治医师4人。主要承担呼吸系统疾病，如：肺炎、肺癌、支气管哮喘、慢性阻塞性肺气肿伴感染、肺心病、呼吸衰竭、肺间质病、胸腔积液、自发性气胸等疾病诊治及对急危重症的抢救。

儿科

儿科是全市唯一的集儿童疾病的诊治、预防、教学、科研为一体的专科。目前，该专科既有临床经验丰富的老专家，如吕柳风、薛怡乐等人，又有专业知识渊博的中青年技术骨干，如章莉萍、周国平、钱文杰等人，10名儿科医师中，有副主任医师4名，主治医师3名，硕士研究生1名，本科生8名；他们均赴南京、上海、北京、苏州等各大城市儿童专科医院临床进修，具有扎实的专业理论基础和丰富的临床经验。

中医科

中医科设在八病区，开放床位20张，有专科医师11名，其中主任中医师2名、主治医师3名；分设中医内科、中医肛肠科、中医伤骨科、针灸推拿科4个专科。中医内科主任医师徐留生，已从事中医临床30多年，对中医肺系、心系、肝胆系、脾胃和肾系疾病均有较高造诣，先后在国家、省级医学刊物上发表论文24篇，最近，他主持的科研课题“芒菔散治疗腹胀痛的临床研究”获金坛市科技进步三等奖。中医科主任、主任中医师傅忠林专攻中医内科疑难杂症及中医伤骨科的临床诊治，对颈椎病、肩周炎、风湿、腰椎骨质增生、软组织损伤等，善于采用中药内服、药渣外敷等综合治疗，为无数病人解除了痛苦。肛肠科每年开展各类手术300多例，对痔疮、肛瘘、肛门部疑难杂症的诊治，积累了丰富的临床经验。针灸推拿科运用传统手法治疗颈椎病、腰椎间盘突出症等病疗效显著，吸引了许多患者慕名而至。

专家介绍

刘　彦，主任医师，外科五病区主任，镇江医学院医疗专业毕业，1987年在常州市第一人民医院神经外科进修，1997年在省人民医院神经外科进修，有多年的临床实践经验，在医院开展了神经外科临床专科，主攻神经肿瘤的手术治疗，能开展各种颅脑外伤手术及颅骨修补手术，目前又开展了各种大脑囊球、小脑囊球手术手术抢救成功率达80%以上。

张国柱，主任医师，苏州医学院医疗系本科毕业，一直从事外科临床工作，曾先后赴常州二院、江苏省肿瘤医院进修深造，具有扎实的理论基础和娴熟的手术技能。专科特长：胸外科、普外科。对胃癌根治、食道中、下段手术、肺叶切除等胸外科手术和胆囊、胃肠、甲状腺等普外手术经验丰富。

金坛市中医院

是国家二级甲等中医医院，是一所集中医临床、教学、科研为一体，以中医为主、中西医结合的综合性中医医院，是南京中医药大学的教学实习基地。医院现有职工360人，其中卫技人员292人，设有临床一级科室11个，特色专科门诊18个，医技科室9个，病区10个。拥有美国GE双排螺旋CT、CR数字成像系统、彩色B超、电子胃镜等先进医疗设备20多台。

医院现有职工360人，其中卫技人员292人，设有临床一级科室11个，特色专科门诊18个，医技科室9个，病区10个。拥有美国GE双排螺旋CT、CR数字成像系统、彩色B超、电子胃镜等先进医疗设备20多台。开展的断指再植术、腹腔镜胆囊切除术、盆腔肿瘤切除术、腰椎间盘突出髓核摘除术、人工全髋关节置换术、白癜风表皮移植术，角膜移植术、鼓膜修补术等多项技术达到国内先进水平，并填补了金坛乃至常州地区的空白，“九五”期间获中国烧伤创疡科技进步奖3次，常州市科技进步奖3项，金坛市科技进步奖5项，国家专利2项，发表省部级以上论文300多篇。

医院实行24小时全日制门诊和急诊，门诊、急诊配有导诊员和急诊护士，畅通生命绿色通道，方便了病人就诊。

溧阳市人民医院

创建于1946年7月，是溧阳市规模最大的集医疗、教学、科研、康复为一体的二级甲等医院，是江苏大学、南通大学、皖南医学院、常州卫校的教学医院，也是江苏省首批住院医师规范化培训基地。

医院占地面积约32350平方米,建筑面积35670平方米,总资产达2.15亿元。目前医院在编职工666名,其中卫技人员573名,拥有高级技术职称人员65名,其中教授、副教授25名,中级技术人员251名。医院实际开放床位500张,2007年门急、诊病人26万人次,收治病人1.75万多,年手术量6000人次。业务收入1.5亿元。

2000年8月,医院十二层综合病房楼建成并投入使用。2004年经卫生部检验合格,成为江苏省首批“临床基因扩增检验实验室”。2005年6月,建筑面积9350平方米的急救中心大楼竣工并启用。同年9月根据市委、市政府文件精神和要求,对原溧阳市第二人民医院实行整体兼并,成立了溧阳市人民医院燕山分院。同年开设了全市唯一的“内镜清洗消毒中心”和“肛肠治疗中心”。2007年医院投资500多万元改建了常州地区规模最大的现代化“消毒供应中心”。2008年与南京市第一人民医院合作成立全市最大的“心血管病介入治疗中心”,同年,投资100多万成立健康体检中心,并投入运行。

医院有一级科室18个,二级专科25个。组建血液净化中心,震波碎石中心、超声刀治疗中心和高压氧仓治疗中心。近年来,围绕提高专科技术水平,强练内功,2003年10月医院成功开展了异体原位肝脏移植手术。2004年成功开展了两例肾移植手术。同年,妇科的经腹semm式子宫切除术和普外科的女性乳腺癌改良根治术后TRAM Ⅰ期乳房再造获省厅医学新技术引进一、二等奖,医院普外科、妇科、心内科、消化内科被评为常州市重点专科。

医院地址:江苏省溧阳市东大街129号

溧阳市中医院

创建于1956年,目前已经发展成为集医疗、急救、预防、保健、科研、教学于一体的二级甲等中医院,是南京中医药大学的教学医院。医院占地面积11358平方米,建筑面积23000平方米,下属分院一个,实际开放床位288张,现有职工568人,拥有高级职称技术人员35人,共开设九个病区,设有25个临床科室和15个医技科室,其中骨伤科为常州市重点专科,眼科、肾病治疗中心为溧阳市重点专科。

近年来医院成立了有技术特色和较高科技含量的急救中心、骨伤科治疗中心、颅内血肿治疗中心、微创介入治疗中心、腔镜治疗中心、眼科中心、肾病治疗中心、断肢再植中心、口腔病防治中心、针灸推拿康复中心等十大中心,并拥有设备先进的ICU等,医院是全市中医、中药、中西医结合的医疗、教学及科研中心。

医院拥有医疗设备近3000万,其中万元以上设备近180台(套)。如西门子SOMATOMSPIRIT双排螺旋CT、美国雅培AEROSET全自动生化分析仪、日本富士FCR5500RCR、日本岛津RADSPEEDMDR、日本岛津HEARTSPEED10CDSA、日本潘太克斯EPK-100电子胃镜、荷兰菲力浦ENVISOREA彩超、日本阿洛卡SSD-4000彩超、韩国麦迪逊SA-8000EX彩超、日本岛津DX/IDR-700胃肠机、北京HR-2医用红外热像仪、体外震波碎石仪、高压氧舱、脑电图仪、电测听仪、手术腹腔镜、超声乳化白内障手术仪、眼科准分子激光治疗仪等大中型医疗设备,为临床诊治的高效、准确提供有力的保障。

近3年共有18项科研课题获常州市及溧阳市科技局立项,并有2项课题结项,全院共有57篇论文在国家级及省级医学杂志上发表。在人才和专科的带动下,医院竞争能力明显增强,社会信誉度明显提高,门诊、住院人次连续3年增长15%以上,获得了社会和经济效益的双丰收。

医院院训

中医为基　国花秀枝　古今贯通　融会中西
珠联璧合　勃发生机　救死扶伤　除病祛疾
勿论贫贱　尽心尽职　名利不沽　忌渤医理
审慎为先　因症施治　理法方药　精研勤思
亦特亦专　求精求实　博采众长　广揽贤士
科学管理　务实严细　同心同德　兴院有期

科室介绍

学科带头人潘荣华主任医师是全国五一劳动奖章获得者、常州地区百名人才培养对象、溧阳市首届杰出科技人才奖获得者。近十年发表肾病专科学术论文20余篇,其中中华级2篇。所主持的多项科研获常州市政府嘉奖。20余年的医教研成果在溧阳及周边地区形成了雄厚的技术优势,产生有巨大的影响力.现为江苏省中西结合泌尿专业委员会常委、常州市肾病专业委员会副主任委员。常州市级科研立项一项(在研),溧阳市科研项目一项(结题)。科内肾病专职医师4名,正高一名,副高一名,在读硕士1人。科主任芮国华副主任医师从事中西医结合临床工作十八年,在上海瑞金医院进修肾内科。2006年肾内科被市卫生局立为重点科室。

麻醉科在20多年的自身发展中吸取了基础医学、临床医学以及多种边缘学科中有关麻醉学的基本理论和工程技术,形成了一门具有多学科理论与技术的综合性二级学科,是溧阳中医院的一级临床科室。

骨伤科为常州市重点专科,是中西医结合治疗骨伤科疾病中心,拥有副主任医师2名,主治医师5名,人才结构合理,技术力量雄厚,通过多年来的开拓创新及与上海瑞金医院、苏州大学附属第一人民医院省人民医院、南京军区总院、省中医院、南京中大医院、常州一、二院等“三甲”医院密切协作,目前形成了中西医结合治疗骨伤科常见病、多发病及部分疑难杂症的专科特色,利用中医药优势,内服外敷、小夹板外固定治疗常见骨拆,骨拆迟缓愈合、骨拆不愈合等。

肿瘤科主要收治肺癌、食管癌、胃癌、大肠癌、肝癌、胰腺癌、乳腺癌、卵巢癌、宫颈癌及头颈部肿瘤等肿瘤病人,科室常年与江苏省人民医院肿瘤生物治疗中心保持业务往来及技术指导,开展肿瘤病人的化学治疗、免疫治疗、生物治疗、介入治疗及中医中药治疗。应用化疗开展中晚期恶性肿瘤的治疗,对中晚期恶性肿瘤,采用个体化差异性化疗结合生物治疗,力争获得较高缓解率和进一步延长生存时间。

妇产科在建院之初即为重要科室,1995年上半年因服从全市卫生资源统一调配,根据市政府和市卫生局的意见,科室病区建制归并到市妇幼保健院。医院新病房大楼建成后,硬件设施、住院条件、设备技术、人才资源等方面均有了极大的改善,又经市政府和市卫生局主管部门同意,于2001年年底恢复了妇产科病区建制。现有在编人员29人,其中高级医师4名,中级医师4名(中医师4名,其中高级2名,中级1名,中西医结合医师1名),护理、助产人员15名。设有宽敞明亮的病区,设有特色中医妇科、不孕症专科,由阮敖林、李扣娣两位专家坐诊,高危产科、疑难杂症、内分泌专科由周荣芬、朱恒甫两位专家坐诊。

消化内科成立于90年代,现有消化科专科病床15张,采用中西医结合诊治各种消化科常见病、多发病及部分疑难病症。如:食管胃底静脉曲张破裂出血、肝硬化腹水、肝昏迷、胰腺炎、消化性溃疡伴出血等。消化科专科专病门诊有副主任医师以上专家坐诊。

人才队伍及学术水平:

共有专科医师7名,正高2名、副高1名、主治医师2名、住院医师2名,近五年来共发表论文近十篇.现有潘太克斯电子内镜主机二台,配有十二指肠镜、超细胃镜。电子肠镜、电子气管镜等。

溧阳市第二人民医院

江苏省农村示范社区卫生服务中心、溧阳市脑康复专科医院为刚刚筹建落成的新医院,为全市一流的现代化区域性中心医院,位于溧阳市行政区域中心的南渡镇,水陆交通便捷。医院已有近50年的办院历史,是集医、教、研、防于一体的综合性医院,为常州首批一级甲等医院。

新医院占地35亩,建筑面积1.6万平方米,开放床位170张。在编职工131人,其中副高、中级以上职称人员49人。医院科室齐全,人员合理,技术力量全面。目前开展脑部手术、胸部和上腹部各种手术,甲状腺和乳房手术、骨科手术和妇产科各种手术。其中精神科为全市唯一特色专科,列入市"135"重点建设专科,承担着全市和宜兴、溧水、高淳、安徽、郎溪等周边市(县)部分精神疾病的防治工作,在周边市(县)享有较高信誉。近年来,医院又开设了颈肩腰腿痛专科,中西医乳房专科,中医皮肤、性病专科,心理专科门诊等特色医疗服务。床位由原来100张到现在开设170张,精神科70张床位。

医院拥有较完善的先进辅助检查设备,如飞利浦双排螺旋、CT、柯尼卡计算机成像系统(CR)、500毫安进口X光机、东芝纳米彩色B超、奥林派斯电子胃镜、数字化脑电图仪、魅力2000型生化分析仪、多功能麻醉机、呼吸机、各种监护仪等现代化诊疗设备。医院还具有完备的后勤工作保障系统。

为实现以病人为中心的最佳服务模式,医院积极转变服务推行规范化、人性化服务,全面实施整体护理,主动征询病员意见,聘请行风监督员,开展"十大窗口"服务竞赛。各科室实行微机管理,为患者提供"一日清单制"做到让群众明白看病,放心用药,将各项服务要求落到实处。

苏 州 市

苏州市第七人民医院

系原吴县第二人民医院与原苏州市郊区浒墅关镇卫生院于1991年10月合并更名而成。

历史沿革

该院前身之一吴县第二人民医院于1949年11月在接收吴县卫生院浒关分院的基础上建院,首次命名吴县人民医院,首任院长由吴县人民政府县长傅宗华兼任,副院长由吴鸿海担任,院址在浒墅关镇寺桥弄,行政归吴县人民政府领导,业务、经济、人事等先后由苏南行政公署卫生处和江苏省卫生厅管理,承担全吴县卫生行政、预防保健、医疗业务工作,属全民所有制机构。1951年3月医院改为吴县卫生所,所址由浒墅关镇迁至苏州市东大街开元寺南面,1951年7月又迁至苏州市西大街91号。1952年8月吴县人民政府设卫生科,卫生所属吴县卫生科领导。1952年12月,卫生所迁回浒墅关镇毛衔弄。1953年3月卫生所改为吴县卫生院,1956年恢复原名为吴县人民医院。1959年吴县卫生科改为吴县卫生局,医院属吴县卫生局领导。1967年医院改为吴县革命委员会浒关卫生队,1968年改为吴县革命委员会人民医院,1970年改为吴县革命委员会浒关地区人民医院,1976年7月改为吴县革命委员会浒关人民医院,1978年改为吴县浒关人民医院,1985年6月至1991年9月期间改为吴县第二人民医院。至1991年9月底,全院工作人员由建院时的11人增加到209人,其中卫生技术人员167人,中高级卫生专业技术人员39人,病床从10张增加至150张,院级领导职务先后有26人担任。

该院前身之二苏州市郊区浒墅关镇卫生院于1965年由原吴县浒关联合医院与原保安乡联合医院合并而成。首次命名保安公社联合医院,首任院级领导恽定甫任书记,毛子良、严国文、吴秋平任副院长,院址在浒墅关镇下塘北街(运河东岸边)安泰变压器厂老厂北面。原吴县浒关联合医院系由1953年成立的浒关镇联合诊所、浒关镇健民齿科联诊、浒关镇中医联合诊所三个小医疗机构合并而成;原保安乡联合医院其前身系1958年成立的保安乡联合诊所。1965年原吴县浒关联合医院与原保安乡联合医院合并更名为保安公社联合医院,1970年医院改为保安公社革命委员会卫生队,1976年改为保安公社革委会卫生院。1979年医院从运河东岸边下塘北街迁至浒新街。1983年院名改为吴县保安乡卫生院,1987年9月因浒墅关镇与保安乡(撤乡)合并改为吴县浒墅关镇卫生院,1988年11月至1991年9月期间又因浒墅关镇从吴县划交苏州郊区管辖改为苏州市郊区浒墅关镇卫生院。从解放初期浒墅关镇区及农村的医务人员分散个体开业,初始联合组建小诊所,后小诊所逐步合并为联合医院,最后发展并定名为乡、镇卫生院,其体制先为小集体单位,后为县(区)属大集体事业单位,行政隶属镇(乡)政府和县(区)卫生局双重领导。1991年9月底全院工作人员73人,其中卫生专业技术人员63人,中级卫技人员9人,病床设置56张。

1991年10月,根据中共苏州市委《关于完善浒墅关镇划交工作的意见》(苏发[1991]19号)文件中关于"吴县第二人民医院划交郊区,与浒墅关镇卫生院合并,更名为苏州市第七人民医院,由郊区卫生局管理,继续为浒墅关镇和附近的吴县地区群众服务"的意见,原吴县第二人民医院与原苏州市郊区浒墅关镇卫生院合并更名为苏州市第七人民医院,院址不变(分浒墅关镇毛衔弄和浒新街两处),行政、人事归苏州市郊区卫生局管理,医疗业务由苏州市卫生局检查指导,担负浒墅关镇医疗、预防、保健和原吴县西北片邻近乡镇危重病人医疗服务工作。1992年2月,苏州市编制委员会、苏州市卫生局批复苏州市第七人民医院为全民所有制事业单位,副科级建制,核定人员278人,床位206张,人员经费由郊区财政差额补贴[苏编发(1992)4号]。1993年5月,苏州市卫生局批复苏州市第七人民医院增挂浒墅关镇中心卫生院牌子,实行区、镇共管,两块牌子一套班子,单位性质不变[苏卫(93)人字第25号]。1993年10月,苏南运河浒墅关段实施拓宽工程,紧靠运河西岸的毛街弄处建筑(原吴县二院建筑)被拆除,医院全部并入浒新街原浒墅关镇卫生院处。1994年4月,医院择地浒墅关镇保卫村筹建新医院。1997年3月新建医院竣工并投入使用,医院从浒新街迁移至新院址,即浒墅关镇康复弄28号现址。1997年5月,江苏省红十字会批准苏州市第七人民医院冠名为苏州市郊区红十字医院[苏红(1997)51号]。2000年9月,苏州市郊区更名为苏州市虎丘区,医院隶属苏州市虎丘区卫生局领导。2002年9月,苏州市进行区划调整,虎丘区与高新区合并,医院隶属苏州高新区、虎丘区社会事业局领导。

2005年3月,根据苏州高新区国有资产监督管理委员会与苏州大学附属第二医院签订的《苏大附二院、苏州市第七人民医院国有资产兼并重组协议书》,苏州市第七人民医院与苏州大学附属第二医院资产重组,增挂"苏州大学附属第二医院高新区医院"牌子,人、财、物由苏大附二院一体化管理,医院的职能和性质不变。同月,苏州高新区、虎丘区机构编制委员会办公室下发《关于变更苏州市第七人民医院经费来源的通知》(苏高新编办[2005]6号),医院由差额拨款变更为自收自支。

2006年9月,苏州大学附属第二医院下发《关于确定苏州大学附属第二医院高新区医院建制的通知》(附二院[2006]82号),医院为正科级建制。

苏州大学附属第二医院高新区医院是由苏州大学附属第二医院与苏州高新区管委会在原苏州市第七人民医院基础上携手共建的集医疗、教学、科研、预防、保健、康复为一体的现代化二级综合医院,又名苏州市第七人民医院。医院位于苏州高新区浒墅关镇康复弄28号,占地41.12亩(27414平方米),建筑面积14764平方米,床位227张,职工390余人,其中卫生专业技术人员325人,有中级技术职称者80余人,高级技术职称者31人,博士生2人,硕士生6人,研究生导师2人。

医院科室设置齐全,设有心血管内科、呼吸内科、肾内科、内分泌科、消化内科、神经内科、普外科、脑外科、骨科、泌尿外科、妇产科、儿科、口腔科、眼及耳鼻喉科、中医科、中医肛肠科、皮肤科、感染性疾病科、急诊科、康复科二十个临床科室,其中骨科、神经内科和妇产科为医院重点专科;设有放射科、X—CT室、检验科、超声科、胃镜室、心电图室、脑电图室、病理科、药剂科九个医技科室;设有体检中心和苏州市最大规模的高压氧舱康复治疗室。

医院仪器设备先进,拥有X线螺旋CT、CR、进口C臂X光机、骨科牵引床、GE和东芝B超机、GE彩色多普勒超声诊断仪、呼吸机、麻醉机、腹腔镜、电子胃镜、24小时动态心电图机、全自动生化分析仪、血球分析仪等高档医疗仪器设备。

为了适应苏州高新区经济建设快速发展和广大市民医疗保健需求的需要,医院耗资百万余元建造了苏州地区一流的高压氧舱室,新高压氧舱室建筑面积200多平方米,拥有10+4空气加压氧舱和双人氧气加压氧舱各一台,可同时容纳16人接受治疗,对各类疾病的康复及健康人群解除疲劳、恢复脑力及体力有良好疗效;开设了体检中心,常年承接社会各类从业人员的从业体检和机关、学校、企事业单位人员的健康体检;在苏州驾驶员培训考验场(观山)设立了驾驶员体检站,负责全苏州地区学驾人员的健康体检;设立了110/120联动院前急救站;设立了高新区浒墅关镇社区卫生服务中心,在镇区开设了新浒、惠丰、真山、青灯等社区卫生服务站;2007年起对阳山花苑社区卫生服务中心实行了托管,为浒关镇和浒关开发区市民提供医疗、预防、保健、康复、健康教育和计划生育技术服务指导全方位服务。

为了进一步满足广大市民的医疗需求,医院在注重提高对常见病、多发病的诊疗技术的同时,正不断对各类严重创伤救治技术、术后后续治疗技术、康复技术加强研究,并通过神经内外科、骨科、普外科、心脑血管、呼吸、消化、内分泌等相关学科建设,重点发展创伤外科和康复医疗科。

医院地址:苏州高新区浒墅关镇康复弄28号

苏州市金阊区人民医院

坐落于苏州繁华的石路商贸中心,是集医疗、教学、科研、康复、预防保健为一体的非营利性现代化综合医院,先后获得了中共苏州市委"党建工作示范点"、苏州市妇联"三八红旗集体"、苏州市"文明单位"、苏州市"医德医风示范点"等多项荣誉。

金阊医院妇科是金阊医院重点科室与特色门诊,以全新的关爱视角看待女性和母婴疾病,构建现代化、专业化、时尚化、服务化的医疗机构。

金阊医院妇科现有员工100余名,主任级医师10余人,临床经验丰富、专业技术水平突出,突破性地建立"国际标准层流净化手术室",开设宫、腔镜手术、不孕不育、计划生育、妇科炎症、宫颈病变、医学美容、健康体检中心等妇产科特色诊疗及各项基础科室。

医院定期选派本院专家赴北京、上海、深圳、香港等地参加学术交流活动,常年与上海、北京、南京、苏州等地的多家医院建立医疗协作关系,定期开展专家会诊。在国家级刊物上发表论文近百篇。

医院不断引进高、精、尖的医疗设备及器械,真正形成了以疗效为根本、科研为先导、人才为优势、临床为基础的高科技诊疗模式。其中,运用德国WOLE宫、腹腔镜保全子宫、不开刀治疗子宫肌瘤,"石女"微创"再造"阴道,不孕症国际诊疗"金标准",宫腔镜、腹腔镜、输卵管镜联合探查术和cook导丝介入疏通术,TCT国际权威检测等先进的妇科诊疗技术,不仅填补了苏州市微创领域的空白,而且在医学界引起轰动。

金阊医院是苏州市首批医保定点机构,苏州古城区、新区、相城区、吴中区等医保卡均可在金阊医院使用,吴中区和新区的农保也可在此院使用。医院始终坚持对病人深度关怀和体贴,园林式门诊大厅集医疗、休闲、文化为一体,四星级酒店客房标准装饰的住院病房温馨舒适。医院以人为本,免收挂号费，真正做到"让利于民，回报社会"。

苏州市平江区人民医院

是二级综合性医院，其前身为苏州市平江区人民医院（始建于上个世纪50年代）。医院位于人杰地灵的苏州市平江区，医院拥有一批医德医风良好、业务素质精干的人才队伍，其中闵氏伤科被评为苏州非物质文化遗产，是集传统中医和现代骨科于一体的重点科室，技术人员结构合理，医疗水平先进而有特色。

特色科室

皮肤科是一平江医院集临床、科研、教学、预防为一体的重点研究科室。多年来苏州平江医院在皮肤病诊疗领域中积累了丰富的经验，并开展了多种学术研究，科研成果卓著，诊疗技术精湛。苏州平江医院凭借多年对皮肤病临床研究，获得了业界同仁的认可。苏州皮肤大力研发皮肤病新技术如：

【腋臭】可视定位微创术

【牛皮癣】中药渗透活化免疫疗法

【白癜风】中西综合黑色素再生疗法

【酒糟鼻】中医调理结合激光分子暖疗法

【脚气】内服外用联合疗法

【甲沟炎】渗透软化微晶魔甲疗法

【手足癣】消癣净毒疗法治疗

【雀斑】中西结合生物祛斑法

【斑秃】中西医立体疗法

【扁平疣】中西光动力药理疗法

【鱼鳞病】中药汽雾透皮疗法

【黄褐斑】中西医光子波联合疗法

【青春痘】中西医光学理疗

【脱发】中西分型综合疗法

【荨麻疹】中西医联合脱敏疗法

【灰指甲】药物渗透灭菌疗法

男科

苏州平江医院男科不断发展，先后获得"国家重点男科医院"、"全国百姓放心示范医院""城镇居民定点医疗保险机构"、"医疗保险先进定点单位"、"巾帼文明示范岗"、"苏州非物质文化遗产－闵氏伤科"等众多荣誉称号，作为医院的重点专科，医院坚持以人文本的发展理念，创新的思维模式，构建了一支专家型的医疗队伍，立足男科治疗最前沿，不断探索更科学的诊疗方式，为广大男性提供专业的健康服务。

肛肠科

苏州平江医院肛肠科有近50年发展史，在肛肠专科领域积累了丰富独特的的临床经验，在苏州地区乃至周边地区已形成"有痔疮，去平江"的良好口碑。近几年来，为全力打造苏城地区肛肠专业第一品牌，引进了年富力强、临床经验丰富知名肛肠专家易知华主任，并不间断与上海长海医院等国内国际知名肛肠专科合作，除拥有专科医院那样的设备外，最主要是拥有一支技术力量强、责任心重、服务品质好的人才队伍。人无我有、人有我专，科室始终把技术当做立科之本。

针灸科

平江医院针灸科，属吴门医派，代表名医尤小鹤，现已退休。

医院专家

李长恒，1932年出生，毕业于上海医科大学，现任平江医院皮肤科主任。

【荣誉及任职】

★苏州平江医院皮肤科带头人

★国务院特殊津贴皮肤病教授

★原上海华山医院皮肤科主任、学科带头人

★皮肤病国家科技进步一等奖获得者

★擅长领域：专业治疗牛皮癣、白癜风、脱发、灰指甲、黄褐斑、雀斑、鱼鳞病、痤疮、青春痘、皮炎、荨麻疹、湿疹、脂溢性皮炎、毛囊炎、甲沟炎、扁平疣、头癣、手足癣、脚气、腋臭等各种皮肤病疑难杂症。

张静华，职称：主治医师、全国优秀妇科诊疗专家

北京女医师协会会员、上海市妇女病康复专业委员会妇科学组委员，从事妇产科临床工作近三十年，师从国内多位名医，并作为优秀人才派往北京海军总医院、上海肿瘤医院等名院交流进修，同年被北京海军总医院聘任。2005年作为特需人才被引进调入苏州市工作至今。

2010年10月，由中国医疗保健国际交流促进会、中华医学发展研究会生殖健康专业委员会联合举办的"2010中国妇科学术论坛"，授予其"全国优秀妇科诊疗专家"荣誉称号。此外，从医生涯中，还先后获得"行业巾帼建功标兵"、"新长征突击手"、"优秀医生"等荣誉称号10余次；撰写国家级论文14篇，国际交流论文1篇，获科技论文奖1篇，主编论著4部。

吴建华——主治医师

职称：主治医师、江苏省"五一"劳动奖章及全国"五一"劳动奖者获得者。

中华医学会会员，江苏省"五一"劳动奖章及全国"五一"劳动奖者获得者。江苏优秀医务工作者，苏州市科技拔尖人才，优秀共党员，中国中医学会肿瘤学会常务委员。江苏省肿瘤学会理事，中国抗癌学会苏州分会会员，中华医学会苏州分会中西医结合分会常务理事，中国家庭研究会常务理事，江苏省科委"九五"科技公关《阻止乳腺增生病转变乳腺癌》课题研究组组长。

从医二十八年来，多次参加国际国内学术会议，并在省及国家级医疗刊物发表专业论文21篇，出版专著五部，其中《中西医结合治疗乳腺病》一书被评为最具价值、实用性优秀专著。

徐　蓓——妇科主任

姓名：徐蓓　苏州平江医院妇科主任专家－徐蓓

职称：主治医师、苏州平江医院妇科微创中心主任

中华医学会会员，苏州平江医院妇科微创中心主任。江苏优秀医务工作者，优秀共党员，中国女医师学会常务委员。江苏省肿瘤学会会员，中国抗癌学会苏州分会会员，中华医学会微创妇科分会副会长。

徐蓓医师从事妇产科工作近三十年，具有扎实的理论基础和丰富的临床实践经验。对技术精益求精、视野开阔，擅长应用现代微创、无创技术治疗各种妇科常见病、多发病及疑难

病症。凭借其缜密的术前计划、精细的手术操作,最大限度减少了患者的手术创伤,广受患者好评。

医院因苏州市博物馆新馆建设之需,由原来娄门路318号搬迁至平江新城平川路1166号。搬迁后的医院在原有雄厚实力的基础上进一步扩大了医院的建设规模,建筑面积17000平方,依据《综合医院建设标准》,设计床位为200床。新医院设计本着“以人为本、方便病人”的原则,运用现代医院设计的系统理念,通过无障碍设计、彩色导向图标等,充分体现对弱势群体患者的关注。平江医院新院将建设成为功能适用、流程科学、安全卫生、经济合理的医院,为满足居民群众的医疗保健需求提供优质和完善的服务。

地址:苏州市平江区平川路1166号(火车站北广场斜对面)

苏州市普济医院

是苏州市民政局所属的社会福利事业单位。1980年5月组建成立“苏州市精神病人收容疗养院”,1984年医院撷取当地“普济桥”中的“普济”二字,由苏州市政府命名为“苏州市普济医院”。主要担负着“三无”精神病人和在解放战争、抗美援朝中不幸患上精神病的“康复军人”的收养治疗任务。在做好“三无”和“康复军人”病人收治工作的同时,向社会开放,收治社会上的各类精神病人。1992年医院在全市率先开设了老年全护理(临终关怀、)病区,主要收治老年性痴呆、晚期肿瘤等老年性疾病,并取得了较好的社会效益和经济效益。1993年被苏州大学确定为“教学医院”。具有苏州市卫生局核发的医疗机构营业许可证,现被苏州市劳动和社会保障局确定为城镇职工基本医疗保险定点的医疗机构。2001年被江苏省民政厅评审为“三级精神病院”。

医院地址:苏州市小普济桥下塘10号。

苏州市吴中区人民医院

始建于1987年,1995年通过江苏省卫生厅“二级甲等医院”的评审。建院以来,医院牢记以“病人为中心”的服务宗旨,坚持“服务必规范、质量是生命”的核心理念,优化服务流程,不断提升医疗质量和服务水平,为保障人民群众的健康作出了应有的贡献。

医院经过20多年的建设和发展,现已成为一所集医疗、教学、科研、预防保健和急救于一体的综合性医院,是苏州市110－120A2级急救网点,卫生部国际紧急救援中心网络医院,吴中区唯一具有职业健康检查机构资质的医疗单位,江苏省住院医师规范化培训基地,苏州卫生职业技术学院附属医院,扬州大学教学医院。

医院地处苏州市南大门、吴中城区中心地带,占地面积24758.8平方米,建筑面积91934.4平方米,核定床位830张,目前开放床位580张,在职职工739人,其中高级职称70人,研究生学历37人。

医院学科较为齐全,内科分设心血管内科、呼吸内科、消化内科、神经内科、肾脏内科、肿瘤/血液内科等专业学科,外科分设普通外科、心胸外科、神经外科、泌尿外科、手足外科和骨科等专业学科,妇产科分设妇科和产科,儿科分设儿科、小儿呼吸科和新生儿科。目前我院皮肤科为苏州市重点专科,消化内科、心内科、普外科、骨科、儿科、五官科、妇产科为吴中区重点专科。

医院注重临床科学研究,按照“科教兴院”的发展战略,加强科研工作,增强科技创新意识,近三年来获苏州市技术创新双杯奖1项、苏州市科技进步三等奖1项、吴中区科技进步二等奖6项、三等奖18项,在中华医学会等核心期刊上发表论文150余篇。医院正逐年加大对科研工作与人才战略的经费投入,为科技创新和人才引进提供强有力的资金保障。

医院除具备二级综合性医院的基本设备外,还拥有GE螺旋CT、1.5T核磁共振、全数字乳腺钼靶机、AGFAX线CR、SHIMADZUX线DR、PHILIPS数字胃肠机、GE彩色多普勒超声诊断仪、OLYMPUS腹腔镜和肠镜、OLYMPUS电子胃镜、捷锐士等离子电切镜、OLYMPUS全自动生化分析仪、生物梅里埃细菌培养鉴定系统、雅培化学发光仪、DRAGER呼吸机、麻醉机、费生尤斯血液透析机等一大批国际先进的医疗设备。

医院高度重视文化建设,传播、传承和发展先进的医院文化,“团结、开拓、奉献”的医院精神,“服务必规范、质量是生命”的核心理念,医院“医师精神”和“护士精神”,已深入全院职工的心中。

医院始终坚持“以病人为中心”的服务宗旨,坚持质量第一、病人第一、安全第一的服务理念,努力建设一支思想素质过硬、业务水平一流的医疗技术队伍,竭诚为人民群众提供更好的医疗服务。

苏州市眼耳鼻喉科医院

始建于1985年2月,位于苏州市城东,毗邻工业园区,是全国第二所眼耳鼻喉专科医院,与上海眼耳鼻喉专科医院、上海市第四人民医院等众多医院有着长期友好的协作关系。

经过多年来的快速发展,医院已初具规模。1998年通过综合审验评估,成为苏州市专门从事和发展眼科、耳鼻喉科临床医疗科研的二级医院,是苏州市首批医疗保险定点单位。医院拥有4500平方米五层楼医疗用房,5个临床主科,18个医疗辅助科室,眼科与耳鼻喉科两个专科病区,70余张床位。医护员工近百人。医技人员中,高级职称占12%;中级职称25%。医疗骨干以中青年为绝大多数,后备梯队基础厚实。医院拥有先进的进口专科医疗仪器设备,如:眼玻璃体切割仪,眼科专用A/B超检查仪,全自动非接触眼压测定仪,眼角膜屈率测量仪,全自动听力测定仪,全自动视野仪、声阻抗检测仪,脑干诱发电位仪,纤维支气管喉镜,激光治疗仪等。

医院始终坚持“技术一流、服务一流、设备一流、管理一流”的宗旨,加强专科特色建设,努力服务社会,取得了可喜的成绩。围绕眼耳鼻喉专科开展的各项科学研究成果卓著,绝大部分项目属国内先进,省内空白。“人工钛质听骨移植及临床应用”等项目已完成省市科研成果鉴定。医院病员遍及全国各地,近年来,每年都要完成50000多人次的门诊、1500多人次的住院病人的治疗,医院先后获省“全省三项康复先进单位”、苏州市“扶残助残先进集体”称号。1999年被确定为省“白内障扶贫定点医院”。

医院于2002年引进世界先进准分子激光设备，拥有世界先进的眼科检测与治疗系统、国内高级近视手术专家群和独创的“BIK”准分子激光技术，同时拥有和亚洲屈光医师倍加推荐的世界知名品牌尼德克 NAVEX 纳米视准分子激光治疗系统，倾力开展准分子激光治疗近视、远视及散光。

常熟市第一人民医院

现有职工1475人，总开设30多个病区。拥有高级职称126名，医学博士和硕士124名；设置行政科室14个，医技科室10个。2010年，诊疗总次数98万，出院人数3.1万，住院手术1.1万余例。医院分本部和滨江院区两部分，形成一体两翼格局。本部位于常熟市书院街1号，床位1000张，占地面积90亩，建筑面积10.3万平方米。原址系清代翁氏私家花园，雅称“之园”，园内图书馆挂有帝师翁同和手迹板书对联，园中有池，池中有岛，古树名木众多，有富有古典韵味的亭、桥、廊、榭、舫、厅等景观，在葱笼古木的掩遮下，与环水而筑具有现代风格的门急诊、住院大楼交相辉映，形成了得天独厚的园林式格局风貌。新建的两座连廊将门急诊楼与四幢住院大楼完美衔接，实现门诊、急诊、医技检查、住院无缝衔接，无障碍连通。

滨江院区位于常熟经济开发区滨江新市区中心，占地面积88亩，总建筑面积7.5万平方米，按照现代化医院标准建设，实行和本部一体化管理模式，是二级综合性医院，床位500张，其中12层的病房大楼为标志性建筑。目前开设所有科室门诊及三个病区和一个急诊监护病房，院区应用较先进的医院信息、影像存储与通讯、实验室信息等系统管理，门诊、住院实行医疗一卡通，医技检查诊断实现远程会诊，在医院经营管理和社会医疗服务上体现出了“精确、快捷、便利”的现代化特征。

历史沿革：1949年9月1日成立的常熟人民医院，院址旱北门大街（原县公医院旧址），职工26人，床位30张；

1953年4月更名为常熟市人民医院，迁址翁家花园，职工110人，床位100张；分设内儿、外妇、肺传、五官、放射等科。

1987年7月更名常熟市第一人民医院，职工有449人，床位有365张；按综合性医院要求，设置临床、医技、行政职能科室。

医院位置常熟市位于江苏省东南部，处于长江三角洲经济发达地区，东倚上海，南连苏州，西邻无锡，北濒长江，与南通隔江相望。境内地势平缓，气候温和，风调雨顺，因年年丰收而得名。全市总面积1264平方公里，人口103.6万，下辖13个镇场，2个省级经济开发区、1个招商城。常熟以悠久的人文历史、秀丽的山川景色、丰饶的物产资源享誉江南。

常熟市第一人民医院管理体制实行“委托制”改革

根据国务院办公厅国办发［2000］16号、江苏省人民政府办公室苏政办发［2000］93号、常熟市委常发［2003］31号等文件精神，贯彻执行常熟市卫生局党委、卫生局常卫办［2003］208号《关于下发〈常熟市市属医院实行委托经营管理目标责任制的实施意见〉（试行）的通知》，2003年10月12日，市卫生局殷恭局长（甲方）代表常熟市医疗卫生事业公有资产经营有限公司与常熟市第一人民医院吴钢院长（乙方）代表医院领导集团正式签署委托经营管理目标责任制合同书。

实行“委托制”内容

医院实行委托经营管理目标责任制（简称“委托制”）改革后，仍为具有一定福利性、公益性的全民所有制事业单位，为政府办非营利性医疗机构；人员性质不变，行政隶属关系不变，资产仍为国有资产，国家对非营利性医疗机构的各项优惠政策不变。“委托制”医院实行所有权和经营权适当分离，甲方代表政府将医院的经营权委托给乙方实行目标管理。甲方停拨原由财政拨给乙方的在职人员工资经费补助，乙方由差额拨款改为人员经费自收自支，实行企业化管理。乙方在国家法律、法规以及有关规定内具有独立经营管理的自主权，确保基本医疗任务完成，确保国有资产的保值增值。医院工资总额实行与医疗目标任务和经营效益挂钩。

常熟市第一人民医院－专科技术医院能开展卫生部所规定的二级甲等医院的所有技术项目，并能开展部分三级医院技术项目。普外科、肿瘤内科、中医肾病科列入苏州市市级临床重点专科；消化内科为常熟市首批重点临床科室。急诊医学科、泌尿外科、儿科、心内科为常熟市第二批临床重点专科。其它临床专科以及重症病人监护、肿瘤放射治疗、影像和功能诊断、临床检验等方面均具有较强的技术力量和专业优势。

近几年的专业技术成果主要有：成功开展了异体肾移植术、心导管射频消融术、重症监护、胆道内镜介入治疗、经尿道前列腺电汽化术、微创治疗颅内血肿术、人工全膝关节置换术、经皮穿刺椎间盘切吸术、成功救治特大烧伤、开展异种无细胞真皮基质与自体刃厚皮复合移植、白内障超声乳化术等技术。多项内镜（胃镜、肠镜、十二指肠镜、纤支镜、胸腔镜、腹腔镜、膀胱镜、电子喉镜、喉窥镜、鼻内窥镜、宫腔镜、关节镜）已成为常规开展技术。

医院加快了大型医疗设备添置及更新，主要有：直线加速器、16排CT、磁共振成像仪、大C臂X光机、实时三维心脏超声系统、CR系统、DR系统、乳腺钼靶X光机、KH－HDR－C后装机治疗系统、眼科激光治疗仪、各类电子内镜、JDPN－VB型冲击波碎石机、钬激光治疗仪、全自动发光免疫分析仪、LX20全自动生化分析仪等。

消化内科

常熟市首批重点专科之一，在消化系统疾病治疗和消化内镜诊断及介入治疗方面有较高的水平，科内技术力量较强，内镜室硬件设施先进，目前已完成胃镜检查31000多例次；积极开展各种内镜介入治疗。现已拥有电子胃镜、电子肠镜、十二指肠镜各2套（每套均在40万元以上）；已能开展二甲医院所有技术项目，部分项目已经达到三甲医院标准。主要开展的内镜下介入治疗项目：消化道出血内镜下止血，消化道良性肿瘤，食道和吻合口狭窄，胰腺、胆道疾病，上消化道异物探取，无痛胃肠镜检查。

血液病专科

血液病专科开创于20世纪80年代初，现有主任医师1名，副主任医师2名；开设专科床位有15张，并建立了血液病实验室。专科技术日趋成熟，擅长诊断和治疗的疾病有：各种类型白血病、淋巴瘤、骨髓瘤、再生障碍性贫血、血小板减少性紫癜、难治性贫血等。在血液病诊断方面,血液病实验室已开展了骨髓细胞形态学检查,瑞氏染色、POX染色已进行,将开展铁染色、碱性磷酸酶染色、酶免疫标记等。

内分泌专科

内分泌专科于20世纪70年代末在本市率先建立专科,现有床位15张,已开展二甲医院所有技术项目,部分达三甲医院标准。特别是在糖尿病及其并发症的诊治方面技术成熟,对甲状腺疾病的诊治又是本科另一大特色。在肾腺疾病、脑垂体疾病、骨质疏松症、钙代谢异常及更年期综合症等疾病的诊治也积累了较丰富的临床经验,与上海二医大附属瑞金医院内分泌科建立了密切的合作关系。

心血管专科

常熟市第二批临床重点专科病区设有CCU重症监护病房。临床开展许多项目达到了省内先进水平,有冠状动脉、先天性心脏病的介入治疗;心脏起搏器植入术,包括临时起搏器及永久起搏器(单、双腔);射频消融治疗快速心律失常;非洋地黄类正性肌力药对慢性心衰的治疗;门冬氨酸钾镁对心脏传导系统的影响;替米沙坦对24小时血压及晨峰血压的影响。

呼吸专科

呼吸专科技术力量雄厚。临床开展许多项目,领先本地区各家同级医院的水平,如无创及有创呼吸机的运用,纤维支气管镜检查、活检、异物取出及经皮肺穿刺检查,肺功能监测,“舒利迭”治疗哮喘,“恩格菲”及“顺铂”胸腔内注射治疗晚期肺癌伴恶性胸水。

神经专科

神经专科创建于20世纪70年代。成熟开展脑血管病筛选防治、神经免疫性疾病的综合治疗、神经功能缺损的康复治疗等项目。

肾脏专科

肾脏专科创建于20世纪80年代初,与上海长征医院肾脏科联合成立肾移植、肾脏病随访治疗中心;专业组设置床位25张。临床对各种原发性肾小球疾病及继发性肾脏疾病(如狼疮性肾炎、糖尿病肾病、痛风性肾病)等疾病的诊断与治疗具有良好的技术优势,在本市处于领先地位,下设血液净化中心,先后开展了血液透析、血液灌流、血液滤过、HDF、CVVH、CRRT等新技术。

风湿免疫病专科

为本市最早成立的风湿免疫病专科。开展了对骨关节炎、类风湿关节炎、痛风、系统性红斑狼疮、干燥综合征及强直性脊柱炎等风湿病的诊断、治疗,在应用环磷酰胺冲击治疗系统性红斑狼疮等免疫性疾病,取得显著疗效,诊断及治疗方法与国内同步。

先进设备直线加速器　瑞典医科达公司产品

医用电子加速器是利用电场和磁场的作用力,把电子加速到高能产生两种射线:高能X射线和高能电子束。高能X射线主要用于治疗位置比较深的肿瘤,如食道癌、肺癌、胰腺癌等。高能电子束,多用于治疗位置比较浅的肿瘤,如皮肤癌、胸壁等部位的肿瘤,保护肿瘤后面的正常组织,减少损伤。与钴60治疗机相比,加速器操作方便,剂量率高,定向性好,能量可调,同时也克服了钴60治疗机的防护方面的缺点。

直线加速器

为保证放射治疗的质量,还配置了模拟定位机、计算机放疗计划设计系统及模具铸型等,可以开展三维适形放疗,“X刀”治疗。显著提升了本市放射治疗技术的含金量,为本地区肿瘤患者能就地治疗带来便利。

磁共振成像仪(MR)美国通用公司产品

磁共振成像的仪优越性能;磁共振成像方式独特,图像质量清晰细腻;具有成像参数多、扫描方位多、扫描序列多、MRI图像种类多、MRA血管成像方法多、附加成像技术多、密度分辨力高、软组织层次丰富、检查安全无X线辐射和无严重造影剂过敏的特点。超早期(6小时内)脑梗塞的诊断中弥散成像优势明显,临床意义大。3D动态增强MRA可以清晰显示血管结构,可以帮助发现各种血管性病变的部位、范围、程度。磁共振胆管造影能清晰的显示胆道梗阻性疾病的病变所在,结合常规断面扫描可以明确病因。磁共振椎管造影能够明确椎管肿瘤的部位累及范围,和神经根压迫情况。

全身螺旋CT扫描仪

全身螺旋CT扫描仪具备扫描速度快,数据容量大特点,可进行三维成像、血管成像、支气管腔内成像、表面成像及多平面成像等特殊处理的高精技术能力。适用于全身各部位病变的检查,在中枢神经系统、胸部、腹部、盆腔实质脏器、四肢骨关节系统等方面具有很大优越性,尤其对颅脑外伤、脑血管病变、全身各系统肿瘤的定位及定性诊断极具重要价值,对于空腔脏器病变可作为其它检查方法的重要辅助手段。还可根据需要进行孤立性肺结节动态扫描、腹部多期螺旋扫描、CT引导下穿刺活检等特殊检查,有利病变的定性。

2006年6月28日,医院新购置的西门子16排螺旋CT投入运行。新CT的添置,大大提高了CT室的工作效率,方便了病人,也拓宽了CT检查技术项目的开展。

ATL-HDI5000彩色多普勒超声仪拥有多项超声世界专利技术及全数字化计算机平台技术。信号扩展处理系统能提高二维图像分辨率,提高彩色多普勒敏感度。组织特性成像能根据不同器官和组织的类型自动进行优化预置,即可获得始终如一的优异图像。FDA乳房肿块检查系统,HDI技术辅助检测鉴别乳房肿块。三维血管造影技术不需任何辅助工具,以三维方式显示脏器血管结构,进一步明确肿瘤和血管间的关系灌注造型,全面分析血管病理。增强了观察细小血管的能力,增加探测血流敏感度,减少角度依赖性影响,没有混叠伪差。

院徽介绍院徽释义

一个抽象的红十字
嵌一枚绿色的银杏叶
体现医院的神圣职责与使命
象征医院悠久历史和永远生机蓬勃的文化

院徽由来

2002年9月7日,当新门急诊大楼工地的第一根桩顺利打下之时,正是设计和推出医院院徽念头的萌生之际。2003年1月2日,《常熟一院》院报第5期正式登载了“院徽征求”。自此陆续收到来自本院职工、本市及苏州等多家广告公司的应征作品近百件,但未有一见中意之作。经进一步研讨,确定了主题表现内容,并特邀多名专业人员进行创作设计。几经反复,直至2004年4月,根据医院提出的“红十字·银杏叶”主题构思,由本市平面艺术设计师赵峰完成艺术构图。

医院地址:江苏省常熟市书院街1号

常熟市第二人民医院

又名扬州大学第五临床医学院,是上海交通大学附属第六人民医院合作医院,包括本部、城中分院、传染病分院、琴枫分院,以及3个社区诊所。

扬州大学第五临床医学院(江苏省教委批准),即江苏省常熟市第二人民医院,又是上海交通大学附属第六人民医院合作医院,是江苏省教委批准的教学基地。南京医科大学、江苏大学和苏州大学教学医院,苏州大学卫生事业管理研究生常熟教研基地,复旦大学医院管理高级研修项目“名院之旅”优秀合作单位,日本绫部市立病院友好医院,是一所集医疗、教育、科研、预防为一体,常熟市规模最大的综合性医院,也是常熟市涉外医院。

医院包括本部、城中分院、传染病分院、琴枫分院,以及3个社区诊所。目前共开放床位1000张,设有23个病区,67个诊疗科目。年门急诊量79万人次,年出院病人2.8万人次,年手术例数1.4万人次,各项医疗业务工作量位居全市首位。

医院技术力量雄厚,拥有高级专家101名,博士、硕士30名。拥有常熟市定点的临床脑科医学中心、临床骨科医学中心等专业医疗机构。骨科(手外科)、神经外科、神经内科、眼科是苏州市级临床重点专科,急救中心、骨科(手外科)、神经外科、神经内科、心血管内科、眼科是常熟市临床重点专科,儿科、泌尿外科、呼吸内科、肾内科、腹腔镜中心、介入中心、肝病防治中心、口腔科、核医学科等是常熟市优势学科。

医院设备先进,拥有国际一流的GECT两台、1.5TGE高配置磁共振、SIEMENSDSA、SHIMADZU数字胃肠机、PhilipsDR、KodakCR、BeckmanCoulter全自动生化、内生场热疗仪、准分子激光治疗仪、Vivid7彩超等百万元以上大型设备,还拥有Philips大型C臂X光机、Jiotto乳腺X光机、Bayer血球分析仪、时间分辨荧光免疫分析仪、Stryker腹腔镜等高档设备。

建院以来医院先后有85个项目分别获省市级科技奖,在省级以上专业杂志发表论文1120篇,出版医学专著7部。

医院坚持“以人为本,科技创新,倡导健康新概念”的总理念,坚持改革创新,注重文化建设,先后荣获江苏省文明单位、江苏省医疗卫生标兵示范单位、苏州市文明单位、文明医院、科技进步先进集体、白求恩杯优胜单位等荣誉称号。

常熟市临床骨科医学中心定点于医院,分设骨科1、骨科2、手外科三个病区,辅以康复医疗中心,共有149张床位,其规模在苏州地区名列首位。一支拥有正副主任医师、主治医师、硕士等的专业技术人才队伍,确保了骨科的技术力量在本地区处于领先水平。骨科在四肢创伤、脊柱外科、关节外科、手外科及显微外科方面积累了丰富的临床经验。自1990年同时成功接活4根断手指后,先后成功地开展了全国第2例、省内首例全头皮撕脱再植术,全国第5例、省内首例断肢残端再造手,省内首例上肢肩部撕脱离断伤再植术。

骨科应用颈前路减压钛网植骨内固定技术治疗各种颈椎外伤及疾病致高位截瘫,颈后路减压、植骨+内固定治疗颈后纵韧带骨化症,处于国内先进水平;应用后路减压短节段椎弓根钉技术治疗胸腰椎骨折伴截瘫达到省内先进水平;在本市率先应用交锁髓内钉技术治疗长骨骨折,异形钢板治疗关节内骨折,人工全髋关节治疗复杂髋臼骨折、骨盆粉碎性骨折和肩、肘关节置换,闭合穿钉内固定治疗股骨颈骨折,微创小切口治疗长骨骨折,应用膝关节镜技术治疗膝关节伤病均取得显著疗效;开展关节段肿瘤行瘤段切除并异体大段骨关节置换术获得成功。

神经内科是苏州市、常熟市临床重点专科,对急慢性脑血管病、癫痫、神经肌肉疾病、帕金森病及各种神经症诊治技术居全市领先地位。

神经外科隶属定点于该院的常熟市临床脑科医学中心,专业齐全,分为颅脑外伤、神经介入、颅脑肿瘤、功能神经外科。科室在脑外伤、脑肿瘤和脑血管疾病的诊治上积累了丰富的临床经验,迄今已成功抢救了21000余例脑外伤病人,其中80%是危重病人。科室获得市级科技奖5项。

颅脑肿瘤已成功完成近千例,从巨大的脑膜瘤到垂体的微腺瘤、听神经瘤、高位髓内肿瘤,均能独立应用先进的显微锁孔技术成功完成,手术效果在全省领先。在常熟市率先应用立体定向技术治疗帕金森病、癫痫,成功完成100多例。

神经外科康复治疗方面,科室应用高压氧、内给氧、静输氧“三氧疗法”,结合神经专科心理护理,使病人的重返社会率、自我生活能力大幅度提高,该技术得到了中国神经康复专家的肯定。

眼科是苏州地区二级医院中规模最大的眼病专业治疗机构。现有床位39张,拥有进口手术显微镜、超声乳化仪、玻璃体切割仪、多种眼科激光仪、眼底荧光造影仪等先进设备,环境设施达到了省内一流,年手术量在本市处于领先地位,在苏州地区名列前茅。上世纪80年代,眼科在全国县(市)级医院中率先开展现代白内障囊外手术,其技术成果获江苏省卫生厅科技进步奖一等奖;90年代,眼科又率先开展白内障超声乳化摘除术。2001年,眼科在苏州地区二级医院中率先开展玻璃体切割术。2004年,又在本市率先开展准分子激光原位角膜磨镶术(LASIK)治疗近视眼。眼科还开展眼前后段激光治疗、角膜移植术、眼面整形美容手术、青光眼临床前期研究、各类现代青光眼手术研究及临床应用等。2005年,眼科又先后成立白内障超声乳化治疗中心、眼底病诊疗中心,近视激光治疗中心、学科专业进一步细化。

妇产科分设妇科与产科,现有正副主任医师6名,主治医师13名,设床位50张,拥有史赛克腹腔镜、宫腔镜、德国兰卡阴道镜、Leep刀、进口胎儿电子监护仪、孕妇心电监护仪等先进诊疗设备。妇科在全市率先开展腹腔镜下治疗宫外孕、卵巢巧克力囊肿、卵巢良性畸胎瘤、子宫肌瘤、盆腔炎,手术病例共

800余例;开展宫腹腔镜联合治疗不孕症共30余例,已妊娠20例;开展腹腔镜辅助下的子宫次切、全切术,开展对子宫Ⅰ°~Ⅲ°脱垂患者阴式子宫切除+阴道前后壁修补术,

开展宫腔镜下节育环嵌顿取出、子宫粘膜下肌瘤切除等疾病的手术。为避免子宫残癌发生及盆底组织破坏,在全市率先开展筋膜内子宫全切术,提高了患者生活质量。在子宫癌、卵巢癌、宫颈癌等疾病的治疗上积累了丰富的临床经验。开展无痛人流术及大月份药物引产。在全市率先开展宫颈疾病的诊治(阴道镜检查+Leep刀治疗宫颈疾病),宫颈癌前病变者给予Leep刀锥切宫颈,尽可能减少创伤,保留了子宫,提高生活质量,深受患者欢迎。产科设围产期门诊、高危门诊、专家专科门诊、产房、孕妇俱乐部。围产期门诊为孕妇提供自妊娠到分娩全过程医疗保健服务。高危门诊、专家门诊提供高危妊娠及妊娠合并症的诊治。尤其在妊娠合并肝内胆汁郁积症,妊娠高血压综合症,胎儿宫内发育迟缓,妊娠合并糖尿病、心脏病、甲亢、产后出血等疾病诊治上积累了丰富的临床经验,降低母婴死亡率。应用彩超在孕中期(24~28W)进行胎儿先天性畸形筛查,新生儿出生后三天行足跟血检查及听力筛选,及早发现先天畸形监测,降低新生儿畸形,提高优生优育率。

儿科有正副主任医师6名,床位43张,其中主任医师何启志为本市儿科界的学科带头人,二院首席专家。儿科拥有PARI气压泵、心电监护仪、婴儿培养箱等设备,还有全市唯一的婴儿高压氧舱。儿科设有临床免疫、新生儿、呼吸、消化、心血管、血液、神经、内分泌等学科,临床免疫、新生儿、呼吸学科在本市有相当的知名度。在抢救小儿休克、脑水肿、心跳呼吸骤停、急性中毒、溺水、新生儿缺氧缺血脑病等方面积累了丰富的临床经验,曾成功抢救本市首例1200克新生儿。

呼吸内科拥有纤维支气管镜、胸腔镜等先进设备,常规开展纤维支气管镜的检查和治疗、床边肺功能测定、经皮肺穿刺活检、肺癌介入化疗、支气管动脉栓塞治疗大咯血等技术在常熟地区处于领先地位,尤其是肺泡灌洗术的开展,为肺科的疑难病例诊治提供了重要手段。获得市科技成果奖及医学新技术引进奖6项。

肾内科在常熟率先开展了肾活检病理分型技术,特别对狼疮性肾炎、糖尿病肾病的防治方面有独特之处。血液透析、滤过和腹膜透析治疗各种急、慢性肾功能衰竭,血浆置换治疗重症肝炎和严重免疫性疾病,持续性肾脏替代治疗(CRRT)抢救因严重创伤导致的多脏器功能衰竭,血液灌流技术抢救危重中毒病人等先进技术居本市领先地位。

消化内科现有正副主任医师4名,主治医师4名,床位33张。拥有Olympus260、Pentax3500电子胃镜、电子十二指肠镜、电子大肠镜、德国爱博内窥镜治疗仪等先进设备。

消化内科先后开展了内镜下止血、息肉摘除等技术。其中上消化道大出血治疗、消化道狭窄扩张及支架植入术、逆行胰胆管造影术(ERCP)、胆总管取石、急性重症胰腺炎抢救、血管介入治疗技术在全市居领先水平。

消化内科拥有全市规模最大的消化内窥镜中心,中心每年开展胃肠镜检查达5500例左右,中心依托上海医院技术指导,开展新项目,并成为乡镇卫生院业务培训基地。获苏州市科技成果奖6项。

普外科下设肝胆、胃肠、肛肠等专科,分设三个病区,拥有主任医师1位,副主任医师7位,硕士研究生2位。普外科科室能熟练进行常见病、多发病的诊疗,开展胃癌、肠癌、胰头癌、乳房癌、甲状腺癌等根治术及扩大根治术,开展胃癌全胃切除、联合脏器切除1000余例,低位直肠癌保肛手术200余例,在腹腔镜胆囊切除术及各类胆道手术、甲状腺疾病、门脉高压病、肝癌的肝叶和肝部分切除、胰腺手术及普外科急腹症的手术治疗上积累了丰富的临床经验,肿瘤病人的2年、5年生存率接近全国水平。普外科在常熟市率先开展腹腔镜下胆囊切除术,已积累了6500例的成功经验,在本市同行中具有明显领先优势。成功开展对肝胆管结石行胆囊切除+胆总管探查术35000余例,肝胆管结石作肝胆内引流术1500余例,胰腺手术1300余例,原发性肝癌肝叶切除术1000余例,胆囊癌根治术伴肝部分切除术2300余例,脾切除术13000余例,胃肠手术4800余例,直肠癌根治术2500余例,甲状腺手术2700余例,乳房手术3000余例。普外科注重新技术、新项目的开展,近年开展双吻合器低位直肠保肛手术,无张力疝修补术,PPH术治疗痔疮、肝癌规则性右、左肝切除术、甲状腺癌功能性颈清扫术、胰十二指肠切除术、乳腺癌的保乳根治术、改良根治、I期再造术、低位直肠癌的保功能手术等新技术,在本市处于领先水平。今年新开展腹腔镜下直肠癌切除术、胃癌的免疫治疗等,即将开展腔镜下甲状腺、脾脏、直肠的微创手术。

口腔科建于50年代的口腔科,历史悠久,在市民中享有盛誉。口腔科在全市首创FC一次性干髓术,率先采用矫正器对牙齿畸形进行矫正治疗,近几年在口腔修复技术上开展烤瓷修复等工作,颌面创伤、口腔肿瘤手术、口腔修复治疗水平居全市之首。口腔科被定为“创建全国牙病防治先进县(市)业务指导中心”。

泌尿外科现有正副主任医师4名,主治医师4名,床位26张,下设震波碎石治疗室,尿动力检查室和射频治疗室,基因诊断实验室。科室运用膀胱镜、输尿管镜、电切镜、CT等先进设备,熟练运用前列腺切除术、肾输尿管膀胱切开取石术等治疗措施对泌尿系统常见疾病进行诊治。在常熟市率先开展了回肠代膀胱术、前列腺癌根治术、可控性去结肠带阑尾输出道回结肠代膀胱术以及肾上腺肿瘤切除术、肾部分切除术等,并积极开展腔内诊疗技术,如:腹腔镜肾囊肿去顶术、前列腺气化电切术、尿道球部损伤腔内会师治疗、输尿管镜气压弹道碎石治疗术、经皮肾输尿管镜下气压弹道碎石治疗巨大肾结石、巨大肾周血肿腹腔镜治疗、后腹腔镜输尿管切开取石、TVT悬吊治疗女性压力性尿失禁等。这些先进的诊疗技术在周边地区同级医院中处于遥遥领先地位。

耳鼻咽喉科现有床位24张,副主任医师1名,拥有鼻窦内窥镜、纤维喉镜、耳显微镜、高速电钻、电测听、声阻抗等先进设备。科室开展鼻腔、鼻窦内窥镜手术,在治疗慢性副鼻窦炎、鼻息肉、鼻中隔偏曲、中下鼻甲畸形等疾病方面取得较好效果。开展耳科显微手术治疗慢性化脓性中耳炎等疾病,在鼓膜成形术、鼓室成形术+听力重建、乳突根治术等方面积累了丰富的临床经验。在常熟市率先运用纤维镜喉镜,成功开展声带息肉、小结、囊肿摘除等手术。鼻鼾症手术及喉裂开手术的成功开展,代表了当前耳鼻咽喉科手术的先进水平。

肛肠外科运用具有专科特色的治疗方法,治疗便血、肛门疼痛、肛周潮湿瘙痒、肿物脱出等症状的肛肠疾病。目前已开

展项目：

1、根据中西医新进展、新疗法。

①开展痔吻合器切除术(PPH)治疗Ⅲ—Ⅳ期内痔、具有术后痛苦小、恢复快、肛门功能不受影响等优点；

②各型脱肛、肛门失禁、直肠肿瘤的综合治疗；

2、灵活运用“挂线”技术治疗肛周脓肿、复杂性肛瘘，可以最大限度地保护肛门功能并且疗效确切；

3、采取侧方内括约肌切开术治疗慢性肛裂，达到微创化治疗肛裂；

4、采用中药外浴肛周皮肤病，以及内服治疗慢性腹泻、便秘等；

5、运用转移皮瓣术治疗肛管狭窄、肛瘘、直肠阴道瘘等；

6、运用专科专药保守治疗部分肛肠科常见性疾病，如痔疮发炎肿痛、肛裂之肛门疼痛、肛周湿疹等；

7、运用STARR(吻合器经肛直肠切除术)治疗排便梗阻综合症。

医院引进的美国GE1.5T新一代高场高配置磁共振，广泛应用于腹部脏器的诊断，大大拓宽了磁共振的检查领域，改变了以往认为磁共振仅在颅脑、脊柱及四肢骨关节等“静止”部位有优势，而在腹部中的应用几乎空白的传统观念。据不完全统计，到目前为止，医院磁共振检查总数达8000例次以上，其中腹部磁共振检查超1000例次，为临床早期诊断及正确诊断，选择合适的治疗方案提供了可靠的依据。

以磁共振胰胆管水成像(MRCP)为例，这项新技术无创、无需注射对比剂，经过数分钟的扫描，即可直观清晰显示胰胆管系统，为胆道系统疾病(如结石、肿瘤、息肉、炎症等)的早期诊断提供了客观影像学资料，诊断准确率在98%以上。

医院引进GEHiSpeedNBC/i双排CT，较单层CT，新CT的扫描可获得双倍的图像，扫描速度是单层CT的3倍，相同扫描时间内的覆盖范围是单层C下的3倍，具有更丰富的图像后处理功能。其优异的图像质量，强大的功能，属于本地区较为高端的医疗设备。医院日前引进GEHiSpeedNBC/i双排CT，较单层CT，新CT的扫描可获得双倍的图像，扫描速度是单层CT的3倍，相同扫描时间内的覆盖范围是单层C下的3倍，具有更丰富的图像后处理功能。其优异的图像质量，强大的功能，属于本地区较为高端的医疗设备。

更快更准更优的16排CT

该院最新引进美国GE公司的Lightspeedl6排CT，代表了世界上最先进的CT技术，软硬件配置先进完备，扫描速度大大提高，扫描层厚越来越薄，不仅可获得质量更优异、清晰度更好的图像，而且拓展了临床的应用范围，标志着CT真正跨入了全功能检查的广阔领域。

常熟市第二人民医院城中分院暨常熟市红十字医院、常熟市五官科医院，坐落在常熟最繁华的方塔街地区。其前身为常熟市第六人民医院，成立于1959年。40多年来，眼科一直是常熟市特色专科。2003年12月，常熟市医疗机构资源重组，原常熟市第二人民医院与常熟市第六人民医院优化组合，成立新的常熟市第二人民医院，原六院更名为常熟市第二人民医院城中分院、常熟市红十字医院、常熟市五官科医院。

城中分院是一座以五官科为特色的“大专科、小综合”医院，编制床位130张，眼科、耳鼻喉科、口腔科、心血管内科、中医科、内分泌科、肿瘤外科、血管外科、伤骨科、肛肠外科、美容整形科的诊治水平处于全市领先。

多年来，城中分院在应用现代白内障囊外手术、白内障超声乳化手术、玻璃体切割手术、准分子激光原位角膜磨镶术、眼面整形美容手术等专科技术方面处于本市领先地位，获省级科技成果奖2项。医院是江苏省卫生厅、江苏省残疾人联合会、江苏省残疾人康复办公室批准认定的“白内障复明手术扶贫定点医院”、“江苏省低视力康复常熟中心”，口腔科被定为“创建全国牙病防治先进县(市)业务指导中心”。

传染科是常熟市唯一的传染病学科，有床位60张，专科医师13人，其中高级职称4人，中级职称5人。年收治各类传染病病人1000人左右，专科门诊4万余人次。科室依托本院技术、规模优势，抢救了大量重型肝炎伴严重并发症病人，住院病人治愈好转率在90%以上。2001年在苏州县(市)级医院中率先开展人工肝支持系统治疗重型肝炎的临床研究，取得较好的治疗效果，获得2003年度市卫生局新技术引进奖，该课题已作为2005年科技成果通过了专家鉴定。2004年开展脂肪肝及酒精肝的探索性治疗，同时开展各种诊疗新技术，其中荧光PCR法定量检测HBVDNA，肝纤维化指标的实验室检测，腹水浓缩回输技术治疗顽固性腹水等技术达到苏州市级水平。科室与上海慢肝中心、苏州大学附一院感染科建立了长期协作关系，知名专家定期来院门诊及会诊，并开设乙肝转阴、脂肪肝等专病门诊。近年来传染科还承担着扬州大学医学院临床教学和南医大、江苏大学等多所学校的临床实习带教任务。

常熟市中医院

始建于1958年，2003年底，与同样始建于1958年的常熟市二级甲等妇幼保健院合并重组，并于2004年9月整体迁入新址。在市委、市政府和社会各界的关心支持下，经过全院干部职工的共同努力，医院规模与社会声誉日益扩大，现已成为卫生部国际救援中心认定的“国际紧急救援中心网络医院”、南京中医药大学附属医院，以及集医疗、预防保健、教学和科研于一体的二级甲等中医院。2006年组建医疗服务集团，其中海虞卫生院、福山卫生院、周行卫生院、浒浦卫生院、碧溪卫生院、吴市卫生院、董浜卫生院、王庄医院等为集团成员单位。

医院占地面积7.4万平方米，建筑面积6.3万平方米，核定床位550张。现有职工841名，其中卫技人员754名。具备高级职称92人，中级职称335人，博士3人、硕士53人，兼职硕士生导师2人、兼职教授和副教授37人。现有江苏省名中医3人、常熟市名中医2人，常熟市临床重点学科带头人3人，苏州市中医临床学科主任委员1名，常熟市医学会临床学科主任委员2人、苏州中医临床学科及常熟市临床学科副主任委员20人。2011年门急诊人数80.53万，出院病人数2.63万，住院床日数22.87万，平均住院日8.9天，手术病人数9152，分娩数6901人，占全市分娩数的58.45%。业务总收入3.35亿元。

医院建有“名中医工作室”3个，18个临床科室、17个病区和9个医技科室。其中，国家中医药管理局重点专科建设项目1个，全国农村中医特色专科建设单位1个，国家中医药管理局第四批“治未病”预防保健服务试点单位1个，江苏省中医药局中药房建设单位1个，苏州市中医重点专科2个，常熟市中医特色专科4个,常熟市临床重点专科3个,医院建有"常熟中医药博物馆"1个。医院被常熟市卫生局定为全市中医药技术的指导单位和全市中医药教育基地,承担全市中医类别执业医师"务实进修计划"、中医执业类别"全科医师规范化培训"和中医药适宜技术的推广和应用。

医院坚持办院方向,突出中医药特色优势,目前开设中医专病门诊46个,开展中医医疗技术67项,制定中医优势病种诊疗方案70余个。骨伤科、肛肠科、肾病科、肿瘤科和妇科邵亨元工作室在常熟乃至苏州地区均享有较高声誉。医院中医药特色在妇产科和重症医学科得到发挥,其中产科病房中药饮片帖数使用率达到172.15%,重症医学科中药饮片帖数使用率37.66%,中药自制制剂在骨伤、肛肠、肾病等临床科室中广泛应用。

医院拥有包括德国西门子1.5T磁共振、16排螺旋CT、DR拍片机、800毫安数字胃肠机、乳腺X光机、中型C臂X光机,飞利浦Iu22、GEViVid - 7、logic - 7等彩色多普勒B超机、LEICA眼科手术显微镜、目乐脑科手术显微镜、日本奥林巴斯全高清数字电子胃肠镜、史赛克高清胸腹腔镜(宫腔镜)等先进诊疗设备。医院还拥有中药泡洗、中药熏蒸、肛肠综合治疗、微波治疗仪、生物刺激反馈仪、多功能牵引床、半导体激光治疗仪、特定电磁波治疗仪器等中医诊疗设备45种。

医院设置中药煎药、中药饮片炮制和制剂室,提供日常煎药服务、中药饮片临方炮制、膏滋药制备和中药特色制剂。医院将名老中医药专家提供的临床验方制成自制制剂,品种积累丰富,目前共有制剂品种54个,剂型13个,其中中药自制制剂品种50种。医院还配有中药小包装饮片500余种,中药配方颗粒400余种开发协定处方30个。制剂室建设和管理符合GPP要求,2011年年配制量达500余万元,其中清热止咳糖浆、银翘合剂、胃炎合剂、伤科止痛膏、养血健脾糖浆、洗必灵洗剂和收湿散等制剂广泛应用于临床。膏滋药年加工量超过2000剂,"冬病夏治""哮喘敷贴"项目,2011年人次数达到965人次。

医院坚持科教兴院、人才强院战略,大力提高科研教学水平。近三年来,共获得常熟市级科技进步奖4项,苏州市科技进步奖1项。常熟市新技术引进奖11项,苏州市新技术引进奖2项。科研立项55项,其中苏州市级以上27项。发表论文224篇,其中核心期刊38篇。

医院先后获得江苏省价格诚信单位、"节水型"单位,苏州市文明单位、廉洁文化建设示范点、平安医院示范点,常熟市先进基层党组织、公共卫生工作先进集体、企(事)业文化建设优秀单位、职工"十佳"合理化建议成果、模范职工之家、"职工书室"示范点、食品卫生信誉度A级单位等荣誉,医院社会声誉得到持续提升。

2012年,按照常熟市区域卫生规划,在市委、市政府及市卫生局的大力支持下,医院东扩工程正式启动,医院开放床位数增至900张左右,在不断满足群众就医需求的同时,为承担南京中医药大学四年级中医学生的临床教学任务提供了更优的条件,也为促进临床学科建设、提升医院综合实力奠定了坚实的基础。随着国家级三级中医医院的创建,医院又将在更高的平台上迎来新的发展机遇。

常熟市中医院分院

常熟市中医院分院(常熟市新区医院)位于市黄河路东端,2003年12月由原常熟市中医院和常熟市妇幼保健院合并重组,并于2004年下半年迁址于此。医院占地6.8万平方米(103亩),建筑面积5.8万平方米;主体建筑由15层住院大楼、4层门诊楼和2层急诊楼组成,辅以药剂(制剂)楼及后勤设施用房,总投资1.8亿元。

原常熟市中医院和市妇保院都曾有五十多年的发展历史,目前医院是一所具有较强医疗技术、教育和科研能力的、有中医特色和妇幼保健为一体的二级甲等医院,江苏省高校实习基地,南京中医药大学教学医院,卫生部国际救援中心认定的"国际紧急救援中心网络医院"及联合国儿童基金会和世界卫生组织命名的"爱婴医院"。医院设置床位545张(其中分院30张),设有内、外、妇、产、儿、肛肠、骨伤、重症监护、康复等14个病区,全院在编职工642人,其中卫技人员538人。全院拥有省名中医3人、有博士学位1人、硕士学位5人、副高级以上职称50人,南京中医药大学兼职教授3人,副教授29人。

常熟市中医院分院急诊中心具备一定的急救急诊能力,ICU病区医疗设施先进,医疗技术全面。中医特色专科及妇幼保健两大专业优势在全市居领先地位。医院门诊各科齐全,就诊环境优美,服务设施一流,日门诊量超千人次。中西结合的肾内科、骨伤科、小儿哮喘专科被列为苏州市重点专科;新生儿科为本市重点专科;肛肠科研项目、肿瘤科、针灸科、中医妇科为本市中医特色专科。

肾内科是常熟市首家中西医结合肾病专科,该科附设常熟市规模最大、技术力量最强、设备最优的血液透析中心。骨伤科率先在本市开展人工股骨头置换术并运用中西医结合治疗骨伤科疾病,享有较高声誉。新生儿科医技力量雄厚,专门从事新生儿诊断、治疗、抢救、早产儿寄养中心。在呼吸机抢救危重新生儿、早产儿极低体重儿治疗上积累了丰富的临床经验。肛肠科为医院的特色专科之一,主治痔疮、肛瘘、肛裂、肛门狭窄等疾病,治疗方法先进,临床疗效显著。

肿瘤科在对多种中晚期肿瘤的治疗中,根据患者不同的体质情况,采用纯中医中药、中药加化疗、中药加放疗、介入治疗、生物治疗等多种治疗手段,深受病人信任。妇科、产科坚持爱母爱婴的宗旨,坚持以人为本的服务理念,为孕产妇提供安全、舒适、温馨的环境,确保母婴平安。医院设有特需病区,单人病房及套间病房等,以满足不同层次人员的需求。

常熟市中医院分院注重对业务人才的培养,采用先送优秀人才报考研究生、外出进修及请省、市名中医"师带徒"等形式对中青年医师进行培养,初步形成人才梯队。医院附设中药饮片加工场、中药制剂室,采购地道药材,结合现代科学技术设备,遵古炮制,严格管理,为临床提供优质饮片、制剂及药品。

常熟市中医院分院拥有医疗仪器设备5500万元。拥有德国西门子16排螺旋CT、西门子单排全身螺旋CT,西门子800毫安R200数字胃肠机,西门子500毫安X光摄片机及日本富士多通道CR系统,西门子乳腺X光机,日本东芝800毫安遥控胃肠机,西门子中型C臂X光机,GE、日本东芝腹部心脏彩色B超,西门子全数字黑白B超,美国贝克曼CX7、CX9全自动生化仪，进口五分类全自动血细胞分析仪，24 小时动态心电血压监护仪，进口血透机，血液滤过，CRRT，单人及五人高压氧舱，中药煎者和中药自动包装机，中药饮片加工、制剂加工等大型医疗设备及制药器械。

常熟市广和中西医结合医院

常熟市广和中西医结合医院(常熟市精神卫生中心)位于藕渠富仓路 8 号，是一家非盈利性的二级甲等精神病专科医院。前身为城郊卫生院始建于 1979 年，后建立精神病防治院。2004 年 12 月按照市委、市政府城市发展和医疗资源科学整合的要求，由原市中医院精神病防治分院和市民福医院合并易地重建，医院隶属市卫生局管辖，核定床位 250 张，总投资 2000 万元，占地面积 4981.2 ㎡，建筑面积 8540 ㎡。合并后实现了资源共享、设备共用、优势互补、技术共同提高。2009 年 11 月针对病房拥挤，病员活动场院地小，存在着医疗安全隐患和出现新的住院难问题，市委市政府决定医院再次整体迁建，并作为政府实事工程，于 2012 年 5 月正式投入使用。

新建医院按卫生部二级甲等专科医院标准筹建，设置床位 500 张，建筑面积 30000 ㎡，占地面积 62 亩，投资 1.3 亿余元。建筑设门急诊和行政、医技、住院、康复区、后勤食堂五大主楼；内设封闭和开放二个病人活动区，设计每日门诊量可达 1000 多人次。绿化面积达 36%，机动车位 200 个，非机动车位 900 个。

张家港市第一人民医院

是该市最大的综合性二甲医院，是苏大附属医院，是上海中山医院的技术合作中心，是南京医科大学、江苏大学、南通大学、徐州医学院的临床教学医院。医院设有肿瘤科、神经外科、神经内科、骨科、妇产科、新生儿科、消化内科、内分泌科、心血管内科、口腔科。

医院技术水平领先，开展了颈、胸、腰椎前后路手术、关节置换术、断指再植和手指再造术、腹腔镜下普外科、妇科的多种微创手术、肺癌的全肺切除和支气管袖型切除、食道上段癌的根治、经尿道前列腺、膀胱肿瘤电切电汽化术、输尿管镜气压弹道碎石术、冠状动脉造影术、永久型人工心脏起搏器埋置术、肝肾囊肿、肿瘤的各种介入治疗、超声乳化治疗白内障、ERCP 等技术项目，有多项获得江苏省卫生厅医学新技术引进奖、苏州市“双杯”奖、张家港市科技进步奖。

新建的张家港市第一人民医院总投资 6.5 亿元，占地 180 亩，总建筑面积约 13 万平方米。其中医疗综合大楼主楼为 16 层建筑，裙楼为 3 层建筑，主要安排门诊、急诊、急救、医技、手术、科研、行政办公用房。辅助用房约 2.1 万平方米，为感染科、高压氧舱、直线加速器用房以及食堂、宿舍用房。共设 28 个病区，总设置床位 1058 张。

主楼的一层至三层及三层裙楼是门诊与医技科室、手术室。门诊中厅设置 4 台扶梯，可以直达各诊室。在各医技部，治疗肿瘤的高能直线加速器、1.5T 核磁共振、16 排、单排、4 排三台快速螺旋 CT、4 台 DR、DSA、高压氧舱、多台高档的心脏彩超和腹部彩超等先进医疗设备一应俱全。有投资 1500 万元，配备齐全，高度净化的手术室 15 间，开展各类重大高难度手术所需的硬件设施与国际接轨。

四楼至十六楼为病房，分别为神经外科、骨科、手足外科、烧伤整形科、胸外科、普外科、妇科、产科、儿科、新生儿科、眼科、耳鼻喉科、口腔科、肾内科、血透室、泌尿外科、肛肠外科、心内科、呼吸内科、消化内科、神经内科、肿瘤科、特需病区、血液科和内分泌科。南侧除每个病区一套特需病人病房，北侧设普通的三人病房。病房内所采用的是进口 PVC 地面，地面材料及墙面材料都通过环保监测。热水直达每个病房。病房条件基本达到宾馆化。十六楼为特需病房，套间、卫生间内装有呼叫器。

新医院建有高效的 HIS、PACS、LIS 电子病历、诊间系统等现代化信息网络，实行全院挂号、就诊、检查、交费、查询一卡通服务。新医院还设置了小车轨道物流系统，是全国第二家采用现代化物流系统的医院。建有独立的特需门诊、儿科门诊、体检中心、急救中心、家庭化产房，门诊实行分区域候诊，电子叫号就诊检查，导医和分诊分布各个诊区。新医院设有停车泊位 700 个，绿地率达 57.1%，是一座全新的生态化、智能化、现代化，人与自然和谐统一的一流的绿色医院。

科室设置内分泌专科　肛肠科　针灸推拿科　烧伤整形科　泌尿外科　胸外科　皮肤科　妇产科　麻醉科　脑外科　肾内科　检验科　超声科　眼科；

中医科　急救中心　呼吸内科　消化内科　骨科　影像中心　肿瘤科；

耳鼻咽喉科　口腔科　神经内科　普外科　血液科　心内科　儿科；

内镜中心　手足外科　乳腺甲状腺外科　感染性疾病科　病理科。

内分泌专科

张家港市第一人民医院、苏州大学附属张家港医院内分泌科是南京医科大学、苏州大学医学院、南通医学院、江苏大学、徐州医学院的教学基地。是张家港市重点发展科室第三梯队学科。拥有住院床位数 30 张，其中包括重症监护病床 2 张。人员结构合理，有主任医师 2 人，主治医师 5 人，住院医师 2 人。专科年门诊量在 12000 人次，年出院病人 1000 人次。

科室拥有数台胰岛素泵、血糖监测系统、心电监护系统等先进设备。对糖尿病、甲状腺疾病的常规治疗，糖尿病酮症酸中毒、糖尿病高渗昏迷、糖尿病乳酸酸中毒、甲亢危象、垂体危象、肾上腺危象的抢救拥有独特自己的见解和方法。

肛肠科

张家港市第一人民医院，苏州大学附属张家港医院肛肠科是南京医科大学、苏州大学医学院、南通医学院、江苏大学、徐州医学院的教学基地。是医院特色专科之一，具有较强的技术实力，拥有 10 张床位，承担门急诊任务；科室人员利用现代科技手段和传统的理论方法来诊断治疗肛肠外科的各类疾病，对于单纯性外痔、皮赘和皮肤性病，门诊随治随走，对于内外痔、混合痔、肛裂、肛瘘、直肠脱垂、直肠息肉、骶尾部肿瘤、外伤性或先天性肛门畸形、缺损、狭窄、结直肠炎、结直肠溃疡等炎症性肠病，肛周湿疹、搔痒症等肛门周围皮肤病，均能够明确诊断,有效治疗。采用挂线术治疗高位复杂性肛瘘,置管引流一次性治疗肛门脓肿,皮瓣转移填充治疗肛门皮肤缺损、肛管直肠狭窄,最大限度地保留了肛门功能,达到彻底治愈,且病程短、痛苦小。采用中西医结合保留灌肠治疗慢性结直肠炎、直肠溃疡,临床效果好。便秘是现代肛肠外科关注的重点,也是困扰广大病员的一系列疾病的临床症状,目前科室对于出口梗阻性的病因治疗,如直肠前窦、会阴下降、盆底痉挛、耻骨直肠肌综合症以及慢性输型便秘采用手术治疗,物理方法和中医中药相结合,全程规范治疗收到了满意的临床疗效。

特别是科室采用 PPH 混合痔环状粘膜切除术,住院仅需 3 天,疗程短,疗效好,无痛苦。

脑外科

张家港市第一人民医院,苏州大学附属张家港医院脑外科自 1986 年成立以来,发展迅速,医疗条件和技术水平突飞猛进,是市级重点科室之一,是南京医科大学、南通大学、江苏大学、徐州医学院的教学基地。有优秀技术专家和技术骨干多名,其中科主任、主任医师刘惠祥为张家港市优秀技术骨干,科室人员结构合理,技术力量雄厚,现有普通病床 42 张,重症监护中心(ICU)床位 10 张,年收治各种脑外科病人 1600 多人次,手术 400 余例,能完成各种颅脑外伤的开颅手术、颅骨成形术、脑积水腹腔引流术、高血压脑出血血肿清除术、颅内动脉瘤夹闭术、各种类型的脑肿瘤切除术等。特别是重症颅脑外伤的救治是该科的一大特色,在周边市、县中处于领先地位。颅脑外伤发病率高、病情复杂多变、救治难度大、专业性强,全市的重症颅脑外伤病人几乎全部集中在该科救治。经过多年的总结和不断的学习,形成了一套行之有效的抢救程序。特别是 ICU 的建立,亚低温治疗和颅内压监护技术的开展,提高了危重病人的抢救成功率,达到国内先进水平。近几年来,脑外科不断加大青年人才的培养力度,先后选派 8 名青年医生在苏州、上海、南京等各大医院学习进修,4 名医生完成了硕士研究课程班的学习。2004 年该科参加了国家十五攻关课题——《自发性脑内血肿的微创治疗》的协助研究,2005 年,该科又参加了华东地区颅脑外伤的流行病学调查研究,显微神经外科的临床应用研究,目前课题进展顺利,受到了上级科研单位的高度评价。该科手术监护设备先进,巨资购置了德国莱卡 MS-2 手术显微镜、手术影像工作站、手术动力系统、DORO 手术头架、ERBE 和蛇牌单双极电凝器、美国惠普多参数监护仪、美迪特 2 型冰毯降温仪、鸟牌同步呼吸机、美国产便携式血气分析仪、颅内压监护仪等一批具有国内先进水平的医疗设备。不断积极开展新技术、新项目,先后进行了数十例脑动脉瘤的夹闭术、各种颅底肿瘤切除术、高血压脑出血的显微手术治疗、经单鼻孔蝶窦入路垂体瘤摘除术、三叉神经痛微血管减压术、各种椎管肿瘤切除术等,这些项目均填补了本市空白,达到了三级乙等医院的水平。在提高医疗技术的同时,该科不断改进服务质量,提高服务意识。先后荣获江苏省青年文明号、苏州市新长症突击队、苏州市巾帼文明岗等称号。

消化内科

消化内科是张家港市的重点专科,是集临床医疗、教学、科研为主体的综合性病房,现有主任医师一名、副主任医师三名、主治医师二名、住院医师四名和多名高年护士组成,技术力量比较雄厚,是南京大学、苏州大学、南通医学院、徐州医学院等大学的带教科室,具有丰富的临床经验及带教经验。

对消化道出血、急性重症胰腺炎、肝硬化腹水、溃疡性结肠炎、克隆氏病和胆石症保守疗法有独特之处,对消化道肿瘤的检查和晚期肿瘤的支持疗法有独特之处。对其它一些食道、胃肠道、肝胆胰的诊断和治疗有独特之处。

骨　科

张家港市第一人民医院、苏州大学附属张家港医院骨科是张家港市医疗、教育、研究中心。成立 20 余年来,救治了大量骨伤及骨病患者,目前已成为苏州市医学重点专科。现拥有床位 120 张,60 多名医务人员,其中主任医师 4 名,教授、硕士生导师 1 名,副主任医师 6 名,主治医师 6 名,住院医师 6 名。专科年门诊量在 15000 人次,住院病人 2200 人次左右。

目前骨科分设脊柱、关节、手足外科等三个治疗中心。脊柱外科开展了颈椎病、腰椎间盘突出症、腰椎滑脱症、椎管狭窄症、颈椎骨折脱位、胸腰椎骨折脱位、脊柱结核、肿瘤、骨盆骨折及复杂髋臼骨折的手术治疗,骨折疏松性椎体骨折的微创治疗。关节外科开展了全髋关节置换、全膝关节置换,利用多种方法治疗股骨头坏死、髋膝关节骨性关节炎,开展了膝关节镜下微创治疗膝关节内疾病如半月板损伤、关节内韧带损伤等等。手足外科开展了断肢、指再植及重建,臂丛神经损伤的治疗。科室临床诊疗水平在同级医院中处于领先地位。近年来先后获得江苏省科技进步奖三项,苏州市科技攻关杯奖四项,张家港市科技成果奖八项。

科室注重专业学科建设,常年与上海长征医院、长海医院、上海第六人民医院、第九人民医院、华山医院、苏州大学附属第一医院、苏州大学附属第二医院、江苏省人民医院、南京市鼓楼医院、市立医院等省内外知名医院保持技术交流。

口腔科

张家港市第一人民医院,苏州大学附属张家港医院口腔科是张家港市重点建设专科,是南京医科大学、南通大学、江苏大学、徐州医学院的教学基地,是张家港市牙防技术指导中心。年门急诊 18000 多人次,住院病人 300 多人次,手术 200 多人次,科室设施先进,具有国内先进的口腔综合治疗椅 17 台,口腔全景 X 光机等,设有治疗室、技工室、X 光室种植中心及口腔科病房。

神经内科

张家港市第一人民医院,苏州大学附属张家港医院神经内科是张家港市重点发展科室第一梯队学科。拥有住院床位数 40 张,其中包括重症监护病床 3 张。人员结构合理,有主任医师 2 人,副主任医师 3 人,主治医师 3 人,住院医师 2 人。专科年门诊量在 9800 人次,年出院病人 1500 人次。

科室主要的诊治设备有 16 排 CT、MRI、MRA、CTA、DSA、TCD、血管彩色多普勒、脑电图、肌电图、脑功能康复仪和肢体功能康复器械等。

儿 科

张家港市第一人民医院、苏州大学附属张家港医院儿科是张家港市的儿童疾病诊治中心,是南京医科大学、南通大学、江苏大学、徐州医学院的教学基地,拥有优秀技术专家和技术骨干多名,其中主任医师朱全发为张家港市名医。技术力量雄厚,并建设有自己的专业特色。担负着张家港周边地区儿童医疗、保健、预防及南京医科大学、苏州大学、南通大学等医学院校的教学任务,年门诊、急诊7-8万人次左右。目前设有普通儿科和新生儿二个病区,实际开放床位有60余张,年住院病人3000多人次。拥有多台多功能暖箱及婴儿辐射抢救台、美国VIP小儿呼吸机,多参数监护仪及经皮测黄胆仪、微量注射泵等先进设备,为成功抢救危重患儿奠定了基础。

新生儿无陪护病房是张家港地区唯一的新生儿治疗中心,自开设以来已成功救治近二千名新生儿,对新生儿疾病诊疗积累了较丰富临床经验,尤其对新生儿黄疸、破伤风、败血症、溶血病、硬肿症、缸氧性脑病、低体重早产儿及危重抢救有较高诊疗水平。

专家介绍

蔡 斌,男,主任医师,南通大学兼职副教授。1987年毕业于南京医科大学临床医学系,从事临床、教学工作20余年,对内科疾病的治疗积累了较丰富的临床经验,参与了许多重大疑难疾病的抢救。尤其对神经内科疾病的诊断、治疗有独特见解。开展了脑血管造影、脑血栓动脉内溶栓治疗、血管内支架成形术、各种神经痛的神经阻滞新疗法:如头痛、颈、肩、腰腿痛、并节痛、疱疹后神经痛、三叉神经痛、面肌痉挛及骶管治疗等。

常藕娣,女,主任医师,1977年毕业于苏州医学院,一直从事妇产科工作,有丰富的临床经验,对妇产科各种疾病、疑难病诊疗水平较高,对各种重危病人抢救熟练,尤其对不育症、内分泌失调有独特见解及治疗方法,并具有丰富的产科工作经验。

张家港市中医院

成立于1976年,是一所医疗技术先进、综合实力较强、在张家港市和周边地区享有较高声誉的二级甲等中医院。医院占地面积16000平方米,建筑面积29350平方米,固定资产1.3亿元,医疗设备总值5000万元。现有员工529人,设一级临床科室13个,设二级临床科室4个,医技科室6个,开设社区医疗服务站4个。

医院为"南京中医药大学教学医院","张家港市红十字中医院"、"爱婴医院"、"张家港市台商医疗保健中心",同时又是张家港市"肛肠病治疗中心"、"血液净化中心"、"内窥镜治疗中心",连续七年被评为"张家港市双文明单位"、并获"苏州市卫生系统先进集体"。从2001年起,医院步入了发展的快车道,医疗技术水平和服务能力不断提高,综合实力在全省同级医院中名列前茅,成为张家港市改革和发展的一个缩影。医院占地面积16000平方米,建筑面积29350平方米,固定资产1.3亿元,医疗设备总值5000万元。现有员工529人,其中卫技人员461人,高级职称30人,并拥有"江苏省名中医""苏州市高级专业技术人才""张家港市优秀中青年专业技术人才"等一批经验丰富、医技精湛的专家和技术骨干。医院核定床位480张,设一级临床科室13个,设二级临床科室4个,医技科室6个,开设社区医疗服务站4个。设中医及中西医特色门诊28个,其中耳鼻咽喉科、肾内科为苏州市重点医疗专科,呼吸科为张家港市重点医疗专科。医院的急救中心具有较高的急危重症救治能力,已纳入张家港市"120"急救网络实行联动。

医院拥有一批目前国际先进的医疗设备,有PHILIPS核磁共振、SIMENS亚秒多排螺旋CT、大型PHILIPS数字多功能X光机、HDI5100SONO-CT彩超、高压氧舱、血透机、彩超机、全自动生化分析仪、C臂X光机、酶标仪、血球分析仪、并配有电子胃镜、电子肠镜、电子支气管镜、电子喉镜、电子鼻窦镜、椎间盘镜、关节镜、腹腔镜等先进系列腔镜系统,为医院的业务发展建设构筑了发展平台。

科室介绍

儿科,常年开设专家门诊。以服务患儿为中心,一切从患儿出发,实行合理检查,合理用药。除常规开展小儿常见病、多发病等的诊治外,在抢救急危重患儿方面也取得了很大得进步,如先心心衰、炎性反应综合症、危重哮喘、危重喉炎、溺水的抢救,以及中医传统的强项过敏性紫癜、支气管哮喘、病毒性肠炎、手足口病等治疗上均取得了很好的疗效,在社会上取得了很高的声誉和社会满意度。

妇产科,能常规开展助产、剖宫产、子宫肌瘤切除术、附件囊肿切除术、全子宫切除术等常规手术,并能开展腹腔镜下宫外孕手术、附件囊肿手术、子宫肌瘤手术,宫腔镜、阴道镜,广泛全子宫切除术加盆腔淋巴清扫术,宫颈LEEP刀治疗等手术,协同放射科一起开展了早期异位妊娠介入治疗、宫颈癌新辅助性化疗介入疗法,不孕症经输卵管介入再通术。妇产科是省内率先引入"整体护理"理念的科室之一,对术前、术后的病人提供体贴细致的护理,辅助了医疗工作的顺利进行,促进了病人身心的康复。

肛肠科,是苏州市重点中医专科、张家港市肛肠病诊疗中心。通过多年来的临床实践,积累了丰富的临床经验,形成了相对固定的独特的专科专病治疗体系。能熟练诊治肛门疾患的常见病、多发病,如痔、肛裂、肛瘘、直肠息肉、肛旁脓肿、直肠、结肠炎症等,对本专科疑难杂症、各种并发症等均具有较强的处理能力。能开展肛门部疾病的所有手术,并在术后开展中医特色疗法,进行辨证换药。对慢性结肠炎、肠道易激综合征、慢性便秘等慢性肠道疾患,采用中医中药、灌肠、外治等各种方案进行治疗,取得了较好的疗效。此外,还开设了蛇伤专科,采用中西医结合方法,诊治毒蛇、毒虫咬伤患者,痊愈率100%。

耳鼻咽喉-头颈外科,始建于1986年,在学科带头人王耀华主任的带领下,经过二十年的努力,目前已被评为第一批苏州市重点中医专科、张家港市重点专科。耳鼻咽喉-头颈外科在科室发展上中西医并重、全面发展。在中医保守治疗鼻窦炎、慢性咽喉炎、声带小结、声带水肿方面,以及治疗神经性耳聋、耳鸣方面都取得了较好的疗效,积累了自己的经验。在西医诊疗技术上紧盯国内最新发展方向,已拥有美国产STORZ鼻内窥镜及手术系统、STORZ动态喉镜系统等一大批先进的诊疗设备。能独立开展耳鼻喉-头颈外科的各类手术,如耳部的乳突根治术、鼓室成型术、鼻部的鼻内窥镜下的各种鼻腔鼻窦手术、咽喉部的常规手术、鼾症手术、全喉及半喉切除术、头颈部的各种肿瘤切除及淋巴清扫等。

口腔科,是医院较早设置的科室,从当初的一个人一张木椅、价值几百元的医疗器械,发展到目前十个专科医生、拥有一流的牙科治疗椅、全景X光机和牙片机、先进消毒炉,固定资产一百多万,开展业务从当时的简单拔、镶、补到现在可以开展各种复杂牙体牙髓治疗,各种义齿的制作,牙、颌畸形的纠正以及口腔颌面部大小手术的开展,尤其是在根管治疗、牙体牙列的缺损缺失的介质方面均走在本市的前列。同时充分利用中医优势,在牙周、粘膜病的治疗方面应用中医中药治疗取得了良好效果。

骨伤科,是中医院具有中西医结合特色的一级临床科室,在赵理铭主任带领下,通过引进人才,加强与苏州、上海等上级医院的联系,培养了一批技术骨干。2001年,借新病房大楼搬迁的契机,骨伤科进入一个快速发展的阶段。目前能常规开展四肢骨折常规手术与保守治疗、腰椎退变性疾病与创伤的手术和保守治疗、关节创伤及其退变性疾病的微创及开放手术治疗。已具备开展颈椎前后路手术的能力,能熟练开展全髋置换、下胸椎及腰椎创伤复位内固定手术,髋臼等复杂关节内骨折切复等较高难度手术。在业务发展中注重中医药特色的治疗,开展了创伤骨科和颈肩腰腿痛的中医药治疗,骨伤科门诊开展的中西医结合骶管滴注加三维牵引治疗腰腿痛疾病取得了治疗效果和良好的社会效益。创伤骨科利用特色中药内服加外敷减轻疼痛与肿胀,促进骨折愈合,临床应用证明效果优良且确切。颈肩腰腿痛、膝关节退行性疾病已形成从具有中西医结合特色的保守治疗到开放手术或微创镜下手术等一整套完善的,行之有效的治疗措施。

外科,自建科始至今经过23年的发展,经历了从无到有、从小到大的蓬勃生长期,目前能常规开展胸外、泌尿、肝、胆、胰、脾、胃肠、甲状腺、乳房等疾病的各种手术及多脏器联合切除等手术,尤其在各种消化道恶性肿瘤及巨大后腹膜肿瘤的治疗方面有较丰富的临床经验。同时,通过对多例重症创伤病人的成功救治,对于严重机械性复合外伤的抢救及治疗积累了较多临床经验。2001年科室引进了美国STORZ电子腹腔镜及电子胆道镜等器械,开展腹腔镜下胆囊切除及胆道内探查取石等胆道手术,至今已成功治疗5000余例各种胆囊疾病。科室还拥有电子膀胱镜、超声刀等手术设备,能开展膀胱镜下前列腺气化电切等手术;已引进钼靶检查仪及麦默通乳腺微创治疗仪,并与江苏省肿瘤医院乳腺病专科联合开展乳腺增生、乳腺肿瘤、乳痛症、乳腺囊肿、非特异性肋乳炎等乳房疾病的诊治项目。

呼吸内科,为张家港市临床重点专科,能规范有效治疗呼吸系统的各种常见病、多发病,尤其对慢性支气管炎、肺气肿、支气管哮喘、不明原因的胸腔积液、肺部恶性肿瘤等疾病的诊断治疗形成了中西医结合的特色。呼吸重症监护病房大大提高了呼吸内科各种危重疾病尤其对急慢性呼吸衰竭的抢救成功率。另外能独立开展人工气道机械通气和经鼻面罩无创辅助呼吸等呼吸支持技术、电子支气管镜检查及气管镜下的各种治疗、CT导引下经皮肺穿刺活检。科室配有Bird - Vip大型多功能呼吸机、伟康BiPAP无创呼吸机、WOLF单腔胸腔镜系统、Pentax电子支气管镜和Olympuls纤维支气管镜及图文管理系等先进仪器设备。

肾内科,为张家港市中医临床重点专科,2006年成为苏州市中医临床重点专科。能开展各项肾脏病检验及肾穿刺活检技术,满足了肾脏病的临床诊断和鉴别诊断需要。在各种肾脏病的治疗中,利用自行研制的护肾1号、护肾2号、护肾3号、二黄益肾胶囊、保肾泌尿灵五种系列制剂,对于不同类型的慢性肾小球肾炎采取了不同的治疗措施。能通过中西医结合治疗及血液透析、滤过、血浆置换等治疗肾脏病及相关疾病的危急处理。有10台血透析滤过机,每年血液透析5000余人次。

张家港市广和中西医结合医院

坐落于全国文明城市——张家港市的西区,北枕长江,西接江阴,东邻张家港保税区。医院创建于1987年,始为张家港市第二人民医院。2004年更名为张家港广和中西医结合医院,是由全国第一位中医博士、旅荷华人江杨清先生与张家港市直属公有资产经营有限公司在原市二院基础上合资组建,是一所集医疗、预防、保健、康复为一体的综合性医院。为卫生部认定的“爱婴医院”、省政府批准的“红十字医院”,张家港市医保、农保定点医院,也是全市唯一一家提供涉外服务的医疗机构。同时还是全国首家、苏州地区唯一的中外合资中西医结合医院。医院坚持以“质量第一,诚信服务,中西医结合,弘扬中医特色,创百姓信得过医院”为办院宗旨。

医院环境优雅、设备先进、设施齐全,占地面积近60亩,总建筑面积4.3万平方米,医疗用房2.8万平方米。医院现开放床位300张,有职工300余人,其中高级职称32人,中级职称98人,同时外聘了一批经验丰富的学科带头人、知名专家,组成了一支优秀、敬业的医疗护理队伍。医院坚持中西医并重,集中西医之精华,取中西医结合之优势,在全面提高综合医疗水平上突出发展特色学科。目前开设了中西医结合心血管、呼吸、消化、神经、内分泌、肾内科(血液透析)、儿科和普外、脑外、创伤骨科、中西医结合肛肠科、妇产科等九个临床病区,急诊科及重症监护病房技术设备和业务水平已达到国内三级医疗机构水平。门诊组建了国医堂、专家会诊中心两大临床区域,完善了眼、耳鼻喉、口腔、皮肤、针灸、理疗、中医等临床科室功能,并形成以糖尿病、消化、肛肠专科为特色的临床学科。体检部有完善的设备和高素质的体检人员,开展健康体检和职业病健康检查。

医院拥有全套最先进的PACS诊断系统、鑫高益MR、德国西门子螺旋CT、意大利百胜AU5彩超、日本东芝阿波罗彩超、奥林巴斯电子胃肠镜及奥林巴斯640全自动生化分析仪、全自动血球计数分析仪、多参数心电监护仪、24小时动态血压及心电图监测仪、CR、德国Deray100DR、数字胃肠、C臂机、脑电图、肺功能仪、气相色谱仪等一大批先进的医疗设备。与上海华山医院、中山医院、瑞金医院、南京军区总院、南京鼓楼医院、苏州医学院附属医院、江苏省中医院、常州市人民医院等周边大医院建立了协作关系,是南京中医药大学和盐城职业技术学院的临床实习基地。

住院和门诊大楼宽敞明亮,配备有中央空调、中心供氧、中心吸引等先进设施,为患者营造了舒适、温馨的就医环境,同时引进先进的管理模式，以宾馆化服务为模式，实行全院网络化管理。奉行患者至上的原则，实行安全服务、贴心服务、微笑服务。努力做到一切为了患者，一切方便患者，一切服务患者，真正从患者的切身利益出发，为患者减少痛苦，节约开支，以诚信的服务换得尊重和信任，以人性化的就医环境、精湛的诊疗技术及合理的收费标准，为广大患者及社会各界人士提供优质、高效、一流的医疗服务。

太仓市第一人民医院

成立于1949年5月。半个多世纪以来，医院已发展成为集医疗、科研、教学、预防、保健为一体的二级甲等综合性医院，是全市医疗、急救的中心，省教育厅定点的“高校实习基地”。目前是苏州大学附属医院，扬州大学及南通大学的教学医院，上海交通大学附属第六人民医院的合作医院，卫生部国际救援中心网络医院，是全市唯一的“涉外医院”。

医院现有在编正式职工635名，其中卫生技术人员530名，正高级职称（主任医师）8名，副高级职称（副主任医师）48名，中级职称204名。教授1名，副教授6名。兼职教授3名，兼职副教授17名。1人被确认为苏州市新世纪高级青年专业技术人才，1人被评为太仓市杰出科技专家，2人被评为太仓市优秀科技专家，5人获太仓市名医称号，6人为太仓市优秀专业技术拔尖人才。太仓市级学科带头人20名。博士研究生2名（在读），硕士研究生10名，15人完成了苏州大学研究生课程班的学习。医院目前开设床位498张，实际可开放床位600张。

科室范围：临床科室现开设外科（脑外、普外、胸外、泌尿外、肿瘤和烧伤外科）、内科（神经、消化、呼吸、心血管、血液、肾脏、内分泌）、妇科和产科、儿科、骨科、感染科、麻醉科、急诊科、口腔科、眼科、耳鼻喉科、皮肤科、中医科等科室。医技科室有医学影像中心（CT、MRI、普放和超声）、检验中心（包括同位素核医学）、微创中心、心脑血管功能检查等科室。血液科为苏州市重点临床专科，消化内科、骨科、神经外科、神经内科、心内科、妇产科、儿科等临床科室为太仓市重点科室。

特色设备：医疗设备全市领先，拥有美国GE公司的磁共振、美国PICKER公司的螺旋CT、西门子公司的40排高速螺旋CT、GE公司LOGIQ彩超、意大里百胜彩超和日本东芝彩超、C型臂、日本OLYMPUS全自动生化分析仪、自动血气分析仪、ACS180SE免疫荧光化学发光仪、全自动时间分辨萤光分析系统、PCR基因扩增检测仪、核多功能测定仪、人体组织快速处理仪、生物组织包埋机及血液透析仪和高压氧舱等，微创中心配备了日本OLYMPUS电子胃镜、结肠镜、支气管镜，以及腹腔镜、胆道镜、前列腺汽化电切镜、关节镜、椎间盘镜、阴道镜、纤维喉镜、鼻镜等。正在安装直线加速器、ECT等设备。医院全面开展二甲医院所规定的医疗技术，并且相当多的技术已进入三级医院的水平。

医院连续数年被评为太仓市和苏州市卫生系统先进集体，苏州市第八、第九、第十一、第十二届白求恩杯竞赛先进单位，苏州市爱国卫生先进集体，2004年被江苏省总工会授予“五一劳动奖状”，医院党总支分别被中共太仓市委和中共苏州市委授予“先进基层党组织”称号。另外，医院还获得“苏州市明码标价示范单位”、“江苏省消费者协会诚信单位”等称号。

专家介绍

陈艳冰，主治医师，北京第一医科院特聘研究员，浙江不孕不育博士园专家，浙江广仁不孕不育研究所主任研究员，杭州广仁医院不孕不育中心主任，中华医学会妇产科分会会员，从事妇产科临床工作近三十年。擅长治疗阴道炎、宫颈炎、盆腔炎等引起的输卵管堵塞、功能性子宫出血、多囊卵巢综合症等不孕症，尤其擅长治疗输卵管性不孕、子宫性不孕、免疫性不孕，采用中西医结合的方法治疗月经不调、排卵障碍性不孕及内分泌失调、高泌乳素血症性不孕、免疫性不孕等。在各级医学刊物上发表多篇学术论文。

王丽美，肛肠科主任，女性肛肠主任从事肛肠外科临床工作20余年，多次到北京大学附属医院、上海九院学术交流，长期专注于肛肠疾病诊疗领域，曾多次应邀参加国内外权威肛肠专家学术交流会，擅长治疗内痔、外痔、混合痔、肛裂、肛瘘、直肠脱垂、大肠恶变等肛肠疾病。从事肛肠外科临床工作20余年，多次到北京大学附属医院、上海九院学术交流，长期专注于肛肠疾病诊疗领域，曾多次应邀参加国内外权威肛肠专家学术交流会，擅长治疗内痔、外痔、混合痔、肛裂、肛瘘、直肠脱垂、大肠恶变等肛肠疾病，在运用PPH吻合术、HCPT、COOK痔疮枪等国际诊疗先进技术治疗肛肠疾病有很深的造诣，安全开展肛肠病手术8000余例，在国家级肛肠刊杂志上多次发表作品，在业内享有很高的声誉。

医院地址：江苏省苏州市太仓市常胜南路58号

太仓市中医院

太仓市中医院自1979年建院以来，在各级领导的关心和支持下，全院职工认真贯彻有关中医药的各项方针政策，同心同德、艰苦创业、顽强拼搏、奋力开拓。在科学管理、专科建设、人才培养、临床科研、精神文明建设等诸多方面都取得长足的进步。1995年通过了国家二级甲等中医医院及国家级“爱婴医院”的评审；2000年被评为苏州市“文明单位”，2001年在全省范围内率先通过了ISO9001国际质量管理认证体系的认证，现已成为上海中医药大学等学校的教学、实习基地，成为了南京中医药大学和安徽中医学院的教学医院。一个管理科学、布局合理、环境优美、设备先进、技术精湛、服务优良的以中医专科为优势、中西医结合为主集医疗、教研、预防、康复为一体的综合性中医医院已初具规模。

中医院目前已发展到职工400多人，其中有335名医务人员，高级职称34人，中级职称101人。享受国务院特殊津贴1人，苏州市跨世纪高级人才2人。医院总占地面积16461平方米，总建筑面积23091平方米，其中门诊建筑面积9580平方米，住院病房建筑面积11658平方米。核定床位数310张，面对新世纪给中医院带来的机遇与挑战，中医院把“以病人为中心”提供全方位的优质服务，作为医院管理的最高原则，“让我们服务得更好”作为服务理念，以“文明服务，质量第一”作为办院宗旨。我院在引用科学的管理模式和先进的医疗技术的基础上，医疗质量和服务水平将踏上一个新的台阶，使太仓人民享受到我院更好的医疗服务。

科室住院部设内、外、骨、妇产、儿、肛肠科等八大病区;门诊部设西内、西外、西妇、口腔、眼、五官、儿、肛肠、中医骨伤、中内、中妇、中外(皮肤)、针灸、推拿、理疗、高压氧以及急诊等科室,并另设特色专科专病门诊近30个。

太仓市第三人民医院

是全民所有制事业单位,其前身东郊医院始建于1960年,1979年建成太仓县精神病防治院,1993年更名为太仓市第三人民医院,同年12月经苏州市政府正式批准成为苏州市公安局安康医院。1996年又分别由江苏省禁毒办和江苏省卫生厅发文,批准开展戒毒脱瘾业务。几十年来,在市委、市政府和苏州市精神防办及社会各界的大力关怀、支持下,现已成为一所集治疗、休养、康复为一体的精神病专科医院。医院历经几十年风雨,凝聚了几任领导艰苦卓越的努力、奋斗,现已建成占地21350平方米,总建筑面积15000平方米,固定资产六千多万元。

医院设有精神病区、心身病区、自愿戒毒、老年病区四个病区,编制床位200张,并设有精神科、普通内科、中医和中西医结合内科、心理咨询、糖尿病专科、针炙理疗,激光、皮肤科、口腔、妇科、五官科等门诊科室。

医院具有较强的专业技术优势,配备有B超、放射、脑电地形图、全自动生化分析仪、酶标仪、美国进口LTD毒品检测仪等进口医技设备,医疗检测手段先进。现有职工160多人,医疗专业人员120人,具有高级职称专业技术人员6人;中级职称专业技术人员近40人。

医院主要承担太仓全市精神疾病诊疗、心理卫生指导、社区精神病防治康复、精神疾病及劳动能力鉴定等职能,以及苏州市的“三无“精神病人收容治疗、社会困难精神病人的救助、肇事肇祸精神病人的收容监护。在解除毒品依赖的工作中,医院在采取国家卫生部推荐使用、国内外公认行之有效、安全可靠、副作用少戒毒治疗方法,为脱毒康复创造有利条件。是一所集精神、心理疾病、脱毒临床、科研、综合防治、康复为一体的精神卫生中心。

医院始终坚持“以病人为中心,医疗质量为根本”的办院方向。历经几十年艰苦创业,全院干部职工团结一心,开拓进取,在医院管理、临床医疗护理、科研教学、学术交流、精神文明建设等方面取得了一定成绩。多年被评为市“文明单位”、市“先进集体”、并获苏州市第十四、十五届“白求恩杯”优胜奖。

昆山市第一人民医院

又名江苏大学附属昆山医院,是一所集医疗、教学、科研、康复、急救于一体的综合性医院,1995年通过二级甲等医院和爱婴医院评审,是江苏大学附属医院,苏州大学、扬州大学及江苏职工医科大学等多所高校教学医院,以及卫生部指定的国际紧急救援中心网络医院。

经过近年来的不懈努力,医院分别荣获了江苏省级文明单位、苏州市级白求恩杯金杯奖等荣誉称号,2003年顺利通过ISO9001:2000质量管理体系认证,2004年成为苏州地区首家跻身江苏省基本现代化医院行列的医院,医院综合实力位居全省同类医院的前列。

医院位于昆山市前进西路91号,占地面积近3.6万平方米,建筑面积达3.8万平方米,全院开放床位680张,员工981名。拥有副高级职称以上专业技术人员100名,苏州市新世纪高级专业技术人才2名,昆山市优秀专业技术拔尖人才8名,研究生21名,博士2名,苏州、昆山名医16名,苏州市“十佳”护士1名,昆山名护士2名。蓬勃发展的心血管内科、脑外科、肾内科、手外科、妇产科、ICU等11个昆山市重点专科借助核磁、CT、DR等先进设备为昆山百姓的健康提供了有力的保障。

为适应昆山外向型经济发展需要,医院成立了茧园健康中心。下设的健康俱乐部、体检中心、120院前救治中心、特需门诊等窗口以全新的服务理念,诚信、优质、便捷、创新的服务为生命保驾,为健康护航。开展的体检到厂区、急救到小区、宣教到社区的服务以及俱乐部会员的免费咨询、讲座、健康书屋,外商保健、绿卡工伤特约救护卡的发放无不体现了以人为本的服务宗旨。医院确立了规模集团化、技术数字化、服务人性化、环境生态化四大发展方向,2005年又以医院开发区分院扩建为契机,在市政府的大力支持下医院初步确立了以市一院总部为基地,立足老城区,向东扩建开发区分院,向西启动传染病医院的建设思路。计划用3-5年的时间,构架基本适应昆山城市发展需要、具有一体二翼特征和政府公立非营利性质的市第一人民医院集团(或称市立医院)。至2010年床位达到1500张位左右,约占城区预算开放床位总量的40%左右。

科室介绍

眼科—准分子
心内科—苏州市重点专科
肝胆外科—昆山市重点专科
病理科
骨科—昆山市重点专科
内分泌科—昆山市重点专科
脑外科—昆山市重点专科
普外及心胸外科—昆山市重点专科
肾内科—昆山市重点专科
手外科—昆山市重点专科
烧伤科—昆山市重点专科
口腔科—昆山市重点专科
小儿外科—昆山市特色专科

分院介绍

开发区分院

●昆山市第一人民医院开发区分院坐落于青阳中路与震川东路交界处(原友谊医院旧址),处于昆山开发区中心位置,区域交通十分便利。项目设计床位600张,设标准病区14个,日门诊量2500人次。总建筑面积9.3万平方米。计划总投资4亿元。开发区分院于2005年10月奠基,预计2009年5月竣工。

按照省内领先、国内一流的标准,整体建筑高低结合、错落有致,充分体现简洁大方、稳健和谐、清新典雅的特征。作为2006年度昆山市重点工程及2007年度苏州市重点工程,开发区分院工程以现代化、智能化、生态化为建设目标。建成后,将成为昆山卫生事业发展的一颗璀璨明珠,对提高昆山地区医疗水平、保障市民健康具有十分重要的意义。

广仁分院

●昆山市第一人民医院广仁分院是经昆山市政府、卫生局、规划局等部门批准建设的传染病专科医院,2006年度昆山市政府实事工程。基地位于昆山市周市镇,南临河道,其余三侧临苇舟路,是原周市镇卫生院旧址。面积约1.14万平方米,主体建筑高5层。总建筑面积约1.57万平方米,其中地下室428平方米,总投资金额6000万元,2006年12月开工,2008年5月竣工。

广仁分院设计床位150张,3个病区1个手术中心,各病房设置相对独立,门诊部设有肠道门诊、呼吸道门诊和肝炎及杂病门诊三个独立小区,均有相应的化验、输液、收费、药房等配套功能。

医院专家　杨建华

主任医师,中国生殖医学实验室开创者,浙江不孕不育博士园专家,杭州广仁医院不孕不育中心首席专家。曾任法国Pellegrin医院、巴黎Bicetre医院生殖医学中心的客座教授,上海市卫生局跨世纪学科带头人,上海第二医科大学生殖医学专业博士。现任同济大学生殖医学研究所客座教授,上海市计划生育研究所特聘专家,《中国男科学》杂志主任编委等职。主编有《实用男性不育诊疗学》、《男性不育实验技术》等专著。

昆山市中医院

是一所中西医结合的颇具规模的现代化综合性二级甲等中医院。先后获得全国文明单位、全国示范中医院、全国卫生系统先进集体、全国青年文明号、江苏省首批基本现代化中医院等荣誉称号。并被评定为南京中医药大学昆山附属医院、上海中医药大学、山东中医药大学、安徽中医学院教学医院,已通过ISO9001:2000标准质量管理体系认证。

医院占地面积40亩,总建筑面积86884平方米,固定资产3.45亿元,医疗设备总值9530万元。现有职工794名,其中卫技人员643名,其中,硕士生导师3名,博士2名,硕士46,高级职称56名。全国五一劳动奖章获得者1名、享受国务院特殊津贴者1名、江苏省名中医1名、江苏省“333工程”培养对象2名、苏州市拔尖人才3名。现有病区15个,床位643张,临床一级科室15个,医技科室12个。2006年门急诊人次103万,住院床日19万,各项综合指标列全国同级中医院前列。

医院系昆山市中医药临床、科研、教学的中心,共有特色专科36个,其中消化内科为国家级重点中医专科在建项目,骨伤科为江苏省重点中医专科创建项目,妇科(郑氏妇科)、哮喘专病为苏州市级中医重点专(病)科,肿瘤、肝胆(微创)外科为昆山市重点专科。现有自制药品102种,剂型14种。至今共取得省、市级科研成果17项、省级科技进步奖1项、苏州市级科技进步奖10项、国家专利3项。

历史沿革

1979年4月,以人民医院中医科为基础,在县人民医院挂牌。

1980年4月28日正式成立昆山县中医院,与玉山镇卫生院合署。

1983年12月在朝阳路141号建门诊楼一栋开诊。

1985年1月9日,与玉山镇卫生院分开,迁入朝阳路141号(今189号)独立建院。

1986年5月,经苏州市卫生局、苏州市人事局编委会正式核编批准为全民所有制单位,设床位50张,员工84人

1989年,孙忠明同志调入我院任院长,大胆借用企业“借鸡生蛋、负债经营”的做法,逐年改善医疗环境。

1990年增建门诊辅助楼1000多平方米,扩大病房150张,分内、外、骨伤科三大病区。

1992年底医疗设备已达150多万元。

2004年4月29日新病房大楼启用。

2007年5月31日,新门急诊楼启用。

昆山市第二人民医院

坐落于风景秀丽的玉峰山下、中山路和前进路口的昆山市第二人民医院(原玉山医院),始建于1958年,是一所具有昆山特色,以中西医结合为主的综合性医院,

承担了玉山镇及周边地区几十万人口的医疗、预防、保健任务,并拥有正仪、巴城两家分院,是昆北地区的医疗集团中心,在社会上享有良好的声誉。1988年被卫生部授予“爱婴医院”称号,1998年成为昆山卫生系统第一家花园式医院,2000年11月经市政府批准正式冠名为昆山市第二人民医院,2002年被评为苏州市文明单位。

医院占地面积12121平方米,核定床位210张,现有医务员工317人,中级以上技术职称人员107名,拥有一批在昆山地区具有较高声望的名老中、西医师。自1997年以来,医院自酬资金添置及更新高新医疗设备264台,包括西门子螺旋CT、丹麦产“AC33型纯音听力计”、“AT22型自动声阻抗测听计”、体外冲击波碎石机、多功能监护仪、进口产床及美国产“脑干诱发电位诊断仪”、意大利“吉特乳腺X线机”等,为临床提供了科学的检测手段,促进了医院的业务发展和技术进步。

医院始终坚持科教兴院方针,走科技创新的发展之路,成功开展了“系列乳癖合剂择时给药治疗乳腺增生病的临床及实验研究”、“种植义齿信息储存提取及模拟三维重建”、“城镇社区卫生服务实验与信息化管理研究”等科研项目,并获得一项省级中医药科技进步一等奖,两项获苏州市科技进步四等奖和昆山市科技进步三等奖。

1999年市二院与上海仁济医院联合创办了昆山首家儿童疾病诊治中心,2000年成立了乳腺疾病专科诊治中心,2002年又开设了泌尿专科诊治中心,所开展的医技项目在全市处领先地位,医院现共有特色专科15个,已形成的系列特色专科呈现出良好的发展态势。

吴江市第一人民医院

南通大学附属吴江医院建于1936年,是一所集医疗、教学、科研、预防为一体的综合性二级甲等医院:南京医科大学、苏州大学医学部的教学医院;内设吴江市妇幼与生殖健康服

务中心、吴江市急救中心、吴江市牙病防治指导中心、吴江市结核病防治中心。

医院注重各级医护人员的业余培训,各专业科室的业务及技术发展很快,现有职工689人,其中正、副主任医师59名,兼职正、副教授11人,硕士生13名,博士生1名,在职读研结业30多名。医院设有内、外、妇、儿、传、中医等临床一级科室18个,二级专科20余个,医技科室12个。微创中心、心血管内科为苏州市重点专科。重症监护病房(ICU)是吴江市重点专科。泌尿外科、神经内科、消化内科、妇产科、影像中心07年申报吴江市重点专科。

医院设有床位600张。设有普通病房、特需病房和监护病房。年门急诊量近76万人次,出入院人数达2.5万人次,手术近9000例次(其中微创手术2400例次)。开展传统的诊治外,开展各类微创手术,如:冠心病的介入治疗;严重心律失常复律;心脏起搏器安装;经静脉溶栓治疗急性心肌梗塞;消融治疗室上速;食道狭窄扩张置支架术;腹腔镜下甲状腺瘤切除术、胃大部分切除术、胆道系统手术、肾肿瘤切除术、子宫切除术等;胸腔镜肺大泡摘除等诊疗术;十二指肠镜联合腹腔镜行胆总管切开取石及经奥狄氏括约肌切开取石术;经尿道前列腺电气化等手术;各种动脉造影、动脉栓塞治疗和肿瘤介入治疗等。

医院占地面积10万余平方米,建筑面积13.3万平方米,实际开放床位1316张。现有职工1287名其中,其中卫技人员1202人。具备高级职称93人,中级职称286人,博士、硕士生124人,兼职硕导、教授22人,讲师3人。2011年门急诊人次115万,出院病人3.85万,住院床日数35.1万,手术1.2万人次,2011年业务总收入5.84亿元。

医院设有内、外、妇、儿、传、中医等一级临床科室14个,二级临床科室20个,三级临床科室6个,医技科室14个,其他科室18个。其中微创普外科、心血管内科、妇产科、呼吸内科为苏州市临床重点专科;重症医学科(ICU)、消化内科、泌尿外科、超声科、影像科、口腔科、感染性疾病科是吴江市临床重点专科;新生儿科、肛肠科为吴江市临床特色专科。各科室均能独立并常规开展与三级综合医院功能和任务相适应的技术项目。医院近年获国家专利3项,省市科研成果奖9项,吴江市科研进步奖37项。

医院除具备三级综合医院的基本设备外,还拥有西门子双源炫速CT、16排螺旋CT、1.5TMRI、CR、DR、DSA系统、数字胃肠机、乳腺钼靶检测仪、震波碎石机、彩色多普勒超声诊断仪、准分子激光近视治疗仪、HY7000型射频肿瘤热疗仪、高清晰腹腔镜系统、胸腔镜、电子胃镜、电子肠镜、纤维支气管镜、胶囊胃镜、胆道镜、十二指肠镜、关节镜、双频激光机、HITACHI日立7600全自动生化分析仪、发光免疫诊断仪等一批国际先进的医疗设备。

医院连续多年被评为苏州市"白求恩杯"先进集体,拥有苏州市"医德医风、院务公开、廉洁文化"三个示范点称号。是吴江市和苏州市卫生系统"文明单位"、"先进基层党组织"。

专家介绍:丁丽娟,中国医师联合会不孕不育委员,苏州同济医院不孕不育症主治医师,毕业于长春医科大学,20多年临床工作,对各类不孕不育疾病治疗积累了丰富经验。已成功治愈不孕不育患者数千余例。擅长诊治因输卵管不通、子宫腺肌症、多囊卵巢综合症、子宫内膜异位症等引起的女性不孕,同时对治疗卵巢早衰、闭经、月经不调、附件炎也有丰富经验。

医院地址:江苏省吴江市松陵镇公园路169号

吴江市第二人民医院

是一所具有专科特色的综合性医院,是卫生部国际紧急救援中心认定的急救医院;是苏州市白求恩杯竞赛先进单位,吴江市文明单位。医院位于吴江市的中心城镇平望镇境内,东临上海、北靠苏州、西接湖州、南达嘉兴、杭州,318国道和205省道在境内交汇,交通十分便捷。

该院的前身是1970年6月28日成立的吴江县血防治疗组,1972年6月成立平望地区医院,1984年12月30日更名为吴江县第二人民医院,1992年5月4日随吴江县撤县建市改名为吴江市第二人民医院。2005年7月13日,根据吴江市委、市政府及市卫生局的统一部署,原吴江市中医院与原吴江市第二人民医院整体合并,成立新吴江市中医医院、新吴江市第二人民医院。2006年3月20日,正式挂牌为吴江市惠民医院。2009年7月2日被确认为二级甲等中医医院。

该院是卫生部国际紧急救援中心认定的急救医院;是一所具有专科特色的二级甲等中医医院;是南京中医药大学教学医院,吴江市红十字中医医院,江苏省唯一一家县级惠民医,苏州市白求恩杯竞赛先进单位,吴江市文明单位。

医院现有职工409人,卫技人员336人,高级职称人员30人。医院开放病床270张,目前医院有内科、外科、妇产科、骨科、脑外科、儿科、皮肤科、五官科、眼科、口腔科、中西医结合内科、痔瘘科等临床科室12个,放射、CT、B超、检验、病理等医技科室7个,中西药房及中西药制剂室各一处;其中,痔瘘科为苏州市重点中医专科、骨科为吴江市重点专科、皮肤科为吴江市特色专科。具有自制药品38个品种。年门诊量为25万余人次,出院12500多人次。医疗专业队伍有较强技术力量和科研开发能力,近年来共完成科研项目五项,分别获得了苏州市和吴江市种类科技进步奖8项,2005年另有8个科研项目已进入立项申报阶段;2005年医务人员在国家级、省级、市级各类期刊上发表论文38篇。

医院现有固定资产6000多万元,占地19085平方米,其中医疗区占地11411平方米;医院建筑面积26410平方米,其中医疗业务用房17227平方米。诊断和治疗设备齐全,拥有美国GE公司的多层螺旋CT机;荷兰非利浦公司的"飞凡""超凡"彩色B超机,西门子G50,GEVOLUSONE8顶级彩色多普勒超声诊断仪;日本岛津CL—8000型全自动血液生化仪等百万元以上设备3台,五十万元以上设备5台,十万元以上设备26台。

总投资3000多万元的十二层的门诊、住院综合楼,总建筑面积约13300平方米,门诊大厅有600平方米,住院楼内设施比较先进和齐全。在建的急诊综合楼(计划投资1200多万元,建筑面积4500多平方米)与住院楼紧密连接,使医院的医疗服务区全部贯通,从门诊、到医技、到病房,所有医疗活动都在室内进行,方便了病人的就诊流程。

吴江市中医院

位于吴江市的中心城镇平望镇境内,东临上海、北靠苏州、西接湖州、南达嘉兴、杭州,318 国道和 227 省道在境内交汇,交通十分便捷。

该院的前身是 1970 年 6 月 28 日成立的吴江县血防治疗组,1972 年 6 月成立平望地区医院,1984 年 12 月 30 日更名为吴江县第二人民医院,1992 年 5 月 4 日随吴江县撤县建市改名为吴江市第二人民医院。2005 年 7 月 13 日,根据吴江市委、市政府及市卫生局的统一部署,原吴江市中医院与原吴江市第二人民医院整体合并,成立新吴江市中医医院、新吴江市第二人民医院。2006 年 3 月 20 日,正式挂牌为吴江市惠民医院。2009 年 7 月 2 日被确认为二级甲等中医医院。

该院是卫生部国际紧急救援中心认定的急救医院;是一所具有专科特色的二级甲等中医医院;是南京中医药大学教学医院,吴江市红十字中医医院,江苏省唯一一家县级惠民医,苏州市白求恩杯竞赛先进单位,吴江市文明单位。

至 2009 年底,医院在编职工 474 名,技术性临工 18 名,工勤人员 118 名,其中卫技人员 434 名,高级技术职称 38 人,护理人员 196 名

建筑面积 26525m^2;医疗用面积 17282m^2;定编床位 280 张,实际开放床位 372 张。

全院科室设置

内科(三个病区) 大外科
骨科(两个病区) 脑外科
妇科 产科
肛肠科 急诊科
血透中心 中心 ICU
儿科 皮肤科
麻醉科
医技科室
放射 CT B 超 检验
心电 药剂 内镜 病理
苏州市中医重点专科
中西医结合皮肤科
苏州市中医重点专病
肛肠科
吴江市重点科室
骨伤科、中医内科
吴江市特色科室
肾病科、神经外科

江苏省名中医 1 名,苏州市名中医 4 名,吴江市临床医学优秀学科带头人 4 名。

吴江市第三人民医院

始建于 1956 年,于 2001 年定为现名。其前身是由盛泽卫生所改建的盛泽区医院与盛泽联合诊所更名的盛泽联合医院两院合并,并积极拓展为中心卫生院和丝绸职工医院,发展成具有一定规模的二级乙等综合性医院。

医院占地面积 1.3 万平方米,医院目前核定床位 267 张,实际开放床位 330 张;在编职工 442 人,其中卫技人员 397 人;大专以上学历 281 人;具有高级技术职称 31 人、中级技术职称 119 人,医技力量较为雄厚。同时建立了预防保健公共卫生服务中心、社区卫生服务中心和 3 个社区卫生服务站,承担了整个盛泽及周边地区全方位的医疗、预防、保健等服务。

医院拥有一批先进的医疗设备,包括西门子螺旋 CT 机、德国阿克发 CR 机、C 臂 X 线机、日本岛津悬吊式 X 线机、西门子彩超、东芝彩超、日立 7600 全自动生化分析仪、全自动血凝仪、日本光电五分类血球计数仪、美国罗氏电化学发光免疫仪、动态心电压分析仪、奥林巴斯电子胃镜、肠镜、德国爱克曼电子腹腔镜、宫腔镜、膀胱前列腺气化镜、伽俐略呼吸机、西门子呼吸机、佳乐等离子体双极内窥镜、B 超—X 线双定位碎石机,电子阴道镜、纤维鼻咽喉镜、中药煎药包装机等。

南 通 市

南通市第二人民医院

位于港闸区通扬河畔、中国近代工业发源地——唐闸,建院于 1958 年 5 月,前身为南通市工人医院,现已发展为一所集医疗、保健、教学、科研、预防为一体的二级甲等市级综合性医院,现为南通大学教学医院,南通惠民医疗定点医院,南通无红包医院。医院科室设置齐全,医疗设备先进,拥有一批技术专业,素质过硬的医疗队伍。全院干部职工坚持一切以病人为中心,全心全意为人民群众提供优质服务。近年来,医院先后获得“南通市十佳医院”、“南通市文明单位”、“南通市抗震救灾先进单位”等荣誉称号。

南通市第二人民医院是一所集医疗、保健、教学、科研、预防为一体的二级甲等综合性医院,现为南通大学医学院教学医院,南通市“十佳医院”,南通市、通州市职工医疗保险定点医院,国家级爱婴医院。医院开放床位 360 张,职工 487 人,其中主任医师 15 名,副主任医师 33 名,具有中级职称 141 人。医院年门诊量近 15 万人次,出入院 6000 人次。

医院医疗设备先进齐全、医院环境清新优雅、住院条件舒适安静、服务质量高效一流。院内布局合理,开设八个病区、二十二个临床二级专科及洁净手术室、产房、ICU、CCU 等。医院拥有一批先进水平的大中型医疗设备,如螺旋 CT、DSA、数字化 X 光摄影机、数字胃肠机、乳腺钼钯机、彩色 B 超、全自动生化分析仪、特种蛋白分析仪、化学发光仪、血气分析仪、各种纤维内窥镜、腹腔镜、椎间盘镜、胆道镜、膀胱镜、血透机、呼吸机、全能麻醉机、高压氧舱等现代化诊断治疗设备。病区内装备有中央空调、中央吸引、中央监护,每间病室均设有独立卫生间、闭路电视、外线电话及壁橱家具等标准设施,院内四季绿树成荫、鲜花盛开、喷泉假山错落有致。同时,医院为塑造服务品牌,首家推行了“医疗服务满意工程”,真正实现医院环境“园林化”、病房“宾馆化”、设施“现代化”、服务“人性化”。

科室简介:医院开设有南通市脑血管病康复中心、乳腺病诊治中心、椎间盘镜诊疗中心,与南京鼓楼医院合作开展心脏病诊治中心,与英国皇家矫形外科协会合作成立科灵国际骨关节病及人工关节置换中心,并与江苏省肿瘤医院建立长期技术协作关系。同时,医院积极对外拓展,先后与周边乡镇 30

多家基层卫生院建立业务合作。

医院注重引进和开展先进技术,努力加强专科建设,形成众多独具特色的医疗技术,如:苏北地区首家开展椎间盘镜微创手术治疗腰椎间盘突出,乳腺外科乳腺癌的早期检查和系列治疗,神经内科在全市唯一开展脑中风的早期康复治疗,心内科开展冠脉造影、支架植入、射频消融等介入技术治疗冠心病及心律失常,妇产科的热球仪微创治疗子宫出血,普外科的腹腔镜、胆道镜不开刀治疗胆结石,呼吸内科过敏性哮喘的过敏源检测和脱敏治疗,消化内科的食管曲张静脉套扎治疗上消化道大出血、食道球囊扩张支架治疗食道良性狭窄,肿瘤科开展的介入治疗、微波热疗,肾内科中西医结合治疗各种难治性肾病并开展血液透析治疗,儿科的中西医结合治疗小儿厌食、小儿哮喘、小儿腹泻,皮肤科采用中西医结合治疗老烂腿等。

在市内较有影响的专科有:市级重点专科—骨科,乳腺外科、神经内科、心内科、肾内科、消化内科、普外科、脑外科、儿科和市级重点建设专科—口腔科。

医院走"科技兴院之路",大力开展科研,教学活动。每年开展的新技术、新项目、新疗法近30项,科研项目3－5项,在各级各类杂志上公开发表或在学术会议上交流论文80篇左右。近两年,医院有一批科研项目、新技术项目获省、市、局科技奖,其中获省厅科技一等奖1项,新技术引进奖1项,市科技进步奖5项,局新科技奖8项,医院现有南通大学医学院兼职教授、讲师38名,每年接收各类医学院校实习生、基层医院进修生近百名,良好的教学环境和较高的教学水平赢得了广大医学院校,实习进修生的广泛赞誉。

南通市港口医院

始建于1985年2月,医疗辐射面达南通市、郊区及地县(市)。

1995年8月8日,港口医院顺利通过了二级医院的评审验收,成为南通市区唯一的一家二级综合性医院。

1997年4月,港口医院被正式指定为南通市区医保定点医院和中保南通市人寿保险定点医院。

以精湛的医术让病人放心,用周到的服务让病人满意,南通港口医院忠实地履行关爱生命、呵护健康的崇高天职,

南通港口医院的专科特色,承载起病人放飞于蔚蓝天空的希冀。

南通港口医院以病人为中心的服务理念,将灿烂的阳光播撒进轮回着的四季。

南通市肺科医院

原名南通市结核病防治院,始建于1972年,是苏北地区唯一的一家诊治呼吸系统疾病的市属二级专科医院,2003年5月8日因非典防治工作需要整体搬迁至南通市城港路31号(原芦泾中学所在地)。医院拥有占地面积44.33亩,建筑面积8747平方米,地理条件优越,交通便利,发展空间广,医院现有床位150张,在职职工123人,其中技术人员96人。高中级职称40余人。医院经过三十余年的探索实践,刻苦努力和不断积累,在呼吸系统疾病痧治方面取得了重大成就,对慢支、肺气肿、哮喘、肺心病、肺部肿瘤等呼吸系统常见病的诊治具有丰富的临床经验,对结核病尤其是难治性肺结核的诊治有独到之处。开展纤维支气管镜检查近20年,诊断治疗病例2000余,在市内率先开展了经纤支镜肺活检术,为肺部疑难杂症的诊断提供了重要手段;开展了经纤支镜微波治疗支气管内膜结核、支气管肿瘤,以及采用双套管保护性毛刷经纤支镜下呼吸道取样培养,大大提高了鉴定下呼吸道感染致病菌的准确率。近几年医院加强了结核病的基础研究,并在结核菌耐药基因研究方面取得了瞩目成绩。

医院确定"以病人为中心"的服务宗旨,弘扬救死扶伤的人道主义精神,以高尚的医德,精湛的医术和低廉的收费标准,热忱为广大病员提供优质的服务。

2008年,为配合南通市北翼新城及火车站站前区的建设及发展,经市政府研究决定,将南通市肺科医院整体迁建并以此为基础组建南通市第六人民医院。

拥有进口全身CT机、日立大型X光机、自动洗片机、纤维支气管镜、进口结核菌快速培养仪(能在一周内发现是否有结核菌生长)、有创和无创呼吸机、肺功能仪、心理监护仪等门类齐全,能满足呼吸系统疾病早诊早治需要的医疗设备。

地址:南通市城港路31号(原芦泾中学所在地)

南通市通济医院

该院是一所集医疗、教学、科研、防治于一体的全民所有制医院,坐落于南通港闸经济开发区城港路37号。

预防、康复、咨询、培训等工作,是苏北地区最具权威的专业防治神经精神心理疾患的省重点专科医院、省政府指定的南通地区唯一进行精神司法鉴定的医院、唯一开展自愿戒毒的医院及南通大学教学医院。

近年来,为满足人民群众的就医需求,医院在原有精神专科基础上,逐步开设综合医学学科,不断加大综合人才的培养与引进力度。医院现设有精神科、心身科、心理卫生专科、戒毒专科、神经内科、内科、外科、骨科、妇产科、儿科、五官科、口腔科、皮肤科、中医理疗科等临床科室,还设有南通市心理咨询中心、南通市精神司法鉴定所、南通市美沙酮药物维持治疗门诊等科室。

医院现有床位350张,职工381人,专业技术人员281人,其中高级专业技术职称64人,中级专业技术职称100多人。2008年,全年门急诊12万多人次,出院病人4000多人次。医院拥有高档进口CT、彩超、全自动生化分析仪、电子胃镜、肠镜、电子纤维鼻咽喉镜、手术显微镜、进口麻醉机、心肺复苏机、动态脑电图仪、脑功能治疗仪、脑电仿生电刺激仪、多参数心电监护仪等临床检查、治疗设备30多台。

作为教学医院,承担南通大学医学院、杏林学院及南通体臣卫校等院校的精神医学理论和临床护理教学、临床带教,福州大学、北京林业大学、南京中医药大学、苏州大学等学院的应用心理学专业实习带教任务,同时承担南通大学心理专业研究生带教及南通大学的国家心理咨询师执业资格培训任务。定期主持召开南通市精神医学学术年会。医院重视科研技术的开发和利用,积极营造良好的学术氛围,每年有40多篇学术

论文在省级以上专业期刊上发表,50余篇参加学术会议交流,发表100多篇专业科普文章。

南通市口腔医院

位于南通市人民中路－号毗邻国家AAAA级风景名胜区濠河,是南通地区诊治口腔内外各种疾病及颌面美容的唯一的口腔专科医院。

南通市口腔医院拥有德国卡瓦锥形束口腔CT芬兰进口IMAGING&#;&#;－OPD牙科曲面断层全景X光机和美国Schick(思科)数字化牙科X光成像系统日本进口WinCeph。正畸头影测量分析与图像数据管理系统蔡司口腔手术显微镜进口种植机进口牙片机进口超声波洁牙机微波根管治疗仪等先进设备各诊疗室内均按卫生部院内感染管理的要求配备循环风动态空气消毒机在全市率先实行“一人一机一盘一充填器”彻底杜绝了口腔诊疗中的医源性感染

南通市口腔医院重视重点专科建设特色专科建设以重点专科特色专科建设的快速发展带动医院整体水平提高年我院口腔正畸科口腔种植中心和牙周病科正在积极申报南通市重点专科和南通市特色专科医院在注重临床工作的同时加大科研管理科研工作发展迅猛近三年医院共有项市级课题立项其中项获得南通市人民政府颁发的“南通市科学技术进步二等奖”年又有多项课题申报了南通市优秀新技术引进奖。

通州区人民医院

始建于1950年8月,是通州区医疗、医学教学、医学科研和预防保健的中心,承担着全区和周边地区140多万人口的医疗保健任务,年门急诊病人22万余人次,年收治住院病人1.8万人次。1994年成为南通大学医学院教学医院,1996年被卫生部授予国家级“爱婴医院”称号,2006年12月成为南京医科大学教学医院,与加拿大魁北克拉瓦大学医学院合作,成立通州人民医院国际肿瘤会诊与治疗中心。

医院现有在岗人员610人,其中卫技人员520人,含高级职称65人、中级职称280人。一批中青年专业技术骨干突颖而出,3人次被列为南通市学科带头人培养对象,28人次被评为南通市、通州中青年专业技术拔尖人才。

医院拥有固定资产10200万元,占地面积42.04亩,建筑面积39800平方米,实际开放床位528张,设有18个临床医技科室、14个病区。内科已形成分泌、心血管、血液、神经、呼吸、消化等6个二级专科;外科已形成骨科、脑外科、胸外科、普外科、泌尿外科等5个二级专科。“120”急救中心提供24小时服务。建筑面积19100平方米的16层病房大楼集中央空调、中心供氧、中心负压及中心传呼为一体。卫、浴设施齐全,为广大病员提供了舒适的住院环境。

医院能全面开展二级医院必备的诊疗项目和三级医院的项目。拥有螺旋CT、彩色多普勒、C臂数字减影X光机、移动式C臂X线机、CR、数字胃肠机、全自动生化分析仪、全自动酶免仪、微生物鉴定药敏测试系统、化学发光分析仪、高强度聚焦超声刀等性能优良的仪器设备,建立了完善的医院信息管理系统。此外,直线加速器、MRI在洽谈中,高压氧仓、碎石中心也在筹建。在通州率先开展了血液透析技术、全髋关节置换、心脏起搏器安装、胃肠内镜检查等技术,其中腹腔镜微创技术、前列腺汽化、鼻窦内窥镜等多项技术在南通地区处于领先水平。近三年来,全院共开展科研立项20项,开展新技术、新项目75项。骨科被列入南通市级别重点专科;眼科被列入南通市重点建设专科;神经外科、神经内科、耳鼻咽喉科、泌尿外科、心血管内科、肿瘤科、麻醉科被列入通州市重点专科。

“十一五”期间,医院投资1.6亿元用于医院改扩建,按照800张床位、日门诊1000人次的规模设计。一期工程建造36000平方米的现代化门诊医技楼和肿瘤中心。二期工程为第二幢病房大楼和综合中心楼。

地址:南通市通州市建设路115号

通州区中医院

始建于五十年代末。历经几代人的艰苦创业,现已发展成为一所环境优美、设施配套、功能齐全、融现代医学与传统医学为一体的综合性中医院。先后获得了“全国示范中医院”、“爱婴医院”、“省文明医院”、“南通市十佳医院”,“南通市文明单位”等数十个荣誉称号。医院占地55亩,总建筑面积1.86万平方米,其中业务用房14760平方米。工作人员421人,其中各类专业技术人员978人,中高级以上职称196人。医院设8个病区,300张病床,拥有螺旋CT、CR、彩超、电子胃肠镜、腹腔镜、数字胃肠机、全自动生化分析仪、放免检测仪等一系列现代化诊疗仪器,提高了中西医诊断的现代化水平。

医院始终坚持中医特色的办院方向,走中西医并重的道路,坚持以病人为中心,以质量为核心,培养和引进了一大批中医、西医、中西医结合的学科带头人,开展的新技术新项目数次在市级以上获奖,一个结构合理、优势互补的人才梯队已经形成。医院门诊设有急诊科、内、外、妇、儿、针灸、骨伤、推拿、肛肠、皮肤、耳鼻喉、眼、口腔、等14个临床一级科室,8个专科,29个专病门诊,常年开设名老医师专家门诊。内科能以中医中药为主,中西医结合的方法,治疗各系统常见病、多发病和疑难杂症;二级分科如心血管、消化、脑血管、肾病、肿瘤、肝病等均有一批在市内外享有一定声誉的高、中级职称的医师。肿瘤科率先在全市开展了介入化疗治疗肝癌、肺癌、胃癌等恶性肿瘤,糖尿病专科已在市内外形成较大影响。外科开展了各种术式的腹腔镜、盆腔内肿瘤清扫、舌癌根治、肾囊肿、肾肿瘤、胃癌、直肠癌、膀胱癌切除等手术。骨伤科是南通市重点专科,能治疗各种骨折、颈椎病、肩周炎、腰腿痛、类风湿性关节炎等;独立开展椎弓根钉手术、四肢骨折交锁髓内钉内固定术;98年在全市率先成功地开展了断掌再植、美国进口全髋全膝关节置换术、人工肱骨头置换术。皮肤科运用单方、验方治疗各种皮肤病及疔疮、带状疱疹,在群众中享有较高声誉。针灸科应用冬病夏治、贴敷治疗气管炎,运用电针、激光针、小针刀治疗各种关节痛、中风后遗症、针刺治疗近视、经络排石均有很好的疗效。儿科采用中西医结合的方法治疗常见病、多发病和危急重症,开展的儿童哮喘专科采用GINA方案规范化治疗儿童哮喘,目前有固定会员800余名,在通州及周边地区有较大影响,深受患儿及其家长的欢迎。妇产科开展了盆腔清扫、剖宫产、子宫肌瘤摘除等手术。总投入近200万元的中医院ICU重症

监护治疗室自成立以来屡创奇迹,它以先进的医疗救治设备、高素质的专业医护人员,代表着医院救治危重病人的医疗水平又上了一个新的台阶,彰显着医院非凡的医疗实力。急诊科内、外、妇、儿、骨伤科 24 小时应诊,开通“86109995”的急救电话与 110 联动,三辆专用救护车 24 小时备用。

海门市人民医院

始创于 1949 年,集医疗、教学、科研、急救、预防保健、康复于一体,担负着全市 103 万人民的防病治病任务。在各级政府和主管局的关心支持下,经几代医务工作者的共同努力,现已建设成全市技术力量最雄厚、设施设备最齐全、服务质量上乘的二级甲等综合性医院、国家爱婴医院、全国骨伤外科学术研究会理事医院。

医院占地 4.5 万平方米,建筑面积 4.8 万平方米。在职职工 931 人,其中卫技人员 800 人,高级职称 112 人,中级职称 285 人。实际开放床位 650 张,年门诊量 33 万多人次,年收治病人 2.2 万多人次。医院科室专业设置齐全,设有 36 个临床医技科室、23 个专科、20 个病区。院内设有全市的急诊急救中心、临床检验质控中心、南通血站海门分站。

医院坚持“科教兴院”的战略方针,引进了国际先进的十六排高分辨环保型螺旋 CT、全自动生化分析仪、多功能数字减影胃肠机、奥林巴斯电子胃肠镜、钬激光治疗系统、C 臂机、生命指标监护仪、呼吸机、血凝仪、血透机等现代化仪器设备百余件,年开展新技术、新项目 30 多项。院内学术氛围浓郁,人才梯队合理,泌尿外科其诊疗水平在南通地区居领先水平。消化内科在上消化道出血、重症胰腺炎等治疗方面,诊治水平居同级医院的前列,心血管内科自 80 年代初就在南通地区较早开展了临时、永久起搏治疗,心血管介入射频消融技术在全省同级医院中处于领先水平。骨科、普外科、妇产科、神经内科、五官科等均为市重点专科,技术力量在全市及周边地区居领先水平。微创外科、医学美容科、皮肤性病科、镇痛科等专科,推出了各项特色医疗服务项目,较好地满足了广大病员的需求。

科室设置

普外科　普内科　眼科　口腔科　妇产科
泌尿外科　儿科　耳鼻喉科　肛肠科　皮肤科
镇痛科　中医科　胸外科　骨科　心内科
肾内科　感染科　神经外科　神经内科　消化内科
呼吸内科　血液内科　康复理疗

科室介绍

普外科技术力量雄厚,拥有主任医师 3 名,副主任医师 5 名,设二个病区(八、九病区),82 张床位。主要收治普外范围内常见病、多发疾病,以及疑难、复杂、危重、罕见疾病。其中包括:颈部肿块、甲状腺疾病、乳房良恶性肿瘤、胃肠道及直肠肛门的各种病变、胆囊胆管结石及其他病变、肝癌、肝囊肿、肝血管瘤、胰腺疾病、门脉高压症、脾肿大、脾亢、疝气、下肢静脉曲张、各种体表肿瘤、软组织肿瘤等。

特色专业技术:开展原发性肝癌的手术切除、B 超或 CT 引导下注射乙醇治疗肝癌、肝囊肿和肝脓肿的抽吸治疗、胃肠道手术各种吻合器械的应用、直肠癌低位保肛手术、甲状腺肿瘤的手术治疗等。腹腔镜下能完成胆囊切除、疝修补术、兰尾切除、肝囊肿切除微创手术,腹腔镜手术创伤小,病人无痛苦,术后恢复快。专科已成功地为 15 个月幼儿行腹腔镜兰尾切除术,创造了全国微伤外科手术年龄最小先例。全体医务人员将竭诚为广大患者朋友提供一流的医疗保健服务。

眼科创建于五十年代初,半个多世纪以来,经过几代人的努力,已成为本地区防盲治盲及各类眼病诊治的中心所在。技术力量雄厚。有主任医师一名,副主任医师二名,拥有进口超声乳化白内障治疗仪、海门市人民医院

进口显微手术镜及裂隙灯、验光仪器常规检查设备。常年开展显微镜下白内障摘除人工晶体植入手术、青光眼手术、视网膜脱离复位术、球内异物摘除术、眼部外伤修复手术、泪小管断裂吻合术、斜视弱视、上睑下垂矫治术、眼部整形美容手术、面部肿瘤摘除术、角膜干细胞移植治疗眼表疾病及羊膜移植治疗复发性胬肉等新项目和复杂的验光配镜。

口腔科创建于五十年代,是本地区口腔医疗中心,科室技术力量雄厚,有副主任医师一名,主治医师四名,住院医师五名,设备先进,环境舒适。拥有全电脑牙科综合治疗机十二台,光固化治疗机二台,喷砂洁牙机一台,微波综合治疗仪一台,常年开展拔牙、补牙、镶牙、矫正畸牙业务以及口腔颌面外科手术。如腮腺混合瘤摘除术加面神经解剖术。颌下腺、舌下腺囊肿摘除术、及面神经解剖术、颌骨囊肿摘除术、唇裂、腭裂整复术、上下颌骨骨折开放复位结扎固定术、面部血管瘤、肿瘤摘除术、面部整形美容术、唇癌、舌癌、颊癌切除术等。

产科建科已有五十多年,为全市创办最早的产科病区,专科技术实力雄厚,有多名资深专家和一支业务精湛的医护队伍,承担着本市及周边地区妇女孕期保健宣教、产后诊视等工作,除处理正常生产外,在诊治妊娠合并症、并发症等高危妊娠方面有独到之处,在治疗产后大出血、产科 DIC、产褥感染、新生儿窒息的抢救、早产儿的救治等工作有着丰富的实践经验。

泌尿专科 1995 年列为南通市首批重点学术专科。目前有主任医师二名,副主任医师二名,梯队结构合理。专科配备全自动跟踪双定位碎石机、日本 Olympus 膀胱镜、电切镜、进口射频治疗仪、钬激光治疗仪、美国顺康汽化治疗设备及男性性功能监测仪及康复治疗仪等先进仪器设备。常规开展体外冲击波碎石及腔内钬激光碎石,膀胱镜、B 超、放射的介入诊断治疗及肾、膀胱肿瘤、前列腺增生等常规手术和男子性功能康复治疗,在本地区率先开展原位低温肾剖开取石成形术,经尿道纯酒清注射治疗膀胱肿瘤、前列腺增生、尿道下裂成形、精索静脉曲张转流、脾肾静脉分流等复杂手术和显微外科手术。在南通地区率先开展前列腺射频热疗、经尿道电切治疗及 Nd—YAG 激光治疗等项目,疗效明显,其中经尿道前列腺电汽化切除手术,已成功开展 700 多例,在南通地区居领先水平。专科近几年来获国家专利二项,先后获南通市、海门市级科技成果奖项十余项。

耳鼻喉科专科技术力量雄厚,仪器设备精良,对专科常见病:慢性鼻炎、鼻窦炎、咽炎、扁桃体炎、中耳炎等有丰富的诊疗经验。常年开展扁桃体摘除术、增殖体刮除术、鼻息肉摘除术、鼻侧切开鼻上颌窦肿瘤摘除、上颌骨截除术、支撑喉镜下声带息肉摘除术、喉癌切除的各类手术、乳突根治术、显微镜下鼓室

成形术、食道异物及气管异物取出术等项目。

儿科是海门市唯一的儿科专科，承担着全市儿童的医疗保健任务。专科技术力量雄厚，现有副主任医师3人，主治医师8人，专业护理人员9人。科室拥有心脏遥测监护仪、PAR1BOY雾化吸入仪、氧雾化吸入仪、电脑微量注射汞、掌式血氧饱和度仪、早产儿暖箱、光疗箱经皮黄疸测定仪等先进设备。对重症肺炎、重症脑炎、心力衰竭、心律失常、惊厥持续状态、哮喘持续状态、感染性休克及新生儿窒息、颅内出血、缺血缺氧脑病、羊水吸入等危重病人抢救有丰富的临床经验。专科对婴幼儿哮喘采用雾化、氧雾化吸入治疗，具有疗效好，疗效快等特点，其治疗方案已与国际接轨，避免了静注用药。儿保门诊在南通地区较早开展了儿童智力测试。护理组采用外周静脉留置针，减轻了小儿反复静脉穿刺痛苦。

呼吸内科是为全市唯一的呼吸专业学科组，科室配备日本先进纤维支气管镜、呼吸机、肺功能仪、心电监护仪、氧脉仪、德国进口雾化器等先进设备，专业技术力量雄厚，有呼吸内科主任医师一名，副主任医师二名，在治疗呼吸系统疾病（如支气管哮喘、慢性支气管炎、支气管扩张症、肺炎、肺脓肿等）方面有独到之处，在抢救呼吸系统的重症病人方面，具有丰富的临床经验。

消化内科是南通市首批重点建设专科，技术力量雄厚，有主任医师1名，副主任医师4名。专科拥有日本进口的电子胃、结肠镜、十二指肠镜、微波治疗仪、食道扩张仪、高频电凝电切等。在上消化道出血、重症胰腺炎、炎症性肠病、肝胆疾病治疗及腹部肿瘤介入治疗方面，诊治水平居同级医院的前列，其治疗方案与上海等大医院同步。

医院地址：南通市海门市海门镇人民西路28号。

海门市中医院

医院拥有彩超、螺旋CT、日本潘太克斯电子胃肠镜、日立7060全自动生化分析仪、Esy1－V体外冲击波碎石机（电磁式）、史赛克电视腹腔镜、宫腔镜、遥控心电监护仪、24小时动态心电记录仪、PCR基因扩增仪、进口五分类血球计数仪、血凝仪、r－计数仪、免疫发光仪、血液透析仪、美国全自动酶免分析仪、日本全自动尿沉渣分析仪、ICU病房、外线乳腺诊断仪、三维电脑牵引床、多功能麻醉监护仪及500mA遥控电视X光机及断层摄片机、CR、C臂X光机、外科新增美国康美氩气刀、日本奥林巴斯胆道镜、肿瘤系列大型治疗设备（体内r刀、温热介入治疗机、射频机）等先进医疗仪器，医院制剂室等能生产30多种中医专家研制的疗效独特的中药制剂。

该院是一所具有中医特色的中西医结合的综合性医院，医院占地面积21500平方米，建筑面积27000平方米，固定资产3000万元，各种医疗设备1500多万元，设有病区10个，病床300张，拥有高、中、初各类卫技人员346人。

启东市人民医院

位于启东市城区江海路、民乐路交汇处，是一所集医疗、教学、科研、预防、急救为一体的综合性二级甲等医院，医院始建于1949年，占地面积23100平方米，净资产达9700万元。拥有在编职工618人，医院科室设置较为完善，拥有临床一级科室12个，临床二级专业组20个，医技科室10个。

启东市人民医院是国家级爱婴医院，南通医学院和上海第二军医大学南京军医学院教学医院，启东市医保定点医院。医院始建于1949年，经过半个多世纪的风雨历程，艰苦求索，医院不断发展扩大。现医院占地面积23100平方米，净资产达9700万元。拥有在编职工618人，其中卫技人员500人，中高级卫生技术人员184人，实际开放530张。医院科室设置较为完善，拥有临床一级科室12个，临床二级专业组20个，医技科室10个。医院还设有专家顾问委员会和老专家门诊，开设了近30个专科、专家、专病门诊，成立了启东市120急救中心、启东市白内障复明中心，医院根据临床学科建设和发展需要，组建了ICU、CCU、血透中心、肿瘤治疗中心、内窥镜治疗中心、糖尿病诊疗中心、高血压治疗中心、性病治疗中心、医疗会诊中心、血液病实验室、以满足不同患者的诊疗需求。年门诊量近19万余人次，收住病人12000余人次，住院手术台次4600余台，抢救重危病人700余人次，抢救成功率84.1%，为启东市三个文明建设提供了有力的保障。

先进设备医院拥有腹腔镜、胆道镜、前列腺汽化仪、电子胃镜、电子肠镜、纤支镜、喉镜、鼻窦镜、手术纤维镜、超声乳化仪、高频电刀、呼吸机、麻醉机、多功能监护仪、螺旋CT、全数字化多功能X光机、GE500彩超、全自动生化仪、放免仪、病理图像分析仪、高压氧舱、血透仪等大中型现代化先进设备100多台件，给医院带来了“品牌”效应，有力地促进了新技术开发、人才培养和学科建设。

科室设置

普内科 呼吸内科 神经内科 消化内科 心血管内科
骨科 肾内科 胸外科 脑外科 泌尿外科
男性外科 普外科 妇产科 中医科 眼科
儿科 耳鼻喉科 口腔科 烧伤整形外科 针灸理疗科

主要成果：医院还致力于人才培养和医护人员业务技术的学习与更新，狠抓业务技术建设和医疗质量管理，打造技术品牌。各学科在完成二级甲等医院必备技术项目和重点专业技术项目的同时，瞄准国内外前沿技术，依靠科技创新，积极开展交锁髓内外内固定术、脑实质肿瘤清除术、腹腔镜下外科、妇科部分疾病手术、新式剖腹产术、气囊助产术、横切口子宫切除术、超声乳化治疗白内障、烤瓷镶牙、临时或永久心脏起搏器安装术、颅内血肿微创清除术、规范性恶性肿瘤根治术、肿瘤化疗新方案、介入疗法、各类内窥镜下检查治疗等一批高水准的新技术新项目，成功地救治了一大批疑难危重病人，30多项科研项目还分获国家级、省、市级科研成果奖，使医院的业务水平跃上了新的台阶。

医风医德建设：医院在抓好业务技术建设的同时，十分注重医德医风建设，坚持以病人为中心，先后开展了职业道德建设系列活动和优质服务竞赛活动，实施了社会服务承诺制和一次申告待岗制。特别是开展温馨服务工程以来，全院上下不断进行院内运行机制改革，立足温馨服务，加强软硬件建设。从点滴做起，采取了许多便民举措，把方便与实惠让给病人，细微之处尽显温馨。

启东市中医院

是一所具有中西医结合特色的,集医疗、教育、科研为一体的市级综合性医院、二级甲等医院、国家级爱婴医院、南京中医药大学实习医院、上海中山医院医疗部启东分部、启东市华侨诊疗中心。

医院十分重视科技人才的培养和建设。有高级职称41人,中级职称68人,拥有江苏省有突出贡献中青年专家1人、省"333工程"培养对象1人、南通市科技专业技术拔尖人才3人、南通市新世纪科学技术带头人培养对象2人、南通市名中医2人。科室设置较为完善,设有临床一级科室15个:急诊科、内科、中医科、外科、骨伤科、妇产科、儿科、眼科、耳鼻咽喉科、口腔科、皮肤科、针灸科、推拿科、肛肠科、麻醉科。设有7个中心和重症监护病房:华侨医疗中心、内窥镜诊疗中心、无张力疝修补中心、腰椎间盘突出症治疗中心、眼科中心、血液净化中心、碎石中心、ICU。临床二级专业组21个:内科分设心血管、神经、消化、肾脏内分泌、呼吸、血液、肿瘤专业组;外科分设骨科、普外、胸外、脑外、泌尿、烧伤整形、肿瘤专业组;中医科分设中医内科、中医妇科、中医外科、肝胆病、脾胃病专业组;妇产科分设产科、妇科专业组。业务一级科室7个:检验科、放射科(分设普放室、CT室、磁共振)、病理科、功能科(分设超声室、心电图室、脑电图室、经颅多普勒室、碎石排石室、高压氧舱室)、药剂科(分设制剂室、门诊西药房、病区西药房、中药房、成药房、中药库、西药库、成药库)、手术室、供应室。中西医结合专病门诊12个:慢性肝炎、结石病、慢性肾炎、不孕症、咳喘、声带小结、溃疡性肝炎、银屑病、颈椎病、前列腺病、腰椎间盘突出症、疑难杂症。耳鼻咽喉科是南通市重点专科。中医科、肛肠科、皮肤科、针灸推拿科、骨伤科等特色专科,在社会上有着广泛的影响力,多年来受到了众多患者的青睐。

医院安装了中心供氧、中心吸引系统。除配齐一般的诊疗设备外,还拥有永磁型磁共振机、德国西门子全身螺旋CT机、美国通用公司彩超、日立全自动生化仪,意大利原装进口1000毫安多功能数字化X光机(DSA)、费森尤斯4008S和瑞典金宝AK95S多功能血透仪、血气分析仪、国内最新型的体外冲击波碎石机、全自动呼吸机、爱克发CR摄片机、心电监护仪、心电工作站、心脏除颤起搏仪、运动平板仪、电子胃镜、电子肠镜、腹腔镜、前列腺汽化仪、血凝仪、脑电地形图、经颅彩色多普勒、膀胱镜、电测听、电子喉镜、鼻窦镜、多功能麻醉机、C臂机、三维电脑多功能牵引床、手术显微镜、全自动超声乳化仪、眼科A/B超、眼底荧光造影机、白癜风治疗仪等大中型医疗设备。

现有省、市立项科研课题10多项。其中已获得省厅科技进步二等奖5项,南通市科技进步三等奖4项。在省级以上学术刊物发表论文220篇。

医院近年来先后获得江苏省最佳满意综合性医院、江苏省医疗卫生标兵示范医院、省中医药宣传工作先进单位、南通市文明单位、南通市文明诚信窗口单位、南通市优抚医疗先进单位、启东市文明单位。

如东县人民医院

经过60多年的艰苦创业,已建设成为如东境内规模最大、功能最全,融医疗、急救、科研、教学、预防、康复于一体的二级甲等综合性医院,分别为南通大学、江苏建康职业学院教学医院、上海市第十人民医院协作医院。

开放病床600张,年门急诊号次30多万人次,年出院人数超2.2万。现有在职职工735人,其中高级技术职称91人、中级职称243人,医学硕士15人,在读博士1人。医院设有32个临床一、二级科室,12个医技科室,15个病区,19个专科门诊,神经外科、肿瘤科为南通市重点建设专科,骨科为南通市重点专科。医院拥有先进的直线加速器、核磁共振、40层螺旋CT、DSA、DR、CR、全自动生化分析仪、五分类细胞分析仪、化学发光免疫分析仪、快速细菌培养药敏仪、彩色多普勒、视频脑电图、电子胃镜、肠镜、支气管镜、胸腔镜、腹腔镜、手术显微镜、关节镜、钬激光、全数字乳腺钼靶机、血液透析机、成套重症监护仪、进口高档呼吸机、麻醉机等高精尖设备。

医院坚持以建设学习型、创新型、标准型、节约型、惠民型医院为目标,全力实施科人才引领,科技驱动、学科整合、可持续发展战略,以等级医院复核评价为抓手,全面加强医院内涵建设,继续深入开展"医疗质量万里行活动"、"优质护理服务示范工程"和"全面改善医疗服务推进医德医风建设专项行动",精心组织实施"三名三创工程。门急诊综合大楼建设项目顺利推进,可望于2011年底交付使用,高度重视医院文化建设,巩固"无红包医院"创建成果,医院三个文明建设取得可喜成绩。先后被评为市文明单位、市第三批廉政文化建设示范点、市"无红包医院"、县文明单位、县党建工作(先导工程)先进集体等

所获荣誉

二级甲等医院
爱婴医院
南通医学院教学医院
江苏职工医科大学教学医院
十佳人民满意服务品牌
年度诚信医院
江苏省五四红旗团委
医院地址:江苏省如东县江海西路2号

如东县中医院

始建于1958年,为全民所有制医疗机构。经过多年的艰苦创业,目前已成为集医疗、教学、科研于一体的综合性中医医院。1995年12月被国家中医药管理局评为"二级甲等中医医院",1996年9月被联合国儿童基金会、世界卫生组织、国家卫生部联合授予"爱婴医院"称号,系江苏省教委核定的"江苏省高校实习基地"。

医院在加强物质文明建设的同时,十分注重社会主义精神文明建设。连续四次蝉联省"文明医院"称号;连续十年被评为市、县"文明单位";曾获"江苏省卫生行风先进集体";被评为南通市"十佳医院"等称号。医院临床科室设置齐全,并开设了17个专科专病门诊。医院在不断提高医疗质量、改善服务态度的同时,也十分注重保护环境、防治污染的意识。在中、长期规化中,制定了一整套高标准的绿化方案及排污措施,

以园林化医院为目标，给每一位踏进“中医院”门的人以身心舒畅、心旷神怡之感。

医院设备：先后添置了日本产全身螺旋CT、美国产彩色多普勒超声诊断系统、日本产全自动生化分析仪、日本产B超、日本产纤维胃镜、德国产全自动血球计数仪、日本产超激光疼痛治疗仪、前列腺热射频治疗仪、高档手术显微镜、遥控电视X射线机、高压氧舱等大中型医疗仪器设备。

医院地址：南通市如东县掘港镇江海中路74号。

如皋市中医院

始建于1975年，历经三十多年创业历程，现已成为集中医医疗、教学、科研、预防、保健于一体的二级甲等中医院，是南京中医药大学教学医院、南通大学医学院、南通体臣卫校教学基地。

医院现有在编人员335人，其中高级职称42人，中级职称121人，江苏省名中医1人，江苏省名中西医结合专家1人，南通市名中医1人，如皋市名医师8人。医院开放床位350张，开设七个病区。医院科室设置齐全，专科特色明显。设有临床一级科室12个，临床二级科室10个。开设专病专科门诊15个，设有医技科室7个。医院医疗设备先进，拥有万元以上设备150多台(套)。

妇科、肛肠科、消化内科被评为南通市重点中医专科。妇科还被国家中医药管理局确定为农村医疗机构中医特色专科建设单位，业务规模在省内同级中医院名列前茅。中风专科采用颅内血肿微创清除术结合中医康复技术，被确定为卫生部推广项目协作单位。此外，医院的冬病夏治、冬令进补、哮喘病、糖尿病、腰腿痛、乳腺增生、妇科肿瘤、不孕不育症等专科都已形成各自特色。在彰显中医特色的同时，医院注重微创技术的引进与应用，努力打造微创手术品牌。目前微创技术已覆盖全院各手术科室，例如普外的腹腔镜胆囊摘除术、泌尿外科的体外震波碎石、前列腺电切术、气压弹道碎石、妇科宫腔镜、腹腔镜联合应用治疗不孕症、进行肿瘤摘除、眼科白内障超声乳化摘除术、耳鼻喉科的鼻内窥镜技术、骨科的关节镜、消化科电子胃肠镜下微创治疗等等，在如皋处于领先地位。医院先后有6项科研成果获南通市、如皋市科技进步奖，6项技术获南通市优秀新技术项目奖。全院医务人员每年发表学术论文一百多篇。

近几年来，医院发展势头强劲，现有总资产15927万元，净资产6575万元。2009年年初，总投入1.2亿元、建筑面积25000平方米的综合病房大楼落成启用以来，业务总量迅猛增长。

医院先后获得江苏省卫生行风先进集体、江苏省医保定点先进单位、江苏省农村中医工作先进县(市)创建工作先进集体、江苏省医疗机构计量工作先进单位、南通市文明单位、南通市无红包医院、南通市十佳医院、南通市药品质量管理示范单位等荣誉。

医院精神：传承中医文化，共创健康人生

院训：病人至上　爱岗敬业　精益求精　开拓创新

如皋市尘洁医院

地址：如皋市如城镇东门仙鹤路

所在省份：江苏省

所在城市：南通市

所在地区：如皋市

创建时间：1994年

床位数量：150张

年就诊人次：33000人/次

如皋市尘洁医院，是加拿大华裔顾尘洁先生捐资发起兴建，具有专科特色的全民事业性质的市级综合性医院。医院现有床位150张，占地24.52亩，于1994年7月18日开诊。设有内科、外科、妇产科、儿科、中医科、五官科等临床科室和心电图、B超检查、胃肠镜、放射等辅助科室，配备钴-60全身放射治疗机、铱-192后装机、模拟定位机、用于肿瘤的定位放射(照光)治疗。

2004年9月合并如皋市人民医院，并全面委托上海仁济医疗管理有限公司经营管理，从技术到管理全面接轨上海。

海安县人民医院

始建于1950年，已走过半个多世纪的沧桑历程，现已发展成为技术力量雄厚、设备先进、功能齐全、管理一流、花园式的国家三级医院、爱婴医院，南通大学医学院附属海安医院。医院占地面积41000平方米，建筑面积44000平方米，可设床位500张，现在编制床位420张。全年门诊达24万人次，收治住院病人10000人次。医院年业务收入8000万元，医院先后被评为江苏省文明医院、省“十佳”医院、省卫生系统先进集体、全国卫生系统先进集体。

技术力量：医院拥有一支素质较高的专业技术队伍，现有职工663人，其中专业技术人员592人，主任医师23人，副主任医师47人，主治(管)医、药、护、技师256人。近年来，医院先后开展了永久性埋藏式人工起搏器安装、肾移植术、断肢再植术、介入疗法、双髋关节置换术、经前路减压固定融合颈椎手术、二尖瓣闭式分离术、功能性鼻内窥镜、射频消融、冠状动脉造影及架植入、CT定位肺穿刺活检、肝活人等。医院坚持科技兴院，近几年开展科研项目20多项，8项获得省、市科技进步奖。传染科、泌尿外科、耳鼻喉科、心内科、胸外科为南通市重点专科，核医学开展项目在全市处于领先地位。

设备：近几年来，医院先后引进了高科技设备仪器，为检查、诊断、治疗提供服务，如西门子直线加速器、DSA、大型CR、DR、美国产核磁共振、西门子亚秒螺旋CT、日本岛津AX-ZP数字减形X光机、德国拜耳SE全自动化学发光仪、德国COM-Pacl-X全自动血凝仪、五分类血球计数仪、进口彩色多普勒超声诊断仪、进口全自动生化分析仪、血液透析机、震波碎石机、腹腔镜、进口电子胃、肠镜等大型医疗设备。医院HIS系统正在全面升级。14400平方米的综合病房楼，内部配备了中心供氧、中心吸引、中央空调，为病人提供安静、宽敞、明亮、舒适的治疗、康复环境。新建6000平方米医技大楼，设有海安县放射肿瘤治疗中心。新建11000平方米现代化的门诊大楼，内设两部手扶电梯、两部垂直电梯，新建的3800平方米的地下停车场可停118部车辆。正在筹建27666平方米16层外科大楼，总投资1亿元。

宗旨:医院奉行"一切以病人为中心"的服务宗旨,发扬"敬业、严谨、廉洁、文明"的医院精神,全心全意为病人服务,正在争创基本现代化医院。

地址:江苏省海安县城中坝中路17号

海安县中医院

是江苏省首批"二级甲等中医院"。面对宁海中路的门急诊大楼初建于1983年,扩建于1998年,新住院大楼落成于2004年,是一所以中医为主,中西医结合的综合性中医院。

海安县中医院人才济济,有享受国务院特殊津贴的全国老中医药专家,也有省名老中医、市名中医等一批德艺双馨的医药专家。多年不断的投入,现在医疗设备先进、技术力量雄厚。

医院现占地面积21000 ㎡,总建筑面积23000 ㎡,十层病房大楼启用后,开放床位已达249张,年门急诊量10多万人次,收治住院病员6000多人次。现有200多名卫技人员中,全国老中医药专家1名,省名中医4名,市名中医3名,跨世纪学科带头人4名,硕士研究生3名,正高职称9名,副高职称28名,中级职称125名。

经过多年来的投入和引进,医院拥有进口全自动生化分析仪、电子胃肠镜、电子膀胱镜、电子腹腔镜、电子关节镜、彩色B超、500毫安摄片机、西门子CT机、C型臂X光机、单人高压氧舱、呼吸机、心电图、反搏治疗器材等大中型医疗设备。

医院设有内、外、妇、儿、骨伤、推拿、针灸、康复、传染、肛肠、口腔、五官、皮肤、肿瘤、麻醉及急诊等多个临床科室。开设了20多个专科、专病门诊。针灸科、骨伤科为南通市中医重点专科,中西医结合消化内科为市中医重点专科建设单位,甲状腺专病治疗在全国有一定影响,肝病咨询治疗中心,是全国肝病研究协作组在苏北唯一的咨询治疗中心。

1、针灸科

针灸科为南通市重点中医专科,该科以大学本科生和硕士研究生为主体。享受国务院特殊津贴者、全国老中医药专家、原南通针灸学会会长夏治平主任中医师为学科带头人。该科开设了男科疾病专病门诊。采用针灸、小针刀、水针和中药及穴位贴敷技术,在治疗男子不育、性功能障碍、前列腺、颈椎病、肩周炎、网球肘、跟骨骨刺、腰椎间盘突出症、瘫痪、强直性脊柱炎、气管炎等疑难病症方面有显著疗效。数年来,该科承担了多个省市级科研项目,先后编写出版了10余部专著,其中《实用针灸推拿治疗学》畅销港台地区。

2、骨伤科

南通市重点中医专科之一,全科共有医生12名,其中副主任医师4名。科内拥用C型臂X光机、三维牵引机、进口关节镜、膝踝关节康复器等先进设备。该科开设了骨质增生、腰椎间盘突出症,颈椎病及手外科等专科专病门诊。在运用传统手法和中药的基础上,采用手术、中西结合治疗各种骨伤疾病,已能开展髋关节置换、翻修,膝关节置换,胸腰椎钢板植入,微创股骨髁上粉碎性骨折等较高难度手术,其治疗水平居同级中医院领先水平。

3、中医内科

中医内科人才新老汇萃,实力雄厚。省名中医4名、市名中医3名、主任医师6名、副主任医师12名。既有传统的中医治疗手法,又有西医的诊疗技术,中西结合优势突出,除开设甲状腺、肝病、糖尿病、消化道疾病专病门诊外,在心脑血管、神经、呼吸、内分泌、肿瘤的治疗上有独特中西结合治疗方法。

4、外科

外科能够常规开展胸外、脑外及肝、胆、胰、脾、胃肠、甲状腺、乳房、泌尿等各种手术,尤其在各种消化道恶性肿瘤的治疗方面有较丰富的临床经验。该科率先在本地区引进了美国进口腹腔镜器械,开展腹腔镜胆囊切除手术,创伤小、恢复快,3-4天即可出院,该项手术施行数百例,无一例发生并发症。

5、甲状腺专科

甲状腺专科门诊,由省名中医焦雨生副主任中医师主诊,运用传统的中药为主,治疗甲状腺肿、甲亢、甲减、甲亢性心脏病、甲状腺瘤、囊腺瘤、突眼症、桥本病等疾病,疗效显著,在全国有一定影响。

6、消化内科(肝病咨询治疗中心)

消化内科为南通市重点中医专科建设单位,具有明显的中西结合特色。该科自1992年开诊以来,在慢性胃肠疾病的治疗上取得了较好的疗效,受到众多患者的信赖。

7、糖尿病专科

糖尿病发病率高,缠绵难愈,该院的糖尿病治疗中心充分发挥中西医结合的优势,积极地为广大糖尿病患者提供着正规的治疗和健康的生活指导,。该科在业务院长瞿联霞的牵头下,研制的"糖平散"获南通市社会科技进步成果奖。

8、小儿推拿科

小儿推拿科,是苏北地区唯一的,专以推拿技术为手段,治疗婴幼儿腹泻、反复呼吸道感染、马蹄足、斜颈、脑瘫、臂丛神经损伤等疾患。副主任中医师钱丽芳从1986年开始从事小儿推拿专业,积20年临床经验,其影响已达周边市县地区。

9、康复中心

康复科有床位28张和配套的康复器材,已形成中药(内服外熏)、针灸、推拿、健身器材综合一体的临床康复治疗系统。形成了以治疗瘫痪病人为主、兼顾椎体骨质增生等疾病,独具中医特色。

10、肛肠科

肛肠科技术力量雄厚,临床经验丰富,是海安县肛肠疾病治疗中心。该科继承了中医痔科老前辈陈克功的医疗技术,并积累了数十年的治疗经验,且不断吸取新疗法,新采用了冷冻、激光、注射、手术等方法,治疗痔疮、肛裂、直肠息肉、复杂性肛瘘等肛门直肠疾病,取得了良好的疗效,在广大病患中享有良好的信誉。

江苏省首批"二级甲等中医院",多年被授予省、市、县"文明单位"称号,南通市"文明服务窗口",中共南通市委授予"先进基层党组织"称号,"省级文明医院",全国"爱婴医院","信用江苏诚信单位",多次获得南通市政府、海安县政府颁发的"科学技术进步奖",还是"南京中医药大学实习基地","海安县中医、中西结合医教研中心"。

连 云 港 市

连云港市第三人民医院

(连云港市妇女儿童医院)始建于1986年,是一所以妇产科、儿科为重点专科,集医疗、科研、教学、保健于一体的二级医院。医院占地15000平方米,拥有床位200张。

在编职工300人,其中高级职称人员40余名。

拥有全身CT、全自动生化分析仪、彩色B超、宫腔镜、腹腔镜、儿童高压氧舱、心电监护系统等医疗设备。

连云港市第四人民医院

始建于1964年,位于海州西门,该院成立初始名称为结核病防治院、传染病医院。1987年更名为连云港市第四人民医院,其主要职责和功能是传染病和精神病防治。现开设床位200张,全院职工154名,设有肝炎科、结核科、精神病科、性病科、中医科等诊疗科目,占地27000平方米。

医院肝炎科成立于1984年,拥有大批有科技成果的临床专科人才,目前已具备收治各型病毒性肝炎、酒精性肝炎、脂肪肝、肝硬化、肝癌的能力,同时应用中西医结合疗法对退黄疸、降酶、降浊、消腹水、抗肝昏迷、消化道出血有较大进展,重症肝炎抢救成功率达60%。购进HAVF-2型腹水回输机,开展腹水回输术,治疗肝硬化顽固性腹水,打破了长期以来腹水病人只能用药物消化的传统疗法。同时开展极具特色的“三环三联”疗法,疗效显著,极具临床推广价值。

连云港市精神病防治院是1996年在市四院原精神科基础上挂牌成立的,短短数年,已形成一定特色和规模。目前已拥有高、中、初级精神卫生防治人员20余名,该院积极培养精神卫生专科人才,深化理论和实践知识,拓展业务范围,采用药物结合音疗、娱疗、工疗、心疗为一体的综合疗法,对躁郁症及顽固性失眠进行专业治疗,同时开展智商测定、心理咨询、经络氧治疗等新业务。

医院现为省政府指定的精神司法鉴定专业机构,有3名为医院精神司法鉴定委员会委员,新建的功能齐全的2000余平方米的精神病房楼为连云港市的精神卫生防治工作上一个新台阶打下了坚实的基础。

连云港市中医院

自1984年建院以来,在卫生局党委的正确领导下,在社会各界的支持下,院党总支带领全院职工艰苦奋斗、开拓进取,在科学管理、中医专科建设、人才培养、临床科研、精神文明等诸方面都取得了很大进步。该院始终坚持以中医药为主,中西医并重的办院方向,是连云港市地区唯一一所集医疗、教学、科研、预、保健为一体的二级甲等综合性中医院。

脑病科为国家中医药管理局中医重点专科;肛肠科为江苏省中医药局中医重点专科;肾病科、结石科为江苏省中医药局中医重点专科建设单位;心血管病科、骨伤科、脾胃肝胆科、儿科、眼科等为市中医重点专科和特色专科。医院承担南京中医药大学、连云港中医药高职校等6所医学院校的临床授课、实习带教任务。近几年来,发表论文500多篇;有省市级科研近100项,科技成果奖30余项。

医院综合服务能力全面提升,建立了急诊ICU、CCU、NICU;配置了科学规范的HIS、LIS、PACS系统。拥有MRI(磁共振)、DSA(血管介入治疗系统)、DR(直接数字X线摄影系统)、16排螺旋CT、腹腔镜、关节镜、全自动生化分析仪等一大批先进诊疗设备。

建院以来,在各级领导的关心和支持下,通过全体中医院人的不懈努力,以【仁爱、敬业、求实、创新】的医院精神,秉承中医传统与现代医学相结合的办院思路,倾力打造【名医、名科、名院】的【三名】战略,兼容并蓄,取长补短,中西医并重,走出了一条超常发展的自强之路。

连云港市东方医院

(连云港市涉外医院)始建于1939年,在六十多年的风雨历程中,经过了几代人的不懈努力,现已成为连云港市东部城区医疗、教学、科研、急救、预防保健中心,是东部城区唯一的市属国家二级甲等综合性医院。医院前身为连云港市东方医院,蝉联多年市级“文明单位”、先后获得“国家级爱婴医院”、“连云港市先进基层党组织”、“连云港市消费者信得过单位”、“连云港市诚信单位”等荣誉称号。2004年10月29日,为推动东部城区的快速发展,市委、市政府确立了将市区优质医疗资源向东部城区辐射的战略性举措,将东方医院并入连云港市第一人民医院,命名为连云港市东方医院暨连云港市涉外医院。

医院占地面积56亩,建筑总面积3万余平方米,医疗服务辐射人口18.6万人。实际开设床位305张,现有总资产过亿元,年门急诊20万人次,出院1万余人次。现有在职员工497人,其中卫技人员367人,占职工总数的80%,高级职称50余人,中级职称120余人。医院拥有进口飞利浦多层螺旋CT、CR数字影像系统、东芝全身彩超、大型X光机、数字化胃肠机、全自动大型生化分析仪、电视腹腔镜、电子胃肠镜、血液透析机、五分类血球计数仪、体外碎石机、超声乳化仪等大型医疗设备。近三年开展新技术、新项目30余项,承担市、局科研课题15项,获市科技进步奖8项,是徐州医学院、蚌埠医学院教学医院、河北医科大学教学基地,承担其本、专科和市中医药高等技术学校各专业实习生的实习带教任务。

近年来,医院坚持以发展为第一要务,以科教兴院为导向,积极推进专科建设,设有一级科室12个、二级科室15个、医技科室12个、职能科室15个、病区10个和重症监护病房(ICU)、同时开设健康体检中心、整形美容中心、血液净化中心、消化内镜中心、肿瘤会诊中心、市交通事故抢救中心、市公安局法医门诊、市东城区“120”救护分站、市东城区中心血库。妇产科、骨科、耳鼻喉科为院重点专科,其中耳鼻喉科为市级重点专科,其他科室在周边地区占有专科优势。

连云港海港医院

建院于一九六三年。原为连云港务局职工医院,一所国家大型企业综合性医院;医院位于连云区中山西路陶庵汽车站对面,面临大海背依群山环境优美,占地面积35579平方米,建筑面积22365平方米,绿化面积69%全院定编职工403人,卫生技术人员295人,其中高级职称24人,中级职称121人,初级职称150名。CT人工心肺机血液透析机,肺功能测定仪,床旁多功能监护仪,心血管X线数字减影系统彩超等。

1992年被定为徐州医学院教学医院;1995年通过全国爱婴医院的验审;1997年在全市夏季优质服务中被评为第三名。

连云港一四九医院

妇产科是集医疗、教学、科研、预防、保健为一体的重点科室,汇聚了多位从事妇产科临床与科研工作的知名妇科专家、教授常年坐诊,组建成连云港为数不多的规模较大、设施齐全、名医荟萃的高水准专业诊疗中心,为把前沿科学成果贡献给我市广大女性,我院耗巨资为妇产科引进了德国腹腔镜手术系统、BBT自凝刀系统、美国LEEP刀手术系统、微米光治疗系统、盆腔炎治疗系统、产后康复治疗系统、数码电子阴道镜、韩国三维彩超、TCT宫颈癌筛查系统等国内外先进的诊疗设备,在我市率先成立妇产科微创诊疗中心。妇产科微创诊疗中心的专家们总结多年的临床经验,突破传统单一药物或物理治疗的常规,开创了联合用药与物理治疗相结合的新境界,创研了多套特色疗法,配合美国LEEP刀手术系统对各种原因引起的宫颈糜烂、宫颈息肉、阴道炎、盆腔炎、附件炎、外阴瘙痒、不孕症等妇科病症,进行全方位综合治疗。同时运用宫腹腔镜、BBT自凝刀系统、阴式手术治疗:剖宫产、妇科肿瘤、宫外孕、子宫肌瘤、卵巢囊肿、无痛人流等疑难病症,疗效显著。妇产科微创诊疗中心的专家们以先进的设备、精湛的医术、温馨的服务为港城女性的健康保驾护航。

东海县人民医院

始建于1956年,是一所集医疗、急救、科研、教学和社会化服务为一体的县级综合性医院,1992年被省教委指定为"徐州医学院教学医院",1995年被卫生部审定为"二级甲等医院",同年9月被世界卫生组织、联合国儿童基金会和卫生部命名为"爱婴医院"。医院占地面积45万平方米,建筑总面积达5.5万平方米、现有职工607人,其中高级职称67人、中级职称192人、享受国务院特殊津贴2人,共设13个临床科室和22个门诊医技科室,开放床位450张,年门诊量达23万人次,年住院病人2.3万人次。

坚持科技兴院,注重科技投入,不断加强基础建设与技术建设,近年来引进临床新技术、新项目86项,完成科研课题27项;其中《东海县糖尿病流行病学调查及对糖耐量低减干预治疗五年的研究》获省科技成果三等奖。有18项新技术获市、县科技进步奖,有46篇论文在国内核心期刊上发表。2次被国家卫生部、人事部评为"全国卫生先进集体",6次被省委、省政府、省卫生厅授予"文明单位"、"文明医院"称号,连续4年获市优质服务同级医院中第一名。

先后投入3600多万元更新医疗设备,现拥有6排螺旋CT机、德国西门子CT机、彩色多普勒超声诊断仪、全自动生化分析仪、电子胃镜、大型X光机、数字检影系统等大型仪器多台。投资2500万元建设的病房大楼建筑面积1.72万平方米,病房内彩电、空调、冰箱、电话等现代化设施齐全。中心供氧、血透、碎石、手术室、ICU室、CCU室、电脑网络、自动消防控制系统等一应俱有。目前已开展了体外循环心内直视术、先天性动脉导管未闭结扎术、二尖瓣扩张术、胰头Ca根治术、三级开管切并取石术、脑肿瘤摘除、介入放射治疗、鼓室成形、脊柱手术、烧伤整形、白内障超声乳化并人工晶体植入、微创等新技术和高难技术。医院眼科、妇产科被列为市级临床重点专科,眼科眶内异物处理、眼内肿瘤切除、复杂眼外伤处理等技术已达到省内先进水平。

东海县中医院

创建于1984年,属县级全民事业单位,历经二十多年发展,已发展成为环境优雅,设备先进和技术力量雄厚,科室齐全,集医、教、研、中西医结合为一体的综合性医疗单位。

全院现有在职职工154人,具有高级职称21人,中级职称84人,技术力量逐步增强。2005年度被连云港市卫生局批准为国家二级中医院。

近年来,该院的科室建设得到了长足的发展,现有内科、外科、骨科、妇产科、痔科、针灸推拿、男性科、五官科、口腔科等临床科室,有CT室、体外震荡碎石机、彩超、B超、放射、生化、化验、心电图、脑电地形图、胃镜等医技科室,还有消化、心血管、糖尿病、肝胆、皮肤病、男性病、支气管炎等特色科室。

该院现有日本东芝公司生产的XPRESS螺旋CT,中美合资银星牌TS-153B型体外超声冲击波碎石机、日本阿洛卡1700彩超、海鹰B超、500毫安X光机、生理监护仪、脑电地形图、胃镜、激光机、牙科综合治疗机、牵引床、血球计数仪、半自动生化仪、食道调博仪、自动洗片机、彩色经颅多普勒诊断仪。

肛肠科为该院发展最早的特色科室,具有十余年历史,属本院重点发展及重点保护科室,技术力量雄厚,设备先进,采用中西医结合方法,运用手术、结扎、药物注射,激光方法等手段治疗肛瘘、肛裂、外痔、内痔、对复杂性肛瘘、环状混合痔,直肠息肉等都有独特优势。

中医院男性属东海县治疗男性疾病的特色科室,经过十余年努力,在该县及周边地区有很大影响,主治男性不育、阳痿、早泄、性功能减退以及前列腺炎、前列腺肥大等男科疾病,应用先进技术,采取中西医结合方法治疗,效果显著。

针灸推拿理疗科也是该院独具特色的科室之一,有基础、技术素质好的专业技术人员,科内有频谱治疗仪、中频、高频理疗仪、多功能牵引床,传统针灸方法与针疗仪器相结合,牵引设备与手法相结合,并结合中医康复理论,对肌肉、关节、运动系统进行理疗无痛苦,对中风、面瘫等针灸安全可靠,效果显著。

灌南县人民医院

始建于1958年,首批国家二级甲等医院、徐州医学院教学医院,2005年初顺利改制,由灌南县人民政府、贵州益佰制药(占90%)两家参股运营管理的非营利性医疗机构。

医院现有职工580人,其中卫技人员392人,中级以上职称人员246人,硕士研究生近20人,占地面积4.6万平方米,建筑面积3.6万平方米,资产总值1.2亿。医院开放床位500张。拥有磁共振、螺旋CT、DSA、全自动生化分析仪、彩超等万元以上国内外先进设备400余件,建有综合性HIS系统,获江苏省文明单位、江苏省文明医院等荣誉称号。

医院有兼职副教授10余人、高级职称42人、江苏省"333"工程拨尖人才1人、享受连云港市人民政府特殊津贴1人、连云港市"125"工程重点人才2人、连云港市"521"工程重点人才2人、连云港市医学会专业委员会委员26人、连云港市医学会专业委员会副主任委员6人。

医院突出发展学科,设有内、外、妇、儿、五官等14个病区,临床医技科室23个,其中心内科、消化内科、普外科、神经外科是2004-2006年连云港市重点临床专科,耳鼻咽喉头颈外科是2008-2010年连云港市"科教兴卫工程"医学重点学科,神经外科是2008-2010年连云港市"科教兴卫工程"医学重点学科建设单位,神经内科、妇产科、儿科、骨科是县域内优势学科。是省卫生厅指定江苏省人民医院卫生支农重点技术扶持医院,江苏省人民医院常年派专家轮流来院工作,医院技术水平在周边县区处于领先地位。

医院按现代企业模式运作。重人才,讲实效。面向全国二、三级医院招聘实用型技术人才,现有北京武警医院、江苏省人民医院、武汉大学附属中南医院等副主任医师以上职称人员10余人在院工作,各学科带头人处于本县及周边县区领先地位。医院重视临床实用技术引进,开展腹腔镜、胸腔镜、宫腔镜、纤支镜、鼻内窥镜等腔内检查、手术,技术水平在周边地区有着较大的影响力,得到群众的广泛认可,业务收入以30%的速度递增,今年达8000万元。医院真正实行绩效科学分配,向临床、管理及经济效益显著的人员及科室倾斜,上不封顶,体现能力、实绩与收入并行,充分运用财务杠杆有力激活医院迅猛发展。

医院地址:江苏省连云港市灌南县新安镇人民路6号

灌南县中医院

始建于1978年12月,经过二十多年的艰苦创业,建设成集中医医疗、教学教研、保健康复、中西医结合于一体的国家二级综合性中医医院、爱婴医院;县职工医疗保险定点医院、新型农村合作医疗定点医院、残联小儿麻痹后遗症矫治医院、少数民族定点医院。该院弘扬"救死扶伤、博爱济困、团结创新、精益求精"的医院精神,以挖掘、继承和发展祖国医药遗产,努力发挥中医药防病治病、保健康复的特色和优势为人民群众健康服务为己任,竭力打造技术雄厚、设备精良、服务温馨、环境幽雅的品牌医院。

灌云县人民医院

始建于1945年1月,距今已走过60余年的风雨沧桑,经过几代灌医人的不懈努力,已发展为灌云县唯一集医疗、科研、教学、急救和预防保健于一体的国家二级甲等综合性医院、徐州医学院临床教学医院。医院在职职工680人,其中博士1名、硕士12名,高、中级职称人员342名,有35人被列为省"333"工程、市"521"工程重点人才培养对象和县科技拔尖人才,有42人担任省、市级专业学术委员。医院拥有螺旋CT、DR、CR、彩色超声诊断仪、电子胃肠镜、电子腹腔镜、岛津数字胃肠机、全自动生化分析仪、钬激光、血液透析机等八十余台件先进医疗设备,开设十二大病区,开放床位470张。开设心内科、消化内科、神经内科、呼吸内科、脑外科、胸外科、普外科、泌尿外科、骨科、妇产科、儿科、五官科等各种特色专科。2008年8月开始,正式启动灌云县人民医院新院区建设,新院区按国家三级医院标准设计,开放床位1000张,建筑总面积10万平方米,总投入3.078亿元。目前,新院区急诊中心已正式对外开诊,门诊楼、病房楼装修已完成,已具开诊条件。

近年来,医院以科学发展观为指导,秉承"创造卓越、关爱生命、服务大众、奉献社会"的宗旨,不断提高医疗质量、规范医疗行为、保障医疗安全、降低医疗费用、维护患者利益。不断加大人才培养和科技创新,每年举办业务讲座近五十次,选派8~12人到省级以上医院进修学习,开展新技术、新项目10余项,并抓住与徐州医学院教学医院、苏州大学附属第一医院对口支援的有利契机,努力加快人才培养,加强专科建设,提高医疗技术水平和服务质量。与此同时,出台灌云县人民医院廉洁行医、文明服务若干规定,"四合理"规范等制度,对不当处方进行点评、对抗菌药物实行动态监测及超常预警,努力加强权力内控机制建设,打造优质、高效、诚信的服务品牌,维护患者利益。连续几年在市局组织的行风调查中名列榜首。此外,还开展全程优质护理等各种形式的优质服务和温馨病房创建活动,构建和谐医患关系。医院先后多次被授予"国家级爱婴医院"、"省卫生行风先进集体"、"省级文明单位"、省"诚信医疗单位"、省"模范职工之家"、"市服务明星单位"、"县十佳服务窗口"等荣誉称号。

灌云县中医院

是一所以中医为主的国家二级中医医院,承担着全县中医药的医、教、研任务。是全县医保、新型农村合作医疗定点单位,白内障复明中心,省、市爱婴医院。

医院占地面积17000平方米,现有职工222人,其中高级技术职称10名,中级技术职称49人,对外开放床位217张。

门诊部设28个临床科室,11个医技科室。住院处设有7个病区,医院特色专科有肝病科、骨伤科、眼科、中医妇科、痔科、针灸推拿科、皮肤科等。

主要医疗设备有:美国GE螺旋CT、电子胃镜、DR、多功能X线摄影系统、PCR、腹腔镜、彩超、C型臂、多功能麻醉机、全自动生化分析仪、肝病治疗仪等60多台件。

赣榆县人民医院

始建于1949年,是一所集医疗、教学、科研、预防、急救为一体的综合性国家二级甲等医院,徐州医学院教学医院、中国医科大学血栓病研究院分院。1996年被评为爱婴医院,先后荣获江苏省文明医院、省医院文化建设先进单位、市县文明单位、行风建设先进集体,淮海经济区优秀医院、徐州医学院优秀教学医院、连云港市无"红包"医院、连云港市先进基层党组织等荣誉称号,2009年被评为全国百佳百姓放心示范品牌医院。

医院位于县城中心繁华地区黄海路中段,占地面积5.8万平方米,建筑面积3万余平方米,现有固定资产1.6亿余元,开放病床600张病区16个、医技科室22个、职能科室11个、年门诊量20多万人次,年收治住院病人2.3万人次。现有职工660余人,其中高级技术职称87名,中级职称260名,卫技人员占78%。

2004年医院投资建立的十一层现代化多功能门诊大楼,总面积1.9万平方米,配备中央空调、自动扶梯、闭路电视等现代化配套卫生设施,使医院的整体布局更加合理、美观,就医条件、内外环境大为改善。医院拥有全身螺旋CT、16排CT、钴60放疗机及后装机、超声治疗刀、肿瘤热疗机、日产彩超、B超、多普勒脑彩超、800mA大型X光机及数字图像系统、日产电子胃肠镜和支气管镜、美国产24小时动态心电图及心电工作站、美国杜邦全自动生化分析仪、瑞典金宝人工肾机、美国多功能麻醉机、美国腹腔镜等10万元以上大中型现代化先进医疗设备80余台,装备水平迈进了全省县级医院的先进行列。

近几年来,医院坚持"科教兴院"的发展战略和"院有优势、科有特色、人有专长"的办院方针,十分重视专科建设和技术发展,不断开展临床研究和新技术、新疗法的引进和应用,确立了骨科、心内科、传染科、胸外、肝胆外、普外、神经内、消化内、肾内、内分泌科、妇产科、肿瘤、放疗科等特色知名专科,在全市及周边地区享有较高声誉,特别是骨科已于2000年成为首批连云港市级重点专科。该院开展的断肢再植术、椎骨狭窄减压及腰椎间盘突出根治术、腹腔胆囊摘除术、小儿肛门再造术等60余项科研成果和新技术引进项目获省、市科研进步奖和新技术引进奖。有近500篇科研学术论文在省级以上医学杂志发表,提高了医院的科研水平和声誉,医院还加强与外地大医院的横向联系,与北京医科大学、中国中医研究院等联合开办了血栓病、糖尿病等治疗中心,提高了医院的诊治水平。

赣榆县中医院

建于1985年,是一所国家二级甲等中医院、南京中医药大学实习医院,是全县城镇职工、城镇居民及农村合作医疗定点单位。

医疗设施:医院现占地面积14118平方米,建筑面积7111平方米,其中门急诊楼2700平方米,病房楼2112平方米,手术综合楼1100平方米,后勤保障用房1199平方米。随着医院发展,现有的业务用房已远远不能满足需求,2009年医院投资4375万元新建一门急诊病房综合楼,该楼共11层(含负一层),约18000平方米,2011年投入使用。新楼建成后,现门急诊楼改建为停车场,现病房楼保留,作为行政办公楼,改医院大门向南。

医疗队伍:医院现有在职职工189人,其中卫技人员159人,卫技人员中高级职称14人、中级职称78人,研究生3人。建院以来,培养了省名中医1名、连云港市名中医3名,培养市级学科带头人1名。

科室设置:设内(儿)、外、妇三个病区,开放床位100张;有临床科室20余个,其中肛肠科为市级重点专科,男性科为市级重点特色专科,针灸科、推拿科、烧烫伤科、中医妇科、骨伤科、中医皮肤科、疼痛科及高压氧疗室为医院特色科室。

医技科室有CT室、B(彩)超室、胃(肠)镜室、脑电图室、心电图室、乳检室、生化室、检验室、放射科、病理科。

医疗设备:设备有双排螺旋CT机、DR、C型臂机、彩超、全自动生化分析仪、电子胃肠镜、X线胃肠机、碎石机、全自动精液分析仪、高压氧舱及自动煎药机等。

淮安市

淮安市第三人民医院

原名淮阴地区神经精神病防治院,1970年始建于宿迁,由原南京神经精神病防治院三分之一的人员和设备组建而成。1983年更名为淮阴市第三人民医院,1986年6月迁址淮安市淮海西路272号。建院以来,医院一直是淮阴、宿迁两市神经精神病诊断、治疗、康复和司法鉴定的权威机构。经过三十年的发展,现已成为一所诊疗功能较为齐全、技术力量雄厚,设备先进的以特色专科为龙头、综合各科共同发展的综合性医院。医院占地3.73万平方米,建筑面积33344.38平方米,编制床位510张。

医院设神经科、精神科、医学心理科、脑血管病科、内科、外科、疼痛科、手足显微外科、妇产科、儿科、五官科、口腔科和淮安市癫痫治疗中心、淮安市心理咨询中心,医院现有职工390人,其中高、中级专业技术人员150多人,约占全院职工总人数的三分之一。设有影像科、检验科、功能科、药材科、社区医疗科等医技科室。拥有陀螺刀旋转式钴60肿瘤放射治疗系统、磁共振、全身CT、经颅彩色多普勒、全身彩超、肌电图、诱发电位、18导脑电图、脑电地形图、视频脑电图、全自动生化分析仪、全自动血球记数仪、酶标仪、大型高压氧舱、动态心电图和动态血压等先进医疗设备。

精神科是医院的第一大专科,目前有主任医师6名,副主任医师7名,对功能性精神障碍、器质性精神障碍、神经症及心身疾病等都具有丰富的临床经验,是本地区精神疾病治疗、康复、预防、司法鉴定及心理咨询的权威机构。近年来发表了许多学术论文,其中,获市政府科技成果奖三项。

脑血管病科是医院在神经专科基础上发展起来的又一特色的专科,采用颈动脉灌注、血液稀释及溶栓疗法治疗脑血管病,配合高压氧、He－Ne激光和系列康复训练,疗效十分显著,有效率达95%以上。

老年病科是在内科基础上发展起来的以治疗老年病为特色的专科,针对老年人的特点,开设了无陪护病房,运用综合治疗手段,对老年常见多系统疾病(主要为老年心血管疾病、老年糖尿病等)采取综合治疗的方法,抢救了数十例危重症患者,均获得成功,同时顺应社会发展需要,开设老年养护病房,是全市较有特色的老年病专门治疗机构。

内科、儿科经过几年的发展,医疗技术和治疗手段均有了显著的提高。由于医院是市区西部唯一的市级综合医院,因此,内科承担着市区西部近十万市民的常见内科疾病的治疗任务,以成为他们日常生活中不可缺少的服务机构。

外科有副主任医师2名，主治医师3名，是市区西部唯一功能齐全的外科疾病医疗机构，承担着附近地段居民的常见外科疾病的诊治，同时还担负着附近地区突发性事件的急救任务。其中神经外科最新引进的计算机辅助设计脑立体定向手术系统，使医院的微侵袭神经外科工作取得了突破性进展，在脑出血帕金森氏病等的手术治疗，以及癫痫外科、精神外科方面取得了很好的疗效。

妇产科对妇女常见病、多发病的诊治及在新生儿保健、计划生育手术方面都有相当的技术实力，为周边居民提供了可靠的医疗服务。

医院还承担着淮阴卫生学校部分神经科和全部精神科课程的教学任务，培养了众多的专科人才。

近十年来，医院有五十多篇论文在省级以上杂志发表，十多人次获省、市科技成果奖。

医院在历次行风检查评比中，都名列前茅，获1995年"江苏省卫生行风先进集体"、1996年市"最佳医院"、1997年市"十佳医院"等称号，1999年起获江苏省文明单位称号，2000被确定为淮安市职工医疗保险首批定点综合医院。市卫生局组织的2006年度出院病员满意度第一名；省卫生厅组织的2007年度出院病人问卷函调第三名；2007年被评为苏北、苏中地区唯一一家省医院管理年活动考核先进单位。

淮安市第四人民医院

（淮安市传染病医院），现址位于淮安市清浦区延安东路128号。建院于1970年，前身为南京市传染病医院，是该市唯一传染病专科医院。编制床位400张，设肝病、结核、感染、性病四大特色专科。设置临床科室6个，医技科室7个，研究所1个，淮安市重点实验室一个，现有职工267人，其中卫生技术人员190人（正高级职称12人，副高级职称23人，硕士研究生导师1人，省"333工程"专家1人，全市"十百千人才"第二层次1人，博士研究生1人，硕士研究生6人）。

医院下辖淮安市肝病研究所、淮安市肝炎病毒分子病毒学重点实验室，为淮安市传染病医疗、科研、教学中心，肝病科是市级重点专科。现为徐州医学院教学医院及内科学传染病专业硕士点、上海中医药大学 · 上海中医药研究院肝病研究所临床研究医院、南京医科大学、扬州大学医学院传染病实习医院、中华医院管理学会传染病医院管理分会理事单位、中华企业文化研究会医药卫生委员会理事单位、长江三角洲传染病协作中心常务理事单位、淮海经济区传染病医院协作中心常务理事单位。

医院在医疗技术上紧跟国内外新进展，不断开展新技术，新疗法，在中西医结合治疗各型急慢性肝炎、乙肝标志物转阴，丙型肝炎抗病毒、脂肪肝、肝纤维化、肝硬化、重型肝炎、顽固性腹水、消化道大出血、肝昏迷、各型脑炎、破伤风、难治性肺结核、肝癌的微波治疗和介入化疗以及各类性病的治疗等方面经验丰富、疗效显著。

医院设备有美国产全自动生化分析仪、美国产1235－全自动时间分辨荧光免疫分析系统、5700－基因检测系统、血凝仪、微生物鉴定仪、特种蛋白测定仪、电介质分析仪、血培养仪、血气分析仪、血球计数仪、人工肝、PCR分析仪、日本产彩超、电视透视系统、血液透析仪（人工肾）、心电监护仪、肝癌微波治疗仪、肝病治疗仪、呼吸机、电子胃镜等先进设备。

先后完成了20余项省、市级立项课题的科研任务，获得18项省、市级科技进步奖，其中，国际传统医学优秀成果大奖赛优秀成果奖一项，省卫生厅科技进步一等奖一项、市政府科技进步一等奖1项、二等奖2项。PCR实验室在全市卫生系统首家一次通过国家卫生部验收，检验科通过省规范化建设验收。

2004年，市政府将医院的整体搬迁列为市"4221"工程项目，在清浦区新征用地146亩进行新建。新建医院建筑面积40000m^2，设计床位600张，于2008年6月18日完成整体搬迁至现址开展工作。

按照全市卫生事业发展规划，医院整体搬迁后的发展规划为建成以传染病专科为特色的综合性三级医院，承担服务市区东南片居民的综合医疗和辐射2000万人口的传染病专科医疗服务。结合地区医疗事业发展现状，该院现拟增设普外科、内儿急诊、心血管内科、妇科、消化内科、ICU等科室。

淮安市中医院

是政府举办的一所市级中医特色显著、西医功能齐全的中西医结合非营利性医院，座落于市区和平路3号，水渡广场西侧，原美国教会医院"仁慈医院"旧址。

医院集医疗、教学、科研、急救、康复、养生保健、社区卫生服务为一体，基础设施完善、诊疗设备先进、技术力量雄厚、科室设置齐全、专科特色显著，是市级肛肠病诊疗中心和全市唯一糖尿病专科医院及上海市内分泌研究所中西医结合内分泌代谢病淮安临床诊疗中心，是南京中医药大学教学医院、连云港中医药职业技术学院、淮阴卫校等院校教学实习基地，是国家爱婴医院、市医保定点医院、市新型农村合作医疗定点医院和城市居民医疗统筹定点医院。

医院现有在职职工230余人，卫技人员占85%以上，高中级职称专业技术人员近100名，其中省、市级名中医及市有突出贡献中青年专家、市级学科带头人多名，市"十、百、千"人才培养对象及市卫生局医学百名人才等十余名。多年来，医院十分注重科技创新，先后获省中医药科技进步二等奖一项，市政府科技进步奖五项，市卫生局引进新技术二等奖一项，科研课题获省科委立项一项，省中医药局立项一项，市政府立项一项，市卫生局立项五项，同时，各特色专科在多年经验总结的基础上，自主研制出数十种特色中药制剂，疗效确切。

医院配有CT、X光机、彩色B超、B超、经颅多普勒、电子胃镜、电子肠镜、血液净化系统（人工肾）、全自动生化分析仪、全自动血球计数仪、动态心电图、动态血压仪、脑电图、腹腔镜等万元以上先进医疗设备80多台（套）。

医院科室设置齐全，门诊开设内科、外科、骨伤科、妇产科、儿科、肛肠科、糖尿病科、肾脏病科、肿瘤科、心血管科、神经内科、针灸推拿科、五官科等临床科室20余个，专科专病门诊15个，辅助科室7个。开设4个病区，编制床位200张。

金湖县人民医院

始建于1960年，经过四十多年的艰苦创业，目前已形成一所科室齐全,技术力量雄厚,设备先进,环境优美的综合性二级甲等医院和爱婴医院,成为全县医疗、教学、科研的中心。金湖县人民医院1996年被扬州大学医学院确定为临床实习基地,具有带教医学院实习生的资格,每年平均接受各类医学院校大、中专实习生30余人;作为金湖县乡镇技术骨干的培养基地,平均每年接受基层各类进修人员10人左右;还肩负着金湖县卫生进修班、老年大学的临床教学和社区服务任务。

全院目前开设252张病床,分设九个病区,设有14个临床医技科室,13个二级专业组,10个医技科室和26个专科医疗专业体系。年门诊量约15万余人/次,全院480余名职工中,拥有40多名高级职称,150余名中级职称的卫技人员。

全院坚持以党的卫生工作方针为指导,为广大患者提供优质服务。医院业务建设发展迅速,目前内科已形成心血管、消化、血液、内分泌、呼吸、神经、肿瘤等专科;外科系统已形成神经外科、泌尿、骨科、胸外、普外、整烫等以及男性不育、女性不孕等专科。其中:泌尿外科、普外科、消化内科已确定为市重点专科,在市内同级医院中处于领先地位。全院确立了“十不”的诚信服务承诺,即不做虚假宣传,不违诊疗规范,不超收费标准,不卖假药劣药,不用无证人员,不购伪劣器械,不出虚假证明,不侵患者权利,不要红包宴请,不损职业道德。

医院被誉为金湖县精神文明建设“示范窗口”,多次被评为省、市卫生系统“文明医院”,市、县“明码标价示范”单位,还被国家计生委授予“全国计划生育先进集体”等荣誉称号。医院还荣获了江苏省“实施患者安全目标示范单位”的称号,被江苏省质量技术监督局、江苏省卫生厅授予“江苏省医疗计量工作先进单位”,被市命名为“平安医院创建先进单位”、“市健康医院”。

金湖县中医院

创建于1983年12月,是一所集中医、西医、中西医结合为一体的综合性县级医院。现已成为全县中医药医疗、教学科研中心。该院是南京中医药大学实习教学医院,占地10325平方米,建筑面积14000平方米。设床位150张,现有职工160人,有市突出贡献的中青年专家1名,市级名中医师1名,高级技术职称人员20名,中级技术职称人员50名,开设内科、外科、妇产科、五官科、口腔科、肛肠科、中医科、针灸科、伤骨科、中西医结合肿瘤科等15个临床科室,10个医技科室,20个专科专病门诊。

医院成立以来十分重视人才培养和业务技术建设,近几年来,先后有40余名业务技术骨干被送至上海、南京等医院进修深造。目前开设了心血管内科、消化内科、呼吸内科、内分泌科、肿瘤内科、肾病内科、胸外科、神经外科、普外科、伤骨科、泌尿外科、小儿等专科,成功地抢救和治愈了数以万计的患者。医院加强横向联系,和上海、南京、淮安等各大医院建立了较好的协作关系,有着强大的技术外援。近年来,全院每年开展新项目、新技术数10项,发表专业论文50多篇,先后承担两项省、市级科研课题,有两项新技术获市科技成果奖,一项获市级科技进步奖,并有多项成果填补了全市空白。

在加强人才培养的同时,医院千方百计加大硬件设施投入,近年来,医院投资1000多万元,新建了6400平方米的综合病房楼,集中央空调、中央传呼、中心供氧、宽带信息网于一体,体现了智能化、人性化特点,为病员创造了更为舒适温馨的就医环境,投资数百万元,先后引进世界先进的美国GE双排螺旋CT、日本大型闭路电视X光机、意大利“百胜”彩色超声诊断系统、美国惠普“B”超、经颅彩色多普勒、日本日立生化分析仪、日本全自动血球计数仪、日本奥林巴斯电子胃镜、肠镜、鼻咽喉镜、膀胱镜、电切镜、美国动态血压、动态心电记录仪、美国多参数监护仪等一大批先进设备,为提高诊治水平提供了可靠保证。

医院不但注重硬件建设,而且重视医德医风等精神文明建设,是市级创建精神文明行业示范点,全县唯一的明码标价示范单位。近年来,医院获得“省中医管理局先进单位”,“卫生系统年度目标考核先进单位”,“市医疗质量管理先进单位”,“市平安创建先进单位”。

楚州区中医院

原名为“淮安市中医院”,2001年3月撤市建区而改为现名。2000年9月原淮安卫校并入中医院,形成一套班子两块牌子。

该院现有职工287人,其中卫技人员(包括教工)207人,高级职称16人,中级职称57人,设临床科室13个,医技科室7个,病房80张。拥有固定资产总值1530万,其中专业设备总值740万元,拥有CT、彩超、数字化1000毫安X光机等先进医疗设备。全院共有占地面积18766平方米,建筑面积17080平方米。

“十五”期间,该院通过深化医院改革,加强内涵建设,提高科技含量,培植专科优势,增强应急能力等措施,使医院在现有基础上取得突破性进展。特别是医治不孕症、痔科、骨科等具有中医特色专科,有一定的区域影响,已经成为医院的中医特色品牌。另还开设肿瘤、康复、养生等专科,加大设备建设投入,扩建门诊和病房楼,搞好绿化、供暖、供气、供氧、病员室外休冰柜场所等项目的建设,使院容院貌得到全面更新,为振兴中医事业和增强综合服务功能打下良好的基础。

该院地址:淮安市楚州区南门外

洪泽县人民医院

医院创建于1956年9月,半个多世纪以来,经过几代人的不懈努力,医院的事业有了突飞猛进的发展,医院的建设发生了巨大的变化。位于风光秀丽的洪泽湖畔,水陆交通十分便捷,是一所融医疗、教学和保健为一体的综合性“二级甲等医院”、“爱婴医院”,徐州医学院教学医院,承担着洪泽县周边地区近40万人口的医疗卫生服务。

医院在职职工541人,其中高级职称8人,副高级职称20人,中级职称179人。设门诊、急诊、住院三大部,其中医技科室36个,临床科室21个,12个病区,编制床位400张。现有占地面积19020平方米,建筑面积22893平方米。

2006年2月医院动工新建15928.7平方米住院病房大楼,于2008年9月26日投入正常运行。该病房楼共13层,其中地下一层,主要为设备用房,设有生活及消防水池、水泵房、热交换间、变配电室、空调机房等设备。地上一层设有病区药房、休息大厅、出入院处、电梯厅、中心供应室等。二层为手术部,设有8间手术室，共有7间装备有净化系统（其中百级手术室一间、千级三间、万级三间），可同时开展8台不同级别的手术。三至十二层均为病区，每个病区设标准床位40张，有2—3人不同标准病房，可适合不同需求病人使用。每病室均配置卫生间及淋浴设施。病房楼内装备有4部电梯（二部行人梯、一部手术专用梯、一部污物兼消防梯）及中央空调、中心供氧、中心吸引系统、电脑网络系统、有线电视传输系统、电话系统、病床呼叫系统、闭路电视监视等智能化系统及自动喷淋、自动报警的消防系统。

医院配备飞利浦全身6层高速螺旋CT、西门子多功能彩超、美国阿克松全身彩超、柯达DR3000数字摄片系统、800mA日本岛津数字化胃肠机、美国雅培化学发光仪、贝克曼五分类全自动血球分析仪、日立7080全自动生化分析仪、美国产血气分析仪、瑞典产全自动血球计数仪、尿沉渣分析仪、金宝血液透析机、德国雷马腹腔镜、日本99型富士电子胃镜及肠镜、德尔格高性能呼吸机、麻醉机、体外震波碎石机等万元以上仪器设备百余台（套）。

特色专科

市（县）级特色专科有：骨科、普外科、妇产科、呼吸内科、消化内科。专科专病建设成效显著，中医特色突出。

骨科

骨伤、骨病专科，主要研究骨骼肌肉系统的解剖、生理与病理，运用药物、手术及物理方法保持和发展这一系统的正常形态与功能。随着时代和社会的变更，骨科伤病谱有了明显的变化，例如，骨关节结核、骨髓炎、小儿麻痹症等疾病明显减少，交通事故引起的创伤明显增多。中医骨科医术高超，疗效显著，目前不断发扬光大。骨科伤病变化无常，亟须骨科与时俱进。在地区享有很高声誉，被省中管局确定为河南省重点中医专科

结石科

主要见于胆囊及膀胱、肾盂中，也可见于胰导管、唾腺导管等的腔中，可造成管腔梗阻，影响受累器官液体的排出，产生疼痛、出血或感染等症状。集中药排石、振波碎石、手术取石系列化。

疼痛科

颈肩腰腿疼专科，内设推拿按摩、针灸理疗、药浴熏蒸，治疗方法多、疗效好。

心脑血管科

诊疗范围：冠心病、高血压、心肌炎、各种心律失常、高原性红细胞增多症、肺心病、脑溢血、脑血栓、脑萎缩、脑震荡、各种脑膜炎、急性心脑血管疾病后遗症等疾病。中西医结合治疗心脑血管、高血压、糖尿病、恶性肿瘤。

内科

内科疑难杂症特色突出；运用中医学理论和中医临床思维方法研究并阐明内科疾病的病因、病机、证候、诊断、辨证论治规律和转归预后以及预防、康复、调摄等问题，对小儿过敏性紫癜、肾病、中药散剂疗效独特。

洪泽县中医院

始建于1986年11月，当时与高涧乡卫生院合署办公。1991年高涧乡卫生院迁出，部分人员留下，通过十几年的发展，现初具二级医院规模。医院占地面积3204.7平米，其中业务用房占地面积为2800平米，生活用房占地650平米，房屋建筑面积4240平米，其中门诊楼面积1724平米，病房楼1866平米，现拥有固定资产660余万元。因医院受各种因素的限制，现后勤生活用房紧张、办公条件较为简陋，有待进一步提高。

县中医院分门诊、住院两大部，床位50张。分设临床科室13个，医技科室7个，业务科室8个，职能科室7个。其中：门诊临床设中、西医内科、外科、骨伤科、口腔科、眼科、耳鼻喉科、儿科、妇产科、肛肠科、皮肤科、泌尿科、针灸、推拿、理疗科、急诊科等科室：医技科室有放射科、检验科、B超室、心电图、TCD室、脑电地形图室、胃镜室；业务科室有防保科、手术室、消毒供应室、病案统计室、中西药库、中药房、西药房、煎药室、病区（大内科、大外科）、碎石中心（泌尿系统结石）。职能科室分院办公室、医务科、护理部、门诊部、财务科、总务科、保卫科。

全院共有职工97人，其中：在职职工76人，临时工6人，离退休15人（注：离退休人员由在职人员缴养老保险后，统一到劳动保险处领取养老金）。在职人员中，本科生10人，大专生15人，中专生36人，高中以下17人。卫技职称中：高级职称3人，中级职称19人，初级职称42人，卫技人员占全院职工80%以上。全院共有党员干部20人，团员12人。年龄结构：20岁—30岁有13人，31岁—40岁有41人，41岁—50岁有21人，50岁以上有3人。

特色专科

肛肠科、妇科中医治疗不育不孕症、理疗针推科、骨伤科、肝胆科、妇产科。辅助检查科：B超室、检验科、经颅彩色多谱勒（TCD）。

盱眙县人民医院

成立于1923年。一度曾冠名“江苏省江苏医院”。经过半个多世纪的建设发展，现已成为集医疗、教学、科研、急救、康复为一体的县级综合性医院，是徐州医学院、江苏建康职业学院和淮阴卫生高等职业技术学校的教学医院，淮安市首批“二级甲等医院”和“爱婴医院”。

医院开放病床540张，在职职工538人，拥有中、高级职称卫生技术人员186名，其中正、副主任医师53人。设有10个行政职能科室，20个临床医技科室，骨科、心内科、神经外科、眼科、急诊科技术水平居同级医院前列，其中消化科、骨科、心内科、眼科是市级临床重点专科。医院设有创伤骨科治疗中心、眼病防治研究中心、医学影像诊断中心、临床医学检验中心、病理诊断中心、远程会诊中心、血液净化中心、高压氧治疗中心、体外冲击波碎石中心、内窥镜治疗中心、口腔诊疗中心、体检保健中心。

近年来，还开展了电视腹腔镜、体外碎石、关节镜、电子胃镜、肠镜、高压氧、血透等检查和治疗新技术。全院共开展新技术新项目100余项，获省、市科技进步奖10项，发表交流论文300余篇，并获得6项国家发明专利。

医院配备有进口的16排CT、DR、直线加速器、关节镜、高速螺旋CT、多功能X线机、超细胃镜、彩超、全自动生化分析

仪、电视腹腔镜、电子内窥镜、C 臂 X 光机、血液透析仪、监护仪、碎石机、高压氧舱等大型精密医疗设备,总价值 8000 多万元。

医院先后与江苏省人民医院、江苏省肿瘤医院、江苏省口腔医院、南京市鼓楼医院、南京市儿童医院、南京市胸科医院等省级医院建立了业务协作关系,依托省级医院的人才、技术、品牌等优势,不断提高整体医疗质量和技术水平,三个文明建设得到了协调发展,社会满意度一直在 90% 以上,荣获了江苏省文明单位、社会公众信得过单位、淮安市诚信单位、双拥工作先进单位、职业道德建设先进单位、思想政治工作先进单位、争当五好职工先进单位及职工思想政治工作先进单位等荣誉称号。

为适应全县城区东扩和人口增长后人民群众的医疗保健需求,从 2009 年 3 月份启动整体迁建项目,项目位于盱眙县经济开发区洪武大道 40 米以东、甘泉路 24 米以北、宝山路 24 米以南区域,占地面积 160.6 亩,按照现代化医院建设标准设计,总投资 4 亿元,其中一期工程投入 2 亿元,建设门急诊大楼、外科住院大楼、感染病区及相关辅助用房,总建筑面积约 7.1 万平方米,2012 年 12 月竣工。二期工程投入 2 亿元,建设内科住院大楼、教学综合楼、康复中心等设施,建筑面积约 5.8 万平方米。

盱眙县中医院

是一所集医、教、研于一体、服务功能健全的二级甲等中医院,目前已成为南方医科大学附属医院、南京中医药大学及安徽中医药大学教学医院,是河南省洛阳正骨医院合作医院、东南大学附属中大医院盱眙心脏病诊治中心、江苏省骨质疏松防治体系盱眙协作组,并与江苏省人民医院等多家三级医院建立了广泛的合作关系。

医院现有职工 730 人,其中专业技术人员占 85%,副主任医师以上职称的医疗专家 35 位,硕士生导师 2 名、硕士研究生 24 名、博士 1 名。开设临床和医技科室 25 个,专科、专病门诊 23 个,实际开放床位 800 张,设立了血透中心、肿瘤治疗中心、康复中心、体检中心、微创中心、介入治疗中心。医院的脑病科、肝病科、肛肠科、骨伤科、妇科被确立为淮安市中医临床重点专科。医院先后引进美国 GE 大平板数字化血管造影机、磁共振、螺旋 CT 机(2 台,其中飞利浦十六排螺旋 CT1 台)、DR(2 台)、彩超(4 台)、腹腔镜、椎间盘镜、电子胃肠镜、全自动生化分析仪、高压氧舱、血透机(18 台)、心电工作站、纤维支气管镜、纤维胆道镜、肺功能测定仪、膀胱镜、输尿管镜、前列腺气化电切镜、超声电导前列腺治疗仪、宫腔镜、骨质疏松治疗仪、骨密度检测仪、热化疗灌注机、内生场肿瘤热疗仪、直线加速器、钼铑靶 X 光机、drager 麻醉机、麻醉深度多参数监护仪等一大批国内外先进医疗设备并投入使用,极大地满足了临床需求,提升了诊疗水平。

医院现拥有功能健全、设施一流的 23 层综合大楼及外科楼、急诊医技楼,设置装备先进的层流手术室,并推出家庭化产科病房及苏北独有的空姐式服务病区、无陪护病区。医院竭力倡导"爱心　奉献　求精　创新"的服务精神,并创立"全院全员、全心全意、全面全程"的服务体系,全力打造"苏北一流中医院"。

盐　城　市

盐城市第二人民医院

暨盐城市肿瘤医院是全市唯一的一所肿瘤专科医院,是江苏省肿瘤医院盐城协作中心、盐城市肿瘤防治研究所。在肿瘤治疗方面,设有肿瘤外科、肿瘤内科、肿瘤放疗科、肿瘤介入科等科室,在全市率先组成肿瘤会诊中心,"三堂会审"综合治疗肿瘤,治疗水平全市领先。

医院科室齐全,现开设 15 个病区,12 个医技科室。医院肿瘤放疗科和肿瘤内科是市级临床重点专科。肿瘤放疗科是全市规模最大、设备先进、技术一流、功能齐全的放疗科基地。肿瘤内科积极开展新技术、新项目,形成了多途径化疗综合性治疗肿瘤的科学模式,如开展的电化疗、时辰化疗、微量泵持续输注、热疗、四联疗法治疗肿瘤疗效好,副作用小。肿瘤外科正常开展各种常见病,多发病的诊断和手术治疗,普外科在全市率先开展无血肝脏肿瘤切除技术,治疗各部位肝癌,肝血管瘤、肝囊肿均取得满意疗效。胸外科在苏北率先开展肺癌、肺切除、肺气管袖状切除,对食管中、上段肿瘤、肺癌手术治疗处于市内先进水平。

设备先进,拥有 1000 余万元的美国医用直线加速器 2 台,百万元以上设备有:X—刀、三维适形治疗系统、超声刀、肿瘤热疗仪、螺旋 CT 等,还配有前列腺等离子电切镜、彩超、电子胃镜、奥林巴斯纤维支气管镜、日产全自动奥林巴斯生化分析仪、日产全自动血球计数仪、美国全自动时间分辨免疫分析系统、荧光定量 PCR 分析系统、肿瘤组织培养药敏检测系统等一大批高科技医疗设备。

作为省肿瘤医院的协作中心,由省肿瘤医院每月两次定期派专家亲诊,提高了医院在肿瘤诊治和科研方面水平,盐阜肿瘤患者不出盐城就能享受省城专家高水平的诊疗。

盐城市第三人民医院

暨盐城市红十字医院创建于 1946 年,现为东南大学医学院附属盐城医院、南通医学院和江苏省职工医科大学教学医院,与上海市胸科医院、上海中山医院、上海长征医院、北京天坛医院合作成立了心脏外科技术交流中心、介入治疗中心、心脏电生理治疗中心和脊柱伤病交流中心、神经外科技术交流中心。

盐城市第三人民医院占地面积 133 亩,建筑面积 58000 平方米,资产总值 2 亿元。全院在职职工 670 人,高级职称 78 人、中级职称 280 人。床位数实际开放 1000 余张,设 30 多个临床科室、10 多个医技科室、16 个病区、两个分院。年诊疗总人次 45 万左右,收治住院病人 1.5 万余人次。医院现有 1.5T 磁共振成像装置、多排螺旋 CT、DSA、准分子激光机、彩色多普勒超声诊断仪、关节镜、人工肾、1000mAX 光机、电子胃镜等万元以上高新诊断、治疗、监护设备 200 多台(件)、设备总值 7000 万元。

盐城市第三人民医院南院是市、区两级政府的重点民生工程,也是为适应城市向南发展的实际需求,拓展医院新的发展空间,解决南城区广大群众就诊难的重要举措。南院地处盐城新区,占地面积66亩,建筑面积近10万平方米,是一所设施一流、环境优美、功能齐全、具有三级医院标准和规模的现代化综合性医院。南院总投资5.5亿元人民币,严格按照卫生部三级医院建设标准,实行统一规划、整体设计、分期施工,建筑面积5000平方米的一期工程肿瘤治疗中心于2005年建成并投入使用。病房楼、门急诊楼、医技楼建设于2007年2月开始全面展开,2010年9月南院建设全部完成。南院病房楼14层(其中地下2层),建筑面积5万平方米,开放床位800张(其中:ICU19张、NICU18张、CCU7张),另有98张血液净化中心床位,病房楼除每个病区均有一间贵宾病房外,12层专设VIP病区,满足不同层次患者的特殊需求;门急诊医技楼7层(其中地下2层),建筑面积3.5万平方米,并设有350个停车位,能够满足日门急诊量2500人次的需求。南院医疗设备的配置,在配足三级医院必需设备以及部分设备与北院共享的基础上,除现有的多排螺旋CT、23EX直线加速器、数字化X线摄片系统(DR)、彩色多普勒超声诊断仪等大型设备外,还将购置3.0T核磁共振、大型平板血管减影造影仪(DSA)、SPECT/CT融合机、256排极速CT等高精的尖端设备,其硬件设施及住院条件都将在全市处于领先的位置。南院与北院作为三院的两个院区,采用整体统一管理、相对独立运营的模式,南北两院各有侧重、错位发展、良性竞争、资源共享。南院的技术人才队伍与北院统一调度,合理使用,医疗技术水平与北院同步。为了实现南院在更高的起点上更好更快地发展,南院的技术人才于数年前就开始储备,除原有的部分学科带头人连同他们的团队整体移到南院外,医院还通过人才市场、公开招聘等多种形式引进了一大批不同层次的卫生专业技术人才,目前各临床专科已建立起比较合理的人才梯队。南院的人才培养和引进工作仍在继续进行之中,人才队伍将得到不断充实和加强。

南院科室设置齐全,门急诊、医技科室与北院对应,实现基本病种的全覆盖。南院共有20个病区,其中心脏外科、肾内科(含血透中心)、神经外科、肿瘤科、血液科等重点成熟科室由北院整体迁至南院,北院的神经内科、普外科、骨科各迁一个病区到南院,新建心血管内科、介入科、内分泌科、妇科、产科、儿科病区,并设立康复医学病区,新成立血管外科、核医学科,同时将进一步加强放疗科建设,此外还设置综合内科病区、综合外科病区。为了确保南院的技术优势,快速提升医疗技术水平,除了在神经外科领域进一步加强与天坛医院的协作外,还将与上海瑞金医院、上海市肺科医院在心脏外科和肺癌的诊治等方面展开更紧密的交流与协作,借助这些国内一流医院的平台,更好地推进南院的发展。

南院开诊后,市三院的病区总数达40个,开放床位1600张,总建筑面积14万平方米。南院的建成投入使用,不仅是医院整体规模的快速扩张,更是服务能力和技术水平的全面提升,全院职工将进一步传承医院的优良传统,不断弘扬三院60多年深厚的医院文化,积极创新医院的发展模式,为广大人民群众的健康事业和地区社会经济发展做出更大的贡献。

医院开展的新技术、新项目有多项获得省级科技进步奖。心外科成功开展了体外循环心内直视手术400多例,并成功开展了心脏不停跳冠状动脉搭桥术3例;介入放射中心先后开展各种介入手术2000多例;泌尿外科开展同种异体肾移植手术获得成功。心内科开展了冠状动脉造影和支架放置、房间隔缺损封堵术;神经内科开展了脑血管畸形支架放置术;普外科成功开展了我市首例肝移植手术。其它各临床专科都不断开展新技术新项目,形成各自的专科特色。其中介入中心为市医学重点学科,心血管内科、心胸外科、骨科、神经内科、肿瘤内科、消化内科、超声诊断室为市临床重点专科。

医院在不断深化改革的过程中,三个文明建设取得了可喜的成就,连续多年被评为省、市"文明单位",被国家卫生部授予"全国卫生先进集体"称号,还被盐城市民评为市区"最佳医院"。

普外科创建于1946年,开展了盐城地区第一例阑尾切除手术,经过60多年的发展,几代人的努力,目前已形成专科特色鲜明,学历层次高,人才梯队合理,设备精良,技术优势突出的专科。

内分泌科成立于1986年,经过20年的发展,现有专科医师11名,其中主任医师1名,副主任医师4名,在读硕士研究生5名,设有床位42张。

神经内科现有专科医师11名,其中主任医师1名,副主任医师4名,硕士研究生3名。病区开放床位42张,另设有专科门诊、视频长程脑电监测室、肌电图诱发电位室、神经康复中心。近年来,新技术、新项目不断开展,科研工作取得成效。如癫痫病诊治、微创治疗颅内出血性疾病、神经介入治疗、肌电图诱发电位的临床使用等在全市均处于领先地位。

在科研方面,《电解可脱微弹簧圈栓塞治疗脑动脉瘤破裂出血》获市卫生局科研立项,《微创清除术治疗颅内血肿效果及效益再评价研究》作为参研单位获卫生部科技教育司立项,《短暂性脑缺血MRI弥散成像研究》、《磁共振新技术在急性脑梗死中的应用》、《水蛭素脑出血灶内用药脑水肿变化的临床研究》、《Hunt-HessⅢ级蛛网膜下腔出血、破裂动脉瘤栓塞治疗》获市科技局科研立项。《微创术治疗硬膜下血肿》和《A型内毒毒素治疗面肌痉挛》获市卫生局新技术引进二等奖。《半球脑出血微创术后脑水肿观察》获得市政府科技进步二等奖,近3年在省级以上杂志发表论文20余篇。

肿瘤科创建于1990年,经过10多年的发展,该科已形成具有一定规模、技术优势明显在市内外具有较高的知名度的专科。现有主任医师1名,副主任医师4名,硕士研究生2名。专科床位42张,床位使用率超过100%,专科年门诊病人达3000余人次,年收治病人达1500人次以上,对疑难肿瘤疾病的诊治有较高水平。2004年被市卫生局评为市级临床重点专科。

消化内科创建于1982年,经过近30年的发展,目前已成为人才梯队合理、设备精良先进、技术优势突出并在市内享有较高知名度的临床专科。现有专科医师9名,其中主任医师2名、副主任医师3名、硕士研究生2人。专科床位36张,床位使用率超过90%;年专科门诊病人25000多人次,年收住病人1200多人次;年胃镜检查8000多人次,肠镜1000多人次,胰十二指肠镜100多人次。配有奥林巴斯JF-260型电子胃镜、电子十二指肠镜,富士能400型电子胃镜、88型电子胃镜、88型电子肠镜、14C-尿素呼气试验检测仪。

心血管内科成立于1973年,经过30多年的发展,该科已形成具有一定规模、专科特色鲜明、人员梯队整齐、设备精良先进、技术优势突出的临床专科,在全市及周边地区享有较高的知名度,2002 年被市卫生局评为市级临床重点专科,2007 年被市卫生局评为市级医学重点学科。现有独立病区一个,床位 42 张,拥有专科医师 13 名,其中主任医师 4 名,副主任医师 2 名,在读博士研究生 1 名,硕士研究生 4 名。专科年门诊病人 2 万人次,年出院病人 1700 人次。有 CCU、DSA 室、心超室、电生理实验室。近 5 年开展新技术新项目 30 多项,有 12 项填补市内空白,6 项科研成果获市政府科技进步奖及新技术引进奖,承担省级科研课题项目 1 项,市级科研课题项目 10 项。在国家级核心期刊杂志发表论文 6 篇,省级杂志论文 20 余篇。

医学检验科,现有专业技术人员 31 名,其中副主任医师 1 名、主管技师 19 名、硕士研究生 1 名,本科生 14 名,其中在读研究生 9 名。科室人才梯队合理,平均年龄 35 岁。

儿科创建于 1963 年,经过 40 多年的不懈努力,现已发展成为专科特色强,业务范围广,技术水平高的知名专科。2005 年被市卫生局评为市级临床重点专科。本专科开放床位 31 张,其中 NICU10 张;拥有专科医师 15 名,其中主任医师 2 名、副主任医师 3 名,在读研究生 2 名。年门诊就诊人次达 3 万多,住院病人 2300 人次左右,本科设有呼吸、消化、新生儿儿保、肾脏、神经、心血管等专家门诊以及哮喘、肥胖、矮小、多动、癫痫等专病门诊。

骨科创建于 1974 年,经几代医务人员的长期不懈努力,现已发展成为技术力量雄厚,总体水平居市内领先,融医教研一体,以脊柱、关节、创伤、手外、骨病为特色的专业学科。近年来,科室规模不断壮大,综合实力逐步提高,医疗设备齐全,人才梯队合理,2004 年被市卫生局评为市级临床重点专科。

超声诊断室创建于 1984 年,现有专科医师 8 名,其中副主任医师 1 名、主治医师 4 名。年检查超声人次近 5 万人。拥有日本产东芝阿波罗彩超诊断仪一台,美国产 HP－5500 型多功能彩超仪一台,美国产 ATL 超 9 型彩超诊断仪二台,其中美国 HP－5500 多功能彩超仪为目前世界上最先进的彩超诊断仪之一。经过二十多年的发展,已具有较高的知名度,2002 年被市卫生局评为市级临床重点专科。

盐城市第四人民医院

创建于 1959 年,为一所具有三级精神病专科医院与二级综合医院规模的市直全民事业单位。全院总占地面积 74 亩,总建筑面积 27500 平方米,其中医疗业务用房 22000 平方米。医院总资产近亿元,现有 3 个医疗区:⑴医院本部;⑵医院新区;⑶城中分部。医院实际开放床位 320 张。现有职工总数 386 人。其中卫技人员总数 284 人,具高级职称 42 人,其中主任医师 12 人,副主任医师 22 人。

医院设精神科、心理咨询、急诊科、内、外、妇、儿、口腔、五官科、中医科等科室。

盐城市临床重点学科:神经科、精神科。

盐城市临床重点专科:神经科、精神科。

特色专科:中西医结合消化道肿瘤专科、康复科、老年科、心理科、疼痛科等。

主要大中型医疗设备有美国 GE 全身螺旋 CT、日本东芝彩超、电子胃镜、高压氧舱、全自动生化分析仪、PCR 仪、无线蓝牙动态脑电检测仪、经颅多谱勒超声检测仪、视频长程脑电监护系统、脑诱发电位仪、神经电图仪、神经中央监护系统、肌电图仪、生物反馈治疗仪、睡眠分析系统等 40 余件。

经省卫生厅批准成立"盐城市心理咨询中心";经省司法厅批准设"司法鉴定所"。司法鉴定所从事法医临床、法医精神病鉴定业务,有法医临床鉴定执业资格人员 11 人、有法医精神病执业资格鉴定 9 人。

经市发改委立项新征土地 45 亩,新建 1.4 万平方米的病房楼及 3000 多平方米的社区卫生服务楼,使医院新区初具规模。医院承担科研和教学任务,已承担省、市人民政府和市卫生局科研项目 50 多项,荣获省、市科技进步奖、医学新技术引进奖等 40 多项。主编医学专著 20 多部,多项技术填补苏北及市内空白。现具有市级重点专科与市级重点学科各两个;市级特色专科 1 个。8 人入选江苏省"333"人才工程、盐城市"111"人才工程、市局"135"工程及"135"工程培养对象;数人获"市有突出贡献的中青年专家"、市"十佳科技工作者"、市"优秀知识分子"等称号,40 多人承担临床教学和带教任务。医院以优质服务、优良秩序、优美环境多次获市委、市政府、市卫生局"文明单位"、"文明医院"、"花园式医院"称号,荣获全国管理创新"模范医院"、权威媒体社会调查"盐城市公众信赖医院"和"淮海经济区优秀医院"、盐城市"无红包医院"称号。

盐城市口腔医院

(江苏省口腔医院盐城分院)是市直六所医疗机构之一,是市区唯一的口腔专科医院。经过二十多年的发展壮大,现已成为集医疗、教学、科研、预防为一体,以临床医疗为特色的口腔专科医院,是市直、亭湖、盐都、开发区医保定点单位,经过多年的努力,医院的各项工作已取得可喜的成绩,诊疗环境有了明显的变化,诊室明亮宽敞,就诊环境幽静怡然;并于 2008 年成为江苏省口腔医院盐城分院。关注口腔健康,追求完美是该院医疗服务的一贯目标。

医院(北院)现位于盐城市商业中心,商业大厦旁,(南院)位于盐城市交通主干道解放南路 143 号。目前设病床和口腔综合治疗台计 80 台套,年门诊量近 8 万人次,医院在职职工 120 余人,临床医生均为口腔专业院校毕业,并先后经过国内著名口腔医学院校进修深造,理念先进、技术精湛、经验丰富,其中高、中级专业技术人员近 30 人,医院科室齐全,设有口腔内科、口腔综合科、牙周粘膜科、口腔颌面外科、口腔修复科、口腔正畸科、口腔综合科、口腔种植中心、显微超声治疗中心、五官科等临床科室,其中口腔正畸科为盐城市口腔临床重点专科。

医院以保存牙齿(牙体牙髓病、牙周病的诊治)、恢复功能和美观为目标,以种植牙、各类烤瓷牙、铸造牙、隐形义齿、牙齿美白、矫治儿童和成人牙列不齐(正畸治疗),口腔颌面部创伤、肿瘤、先天性或后天性畸形的手术治疗为主干业务。目前种植牙、无痛治疗拔牙、显微根管治疗、冷光漂白、超声喷砂洁牙、直丝弓固定矫正技术等服务项目已成为我院特色服务,其中,种植牙、显微超声技术、冷光漂白和全程无痛治疗为全市独家技术。

医院拥有先进的专业设备,美国进口牙科综合治疗台、kavo种植机、根管显微镜、超声根管治疗机、喷砂超声波洁牙机、口腔锥形束CT、数字化口腔曲面断层头颅X光全景机、CCD数码成像牙片机是省内目前最先进的牙科专用X光设备,德国进口的口腔瞬间消毒柜可有效杀灭口腔医疗器械上的微生物,特别是手机钻头、洁牙探头上的乙肝病毒、艾滋病毒,一次性口腔无菌器材的使用,使口腔治疗更合乎卫生要求,有效防止各种传染病的入侵。

地址:南院——盐城市解放南路143号(BRT直达)

北院——盐城市建军中路166号

盐城市妇幼保健院

创建于1986年,是一所设备先进、技术精湛、服务优良、环境舒适、集医疗、保健、教学、科研、培训为一体的,为全市广大妇女儿童服务的专科医院,是全市妇幼保健技术指导中心、新生儿疾病筛查中心、生殖医学中心、产前诊断中心。1993年10月在全省首批被国家卫生部、联合国儿童基金会和世界卫生组织授予"爱婴医院"光荣称号,1999年以来连年被评为省、市级"文明单位"。

医院现有职工425人,其中卫技人员351人,高级技术职称人员56名,中级技术职称人员120名,荟萃了一批知名专家,在全市乃至全省都享有较高声誉。开设的科室齐全,临床科室主要有妇科、产科、儿内科、儿外科、新生儿科、内科、外科、中医内科、中医妇科、乳腺科、麻醉科、五官科、口腔科、眼科等科室;医技科室主要有医学影像科、检验科、病理科、药剂科、遗传疾病诊断实验室等;保健科室设有妇保科、儿保科、婚保科、社区保健科等科室。其中产科、妇科、儿科分别被评为市级重点专科和重点学科,拥有全市唯一的新生儿重症监护病房及全市唯一的儿外科。能够开展妇科尿瘘修补术,外阴癌、宫颈癌、卵巢癌、子宫内膜癌、阴道癌根治术及阴道成形术等各种高难手术,男女不孕症的治疗达到国内先进水平,妇科系列微创诊疗技术和助孕技术填补了盐城市的空白。2005年9月,在市经济开发区建立了"盐城经济开发区人民医院"(分院),作为盐城经济开发区唯一的一所公立综合性医院,以精湛的医技、先进的设备、热情周到的服务赢得了开发区广大人民群众的信赖。

为适应广大妇女儿童医疗保健的需求,医院开展了妇幼保健一体化服务:从早孕来院建卡开始,对其孕期保健、住院分娩、产后康复、儿童保健等进行跟踪服务。医院还开设了导乐分娩、无痛分娩、家庭化分娩、产后访视、婴儿沐浴、胎心鼓乐、新生儿游泳、新生儿抚触、儿童早教、儿童保健评价与指导管理系统等特色服务项目。为了进一步加快专科医院的建设和发展,医院坚持走小综合大专科的办院方向。

盐城市级机关医院

在南城河路6号,主要从事项目为:为人民身体健康提供医疗与护理保健服务,中西医内科,外科,儿科,五官科,口腔科,医学教学研究,注册资本683万元,在职员工46名

所属行业	医院
成立时间	1988年6月21日
经营类型	行政事业单位
经营范围	为人民身体健康提供医疗与护理保健服务,中西医内科,外科,儿科,五官科,口腔科,医学教学研究

东台市人民医院

创建于1950年6月,至今已有60余年的历史,占地面积64461平方米,建筑面积46404平方米,院内建有七层的门诊楼、四层的急救中心、十九层的住院大楼和壹万多平方米的绿化庭院。

东台市人民医院是一所颇具医、教、研规模的综合性医疗服务中心、南通大学医学院附属医院、南京医科大学教学医院、江苏大学医学院教学医院。全院计有42个临床医技科室、1208名职工,其中高级职称122(正高33人,副高89人)人,中级职称282人,南通大学医学院兼职教授、副教授25人,江苏省"333工程"培养对象、盐城市"111工程"培养对象及享受政府特殊津贴的专家12人。拥有进口螺旋CT、MIR、DSA、彩色超声波、电子胃肠镜、全自动生化分析仪等100多台(套)大型设备。医院管理信息化,HIS、RIS、LIS、OA、PACS等系统正常运行。总投资超亿元的19层现代化住院大楼集临床、康复、休闲为一体,配备中央空调系统、10KV变供电系统、中心供氧系统、中心吸引系统、床头传呼系统、安全监控系统等。设有19个病区、760张床位和标准的层流净化手术部、重症监护中心、冠心病监护病房等。专设肿瘤放疗中心,拥有德国进口的西门子数字化医用直线加速器和美国拓能公司最新的"X—刀"等先进肿瘤治疗设备。普通病房内洗漱、沐浴、卫生洁具等配套设施齐全,特需病区条件更为优越。功能、设备齐全的健康体检中心,以"关注健康、呵护生命"的全新理念,为群众提供保健服务。

东台市人民医院先后获得"全国卫生系统先进集体、江苏省十佳医院、江苏省文明单位、盐城市文明单位、盐城市先进基层党组织、东台市文明标兵单位"等荣誉。经专家评审,2005年获江苏省卫生厅授予"基本现代化医院"称号,成为全省长江以北地区二级医院中的第一所基本现代化医院。2007年获盐城市卫生系统行风建设工作先进集体。

东台市中医院

是一所以中医为主、中西医结合、集医疗、科研、教学和预防保健于一体的综合性中医院。先后多次被评为省、市文明医院和东台市文明单位,并获得全国卫生文明先进集体称号,是江苏省首批二级甲等中医医院和江苏省高校实习基地。该院现编制床位200张,在职职工250人,其中卫技人员224人,中、高级技术职称人员114人,设内、外、妇、儿、眼、五官、口腔、骨伤、肛肠、针灸、推拿、理疗、妇产、传染、急诊等临床科室和检

验、放射、病理、CT、超声、内窥镜、药剂等医技科室。1998 年该院与中国中医研究院眼科医院联合创办的东台市眼科医院，是全市的眼科医、教、研中心和盐城市中医重点临床专科，可独立开展超声乳化治疗白内障、视网膜剥离术、眼科美容等手术。中医治疗眼底病是该科的特色，。耳鼻咽喉科 2001 年被评为盐城市中医重点临床专科，率先在全市开展鼻窦镜电视监控下鼻腔、鼻窦功能性手术，纤维喉镜下手术，微波治疗鼻腔疾病及鼾症的腭咽成形术，并常规开展耳鼻咽喉科各项手术。

长期以来该院以中医为主，中西医结合形成了自己的业务特色；崇尚服务至上的理念，一切以病人为中心，在本地区有良好的社会影响。眼科、耳鼻咽喉科、妇科、肛肠科等重点专科市场占有份额在本地占 50% 以上，头颅外科、微创外科、头颈肿瘤外科方兴未艾。医院发展方向是发挥中西医结合优势，强化专科建设、实施名医、名科、名院战略，一手抓治疗，一手抓康复，不断拓展医疗市场。

医院设备：该院除拥有常规的医疗设备外，近年来投资购买了德国西门子 CT 扫描仪、美国惠普全身彩色 B 超、500mA 带电视 X 光机、日本潘太克斯彩色电子胃镜、C 臂 X 光机、贝克曼 CX50 全自动生化分析仪、SYSMEXXT—1800R 五分类流式细胞分析仪、BC2200 三分类血球分析仪、美国爱尔康超声乳化治疗仪等大型设备 50 多台(件)，且和上海远程医疗与教育网络研究中心建立并开通远程医疗会诊系统，在两地可进行可视式问答交流和病史资料、影像、心电等资料的处理和传输。新建 7000 多平方米的病房大楼，配备中心供氧、中心传呼、背景音乐、电视电话、微机网络、电视监控等现代化设施。

医院地址：东台市北关路 6 号。

大丰市人民医院

是一所技术力量雄厚、专业和设备齐全的二级甲等综合性医院，是全市医疗、科研、教学的中心。除为大丰人民提供医疗服务外，服务能力还辐射至邻近市县部分社区，并为基层及民营医院培养了大批医疗、护理人员。

医院编制床位 360 张，实际开放 500 张。在职人员 580 名，各级各类专业技术人员 475 名，其中高级职称 123 人，中级职称 228 人。开设消化、心血管、肝胆、传染、呼吸、妇科、肿瘤、神经内科、泌尿等临床医技科室三十九个，其他泌尿科、耳鼻喉科、呼吸科为盐城市重点专科，病区十二个。近几年来，医院投入四千多万元先后购进核磁共振、双排螺旋 CT、岛津数字胃肠机、彩色 B 超、全自动生化仪、全自动酶免仪、全自动五分类血球仪、全自动血凝仪、腹腔镜、血液透析机、电子胃镜、电子结肠镜、动态心电图监护系统、肺功能仪、纤维支气管镜、呼吸机、纤维喉镜、心电监护仪、脑彩超、麻醉机、R500 拍片机、C 形臂 X 光机等进口大型高档医疗器械。

大丰市第二人民医院

是以精神卫生专科为主的综合性医院，2008 年底在编职工 105 人，其中卫生技术人员 77 人，医师 50 人，高级职称 8 人，中级职称 35 人，职能科室 8 人，医技科室 5 个，临床专科 15 个。医院现有大型医疗设备有：彩色 B 超、500MAX 光机、电子胃镜、电子肠镜、全自动生化分析仪、全自动血球仪、免疫酶标仪、进口切片机、进口血液透析机、血液滤过机、全自动透析器复用机、全导心电图、24 小时动态心电图、24 导脑电图、全自动呼吸机、监护仪等先进医疗设备。医院实际开放 100 张，2008 年全年门急诊人次为 71989 人次，住院病人实际占用床日 34433，出院病人数为 2500 人，平均住院天数为 13.8 天，全年总收入为 1240 万元。

医院地址：江苏省大丰市人民北路 342 号

大丰市中医院

创建于 1958 年，现有床位 300 张，拥有中医、西医、中西医结合三支技术队伍，有卫技人员 280 人，其中高中级卫技人员 138 人。

医院设有临床一级科室 20 个，二级科室 19 个，专科门诊 8 个，医技科室 8 个，门诊设有急诊科、内科、外科、妇科、儿科、眼科、耳鼻喉科、口腔科、骨伤科、针灸科、推拿科、理疗科、皮肤科、痔科、结石科、放射科、检验科、病理科、功能科、CT 室、血液透析室等二十多个科室，其中骨伤科、推拿科、针灸科、结石科及痔科是该院特色科室，在市内外有较高的知名度。擅长诊治肝病、肾病、肿瘤、哮喘、胆石症、癫痫、中风、关节炎、颈椎病、腰腿痛、前列腺疾病、消化道疾病和心脑血管疾病，并建有相应专科。对于各种复杂骨伤的手术整复、夹板技术的运用、中药促进愈合以及小儿麻痹症后遗症的手术矫形等均具有较高水平；结石科多年来致力于中药散剂溶石、排石的药效研究，“二甲溶石散治疗泌尿系结石”的科研课题获盐城市科技成果进步奖；“双参血芪散治疗Ⅱ型糖尿病”获北京、香港国际传统医药大会创新发明金奖。由于大胆实行剂型改革，运用中药散剂治疗现代难治病，特色显明，疗效卓著，逐步被患者了解、接受和喜爱。该院在注重祖国医药传统的基础上，不断扩大业务范围，眼科开展白内障人工晶体植入术，与上海、南京等地“三甲”医院联合开展胸外、脑外等手术，以不断增强医院市场竞争力。

为强化医院服务功能，探索改革新路子，实行资源共享、优势互补，医院先后组建了两个医疗联合体，即与上海医科大学生物力学研究所联合组建大丰市心脑血管病防治中心；与本市 13 个乡镇(中心)卫生院联合组建“大丰市杏林医疗集团”，在大丰市政府和卫生局领导下，以中医院为龙头，积极开展创建省级农村中医工作先进(市)县活动，加强乡村两级医疗机构的中医建设工作。四十年来，医院重视专科建设，科技兴院，充分发挥中医药的优势，在治疗肾病综合症、慢性肝炎、肝硬化、肝胆结石、糖尿病、子宫肌瘤等方面独树一帜，同时医院外科正常开展脑、胸、腹部、骨骼、妇产、眼、口腔、耳鼻喉等手术。

医院拥有东芝原装进口 16 层 CT、东芝多功能数字胃肠机、日本佳能平板 DR、芬兰 PLANMED 乳腺钼靶机、彩色 B 超、脑彩超、动态心电图机、电子胃镜、电子肠镜、全自动生化仪、血球计数仪、尿液分析仪、全自动生化分析仪、激光机、光量子血疗仪、进口全自动尿液分析仪、模拟血栓仪、进口彩色 B 超、24 小时动态心电图机、电子阴道镜、乳腺工作站、脑彩超、纤维胃镜、肠镜、全电脑控制三维牵引床等先进设备。中药饮片实行自动煎煮。

医院与江苏省中西医结合医院、南通肿瘤医院、上海市第一人民医院、上海医科大学生物力学研究中心建立了长期技术合作关系，常年有知名专家教授到该院坐诊。

建湖县人民医院

创建于1948年5月，是一所装备先进、技术配套、科室齐全、环境优雅，集医疗、教学、科研为一体的综合性二级甲等医院。全院现有正式职工486人，实际开放病床340张，年门诊量超过18万人次，住院病人9000余人次。医院现有高级技术职称61人，中级技术职称172人，兼职副教授5名，兼职讲师15名。心内科、微创外科为盐城市重点临床专科，骨科为盐城市重点学科。

作为扬州大学医学院和南通医学院两所高等院校的教学基地，医院高度重视科研教学和新技术开发工作，近5年来先后荣获省卫生厅科技进步奖5项、全省新技术引进奖4项，市级科技进步奖4项、县级科技进步奖30余项，并取得了丰硕成果。

医院正常开展肿瘤放、化疗、人工心脏起搏器安置、射频消融治疗室上性心动过速、内镜下食管静脉结扎术、食管狭窄扩张及内支架置入术、十二指肠镜下经乳头切开取石术、显微外科手术、颈椎前径路手术、椎间盘镜髓核摘除术、胸腔镜肺大泡破裂修补术、胰腺癌根治术、脑出血微创外科治疗、腹腔镜胆囊切除术、口腔颌面肿瘤切除术并达到同级医院先进水平。睡病诊疗技术是苏北地区首家开展这项诊疗业务的医院。

拥有中高能直线加速器、核磁共振、多层螺旋CT、800mA数字胃肠机、全自动生化分析仪、超声系列诊断仪、系列电子内窥镜、体外碎石机、血透机、动态心电图、脑地形图、血气分析仪、肺功能检测仪、多功能呼吸机、腹腔镜、胸腔镜、椎间盘镜和前列腺汽化镜等先进设备。

医院地址：建湖县人民南路275号。

建湖县中医院

是一所集医疗、教学、科研、急救、保健、康复为一体，且形成较大规模，中医特色明显、中西医结合并重发展的二级甲等综合性中医医院。城镇职工医疗保险、农村合作医疗定点医院、中国健康扶贫工程定点医院，省中医药局中医“治未病”重点试点单位。省、市、县文明单位，省卫生行风建设先进集体，2005年成为南京中医药大学教学医院。

医院现有职工315人，其中卫技人员262人，高级职称41人，中医、中西医结合专业硕士研究生10名，拥有省“333”、市“135”、市“111”工程人才10名，享受市政府特殊津贴专家2名，市“名中医”3名。设有急诊科、中医内科、普内科、心血管内科、消化内科、神经内科、肿瘤科、呼吸科、肝胆病科、内分泌科、中医儿科、儿科、中医外科、脑外科、骨外科、胸外科、普外科、泌尿外科、显微外科、中医妇科、妇产科、康复科、针灸科、推拿科、理疗科、肛肠科、麻醉科、血液净化治疗中心、口腔科、眼耳鼻喉科、皮肤科、高压氧治疗中心等临床科室。医技科室有影像科、检验科、功能科、内窥镜中心、病理科等。开放床位300张，设有11个病区。心血管内科、脑血管病、中医肝胆、消化内科为盐城市重点临床专科，2008年5月份成立江苏省中西医结合学会心脑血管病研究中心，2010年9月份与东南大学附属中大医院合作建成心血管病研究中心。

医院现有固定资产8000余万元，年门急诊量15万人次，年出院病人8000余人次，业务收入近6000万元。拥有DSA、核磁共振、螺旋CT、DR、CR、数字化医用诊断800MAX光机、电子胃镜、肠镜、膀胱镜、腹腔镜、彩超、心电工作站、全息动态心电图、动态血压、全自动生化分析仪、高压氧舱、制氧机、妇科聚焦治疗仪、熏蒸床等大中型医疗设备百余台(套)。包括ICU在内的十一个病区全部配备中央空调。占地面积8322.7平方米，建筑面积19020平方米，1幢5层的门诊楼和2幢7层基本现代化标准的住院楼呈“E”字形相连，庭院花木掩映、四季常青，宾馆化的休养环境，人性化的服务设施，彰显出现代化医院特征。医院科研成绩突出：出版学术专著10部，发表论文400余篇，获省厅、局科技进步奖2项，市政府科技进步奖11项，县政府科技进步奖17项，29项科研课题获省、市立项。

建湖县第三人民医院

始建于七十年代中期，医院现有高、中、初级卫生技术人员八十余名，是一所医疗设备较全、技术力量较强的县级综合性医院。

医院设有内科、外科、妇产科、儿科、肛肠专科、针灸推拿科、理疗科、小针刀专科和放射、检验、B超、心电图等辅助检查科室，并根据人们对健康新需求，创建了“建湖县康复中心”。该中心集医疗、护理、康复、心理、生活为一体，为病员提供全方位的服务。

该院“以病人为中心，以质量为核心”、“为人民健康服务、为经济建设服务”的“两心”“两为”为宗旨，以“低收费、高质量、优服务”为目标，树立医院的新形象。

射阳县人民医院

是一所集医疗、急救、教学、科研、康复、保健等为一体的大型综合性“二级甲等医院”，1996年被世界卫生组织、联合国儿童基金会、国家卫生部命名为“爱婴医院”，2001年、2003年、2005先后成为南通大学、二军大南京医学院教学医院和上海交通大学附属第六人民医院的协作医院，连续多年获省、市、县先进集体和文明单位称号。

医院占地面积4.5万平方米，建筑面积4.4万平方米，拥有床位450张，固定资产7720万元；职工总数498人；全院设有11个病区，31个专业临床科室，13个医技科室，拥有肿瘤、腹腔镜、介入3个治疗中心和病理会诊、远程会诊2个会诊中心及1个急救中心。

医院坚持实施“人才立院、科技兴院、品牌树院”三大战略。经过多年的培养和打造，医院目前已拥有一支精英荟萃、力量雄厚的技术队伍。现有卫技人员403人，其中高级知识分子64人，中级知识分子186人，兼职教授副教授26人。医院按照“科技是第一生产力”的战略思想，积极开展医学科研，大力发展品牌专科。骨科、普外科已成为盐城市重点临床专科。普外科的胰十二指肠切除，胸外科的全肺切除，骨科的脊柱手术,妇产科的子宫癌、卵巢癌广泛根治,泌尿外科肾癌的广泛根治,以及腹腔镜、前列腺汽化电切镜、宫切镜在外科系统的广泛应用,为医院发展奠定了坚实的基础。心内科心脏起搏器的安装,神经内科的微创手术,消化内科胃镜下手术与治疗,肿瘤科的化疗与放疗,呼吸科的肺穿刺,肾内科的血透等在周边地区有较高美誉。医院除能开展"二甲"医院的各种技术项目外,还能开展三级医院技术项目44个。

在全市首家引进了射频肿瘤热疗机,先后投资1000多万元装备了世界名牌日本岛津数字胃肠机,日本欧林巴氏电子胃镜、电子肠镜、胆道镜、纤维支气管镜,日本东亚XT——1800I五分类血球计数仪,德国西门子6——15兆医用电子直线加速器,德国狼牌胆囊切除腹腔镜、前列腺汽化电切镜,美国强生妇科宫切镜及附件手术腹腔镜,美国杜邦全自动生化分析仪,库尔特全自动血球分析仪,美国纽邦200同步呼吸机,瑞典金宝AK95血透机等高档进口设备98台(件)。2005年该院又购进包括核磁、六排螺旋CT以及免疫化学发光仪、微生物鉴定和药敏分析仪、全自动血培养仪、全自动血凝仪、糖化血红蛋白仪等先进设备。

阜宁县人民医院

暨阜宁县红十字医院始建于1946年,是全县医疗、急救、教学、科研中心,国家二级甲等医院、爱婴医院、南通大学医学院教学医院、省级医保定点医院。

医院占地66.24亩,建筑面积达67300平方米,固定资产总值1.7亿。

全院在职职工605人,卫技人员510人,其中高级职称117人,中级职称218人,现有硕士研究生8人。现实际开放床位500余张,24个临床科室、10多个医技科室、15个护理单元。2008年诊疗总人次40万,收治住院人2.7万余人次,

医院现有核磁共振成像装置、螺旋CT2台、彩色多普勒超声诊断仪、全自动生化分析仪、电子胃镜、800mA胃肠机、人工肾、体外振波碎石机、C臂机等高新诊断、治疗、监护设备150多台(件),设备总值超半亿。2004年6月新病房楼及2006年8月门诊大楼先后投入使用,标志着医院的硬件设施再上一个新台阶。

医院每年开展、引进新技术、新项目20多项,并有多个科研项目获得省、市级科技进步奖和引进奖。医院除具备"二甲"医院技术水平外,还开展三级医院部分技术项目:显微矫形,断肢、指再植,脑、肝肺,胰等重要脏器肿瘤根治,人工心脏起搏器安装,放射和超声介入治疗、肿瘤动脉插管化疗、食道、气管支架置入术、椎间盘旋切术、人工晶体安装、种植牙、五官整容等。

医院有全国"五一"劳动奖章获得者1名、省劳模2名、县级以上拔尖人才22人。近年来该院积极开展科研项目,荣获部级科技进步奖1项,省级科技进步奖4项,市级科技进步奖9项,每年发表在省级以上刊物的论文有50多篇,阜宁县人民医院竭诚为患者提供"县级医院的收费标准,一流医院的星级服务"。

阜宁县中医院

建于1958年,是一所集医疗、保健、玩乐、康复、教学为一体的综合性国家二级甲等中医院,系南京中医药大学实习、教学基地。

中医院现有在职人员238人,其中高级技术职称23人,中级技术职称97人,拟新增病床200张,开设内,外,妇,儿,骨伤,五官,肛肠,针灸,急诊等绿色通道,其中肝病专科,内科,脑卒中康复治疗中心是盐埯市重点特色专科。

中医院不但中医有特色,西医发展迅速。开展普外、脑外、泌外、骨伤科的手术如胃癌、肺癌、结肠癌、妇科、妇产科等多种手术,常年与上海二军大、上海同济大学合作,开展各种手术项目。

中医院不但有古色典雅门诊大楼,还配有中央空调,中心供氧,传呼系统,手术室有洁净层流手术间等,是一栋设施完备,功能先进,宽敞舒适,环境优美的高标准住院大楼。

近几年,先后购进数字化胃肠机、德国腹腔镜,日本惠普彩色B超、日本进口电子胃镜、全自动化分析仪等大型先进医疗设备。

滨海县人民医院

创建于1946年,已经走过60多年的光辉历程,在党和政府的领导下,医院从小到大、从弱到强,各方面建设和发展都取得了令人瞩目的成就。如今,无论是医疗环境、医疗技术、医疗服务,还是在创造人文医院方面都做出了很大成绩。滨海县人民医院规模大、实力强、设备全、技术精,是全县唯一获得国家"二级甲等"综合医院、"爱婴医院",是南通大学和二军大南京军医学院的教学医院,江苏省盐城市司法鉴定所。拥有一大批高、中级技术骨干,医疗、行政机构健全合理,现已成为功能比较齐全,具有一定经济基础和物质条件的县级综合医院。

医院占地面积5.8万平方米,建筑面积5.7万平方米,资产总值超亿元。有高级职称62人,中级职称254人,研究生6人,本科学历145人,核定床位280张,年门诊20多万人次,年住院病人超万人次,设17个临床科室,20个医技科室,15个职能股室,卫校一所,有医疗业务用房38000平方米,先后添置进口彩色B超2台、血透仪3台、新生儿监护设备、中心监护仪、心脏工作站、电子胃镜、电子肠镜2台、电子阴道镜、经颅多普勒超声仪、全自动生化分析仪、螺旋CT、直线加速器、碎石机、C臂机、腹腔镜、关节镜、纤维鼻咽喉镜、利普刀、CR、数字胃肠机、高压氧舱、电视X光机,成立重症监护病房、肿瘤科、神经内科。目前,拥有万元以上仪器、设备200多台(件),是全县血液透析中心、CT诊断中心、放疗中心、肝病中心、120急救中心、颅内血肿微创技术定点医院(中心),心内科、脑外科、儿科为盐城市临床重点专科;骨科、肿瘤科、口腔科为特色专科,成功的举办了全国性学术会议。

滨海县人民医院不仅能开展"二甲"医院全部技术项目外,还能进行三级医院部分项目,如:十二指肠、食管癌、肝叶切除、心外手术,胆道成形术、布加氏综合症手术、介入治疗,永久性心脏起搏器安装技术等。

医院神经外科中心开展的颅内血肿微创技术,获得省卫生厅科技进步二等奖,被定为江苏省颅内血肿微创技术定点医院(中心),被定为国家"十五"课题。去年获市科技进步三等奖2项,引进并开展新技术新项目6项,在省级以上杂志上

发表学术论文数百篇。

滨海县中医院

始建于1959年,复办于1979年,经过几代中医院人的艰苦创业,无私奉献,如今已发展成为集中医临床、科研、教学、康复、保健于一体的综合性二级中西医结合医院,是南京中医药大学临床教学与毕业实习基地,并于2007年被县政府确定为"滨海县惠民医院"、"滨海县红十字医院"。

医院注重增加硬件投入,不断增强服务功能,医院总资产达3200万元。基础建设初具规模。医院总占地面积24360余平方米,总建筑面积达17836平方米,医疗用房近10000平方米。年门急诊人次102000人,住院人次4600人。

全院现有在编在职人员205人,其中卫技人员186人,中、高级医疗骨干103名,市级名中医6名,县级名中医4名。设有五个病区,开放床位300张,18个临床一级科室,10个专科专病门诊,9个医技检查科室。医院24小时为危急、重症患者提供救护服务。

拥有美国GE公司产全身螺旋CT、彩超、500毫安X光机、数字胃肠机、C臂机、Cr、日产电子胃镜、腹腔镜、膀胱镜、汽化电切镜、24小时动态心电图机、全自动生化分析仪、彩色经颅多普勒、碎石机、中药煎药机、脑电地形图仪、心电监护仪、胎儿监护仪等一批大中型医疗设备,确保了临床需要。

滨海县中医院不孕症专科是盐城市中西医结合特色专病专科,该科在全市率先开展男性不育、女性不孕系统检测项目,开展B超监测卵泡,不孕症全套免疫检测等,为临床提供了科学的诊断依据。

响水县人民医院

始建于1966年,现已发展成为一所集医疗、教学、科研、急救、康复、保健等为一体的综合性"二级甲等医院"。为江苏省人民医院和江苏省肿瘤医院协作医院,南通大学医学院、扬州大学医学院、盐城卫生职业技术学院教学医院。医院先后获得江苏省文明单位、江苏省公众信赖单位、江苏患者满意百佳平安示范医院、盐城市文明单位、盐城市公众信赖单位、盐城市五一劳动奖状、盐城市无党派民主工作先进单位、盐城市卫生行风建设先进单位、盐城市模范职工之家、盐城市三八红旗集体、盐城市医学继续教育先进单位等荣誉称号。医院占地74.4亩,其中医疗用房占地52.4亩,生活用房占地22亩,目前现有在职职工530名,卫技人员中高级职称54名,中级职称223名,形成了较为合理的人才队伍结构。医院现设置14个病区,26个临床科室,实际开放床位500张。

医院在日常医疗工作中能够开展二级甲等医院常规和较先进的医疗服务项目。近几年完成省、市科研项目60余项,获市级科研成果奖26项。引进新技术、新项目70余项,在省级以上刊物发表论文100余篇,参加全国、省、市各种学术活动,医教研工作取得了丰硕的成果。医院拥有核磁共振、直线加速器、进口多排螺旋CT机、DSA、进口彩色多普勒超声诊断仪、进口全自动生化分析仪、电子胃镜、电子肠镜、进口腹腔镜、胆道镜、碎石机、CR、DR数字检影系统等大型仪器设备,拥有固定资产总额1.5亿元,是一所功能齐全、布局合理、人才集中、设备较为先进的县级综合医院。

科室设置

一、职能科室12个(二级科室7个)

办公室(督查科保卫科)、政工科、医务科(医患沟通办公室)、科教科、护理部、医院感染管理科、门诊部、总务科(基建办公室)、医疗设备科、财务科(成本核算办公室)、医疗保险办公室、信息科(病案室图书室)。

二、临床科室14个(二级科室18个)

急诊医学科、内科(呼吸内科消化内科心血管内科血液/肿瘤内科内分泌科神经内科肾病内科血液透析室)、外科(普通外科胸外科山脚科泌尿外科神经外科烧伤整形科)、妇产科(妇科产科)、儿科(新生儿科)、传染科、眼科、耳鼻咽喉科、口腔科、皮肤性病科、理疗康复科、中医科、重症医学科(重症监护室)、麻醉科。

三、医技及其他科室9个(二级科室9个)

药剂科、医学影像科(X线诊断室CT诊断室磁共振成像诊断室超声诊断室心电诊断室)、临床检验科、输血科、病理科、营养科(食堂)、功能检查科(内窥镜检查室)、消毒供应科、预防保健科(体检中心、家庭病床科)。

响水县中医院

是一所以中医为特色、中西医结合的综合性医院,是全县中医医疗、教学、科研中心,为全县新型农村合作医疗、城镇职工和城镇居民医疗保险定点医院。多年来,该院坚持以发展响水中医药事业、为人民群众提供"优质、高效、便捷、舒适"的健康服务为宗旨,实施"科技兴院、人才强院"的发展战略。2004年,医院业务收入1200万元,通过5年的改革与发展,医院不断壮大,综合服务水平和能力得到加强。2008年业务收入突破2000万元,为2112万元,门诊124326人。

扬州市

扬州市第三人民医院

位于风景秀丽的瘦西湖畔,占地六十余亩,绿化覆盖率达80%以上,环境幽静。1994年5月经扬州市人民政府批准,在扬州市第三人民医院的基础上增设扬州市肿瘤医院,目前已形成肝炎、结核及肿瘤三大重点专科为主的综合性医院。

内设科室门诊部分为传染病门诊及综合门诊两大部分,传染病门诊设有肝病科、肺结核科和综合传染病科。综合门诊设有内科、外科、肿瘤科、小儿科、妇科、中医科、五官科、眼科、口腔科、肛肠科等门类齐全的诊疗科室。住院部设有综合传染病、肝炎、肺结核、肿瘤、内科、外科等七个病区,并设有肿瘤病人的化疗区、放疗区,医技科室设有中心实验室、生化室、临检室、放射室、CT室、B超室、心电图室、纤维胃镜室、纤支镜室等。

编制床位300张,职工近300人,其中卫生技术人员占80%。拥有日立7060型全自动生化分析仪、PE9600基因扩增仪、微量荧光检测仪、西门子CR型全身CT扫描机、500mAX光机、钴—60治疗机、肿瘤模拟定位机、德国产B型超声仪等大批先进的诊疗设备,医院功能齐全、医疗技术力量雄厚。为了适应人民日益增长的卫生保健需求,合理配置医疗资源,医院于1996年起先在市区开设11个社区医疗服务站,取得了良好的社会效益和经济效益。服务宗旨是以人为本,强调全程优质服务,办院指导思想以科学为先导,强化专科专病治疗特色。

扬州市第二人民医院

(又名扬州市惠民医院),是扬州市政府举办的二级公立医院,是市区职工医疗保险、居民医疗保险、老干部医疗保险的定点医院,面向社会开展门诊、急诊、住院、咨询等医疗服务。同时,又是政府指定的对市区困难人群实施基本医疗救助的核心医院,在贯彻执行救助政策的同时,致力于提供高质量、低价位的医疗服务。

设科室医院目前设有内科、外科、妇科、儿科、口腔科、眼科、耳鼻喉科、急诊、康复治疗等临床诊疗科室,还开设了神经内科、手外科、心内科、消化科、肾内科、中医科、内分泌科、骨科等专家门诊和特色专科。

硬件设备配备CT、CR、胃肠机、彩超、全自动生化分析仪、电子胃镜、多普勒、肌电图等检查设备。正在建设的设计床位300张、建筑面积达20000多平米现代化新院将于2011年建成并投入使用。

2010年医院被扬州市政府列为公立医院改革试点单位,随着医院管理体制、内部运行机制改革的不断深入,医院全体职工目前正齐心协力、奋发图强,各项事业蓬勃发展。随着新院的启用,相信一所全新的、专科门类齐全,服务功能完善,充满活力和生机的二级甲等综合医院必将成为服务广大群众,促进市民健康的一支重要力量。

扬州市妇幼保健院

是一所集医疗、保健、教学、科研于一体的市属专科医疗单位,为扬州大学医学院教学医院,国家级“爱婴医院”。医院先后与市妇幼保健所、市计划生育指导所、市红十字医院合署和重组。

医院设一级科室36个,二级科室21个,在职职工534人,其中高级卫技人员58人,中级卫技人员192人。床位设置450张,年门诊量300000余人次,出院10000余人次。

医院专科技术力量雄厚,妇科、产科、儿科、新生儿科、乳腺科、骨伤科、痔科等是市级重点专科,在苏中及苏北地区享有较高的声誉。医院建立了设备先进、服务一流的产科重症监护中心(MICU)、新生儿重症监护中心(NICU),产科工作站、不孕不育诊疗中心、宫颈疾病诊疗中心、产前疾病诊断中心、新生儿疾病筛查中心,使产科、妇科、儿科服务更具专科特色。妇科腹腔镜技术已广泛用于妇科疾病的诊治,宫—腹腔镜联合手术填补了市内空白,妇科肿瘤手术与化疗、辅助生殖技术、高危孕妇的诊治技术已达较高的水平,痔科、骨伤科的中西科结合治疗、手术深受患者信赖。

诊疗设备:医院拥有国际上最先进的三晶片宫、腹腔镜和宫腔电切镜、产科工作站、全自动豪华分娩台、彩色B超、四维彩色B超、高档数字化黑白B超、全自动生化分析仪、血气分析仪、型多标记免役分析系统、染色体核型分析系统、全自动微粒子化学发光荧光分析仪、小儿高压氧舱、呼吸机、电子阴道镜、CR、高频X线机、超声骨密度仪、高频乳腺X光机、胃肠机、冷冻切片机、自动细胞切片机、听力筛查耳声发射仪、远程会诊中心等先进的诊疗设备。

医院先后获省、市级“文明单位”;省、市“院务公开先进单位”;省“三八红旗先进集体”;市“先进基层党组织”;市卫生系统“白求恩杯竞赛”一等奖;市“十佳医院”;市“价格规范先进单位”;市“服务诚信单位”;省、市“用户服务明星单位、班组”等称号。

扬州五台山医院

(江苏省复员退伍军人精神病医院)始建于1957年,是江苏省民政厅直属卫生事业单位,也是全国建院较早的精神病专科医院之一。建院50年来,医院面貌发生了巨大变化,特别是在近年来,医院在医疗、教学、科研等领域以及规模、功能、综合实力等方面,均有了较快速的发展。

2004年2月,在江苏省民政厅、扬州市卫生局的关心支持下,医院正式托管扬州市第二人民医院的精神卫生部分(含市心理卫生中心、精神科、心身病房及自愿戒毒所等),此举结束了扬州市区精神科专科医院“一市两院”资源配置不合理的局面,实现了扬州市精神卫生医疗市场资源的优化组合,为我院进一步做精做强精神科、心理科等相关学科奠定了坚实基础。

医院现有职工418人,开放床位730张,设有临床精神科、神经内科、临床心理科、心理卫生中心、老年康复科、司法鉴定所、自愿戒毒所等临床科室,开设了癫痫专病、失眠专病、头痛专病、儿童多动与学习困难专病、老年记忆障碍专病、心理危机干预等特色服务项目。

医院拥有螺旋CT、脑电HOLTER(24小时动态脑电图)、眼动检查仪、多功能生物反馈仪、MECT(无抽搐电休克治疗仪)、肌电图及全套心理测试计算机分析系统等先进的诊疗设备。

沙维伟,教授,硕士研究生导师,江苏省扬州五台山医院院长、党委书记,中华医学会江苏分会精神病学专业委员会理事,中国社工协会康复医学委员会副理事长,江苏省心理卫生协会副理事长,江苏省医学心理学会理事,扬州市医学会精神病学专业委员会主任委员,扬州市心理卫生协会副理事长,《实用临床医药杂志》、《临床精神医学杂志》编委,擅长各类精神疾病及神经疾病的诊断与治疗。近年来在省级以上杂志发表论文20余篇,获江苏省民政厅、扬州市人民政府科技进步奖多项。

精神科是该院成立最早的科室,是扬州市重点专科。诊疗实力雄厚,医术高超。本科有多年临床经验的主任医师、副主任医师及高年资主治医师,对诊治精神分裂症、抑郁症、躁狂症、心因性精神障碍、各类器质性精神障碍、神经衰弱及焦虑症等各种神经症、癔症及精神活性物质所致精神障碍等皆有丰富的临床经验。

医院于1986年成立医学心理研究室，主要从事心理咨询、心理治疗和心理测验工作，并开展在校学生学习困难的研究。曾承担部分全国儿童学习困难的研究任务，该科研项目获国家级科技进步二等奖。1998年组建临床心理科，1999年8月与《扬州晚报》共同创办了“心理导刊”，到目前为止历时八年余，发表与心理卫生相关科普文章一千多篇。2000年创建了扬州市首家心理卫生专业网站——心吧网，向社会普及心理卫生知识，推介心理卫生专家及进行网上心理咨询等服务。临床心理科现有临床医师12人，其中高级职称7人，中级职称2人，初级职称2人。负责心理咨询、心理治疗、心理测验以及临床心理科研、教学、会诊任务。目前设有床位40张，主要收治：各类神经症（如焦虑症、恐怖症、强迫症、神经衰弱、抑郁性神经症等）、心身疾病、情绪障碍、人际关系问题、亲子关系问题、学习困难、智力低下、社会适应不良以及各种躯体疾病伴有的心理困扰等。2004年2月，医院正式托管了扬州市第二人民医院精神卫生部分（包括心理卫生中心），目前的心理卫生中心面向社会，积极开展临床诊断治疗和会诊联络工作。

神经内科主要收治癫痫、中风、痴呆、脑损伤（脑外伤、脑卒中）后脑高级功能障碍（记忆障碍，言语障碍、失用症失认症等）的康复、脑瘫康复、偏瘫康复、面神经瘫痪、脑炎、帕金森病、顽固性头痛、各种神经痛、各类不自主运动、脑外伤所致精神障碍等疾病患者，尤其对各种神经科疑难杂症的诊治有独到之处。

精神康复科在药物治疗的基础上，重点发展：生活行为，学习行为技能，就业行为技能等康复训练。科学的、系统的、规范的、持久的日常生活训练、娱乐文体活动训练、社会交往技能训练、文化知识及一般技能学习、简单作业、工艺制作等康复训练，提高了病人的生活质量，促进病人的病情和社会功能得到最大程度的缓解和恢复，争取重返社会。

扬州五台山医院司法鉴定科成立于20世纪60年代，是江苏省较早开展司法鉴定的单位之一。40年来，接受委托鉴定6000多件，其中刑事案件2800多件，民事及其他案件3200多件。鉴定工作本着“客观、公正、科学”的原则，为维护当事人的合法权益、打击犯罪、维护社会稳定作出了一定贡献。

该所有执业资格的司法鉴定人员14人，其中具备主任医师（教授）资格的鉴定人4人，具备副主任医师（副教授）资格的鉴定人10人。配备有CT、脑电检查仪（24小时脑电监护、视频脑电图）、心理测试计算机分析系统等设备。

戒毒所成立于1996年12月，系江苏省卫生厅、公安厅批准设立的自愿戒毒机构。十年多来已收治自愿戒毒者逾万人次。本所目前开展的专科特色治疗为：（1）美沙酮替代疗法；（2）昏迷脱毒疗法；（3）中药脱毒疗法。

仪征市人民医院

始建于1914年，是一所集医疗、教学、科研为一体的国家二级甲等综合性医院，是南京医科大学、扬州大学医学院教学医院，也是仪征市红十字医院及爱婴医院，内设仪征市急救医疗站、司法鉴定所、扬州血站仪征分站。从1999年起先后荣获江苏省“文明单位”、扬州市“文明单位”、江苏省、扬州市“企务公开先进单位”等称号，并连续多年被评为仪征市“文明单位”。

该院占地面积达5.2万平方米，医疗业务用房3.2万平方米，开放床位420张，现有在职职工530人，高级职称者41人，中级职称156人，临床科室14个，医技科室5个，综合职能科室5个。骨科、心血管内科、普外科是我院享有盛誉的特色专科。我院现拥有DRX光机、全身螺旋CT、全自动生化分析仪、介入导管室、净化层流手术室、高压氧舱、碎石机等现代先进的医疗设备。正在筹建传染病分院及放疗中心。

该院的病房楼、门诊楼和科技楼全部配备了中央空调、中心供氧、中心负压吸引、监控和全自动消防控制系统等先进的设施和设备。整个医疗区域连为一体，布局紧凑，流程合理，形成现代化医院的建筑群体。医院内部管理全部采用微机网络信息管理系统。

该院继续以“病人选医生”为主线，整体推进医院的人事制度和分配制度等各项制度的改革，医院呈现良性发展势头。全体医务员工发扬“严谨求实、精益求精、待人以诚、克己行仁”的医院精神，遵循“仁、义、礼、智、信”院训，竭诚为人民的健康服务。

高邮市人民医院

始建于上世纪30年代，是该市最大的一所综合性医院，是市医疗、教学、医学科研和急救中心，同时也是高邮市红十字医院和扬州大学医学院、江苏大学医学院、南通大学医学院的教学医院。1994年被国家卫生部评为“二级甲等”医院。

医院地处市区西侧，占地面积33810平方米，建筑面积31075平方米。医院编制床位360张，现有在职职工562人，卫技人员444人，其中高级职称50人，中级职称181人。全院有13个一级科室，10个职能科室，8个医技科室，11个病区，下设38个医疗小组。医院固定资产总值8000余万元。

医院拥有核磁共振、螺旋CT和带DSA的C型臂，彩色B超和全自动生化分析仪，带电视显像系统电子胃镜，血液透析仪、电视（胸）腹腔镜等一大批先进的医疗设备。医院能成功地开展二级甲等医院必备医疗技术项目150多项。外科能开展食管癌、胃癌、直肠癌、胰头癌、肺癌、脑肿瘤、肾癌、肾上腺嗜铬细胞瘤、颈髓鞘瘤等手术，胸腹腔镜下的微创手术等。内科能开展埋藏式永久起搏器安装、脑脊液置换疗法、微创锥孔碎吸术、内窥镜下治疗、各种肿瘤化疗等项目。

医院多次被评为扬州市“十佳医院”、“双拥模范单位”、江苏省“企务公开”先进单位；连续10年被扬州市委、市政府评为“文明单位”；连续六年被省文明委授予江苏省“文明单位”。

高邮市中医院

是一所二级甲等中医院，是全国农村中医工作先进市的龙头单位，医院位于市中心、交通便捷，环境优美，占地面积20004平方米；建筑面积21835平方米。于1979年3月正式开诊，建院历史虽短，但管理严，发展快，现已成为设有200张床位，28个临床医技科室，15个专病门诊，成为以中医为主，中西医结合预防、医疗、教学、科研为一体的综合性、非营利性国有中医医院。

医院技术力量雄厚,医疗设备先进,是全市中医医教研的中心。医院现有职工298人,卫技人员243人,其中,高级职称33人,中级职称108人,初级职称102人。装备有德国西门子医用直线加速器,双排螺旋CT机,800MA数字遥控诊断X光机,柯达DR3000摄片机,美国、德国产彩超、呼吸机、电子胃肠镜及细径纤维胃镜、纤维结肠镜、腹腔镜、高压氧舱、B超X光双定位体外碎石机、高频移动式手术X射线机、高频移动式X射线摄影机等一大批先进诊疗设备。

医疗优势:中医骨伤科注重继承和发展省名中医许氏骨伤科的优势,运用手法整复、小夹板固定治疗各类骨折颇具特色,同时积极引进新设备,开展骨科的各种置换、修复、矫治等手术,在本市及周边兴化、宝应、江都、金湖、泰州等地区都有一定的影响。内科、妇科、儿科、痔科以及针灸推拿科在全市影响较大。中医治疗肾脏病、关节病、糖尿病、肿瘤等疗效明显。在日本友人关心支持下创建的血液净化中心于1992年建成使用,现有床边机12台,配备有美国产反渗水处理系统等设备,优良的服务吸引了市内外患者。

医院荣誉:医院获县(市)级以上科技成果奖近10项,其中"小腿弹性压缩带"获国家专利。在全国及省级专业学术期刊发表论文300余篇,医院先后获得"江苏省价格诚信"单位、扬州市"十佳医院"、"规范收费医院"、"医院管理年"、"白杯赛"优胜单位、高邮市文明单位等称号。

生产教学:医院设有国内一流,并通过了省药监局专家组评审验收,符合GMP标准的中药制剂室。现生产13种剂型,近60个品种的中药制剂。许氏膏药、飞廉糖浆、止嗽合剂等,疗效独特,享誉市内外。

医院还分别是南京中医药大学,扬州大学医学院的教学实习基地和教学医院,为培养中医人才作出了积极贡献。

该院经过多年的建设,已经成为本市中医业务技术的中心和全市中医发展的"龙头"。具备了较强的中医医疗、教学、科研能力。目前,在全省率先进行了"两权分离"改革(所有权和经营权分离)试点。新一届院领导积极拓展思维,本着病人为中心,全心全意为病人服务的办院宗旨,把工作重点放在不断满足人民群众防病治病的需求上。大力发展中西医结合专病专科,同时对广受病人欢迎的现有专科进行重点扶持。为了尽快提高在职医务人员的业务素质,除在医院内部大力进行业务培训以外,还积极选派人员到上级医院进行进修学习。聘请了苏北人民医院两位知名专家为首席专家,定期来查房、门诊、手术和指导医务人员工作学习,使医务人员业务素质迅速得到提高。另外还邀请了省中医院著名专家定期前来坐诊,扩大了医院知名度。根据病人的需求和医院总体规划,积极添置大型医疗设备,近期购置了C臂机、体外碎石机、腹腔镜、监护仪、更新了手术床,建起了高压氧舱,并正在建设放疗中心。

江都市人民医院

是全市最大的综合性医院,始建于1950年,前身是建国前设立的渡江支前总队部门诊室和江都县人民政府门诊室。经过几代人的艰苦努力,现已发展成为一所环境优美、设施先进、科室齐全、技术力量雄厚,集医疗、教学、科研、预防、保健、急救于一体的国家二级甲等医院和国家级"爱婴医院"。是东南大学医学院、江苏大学医学院、扬州大学医学院等高等医学院校的教学医院,也是全市医疗保险、新型农村合作医疗定点单位。

医院占地27000平方米,建筑面积60100平方米。全院开放床位900张,有33个临床医技科室,18个病区,1个重症监护室,1个观察病室,心血管内科、普外科为扬州市重点专科。医院年门急诊量30万人次以上,年出院病人1.5万人次以上。现有在职职工800余名,其中高级职称90余名,中级职称280余名,硕士20余名,江都市有突出贡献的中青年专家4名。

设备设施:医院拥有磁共振、螺旋CT、数字减影血管造影(DSA)、直接数字摄影(DR)、单光子发射计算机断层装置(SPECT)、干式生化分析仪、双光子直线加速器、超细电子胃镜、腹腔镜、宫腔镜、关节镜、多功能数字胃肠机、乳腺钼铑双靶X光机、颌骨全景X光机等大批先进的医疗设备。拥有水平先进的血液透析中心、放疗中心及功能设施齐全的健康体检中心。近年来,先后开展了各种微创手术、放疗、热疗、肿瘤介入治疗、白内障超声乳化治疗、纵隔肿瘤切除术、食道癌结肠代胃术、脊髓肿瘤显微镜手术、双髋置换术、ERCP、EST、颅内血肿微创清除术等新技术新项目100多项。年开展各类腔镜手术达500余例。获扬州市、江都市人民政府科技进步奖多项,获国家实用新型专利10余项,在省级以上刊物发表医学论文350多篇。医院明确提出"科教兴院、人才强院"的建院方针,全面实施"用好现有人才,引进必需人才,培养后备人才"的人才战略,不断强化人才队伍建设。逐步形成了老专家带路,中青年学科带头人领先,青年骨干紧跟,全员追随的梯队式的"人才链",为医院可持续发展注入了较强的生命力。

医院不断加快数字化医院建设的步伐,信息管理系统(HIS)、临床检验系统(LIS)、医学影像存储与传输系统(PACS)、健康体检信息系统(PEIS)、办公自动化系统(OA)、数字化医院图书馆等已全部建成。医院网站和院报《江都人医》为社会各界提供了更广阔、更方便的交流平台,可实现多种优质、便捷的医疗服务。

医院始终坚持以病人为中心,把提高医疗质量、追求社会效益、维护群众利益、构建和谐医患关系放在第一位,医疗事业蒸蒸日上。连续被评为省抗击非典先进集体、扬州市级文明单位、扬州市卫生系统"医院管理年"活动暨"白杯赛"优胜单位、价格诚信单位、创建学习型企业先进单位等。

江都市中医院

创建于1983年,是一所学科齐全、设备先进、专科优势突出的综合性国家二级甲等中医院。1997年被确定为南京中医药大学"实习医院",1995－2002年连续四次被命名为"扬州市级文明单位",2000年被省中医药局评为"九五"建设先进单位,2001－2004年被江苏省政府命名为"文明单位"称号。近几年来,医院以崭新的经营理念为指导,在特色上下功夫,在优势上做文章,树名医、创名科、建名院,走出了一条大专科小综合的发展新路。医院占地面积为15000平方米,建筑面积为8385平方米。全院在编职工202人,其中卫技人员158人,高级职称10人,中级职称44人。设有临床科室18个,专科专病12个,医技科室10个,下设门诊部(所)5个和一个急诊系统。开设病床200张,医院年平均门诊量10万人次,年收治住院病人2494人次,年收入3000万元。该院坚持走科技兴院之路,主要设备有先进的日立螺旋CT、西门子DR、东芝彩超、德国瑞马腹腔镜,英国亚特兰大关节镜、宫腔镜、前列腺电切镜、宫腔电切镜、电子胃镜、美国爱尔康超声乳化仪、瑞士蔡司眼激光治疗仪、数字化X光机、全自动生化分析仪、C型臂X光机、眼科AB超、24小时动态心电监护、经颅多普勒、体外碎石机、血凝仪等,使疾病诊断治疗技术水平迈向了更高的台阶。该院坚持发挥中医药优势,注重加强专科专病建设,做到了"人无我有,人有我优"。骨伤科为扬州市重点专科,该科注重继承和发展祖传许氏骨伤科的优势,运用手法整复、小夹板固定治疗各类骨折颇具特色。同时积极引进新设备,先后开展全髋、全肩、全膝、全肘关节置换术,全髋关节翻修术,关节镜手术,各种复杂骨折的矫治术,脊柱骨折、脊柱退变疾病的手术,颈椎的前路手术,脊柱侧弯的TSRH三维矫形术等高难度手术。眼科为江都市重点专科,在继承祖传张氏眼科的基础上,不断应用现代科技,造福广大患者。该科现拥有白内障超声乳化仪、蔡氏YAG激光治疗仪、眼科AB超、非接触性眼压计等一系列先进设备,常年开展白内障超声乳化、人工晶体植入术,视网膜脱离复位术,YAG激光治疗白内障后发障、青光眼等先进的诊疗手术。微创外科是该院新崛起的特色专科,与上海第二军医大学长海医院专家组长年合作,正常开展腹腔镜下胆囊切除术、子宫肌瘤切除术、疝修补术、宫外孕手术、卵巢及卵巢肿块切除,经尿道前列腺电气化切除术,腔内(肾、输尿管、膀胱)碎石术等。肿瘤内科、针灸推拿科、腰腿痛专科、不孕不育专科、肝胆病专科等中医特色专科在该地区也逐步形成优势。

宝应县人民医院

创建于1949年8月,是全县最大的综合性医院和医疗、教学、科研中心,承担着全县及周边地区近百万人口的医疗保健任务,1994年成为江苏省首批"二级甲等"医院,现为扬州大学、江苏大学教学医院。医院占地2.5万平方米,建筑面积2.8万平方米,开设病床355张,现有职工510名,技术人员中有正高级8名,副高级36名,中级200多名。

医院占地2.5万平方米,建筑面积2.8万平方米,开设病床355张,现有职工510名,技术人员中有正高级8名,副高级36名,中级200多名。

医院科室齐全,专科力量雄厚,拥有内、外、妇、儿、肿瘤、传染等38个临床、医技科室。心血管内科、消化内科、肝胆外科、骨科、肿瘤科、脑外科是医院重点专科并在本地区享有较高声誉。

医院医疗设备先进高档,拥有GE螺旋CT机、东芝800mAX光机、惠普彩色多普勒超声仪、GE数字血管造影机、日立全自动化分析仪、欧林巴斯电子胃、肠镜、费森尤斯、贝朗、日机装等七台(套)血液透析机、碎石机等各类进口医疗设备和中央空调、中心吸引、中心供养等医疗服务设施。

医院积极实施"科技兴院、人才强院"发展战略,注重人才培养和专科建设,建立了一支技术力量雄厚,结构合理的专业人才队伍,近几年先后开展了全食道肿瘤切除、肺切除、永久心脏起博器安装、断肢再植、颈椎前路开槽减压术、原发性肝癌切除、二尖瓣狭窄分离等十几项新技术和新项目;介入治疗、微创手术效果显著。医院先后多次获得省、市科技进步奖。

医院始终坚持以建设基本现代化医院为目标,深入开展"以病人为中心,以提高医疗服务质量为主题"的医院管理年活动,全面推动以"人事代理制、岗位聘用制、工资绩效制"为主要内容的医院内部改革,逐步建立起"优质、高效、低耗"的内部管理运行机制。2005年,实现门诊人次26万人,住院1.2万人,业务收入逾8000万元,均比去年有较大幅度提高。

医院十分注重医院文化建设,全院职工发扬"仁爱、探索、进取、奉献"的医院精神,拥有一批敬业爱岗、技术精湛、医德优良的医护群体,医院建设和发展呈现出勃勃生机。医院先后被授予"全国卫生系统先进集体"、"省文明医院"、市、县"文明单位"、市"十佳医院"等称号。

宝应县中医院

创建于1985年,现已发展成为全县中医医疗、教学和科研的中心。1997年8月,被国家中医药管理局命名为二级甲等中医医院,多次被评为扬州市文明单位、"白求恩杯"竞赛优胜单位,2006年被评为扬州市价格诚信单位。

医院占地面积13456平方米,建筑面积达16000平方米。在职人员290人,卫生技术人员240人,中高级职称104人,李则藩、张长顺先后被江苏省卫生厅授予"省名中医"称号。医院设有门急诊部、住院部、会员管理中心、制剂中心。年门诊人次12万,实际开放床位200张,年出院人次近5000人。制剂中心通过国家GPP验收,共有中药制剂30多个品种广泛运用于临床。

医院设有临床一级科室和专科专病科室达30多个。肝胆病专科为扬州市重点专科,医院发展的重点专科有中风急救康复科、肿瘤内科、心血管内科、糖尿病专科、肛肠科、骨伤科、中医妇科、针推科等。医院重视人才培养,全院所有医疗骨干均已接受三级以上医院进修深造。医院中医专家组定期举办各种主题的学术研讨会,并服务于临床。迄今有300多篇论文在省级以上专业期刊发表,主编《农村中医诊疗要略》由南大出版社出版发行,获县以上科技进步奖10多项。

医院拥有日立磁共振(MR)、螺旋CT、科达CR、PACS系统、800MA数字胃肠、C型臂X光机、经颅多普勒(TCD)、GE彩超、德国进口全自动生化分析仪、全自动血流变仪、法国进口血球计数仪、化学发光仪、德国进口全自动血凝仪、尿沉渣分析仪、奥林巴斯电子胃镜、24小时动态心电图与动态血压、德国进口腹腔镜、热疗仪、一整套康复物理理疗(PT)与作业治疗(OT)等先进的现代化诊疗设备。病房楼设施先进,包括层流净化手术室、层流净化产房、中心吸引、中心供氧,病室内有冷热水供应系统、有线电视、空调及卫生洗浴间,每个病区还设有贵宾病房。医院大力开展信息化建设,已建成全院千兆级局域网,医院信息管理系统(HIS)涵盖临床医疗、住院管理、药品管理、财务收费等主要业务流程,所有病区均配备医生工作站、护士工作站。

镇　江　市

镇江市第二人民医院

是一所具有70多年光辉建院史的二级甲等综合性医院,前身曾为江苏省立医院,坐落于著名风景胜地三山风光带长江路西段。现为江苏大学医学院、南通大学、贵阳中医学院教学医院。

医院年平均门诊20万人次,住院7000人次。在职职工533人,核定编制床位405张,临床、医技科室41个。医院各类专科齐全,特色专科主要有骨科、普外科、胸外科、妇产科、血液科、伤科、中西医结合科、中医院、心内科、泌尿外科、儿科等。全院每年发表在省级以上论文120多篇,每年开展新技术新项目30多项。

医院医疗设备先进,主要拥有荷兰飞利普激光成像全身CT、日本产全自动生化分析仪、800毫安X光机、血气分析仪、奥林巴斯电子胃镜、肠镜、纤支镜、骨密度测定仪、彩色多普勒B超、颈颅多普勒、红外线乳房诊疗仪、腹腔镜、HAWK电切汽化镜、电化学治癌仪、德国产费森尤斯血透装置、多功能麻醉机、C臂X光机、心电监护系统、高压氧舱和体外反搏等设备,还拥有CCU重症监护病房和人工肾室。

镇江市第三人民医院

成立于1954年,位于镇江市东区,是一所集医疗、教学、科研和预防为一体的市级医院。医院始终贯彻"高起点、高速度、高标准"的方针,积极拓宽医疗服务范围。现设有急性传染科、肝病科、肺科、内儿科、外科共8个病区,核编床位280张。医院坚持"一切以病人为中心,一切以病人满意为目标"的服务理念,将社会效益放在首位,多次被评为"市绿化先进单位"、"市文明单位"、"十佳医院"、"市创卫先进单位"和"市社会治安综合治理先进单位",并被确定为卫生系统创文明行业示范点,精神文明建设成绩斐然。

医院自80年代末起,从满足东区居民医疗需求和医院自身发展需要出发,提出了"巩固提高专科,积极发展综合"的办院方向,一方面狠抓专科技术和质量的提高,另一方面贯彻"高起点、高速度、高标准"的方针,积极拓宽医疗服务范围,形成了以专科为特色的综合性医院。现设有急性传染科、肝病科、肺科、内儿科、外科共8个病区,核编床位280张。门诊部包括综合门诊和传染病门诊两部分,1998年,从规范传染病管理和有利于人民群众健康出发,两个门诊已从挂号、收费、诊疗、取药、结算等全套程序上分开运行,彻底解决了普通病种与传染病长期混诊的老大难问题。年门诊量突破12万人次,综合门诊设急诊、内、外、妇、儿、口腔、五官、中医、理疗、针灸、推拿等科室。医院拥有当今世界最先进、全市唯一的一台贝克曼全自动生化分析仪、菲力浦800mAX光机、全身彩超、胃镜、TCD、腹水浓缩回输仪、纤支镜、光量子血疗仪、酶标仪、PCR扩增仪、人工肝支持系统等仪器设备,为医疗、教学、科研工作的开展提供了有力的保证。

特色肝炎科被市确定为重点专科,对七种病毒性肝炎的诊断、鉴别分型、预后判定在全市已形成权威性影响。医院内部已基本形成配备合理、人员精干的高中初级人才梯队,花国勋主任是省内知名传染病专家,他们积极探索治疗肝病的新方法,采用自行研制中药灌肠方,退黄Ⅰ号、退黄Ⅱ号、利水升白散及软肝Ⅰ号等治疗肝病,独创的中西医结合疗法,收到了显著疗效。

肺科是全市唯一一家定点收治肺结核病的专科,主治结核性胸、脑、腹膜炎及各种肺部疾病,对抢救大咯血、窒息、张力性气胸等疾病有着丰富的临床经验。

外科是新兴的科室,大力开展全胃切除、脾切除、胆道疾患等一系列手术。

医院坚持"一切以病人为中心,一切以病人满意为目标"的服务理念,将社会效益放在首位,经过多年的改造、荒凉、破旧的环境已不复存在。院区整体布局合理,花繁叶茂,优美整洁,多次被评为"市绿化先进单位",为病员提供了一个优美、舒心的治疗和休养环境,被誉为"花园式医院"。医院曾连续两次被评为"市文明单位",多次被评为卫生系统"十佳医院"、"市创卫先进单位"和"市社会治安综合治理先进单位",并被确定为卫生系统创文明行业示范点,精神文明建设成绩斐然。面对新世纪,医院将抓住机遇、迎接挑战、继续以医疗制度为契机,加快自我发展,满足社会医疗需求,竭力以"一流环境、一流服务、一流技术、一流质量"为市民提供优质、高效、便捷的服务,为全市卫生事业的发展作出更大的贡献。

丹阳市人民医院

地处美丽富饶的长江三角洲、大运河边的古城丹阳市区,东邻苏、锡、常,西邻宁、镇、扬,交通十分便利,是丹阳市唯一的一所集医疗、预防、保健、科研、教学为一体的二级甲等综合性医院,为南通大学附属医院,苏州大学、江苏大学、东南大学、南通大学医学院的教学医院。

医院始建于1914年,重建于1949年,占地面积4.04万平方米,建筑面积6.61万平方米。实际开放床位800张,拥有固定资产4.68亿元。全院在编职工773人,人事派遣137人,其中,高级职称92人,硕士、博士35人,镇江市"169二期"学术技术带头人1人,镇江市"169三期"后备人才4人,镇江市有突出贡献中青年专家2人,镇江市科技骨干4人,丹阳市科技骨干17人。

医院坚持科技兴院的方针,加大基础设施和医疗设备的投入,加速专科建设和人才培养,不断引进新技术、新项目,每年均有多项科研成果获得省市级科研成果奖,胸外科、消化内科、心内科已成为镇江市重点专科。医院拥有德国西门子公司64排128层螺旋CT、菲力浦公司1.5T核磁共振、瑞典Elekta直线加速器、德国施道斯公司腹腔镜、胸腔镜、胆道镜、宫腔镜、阴道镜、尿道膀胱镜、肾输尿管镜、前列腺汽化电切镜系列、日本奥林巴斯电子胃镜、电子肠镜、纤维支气管镜、纤维喉镜系列、进口麻醉机、呼吸机、肺功能测定机多台、美国GE公司螺旋CT、全数字化乳腺X光摄片机、全自动生化分析仪、大型数字减影血管造影X光机(DSA)、DR、CR、彩超、大型高压氧舱等设备5000多台,其中10万元以上设备150多台套。

近年来,医院整体水平和综合实力逐年稳步提高,社会效益和经济效益跻身于全省同级医院前列,先后获得中国卫生健康突出贡献单位、全国巾帼文明岗、诚信江苏满意医疗服务示范单位、江苏省最佳满意综合医院,江苏省卫生行风建设先进单位、江苏省卫生系统先进集体、江苏省青年文明号、江苏省巾帼示范岗、江苏省爱国卫生先进单位,江苏省价格诚信单位等荣誉称号。自1997年起至今,连续十余年被评为江苏省文明单位。

丹阳市中医院

位于苏南历史名城丹阳市的市中心,始建于1980年初,经过几代人的不懈努力,尤其是通过等级医院的评审和近几年医院的深化改革,综合实力显著提高,在全省70余所中医医院中排列第7位,现已发展成为丹阳市唯一一所集医疗、预防、保健、科研、教学于一体的二级甲等综合性中医院。并与江苏省中医院合作成立了"江苏省中医院丹阳医疗中心",与江苏省人民医院成立了"肿瘤联合诊治中心",是南京中医药大学教学医院,2003年被列为江苏省首批创建中医现代化试点医院。

医院占地2万平方米,建筑面积3万平方米,设有床位300张,拥有职工330人,其中高级职称30人,中级职称130人。全院共设有24个临床和医技科室,开设妇产科、眼科、骨科、外科、肿瘤科、康复中心、内科、感染科等8个病区,病区内设有一流的手术室及功能齐全的ICU重症监护病房,新建的十二层病房大楼具备中央空调、集中供氧、中心负压、警报呼叫、背景音乐、电视电话等十大功能,病区实行星级宾馆式的服务和管理。

医院以内科、外科、骨科为支柱,眼科、妇产科、肿瘤科、针灸科、中外科、肛肠科为重点的医疗格局。中医中药的特色和优势使医院的肝病专科、糖尿病专科、脾胃专科、男性科等特色专科。2004年医院实现了跨越式发展,业务总收入突破5000万元,门、急人次20万人次,住院病人5000余人次。

近几年来,医院先后荣获丹阳市文明单位、镇江市十佳医院、镇江市卫生系统先进集体、江苏省县市级中医院先进集体等光荣称号。

扬中市人民医院

是学科齐全、设备先进、水平较高的二级甲等综合性医院,是南京医科大学、江苏大学医学院教学医院。医院坐落在风景优美的扬中市扬子中路,开设床位500多张,年门急诊量60万余人次,年住院病人1万余人次

医院在胸外科、消化内科、心脑血管内科、小儿科、妇科肿瘤的诊治、腰腿痛治疗、牙齿正畸等方面具有较高水平,特别是胸外科已施行食管癌和贲门癌手术5000多例,其中,食管癌手术的病人术后5年生存率达50%左右,贲门癌术后5年生存率也在40%以上,食管癌、贲门癌手术并发症的发生率和死亡率极低,吻合口瘘的发生率小于0.5%,手术死亡率小于0.1%,外科治疗效果具有国内外先进水平,在上消化道恶性肿瘤防治研究方面享有较高声誉。医院最新引进先进的鑫高益磁材有限公司高档低场0。35T开放式永磁型磁共振、直线加速器、X刀、荷兰飞利浦高档螺旋CT,数字X线摄影系统(CR)、日本岛津1000mA数字化胃肠X光机,潘太克斯EPM-3500电子胃肠镜,高档彩超、德国进口呼吸机和麻醉机及血液透析机、美国数字化胸、腹腔镜、体外碎石机、全自动生化分析仪、心脏运动平板、多功能系列监护系统等进口大中型医疗设备,大大提高了诊疗水平。

急诊科是扬中市的急救中心,集院前急救、院内急救功能于一体,承担着本市绝大部分急诊危重病人的救治工作。急救中心配有救护车5辆,其中监护型救护车2辆,装备先进的便携式呼吸机、监护除颤仪、吸引器、自动上床推车、铲式担架等,120医生24小时值班。急诊科每年处置各类门急诊病例逾20000人次,2009年抢救病人3400余人次,危重病人抢救成功率达90%以上。科内设有急诊内科、急诊外科、急诊儿科、急诊抢救室、急诊手术室和急诊观察室。现有5个抢救单元,配备呼吸机、除颤仪、多功能监护仪、洗胃机、吸引器、血糖仪、简易呼吸器、喉镜等设备。2005年以来,急诊内、外科独立设置,协调管理,是镇江市同级医院中唯一拥有急诊专业队伍的专科。能快速熟练处置呼吸、心跳骤停、各种危象、外伤、急性大出血、各种脏器功能衰竭、心律失常、心肌梗死、昏迷、休克、中暑、触电、中毒等急症。

扬中市中医院

创建于1987年11月,是一所以祖国医学为特色,集医疗、教学、科研、预防保健、康复等功能为一体的综合性二级中医医院。医院现有占地面积16970平方米,建筑面积9800平方米,新建病房楼平方米,编设病床100张,现有在编职工172人,其中高级职称卫技人员18人,中级职称66人,拥有镇江市学术技术带头人1名、镇江市名中医1名、扬中市学科带头人12名,中医药人员占医药人员总数77.9%。

医院专业学科基本齐全,设有临床一级科室10个,二级科室8个。2008年针灸推拿科、脾胃病专科被确定为扬中市中医临床重点专科,2009年6月脾胃病专科被确定为国家农村专科专病重点建设项目。

2007年被南京中医药大学确定为临床实习医院,2008年4月被中国初级卫生保健基金会定点医院管理局确定为"中国健康扶贫工程定点医院",同时被评为"中国质量万里行·医疗机构服务满意示范单位"。2008年10月该院通过省农村中医工作先进市创建工作省级评审,并被扬中市政府评为社会治安安全"四星级"单位,2009年被健康导报社评为"全国诚信医院",与省中医院结为协作医院。

医院骨伤科、妇产科、心脑血管、内分泌、肿瘤化疗、肛肠痔科、腹腔镜微创、普外碎石等专科,采用中西医结合方法治疗各种疾病,具有独特疗效,也享有很高声誉。医院充分加强与三甲医院的交流合作,2007年始,泰州市中医院定期派专家来院开展白内障、青光眼等手术,2009年成为江苏省中医院协作医院,同时进行教学查房;医疗、教学、科研能力得到进一步加强。

2008年6月,医院引进上海著名耳鼻喉科专家,运用微创及中西医结合治疗各类耳鼻咽喉科疑难杂症,得到了患者和社会各界的赞扬;强化肝病专科建设,2010年,成立了常州三院扬中市肝病诊治中心,邀请专家定期坐诊,方便了患者,减轻

了看病费用。

医院拥有美国 GE 三维超声仪、日本产电子胃镜、中科美伦 DR 系统、万东数字化胃肠机、西门子螺旋 CT、24 小时动态心电图仪、体外冲击波碎石机、全自动生化分析仪、鼻内窥镜系统、等离子治疗系统等中高档医疗设备。

近几年来,医院坚持“勤俭办院、以德治院、科技兴院、人才强院”的方针,围绕“名院、名科、名医”战略,积极开展新技术、新项目,医疗技术和服务能力进一步提高,经济效益快速增长。

医院秉承“以人为本、以病人为中心”的服务理念,竭诚为顾客提供价廉、便捷、温馨、安全、舒适的医疗服务;关注贫困人群的基本医疗保健,为弱势群体提供优惠的医疗服务。发挥中医药优势,努力打造为民惠民医院,为实现“人人享有初级卫生保健”的目标、促进和谐社会的全面发展作出中医院应有的贡献。

句容市人民医院

是一所集医疗、教学、科研为一体的综合性二级甲等医院,是南京医科大学、江苏大学医学院教学医院。

医院占地面积 51692m^2,总建筑面积 51580m^2,设床位 300 张,在职职工 435 人,其中副高以上职称 36 人,中级职称 184 人。为了彻底改善患者就医环境,提升服务水平,提高医疗技术和医疗质量,近五年来,医院共投入 7000 余万元高标准兴建了总建筑面积近 2 万平方米的门诊大楼和病房大楼,综合整治了医院环境,彻底改善了院容院貌,基本实现了院内环境园林化、病房设施标准化。同时购置了包括日本东芝螺旋 CT、800mAX 光数字胃肠机、CR 系统、德国西门子 DSA、日本产全自动生化分析仪、德国化学发光分析仪、意大利和美国产彩色 B 超、日本产电子内窥镜系列、瑞典产人工肾、美国产 ICU 及 CCU 中心监护仪系统和高压氧仓等大中型医疗设备近 100 台(套)。

医院始终坚持“科技兴院”方针,把专科建设和人才培养列为医院重点工作,每年选送 10 余名医疗技术骨干到上海、南京、苏州等三甲医院进修,2003 年 8 月与南京医科大学成功举办在职研究生班。重点加强神经内科、心血管内科、泌尿外科、肿瘤科等专科建设,成功地开展了永久型人工以及起搏器埋置术、脑出血微创治疗、全髋关节置换术、各种介入治疗、腹腔镜等高新技术项目。近 5 年,共获省、市科研成果 10 项,其中有 4 项达到镇江市级领先水平,推广应用新技术、新项目 100 余项,有 300 余篇文章在各级各类杂志上发表。

医院先后获得“江苏省文明单位”、“镇江市文明单位”、“镇江市十佳医院”、“镇江市卫生系统先进集体”、“句容市红旗党支部”等荣誉称号

丹徒区人民医院

位于丹徒新城金谷东路与瑞山路交汇处,东距镇荣公路约 300 米。医院占地面积 4.8 万平方米,设有内科、外科、妇产科、骨科、儿科、中医科、眼科、耳鼻喉科、口腔科、整形美容科等 20 多个临床及医技科室,原址镇江市学府路保留分部。

医院在职职工 320 余人,其中中高级职称 167 人,设有标准病床 150 张。医院新添置了螺旋 CT、进口摄片机、进口全自动生化仪、进口三维彩色 B 超、全自动免疫发光分析仪等一批先进设备,拥有现代化的层流手术室和宾馆式的病房。

泰　州　市

泰州市第四人民医院

始建于 1986 年,是一所集医疗、教学、科研、预防保健为一体的二级综合性医院。建筑面积 17000 平方米,设有本部、北郊分院(泰州市精神病防治院)、鼓楼分院、泰州市创伤整形研究所、海陵区传统医学研究所、城东社区卫生服务中心及 28 个社区卫生服务站。医院设置床位 360 张,职工 429 人,医技人员近 400 人,其中中、高级技术职称人员 140 人。医院开设有门诊、急诊和住院部,有内科、外科、妇科、儿科、重症监护、眼科、耳鼻咽喉科、中医理疗科、口腔科、功能检查科、影像科等医疗、医技科室 40 余个。内科在普内基础上设有呼吸、消化、心血管、内分泌、神经、血液、肾科、肿瘤等二级专科;外科在普外基础上设有脑外、胸外、烧伤整形、泌尿、骨科等二级专科;儿科在儿内基础上设有儿童哮喘、血液病、新生儿疾病等二级专科;妇产科设有妇科、产科、计划生育等二级专科。

耳鼻喉诊疗中心简介

泰州第四人民医院耳鼻喉诊疗中心为了创建一流品牌医院,聘请了多位多年从事耳鼻喉治疗中心临床工作的专家,组成一支医术高明、经验丰富且技术精湛的专业团队,倡导专家专科、专病专治的医疗服务理念,并先后斥巨资引进国外尖端医疗设备:低温等离子消融系统、耳鼻喉内窥镜成像系统、耳鼻喉综合治疗仪、中耳功能分析仪、耳鼻喉专用手术显微镜、耳鼻喉综合治疗台等高精尖仪器、设备。同时实施严格的质量管理,确保诊疗服务的精确、安全、高效,最大限度的降低患者的经济负担。

医院大量提倡先进诊疗技术的应用,尤其是运用鼻内窥镜系统,该设备微波凝固技术治疗效果好、治愈率高,使用该微创手术治疗疗效显著,其特点是经鼻腔视频监视下操作,术后患者面部不留任何痕迹,痛苦小,恢复快,治愈率高,已为数千例鼻炎、鼻窦炎、鼻息肉患者成功实行了手术治疗,并取得了良好的效果和丰富的诊治经验,效果十分显著,术后患者相当满意,正是这一例例完美的手术,使泰州第四人民医院耳鼻喉诊疗中心在整个江苏乃至全国享有较高声誉。

医院开设有门、急诊和住院部,有内、外、妇、儿、重症监护、眼科、耳鼻咽喉科、中医理疗科、口腔科、功能检查科、影像科等医疗、医技科室 40 余个。内科在普内基础上设有呼吸、消化、心血管、内分泌、神经、血液、肾科、肿瘤等二级专科;外科在普外基础上设有脑外、胸外、烧伤整形、泌尿、骨科等二级专科;儿科在儿内基础上设有儿童哮喘、血液病、新生儿疾病等二级专科;妇产科设有妇科、产科、计划生育等二级专科。精神病防治科是泰州市医学重点专科。

医院拥有西门子AR. NOVa全身CT机、GE9800DSA、麦迪逊彩超、惠普心脏彩色超声仪、岛津500mAX光机、全自动生化分析仪、storz腔镜：胸腔镜、腹腔镜、宫腔镜、前列腺汽化电切镜，拥有奥林巴斯电子胃镜、纤支镜、结肠镜及眼科全套设备等。

医院除熟练开展二甲医院必备的技术项目外，还开展了部分三级医院技术项目。心胸外科手术、脑外科手术、脊柱外科手术、骨科全髋关节、膝关节置换手术等。腹腔镜胆囊手术、宫腔镜附件、子宫肌瘤手术、前列腺镜汽化电切术等一批微创治疗技术；肿瘤介入治疗、心脏疾病介入诊疗等一批介入诊疗技术已成为医院新的技术特色项目。

医院的技术发展一直得到上海第一人民医院、上海胸科医院、上海九院、南京军区总院、东大附属医院、江苏省人民医院、南京鼓楼医院、江苏省肿瘤医院、无锡101医院等三甲医院的支持与帮助。

近年来，医院致力于“院有优势、科有特色、人有专长”的办院方针，三个文明建设硕果累累，医院先后被授予江苏省文明单位、泰州市红旗党组织、泰州市卫生系统先进集体、儿科被评为全国巾帼示范岗等荣誉称号。

泰州市第三人民医院

位于泰州市东进路118号，地处繁华的市中心区，紧倚风景秀丽的东城河畔。建院于1960年，前身为泰州联合医院。1972年搬至现址。占地4666.9平方米，编制床位251张，实际开放床位122张，现有职工270人，其中卫技术人员208人，占77.04%，高中级职称人员101人，占卫技人员的48.56%。1996年行政区域调整，地级泰州市成立后，医院整体上划入泰州市卫生局管辖。该院每年门诊10万人次左右，收治住院病人2500人次左右，幅射海陵区和周围姜堰、兴化、泰兴及江都市的三十个多个乡镇约60万人口。

泰州市第三人民医院为地市级综合性医院，临床科室设急诊科、内科、外科、妇产科、儿科、中医科、眼科、耳鼻喉科、口腔科、针灸、理疗推拿科、伤科、皮肤科、麻醉科；医技科室设药剂科、检验科、放射科、病理科、功能检查科(心电、脑电、b超、内镜)。

该院与江苏省人民医院签定了长期合作关系，内、外、妇、儿科的专家每月定期来去院门诊、查房、手术。“借脑育才”，明确专人学习，及时向专家请教。省人民医院专家的指导促进了技术水平的提高。与此同时，该院积极添置大型医疗设备，以适应医疗发展的需要。该院高压氧舱、血液透析、脑地形图、生殖免疫检测、介入放射和热球治疗等技术先后填补了泰州市区医疗项目的空白。

泰州市第三人民医院坚持不懈地把病人的利益放在第一位，一病人的方便为目标，不断改进工作，先后推出导诊服务、绿色通道、上门服务、星期六义诊等十大便民措施，聘请行风监督员评议工作。今年以来又为定点单位门诊病员提供“双处方”、住院病员实行“双卡制”，让病员放心，定点单位满意。在全院的共同努力下，1997年和1998年上半年病员平均住院天数分别为9.4天和9.7天，平均医药费用分别为1972.02元和2324.40元，实现了“医疗服务质量争创一流、平均医药费用全市最低”的承诺，受到广大病员的一致好评。医院职工多次组织捐款，支持在本院就诊的病人度过难关。病房宽敞明亮、窗明地净，食堂菜肴丰富、价廉物美。病人的综合满意度保持在85%以上。

兴化市人民医院

兴化市人民医院始建于1922年，原为德国教会医院，现已发展成为全市的医疗、教学、科研及“120”急救中心，是扬州大学医学院附属医院、江苏职工医科大学、江苏大学医学院的教学医院，是兴化市医保定点医院、司法鉴定定点医院。1994年被评为全省首批二级甲等医院和国家级爱婴医院。2012年4月，医院实现整体搬迁，届时占地184亩，建筑面积达13万平方米，一个现代化，智能手术室等一体的医院将服务于160多万水乡人民。

医院有一支梯队结构合理的人才队伍，现有职工1291人，其中专业技术人员928名，高级技术人员218名，中级技术人员378名。江苏省“333”工程培养对象2人，泰州“311”工程培养对象28人，兴化市“313工程”16人，硕士研究生53人。医院固定资产7.5亿元，净资产3.8亿元，医院实际开放床位1440张，科室设置齐全，已基本实现临床专科化，其中肿瘤科、普外科、心血管内科、骨科、神经外科为泰州市重点专科，儿科、胸外科、口腔科、肾内科、呼吸内科为兴化市优势专科，微创外科、介入放射科新的重点专科已经基本形成。医院拥有万元以上设备500多台(套)，其中1.5t磁共振成像、128排螺旋CT、直线加速器、岛津1000mA数字胃肠X光机、DR、DSA、乳腺机、碎石机等大中型先进设备的总体水平处于同级医院先进行列。

医院被中华医院管理学会推荐为第二批全国百姓放心医院，连续二十年评为扬州市(1996年前兴化市隶于扬州市)、泰州市文明单位，还被授予泰州市学习型组织示范单位、泰州市五星级安全文明单位、泰州市首批医疗单位“诚信药房”称号，江苏省医保工作先进集体。A级价格信用单位。

兴化市第二人民医院

组建于1988年，在市委、市政府及卫生主管部门的关心、支持下，医院逐步发展壮大，成为兴化市直二级综合医院。

全院占地3824.4平方米，建筑面积5087.49平方米，编制床位100张。现有各类专业卫生技术人员123名，其中副主任医师以上高级人员8名，主治(主管)医师30名。临床科室7个，医技科室6个，职能科室6个，拥有固定资产900多万元。内科设心血管、呼吸、消化、神经等专科，能开展VVI心脏永久起博器埋藏术ERCP等较先进技术；外科设普外、泌尿、肿瘤、骨科等专科，能开展食道、胃、胆囊、腰椎间盘、股骨头置换等手术。

为顺应医疗卫生改革形势，该院实行自主经营、自我管理、“两权分离”的改革，开展了根据病人需求实施专家“点名”手术。开设了“兴化市名医门诊”，由享受国务院特殊津贴的张攸霖院长等知名专家主诊。医院坚持科技兴院方针，在加速自身人员培养的同时，与上海第二军医大学联合，开展特色专科建设。

1992 年起,该院连续多年被兴化市政府评为文明单位,1995 年被评为创建省级卫生城市先进单位,1996 年通过省级及国家级评估,被授予爱婴医院,第一批被兴化市劳动社会保障局确定为医保定点单位。

兴化市第三人民医院

(原昭阳医院)、兴化市肿瘤医院是一所集医疗、康复、科教研为一体,以肿瘤诊治为优势的非营利性二级综合医院,是医保、伤残、保险鉴定的定点医院,省肿瘤医院协作医院。是泰州市文明单位、省计量保证确认单位、国家级爱婴医院。2006 年经省司法厅批准"兴化市第三人民医院司法鉴定所"成立。2008 年 6 月医院由兴化市人民医院托管。

医院现为一院二址。位于市中心、交通主干道长安南路的医院本部是一所综合性医院;位于新区的是以诊治肿瘤为主的新区分院。2006 年正式投入使用的宾馆式病房彻底改变病员住院条件。2008 进行科室调整、环境改造后,医院以全新的院貌展现在我市的繁华中心地带。

医院现有床位 200 张,开设临床科 15 个,医技科 11 个。内科、外科、妇产科、肿瘤科是医院的重点科。眼科、内分泌科、小针刀是我院特色科。检验科、影像科技术水平在本地处于领先。八十年代初期,我院就开展食道癌、肺癌等胸部肿瘤手术。骨科成功完成断臂再植。内科开展心、脑血管病,气管、肺部疾病,肝、胆、胃疾病,糖尿病等疾病诊治。妇产科开展妇女病、不孕症、子宫癌、卵巢癌等疾病诊治。肿瘤科开展能开展各种肿瘤的放疗、化疗、中西结合治疗。

医院拥有先进的菲利浦双排亚秒螺旋 CT、阿洛卡彩色 B 超、奥林巴斯 240 型电子胃、肠镜;日立全自动生化分析仪、艾克发 CR、化学发光免疫分析仪、全自动酶标仪、徕卡病理全套设备、膀胱镜、阴道镜、24 小时动态心电图等临床检测设备;以及多功能监护仪、除颤器、呼吸机等临床抢救设备;新区分院拥有西门子直线加速器、钴－60 机、模拟定位机等成套肿瘤治疗设备。

兴化市第四人民医院

始建于 1982 年,原名为"兴化市精神病医院",1997 年更名为"兴化市脑科医院",增名为"兴化市第四人民医院",1998 年经泰州市卫生局批准增设为"泰州市精神病定点医院"。经过几十年的发展,现已形成以精神、心理、神经专业为主导,科室设置齐全,设备先进,开展各种智力、人格测定、心理治疗、心理咨询等服务的医疗单位。

市第四人民医院新址于 2008 年 7 月开工建设,工程总投资 3500 万元,占地面积 20000 平方米,建筑面积 10170 平方米,分二期建设,7754 平方米的一期工程于 2011 年元月正式投入使用。

医院现有职工 136 人,其中离退休 15 人,高级职称 3 人,中级职称 35 人。编制床位数 300 张,实际开放床位数 200 张。

医院拥有 500mAX 光可遥控电视透视机、18 道数字定量脑电图、视频动态脑电地形图仪、GE 彩超、经颅多普勒超声仪、电痉挛治疗仪、麻醉机、全自动生化仪、迈瑞 BC－2800 全自动血液细胞分析仪、钾钠氯钙锂自动生化分析仪、电休克治疗仪等设备。

兴化市中医院

创建于 1957 年,经过五十年的发展,现已成为一所中医医疗、教学、科研相结合的综合性中医医院,二级甲等中医院,江苏省高校实习基地,南京中医药大学教学医院。医院位于城区主干道长安中路,地理位置优越,交通便利,为兴化市医保定点单位和农保直接结报单位。

医院建筑面积 16800 平方米,其中医疗用房面积 15300 平方米,病房内部设施一流,环境温馨,可以满足不同层次患者的需求。开放床位 200 张,年门诊量 16 万多人次,年手术近 1500 台次,年出院病人 3500 人次左右。

医院拥有螺旋 CT、电子胃镜、电子肠镜、腹腔镜、膀胱镜、全自动生化分析仪、西门子彩超、CR、C 臂 X 光机、呼吸机、多功能监护仪等大型医疗设备约 100 台(套)。医院坚持中西医并重且具有鲜明的中医特色,设有内、外,妇、儿、急诊、肛肠、骨伤、针灸、推拿、耳鼻喉、眼科、口腔等 14 个临床一级科室,同时设有脾胃、肝胆、肾病、男性病、糖尿病、血液病、哮喘气管炎、小儿哮喘、小针刀等特色专病门诊,其中中医喉科、肛肠科、脾胃科、哮喘气管炎科是兴化市优势专科,肛肠科是泰州市级临床重点专科。

医院现有在职职工 286 人,卫生技术人员 236 人,占 81.7%,中医药人员 83 人,医院高级职称 34 名,中级职称近 100 名,拥有享受国务院津贴者 1 人,江苏省名中医 2 人,泰州市名中医 6 人,泰州市 311 工程培养对象 2 人,兴化市 313 工程培养对象 5 人,王少华老中医最近被批准为全国第四批 500 名老中医药专家学术经验继承工作指导老师。医院有 1 人担任国家级学术委员会委员,14 人担任省级学术委员会委员,3 人担任泰州市级学术委员会主任委员。近三年来,全院在省级以上杂志发表学术论文 166 篇,获县、市政府科技进步奖、自然科学优秀论文奖 45 项,参与完成省及部级科研课题 3 项,每年带教大中专学校毕业生及进修医生 40—50 人。

靖江市人民医院

创办于 1947 年,是一所集医疗、教学、科研和预防保健为一体的综合性二级甲等医院、国家级爱婴医院,是扬州大学第七临床医学院和南京医科大学、南通大学、东南大学医学院教学医院。医院占地面积 200 亩,总建筑面积 8.9 万平方米,开放床位 800 张。设有临床专科 32 个,医技科室 15 个。介入科、消化科、口腔科、血液科、心胸外科、儿科为泰州市临床重点专科,其它专科在本地区具有较强的专业特色和优势。

医院战略:医院坚持科教兴院的发展战略,同国内高等医学学府和著名医院有着广泛的友好往来和学术交流。建立了南京大学博士生流动工作站;血液科是江苏省血液病研究所临床基地;内分泌科是南京医科大学附属第一人民医院糖尿病强化治疗基地;采取请进来、走出去的办法,引进和造就一批专业实用型技术人才和学科带头人;加强技术培训,优化专业队伍知识结构,加快人才培养和梯队建设,为可持续发展增添了强劲动力。已开展同种异体肾移植术,自体和异体造血干细胞移植,心内直视手术,心脑血管造影、冠状动脉扩张及支架植入术,脑肿瘤摘除术,胸腔镜、腹腔镜、膝关节镜技术,断肢(指)再植术,肝肿瘤、胰十二指肠切除术、经尿道膀胱肿瘤切除术、前列腺电切术、体外震波碎石,脑动脉瘤介入栓塞术及脑卒中的康复治疗,支气管肺泡灌洗术,胰岛素泵强化治疗,内镜下胆总管结石、狭窄及食管吻合口狭窄扩张治疗,肿瘤化疗、免疫治疗及"X—刀"精确放射治疗,口腔颌面缺损畸形修复术,舌再造术,危重新生儿、极低体重儿救治,介入治疗椎间盘突出症、肿瘤等二级医院全部医疗项目和三级医院部分医疗项目。近年来,医院引进开展新技术、新项目100多项,荣获省级新技术引进奖15项,泰州市科技进步奖45项、市级科技立项50多项,核心期刊发表论文256篇。

医院设备:医院拥有核磁共振、螺旋CT、数字胃肠机、全数字DR拍片机、医用直线加速器、大型DSA、体外震波碎石机、彩超及电子系列内窥镜、全自动生化分析仪等先进设备。

医院环境优美,设施齐全,为病人营造了清新典雅、文明和谐、便捷流畅的就医环境。设置无菌层流病房、特需(VIP)病房、产科VIP病房。建立先进的信息管理系统,HIS、LIS、PEIS、PACS、PASS覆盖所有科室,门诊就诊一卡通、分诊叫号、多媒体查询及公共信息发布,为患者就医提供方便;电子病历、无线查房,提高了医务人员的工作效率;综合查询、OA办公、质控系统为管理者提供决策依据;楼宇自控、安防监控、消防联动、门禁一卡通,实现了后勤管理自动化。医院全面推行"以病人为中心"的服务模式,120急救中心承担全市医疗急救和突发事件的救治,提供快速便利的院前、院中、院后急救服务。门诊就诊一患一诊室,保护患者的私密,一站式服务、"无假日门诊",更加方便患者就医。病房实行主诊医师负责制,开展温馨护理,注重细节服务。后勤推行宾馆式服务,让病人就诊时享受到家庭化、宾馆化、人文化的医疗服务。

医院荣誉:医院优质高效的服务赢得了社会各界的赞誉和广大市民的好评,先后被授予江苏省文明单位,江苏省文明单位建设先进单位,泰州市文明示范窗口、人民满意医院、平安医院、AA级价格信用单位、双拥模范先进单位和靖江市先进基层党组织等荣誉称号。

服务理念:医院始终坚持"以病人为中心"的服务理念,遵循"德术并举、病人至上"的院训,以严格的科学管理、严谨的工作作风和精湛的医疗技术,为患者提供更加优质、高效、安全的医疗服务。

医院地址:靖江市中洲东路28号

靖江市中医院

创建于1959年,经过多年的建设和发展,现已成为靖江市中医医疗、科研、教学为一体的指导中心,是一所颇具规模的二级甲等综合性中医医院,是南京中医药大学和扬州大学医学院教学医院。医院先后被授予泰州市"文明单位"、泰州市"文明行业示范点"、省级"爱婴医院"、"放心药房"等多种称号,是靖江市医保定点机构,2001年一病区护士站又被授予国家级"巾帼示范岗"光荣称号。医院现有职工365人,卫技人员298人,其中,江苏省名中医2人,高级职称42人,中级骨干87人。医院拥有飞利浦AuRa螺旋CT、1000MA摇控无暗盒连续摄片机、美国产彩色多普勒、BEAR-1000I呼吸机、新型体外震波碎石机、日本富士能电子胃镜、腹腔镜、C臂机等大型医疗设备。年门诊量15万人次,年出院总数3500人次左右。

发展理念:医院始终坚持"诚信为本,病人至上"的人文服务理念,围绕院有优势,科有特色,人有专长的目标,不断创新发展。现有临床一级科室16个,专科专病门诊25个。其中肛肠科、骨伤科、结石病专科为泰州市重点专科,针灸推拿科、甲状腺、糖尿病、中医肿瘤科、不孕症等多个靖江重点专科。近年来,研制开发中成药60多种,部分科研项目获泰州市、靖江市政府科技进步奖。

院内设备:彩超、1000mAX光机、纤维内窥镜、多功能麻醉机、心电监护仪、自动呼吸机、生化分析仪、自动血球计数仪、自动尿液分析仪、前列腺治疗仪、螺旋CT等

靖江市第二人民医院

是一个以肝病、精神病、手(足)外伤、烧烫伤为重点专科,同时设有内科、妇产科、口腔科等临床科室的市二级综合医院。市文明单位,靖江市首批城镇职工基本医疗保险定点医院。医院技术力量雄厚,仪器设置精良,拥有一支医疗技术精湛、临床经验丰富、服务质量上乘的卫生队伍。医院设有病床200张。配备有先进的全自动生化分析仪,病毒DNA定量检测系统、500mAX光机,进口B超,脑电(地形)图仪,彩色电视纤维胃镜和多功能监护仪等大型医疗设备。

配备有先进的全自动生化分析仪、病毒DNA定量检测系统、500mAX光机、进口B超、脑电(地形)图仪、彩色电视纤维胃镜和多功能监护仪等大型医疗设备。

姜堰市中医院

是一所集医疗、教学、科研为一体的综合性中医院,是南京中医药大学附属医院,扬州大学医学院、南通大学医学院、安徽中医学院教学医院,上海中山医院、江苏省肿瘤医院协作单位,骨伤科为省级重点专科。

全院占地面积2.4万平方米,建筑面积3.6万平方米,开放床位数300张,有8个病区和独立的急诊中心、危重病监护中心(ICU)、血液净化中心,手术室可同时开放8张手术台,门诊有18个临床科室,26个专科专病门诊和7个医技科室。现有职工430人,卫技人员381人,占全院职工人数的87%,其中高级职称72人,中级职称167人。拥有双排螺旋CT、DR、CR、彩色多普勒超声、全自动生化分析仪、五分类血细胞计数仪、电子胃肠镜、腹腔镜、电子喉、气管镜、快速冰冻切片机等万元以上的医疗设备有201台(件),医疗设备总值3000余万元。年门诊量达23万人次,年收治住院病人6000余人次。

医院先后获得"全国示范中医医院"、"全国卫生系统先进集体"、"江苏省文明单位标兵"、"江苏省文明单位"、"江苏省中医药科技先进集体"等荣誉称号。

姜堰市人民医院

始建于1950年4月,是一所集医疗、急救、教学、科研、保健于一体的综合性医院,是全市的医教研中心。医院为二级甲等医院和国家级爱婴医院,是东南大学医学院、南通医学院和扬州大学医学院的教学医院,为东南大学医学院附属中大医院的医疗技术协作中心和苏州大学附属第一医院的血液病诊治中心,是10多所医学院校的实习基地。医院是江苏省文明医院和泰州市、姜堰市文明单位。

医院现占地面积约5万平方米,建筑面积4.5万平方米,实际开放床位508张,在职职工720人,各类专业技术人员600人,其中高级卫技人员76余人,中级卫技人员245余人。医院设职能、临床、医技等科室40余个,其中肾内科、心血管内科为泰州市临床重点专科,骨外科、ICU、肿瘤放疗中心、血液净化中心、腹腔镜治疗中心、眼科中心、急诊急救中心为本院较有优势的特色专科。

医院现有省"333工程"培养对象2名、泰州市"311工程"培养对象18名,培养硕士研究生6名,引进硕士研究生3名。医院在正常开展二级医院所规定的各项诊疗技术的基础上,成功开展了同种异体肾移植术、体外循环下心脏直视手术、冠状动脉搭桥术、二尖瓣置换术、二尖瓣分离术、人工双侧全髋关节置换术、人工全膝关节置换术、颈椎病等高难度手术和椎间盘镜、宫腔镜等微创技术以及冠状动脉造影、冠状动脉内支架植入术和射频消融术等心脏病介入治疗技术。近几年来,医院先后获得省科技进步三等奖2项、省卫生厅医学新技术引进二等奖2项、泰州市和姜堰市科技进步奖20多项。

拥有技术及环境:医院拥有磁共振机、螺旋CT机、800MAX光机、DSA、直线加速器与模拟机、聚焦超声刀、体外循环机、CR、进口麻醉机、腹腔镜、人工肝、彩超、全自动生化分析仪、血透机、电子胃镜、膀胱电切镜、宫腔镜、椎间盘镜、ICU监护系统、超声乳化仪等高精尖医疗设备近百台套。拥有现代化的计算机信息管理系统,建立了医院数字化图书馆。医院兴建的16层智能化、现代化综合病房大楼,建筑面积2.3万平方米,设450张床位,装备有中央空调、中心供氧、中心吸引、中心监控系统、物流传输系统和高标准的净化手术室、消防自动报警系统等现代化设施。

宗旨:医院将大力弘扬"团结、进取、严谨、奉献"的医院精神,与时俱进,开拓创新,努力以一流的技术、一流的设备、一流的服务、一流的环境竭诚为广大患者服务。

泰兴市中医院

始建于1982年,系南京中医药大学教学实习医院,1996年通过了省中医药管理局组织的二级甲等中医院评审,获得了国家卫生部"二级甲等中医医院称号",同年被评为全国"爱婴医院";1997年江苏省中医药学会肝胆病研究所在我院成立,医院先后获得"江苏省爱国卫生先进单位"、"泰州市文明单位"、"泰州市人民满意医院"、"泰兴市文明单位"等荣誉20余项,2008年该院被省中医药管理局授予"中医治未病"重点建设单位,2009年被泰州市纪委、卫生局授予"无红包医院"。

医院编制床位200张,至2010年底在编职工264人,卫技人员227人,其中主任医师5人,副主任医师30人(其中泰州市名中医2人),中级职称102人。现占地面积12298.2m²,建筑面积24022.5m²,固定资产总值3017.53万元。临床科室设置齐全,有一级科室12个,医技科室8个;分设内、外、妇产、针灸推拿、肝胆5个病区,15个专科专病门诊各具特色,其中肝胆病专科、针灸推拿科为泰州市级重点专科;2007年针灸推拿科被国家中医药管理局列为国家农村中医特色康复专科建设单位。

医院设备先进齐全,拥有西门子螺旋CT、DR、C臂机、日立全自动生化分析仪、美国GE彩超、数字胃肠机、电子喉镜、肠镜、高压氧舱等大型设备16台(件)。医院综合技术力量雄厚,坚持走有中医特色、中西医结合的办院之路,成功地诊治了大批急、危、重、疑难病人。医疗技术和医疗科研达到全市同级医院先进水平。建院以来,在省级以上杂志发表论文480余篇,获泰州市、泰兴市科技进步奖26项,泰州市级科研立项20项,省科研立项1项,在国家"九五"医药科技攻关[1035]工程《茶色素课题》全国临床科研大协作中获三等奖。

医院紧紧围绕"一切以病人为中心,发挥中医药特色优势"这一宗旨,发扬"严谨求实、继承创新、团结奋发、争创一流"医院精神,以"质量第一,患者至上"为方针,走高效、优质、发挥中医药特色的发展之路,医院的综合实力、核心竞争力进一步提高。为整合该市医疗资源,2008年11月,经泰兴市政府研究决定,该院与泰兴市第一人民医院整合,成立泰兴市人民医院医疗集团。借此契机,该院近年来呈现快速而显著的发展趋势,2010年该院以高分顺利通过了省中医药管理局组织的"二甲"复审,得到了省专家组的充分肯定;在泰州市卫生局年终中医考核中,总成绩名列全市第一;全院业务量和业务收入,在去年大幅度增长的情况下,继续保持强劲增长势头,全年业务总收入5155.7万元,比去年同期上升12.39%,其中院内制剂收入115万元;收治住院病人4174人次,比去年同期上升6.02%;全院职工福利支出同比增加244.3万元,增长21.5%;在职职工收入人均增加7354.6元,增长19.7%,增强了职工凝聚力和向心力。

为加强医院基础设施建设,在市委、市政府和市卫生局的关心支持下,经医疗集团积极筹备,新区医院已进入实质性的施工阶段。新区医院占地107亩,一期工程由一幢19层病房楼、一幢4层门急诊医技综合楼、一幢11层行政办公实验楼组成,在门急诊楼和住院楼下,设置有600辆停车车位的地下停车场。设置床位600张,建设周期为2-3年。

宿　迁　市

泗阳县人民医院

(南京医科大学第二附属医院泗阳分院)始创于1945年春天,历经60多年的发展,数代人艰苦奋斗,已成为全县规模最大、技术力量雄厚的二级甲等综合医院。

医院占地面积3.53万平方米,建筑总面积5.5万平方米。现有职工813名,其中专业技术人员624名,中级职称卫技人员255名,高级职称卫技人员51名,硕士4名。开设临床科室24个,医技科室8个,设置床位502张。年门诊量26余万人次,年住院病人1.8万人次,年手术病人7000余例。

拥有120急救中心、重症监护病房(ICU)、新生儿救治中心、血透中心、肿瘤放疗中心等医疗资源,在呼吸衰竭抢救、急性心肌梗塞抢救、重症颅脑外伤救治、高血压性脑出血治疗、急救复合外伤诊治等方面达到市内先进水平。普外科、妇产科、泌尿外科开展的微创手术是医院特色,已做微创手术2000余例,取得满意疗效。外科能完成脊柱椎弓根固定治疗脊柱滑脱、断指再植、脑室内巨大肿瘤切除术、胰头癌根治术、肾上肿瘤切除术、食道癌、肺癌根治切除术等难度较大手术。重点专科妇产科、重症医学科、肿瘤科、呼吸科、骨科、普外科、在宿迁市有较大影响。

自2007年1月完成产权制度改革后,成立股份制医院,使医院获得了更大发展空间——控股公司投入巨资进行基础设施建设,医院面貌焕然一新。医院与南京医科大学第二附属医院、淮安市第一人民医院、无锡市第四人民医院、苏州市立医院建立了协作关系。医院高起点、高标准配备先进医疗设备,拥有宿迁地区最先进飞利浦1.5T核磁共振、西门子DSA、关节镜、钼靶X光机、CR、DR、前列腺等离子电切、岛津数字胃肠、飞利浦16排螺旋CT、西门子彩超、贝克曼全自动生化分析仪、粤林巴斯电子胃肠镜、STORZ腹腔镜、宫腔镜等一批高精尖医疗设备,并建成了高标准层流净化手术室和ICU、CCU监护中心,确保了诊疗手段的现代化和高质量要求,医疗设备总值6180万元。

泗阳县中医院

位于县城繁华地段的泗阳县中医院,建于1978年,是一所集医学、教学、研究、康复、体检及急救为一体的国家首批二级医院。医院现有职工近350人,床位300张,六个病区;中高级职称84名,研究生12名。重点特色科室有:骨科、肿瘤科、中医肝病科、中医皮肤科、中医肛肠科、心脑血管科、胸外科、妇产科、普外科、泌尿外科、脑外科、手外科、肾内科、消化内科。医院的肿瘤科同时是泗阳县肿瘤放疗中心,医院开展的CT定位锥颅加尿激酶溶解冲洗治疗高血压性脑出血术、无痛胃肠镜诊断治疗术、食道癌根治术、肝癌切除术、胰腺癌切除术、断肢断指(趾)再植术、妇科肿瘤清扫根治术、介入放射治疗、腹腔镜在外科、妇产科的应用、阴道B超、电子膀胱镜检查术均达市县,乃至省内先进水平。由南京鼓楼医院著名骨科专家、教授、博士生导师,原南京市鼓楼医院集团宿迁市人民医院院长杨伟民教授任该院院长,副主任医师、原泗阳县人民医院院长薛伟任常务副院长。鼓楼医院、耳鼻咽喉科头颈外科主任医师张春林、眼科主任医师李一壮、省肿瘤医院肿瘤放疗科主任医师顾仲义、上海长海医院眼科主任医师刘克朗等三甲医院著名专家在该院长期坐诊、会诊、手术,让全县人民在家门口就能享受到省级专家的优质服务。该院2万多平方米、总投资1.5亿元,可容纳500张床位的12层病房大楼,2012年底投入使用。

泗洪县人民医院

前身是1948年泗宿县政府在陈夹河开设的泗宿县门诊所，1949年4月，门诊所迁址青阳镇南小街，后又迁址青阳镇牛市街，成立泗洪县卫生院。1956年5月易名为江苏省泗洪县人民医院。医院逐步发展为在本地区及周边颇具声望，并有一定影响力的二级甲等医院。

医院医疗区占地面积35500 m²，医疗用房建筑面积45000平方米。现有职工570人，其中高级职称60余人，中级职称210人，编制床位350张，开放床位600张。住院部设15个病区，门诊部设40个科室，全县急救中心也设在这里。医院拥有美国GE核磁共振、德国西门子6排螺旋CT、日本岛津1000mA数字胃肠机、CR影像系统、冠脉用"C"臂机、彩超、钴60等众多先进医疗设备。医院先后被确定为国家二级甲等医院、爱婴医院、徐州医学院教学医院，荣获江苏省卫生工作先进集体、江苏省卫生行风先进集体，获省市县绿化先进单位、文明单位、花园式单位、百姓满意医院、综合考评先进单位等荣誉。

医院于2003年元月在全国率先进行产权改制，同年3月成功竞购了泗洪县中医院，10月份组建了泗洪县肿瘤专科医院，形成了实力雄厚的泗洪县人民医院集团。改制以来，在社会各界的大力支持和全体职工的努力工作下，各项事业焕发出蓬勃生机。

医院先后与江苏省人民医院、江苏省肿瘤医院、徐州医学院附属医院、苏州大学附属第一医院合作，每星期都有省专家来院坐诊、查房、手术，使患者不出县门就能享受到省专家的医疗服务。

医院投资6000万元，高17层，建筑面积24000平方米，苏北一流的宾馆式病房大楼于2006年5月1日投入使用。大楼电梯、中央监控、中心供氧、信息化网络等现代化设施配置齐全，层流洁净手术室达到国内先进水平。病房设计充分体现以人为本的服务理念，人均床位面积、卫生洗浴设施均达到或超过国家和省市规定的标准，医疗环境、住院条件得到了根本改善。

医院特色：医院大力实施科技兴院、人才强院的方针。人才队伍建设进一步加强，整体综合实力进一步提升，改制后先后荣获市以上科技进步奖14项，开展新项目100余项，平均每年引进达到省内先进技术水平项目5项。开展了复杂肝胆、肺、胰腺、肠道手术，脑膜瘤、脑胶质瘤手术，经皮肾镜碎石术，颈椎、胸椎、人工关节置换术，肝癌、股骨头无菌性坏死介入术，肿瘤热疗术等难度较大的手术和治疗。微创技术、骨整形、冠状动脉造影和支架置入、脑神经损伤和脑瘫康复等技术，在本地区及周边保持领先水平。

从医理念：医院始终坚持以人为本、以德从医、全心全意为人民服务的思想，高度重视医院文化建设，行风建设和医院人性化、科学化管理，大力开展文明服务、全程优质服务、爱岗敬业比奉献等活动，倾力打造人民满意、人民放心、人民心中的医院，以实现基本现代化医院为目标，为本地区及周边地区医疗卫生事业的发展作出积极贡献。

医院个数增多、个头长高，横向纵向全面发展。2003年改制以前，泗洪县人民医院只有本部1家，改制以后，该院迎来了历史上最快速的发展时期，先后兼并了全县唯一的泗洪县中医院、全县最大的乡镇医院——泗洪县第三人民医院，并将本院的人员、设备相对集中，成立了全市首家肿瘤专科医院——泗洪县肿瘤专科医院，组建成了泗洪县人民医院集团。在医院规模不断壮大的同时，加大与著名大医院的合作力度，加大人才和高端医疗设备的引进力度，继1996年9月被国家卫生部、联合国儿童基金会、世界卫生组织确定为爱婴医院之后，又被美国微笑列车基金会、国家卫生部、中华慈善总会、中华口腔医学会确定为"微笑列车唇腭裂修复慈善项目"合作医院，被苏州大学医学部确定为研究生培养基地，被江苏省人民医院、南京医科大学第一附属医院确定为技术支持医院，被江苏省卫生厅、江苏省残疾人联合会确定为创建"白内障无障碍省"扶贫定点医院等。

楼房从少到多、由矮变高。改制前，该院只有几栋五六层的小楼，改制后，2004年8月20日，停建2年的17层病房大楼正式复工，2006年5月1日竣工使用，这座24000平方米的宾馆式病房大楼，中心监控、中心供氧、信息化网络等现代化设施配套齐全，百级、千级至万级层流洁净手术室达到国内先进水平。2010年12月6日，洪医集团投资5000万元、高12层、建筑面积16320平方米的泗洪县中医院急诊大楼开始奠基。2012年11月19日，洪医集团在院本部建造的22层内科病房大楼开始封顶，2013年10月交付使用。

高级人才、大型医疗设备逐年增多。洪医集团每年都从应届大学毕业生中选配一些优秀本科生进院培养锻炼、送出进修，每年都有一些在岗人员通过考核考试，进入副主任医师、主任医师队伍，具有高级职称的医师队伍逐年增大。在设备引进方面，2005年12月1日，首次从德国西门子公司进口6排螺旋CT；2008年7月15日，从美国进口GE1.5T磁共振设备，仅此一项就花费1000万元；2009年11月，又从美国GE公司巨资引进大型C臂机，使该院心脏介入、放射介入、神经介入新项目得以顺利进行。

据初步估算，洪医集团改制10年来资产积累总和，超过了前55年资产积累总和的10倍以上！

泗洪县中医院

始建于 1978 年，1980 年正式对外开诊，是一所基础设施较为完善，中医特色较为突出的综合性二级医院，曾先后被市县人民政府评为文明单位，被国家卫生部评定为爱婴医院，是南京中医药大学定点实习医院，泗洪县新型农村合作医疗定点医院和泗洪县城镇职工、城镇居民医疗保险定点医院。

医院于 2003 年 3 月 18 日成功完成改制，并与泗洪县人民医院，泗洪县肿瘤医院共同形成了洪医集团，医院占地面积 17700 平方米，建筑面积 8500 平方米，交通便利，环境幽雅，就诊条件舒适，汇聚着全县各类中医技术人才，一直在该县保持着中医的龙头地位和作用。医院现有职工 215 人，其中高级职称 9 人，中级职称 32 人，开设床位 150 张，年门诊量达 5 万人次，年收治住院病人 6 千余人，医院改制后投资 1000 万元引进了荷兰飞利浦全身 CT、意大利多功能数字胃肠机、彩超、碎石机、TCD、电子胃镜、全自动生化分析仪、三维电脑牵引床、腹腔镜等一大批大型先进医疗设备，开设了中医肝胆科、糖尿病专科、儿科、消化科、普外科、骨科、胸外科、泌尿外科、皮肤科、西医内科、妇科、妇产科、针灸科、痔瘘科等 15 个临床科室，9 个医技辅助科室，拥有老年托管中心、介入治疗中心、儿童诊疗中心和残疾人康复训练中心。医院改制以来坚定不移地走“中医为本，科技兴院，中西医并重”的发展之路，真正做到“院有专科、科有特色，人有专长”，共开展腹腔镜手术近 2000 例，梁红玉副主任医师开展的《微量肝素治疗婴儿急性肺损伤》临床研究获得 2006 年宿迁市科技进步奖三等奖。

医院改制以来共引进了大学本科生 21 人，先后输送 35 人前往江苏省人民医院、江苏省中医院、南京军区总医院、南京鼓楼医院进修学习，全院干部职工的思想状况和人才队伍逐步趋于稳定，医院积极推行人性化的管理和服务，始终坚持“诚信、高效、低耗、满意”的服务理念，使医院的服务功能和服务水平不断得到提升，以构建和谐医院为目标，为推动泗洪卫生事业健康有序，快速稳定的发展作出积极的贡献。

该院科室设置齐全，门急诊拥有中西医各类诊疗科室以及治疗专科。

大内科病区（一病区、五病区）开设病床 56 张，拥有高级职称 5 人，中级 3 人，中医运用辨证施治手段，对内科常见病，多发病以及漫性病康复治疗，人体保健治疗等有其独到之处，该病区还在门诊开设了中医肝胆，脾胃、糖尿病、妇科专科。西医有心血管、神经内科、呼吸、消化、肾科、感染、血液、肿瘤等科。外科开设病床 39 张，现有高级职称 2 人，中级职称 5 人，初级职称 8 人，目前该病区能熟练开展骨科、肛肠科、普外科、胸外科、脑外科、泌尿外科、耳鼻喉科、眼科、口腔科等各种难度较大的手术。尤其外科开展的腹腔镜、胸腔镜以及前列腺电切等微创外科手术，深受广大患者欢迎。妇产科病区开设床位 26 张，其中中级职称 5 人，初级职称 3 人，她们都有二、三十年的妇产科临床工作经验，该院妇产科能开展各种妇产科的疾病治疗，手术以及接生业务。儿童诊疗中心开设病床 34 张，现有高级职称 2 人，中级职称 2 人，儿科设备先进，住院舒适，该病区除正常治疗儿童疾病以外，在宿迁市率先开展了小儿脑瘫康复工作，治愈脑瘫患儿 1000 余人，针灸科是该院特色专科，现有高级职称 2 人，运用祖国传统医学中的针刺、艾条、推拿等手段，形成了一套独特有效的治疗方法，尤其对治疗中风康复、面瘫、三叉神经痛、眩晕、各种急慢性跌打损伤等疾病，具有显著疗效，深受广大患者喜爱。该院除病区建全外，医技科室设置齐全，辅助检查到位。该院除病区建全外，医技科室设置齐全，辅助检查到位。现拥有飞利浦双排螺旋 CT，意大利多功能数字胃肠机，CR、彩超、腹腔镜、电子胃镜，碎石机，全自动化分析仪、三维电脑牵引床等大型医疗设备。放射科能够对肝癌、食道癌、胃癌、肺癌、肾肿瘤、胃肿瘤、股骨头无菌性坏死、子宫肌瘤等进行介入治疗。电子胃镜可以查视患者的咽、食道、胃、十二指肠的所有病变情况，该院新引进的高科技专利产品胃肠起搏器对治疗胃肠节律紊乱综合征，功能紊乱的浅表性胃炎、胃下垂、功能性消化不良、肠易激综合征、习惯性便秘等症状具有理想的效果。CT 可对患者进行头颅、鼻窦、乳突、眼、咽喉、甲状腺、肠、胆囊、双肾及腰椎间盘突出、腹腔肿块及腹腔后淋巴结、输尿管、膀胱、子宫附件、前列腺、阴囊、睾丸、骨关节、骨低骼、膝关节及下肢软组织包块等定位检查。该院还是宿迁市最早开展液电式冲击波体外碎石的医院，该院碎石机应用 B 超定位，不需要输尿管造影，采用液电式冲击波，在粉碎体内结石的同时，无痛苦、不损伤体内组织，该院始终做到全天 24 小时患者随到随做。

南京鼓楼医院

院长、党委书记：丁义涛

2012 年 1 月 9 日上午，卫生部医管司副司长孙阳、医管司医疗质量安全监管处处长高光明、北京协和医院党政办公室董澍等一行四人在省卫生厅医政处处长李少东的陪同下，专程来到鼓楼医院调研医院文化建设情况。鼓楼医院院长兼党委书记丁义涛、党委副书记周长江、副院长韩光曙、马戎、纪委书纪韦宁华等院领导和相关职能处室负责人参加了调研座谈会。

丁义涛院长首先做了以《医院文化的传承与创新》为主题的汇报，介绍了医院建院 120 年来的历史文化脉络，尤其是 2005 年以来医院确立"文化建院"的战略思想后，在医院文化及人文医院建设方面的主要做法、成效及思考。随后，孙司长一行参观了鼓楼医院历史纪念馆、303 病区、205 病区、手术病人家属等待区以及即将竣工的南扩新大楼，并与医院领导和相关职能处室负责人就如何凝炼医院核心价值观等问题进行了深入交谈。

"南京医学会男科疑难病会诊中心"于 2012 年 4 月 11 日在南京鼓楼医院著名专家会诊中心正式挂牌。这将通过医学会的组织协调，集中全市专家团队的智慧，针对男科疑难疾病集体攻关，建立一个规范的诊治体系，逐步杜绝男科疾病误治滥治的现象，提高男科疾病诊治水平，缓解男科患者看病难，促进男科疑难病症的诊治走向科学化和规范化，真正为男科疑难病患者服务。

会诊中心将会诊申请单发放到全市三甲医院和基层医院，每月安排一次会诊，每次从全市男科会诊专家库遴选 5 位专家一起为 6–8 位男科疑难病患者会诊。会诊中心还将通过构建会诊平台和诊治网络，在为南京市区男科疑难病患者诊治的同时覆盖华东地区，为复杂疑难患者提供双向转诊，方便患者就医，在一定程度上避免患者辗转多家医院重复检查和治疗加重经济负担的问题。

◇李学勇省长视察南京鼓楼医院南扩工程

2012年6月9日上午，李学勇省长在省卫生厅厅长王咏红的陪同下，来到南京市鼓楼医院南扩工程工地视察，强调要高标准、高质量地抓好惠民工程建设，尽早造福于人民群众。

李省长首先听取了南京市鼓楼医院负责同志对南扩工程进展有关情况的汇报。鼓楼医院南扩工程于2007年全面动工，总建筑面积约22.5万平方米，是目前国内最大的医院单体建筑，其中包括门诊、急诊、住院部及医技部、手术室等科室，设计日门诊量可满足一万人次以上的就诊需求，新增1900张病床、25间手术室。特别是建立了完善的智能建筑系统IBS和医院信息化系统HIS，医院管理实现数字化智能化；医院的环境更加突出健康、节能、环保理念，室内环境绿化与自然采光相结合，营造了一个快捷、方便、舒适、温馨的人性化诊疗环境和氛围。届时，新建医疗区与原医疗区建筑总面积将达到30余万平方米，相当于3个现在的鼓楼医院，将成为一座集医疗、教学、科研和保健康复为一体的现代化“医疗城”，为病人提供一流的医疗服务。

◇鼓楼医院承办江苏省第三届医院管理论坛

2012年7月28日，由江苏省医院协会主办、南京鼓楼医院承办的江苏省第三届医院管理论坛----“人文医院与医务人员人文精神”论坛在南京钟山宾馆隆重召开，全省200余名二、三级医院院长、党委书记和医院管理者参加了本次论坛。

◇鼓楼医院承办首届全国人文医学与医院品牌高峰论坛

2012年12月20日—22日首届全国人文医学与医院品牌高峰论坛在宁举办，旨在交流医院文化建设经验，提升医院管理水平，实现医院文化落地。此次论坛由中国医院协会文化专题委员会主办，南京大学医学院附属鼓楼医院承办。中国医院协会医院文化专题委员会主任委员周凤鸣教授、中国医院协会副会长，江苏省医院协会会长唐维新教授、南京医科大学副校长张前德教授、南京市卫生局党委书记张孝科、鼓楼医院党委副书记周长江等出席了开幕式并发表了热情洋溢的讲话。来自全国各地的一百多名医疗卫生行业的代表参加了此次论坛。

徐州市儿童医院

徐州市儿童医院成立于 1980 年，是徐州医学院教学医院，是苏北地区唯一的、淮海经济区规模最大、技术力量最强，集医、教、研、防为一体的综合性儿童专科医院，是徐州市新型农村合作医疗和徐州市城镇医保定点医院，同时是鲁、豫、皖接壤县市新农合及城镇医保定点医院，是中国医院管理学会儿童医院管理分会的成员单位。医院多次荣获市、局先进集体、市十佳医院、市级文明单位。医院现有职工 800 余人，高级专业技术职称人员百余人，20 余人分别担任省、市医学会专业委员会主委，副主委及委员。受聘于各医学院校的正、副教授 22 人，讲师 40 余人。医院开放床位 750 张，专业设置齐全，设有 13 个临床医疗科室，8 个医技科室和 2 个专业技术中心。医院年门诊 50 万人次，年出院病人 2.5 万余人次。儿童医院以儿科医疗为特色，从人员配置、专业设置、科室设置、设备配备皆以儿童医疗为依据，有别于成人医院以成人医疗兼顾儿童医疗，且服务更加儿童化、低龄化、家庭化。全院医疗分两大系统。内科包括急救中心、神经康复中心、新生儿、呼吸、心血管、内分泌、肾脏、消化、血液等专业科室；外科设有新生儿外科、心胸外科、普外、泌尿外科、矫形中心等。医院护理工作在淮海经济区也颇具特色，护理工作以"零距离"护理和过硬的静脉穿刺技术倍受家长们的信任与欢迎。

2012 年 2 月 2 日，在市委市政府的正确领导下，在社会各界的关心和支持下，徐州市儿童医院康复中心经过历时半年的重新装修和扩建后正式投入使用。

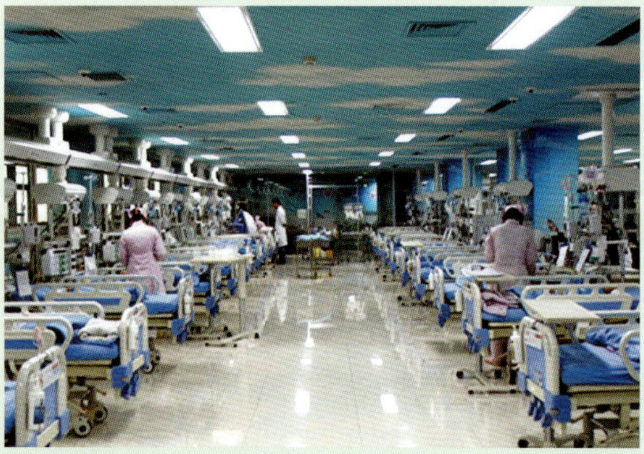

2012 年 12 月 28 日，该院重症医学科新 ICU 改扩建工程全面竣工并投入使用，标志着该院重症患儿诊疗水平迈上新的台阶。

2012 年 5 月 17 日，省卫生厅医院感染控制座谈会在该院召开，省卫生厅医政科赵莉萍科长，省医院感染管理质量控制中心姜亦虹主任，市卫生局俞军副局长及全市各医疗机构分管感染的副院长、感染科主任，ICU 等重要科室主任、护士长等 40 人参加会议。

无锡市第三人民医院

2012 年 10 月 27 日，无锡市第三人民医院、靖江市第二人民医院对口支援、技术合作签约仪式在靖江市二院广场隆重举行，无锡市医管中心主任、党委书记陈卫平，靖江市卫生局局长刘灿均，无锡市第三人民医院院长黄继人等领导出席了签约仪式。

靖江市第二人民医院

靖江市第二人民医院位处靖城平路城西桥南首 100 米，交通便利、环境优雅；是一所集医疗、教学、科研、预防、保健于一体的二级综合性医院。2009 年经泰州市卫生局批准，确定为“靖江市肝病治疗中心、靖江结构病防治中心、靖江市心理卫生咨询中心、手足外伤与烧伤诊治中心。”

医院技术力量雄厚、科室齐全、设备先进；专业卫技人员 145 人，泰州市“311”工程人才两名，研究生课程班 2 人；开设内科、外科、传染科、失眠科等多个临床与医技科室，设置床位350张；配备有美时复合型全身核磁共振系统、东芝 16排全身螺旋CT机、东软DR系统、多导睡眠监测系统、飞利浦彩色多普勒超声诊断系统、病毒 DNA 定量检测仪、人工肝支持治疗设备、无抽搐电休克仪、脑电（地形）图仪、三维螺旋牵引仪、呼吸机、进口全自动生化分析仪等先进的医疗设备。

医院通过学科建设带动人才建设，以人才建设促进学科发展，目前传染科、精神科、失眠科、心理科、手（足）外科以及烧伤科已打造成为代表本地区最高水平的品牌特色重点专科；已开展的人工肝治疗技术、无抽搐电休克技术、断指（肢、趾）再植、游离足趾再造拇（手）指、大面积切削痂植皮等多项手术填补了该市新项目、新技术的空白。

2012 年 9 月 15 日，靖江市第二人民医院为增强团队凝聚力，强化职工责任感，激发职工内在潜力，邀请香港联成国际教育集团“西点执行力”高级讲师于天，来院进行“医院西点执行力”培训，全体医务人员参加了培训。

2012 年 11 月 10 日，泰州市 2012 年烧伤外科学术研究研讨会在靖江南园宾馆隆重召开，此次研讨会由泰州市医学会主办，靖江市医学会、靖江市第二人民医院承办。泰州市医学会领导王彬处长、学会办丁民主任、靖江市卫生局唐晓勤副局长出席了开幕式并作重要讲话。

靖江市第二人民医院烧伤外科，是经泰州市卫生局批准的本地区首家治疗烧烫伤的医疗专科。专科成立十年来，收治了大量的各类烧烫伤患者，开展了两千余例的各类烧伤创面削痂术及各类皮片移植术、皮瓣修复深度创面等手术，同时开展疤痕挛缩畸形修复及皮肤慢性溃疡包括褥疮、糖尿病足部溃疡的修复手术，在本地区取得了良好的社会声誉，目前专科影响已覆盖周边县（市）。

武进区人民医院

2012年1月10日上午，该院与法国汉斯大学附属中心医院“中法医学合作中心”揭牌仪式暨国际医学论坛举行，法国汉斯大学附属中心医院医疗院长菲利普•雷耀教授及区领导徐亮、张美出席揭牌仪式，法国驻华使馆、法国驻沪总领事馆商务处专程发来贺信。

2012年11月28–29日，武进人民医院经历了“省考”——三级综合医院现场验收，现场验收专家对该院创建三级医院工作给予了较高评价。

2012年，医院全面启动了三级医院创建工作，并加大了创建工作力度，成立了以院长为组长的创建领导小组，组建了创建办公室和综合管理、医疗质量与技术、医疗服务、护理、人力人才、信息、财务价格、医学装备、后勤保障、医德医风等10个工作组，制订了创建工作方案和创建工作奖惩办法。同时医院利用院周会、科主任例会、全院职工大会，层层动员，让全院职工了解创建三级综合医院的目的和意义，明确创建的具体内容和要求；并通过院报、内外网站、宣传栏、横幅、道旗等不同媒介，广泛宣传，营造创建工作氛围。院部也多次召开专题会议，研究部署创建工作。各工作组、各科室也积极行动，对照任务分解和工作标准，加班加点，规范工作流程，完善台账资料。创建办不定期开展专项督查，对存在的问题及时提出整改意见。全院职工积极响应医院号召，立足本职岗位，积极投身创建工作，真正做到了“人人支持创建、人人关心创建、人人参与创建”的浓厚氛围。

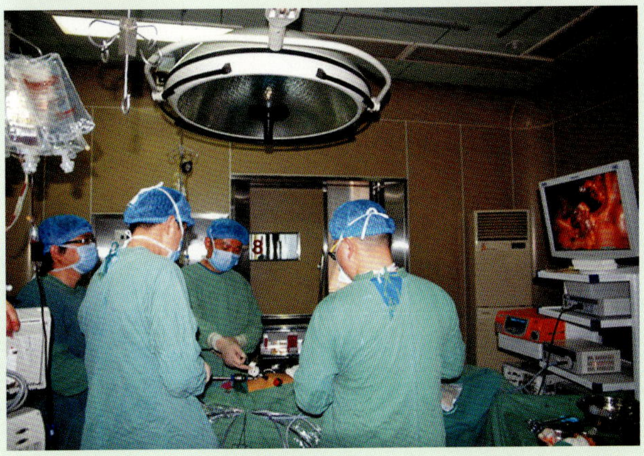

2012年4月29日，因患前列腺癌入住该院泌尿科的王大爷，接受了腹腔镜下前列腺癌根治术，术后恢复良好，排尿通畅，没有出现手术并发症，顺利出院。这标志着该院腹腔镜下尿路手术技术跻身市内领先水平。